“Üppiges, unzüchtiges Lebwesen”

Geist und Werk der Zeiten

Arbeiten aus dem Historischen Seminar der Universität Zürich

Nr. 82

PETER LANG
Bern · Berlin · Frankfurt a.M. · New York · Paris · Wien

Roland E. Hofer

"Üppiges, unzüchtiges Lebwesen"

Schaffhauser Ehegerichtsbarkeit von der Reformation bis zum Ende des Ancien Régime (1529 - 1798)

PETER LANG
Bern · Berlin · Frankfurt a.M. · New York · Paris · Wien

Die Deutsche Bibliothek - CIP-Einheitsaufnahme

Hofer, Roland E.:
"Üppiges, unzüchtiges Lebwesen" : Schaffhauser Ehegerichtsbarkeit von der Reformation bis zum Ende des Ancien Régime (1529 - 1798) / Roland E. Hofer - Bern ; Berlin ; Frankfurt a.M. ; New York ; Paris ; Wien : Lang, 1993
(Geist und Werk der Zeiten ; Nr. 82)
Zugl.: Zürich, Univ., Diss., 1991/92
ISBN 3-906750-68-X
NE: GT

Die vorliegende Arbeit wurde von der Philosophischen Fakultät I der Universität Zürich im Wintersemester 1991/92 auf Antrag von Herrn Prof. Dr. Peter Stadler als Dissertation angenommen.

Parentibus meis

Inhaltsverzeichnis

Einleitung

Vorwort

Grundlage dieser Untersuchung ist das Archiv. Der Ort, welcher den Historiker mit unerschöpflichem Quellenmaterial versieht, der Ort, an dem er unzählige Stunden im Umgang, manchmal im Kampf, mit seinen Quellen verbringt. Das Archiv als Hort der Quellen und als Brennpunkt historischer Arbeit. Dies trifft für die vorliegende Untersuchung besonders zu. Ist sie doch gegründet nicht auf weitherum greifbare Quelleneditionen, sondern wesentlich auf beinahe vergessene Prozessakten des Schaffhauser Ehegerichts. Gerade diese Art von Quellen übt auf den Historiker eine Faszination aus, gibt sie ihm doch den Eindruck der Unmittelbarkeit. Dort also wäre zu erfahren, was sonst nirgends der Aufzeichnung wert war, in Bruchstücken zwar, in Anspielungen und Halbsätzen, doch am Ende zusammengefasst gleichsam das Filtrat historischer Wirklichkeit, als Sittengemälde der Vergangenheit. Wer dies so erwartet, wird enttäuscht werden. Nicht nur gebietet es die historische Vorsicht, Quellen und deren Aussagen nur zurückhaltend zu interpretieren, sondern - und dies wiegt schwerer - Geschichte kann kein Ganzes, in sich Geschlossenes vermitteln. Dies ist eine Illusion. Aber sie kann einen Teil der historischen Realität erzählen, in der Retrospektive, sie kann Ein- und Ansichten aufzeigen, Facetten des Lebens unserer Vorfahren sichtbar machen, wie sie in der damaligen Macht- und Gesellschaftsstruktur eingebunden sind. Wer dies akzeptiert, für den hält das Archiv tatsächlich die grossen Schätze bereit, und es ist die Aufgabe des Historikers, diese seiner Um- und Mitwelt zugänglich zu machen.

Ausgangspunkt der Untersuchung bildet die Frage nach der Ehegerichtsbarkeit im Stadtstaat Schaffhausen von der Reformation bis zum Ende des Ancien Régime als einem in sich geschlossenen Zeitraum. Die Ehegerichtsbarkeit entsteht als Produkt der Reformation und endet als Herrschaftsinstrument der Obrigkeit mit der französischen Revolution beziehungsweise dem dadurch bedingten unrühmlichen Untergang des Ancien Régime in der Eidgenossenschaft. Schaffhausen ist in unserem Untersuchungszeitraum eine typische Stadtrepublik, eine Stadt also, regiert von Zünften und den Vereinigungen der Edlen, faktisch die Herrschaft einer Oligarchie, mit dem ihr zugehörigen Untertanenland. Es ist die Herrschaft der paternalistisch gebietenden Gnädigen Herren über die Stadtbevölkerung und die Landleute auf der untertänigen Landschaft. Damit aber ist die Ehegerichtsbarkeit auch vornehmstes Mittel der Durchsetzung obrigkeitlicher Moralpolitik, verstanden im Sinne Simons als Summe aller Empfehlungen, Ermahnungen, Befehle und Verordnungen. Das Ziel aller Anstrengungen bleibt sich gleich. Die Wohlfahrt des Staates wie des Einzelnen zu fördern, während gleichzeitig alle Ärgernisse ausgerottet werden sollen.[1] Ehegerichtsbarkeit und obrigkeitliche Moralpolitik gehören zusammen und dienen "zu fortpflanzung aller guten Zucht und ehrbarkeit". Das Gericht, dessen Prozessakten wir bearbeiten, ist das Instrument der Obrigkeit, ja in ihm manifestiert sich die Obrigkeit schlechthin, wobei wichtig zu bemerken ist, dass neben den Gnädigen Herren auch die in Orthodoxie erstarrte Staatsgeistlichkeit zum Regiment gehört. Es ist denn auch gerade diese Seite, welche immer wieder besonders auf die Moral und das Wohlverhalten der Untertanen achtet. Im Ehegericht wird also die Moralpolitik der Gnädigen Herren sicht- und greifbar. Hinter der Institution des Ehegerichts aber verbirgt sich die Vorstellung, es sei möglich und wünschenswert, menschliches Verhalten weitgehendst zu reglementieren und damit zu kontrollieren, mittels normativer gesetzlicher Vorgaben das Verhalten der Untertanen zu beeinflussen, diese vom üppigen, unzüchtigen Lebwesen hin zu gott- und obrigkeitsgefälligem Leben zu führen. Liebe und Lust, ewig wiederkehrende Grössen menschlichen Lebens überhaupt, sind keine Privatsache des einzelnen, sondern spielen sich unter den wachsamen Augen der Obrigkeit ab. Daraus entsteht eine Spannung zwischen normativen Vorgaben und obrigkeitlichem Bemühen auf der einen, den tatsächlichen Verhaltensweisen der Untertanen auf der anderen Seite. Das obrigkeitliche Unterfangen steht im beständigen Widerstreit mit dem Leben der Untertanen selbst.

Um dieser Komplexität gerecht zu werden, empfiehlt es sich, die Untersuchung aus drei Blickwinkeln anzugehen. Zunächst richtet sich das Augenmerk in einem ersten Teil auf den normativen Bereich. Da keine Moralpolitik und kein Gericht ohne gesetzliche Grundlagen auskommen können, ein Gericht per definitionem Recht braucht, sei es tradiertes Gewohnheitsrecht oder seien es geschriebene Gesetzessammlungen, gilt es vorgängig die rechtlichen Grundlagen, auf denen das Ehegericht steht, darzustellen. Dort also zeigen sich gebündelt die normativen Vorgaben der Gnädigen Herren, welche das Gericht durchzusetzen hat. Allerdings reicht der Blick auf die normativen Quellen nicht aus, ja er kann geradezu ein falsches Bild der historischen Wirklichkeit ergeben. Der Leser muss sich hüten, bereits aus den

---

1 Simon, Untertanenverhalten, 7. Mit dem Unterschied, dass wir die Interaktion zwischen Stadt und Land als grösser ansehen. Daher wollen wir nicht von einer städtisch-obrigkeitlichen Moralpolitik, sondern lediglich von einer obrigkeitlichen Moralpolitik sprechen, die sich für alle Untertanen, ob Bürger in der Stadt oder Bauer auf der Landschaft, im Prinzip und von ihrem Anspruch her gleich darstellt.
Vgl. auch den zusammenfassenden Forschungsüberblick zum Thema: Schmidt, Christianisierung des Sozialverhaltens, in: Blickle/Kunisch (Hg.), Kommunalisierung und Christianisierung, Berlin 1989. (Zeitschrift für Historische Forschung, Beiheft 9, 114-126.)

normativen Quellen zuviel an Realitätsbeschreibung herauszufiltern. Eine Gefahr, der manchmal besonders von Juristen geschriebene Untersuchungen unterliegen, die oft über Gebühr einseitig die rechtlichen Grundlagen, die normative Ebene betrachten, während die Praxis der Rechtsprechung nur untergeordnete Bedeutung erfährt. Besonders die Frage der Umsetzung und Durchsetzbarkeit obrigkeitlicher Verordnungen zur Moralpolitik, letztlich also die Frage nach der obrigkeitlichen Effizienz, lässt sich mit solch eher einseitigem Blick nicht ausreichend beantworten.[2]

Diese Problematik bringt uns zum zweiten Teil der Arbeit, dem ausführlichsten. Er stellt das Gericht in seiner Arbeit dar, nachdem zuerst seine Geschichte, seine Entstehung und Organisation betrachtet werden. Besonders im sachlichen Kompetenzkreis des Gerichts wird klar, dass sich die Materie, mit der es sich befasst, längst nicht nur auf die Ehe beschränkt, vielmehr erstreckt sich die gerichtliche Tätigkeit, ganz im Sinne der beschriebenen obrigkeitlichen Moralpolitik, auf alle Ebenen und Fragen zwischenmenschlichen Lebens; Lust und Liebe der Untertanen werden in ihren verschiedenen Äusserungen überwacht. Immer aber gehört die Materie, mit der sich unser Gericht befasst, zu den wichtigsten Bereichen nicht nur des privaten, sondern auch des öffentlichen Lebens, in einer Gesellschaft, die keine Trennung zwischen öffentlichen und privaten Angelegenheiten kennt. Individuelles Fehlverhalten betrifft nicht nur den Sünder, sondern auch die ganze Gemeinschaft. Kernpunkt aber bleibt die Ehe und damit zusammenhängend das Eheversprechen. Innerhalb der Ehe wird soziales Verhalten praktiziert, werden durch die Erziehung soziale Normen weitergegeben, Normen, die endlich das Aussehen des Staates entscheidend prägen. Daher erklärt sich das öffentliche Interesse an der Institution der Ehe, der obrigkeitliche Versuch, die Untertanen zu guten Ehemenschen zu erziehen. Dazu gehören die obrigkeitlichen Bemühungen, über die Institution des Gerichts hinaus, gerade auf der Landschaft, wo obrigkeitliche Kontrolle besonders schwer durchführbar ist, die Effizienz der Moralpolitik zu steigern, indem teils bestehende weltliche und geistliche Organe in den Dienst der Moralpolitik gestellt, teils neue Organe dafür geschaffen werden.

---

2 Dies heisst nicht, dass sich aus den Arbeiten von Juristen, besonders zu Zürich, Basel und Bern, nicht wertvolle Hinweise ziehen lassen, wofür ausdrücklich gedankt sei. Für Schaffhausen selbst gibt es keine eigentliche Untersuchung zum Ehegericht und der Ehegerichtsbarkeit, ausser zwei Dissertationen von Juristen zu Spezialfragen. Bollinger, Ermittlung der ausserehelichen Vaterschaft. Etzensperger, Stellung des ausserehelichen Kindes. Im grossen Werk von Köhler, das zwei Bände umfasst, findet sich nur gerade im ersten Band auf den Seiten 357-364 ein kurzes Kapitel zu Schaffhausen. Vgl. auch: Wipf, Reformationsgeschichte, 313-316. Somit stellt die vorliegende Untersuchung für Schaffhausen ein Novum dar.

Aufbauend auf den Folgen der in Teil I beschriebenen gesetzlichen Bemühungen und den Erfolgen der in Teil II dargestellten Arbeit des Gerichts, stellt sich schliesslich der dritte Teil der Untersuchung dar. Dort gilt das Augenmerk den sozialen Strukturen und den Verhaltensweisen der Untertanen. Wie gestalten sie ihr Leben unter der Kontrolle der Obrigkeit? Neben Fragen in bezug zum Eheversprechen finden besonders die Ehe und das Eheleben Beachtung, wobei die Ehe aus verschiedenen Richtungen betrachtet wird. Einmal gilt es der Frage nach der Aufgabenteilung innerhalb der Ehe nachzugehen, dann die Institution der Ehe in ihrem ökonomischen Umfeld zu untersuchen, Herrschaftsausübung des Mannes und Widerstandsstrategien der Frau darzustellen. Schliesslich gehört dazu auch die Frage der unehelichen Schwangerschaft, betrifft diese doch direkt die vor- und aussereheliche Sexualität damaliger Menschen, fokussiert sich gerade darauf der obrigkeitliche Kampf gegen das unzüchtige Lebwesen.

Alle drei Teile zusammen geben vielleicht doch einen einigermassen befriedigenden Einblick in das Wesen der Ehegerichtsbarkeit als zentraler Stütze obrigkeitlicher Moralpolitik einerseits, andererseits in das Leben und Lieben derer, gegen die Moralpolitik gerichtet ist. Wenn somit die Quellen zur Einsicht in die Vergangenheit dem Vergessen entrissen sind, so haben sich die Stunden im Archiv gelohnt.

Das Zustandekommen der Untersuchung hat von Beginn an der Staatsarchivar von Schaffhausen, Dr. Hans Lieb, gefördert und begleitet, wofür ihm aufrichtiger Dank gebührt, wie auch seiner ehemaligen Mitarbeiterin Frau Olga Waldvogel für ihren nie erlahmenden Eifer beim Bereitstellen der Quellen und ihre liebevolle Umsicht beim Aufspüren verschiedenster Nachschlagemöglichkeiten bei auftauchenden Fragen. Viele Gespräche mit Kollegen, unter denen besonders Peter Scheck zu erwähnen ist, trugen das ihre zum Gelingen bei. Dankbar bin ich auch Herrn Dr. Hans-Rudolf Pfister, Kantonsgerichtspräsident von Schaffhausen, für vielfältige juristische Auskünfte. Ebenso danke ich Herrn Norbert Hauser, der mit grosser Kompetenz das Lektorat der Arbeit übernahm. Herrn Prof. Dr. Peter Stadler sei für seine Betreuung der Arbeit und die Anteilnahme an ihrem Gelingen gedankt, wie auch für die angenehme Zusammenarbeit. Sie alle ermöglichten wesentlich das Entstehen der Arbeit.

Schliesslich danke ich meinen Eltern, die schon beinahe mit stoischem Gleichmut das schier endlose Unterfangen ihres Sohnes unterstützten und ihm stets eine willkommene, angenehme Arbeitsatmosphäre schufen.

Quellenlage und Quellenkritik

Als Hauptquelle werden die Protokolle des Ehegerichts (EGP), die der Gerichtsschreiber zu jeder Sitzung ausarbeitet und erstellt, ausgewertet. Sie befinden sich im Staatsarchiv Schaffhausen unter der Signatur: Justiz L I. Dabei finden insgesamt 36 Bände, 33 Textbände und 3 Registerbände, Verwendung im Rahmen unserer Untersuchung, die den Zeitraum von 1530 bis 1798 abdecken. Freilich gibt es drei Lücken in dieser Reihe. So fehlen die Protokolle für die Jahre 1537 bis 1586, für die Jahre 1613 bis 1624, wie auch jene für die Jahre 1705 bis 1710 vollständig. Besonders die Lücke im 16. Jahrhundert ist bedauerlich, handelt es sich doch um die Anfangsphase der gerichtlichen Arbeit. Ferner sind die Bände 15-19 für die Jahre 1711 bis 1735 nur in Brouillons erhalten. Sie geben also die unmittelbaren Aufzeichnungen des Schreibers wieder, die er sich entweder während der Verhandlung macht oder die er kurz darauf zu Papier bringt. Der Grund, weshalb ein Teil der Aufzeichnungen nicht ausgearbeitet ist, liegt wohl darin, dass der ehemalige Gerichtsschreiber Bernhardin von Waldkirch, der von 1711 bis 1722 amtet,[1] seine Bände nicht ausführt. Ende Mai 1725 verlangt nämlich das Gericht, es solle ein früherer Fall im Protokoll nachgeschlagen werden, worauf sich herausstellt, dass die Protokolle gar nicht vorliegen. Das Gericht beschliesst, den ehemaligen Gerichtsschreiber von Waldkirch vorzuladen und ihn zu fragen, weshalb entgegen mehrmaliger Aufforderung die rückständigen Protokolle nicht dem Gericht übergeben worden seien.[2] Zwei Jahre später lesen wir eine erneute Aufforderung des Gerichts an seinen ehemaligen Schreiber, die ausstehenden Protokolle abzugeben.[3] Ende 1731 schliesslich findet sich im Protokoll eingetragen, der Altgerichtsschreiber sei privat gefragt worden, ob er die Protokolle ins reine gebracht habe, "welcher sich vernehmen lassen, wie sie noch nicht im stand, und ein theil Rahtsherr Kohler noch bey handen habe, mithin trachten wolle, dass selbige beförderlichst abgeschrieben werden können".[4] 1731 sind also die ausstehenden Protokollbände immer noch nicht abgeschrieben, weshalb das Gericht dann auch eine Frist bis Ostern setzt bei Strafe von 6 Mark Silber. Von diesem Moment an vernehmen wir nichts mehr, doch lässt dies beim Blick auf den Stand der ausgeführten Protokolle den berechtigten Schluss zu, der ehemalige Gerichtsschreiber von Waldkirch habe entgegen den Aufforderungen und Drohungen des Gerichts die Brouillons für die Jahre seiner Amtszeit 1711 bis 1722 nicht

1 Regiment A I, 391.
2 31. Mai 1725; EGP 18, 134.
3 23. Januar 1727; EGP 18, 337.
4 18. Dezember 1731; EGP 19, 311.

abgeschrieben oder abschreiben lassen. Wir können nur vermuten, dass auch sein Nachfolger Hans Caspar Hurter, der von 1722 bis 1734 das Amt des Gerichtsschreibers innehat, seine Bände gleichfalls nicht überarbeitet. Allerdings fehlen uns hierzu alle einschlägigen Hinweise.

Die obigen Ausführungen zeigen, dass wir grundsätzlich auf das angewiesen sind, was der Gerichtsschreiber jeweils für erwähnenswert hält. Wir können nicht im einzelnen Fall prüfen, ob seine Aufzeichnungen vollständig sind oder ob er etwa aus Nachlässigkeit ihm unwichtig erscheinende Vorgänge und Aussagen weglässt. Zudem können wir nicht beurteilen, was beim Übertragen von den Gerichtsnotizen ins reine alles unberücksichtigt bleibt. Dies ist um so wichtiger, weil es eindeutige Hinweise gibt, wonach der Schreiber entweder einzelne Aussagen nach seinem Gutdünken kürzt oder aber sie nicht so wiedergibt, wie sie tatsächlich vor Gericht gefallen sind. Öfters lesen wir, ein Sachverhalt sei männiglich bekannt, weshalb der Schreiber darauf verzichtet, weitere Einzelheiten zu erwähnen, oder wir vernehmen, die Parteien hätten weitläufig erzählt, im Protokolleintrag finden sich aber nur gerade wenige Worte dazu. Zudem lässt sich nicht festmachen, wo die Schamschwelle des jeweiligen Schreibers liegt. Was also wird zwar vor Gericht derb und deutlich gesagt, und wir müssen nach allem, was über die damalige Volkssprache bekannt ist, damit rechnen, das aber geschönt und gefiltert Eingang ins Protokoll findet oder vielleicht aus Gründen der Schamhaftigkeit ganz unerwähnt bleibt. Diese "Unzulänglichkeiten" der Wiedergabe sind deshalb nicht unwichtig, weil gerade sie viel zur Unmittelbarkeit der Aussagen und zur Schilderung der Lebensumstände beitragen. Was dem Schreiber als unwichtig, weil allgemein bekannt, als unschicklich, weil direkt, erscheint, sind oft gerade für uns heutige Leser die interessantesten und aufschlussreichsten Mitteilungen. Zudem ist es im Einzelfall unmöglich, den Wahrheitsgehalt der gemachten Aussagen zu prüfen, wir können also nicht wissen, wie oft Schutzbehauptungen vor Gericht gebraucht werden, um einen entsprechenden Eindruck auf die Richter zu machen. Dies spielt zum Beispiel dann eine Rolle, wenn Frauen einfach einen unbekannten Söldner als Vater ihres unehelichen Kindes benennen, um den eigentlichen Liebhaber zu schützen, oder wenn Männer als Entschuldigung angeben, bei der Tat betrunken gewesen zu sein. Soviel zu den Grenzen unserer Hauptquelle. Doch gehört es zum Metier des Historikers, die Quellen so anzunehmen, wie sie ihm begegnen, und trotz quellenkritischen Einschränkungen bleibt genug, was die Lektüre der Protokolle lohnt.

Zur Zitierweise

An sich sollen die Quellen möglichst unverändert wiedergegeben werden. Doch finden sich aus Gründen der besseren Lesbarkeit folgende Vereinfachungen. Verdoppelte Konsonanten werden nur belassen, wenn es auch die moderne Schreibweise verlangt, es sei denn, durch die Weglassung liesse sich die Kürze des vorausgehenden Vokals nicht mehr kennzeichnen. Also "brief" statt "brieff", "in" statt "inn", "und" statt "unnd", aber "verbotten", mit kurzem "o" wie heute noch im Dialekt im Gegensatz zur Schriftsprache. Stumme Vokale wie das "e" am Ende von "nachdeme" werden gleichfalls nicht berücksichtigt.

Grossgeschrieben werden alle Eigennamen, wie auch das erste Wort am Satzanfang.

Um die umständlichen Satzkonstruktionen, die oft der lateinischen Syntax entsprechen (Nachordnung des Verbums), besser verständlich zu machen, wird eine behutsame Angleichung der Interpunktion an modernes Erfordernis vorgenommen.

Bei ungebräuchlichen Wendungen und ungewohnten Ausdrücken folgt eine erklärende Anmerkung.

Das Eherecht

I. Vorreformatorisches Eherecht

I.I. Kanonisches Eherecht

Am Ende des Hochmittelalters ist die Entwicklung abgeschlossen, welche zum Ziel hat, die Ehe als Sakrament zu betrachten. Dies bedeutet faktisch zweierlei. Einmal wird die Ehe damit ausschliesslich unter die kirchliche Gerichtsbarkeit gestellt, zum andern begründet der Sakramentscharakter der Ehe das Prinzip ihrer Unauflösbarkeit. Dies ergibt sich aus der Natur eines Sakraments, das eine Glaubenswahrheit versinnbildlicht und so selbst zu einer heiligen Sache, in diesem Falle einer heiligen Institution, wird.[1] Die Institution der Ehe also wird aus der irdischen Sphäre in den göttlichen Bereich gehoben.[2] Dabei ist aber verwunderlich, dass von kirchlicher Seite nicht auf die Einsegnung der Ehe gedrängt wird, was eigentlich nahegelegen hätte. Nun lässt sich dies zweifelsohne daraus erklären, dass dieser Einstellung die Auffassung zugrunde liegt, die sponsalia (die Verlobung) seien nicht bloss ein obligatorisch wirkendes Versprechen bezüglich einer künftigen Eheschliessung,[3] sondern dass sie bereits die Ehe begründen und daher ein unabdingbares Erfordernis zu einer rechtsgültigen Ehe bilden. Für den Abschluss der sponsalia genügt dabei nach kanonischem Recht seit dem 13. Jahrhundert der blosse ganz formlos erklärte Konsens der Brautleute. Da die moralische Verpflichtung im Vordergrund steht, ist das Alter der Mündigkeit und der physischen Ehefähigkeit ausreichend, das heisst, für das Mädchen 12 Jahre, den Knaben 14 Jahre.[4] Gemäss ihrer Bedeutung kann nicht einmal die fehlende Einwilligung der Eltern oder

---

1 Grundlegend für dieses und das folgende Kapitel: Sohm, Eheschliessung. Friedberg, Eheschliessung. Huber, Privatrecht, 314-349. Staehelin, Ehescheidung, 1-18. Esmein, I und II.
Für die Frühgeschichte der Ehe im klassischen Recht der Kirche vgl. die umfassende Darstellung von Dauvillier, Le mariage dans le droit classique de l'Eglise. Als neue Untersuchung: Brundage, Law, Sex and Christian Society, bes. 229-255 zum Decretum Gratiani und 551-575 zur Entwicklung von 1517 bis 1563, dem Abschluss des Tridentinum mit seinen kanonistischen Neuerungen im kirchlichen Eherecht.
Als biblische Grundlage dient den Kanonisten: Paulus, Ad Eph. 5, 23.

2 Dies wiederum erklärt den Anspruch der Kirche auf vollständige Jurisdiktion in diesem Bereich. Esmein I, 25-34.
Inwieweit allerdings die Festschreibung der Ehe als Sakrament und damit ihre Unauflösbarkeit nicht auch sozio-ökonomischen Gegebenheiten und Zwängen entgegenkommt, muss offenbleiben. Ariès, Die unauflösliche Ehe, in: Ariès (Hg.), Die Masken des Begehrens, bes. 185-192.

3 Dies ist der Fall im römischen Recht.

4 Die Altersgrenze für die Ehemündigkeit ist aus dem römischen Recht übernommen. Münch, Ehehindernisse, 11.

der Vormünder die Rechtsgültigkeit der sponsalia aufheben. Bei solcher Rechtslage wird verständlich, dass die die Ehe begründenden sponsalia im verborgenen abgeschlossen werden und selbst den nächsten Angehörigen unbekannt bleiben können.

Trotzdem treten mit den sponsalia nicht auch gleich das eheliche Zusammenleben und die vollen Wirkungen der Ehe ein. Denn nach langem Ringen innerhalb der Kirche setzen sich Gratian und die ihm nachfolgenden Kanonisten mit der Ansicht durch, dass die sponsalia der Anfang der Ehe seien (conjugium initiatum), die Vollendung der Ehe aber (conjugium consummatum) erst mit dem tatsächlichen Zusammenleben, das heisst mit der copula carnalis eintrete. An dieser Sicht fällt auf, dass nicht der Trauung diese abschliessende Kraft zugebilligt wird. Der Grund dafür liegt wohl in der Natur der Ehe als Sakrament, da die Ehegatten erst durch die copula carnalis zu Fleisch im biblischen Sinne werden.

Ist die Ehe bei Lebzeiten der Ehegatten unauflösbar[5] und begründen die sponsalia die Ehe, müssen diese notwendigerweise ebenfalls unauflösbar sein. Dies nun allerdings wirft einige Probleme auf, die dadurch gelöst werden, dass zwischen sponsalia de futuro und de praesenti unterschieden wird. Die ersteren stellen ein Versprechen künftiger Eheschliessung dar und sind, z. B. durch ein Keuschheitsgelübde eines der Partner, auflösbar, die letzteren dagegen gelten als unauflösbar, da sie durch die Erklärung des Konsens die bereits tatsächliche Ehe begründen. So wird zu einem Hauptsatz der Theorie, dass ein nicht konsummiertes früheres Verlöbnis einem späteren konsummierten vorgeht, wenn es sich beim ersteren um sponsalia de praesenti handelt. Die Entscheidung, ob sponsalia de futuro oder de praesenti vorliegen, macht man davon abhängig, ob bei der Konsenserklärung das Futurum oder das Praesens des Verbs gebraucht worden sind. Also: accipiam te oder accipio te in uxorem (maritum). Doch ist dieses Kriterium in der Praxis nur äusserst schwer anzuwenden,[6] weshalb leicht dazu übergegangen wird, je nachdem im einzelnen Fall Lösbarkeit oder Unlösbarkeit der sponsalia anzunehmen, eben gerade so, wie es angemessen scheint. Damit aber wird Missbräuchen erst recht freier Lauf gelassen. Zudem führt dieser Zustand zu heilloser Verwirrung in der Praxis. Sind heimliche Ehen, die gar nie tatsächliche geworden sind,

---

5 Die einzige Möglichkeit, da eine Trennung nach dem Bande unmöglich ist, liegt darin, an dessen Stelle das divortium quoad thorum et mensam, die Trennung von Tisch und Bett, zu stellen. Sie hebt die eheliche Gemeinschaft auf, lässt aber das vinculum matrimonii bestehen, verbietet demnach jedes Eingehen einer neuen Ehe. Anwendbarkeit ist gegeben bei Ehebruch und Häresie.

6 Daher Luthers klare Worte in seiner Schrift Von Ehesachen (1530), 212: "Ja ich wüsste selbs nicht wol, wie ein Knecht oder magd solten oder kundten in Deutscher sprache per verba de futuro sich verloben. Denn wie man sich verlobet, so lauts per verba de presenti und sonderlich weis der pobel von solcher behender grammatica nichts, das accipio und accipiam zweierley sey."

doch gültig und besitzen die Kraft, spätere tatsächliche Ehen ungültig zu machen. Ganz formlose, heimliche Verlobung zweier Kinder kann eine bindende Ehe schliessen, auch wenn die nächsten Angehörigen nach Bekanntwerden dagegen sind. Die Trauung selbst, obschon kirchlich, besitzt keine entscheidende rechtliche Bedeutung.[7]

Diese kirchliche Rechtsauffassung findet, da sie, wie die Kirche selber, universal ist, auch für das Gebiet der Eidgenossenschaft ihre Anwendung.[8] Doch zeigt sich gerade da, dass Spannungen zwischen kirchlichen und weltlichen Interessen unvermeidbar sind. Denn die weltliche Seite, besonders vertreten durch die jeweiligen Räte der Städte, versucht schon früh, die Anrufung geistlicher Gerichte einzuschränken, bringt dies doch, nicht zuletzt wegen der reichlich komplizierten Rechtslage, häufig langwierige und kostenreiche Prozesse mit sich.[9] Dazu kommt der Versuch, mit Verboten den Missbräuchen, wie der Möglichkeit heimlicher Ehen ohne Einwilligung der Eltern oder Vormünder, zu begegnen. Am Ende dieser Entwicklung steht die Tatsache, dass die geistliche Gerichtsbarkeit, in deren Kompetenz dergleichen Fälle ja eigentlich liegen, zunehmend Mühe bekundet, sich gegenüber den weltlichen Organen der Städte durchzusetzen. Mischen sich doch die Räte der Städte immer häufiger in Ehesachen ein und urteilen selbst über Gültigkeit oder Ungültigkeit einer Ehe. In diesem Bereich ist der Boden für die Reformation wohl vorbereitet.

---

7 Sohm, Eheschliessung, 168-180. Hier 168.: "Noch ... bis ins 16. Jahrhundert erfolgt die Trauung, obleich von dem Geistlichen vollzogen; nicht in der Kirche, sondern vor der Kirchenthür ... Erst nachdem die Trauung ad fores ecclesiae vom Geistlichen vorgenommen ist, folgt das intrare ecclesiam, Messe und Segnung der Ehegatten am Altar."

8 Besonders für die Eidgenossenschaft: Wyss, Eheschliessung, in: ZSR 20, 1878, 85-186.

9 So ist, zumindest theoretisch, eine Appellation bis nach Rom an den Papst möglich.
Zur Entwicklung zwischen weltlichen Ansprüchen und geistlicher Jurisdiktion. Köhler I, 6-26. Dort besonders für das Verhältnis zwischen dem Bischof von Konstanz und dem Rat von Zürich.

I.2. Weltliches Eherecht

Das ganze Gebiet des germanischen Eherechts ist in seinen Details immer noch umstritten und wird es wohl aufgrund der mangelnden Quellen auch bleiben. Daher beschränken wir uns hier auf eine kurze zusammenfassende Darstellung aus dem alemannischen Rechtsgebiet.[1] Das mittelalterliche germanische Eherecht geht aus der Institution des Brautkaufs hervor. Dabei ist die desponsatio, die Verlobung also, die Vereinbarung zwischen dem Heiratswilligen und dem Gewaltinhaber der Braut, ihrem Vater oder Vormund.[2] Der Freier verpflichtet sich zur Zahlung einer gewissen Summe in Geld oder in früherer Zeit auch in Naturalien, dem sogenannten pretium nuptiale, das in der folgenden Entwicklung ganz oder teilweise der Braut zufällt. Der Gewaltinhaber seinerseits verpflichtet sich, dem Freier das Mädchen in die Ehe zu geben und ihm damit die Gewalt über sie zu übertragen. Mit der Bezahlung des ausgehandelten Preises gilt auch die Ehe als geschlossen. Erst darauf erfolgt der zweite Schritt, bei dem die Frau dem Manne in der Trauung übergeben wird, die traditio puellae. Sicherlich ist diese Handlung stets mit bestimmten Gebräuchen verbunden, und erst sie macht den Mann zum wirklichen Gewaltinhaber über seine Frau. Die Ehe wird also in einem ersten Schritt geschlossen, der Verlobung; in einem zweiten vollzogen, der Trauung.[3] Dabei ist eine Beteiligung der Kirche an diesem Vorgang unerheblich, da es sich im Kern um einen rein bürgerlichen Akt handelt.[4] Wohl hat sich mit der Zeit eine Einsegnung der Ehe als Brauch herausgebildet, doch notwendig ist sie nicht.

Im späteren Mittelalter tritt dann aber die ursprüngliche Idee und Vorstellung des Brautkaufes allmählich in den Hintergrund. Die Verlobung gewinnt zunehmend die Bedeutung eines Vertrages zwischen dem Freier und der Braut selbst, worin sich die beiden gegenseitig die Ehe versprechen. Damit aber ändert sich auch der Charakter der Trauung, die zu einer im Auftrage der Braut vollzogenen und vom Bräutigam mit feierlichem Gelöbnis entgegengenommenen Übergabe der jungen Frau wird. Diese Übergabe vollzieht ein naher Verwandter, der von der Braut

---

1 Zur Literatur: vgl. Kap. I.I., Anm. I.

2 Der Fachbegriff dafür lautet: Munt oder mundium, was die Vormundschaftsgewalt meint, entsprechend dem römischen manus.

3 Friedberg, Eheschliessung, sieht den eheschliessenden Akt in der Trauung, Sohm, Eheschliessung, dagegen betrachtet die Verlobung als den eheschliessenden Akt, weil diese bereits das Dritte ausschliessende Recht auf die Frau hervorbringe. Sohm, Eheschliessung, 75-I06.

4 Kap.I.I., Anm. 7. Die Trauung ist somit nicht von der Kirche hervorgebracht. Dies zeigt sich auch an der Sprache. "Ewa" oder "ea", woraus das Wort "Ehe" entstanden ist, bedeutet nichts anderes als Vertrag oder rechtsverbindlicher Bund, der ja in der Tat zwischen dem Freier und dem Vater der Braut geschlossen wird. Quanter, Sittlichkeitsverbrechen, 4I.

als Trauungsvormund bestellt ist. Es scheint nun immer verbreiteter geworden zu sein, dass die Braut im späteren Mittelalter sich zu ihrem Trauungsvormund einen Priester erwählt, der dann die Trauung in den erwähnten weltlichen Formen vor der Kirche vornimmt und erst dann die Ehe in der Kirche vor dem Altar einsegnet.[5] Im Laufe der Entwicklung wachsen dann diese eigentlich getrennten Vorgänge zu einer gemeinsamen Handlung zusammen. Schliesslich kommt auch der copula carnalis eine gewisse Bedeutung zu, beginnt doch mit ihr die Standesgleichheit der Ehegatten, an manchen Orten auch das eheliche Güterrecht.

Festzuhalten bleibt dabei, dass die Verlobung von zentraler Bedeutung ist. Sie nämlich begründet die eheliche Treuepflicht, das eheliche Band.[6] Folgerichtig wird der Bruch des Verlöbnisses als Ehebruch bestraft. Die Auflösung des Eheversprechens wird nach den Kriterien der Ehescheidung beurteilt. Dabei aber gilt zu beachten, dass das Verlöbnis noch nicht die vollständige Herstellung der Ehe als Institution mit sich bringt. Erst mit der Trauung beginnt die tatsächliche Lebensgemeinschaft. Somit ist es zweckmässig, den Vorgang der Eheschliessung in mehrere Stufen einzuteilen. Die erste und wichtigste, weil folgenreichste, wäre demnach die Verlobung, mit der das eheliche Band begründet wird. Die zweite stellt die Trauung dar, die Übergabe der Braut, wo die wirkliche Lebensgemeinschaft beginnt. Die dritte schliesslich, die allerdings zeitlich auch der zweiten vorangehen kann, erscheint im Vollzug der Ehe, der copula carnalis, wobei die güterrechtliche Wirkung in vielen Rechten einsetzt.

Durch das allmähliche Eindringen des kanonischen Rechts im Hochmittelalter aber kommt es zu einer eigentümlichen Verschmelzung zwischen den beiden Eherechten. Haben wir im letzten Kapitel gesehen, dass im kanonischen Eherecht der eigentliche Unterschied zwischen den beiden Sponsalienarten nicht leicht zu fassen ist, weil sie sich doch eigentlich nur in der rein äusserlichen sprachlichen Unterscheidung manifestiert, so fällt diese in der lateinischen Sprache mögliche Differenzierung zwischen dem Futurum und dem Präsens des Verbs accipere im deutschen Sprachgebrauch dahin. "Ich wil dich haben, Ich wil dich nemen, Du solt mein sein etc."[7] Dies sind nach der bereits angeführten Lutherstelle die Worte, welche bei der Verlobung von den Beteiligten gebraucht werden. Sie haben Gegenwartsbedeutung, sind also in das kanonische Recht übersetzt sponsalia de praesenti, können aber auch als verba de futuro gedeutet werden. Dies führt zu einer grossen Rechtsunsicherheit und bietet schrankenlosem Missbrauch und richterlicher Willkür weiten Raum. Steht es doch letztlich im Willen der Parteien

---

5 In der Entwicklung verbietet dann die katholische Kirche am Ende die Laientrauung. Huber, Privatrecht, 319.

6 Was Sohm, Eheschliessung, als die negativen Wirkungen der Ehe bezeichnet.

7 Luther, Von Ehesachen (1530), 212.

oder auch nur eines Teils davon, später das eingegangene Eheversprechen als sponsalia de futuro zu werten und damit, falls Dissens vorliegt, dessen Auflösung zu verlangen. Doch auch das Gericht kann ein Verlöbnis je nachdem beurteilen, fehlt ihm nämlich das Instrumentarium, um ein klar fundiertes Urteil fällen zu können.

2. Das Eherecht in der Reformation

Da am Vorabend der Reformation das Eherecht zu einem Bestandteil des kirchlichen Rechts geworden ist, wie vorhin dargelegt, muss die Reformation zwangsläufig bei denjenigen Städten Veränderungen im Eherecht bringen, die sich dem neuen Glauben anschliessen.[1] Durch die Reformation fällt die Zuständigkeit des geistlichen Gerichts weg, wie auch die Rechtsverbindlichkeit des kanonischen Rechts. Eine eigene Gesetzgebung, mit der es möglich wird, den Mißständen des kanonischen Rechts Abhilfe zu schaffen, tritt an deren Stelle.

In diesem Kapitel sollen die grundlegend neuen Aspekte und deren Begründung im reformierten Eherecht kurz dargestellt werden. Hierbei beansprucht Zürich unter der tatkräftigen Führung Zwinglis mit der Einsetzung eines eigenen Ehegerichts am 10. Mai 1525 und mit dem Erlass neuer Mandate den Vorrang. Dass die weltliche Obrigkeit überhaupt in diesem Bereich gesetzgeberisch verbindlich tätig wird, lässt sich nur aus der Situation erklären, dass nach dem Wegfall der kirchlichen Autorität die Befugnis, kirchliche Ordnungen zu erlassen, an die jeweilige Obrigkeit gefallen ist, die sich zudem als von Gott eingesetzt betrachtet.[2] Ganz dem Geiste der Reformation gemäss werden die Satzungen soweit als immer möglich auf die Bibel zurückgeführt, gilt doch das Gotteswort als alleinige Richtschnur. Die Mandate sind im Ergebnis halb staatlicher, halb kirchlicher Natur und werden erst nach Anhörung der Geistlichen erlassen. Aus der besonderen Situation innerhalb der Eidgenossenschaft und der geistigen Führung Zwinglis ergibt sich, dass in den reformierten Orten der Eidgenossenschaft ein in der Hauptsache gemeinsames reformiertes Eherecht Platz greift,[3] während in den katholischen Orten das kanonische, allerdings mit den tridentinischen Änderungen, in Kraft bleibt. Der Bedeutung gemäss beschränken wir uns daher auf die zürcherische Ehesatzung von 1525.

Daraus geht vor allem hervor, dass - in Übereinstimmung mit dem germanisch-alemannischen und dem kanonischen Eherecht - die Verlo-

---

1 Für dieses Kapitel: Köhler I. Wehrli, Ehescheidung. Wyss, Eheschliessung, in: ZSR 20, 1878, 124-168. Ferner für Deutschland die sehr umfangreiche Untersuchung von Dieterich, Protestantisches Eherecht, der auch die weitere Entwicklung des protestantischen Eherechts im 17. Jahrhundert darstellt.

2 Zur Haltung verschiedener Reformatoren wie Bucer, Luther und anderen: Wendel, Le mariage à Strasbourg, 39-51. Dieterich, Protestantisches Eherecht, 24-74 und 75-108.
Man denke nur an Luthers Wort: Von Ehesachen (1530), 205: "... das die ehe ein eusserlich weltlich ding ist wie kleider und speise, haus und hoff, weltlicher oberkeit unterworffen ...".
Für Calvin sind Eherecht und Ehegericht eine "res mixta". Das Eherecht ist weder rein kirchlich noch rein obrigkeitlich, sondern eine Zusammenbindung von beiden. Köhler II, 663.

3 Zu dieser Entwicklung besonders: Köhler I.

bung als Eheschliessung betrachtet wird.[4] Das Beziehen der Ehe meint die Verlobung, die ohne das Eheversprechen ungültig ist. Dies ein klarer Versuch, die Zustände der Vorreformation zu beseitigen.[5] Die kirchliche Trauung bleibt dabei immer noch nicht unbedingt nötig, wie Bullinger dies in seiner Schrift Der Christlich Eestand (1548) ausdrückt. "Es sol ouch ein jetlichs die person, deren es vermählet ist, nit anders dann für sinen Eegemahel halten, wenn es glych mit im weder zur kilchen noch ze strass gangen ist."[6] Diese Auffassung findet Bestätigung in der Wirkung, welche die Mandate dem Eheversprechen geben. Aufhebung desselben steht zumindest im Prinzip der eigentlichen Scheidung sehr nahe. Sie muss, selbst wenn beide Teile dies verlangen, vom Ehegericht bewilligt werden. Noch in einem anderen wesentlichen Punkt wird ein misslicher Zustand des kanonischen Rechts zu beseitigen gesucht. Wenn nämlich Kinder, sei es aus eigenem Willen oder aus Anstiftung Dritter, ein Eheversprechen ohne Zustimmung ihrer Gewaltinhaber eingehen, wird dieses für ungültig erklärt, sofern diese es wünschen. Als Ausgleich dazu wird die Bestimmung eingeführt, dass die Kinder sich nach Erreichung einer gewissen Altersgrenze, in Zürich bei 20 Jahren für den Mann und 18 Jahren für das Mädchen, selbst, auch ohne Einwilligung, verheiraten dürfen. Den besten Kommentar zu dieser Bestimmung liefert Bullinger: "Und nimpt mich wunder was doch der Päbstleren bücher und geleerten gedacht habind, do sy geleert habend, die bewilligung beider Eelüten heffte allein und mache die eelich zusammenfügung ... so sye es ein unauflöslich band und mögend die eltern sy zwey nit mer von einandern trennen. So doch alle recht, die natürliche, Göttliche vorab und menschliche der eltern bewilligung zu ihrer kinden Ee erforderend."[7] Um weiter unten fortzufahren: "Hie söllend sich aber die eltern ires gewalts ouch nitt überheben oder missbruchen und die kind ... versumen ... In summa, die riemen söllend hie glych lang syn, also wie die kinder uff die elteren sähen und sy nit frävenlich verachten und verschupfen, also söllend die elteren ire kind nit jämerlich versetzen oder boslich und liederlich versuchen."[8]

Von der im kanonischen Recht so wichtigen Unterscheidung zwischen sponsalia de futuro und de praesenti finden sich in den

---

4 Was sich in der Terminologie zeigt. Das Eheversprechen heisst "die Ehe beziehen", und die Auflösung desselben wird als "Scheidung" bezeichnet.

5 Das zürcherische Mandat von 1525 wird 1527-1530 von Bern, St. Gallen, Glarus, teilweise Schaffhausen und Basel angenommen. Schliesslich hat Neuenburg 1536 das zürcherische Mandat fast wörtlich übersetzt. Wyss, Eheschliessung, in: ZSR 20, 1878, 128. Zu St. Gallen: Ziegler, Sitte und Moral, 45-52.

6 Bullinger, Der Christlich Eestand (1548), 58v.

7 Ebd., 11v-12r.

8 Ebd., 15r-15v.

reformierten Eherechten nur noch schwache Spuren.[9] Die Verlobung ist Schliessung der Ehe, mit ihr, das heisst mit dem Eheversprechen, nimmt die Ehe ihren Anfang. Die vollen Wirkungen der Ehe, das eheliche Güterrecht, beginnen damit aber noch nicht. Der weitere Akt, der jetzt im reformierten Eherecht propagiert wird, ist die kirchliche Trauung, die allerdings nur ein blosses Bestätigen vor aller Öffentlichkeit einer bereits vorhandenen Tatsache - nämlich der Ehe - ist. Die Trauung schafft damit nichts Neues, sondern legitimiert lediglich.[10] Diese Hervorhebung der Trauung ist nur möglich, weil in den reformierten Städten Staat und Kirche engstens miteinander verbunden sind, eine Verbindung, die letztlich ihren Ausdruck in der christlichen Obrigkeit findet, die beide grossen Verbände, Staat und Kirche, lenkt, denen aber gleichzeitig auch alle im Herrschaftsgebiet lebenden Menschen angehören. Dabei wird oft auch gleich eine Frist vorgegeben, innert der die Verlobten zur Trauung schreiten sollen. Dies hängt einmal damit zusammen, dass man den Parteien so wenig wie möglich Zeit zu vorehelichem Verkehr geben will,[11] dann aber verbirgt sich dahinter die Vorstellung, dass in der Zwischenzeit der Teufel zwischen die beiden Verlobten treten könnte. Wie dies Bullinger unmissverständlich zum Ausdruck bringt: "Und nach abgeredter Getäding [nach der Übereinkunft] ... sol der kilchgang und bywohnung nit lang ufzogen werden, damit der bös nit etwan bösen samen darzwüschend säye."[12] Die Frist beträgt in der Regel sechs bis acht Wochen, oder in älteren Mandaten steht oft einfach ohne Zeitlimite "unverzüglicher Kilchgang". Die kirchliche Trauung erhält damit dieselbe Funktion, wie sie vorreformatorisch die weltliche Trauung hatte. Sie ist feierliche Bestätigung der durch die Verlobung bereits geschlossenen Ehe vor der Gemeinde.

Eine weitere grundlegende Neuerung zum vorreformatorischen, kanonischen Recht liegt in der Neubewertung der Frage der Ehescheidung. Was Zwingli und sein Nachfolger Bullinger dabei formulieren, darf wohl als allgemeingültige Ansicht der schweizerischen Reformatoren gelten. Deshalb folgen anschliessend die Argumente des Reformators von Zürich. Wie wir sahen, ergibt sich aus dem sakralen Charakter der Ehe im kanonischen Recht ihre Unauflösbarkeit. Doch für Zwingli ist das Sakrament lediglich ein Symbol, das den Christen an das Heil erinnern soll, nicht wie für die katholische Lehre ein sichtbares Zeichen, das zum Empfang einer besonderen Gnade Gottes dient. Damit

---

9 Wyss, Eheschliessung, in: ZSR 20, 1878, 146.

10 Wehrli, Ehescheidung, 65.

11 Teil II, Kap. 7.3.5.

12 Bullinger, Der Christlich Eestand (1548), 59r. Diese Ansicht geht so weit, dass das Brautpaar bei der Trauung sich fest Arm in Arm halten, eng zusammenstehen oder knien muss, damit der Teufel nicht dazwischen treten kann. Artikel "Hochzeit", in: Handwörterbuch des deutschen Aberglaubens, 4, 171.

aber lehnt Zwingli die Sakramentsnatur der Ehe ab, womit auch zwangsläufig das die Ehescheidung verbietende Dogma wegfällt.[13] Da zudem die Bibel als unverfälschte Quelle dienen soll, ergibt sich gerade aus der richtigen Auslegung folgender Stelle des Matthäusevangeliums die Möglichkeit der Ehescheidung. Zwar sagt Christus in Matth. 19,6: "Quod ergo Deus coniunxit, homo non separet", um aber in Vers 9 anzufügen: "Dico autem vobis, quia quicumque dimiserit uxorem suam, nisi ob fornicationem, et aliam duxerit, moechatur."[14] Dieser Ausdruck "ob fornicationem" ist nun in der Tat entscheidend, denn er rechtfertigt nach reformatorischer Ansicht die Ehescheidung wegen Ehebruchs.

Die Reformatoren haben freilich noch ein anderes Anliegen, das bei ihren Überlegungen eine Rolle spielt. So geht es ihnen immer auch um die Hebung der Sittlichkeit, die sie durch die Praxis nach kanonischem Recht erheblich gefährdet sehen. So fussen die Gedanken der Reformatoren zur Ehescheidung auch auf dem, was Bullinger so formuliert: "Zum sechsten haben die Päpstler die Ee nach der schidung ouch dem unschuldigen wyter zebruchen versagt und abgestrickt, welches doch anders nüt gewesen ist, dann ein strick armen lüten an hals werffen und zu schanden und sünden ziehen. Dann die gescheidnen habend sich nit enthalten mögen, so hat man inen die Ee ouch nit wöllen erlouben, darumb sind sy mit gwalt zur huery genötet."[15] Da es im kanonischen Recht keine Scheidung nach dem Bande gibt, wohl aber das divortium quoad thorum et mensam, sehen die Reformatoren gerade darin eine Quelle der Unsittlichkeit.

Gibt es nun aber ausser dem Ehebruch noch andere Scheidungsgründe? Für Zwingli erwähnt die Bibel nur diesen ausdrücklich. Was aber nicht heisst, dass es nicht andere Gründe geben kann, besonders wenn es sich um schwerwiegende Gründe handelt. Denn nach jüdischer Sitte schliesst das Leichtere das Schwerwiegendere in sich ein.[16] Doch gilt es stets zu beachten, dass jeder Lösungsversuch aus dem Geist des Evangeliums erfolgen und dort auch seine Begründung finden muss. Doch können von Fall zu Fall zusätzlich praktische Überlegungen eine Rolle spielen. Doch hier beginnt das Feld, wo sich zwischen den verschiedenen städtischen Eherechten Unterschiede auftun, wir uns demnach dieser Frage weiter im Zusammenhang mit dem Schaffhauser Ehegericht widmen werden.

Festzuhalten sind die wesentlichen Neuerungen des reformatorischen Eherechts. Ein gültiges Eheversprechen bedarf der Zeugen,[17] die

---

13 Zwingli, De vera et falsa religione commentarius (1525), 762.

14 Zit. nach: Vulgata.

15 Bullinger, Der Christlich Eestand, 102v.

16 Staehelin, Ehescheidung, 50.

17 Das kanonische Recht verlangt nach dem Konzil von Trient 1563 ebenfalls die Anwesenheit von Zeugen für eine gültige Eheschliessung. Carlen, Rechtsgeschichte, 45.

Gewaltinhaber müssen dem Verlöbnis zustimmen, zumindest bis die Kinder eine gewisse Altersgrenze nicht überschritten haben, die kirchliche Trauung wird als Bestätigung des Eheversprechens vor der Gemeinde propagiert, um eine klare Unterscheidung zwischen Ehe und Konkubinat zu erhalten, und schliesslich die Einführung der Ehescheidung nach dem Band im Falle des Ehebruchs.[18] Übernommen wird von den Reformatoren die grundsätzliche Bedeutung des Eheversprechens als Eheschliessung.

---

18 Im katholischen Frankreich zum Beispiel wird die Scheidung nach dem Bande erst durch ein Dekret vom 20. September 1792, also im Zuge der französischen Revolution, eingeführt. Phillips, Le divorce en France, in: Annales 34, 1979, 385 und 393.

3. Das Eherecht in Schaffhausen

3.1. Das vorreformatorische Eherecht in der Stadt Schaffhausen

Solange sich Schaffhausen nicht der Reformation anschliesst, behält in der Stadt folgerichtig das kanonische Eherecht seine Gültigkeit und bleibt Konstanz der Gerichtsort für solcherlei Fälle. Je mehr sich aber im Laufe der Entwicklung die städtische Bürgerschaft von der geistlichen Herrschaft des Abtes vom Kloster Allerheiligen emanzipiert und ihre eigenen Rechte einfordert, desto eher müssen sich Konfliktstellen auch in gerichtlichen Belangen zeigen, sind doch die Interessen der Geistlichkeit mit denen der städtischen Bürger und Handwerker, Schaffhausen besitzt seit 1411 eine Zunftverfassung, nicht zwingend dekkungsgleich.[1] Vielmehr ist zu erwarten, dass der Rat, zunehmend wichtigste Körperschaft der Stadt und deren politische Entwicklung bestimmend, versucht, auf Kosten der bischöflichen Jurisdiktionsgewalt zu Konstanz eine eigene aufzubauen und diese mit dem Argument der Kostenersparnis zu propagieren.[2]

Blickt man allerdings auf die Quellen, stellt sich ein etwas differenzierteres Bild dar.[3] So findet sich im Stadtbuch ein Beschluss vom 2. Januar 1378, dass bei Eheklagen eine Busse von 10 Mark Silber erhoben werde, es sei denn, die Klage werde zu Konstanz vorgebracht.[4] In diesem Falle verzichte der Rat auf die Busse. Ist es angebracht anzunehmen, mit der hohen Busse sollen die Parteien angehalten werden, vor das geistliche Gericht zu ziehen, denn nur in diesem Fall entfällt die Busse? Freilich dürfte auch Konstanz eine Busse ausgesprochen haben. Sicher aber befasst sich der Rat bereits zu diesem Datum mit eherechtlichen Fragen. Es dauert dann aber bis zum 24. Februar 1412, bis sich ein weiterer Eintrag ins Stadtbuch findet. Dort wird kategorisch erklärt, dass eine Streitsache gleichgültig welcher Art vor dem Rat oder dem Gericht in Schaffhausen ausgetragen werden müsse und kein anderes Gericht, "gaistlichs noch weltlichs", angerufen werden dürfe.[5] Ist dieses Selbstvertrauen ein Resultat der 1411 eingeführten Zunftverfassung? In jedem Fall müsste angenommen werden, dass diese Verfügung auch für ehegerichtliche Fragen Gültigkeit hat, das bischöfliche Gericht als nicht mehr zuständig erklärt wird. 1469 beschliesst

---

1 Es kann hier nur um die grossen Linien gehen. Zur geschichtlichen Entwicklung: Schib, Geschichte, 195-257.
Leu, Schaffhausen. Werner, Verfassungsgeschichte.

2 Dies ist in Zürich der Fall. Köhler I, 1-27.

3 Die Quellenlage ist dürftig und damit das Bild notgedrungen lückenhaft.

4 Stadtbuch, Nr. 91, 55f.

5 Stadtbuch, Nr. 59, 38f.

der Rat nach der Chronik Harders, wer des Ehebruchs überführt werde, dürfe weder in den Rat noch in ein Gericht gewählt werden.[6] Und 1526 wird verlangt, die Ehe mit dem Kirchgang zu bestätigen.[7] Dies wäre in der Tat eine beträchtliche Änderung zu den damals für Schaffhausen immer noch geltenden kanonischen Gepflogenheiten und nähme die spätere nachreformatorische Entwicklung vorweg. Trotz der spärlichen Informationen mag sich die Einmischung des Rates in die ehegerichtliche Materie zumindest ansatzweise erhellen. Der Rat erlässt von Fall zu Fall diesbezügliche Verordnungen und überlässt die gesetzliche Regelung nicht mehr allein dem kanonischen Recht.

Betrachtet der Leser aber die Praxis, zu der in den RP einige Fälle auftauchen, so stellt sich das Bild wieder etwas anders dar. Am 19. März 1494 werden Micheln Funkenhusern und seine Frau nach Konstanz gewiesen.[8] Ebenso am 1. Juni 1496 Berchtold Stemmer und seine Frau,[9] ja noch am 29. Januar 1529, also nur einige Monate vor der Einführung der Reformation, weist der Rat eine klagende Partei nach Radolfzell, wo sich damals das geistliche Gericht aufhält.[10] Getreulich der Kompetenz des geistlichen Gerichts werden die Parteien abgewiesen, da sich der Rat für nicht zuständig erklärt. Dies trotz der Verfügung von 1412. Der Rat entscheidet höchstens über güterrechtliche Auseinandersetzungen, nachdem die Parteien vom geistlichen Gericht getrennt worden sind.[11] Oder er befindet über die Kostenersatzansprüche, ohne ein Urteil in der strittigen Ehesache abzugeben.[12] Hier ist die Zuständigkeit des geistlichen Gerichts ganz offenbar nicht in Zweifel gezogen, selbst nicht, nachdem Zürich 1525 ein eigenes Ehegericht einführt, an das auch Schaffhauser Parteien gelangen.[13] Zumindest erscheint es so, dass die offizielle Haltung Schaffhausens, also der Rat, dem geistlichen Gericht nicht ablehnend gegenübersteht. Die wenigen Fälle vor Zürcher Gericht sind vielleicht solche, bei denen die Parteien von sich aus nach Zürich gelangen, sicherlich aber muss ihre Gesamtzahl höher veranschlagt

---

6 Harder, Chronik 3, 61f. 22. Mai 1469. Dies weist auf die späteren Strafsanktionen hin. Kap. 3.2.

7 Harder, Chronik 4, 78f. 16. Februar 1526.

8 RP 3, 133.

9 RP 4, 17.

10 RP 7, 223.
Nach Harder, Chronik 4, 106. wird am Freitag vor Lichtmess 1528 (31. Januar) ein Hutmacher vom Rat wegen Ehebruchs mit 10 Gulden gebüsst, während dieser am Donnerstag nach Bartholomaeus (27. August) eine Frau desselben Vergehens wegen drei Meilen von der Stadt verweist.

11 25. April 1525; RP 6, 259.

12 4. August 1525; RP 6, 291. "... das baidtail zu Costanz vor gaistlichem gericht da bishar die hendel geübt sind luterung empfachen söllen ...".

13 Köhler I, 207. zählt fünf Fälle von 1525 bis 1530.

werden.[14] Wir stellen demnach eine gewisse Diskrepanz zwischen den Erlassen des Rates und der von ihm selbst geübten Praxis fest. Es macht den Anschein, als habe den Rat in der Praxis sein eigener Mut verlassen und ihn seine zurückhaltend konservative Politik veranlasst, an der überkommenen Kompetenzverteilung festzuhalten.[15]

Sicher ist aber, dass neben Konstanz seit 1525 auch Zürich Schaffhauser Fälle behandelt, wir es also mit zwei sich konkurrenzierenden Gerichten zu tun haben. Dieser Zustand wird erst mit der Annahme der Reformation, der Schaffung eines eigenen Ehegerichts und eigener, vollumfänglicher Ehegesetzgebung behoben.

14 Wir können daher nicht die Einschätzung von Rüedi, Das geistliche Gericht zu Konstanz, in: SHB 27, 1950, 119. teilen, dass sich in den fünf Fällen aus Schaffhausen ein untrügliches Anzeichen zum endgültigen Abbruch der Beziehungen zum Konstanzer Gericht zeige. Nach allem, was wir wissen, trifft für Schaffhausen auch nicht zu, was Rost, Ehescheidung, 10. für Zürich sagt, dass in der Zeit vor Zwingli keine einheitliche Praxis in Zürich herrscht. Dort entscheidet offenbar der Rat oder Konstanz, je nach Gelegenheit, eine Ehesache. Der Rat von Schaffhausen scheint da zurückhaltender.

15 Der Leser vergleiche nur das unentschiedene Lavieren des Rates in der Frage der endgültigen Einführung der Reformation. Schib, Geschichte, 257-276. Wipf, Reformationsgeschichte, 223-271.

3.2. Das reformatorische Eherecht im Stadtstaat Schaffhausen

Am 29. September 1529 beschliessen der Kleine und der Grosse Rat von Schaffhausen die endgültige Einführung der Reformation.[1] Wie in den anderen protestantisch gewordenen Städten bedeutet dies eine Neuordnung des kirchlichen und zumindest teilweise auch des politischen Lebens, fällt doch die Zuständigkeit des Bischofs von Konstanz in Fragen des Eherechts und seiner Rechtsprechung dahin. Daraus ergibt sich zwangsläufig die Notwendigkeit, einen adäquaten Ersatz zu schaffen in Form eines eigenen Eherechts und als dessen ausführendes Organ ein eigenes Ehegericht.[2] Wie nahtlos dabei der Übergang von der bischöflichen Jurisdiktionsgewalt zur stadtstaatlichen abläuft, mag die um die Jahreswende 1529/30 entstandene Schaffhauser Reformationsordnung zeigen, enthält sie nämlich bereits Bestimmungen "Vom Ehelichen Leben".[3] Ihr Inhalt entspricht sehr genau der Basler Reformationsordnung vom 1. April 1529, was ohne Zweifel auf eine direkte Beeinflussung von seiten Basels schliessen lässt.[4]

Die in der Reformationsordnung gemachten Satzungen bezüglich der Ehesachen dienen in der Folge als Grundlage für die erste Schaffhauser Ehegerichtsordnung von 1530, die mit ziemlicher Sicherheit zwischen dem 27. Januar 1530, dem ersten Gerichtstag des neu geschaffenen Ehegerichts, und dem 11. Februar 1530 verfertigt wird.[5] Ob diese erste EGO bereits einmal jährlich in den Kirchen dem Volk "publiziert", also von der Kanzel verlesen wird, bleibt fraglich.[6] Es zeigt sich, dass die Bestimmungen der ersten EGO von 1530 gegenüber der Reformationsordnung stark erweitert und zudem eher den praktischen

---

1 Wipf, Reformationsgeschichte, 271-301. Pfister II, 106-112. Schib, Geschichte, 257-276. Schwab, Grundlagen, 104-137.

2 In diesem Kapitel werden nur die rechtlichen Aspekte behandelt. Andere, die Schaffung und Organisation des Ehegerichts betreffende Fragen finden sich in Teil II, Kap. 5 und 6.

3 Die Reformationsordnung ist hg. von Rüsch, in: SHB 56, 1979, 5-27. Zur Datierung: Ebd., 6f.

4 Dazu: Ebd., 17-22. mit den jeweiligen Anmerkungen. Zum Verhältnis der Ehegesetzgebung Schaffhausens zu Zürich und Basel: Köhler I, 357-364.

5 Wir folgen der Datierung, wie sie SHB 56, 1979, 6f. bietet. Die EGO von 1530 (1529) ist hg. von Wipf, in: Zwingliana 2, 1925, 289-296.

6 Harder, Chronik 4, 225. nennt als erstmaliges Datum der öffentlichen Verlesung 1561. Diese Angabe ist wahrscheinlich falsch, denn wir lesen in einem Synodalmemorial von 1532: "Zum achtenden hand ir eben als ain artickel und verbott lassen ussgon von hury und ebruch, denselben an offner cantzel lassen verlesen." Hg. von Lieb und Schib, in: SHB 48, 1971, 147. Es spricht sehr viel dafür, dass mit dem erwähnten "artickel" die EGO von 1530 gemeint ist.

Bedürfnissen angepasst sind. Auch sind die einzelnen Punkte übersichtlicher geordnet und numeriert.[7]

Die eigentliche Satzung beginnt mit dem Verbot der Hurerei. "Erstlich soll menglich, gaistlich oder weltlich, hinfür huri miden."[8] Dazu gehört die Freigabe der Ehe, der Zölibatszwang wird aufgehoben.[9] Die Ehe soll nicht im Scherz, sondern nach reiflicher Überlegung und mit fester Absicht geschlossen werden.[10] Dies ist ein Zeichen der hohen Wertschätzung der Ehe im reformatorischen Denken. Auch der folgende Artikel atmet ganz unverkennbar reformatorisches Anliegen.[11] "Zum driten soll kain kind, namlich mans person sins alters vor 18 jaren, und wibs person vor 16 jaren sich one gunst, wissen und willen siner vater und muter und ob es die nit het, siner grossvater, grossmuter und vögt der ee begeben ...".[12] Die ohne Zustimmung geschlossene Minderjährigenverlobung ist also ungültig. Wobei die vollzogene copula carnalis, wenn darauf die Zustimmung der Eltern nicht erfolgt, daran nichts ändert. Der Knabe muss dann der Tochter lediglich eine Morgengabe geben "nach des egerichts erkantnus."[13] Allerdings bleibt es den Eltern unbenommen, die solcherweise ungehorsamen Kinder zu enterben oder den gehorsamen zusätzliche Güter zuzuweisen. Folgerichtig sollen Kuppler, welche eine Ehe gegen den Willen und ohne Wissen der Gewaltinhaber vermitteln, gestraft werden. Auch dabei hat das Gericht grossen Spielraum, heisst es nämlich lediglich "... die sollen unser erichter ie nach gstalt der sach wie sy bedunckt strafen".[14] Eine Einschränkung allerdings gibt es, doch ist auch sie Ausdruck reformatorischen Anliegens. So ist es den

---

7 Dies könnte auch darauf hindeuten, dass jeweils nicht die ganze EGO verlesen wird, wie dies Wehrli, Ehescheidung, 69. für die Praxis in Zürich feststellt. Der Grund dafür liegt nach Wehrli darin, dass der Böswillige die Kenntnis des Gesetzes, speziell der Ehescheidungsnormen, zu seinem Vorteil ausnützen könnte. In der EGO von 1595, AE 2. sind einzelne Abschnitte zum Ehebruch, zur Desertion und zur unehelichen Schwangerschaft markiert und mit der Bemerkung versehen, dass sie nicht gelesen, d.h. wohl öffentlich verlesen, werden sollen.

8 Zwingliana 2, 1925, 293. Die materiellen Satzungen: Ebd., 293-296.
Bereits 1527, vielleicht unter dem Eindruck der Reformation in Zürich, wobei dies nur Vermutung bleibt, beschliesst der Rat, "das all die, Sy sigent Priester ordens lüt oder weltlich Personen So namlich unerlich sizend Ire metzen In ainem monat den nechsten abfertigen, von Inn hinwegthun söllind". Ordnungen A 5, 56.

9 Zwingliana 2, 1925, 293. Dies ganz im reformatorischen Sinne, um die Missbräuche zu beheben. Es ist interessant zu beobachten, wie offenbar noch im 17. Jahrhundert im Volk Eindrücke damaliger Zustände wach sind. Hinweise darauf finden sich in den EGP vom 12. August 1628; EGP 5, 6. und 24. Oktober 1629; EGP 5, 43.

10 Zwingliana 2, 1925, 293.

11 Kap. 2.

12 Zwingliana 2, 1925, 293. Die Altersgrenze stellt eine beträchtliche Anpassung an die Realität dar. In der Reformationsordnung liegt sie nämlich noch bei 24 Jahren für den Mann und 20 Jahren für die Frau. Vgl. Basel 1532: 20 resp. 18 Jahre.

13 Zwingliana 2, 1925, 293.

14 Zwingliana 2, 1925, 293.

Gewaltinhabern untersagt, die Ehe der Kinder zu lange hinauszuzögern, wenn sie den Willen der Kinder spüren. Vermählen sich diese nämlich trotzdem, so bleiben sie ungestraft. Wird eine Jungfrau von einem Ledigen geschwängert, ohne diesen zum Beischlaf verleitet zu haben, so kann sie auf die Ehe klagen, doch ist es den Eherichtern überlassen, eine solche Klage zu befürworten oder nicht. Die Eherichter sollen "... ie nach gstalt und glegenhait der sach und person darinn zu urtailen gwalt haben."[15] Wobei der Eheanspruch der geschwängerten Tochter innert Monatsfrist vor Ehegericht vorgebracht werden muss, sonst ist er bereits verjährt. Ist aber die Tochter selbst für die Schwängerung verantwortlich, indem sie den Knaben verführt hat, so muss der Schwängerer ihr lediglich ein Paar Schuhe geben.[16] Schliesslich macht die EGO keinen Unterschied zwischen Einheimischen und Fremden. Das Gericht steht für solche Ansprüche jedem offen.[17]

In einem nächsten Abschnitt werden Vorschriften erlassen, wie sich Heiratswillige zu verhalten haben. Zunächst sollen sie sich beim zuständigen Pfarrer melden, der das Paar dann verkünden muss. Nach der Verkündung haben sie innert acht Tagen zu heiraten. Geschieht kein Kirchgang "... so würden die kind von inen geboren nit fur elich erkent noch angnomen".[18] Hier sind wir an einem aufschlussreichen Punkt, wird doch versucht, mit einer massiven Strafandrohung den Kirchgang als Obligatorium durchzusetzen. Schaffhausen geht hierbei weit über das bereits bestehende reformatorische Eherecht hinaus.[19] Nicht die copula carnalis soll die Ehe in ihren vollen rechtlichen Wirkungen bestätigen, sondern der von der Obrigkeit verordnete Kirchgang. Dass die Kinder aus einer solchen nicht öffentlich eingesegneten Ehe unehelich sein sollen, ist eine rechtliche Ungeheuerlichkeit, die sich selbst nur aus dem Dilemma zwischen dem Recht der Vergangenheit und der Forderung der Gegenwart erklärt. Dabei gilt es zu berücksichtigen, dass nur das eheliche Kind aktiv und passiv voll erbfähig ist. Dagegen ist die Stellung des unehelichen schlecht. Häufig kann es persönlich nicht Erbe sein. Auch der Eintritt in eine Zunft ist ihm versagt, was heisst, dass es ihm nicht möglich ist, ein Gewerbe auszuüben.[20] Zum andern lässt sich vielleicht an dieser besonderen Bestimmung auch die Überschaubarkeit

---

15 Zwingliana 2, 1925, 294. Bei dieser Bestimmung mögen auch schlechte Erfahrungen Zürichs mit einem generellen Klagerecht auf die Ehe mitgespielt haben. Köhler I, 85f.

16 Zwingliana 2, 1925, 294. Bei dieser Regelung kann Zürich als Vorbild im Spiel sein. Köhler I, 90.

17 Zwingliana 2, 1925, 294. Vgl. Teil II, Kap. 7.I.

18 Zwingliana 2, 1925, 294.

19 Kap. 2. Köhler I, 36I. meint dazu: "eine für die damalige Zeit einzigartige Bestimmung."

20 Carlen, Rechtsgeschichte, 47. Zellweger, Stellung des ausserehelichen Kindes, 131-134.

der Verhältnisse in Schaffhausen ablesen, die eine solch drastische Verordnung durchsetzbar erscheinen lässt.

Ein weiterer Punkt handelt von der Impotenz und zielt eindeutig auf in der Praxis vorkommenden Missbrauch. Werden nämlich zwei Ehegatten wegen angeblicher Impotenz des Mannes auf Klage der Frau hin geschieden "und der man sich mit ainer andern frowen, bi der er kindli uberkompt, versicht ...",[21] soll der klagende Teil mit hoher Strafe belegt werden.

Schliesslich folgen die Bestimmungen bezüglich des Ehebruchs. Zur Vermeidung von Arglist wird verfügt, "das kain egemachel den andern us aignem willen und gwalt von ebruchs wegen verlassen müg, dann kainer in aigner sach sin selbs richter sin"[22] solle. Der einzelne Gatte darf sich also nicht, bevor ein richterlicher Spruch ergangen ist, wiederverheiraten. Dies wird als Ehebruch gestraft. Die Wiederverheiratung darf nur mit Zustimmung des Gerichts geschehen.[23] Bewusst gewollter Ehebruch "... umb des willen, das er sins gmachels möchte ledig werden" wird bestraft "...inmassen, das er welt, er hets underlassen".[24] Zänkische Ehepaare, die zudem noch verdächtigt werden, in Ehebruch miteinander zu leben, oder Konkubinatspaare, welche ein Kind zusammen haben, sollen von den Eherichtern ermahnt werden, sich zu bessern.[25] Tun sie dies nicht, so werden sie vor Bürgermeister und Rat gewiesen, der sie mit Gefängnis oder Landesverweisung bestrafen darf. Mit ledigen Huren und anderen verdächtigen Personen solle auf die gleiche Weise verfahren werden.[26]

Der letzte Artikel befasst sich mit dem Ehebruch selbst. Wird jemandem der Ehebruch schlüssig nachgewiesen, soll er "... von des hern nachtmal ussgeschlossen sin, sonder ouch dero kainer zu kainem ern ampt oder stand gnomen werden".[27] Wer also in Amt und Würden steht, soll diese verlieren, ein des Ehebruchs überführter Pfarrer auch seine Pfründe. Doch besonders schwer dürfte der Kirchenbann wiegen, den das Ehegericht gegen den Ehebrecher verhängen soll.[28] Selbstverständlich kommt zu diesen Massnahmen auch noch Gefängnis. Dabei wird die Haftdauer ganz in das Ermessen der Richter gestellt.[29] Bei Wieder-

---

21 Zwingliana 2, 1925, 295.

22 Zwingliana 2, 1925, 295. Dies ist die kanonische Haltung. Eigenmächtiges Vorgehen ohne richterlichen Spruch wird dort abgelehnt. Rost, Ehescheidung, 8.

23 Zwingliana 2, 1925, 295.

24 Zwingliana 2, 1925, 295.

25 Zwingliana 2, 1925, 295.

26 Zwingliana 2, 1925, 295.

27 Zwingliana 2, 1925, 295.
Wehrli, Ehescheidung, 76. Diese Sanktionen gelten auch für Zürich.

28 Köhler I, 363: "Erinnert nicht sowohl an Zürich als vielmehr an Basel." Für weitere Information: Teil II, Kap. 7.3.9.2.

29 Zwingliana 2, 1925, 296. Dazu auch: Teil II, Kap. 7.3.9.1.

holung des Ehebruchs folgt die Verdoppelung der Strafe, bei dreifachem Ehebruch behält sich der Rat selbst die Bestrafung vor.[30] Dieser, als oberste Gewalt im Stadtstaat Schaffhausen, reserviert sich zudem das Recht, "... die artickel zumeren und mindern, wie uns ie bedunkt gut sin".[31]

Überblickt man diese erste EGO von 1530, so zeigt sie sich als Produkt einer christlichen Stadtgemeinde. Dies obschon sie keine spezifisch kirchlichen Züge trägt, die etwa zu einer Spannung mit der Obrigkeit hätten führen können. Selbst der Ausschluss vom Abendmahl erfolgt auf obrigkeitlichen Befehl. Daneben besitzen die Eherichter weitgehenden Spielraum, auch was die Strafzumessung anlangt. Die ehegerichtliche Jurisdiktion, die ehedem in den Händen des Bischofs von Konstanz beziehungsweise der Offizialsbehörde lag, ist damit vollständig im christlichen Organismus des kirchenrechtlich unabhängigen Stadtstaates Schaffhausen aufgegangen.

Wie oft der Rat von Schaffhausen in den folgenden Jahrzehnten von seiner gesetzgeberischen Kompetenz in Ehesachen Gebrauch macht, erhellt sich leider nicht vollständig. Immerhin aber findet sich eine EGO aus dem Jahre 1552 mit späteren Zusätzen.[32] Diese EGO ist bereits wesentlich umfangreicher als die vorherige, was die zunehmende Tendenz zu immer weitgehenderer Reglementierung zeigt,[33] wobei auch der Spielraum der Richter eine kontinuierliche Einengung erfährt. An dieser Stelle sei nur auf einige Neuerungen zur EGO von 1530 verwiesen.

Am Beginn lesen wir die gutreformatorische Verfügung, des Ehebruchs Verdächtige seien "vätterlich und fründtlich Ires ergerlichen wäsens abzestan zunermanen".[34] Die Strafen für des Ehebruchs überführte Frauen sind genau spezifiziert. So dürfen diese an keinen

---

30 Zwingliana 2, 1925, 296: "der soll dann fürter nach unser burgermaister und ratz erkantnus gstrafft werden ...".

31 Zwingliana 2, 1925, 296.

32 AE I. Es handelt sich offenbar um das persönliche Exemplar des Ehegerichtsschreibers Jsaac Peyer, das dieser 1559 anlegt. Deshalb fehlen wohl auch die sonst üblichen einleitenden Worte der Gnädigen Herren zum Zustand der Sittlichkeit. Die Nachfolger Peyers als Gerichtsschreiber tragen weitere Zusätze und spätere EGO ein. Von der EGO von 1552 existiert eine gekürzte Abschrift aus dem 18. Jahrhundert: Ordnungen A 17, 235-244.

33 Am 10. Juni und 15. Juli 1533 treffen sich in Zürich Abgesandte der Städte Bern, Basel, St. Gallen und Schaffhausen, um auf Anregung Zürichs über ein gemeinsames Eherecht zu beraten. Doch besitzen die Vertreter Schaffhausens keine Vollmacht, im Namen ihrer Stadt dieses gemeinsame Eherecht anzunehmen. Damit ist es fraglich, ob diese gemeinsamen Satzungen jemals in Schaffhausen Anwendung finden. Allerdings zeigt ein Vergleich zwischen ihrem Inhalt und Wortlaut mit der hier besprochenen EGO von 1552, dass eine sehr grosse Verwandtschaft besteht. Köhler I, 417-441. Eine Abschrift dieses Abschiedes von 1533 findet sich denn auch: AE I, 21-28, was es wahrscheinlich macht, dass Schaffhausen doch diese Satzungen übernimmt.

34 AE I, 1.

Hochzeiten und anderen Gesellschaften als Gäste teilnehmen. "Darzu kein gold, siden gewandt, geschmid und gezierde, oder eynich kleydung mit syden belegt tragen."[35] Der nach einem Ehebruch unschuldig geschiedene Eheteil darf erst nach Ablauf eines Jahres wieder heiraten, und auch dann muss zuvor die Bewilligung des Gerichts eingeholt werden. "Damit ouch niemand uss dem Eebruch vortheyl empfach."[36] Schuldig Geschiedene dürfen gar nicht mehr heiraten. Zum Abschluss eines gültigen Eheversprechens sind zwei Zeugen nötig, wobei das Mindestalter für den Bräutigam bei 20 Jahren, dasjenige für die Braut bei 18 Jahren liegt.[37] Dann finden sich ausführliche Verhaltensmassregeln bei Ehezerwürfnissen und vor allem bei böswilligem Verlassen. Können sich die Eheleute wirklich nicht mehr vertragen, dann sollen sie sich vor Ehegericht einstellen. Liegt aber böswilliges Verlassen vor, finden sich detaillierte Vorgehensregeln für das Gericht und den verlassenen Eheteil selbst. Dieser solle "... dem abschweyffenden uf eyn bestimpten tag sicher gelaydt zum rechten, und widerumb darvon geben, mit der warnung: es komme oder belybe uss, dass dest minder nit Im rechten fürgefaren ... werd".[38] Erscheine der Desertierende nicht und habe der klagende Teil den Richtern glaubhaft gemacht, dem Desertor sei die Vorladung "zu wüssen kommen", so "mögend sy Im zu ye dry tagen und sechs wuchen, durch druw offene Edict zum drittenmal, doch nit mer personlich under augen, sonderen an offenen plätz ald kilchthüren, abermaln mit warnung, wie obstat, zum rechten verkünden ...".[39] Das solcherart beschriebene Zitationsverfahren stellt das damals allgemein übliche dar und bietet im Vergleich zur EGO von 1530 eine wesentliche Ergänzung. Auch bezüglich der zugelassenen Scheidungsgründe ist 1552 bedeutend ausführlicher, so werden neben dem Ehebruch, was selbstverständlich ist, auch "... ussetzigkeyt, wütigkeyt, und unsynnigkeyt, dessglichen der unvermöglichkeyt und kalter nadtur halb [d. h. Impotenz] ..."[40] aufgeführt. Doch soll das Gericht bei so gelagerten Fällen, bevor es ein Urteil fällt, "hilff und Rath der artzen durch nadtürliche artzny, und ander fügliche mittel" suchen.[41]

---

35 AE I, 3.

36 AE I, 9.

37 AE I, 11.

38 AE I, 7.

39 AE I, 7. Auch: Kap. 7.3.3.2.

40 AE I, 6.
Staehelin, Ehescheidung, 144. Basel kennt Geisteskrankheit als Scheidungsgrund nicht.

41 AE I, 6.
Guggenbühl, Gerichtliche Medizin, 63. Die EGO von 1532 und 1535 in Basel verlangen bereits die Einholung von Sachverständigenrat der Ärzte.
Wehrli, Ehescheidung, 70f. und Köhler I, 56f. belegen dasselbe Vorgehen am Ehegericht von Zürich. Köhler I, 340. für Bern, das ebenfalls den Rat der Ärzte einholt und erst nach einjähriger Wartefrist die Scheidung ausspricht.

Um möglichem Missbrauch vorzubeugen, ist das Gericht also gehalten, Sachverständigenrat einzuholen. Auch dies eine Neuerung zu 1530. Ebenfalls die einjährige Wartefrist für den wegen Ehebruchs unschuldig geschiedenen Teil, ehe er sich wieder verheiraten darf. Der Grund dafür liegt in der Unwilligkeit des Gerichts, eine Scheidung auszusprechen.[42] So soll die Wartefrist dazu dienen "... ob villeicht das schuldig mittler Zeyt widerumb gnad fynden" würde.[43] Verzeiht demnach der unschuldige Teil während dieser Zeit dem ehebrecherischen, so kann eine endgültige Scheidung vermieden werden. Die EGO von 1562 ist substantiell zur EGO von 1552 beinahe identisch und weist nur kleine Änderungen auf in Richtung weiterer Reglementierung.[44] Anders bei der EGO von 1595, wo als wirkliche Neuerung verschiedene Verfügungen auftauchen, so zum Beispiel:[45] die Pfarrer hätten die Namen der Heiratswilligen aufzuschreiben, zudem dürften sie ohne Erlaubnis keine Fremden trauen. Gemildert wird die Bestimmung für wegen Ehebruchs Geschiedene. Unschuldige dürfen von sich aus, also ohne vorher die gerichtliche Erlaubnis einzuholen, wieder heiraten, Schuldige nur nach vorheriger Bewilligung durch das Gericht. Erneut findet sich die Forderung, dass bei Abschluss des Eheversprechens mindestens zwei Zeugen anwesend sein müssen, was wohl zeigt, dass in der Praxis Missbräuche recht häufig sind.[46] Fehlen die Zeugen, ist das Eheversprechen ungültig. Die Forderung nach Zeugen ist im Vergleich zur EGO von 1530 neu, was umso mehr erstaunt, da Zeugen in der Reformationsordnung, die ja als Grundlage der ersten EGO dient, ausdrücklich verlangt werden. So heisst es da, das Eheversprechen gelte nur, wenn es "... in gegenwirtigkeit ufs mindest zwayer oder dreyer erbarer Mannen ..." geschlossen werde.[47] Weshalb diese Bestimmung in der EGO von 1530 fehlt, leuchtet nicht ganz ein, ist es doch eine zentrale Forderung der Reformatoren, um Winkelehen zu vermeiden und zu beseitigen. Neu eingeführt wird die Strafe für vorehelichen Beischlaf, nämlich das Verbot, Kranz und Schappel bei der Trauung in der Kirche zu tragen,[48] wozu gleich die entsprechenden Bussgeldbeträge aufgeführt sind. 10 Gulden für den Fall, dass die Brautleute doch den Schappel tragen, 5 Gulden, wenn sie darauf verzichten und somit für alle sichtbar zu erkennen geben, vorehelichen

---

42 Teil II, Kap. 7.3.3.1.

43 AE I, 9.

44 AE I, unpaginiert.

45 AE I, unpaginiert.

46 Teil II, Kap. 7.3.1.1. und 7.3.1.2.

47 Reformationsordnung, in: SHB 56, 1979, 17.

48 Schon Zwingli erklärt den Beischlaf zwischen Verlobten für strafbar. Das Vergehen bedeutet allerdings keine Unzucht, trotzdem ist es busswürdig. Dies übrigens im Gegensatz zum vortridentinischen kanonischen Eherecht, das den Beischlaf ante nuptias gestattete. Bänninger, Untersuchungen, 25.

Beischlaf verübt zu haben,[49] gilt doch der Kranz und der Schappel als Zeichen der Jungfräulichkeit.[50] In der Praxis, und darauf deuten die festgeschriebenen Bussen bereits hin, ist eben gerade der voreheliche Beischlaf sehr häufig, wird er doch offenbar noch immer im Volk als eigentliche Bestätigung der Ehe betrachtet, setzen sich also die hohen moralischen Ansprüche der Reformatoren nur sehr zögernd durch.[51] Deshalb wohl hier dieser weitere Versuch, den Kirchgang als ehebestätigendes Moment festzusetzen.

Eine weitere vollständige EGO findet sich, allerdings nur in einer Abschrift aus dem 18. Jahrhundert, mit der Datierung 18. Mai 1637.[52] Wie kaum anders zu erwarten, fällt sie umfangreicher aus als die vorangehenden EGO. Wieder aufgenommen wird die Forderung nach Einwilligung der Gewaltinhaber, also der Eltern oder der Vögte.[53] Kuppelei bleibt verboten, doch mit der ausdrücklichen Aufforderung "und welcher Burger oder Burgerin, solches vernehm oder sehe, dass sollen Sie den Eherichtern anzeigen".[54] Dieser Passus ist insofern bemerkenswert, findet sich doch hier eine unmissverständliche Einladung zur Denunziation an alle Bürger gerichtet.[55] Dies ist aber nur ein weiteres Zeichen für die Tendenz, eine möglichst lückenlose Kontrolle von seiten der Obrigkeit über das städtische Gemeinwesen und die Untertanen auszuüben. In diesem Geiste werden auch die Bestimmungen zur Eheverkündung verschärft. Erneut wird verfügt, blosse Verkündung zweier Verlobter reiche nicht mehr aus, sondern der Pfarrer wird zusätzlich angewiesen, die Verlobten aufzuschreiben und keine solchen aus einer anderen Pfarrei ohne Erlaubnis zu verheiraten.[56] Eine Anordnung, die eindeutig darauf zielt, in der Praxis vorkommende Heiraten, welche nicht in der Wohnsitzgemeinde der Brautleute

---

49 AE 3, unpaginiert, EGO vom 16. Mai 1595. Hierbei handelt es sich um eine andere Fassung, als die in AE 1 erhaltene.

50 Braun, Schäppel, in: Forschungen und Berichte zur Volkskunde in Baden-Württemberg, 1971-1973, 165-171. Der Schäppel ist in der Eidgenossenschaft anfangs des 17. Jahrhunderts stark verbreitet, wobei der Klettgauer Schäppel als der umfangreichste gilt. Das Wort Schäppel geht auf das mhd. "schapel" zurück, das "Kranz von Laub, Blumen ... als Kopfschmuck, insbesondere der Jungfrauen bedeutet." Birlinger, Volksthümliches Schwaben, 222. meint allgemein, diese Strafe im Falle des vorehelichen Beischlafs sei "allbekannt allerorten".

51 Teil II, Kap. 7.3.5.

52 Ordnungen A 6, 591r-596v.

53 Ordnungen A 6, 591v. "Wo aber Vatter, Mutter nicht wärind, sollen Grossvatter und Grossmutter gefragt werden, und ohne derselben willen die Ehe nicht gelten."

54 Ebd., 592v.

55 Was bei den kleinstädtisch engen Verhältnissen in Schaffhausen, wo jeder von jedem alles zu wissen meint, nicht unproblematisch ist.

56 Ordnungen A 6, 592v. Diese Forderung taucht freilich bereits in der EGO von 1595 auf. AE 1, unpaginiert.

stattfinden, zu verhindern.[57] Als weitere Neuerung wird ein Brautexamen eingeführt, "... das alle die Jenige Persohnen so Ihr bezogne Ehe angeregtem Christenlichem gebrauch nach, offenlich verkünden und bestätigen zu lassen, vorhabens, zuvor und ehe solches beschicht, sich bey dem herrn Predicanten einstellen sollen, die dann Sie Ihres Glaubens und auch Religion ... aller notturfft nach Examinieren und befragen".[58] Freilich scheint eine Prüfung des rudimentären Religionswissens dringend nötig, glauben wir der Klage des Synodus von 1636, worin dieser ausführt, "viel der jungen angehenden Ehleütten, wan man sie examinirn will in dem Catechismo, wissend sie nünt; entschuldigen sich, ihr Vatter und Mutter habind sie nit in die schuol gohn lassen, kondind weder schreiben noch lesen".[59] Doch ist das Brautexamen gleichzeitig eine Befragung über die materiellen Verhältnisse der Brautleute, ja sogar über das soziale Umfeld. Somit kann sicherlich beim Brautexamen von einem staatlichen Kontrollinstrument gesprochen werden, welches dazu dient, Ehen zwischen Minderbemittelten von Anfang an auszuschliessen.[60]

Eine andere, in gewisser Hinsicht einschränkendere Vorschrift, sicher aber eine mit stark diskriminierendem Charakter, tritt uns hier zum ersten Mal entgegen. Bürger von Schaffhausen dürfen fremde Mädchen nur noch heiraten, wenn bestimmte Bedingungen erfüllt sind. Die Frauen müssen frei und von reformierten Eltern geboren sein. "Sodann Ihres zeitlichen vermögens halber die Jenigen, so in Unserer Gnedig Herren Landschafft erboren, zweyhundert guldin, die Ueberigen aber in die 400 Gulden also par fürzuweysen oder aber sonsten neben zimblichen vermögen eine gutte anzahl Jahr alhier gedient, und sich fromb und ehrlich verhalten haben ...".[61] Wobei der Hintergedanke klar

---

57 So klagt der Synodus 1636 über die grosse Unordnung, allenthalben liessen sich Einheimische sogar auf dem Gebiet Zürichs oder Berns verheiraten, "welches geschicht mit grosser ergernuss unser und frömbder Leüten". AA 72.3. Synodalmemorial vom 5. Mai 1636.

58 Ebd., 593r.
Das Brautexamen ist aber schon früher in Anwendung. So beschliesst der Rat am 31. Januar 1610; RP 69, 353., das Brautexamen solle ohne Ansehen der Person weitergeführt werden, auch dürften die Pfarrer dabei keine Geschenke annehmen "als villichtert beschehen sein möchte und desswegen Clegten ergangen".
Zur Bedeutung des Brautexamens: Bächtold, Gebräuche, 254-263. Bänninger, Untersuchungen, 69f. und 73.

59 AA 72.3. Synodalmemorial vom 5. Mai 1636.

60 Verschiedene andere reformierte Orte kennen ebenfalls ein Brautexamen. So z. Bsp. Appenzell a. R. 1609, erneuert 1613, oder Bern 1640, 1667, und 1746/48. Bächtold, Gebräuche, 255.

61 Ordnungen A 6, 594v.
Eine geforderte Einkaufssumme von 100 Gulden ist schon anfangs des 17. Jahrhunderts bekannt, wie sich aus einer Aussage vor Gericht ergibt. "Das mein gnedig herren und Obern Burgermaister und Rath dise erkhanndtnus gethun, das ain dochter so selbige

zum Ausdruck kommt: "... damit aber hernach nit allein der Spittahl und die Spendt beschwärdt"[62] wird. So verunmöglicht es der Rat aus vorwiegend finanziellen Überlegungen den Bürgern beinahe völlig, sich in der Fremde eine Frau zu suchen, und er scheut sich auch nicht, drakonische Strafen anzudrohen für den Fall der Missachtung dieser Verordnung. Denn wer sich nicht an diese Bestimmung hält, verliert sein Bürgerrecht. Dies in einer Zeit, in der es fast unmöglich ist, irgendwo anders das Bürgerrecht zu erwerben. Doch wäre es falsch, diese harte Bestimmung als eine Ausnahmeerscheinung für Schaffhausen zu betrachten. Im Gegenteil, Basel verbietet die Heirat mit einer fremden Frau 1637,[63] Zürich verlangt 1676 eine bestimmte Geldsumme, die eine Fremde besitzen muss,[64] Bern verbietet eine solche Heirat ganz.[65]

Neu ist auch die Einführung einer neunmonatigen Wartefrist für die Frau nach dem Tode ihres Gatten, bis sie sich wiederverheiraten darf. Diese Bestimmung hat zweifelsohne den Sinn, die Möglichkeit zu wahren, ein eventuell vom verstorbenen Mann stammendes Kind als ehelich anerkennen zu können. Zudem liegen damit die Erbschaftsverhältnisse und Erbansprüche klarer. Für die Männer, deren Frauen verstorben sind, gilt eine Frist von drei Monaten, wobei die EGO lakonisch als Begründung vermerkt: "... weyl oberzehlte gründ und ursachen bey denselbigen besten theils nit platz haben."[66]

Blickt man auf den gesamten Inhalt der EGO von 1637, so fallen zunächst die beträchtlichen Neuerungen zur EGO von 1530 und - teilweise - zur EGO von 1552 auf, die oben in Kürze dargestellt wurden. Einzig die Bestimmungen zum Ehebruch sind im Inhalt etwa gleich geblieben. Was aber nicht erstaunen sollte, ist doch der Ehebruch als Scheidungsgrund ein zutiefst reformatorisches Anliegen. So entsprechen die angedrohten Strafen bei Ehebruch denen in der EGO von 1530.[67] Hierbei handelt es sich wohl um den einzigen unverfälschten und

---

nit 100 fl. vermügenlich und sölche zuolegen habe, zuo ainer Burgerin nicht angenommen werden soll." 25. April 1609; EGP 3, 536.

62 Ordnungen A 6, 594v.
Diese Einschätzung ist durchaus eine gängige, die sich auch sonst noch findet. So zum Beispiel in einem Mandat vom 1. Juni 1629, in dem es heisst, solche Frauen würden der Spend und dem Almosen bedürftig, die eigenen Bürger und Landleute würden auf diese Weise um die Unterstützung gebracht. Mandate A 6, 237v-238r. Auch: Bänninger, Untersuchungen, 55.

63 Zellweger, Stellung des ausserehelichen Kindes, 51.

64 Bänninger, Untersuchungen, 55.

65 Münch, Eherecht, 56. Aber auch: Carlen, Hochzeit, in: SAV 53, 1957, 206. spricht für das Wallis davon, dass solche Heiraten zumindest verpönt sind.

66 Ordnungen A 6, 595r. Münch, Ehehindernisse, 64. Das Trauerjahr ist römischen Ursprungs, doch wird es vom kanonischen Recht nicht übernommen, ist demnach ein Rückgriff des reformatorischen Eherechts. In Basel gilt für den Witwer eine dreimonatige, für die Witwe eine sechsmonatige Wartefrist.

67 Ordnungen A 6, 595v-596v.

im Geist der Reformation belassenen Abschnitt, der im Gegensatz zur ständig fortschreitenden Reglementierung und Verschärfung seinen ursprünglichen Charakter bewahrt.

Aufgrund der Quellen scheint diese EGO von 1637 einige Jahrzehnte ohne bedeutende Änderung in Gebrauch gewesen zu sein.[68] Eine weitere EGO findet sich erst 1677.[69] Doch es kann keinen Zweifel geben, dass der Rat zu einzelnen Fragen eine wahre Flut von Verordnungen und Gesetzen erlässt, die aber in ihrer überwiegenden Zahl nicht auf uns gekommen sind und auf die sich meistens im Zusammenhang mit Rechtssammlungen Verweise finden.

Die grosse EGO vom 9. März 1681 sei als nächste erwähnt, an deren Entstehung zudem das Ehegericht aktiv beteiligt ist.[70] Zusätzlich zu einem zeitgenössischen Exemplar[71] besitzen wir insgesamt vier Abschriften aus dem 18. Jahrhundert.[72] Nur schon der blosse Umfang dieser EGO legt Zeugnis davon ab, wie weit die Reglementierung inzwischen gediehen ist. Was sich auch daran zeigt, dass die Pfarrer und die weltlichen Instanzen angewiesen werden, sich nicht in Ehehändel einzumischen, sondern bei auftauchenden Fragen die Fälle vor Ehegericht zu weisen, "damit niemand durch unwüssenheit verkürzt oder zu schaden gebracht werde".[73] Es erübrigt sich, auf diese Ordnung genauer einzugehen, da sie substantiell nichts wirklich Neues bringt, abgesehen von weiteren Verschärfungen, von denen nur gerade eine beispielhaft herausgegriffen sei. Es handelt sich dabei um das 1637 eingeführte Verbot, fremde Mädchen, ohne dass bestimmte Bedingungen erfüllt sind, zu heiraten. Der dortige Passus wird jetzt folgendermassen geändert. Die Einkaufssummen von 200 Gulden für auf der untertänigen Landschaft geborene Frauen und von 400 Gulden für auswärtige bleiben zwar bestehen, doch mit der Einschränkung "... darunder aber die Kleider, bettgewand und andere fahrnuss keineswegs miteingerechnet noch vergriffen sein; darzu auch Jede Sie seye frömd oder landskind dem Spithal 50 Gulden vor allem auss einzuantworten und zubezahlen, ja solche Summe ehe und bevor Sie nur vor Rath angehört wirdt, auff den

---

68 Ebd., 596v. steht zu lesen: "widerum publicirt in der S. Johanns Kirchen in der Secht uhr predigt, an der uffert den 27. May anno 1647." Diese Fassung findet sich AE I, EGO von 1647.

69 AE 4. Auch sie ist zusätzlich in einer Abschrift aus dem 18. Jahrhundert erhalten: Ordnungen A 9, 1051-1068. Dort steht auch zu lesen: "Obverfasste Ehe-Ordnung ist den 14. May 1677 vor gesessenem Raht verlesen, wie oblaut, corrigiert und uf nechste uffert in Statt und land zu publicieren anbefohlen worden."

70 25. Januar 1681; EGP II, 201. 14. Februar 1681; EGP II, 202.

71 AE 5.

72 B Heft 5, 29-58. Ordnungen A 17, 195-219. A 15, 1-66. A 13, 361-431.

73 AE 5, 18.

Schranken zulegen verpflichtet sein ...".[74] Aufschlussreich ist vor allem die Bestimmung, dass in der geforderten Summe nur Bargeld und keine sonstigen Besitztümer eingeschlossen sein dürfen. Offenbar versuchen in der Praxis Frauen ihre persönliche Habschaft anrechnen zu lassen, weil nur dies es möglich macht, die hohe Einkaufssumme überhaupt aufzubringen.[75]

Für mehr als ein Jahrhundert bleibt die EGO von 1681 die einzige, von der wir Kenntnis haben, denn erst 1785 liegt eine neue, sogar gedruckte EGO vor. An der Erstellung dieser EGO ist das Gericht massgeblich beteiligt. So werden auf Befehl des Rates mehrere Sitzungen ganz der Revision der EGO gewidmet. Doch zeigt die Entstehungsgeschichte dieser EGO wie schwerfällig und unbeweglich der ganze Entscheidungsprozess im ausgehenden Ancien Régime ist. Am 12. Mai 1778 beschliesst der Rat, eine neue EGO solle erstellt werden.[76] Wohl liegt bereits am 27. Mai ein Gutachten dazu vor, das am 29. Mai vom Rat besprochen wird,[77] doch vernehmen wir am 22. September, dass Zunftmeister Bäschlin das Gericht darauf aufmerksam macht, mit der Projektierung der neuen EGO endlich fortzufahren.[78] Dies geschieht dann auch in mehreren Sitzungen vom 1. Oktober 1778 an.[79] Der Anlauf führt aber zu keinem greifbaren Resultat, denn am 18. April 1782 erfahren wir, die neue EGO solle jetzt angefertigt werden.[80] Worauf am 19. April die Beratungen des Gerichts in dieser Sache wieder aufgenommen werden.[81] Allerdings vergehen erneut zwei Jahre, bis wir von einem Ergebnis erfahren. Am 23. April 1784 beschliesst nämlich das Gericht einmütig, es solle nun doch keine neue EGO verfertigt, sondern lediglich die bestehende EGO revidiert werden, "das schikliche darin beybehalten, das unschikliche und auf die heütigen Zeiten nicht mehr passende weglassen".[82] Von einer gänzlich neuen EGO, wie es 1778 im Auftrag des Rates noch anklingt, kann keine Rede mehr sein. Am 10. Mai 1784 ist endlich das Vorwort zur revidierten EGO entworfen,[83] worauf in zügiger Folge am 12., 13. und 14. Mai Beratungen zur EGO erfolgen.[84]

---

74 Wir benutzen hier die etwas ausführlichere Abschrift B Heft 5, 41., die offensichtlich auf eine andere zeitgenössische Fassung zurückgeht als die unter AE 5 erhaltene.

75 Bereits in der EGO von 1677 taucht diese Einschränkung auf, freilich nur andeutungsweise. AE 4.

76 RP 235, 772-775.

77 RP 235, 829. und 235, 833f.

78 22. September 1778; EGP 31, 93.

79 EGP 31, 105.

80 EGP 31, 477.

81 EGP 31, 478.

82 EGP 31, 673.

83 EGP 31, 674.

84 EGP 31, 676.

Den ganzen Juni, Juli und teilweise August über finden solche Beratungen des Gerichts statt.[85] Aus dieser Phase der Arbeit sind zwei Zeugnisse erhalten, ein Entwurf zu einer neuen EGO von 1783[86] und ein Gutachten des Ehegerichts von 1784, erstellt auf Anordnung des Rates.[87] Schliesslich wird, nach ausgiebigen Beratungen im Rat,[88] sieben Jahre nachdem der erste Beschluss zur Neufassung der EGO erging, am 4. Mai 1785 die revidierte EGO vom Rat ratifiziert[89] und in den Druck gegeben.[90] Betrachtet der Leser diese letzte EGO des Ancien Régime, so fällt zunächst auf, dass die im 16. und 17. Jahrhundert üblichen larmoyanten Töne wegen des Sittenverfalls fehlen. Die Einleitung atmet ganz unverkennbar aufklärerischen Geist, wenn es etwa zur Absicht der EGO heisst, diese solle den Menschen "bey dem unglücklichen Aufruhr der Leidenschaften wieder die Vernunft, nach göttlichem Willen zur Wohlfahrt und Glückseligkeit des Lebens" lenken.[91] Zudem kommt klar die Absicht zur Anpassung an die geänderten Verhältnisse zum Ausdruck.[92] Was dann freilich auf den nächsten gut 40 bedruckten Seiten folgt, ist weit davon entfernt, wirklich Neues zu bieten. All die alten Bestimmungen tauchen wieder auf, nur ausführlicher und übersichtlicher geordnet. So müssen die Gewaltinhaber immer noch zur Ehe einwilligen,[93] der Stellenwert des Eheversprechens als ehebegründenden Aktes ist in keiner Weise gemildert, so bleibt eine eigenmächtige Aufhebung eines Eheversprechens verboten. Nur das Gericht kann dies vornehmen.[94] Die klagende Partei muss ein umstrittenes Eheversprechen mit Ehepfändern oder durch Zeugen beweisen.[95] Einzig die Möglichkeit einer erleichterten Aufhebung eines Eheversprechens, wenn eine Seite nicht mehr will und "reuig" ist, taucht als Anpassung an die Realität auf. Denn die Erzwingung einer Ehe würde unter Umständen zum Ehestreit führen, "so ist das kleinere Übel dem grösseren vorzuziehen".[96] Aufklärerisch tönt allerdings der Passus zur

---

85 14. Juni 1784; EGP 31, 684. 16. und 17. Juni 1784; EGP 31, 688. 25. Juni 1784; EGP 31, 692. 1. Juli 1784; EGP 31, 699. 9. und 11. Juli 1784; EGP 31, 707. 13. und 17. August 1784; EGP 31, 710.

86 AE 9.

87 AE 10.

88 31. März 1785; RP 242, 386. 1. April 1785; RP 242, 387. 4. April 1785; RP 242, 388. 7. und 8. April 1785; RP 242, 389. 16. April 1785; RP 242, 396.

89 AE 11.

90 AE 12.

91 AE 12, 3.

92 Ebd.

93 AE 12, 6f.

94 AE 12, 11f.

95 AE 12, 11. Was freilich auch in Bezug auf das Ehepfand eine rein normative Forderung ist. Vgl. dazu: Teil III, Kap. 1.1. und 1.3.

96 AE 12, 12f. Vgl. Teil II, Kap. 7.3.1.3.

Wiederverheiratung von verwitweten Personen, folgt doch zusätzlich zur rechtlichen Begründung der Wartefrist auch eine emotionale, "damit der verstorbene Ehegatte nicht so leichtsinnig und so bald vergessen werde".[97] Die Bestimmung zur Heirat fremder Frauen aber ist noch weiter verschärft, so muss diese ihrem zukünftigen Mann nunmehr 600 Gulden in die Ehe geben, handelt es sich um eine fremde Frau, im Falle einer Eidgenossin sind es 400 Gulden. In beiden Fällen muss der Mann 100 Gulden an das hiesige Spital bezahlen. Handelt es sich um eine Schaffhauserin, so muss diese 200 Gulden an Vermögen haben, und der Mann ist gehalten, 50 Gulden an das Spital abzuführen.[98] Kodifiziert erscheint auch die Bestimmung, wonach jeder Stadtbürger, der auf der Landschaft heiraten will, zuvor eine Gebühr von 12 Gulden entrichten muss.[99] Am Verbot des Gadensteigens wird ebenso festgehalten wie an den Bestimmungen zur unehelichen Schwangerschaft, wobei das Verschweigen der Schwangerschaft strafbar bleibt wie auch die Geburt ohne Beizug der Hebamme, denn dies impliziere einen Verdacht auf Kindsmord.[100] Wohl klingt in der Einleitung und da und dort im Text selbst aufklärerisches Gedankengut an, doch grundsätzlich setzt sich dies mit Blick auf den gesamten Inhalt der EGO nicht durch. Die einzelnen Kapitel und Paragraphen sind zwar übersichtlich gegliedert, atmen aber ganz unverkennbar keinen wirklich reformerischen Geist sondern bestätigen eigentlich die schon längst bekannten Rechtspositionen. Das Ergebnis der langjährigen Arbeit an der EGO von 1785 ist also gemessen an den Ansprüchen, wie sie auch in der Einleitung noch einmal formuliert sind, bescheiden.

Soweit der Überblick über die ehegerichtliche Gesetzgebung im Stadtstaat Schaffhausen seit der Reformation. Schaffhausen hat in der Anfangsphase der gesetzgeberischen Tätigkeit stark auf bereits Bestehendes in anderen reformierten Städten, vornehmlich Basel und in geringerem Masse Zürich, zurückgegriffen. Doch dabei vermisst man einen überragenden Geist, wie ihn Zürich in Zwingli und Basel in Oekolampad besitzen. Dies zeigt sich dann auch überdeutlich in der nur gerade auf das unbedingt Notwendige beschränkten ersten EGO von 1530. Dort finden sich keinerlei tiefere Begründungen zu den einzelnen Punkten. Kurz und knapp werden die wesentlichen Artikel zusammengezogen, beinahe den trockenen und praktischen Geist Schaffhausens ausstrahlend. Die folgende Entwicklung bringt eine zunehmende Reglementierung, die ihrerseits der allgemeinen Tendenz des aufkeimenden und später durchgesetzten Absolutismus folgt. Viele der jeweiligen

97 AE 12, 16.

98 AE 12, 19.

99 AE 12, 21. Diese Forderung ist allerdings schon alt. Vgl. Mandat A II, 266f. vom 10. Februar 1692.

100 AE 12, 33f.

gesetzlichen Neuerungen tauchen auch in den befreundeten reformierten Städten der Eidgenossenschaft auf.

Der Rat sieht sich freilich gerade im Bereich der Ehegesetzgebung einem beständigen Druck seitens der Geistlichkeit ausgesetzt. So klagt diese immer wieder, die Gesetze seien zwar vorhanden, doch fehle es an der konsequenten Durchsetzung derselben. So lesen wir im Synodalmemorial vom 3. Mai 1694 die Bitte, die Gnädigen Herren möchten bei den Ordnungen bleiben, "aber auch mit mehrerem ernst und eifer, woran bisher, wie mäniglich bekant hätt gemanglet". Es gebe zwei Hauptmängel in diesem Bereich: "Inquisitio und Executio, dass auff das böse nicht mit solchem ernst inquiriert und dann auch nicht exequirt wird, wie es sein solte".[101] Solche Klagen und Vorwürfe an die Adresse des Rates finden sich in der Folge oft, ohne dass sich anscheinend eine Besserung der Zustände einstellt. Selbst der Appell an die Glaubwürdigkeit der Gnädigen Herren fruchtet offensichtlich nicht. 1669 machen die Geistlichen den Rat darauf aufmerksam, wenn weiterhin nachlässig den Gesetzen Nachachtung verschafft werde, komme die Obrigkeit "bey vilen in verdacht ..., als wusste sie nit was sünd, oder wan sie es wüsse, bezeüge sie wenigst nit darab ein solchen grausen wie sie woll solte, daher erwachse auch verachtung der Oberkeit ...".[102] Strafe die Obrigkeit die Sünder nicht, so müsse dies wohl Gott selbst tun, heisst es weiter. So auch drastisch in einer Eingabe Dekan Ulmers an den Rat vom 23. Oktober 1594, in der er ausführt: "Dargegen bitten wir unterthenigklich, unsere G.H. wöllind offentlichen Sünden trüwlich wehren: darvon der Thod und andere plagen verursacht werdend."[103] Daher verwundert es auch kaum, wenn die Geistlichkeit allenthalben Verfall und Sittenlosigkeit sieht. Disziplin, Zucht und Ehrbarkeit fänden keine Heimstatt mehr, "ein ungebundener Libertinismus, da ein jeder das thut was Ihn gelustet, ja wir dörffen kühnlich sagen, ein recht Atheistisches lebwesen reisset immer mehr bey uns ein", stellt die Geistlichkeit bereits 1707 fest.[104] 1712 gar droht der Synodus, sich in Zukunft nicht mehr versammeln zu wollen, da keine Änderung der Zustände erfolge, ja es könnte "gar eine Anarchia abgeben", wenn keine Gegenmassnahmen ergriffen und die bestehenden Gesetze nicht durchgesetzt würden.[105] 1728[106] und 1730[107] wird die Durchsetzung

---

101 AA 72.3. Synodalmemorial vom 3. Mai 1694.
Bereits 1675 hören wir die Klage, es fehle an der Durchsetzung der Gesetze. AA 72.3. Synodalmemorial vom 6. und 7. Mai 1675.

102 AA 72.3. Synodalmemorial vom 4. Mai 1669.

103 AA 73.3. Manuskripte Ulmer.

104 AA 72.4. Synodalmemorial vom 5. Mai 1707.

105 AA 72.4. Synodalmemorial vom 10. Mai 1712. Die Synodalversammlung sei "bisher nur eine blosse eüsserliche formalitet gewesen".

der Gesetze erneut eindringlich gefordert. In diesem Jahr taucht auch der Topos Arzt-Kranker auf, wobei sich der Synodus in der Rolle des Arztes sieht, der versucht, einen Kranken zu kurieren, der sich gar nicht helfen lassen will.[108] 1736 schliesslich wird dies auf den Punkt gebracht, wenn der Synodus meint: "Wir heilen Babel, aber sie will nicht heil werden."[109] Trotz all der Bitten um Durchsetzung und bessere Ausführung der bestehenden Gesetze scheint sich, blickt der Leser auf die immer wieder auftauchenden Klagen, keine grundsätzliche Änderung einzustellen.[110] Immerhin ist der Verdacht nicht ganz von der Hand zu weisen, die Geistlichkeit überzeichne ganz bewusst und gewollt die Verhältnisse, um so entsprechend mehr (Ein)druck auf die Gnädigen Herren zu machen. Wie gross aber der Anteil an Zweckpessimismus seitens der Geistlichen tatsächlich ist, die selbstverständlich nicht neutral, sondern Partei sind, lässt sich nicht genauer bestimmen. Konkret können wir daher nicht beurteilen, was realer Zustand und was fromme Übertreibung ist. Somit zeichnen nicht alle geistlichen Klagen ein völlig akkurates Abbild der wirklichen Zustände, doch dürften ihre Klagen cum grano salis ein zutreffendes Bild abgeben.[111]

Offenbar aber trifft die Aussage Melchior Hurters, der 1646 im Namen der Schaffhauser Geistlichkeit an die Berner Pfarrer schreibt, nicht zu, wonach "Magistratus noster optime novit Leges sine executione esse campanam sine pistillo".[112] Der allgemein schlechte Durchsetzungsgrad obrigkeitlicher Erlasse zeigt sich auch an einem Eintrag eines Chronisten, der 1670 meint, es seien viele Mandate erlassen worden, "weilen aber keines gehalten wird, also finde ich eben nicht nothwendig selbige hierher zubringen".[113] Zu diesem geistlichen Anliegen, auf die Durchsetzung der Gesetze zu achten, gehört auch das geistliche Bemühen, jede Änderung an den bestehenden Gesetzen zu

---

106 AA 72.4. Synodalmemorial vom 29. April 1728. Der Grund für alle Sittenlosigkeit liege wohl im Mangel der obrigkeitlichen "execution".

107 AA 72.4. Synodalmemorial vom 4. Mai 1730.

108 AA 72.4. Synodalmemorial vom 7. Mai 1730. "Für einen krancken Menschen, der, wann er ohne hülffe liget, nicht nur ohnmüglich genesen kan, sonder nothwendig ellender werden muss, ist das ein gross Unglück, wann so ville hinternussen in den Weg kommen, dass dem Medico kaum einige Zeit übrig bleibet, um den patienten zu besuchen ... Jedannoch geben wir die Sache noch nit verloren."

109 AA 72.4. Synodalmemorial vom 3. Mai 1736. Der biblische Bezug ist: Jeremias 51, 9.

110 Vielleicht ist sogar der Eindruck nicht ganz falsch, die Gnädigen Herren mögen der dauernden Klagen der Geistlichkeit überdrüssig sein und diese gerade deshalb verschleppen. So klagt Antistes Köchlin im August 1733, das im Frühjahr beschlossene Synodalmemorial sei noch nicht einmal im Rat besprochen worden. Protokolle der Schulherren 10, Sitzung vom August 1733, 1f.

111 Diese einschränkende Bemerkung gilt für alle Klagen, die von geistlicher Seite eingebracht werden, besonders auch für jene in den Synodalmemorialia.

112 AA 73.6. 11. März 1646.

113 Chronik B 8, 1670, 114.

verhindern oder doch zumindest jeden Änderungswunsch des Rates diesem zur eingehenden Prüfung zu empfehlen. 1606 redet der Synodus dem Rat ins Gewissen, bei den bestehenden Gesetzen zu bleiben und keine leichtfertigen Änderungen vorzunehmen. "Da wo Im anderst, so werdend Ir In üwerem hohen, schweren und Göttlichen Ampt treffenlich veracht und übel verkleinert werden."[114] Die grundsätzliche Haltung aber kommt im schon zitierten Schreiben Melchior Hurters an die Berner Geistlichkeit zum Ausdruck, wo es heisst: "Nulla q[uae] d[e] tam sancta lex est, quam oporteat mutari, si salus populi postulet, urgeatque necessitas: praestat tamen etiam duram legem veterem tolerare, quam praecipiti mutatione cardinem Reipublicae movere. Nihil enim legum novitate periculosius, nihil p[er]niciosius eorund. mutatione."[115] Vor dem Hintergrund dieser Haltung der Geistlichkeit ist es auch durchaus nicht verwunderlich, wenn diese vom Rat 1688 verlangt, das geplante Zuchthaus sei zu bauen, die Gnädigen Herren würden damit "ein nutzliches werk ... thun, dadurch viel zur correction werden können gebracht werden, die sonsten durch kein mittel zu verbesseren sind".[116] 1741 schliesslich rät der Synodus den Gnädigen Herren, nach der Regel zu verfahren: "Crescentibus delictis augendae et exasperandae sunt poenae."[117] Wie weit aber die Geistlichkeit letztlich Einfluss auf den Gang der Gesetzgebung und den Willen zur Durchsetzbarkeit der Gesetze seitens des Rates nehmen kann, muss offenbleiben. Sicher aber ist, dass sich der Rat einem beständigen Druck von geistlicher Seite ausgesetzt sieht, dass er wenn auch letztlich in eigener Verantwortung, so doch nicht völlig ohne kritische Kontrolle in diesem Bereich handeln kann. Wie kritisch diese Haltung zuweilen wird, zeigt schlaglichtartig ein Schreiben der Gnädigen Herren an die Geistlichkeit vom 29. April 1583.[118] Darin führt der Rat aus, seine beiden Vertreter auf der Synodalversammlung sollen den Geistlichen erklären, der Rat wäre stets bereit gewesen, die Ehre Gottes zu fördern, Zucht und Ehrbarkeit zu pflanzen und die Laster abzuschaffen, freilich mit der realistisch-vorsichtigen Einschränkung "sovil inen müglich", doch sei es nicht immer leicht, die Schuldigen zu ermitteln, vieles beruhe eben auf "gassenmehrn". Die Geistlichen sollen daher zufrieden sein und die Gnädigen Herren "weder an der Cantzel, offenlich vor der gemaindt, noch an andren orthen und enden, zubeschuldigen anzuclagen noch zustraffen ainiche ursach haben". Gerade diese beinahe flehentliche Bitte und Aufforderung mag anzeigen, wie sehr sich die Gnädigen Herren durch solche - in ihren Augen - unhaltbaren, ja gar verleumderischen Anwürfe

---

114 AA 72.3. Synodalmemorial vom 1. Mai 1606.

115 AA 73.6. 11. März 1646.

116 AA 72.3. Synodalmemorial vom 3. Mai 1688.

117 AA 72.4. Synodalmemorial vom 4. Mai 1741.

118 I. Thekt A 1556-1825 I Ratserkenntnisse Nr. I 1556-1600. 29. April 1583.

seitens der Geistlichkeit in ihrer Autorität gemindert und in ihrem Ruf verletzt fühlen. Nun wird freilich das gestörte Verhältnis zwischen den Gnädigen Herren und der Geistlichkeit auch an den Marginalien ersichtlich, die der Dekan Johann Conrad Ulmer dem Schreiben beifügt. So meint er zur Versicherung der Gnädigen Herren, ihr Bestes zu tun, lediglich eindeutig "ho.ho." und setzt zu den "gassenmehrn" die Worte: "Immo, Landruchtige, offentliche Ergerliche werck". Dies illustriert die Differenz in der Auffassung und vor allem in der Interpretation der Sachverhalte zwischen den Gnädigen Herren und der Geistlichkeit. Die Optik der beiden Seiten scheint in der Tat nicht zwingend dieselbe zu sein.

All diese stetig verschärften Bestimmungen in den EGO atmen denn auch den Duft der geistig-politischen Erstarrung, der damals die Stadtstaaten durchzieht. Die Obrigkeit freilich hat stets nur das Wohl ihrer Untertanen im Auge und verfolgt dieses Ziel mit paternalistischem Eifer, wie es in einem Mandat von 1636 treffend heisst: "wohl bemelt Unser Gl. hl. (als die nichts liebers dan alle guthe policey Zucht und ehrbarkeit fortgepflanzt und befürdert sehen mochten)."[119] Dabei ist das Vorgehen der Gnädigen Herren vom gleichen Muster gezeichnet. Die einmal aufgestellten Grundsätze werden wenn immer möglich verteidigt. Auch wenn ihre Zweckmässigkeit längst zweifelhaft geworden ist, führt dies nicht zu einer Änderung gemäss den praktischen Erfahrungen, sondern zu einer nur noch bestimmteren Verteidigung der einmal aufgestellten Norm durch ständige Verschärfung der Strafmassnahmen und zunehmende Reglementierung des öffentlichen Lebens.[120] Und wenn dann im 18. Jahrhundert aufklärerisches Bestreben sichtbar wird, reicht dies häufig, wie im Falle der EGO von 1785, nicht über die Absichtserklärung hinaus. Doch obschon der Rat, sicher nicht zuletzt als Resultat der geistlichen Bemühungen, immer neue Mandate und verschärfte Ordnungen erlässt, gelingt es kaum, den Grad der Durchsetzbarkeit entscheidend zu erhöhen, was aber nicht nur am mangelnden Willen der Gnädigen Herren, wie von der Geistlichkeit in ihren Klagen unterstellt, liegt, sondern sich auch aus den fehlenden staatlichen Mitteln erklärt.[121] So bildet es nur schon ein offenbar stetiges Problem, die jeweiligen EGO und diesbezüglichen Mandate und Ordnungen regelmässig einmal jährlich in den beiden Hauptkirchen der Stadt Schaffhausen, dem St. Johann und dem Münster, zu Auffahrt verlesen zu lassen. 1647 findet der Rat, die EGO sei seit zehn Jahren nicht mehr verlesen worden, der Gerichtsschreiber solle sie um 8 Uhr

---

119 Mandate A 4, 60r. 16. Mai 1636.

120 Bänninger, Untersuchungen, 28.

121 Braun, Ausgehendes Ancien Régime, 237. hält für Zürich fest, dass trotz des Mandatisierungsschwalles, der eine obrigkeitliche Omnipräsenz suggeriert, das obrigkeitliche Durchsetzungsvermögen personell und materiell limitiert ist.

morgens an der Auffahrt in den Kirchen verkünden.[122] Auch später entwickelt sich offensichtlich kein Automatismus, der das Verlesen gewährleistet hätte. 1648,[123] 1656,[124] und 1686[125] sieht sich der Rat gezwungen, die Verlesung ausdrücklich anzuordnen. Noch viel schlechter scheint die Situation auf der Landschaft, wo die EGO gleichfalls regelmässig verlesen werden sollen.[126] 1648 meldet etwa Wilchingen, der Pfarrer besitze gar keine EGO,[127] und im selben Jahr ergeht von Neunkirch die Kunde, der dortige Pfarrer habe die EGO seit sieben Jahren nicht mehr verlesen mit der plumpen Begründung, "weil der herr Pfarrer dessen kein befelch gehabt".[128] Bei der grundsätzlichen Entwicklung des Eherechts aber stellt Schaffhausen im Vergleich mit anderen Stadtstaaten keine Ausnahme dar, ja vielleicht wirken sich die kleinen, überschaubaren Verhältnisse der Stadt am Rhein noch zusätzlich negativ aus.

---

122 RP 106, 245v. 24. Mai 1647.

123 RP 108, 20. 9. Juni 1648.

124 RP 115, 133v. 9. Mai 1656.

125 RP 145, 365. 7. Mai 1686.

126 AA 72.2. Synodalmemorial vom 2. Mai 1595. Dort findet sich die Forderung der Geistlichkeit, alljährlich die EGO auf der Landschaft verlesen zu lassen. Die Forderung wird 1606 wiederholt. AA 72.3. Synodalmemorial vom 1. Mai 1606 und 6. November 1606. Am 24. Mai 1636 beschliesst der Rat, die EGO solle auf der Landschaft in den Pfarrkirchen verlesen werden, "altem gebrauch und forkommen nach." RP 95, 505.

127 AA 74.2. Visitation der Landschulen und Kirchen 1647, 1648, 1649. Wilchingen, 30. April 1648.

128 AA 74.2. Visitation der Landschulen und Kirchen 1647, 1649, 1649. Neunkirch, 4. Mai 1648.
Diese beiden Feststellungen finden auch Niederschlag in den Synodalverhandlungen des Jahres 1648, wo etliche Gemeinden klagen, sie besässen keine EGO und könnten diese daher gar nicht verlesen. HV 57. Abschriften aus Synodalakten. 4. Mai 1648, 71.

Die Ehegerichtsbarkeit

I. Die Einführung des Ehegerichts

Nachdem am 29. September 1529 der Rat von Schaffhausen die Einführung der Reformation beschlossen hat, folgt am 24. November 1529 der Beschluss zur Schaffung des Ehegerichts.[1] Die Konstanzer Jurisdiktion ist damit abgelöst und durch eine eigene ersetzt.[2] Gleichzeitig werden aus dem Kleinen Rat fünf Mitglieder als Eherichter bestimmt, "die sollen in meiner Herren stadt und landschaft all Ehesachen und dergleichen als von des Blumen wegen usrichten".[3] Am folgenden 27. Januar 1530 findet die erste Sitzung des neugeschaffenen Gerichts statt.[4]

Harder berichtet in seiner Chronik, dass bereits 1532 die Kompetenz des Gerichts erweitert worden sei, auch die Bewahrung guter Sitten durchzusetzen.[5] Dies mag erklären, weshalb am 2. Juni 1535 die Mitgliederzahl des Gerichts von fünf auf sieben Richter erhöht wird.[6] Vielleicht ist durch die Kompetenzerweiterung die Arbeitslast der Richter so angestiegen, dass sich eine Erhöhung der Richterzahl aufdrängt.

Festzuhalten aber gilt, dass unser Gericht von Anfang an mit sachlich bezeichnetem Kompetenzkreis ausgestattet ist. Zudem ist es eine Schöpfung des Rates, es ist im eigentlichen Sinne dessen Kind, daher von diesem abhängig.

---

1 RP 7, 291. Der Eintrag ist nur sehr kurz. Daher wissen wir nicht, ob diesem Beschluss eingehende Diskussionen im Rat vorangehen.

2 Die Einführung des Gerichts liegt ganz auf der Linie analoger Beschlüsse in anderen reformierten Städten. So führen Zürich 1525, Bern 1528, Basel und Strassburg 1529 ein Ehegericht ein. Zu dieser Entwicklung, die wesentlich von Zürich und von Zwingli bestimmt ist, sei nur auf Köhler I und II verwiesen. Da unser Gericht also eng in die in anderen Städten stattfindende Entwicklung eingebunden ist, werden auch hie und da kurze Verweise zur Situation in anderen Städten im Text angefügt.

3 RP 7, 291. Die Richter sind: Hans Jakob Murbach, Hans Urban Jünteller, Meister Ludwig Oechslin, Hans Schalch und Heinrich Schwarz. Kap. 2.

4 EGP I, 23.

5 Harder, Chronik 4, 154. 18. März 1532.

6 RP 9, 686. Kap. 2.

2. Die personelle Zusammensetzung

Zunächst vernehmen wir in der ersten EGO von 1530 diesbezügliche Anordnungen. "Erstlich sollen fünf erbar geschickt man zu der sach togenlich, darunder ain obman, sin."[1] Fünf Männer aus dem Rat werden dann auch bei der Einführung des Gerichts am 24. November 1529 als Richter bestimmt.[2] Doch bereits an der ersten Sitzung vom 27. Januar 1530 nimmt anstelle Ludwig Oechslins Pfarrer Benedikt Burgauer als Richter teil. Diese Regelung sollte sich nicht mehr ändern, gilt doch von nun an, dass zumindest ein Pfarrer, oft sogar deren zwei, an den Sitzungen des Gerichts als Richter teilnimmt, wovon einer vielfach entweder der Dekan oder der Antistes ist.[3] Die Richter aber sind, und dies ist von nicht unwesentlicher Bedeutung, in ihrer Mehrzahl keine Juristen, sondern sie ziehen ihre Grundlagen aus ihrer Lebenserfahrung und ihrer generellen Lebenshaltung.[4] Eine Einrichtung, die zusätzlich bemerkenswert ist, da unser Gericht nie ein Gremium von Juristen besitzt, die bei Bedarf hinzugezogen und um Gutachten gebeten werden können.[5] Doch zeigt sich hier einmal mehr das Fehlen einer Universität. In der EGO von 1556 wird dann von sechs Eherichtern gesprochen.[6] Am Ende des 18. Jahrhunderts hat sich die Zahl der Richter gar auf neun erhöht, wie aus der EGO von 1785 hervorgeht. Neben dem Obmann werden die drei obersten Geistlichen im Stadtstaat und fünf Mitglieder des Kleinen Rates als Richter gefordert.[7]

Die EGO von 1530 bestimmt nicht, wie lange der Obmann des Gerichts sein Amt ausüben darf, ebensowenig wann die einzelnen Richter ersetzt werden sollen. Ihr Amt treten sie jeweils an Pfingsten an, dem traditionellen Datum, an dem die neugewählten oder in ihren Funktionen bestätigten Amtsinhaber die Arbeit aufnehmen. Ganz offensichtlich gilt die Stellung eines Eherichters aber als lebenslänglich, es sei denn, ein Richter trete von seinem Amt zurück

---

1 Zwingliana 2, 1925, 290.

2 Kap. I.

3 Der Antistes ist der Vorsteher der Geistlichkeit im Stadtstaat Schaffhausen, also die höchste geistliche Autorität, die bis auf wenige Ausnahmen gleichzeitig das Amt des Dekans, d.h. das Amt des Vorsitzenden der seit 1536 jährlich versammelten Synode, ausübt. HBLS I, 329.

4 Es gibt sicher den einen oder anderen weltlichen Richter, besonders im 18. Jahrhundert, der juristische Studien absolvierte, doch sind sie alle nicht in unserem Sinne praktizierende Juristen.

5 Dies ist zum Beispiel in Basel in Form der Stadtkonsulenten der Fall. Zellweger, Stellung des ausserehelichen Kindes, 13.

6 AE I, unpaginiert.

7 AE 12, 4.

oder werde wegen Verfehlungen seines Amtes entsetzt.[8] Für beide Möglichkeiten gibt es Beispiele, wenn sie auch die grosse Ausnahme darstellen. So tritt Zunftmeister Hans Ludwig Burgauer, der am 29. September 1673 gewählt wurde, 1678 zurück.[9] Der am 10. Juni 1685 gewählte Hans Conrad Senn geht 1688 seines Richteramtes verlustig.[10] Daraus erklärt sich, weshalb sich unser Gericht generell in kaum veränderter Zusammensetzung darstellt, Fluktuationen unter den Richtern sind sehr selten. Dies gilt auch für den Obmann. Zunftmeister Georg Mäder zum Beispiel hält das Amt eines Obmanns von 1590 bis 1598 inne. Während dieser Zeitspanne ändert sich die Zusammensetzung des Gerichts kaum. Unter der inzwischen auf sieben Mitglieder erhöhten Gesamtzahl der Richter findet sich von 1590 bis 1598 nur gerade ein neuer Name. Dieses Bild beginnt sich vorübergehend mit Beginn der EGP-Buches 4 zu ändern. So tauchen, um Beispiele zu nennen, am 12. Juli 1625 neun Richter auf,[11] am 20. September 1625 sind es sieben,[12] am 1. November 1625 gar nur sechs[13] und am 10. November 1625 acht.[14] Der Leser erhält den Eindruck, die Zusammensetzung ändere sich von Gerichtstermin zu Gerichtstermin.[15] Doch allem Anschein nach bedeutet dies nun etwa nicht, dass unser Gericht an Attraktivität einbüsst, dass sich nicht mehr so leicht Richter finden lassen, wie dies in der Anfangsphase der Fall ist. So finden sich am 7. April 1645 als Verweser des Obmanns der Pannerherr Bernhardin Schreiber und die Richter: Dekan Melchior Hurter, die Pfarrherren Hans Georg Schalch und Johannes Jetzeller, die Zunftmeister Hans Speysegger, Hans Caspar Deggeller und Berhardin Veyth, schliesslich der Zeügherr Stephan Spleys.[16] Die Zusammensetzung zeigt erneut grosse Konstanz, bleibt illuster und führt herausragende Namen der Schaffhauser Gesellschaft, die alle, abgesehen von den Geistlichen, dem Kleinen Rat entstammen, an. Am 5. Februar 1684 findet sich als Obmann Obervogt Johann Ulrich Schwartz. Die Namen der Richter zeigen ein Stück weit die Bedeutung des Gerichts. Magister Johann Conrad Holländer, Pfarrer, Johann Heinrich Koch, Pfarrer, Junker Obherr Johannes Wilhelm im Thurn, Junker Obherr

8 Im Regimentsbuch finden sich alle von 1600 bis 1797 gewählten offiziellen Richter mit dem Datum ihrer Wahl. Regiment A I, 205-207.

9 Regiment A I, 205.

10 Regiment A I, 205.

11 EGP 4, 1.

12 EGP 4, 9.

13 EGP 4, 31.

14 EGP 4, 36.

15 Wer jeweils die anderen Mitglieder als Ersatz ernennt, bleibt unklar. Wahrscheinlich ist es der Rat. Vgl. aber Anm. 20.

16 EGP 8, 223r. Pannerherr (Venner) ist der Titel des obersten Verantwortlichen für das Militärwesen eines Standes. HBLS 7, 218.

Johann Andreas Peyer, Junker Obherr David Peyer zum Schneeberg, und die Zunftmeister Johann Georg Sigerist und Johann Seiler.[17] Selbst der berühmt berüchtigte Tobias Holländer von Bärau, nachmalig eine der mächtigsten und profiliertesten Gestalten der Schaffhauser Geschichte, hält 1682 das Amt des Obmannes inne.[18] Die regimentsinterne Bedeutung der Richter mag sich auch daran zeigen, dass ab 1600 bis 1797 allein sechzehn ehemalige Obmänner des Gerichts Bürgermeister des Stadtstaates werden.[19] Dies hängt aber damit zusammen, dass der Obmann des Gerichts häufig zugleich Statthalter des Rates ist. Der Statthalter ist einer der höchsten Repräsentanten im Stadtstaat, gilt dieses Amt doch als Vorstufe zum Bürgermeisteramt, dem höchsten und prestigeträchtigsten Amt, das der Stadtstaat zu vergeben hat.

Trotz oder vielleicht gerade wegen dieser Zusammensetzung scheint es aber bereits gegen Ende des 17. Jahrhunderts nicht immer möglich, alle Richter auch zur Teilnahme an der jeweiligen Sitzung des Gerichts zu bringen. So beschliesst der Rat am 5. September 1687, wenn einer oder mehrere Richter nicht an der Sitzung erscheinen und dafür einen Stellvertreter schicken, so solle der eigentliche Richter das Sitzgeld erhalten und nicht der von diesem aufgebotene Ersatzrichter.[20] Die Absicht dahinter ist, es den möglichen Ersatzleuten zu verleiden, erhalten sie doch direkt für ihre Mühen keine Entschädigung, sondern müssen diese erst vom offiziell gewählten Richter verlangen. Trotzdem bleiben offensichtlich die ordentlichen Richter dafür verantwortlich, im Verhinderungsfall selber für Ersatz zu sorgen.[21] Diese Nachlässigkeit der Richter, an Sitzungen teilzunehmen, äussert sich dann auch immer wieder in den EGP, besonders wenn Verhandlungen wegen mangelnder Zahl der Richter nicht durchgeführt werden können. So am 13. Januar[22] und am 3. Dezember 1689,[23] am 17. Juli,[24] 5. und 14. August 1727[25], als Sitzungen vertagt werden "wegen Mangel der Richter". Am 18. Januar 1753 vernehmen wir gar, es hätten sich nur drei Richter eingefunden, worauf der vorliegende Fall vertagt werden muss.[26] Am 20. Februar

---

17 EGP 12, 16. Mit Obherr wird der Vorsteher der Gesellschaft der Edlen bezeichnet.

18 EGP 11, 222. In diese Zeit fällt auch die Änderung, das Amt mit dem Neubeginn des Jahres anzutreten.

19 Regiment A I, 205-207.

20 RP 147, 153f. Dies hiesse, die jeweiligen Mitglieder bestimmen in eigener Verantwortung, wer sie vertreten soll. Vgl. Anm. 15.

21 AE 12, 4. EGO von 1785.

22 EGP 12, 243. "Ist erkant dass, weilen das gericht nicht complet, die sach eingestelt sein".

23 EGP 12, 305.

24 EGP 18, 442.

25 EGP 18, 456 und 461.

26 EGP 24, 525f.

1748 hören wir, es solle den Richtern "inzwüschen Sich complet einzufinden, insinuiert werden".[27] Und am 19. Februar 1789 trägt der Schreiber ein, die Richter seinen "nicht mehr complet" gewesen, was nur heissen kann, dass diese die Session des Gerichts vorzeitig verlassen haben.[28] Doch darf kein falscher Eindruck entstehen. Gemessen an der Gesamtzahl aller Sitzungen des Gerichts sind solche Einträge, die auf Nachlässigkeit der gewählten Richter schliessen lassen, selten, und es kann durchaus sein, dass besonders die weltlichen Mitglieder des Gerichts, die ja in der Regel Kaufleute oder Handwerker sind, anderen Verpflichtungen nachgehen müssen, zumal sie oft noch zusätzliche Ämter neben dem Ratssitz und dem Richteramt innehaben. Keinesfalls aber wird die Arbeit des Gerichts durch solche Absenzen fühlbar und auf Dauer gestört.

Gemäss der Bedeutung des Gerichts und der an den Verhandlungen besprochenen Themen verlangt die EGO von 1530 auch, die Richter müssten einen Eid schwören, ihr Amt redlich und unparteiisch auszuüben, vor allem aber nichts von den Verhandlungen an die Öffentlichkeit dringen zu lassen. Die Richter werden also zu Stillschweigen nach aussen verpflichtet.[29] Das Gericht reflektiert in seiner Zusammensetzung das politische Regiment in Schaffhausen. Es ist nicht nur vom Rat geschaffen, sondern auch in seinen weltlichen Richtern mit Ratsherren, in seinen geistlichen Mitgliedern mit den führenden Vertretern der Schaffhauser Geistlichkeit besetzt. Die Verflechtung zwischen politisch-kirchlichem Regiment und Gericht könnte kaum enger sein.[30]

---

27 EGP 23, 187.

28 EGP 31, 1075.

29 Zwingliana 2, 1925, 292.
In einem Ratsmemorial findet sich der Eid der Eherichter. Scaphusiana Nr. 35, 223f. "Ihr die EheRichter sollen schweeren an das EheGericht zugehen, demselben zu warten und da zu urtheilen was das Recht und Sazungen ausweisen auch zu eröffnen und ohne Verzug fürsichtig vorzutragen was Ihr Gründlich und versicheret wüssen oder Eüch geklagt wurde, das Eüer Gericht und Sazung betreffe, Niemand zu lieb noch zu leid und darum kein Miet und Gaaben zu nemen, sondern Eüch laut verschriebner Erkantnus Obrigkeitlich verwilliget und erlaubt ist, und zu verschweigen darvon Schad und Gepresten kommen mag: alles ohne Gefehrd."

30 Zur Besetzung gehören noch der Gerichtsschreiber und der Gerichtsdiener.

3. Tagungsort des Ehegerichts

Betrachtet man die verschiedenen EGO, so findet sich darin kein Hinweis auf die Existenz eines bestimmten, nur dem Ehegericht vorbehaltenen Raumes, in dem die jeweiligen Sitzungen abgehalten werden. Wir sind also, wollen wir die Frage nach dem Tagungsort beantworten, auf eher zufällige Hinweise in den EGP angewiesen. Dort allerdings wird häufig das Rathaus genannt. Zum Beispiel wenn eine Partei eine ihr eben auferlegte Busse bezahlen muss, " ... ehe sy ab dem Rathus gath".[1] Noch deutlicher erfolgt der Verweis in einer Verfügung des Gerichts vom 8. November 1610, dass den Parteien Hans Jacob Seelin und Elias Schweizer, dem Sohn des Gerichtsdieners, " ... auf das Rathhaus vor Ehegericht zuoerschinen verkhündt und gepotten werden" solle.[2] Daraus folgt mit ziemlicher Sicherheit, dass das Ehegericht im Rathaus tagt, dort also, wo noch heute das städtische und das kantonale Parlament Schaffhausens ihre Sitzungen abhalten, und wo schon der Grosse und der Kleine Rat des Stadtstaates Schaffhausen ihre Versammlungen durchführen. In welchem Raum allerdings das Ehegericht tagt, lässt sich für das 16. und 17. Jahrhundert quellenmässig nicht aus den EGP feststellen, doch spricht vieles dafür, dass es sich um die Ratsstube selber handelt. Einmal lesen wir in einer Chronik, dass den Geistlichen Eintritt in den Versammlungsraum des Rates gewährt wird, weil sie diesem eine Petition vorbringen wollen, dazu wird angeordnet, "ihnen platz an denjenigen orth machen, wo sie in dem Ehegricht pflegen zu sitzen".[3] Dann erfahren wir auch, dass Parteien vor und nach der Verhandlung auf der sog. Rathauslaube warten.[4] Dies ist der grosse repräsentative Raum, welcher der Ratsstube vorgelagert ist.[5] Im 18. Jahrhundert freilich wird diese Vermutung durch einige Belege erhärtet. So etwa wenn in einem Ehestreit der Mann von seiner Frau sagt, "sie solle nur vil liegen, es sey die Rahtstuben noch gross genug".[6] Am 24. Februar 1718 schliesslich erhalten wir völlige Gewissheit, als ein Angeklagter sagt, "er habe nit gewusst, das das Ehegericht hier in der Rathstuben seie".[7]

Es gibt nur wenige Ausnahmen, dann nämlich, wenn es sich um ein Gastgericht handelt, einen Gerichtstermin, der gegen besondere Bezahlung von seiten der Parteien speziell für diese anberaumt wird. In diesem Fall scheint es möglich zu sein, auch an einem anderen Ort zu

---

1 21. April 1597; EGP 2, 333.

2 EGP 3, 597.

3 Scaphusiana Nr. 50, 3. Dezember 1679, 10v.

4 31. Januar 1660; EGP 9, 208. Auch: 22. Juli 1645; EGP 8, 220r.

5 Vgl. Frauenfelder, Das Rathaus zu Schaffhausen, in: SHB 22, 1945, 7-75.

6 5. September 1730; EGP 19, 182. Die Meinung ist, in der Ratsstube fänden noch viele ihrer Lügen Platz.

7 EGP 17, 5.

tagen. So heisst es im EGP einmal: "Gast-Ehegericht gehalten uff der herren Stuben Zinstag den 4. Novembris Anno 1634."[8] Doch sind solche Fälle sehr selten und für das 18. Jahrhundert überhaupt nicht belegt.

Ist es somit übertrieben zu sagen, die eindeutige Abhängigkeit des Ehegerichts vom Rat finde auch in seiner räumlichen Nähe zu diesem ihren Ausdruck?[9]

---

8 EGP 7, 27v.
29. September 1696; EGP 13, 207. "Ehegericht gehalten Donnerstag, umb 3 Uhren auf dem Egkstein."

9 Das Ehegericht von Basel tagt im ehemaligen Augustinerkloster. Jenes von Bern in einem Zimmer des ehemaligen Chorherrenstiftes und das Zürcher Ehegericht im ehemaligen Kloster Oetenbach. Alle drei besitzen also im Unterschied zum Ehegericht von Schaffhausen ein eigenes Versammlungslokal.

4. Tagungszeit des Ehegerichts

Auch bezüglich der Tagungszeit des Gerichts liegen uns keine eigentlichen Angaben vor. Immerhin lassen sich aus den EGP einige Hinweise ziehen.

So findet sich eine Anordnung vom 21. Juli 1602, Junker Hans Andreas Peyer der Ältere und seine Frau sollen sich "Sambstags umb 9 uhren" vor Gericht einfinden.[1] Doch beginnt das Gericht wohl meistens früher mit seinen Sitzungen, dies zumindest geht aus einer Zeugenvorladung vom 8. August 1609 hervor, in der es heisst, "diese bestimmte Khundschafften sollen von heüt über acht tag morgens umb 7 uhren verhört werden".[2] Dies sind ungefähr die relevanten Hinweise auf den Morgen.

Etwas zahlreicher sind jene auf den Nachmittag. Sicher ist zunächst: das Gericht tritt auch am Nachmittag zusammen. Wann allerdings, lässt sich nicht ganz schlüssig aus den Quellen schöpfen. Am 7. Februar 1603 vermerkt der Schreiber, Hans Böcklin und sein Sohn müssten sich vor Gericht stellen " ... bis Donnerstags umb 12 Uhren".[3] Dieselbe Zeitangabe findet sich auch am 8. November 1610.[4] Dies ergibt einen Sinn, tagt doch das Gericht wenn immer möglich bei natürlichem Licht. Deshalb beginnt es früh am Morgen.[5] Die Mittagspause erfolgt um etwa 11 Uhr, so dass die Richter ab etwa 12 Uhr wieder zur Verfügung stehen, der Zeit also, die mitunter in den EGP genannt ist. Allerdings scheint sich im Laufe des 17. Jahrhunderts eine Verschiebung einzustellen. Die Mittagspause passt sich eher der heute geläufigen an. Denn am 22. Juli 1647 wird Junker Hans Conrad Peyer zum Wegeisen ein Aufschub bewilligt "bis Morgens Nachmittag umb 1 Uhr".[6] Die Annahme einer Verschiebung des nachmittäglichen Sitzungsbeginns auf etwa 13 Uhr erhärtet sich für das 18. Jahrhundert. So finden sich einige Stellen, aus denen hervorgeht, dass die Parteien um 13 Uhr erscheinen müssen.[7]

---

1 EGP 3, 225.

2 EGP 3, 552.
30. November 1531; EGP 1, 57v. "umb die sybend stund früh vor dem Egericht zuerschinen."

3 EGP 3, 264.

4 EGP 3, 602.

5 Das Zürcher Ehegericht beginnt im Sommer um 7 Uhr, im Winter um 8 Uhr morgens, da sonst die Parteien betrunken erscheinen könnten. Rost, Ehescheidung, 32.

6 EGP 8, 268r.

7 16. März 1713; EGP 15, 328. 28. Juli 1729; EGP 19, 92f. 19. September 1752; EGP 24, 471.
Zudem taucht in einem Synodalmemorial die Klage der Geistlichkeit auf, "weil es nach und nach zur Mode worden, dass man in vielen häusern die mittagsmahlzeit zwüschen ii und 12 uhr haltet, wordurch dan die jungen Leüthe und dienste aus solchen häusern von

Die Sitzungen dürften aufgehoben werden, wenn die Dämmerung einsetzt, sind doch die Beleuchtungskörper der damaligen Zeit nur bedingt zu gebrauchen. Doch erfahren wir darüber nichts aus den Quellen, bis auf ganz wenige Ausnahmen, so heisst es marginal am 23. September 1723 "Ein liecht angezünt",[8] und am 9. Dezember 1723 ebenfalls als Marginalie "Lux accensa fuit".[9] Damit mag zusammenhängen, dass am 14. Dezember 1723 vom Gericht erkannt wird, "dass fürterhin die lobliche Session nicht länger als biss 4 Uhr gehalten werden sollen".[10] Wahrscheinlich soll damit der Einsatz von künstlichem Licht vermieden werden, zu dem es offensichtlich in diesem Jahr gekommen ist. Gerade im Winter setzt die Dämmerung schon früh ein, was das Führen der Verhandlungen ohne genügend Licht im Rauminnern sicherlich erschwert.[11]

---

der besuchung der Ihnen so nützlichen kinderlehren unverantwortlicher weise abgehalten werden". AA 72.4. undatiert, aber wahrscheinlich aus dem Jahre 1764. Zur allgemeinen Einteilung des Tages: Bächtold, Speis und Trank, in: Schaffhauser Magazin 4, 1984, 66-69. Hauser, Leben, 102. Morgensuppe: zwischen 4 und 5 Uhr; Imbiss: 10 Uhr, später 11 Uhr oder gar 11.30 Uhr; Nachtessen: 18-19 Uhr.

8 EGP 17, 599.

9 EGP 17, 616.

10 EGP 17, 628.

11 Vielleicht wird deshalb am 19. Februar 1728; EGP 18, 522. erneut beschlossen, die Sitzungen um 16 Uhr enden zu lassen.

5. Die Tagungshäufigkeit

Nur in der EGO von 1785 findet sich auf diese Frage eine Antwort. Ehegericht soll gehalten werden "nach Gutbefinden eines jeweiligen Herrn Praesidis, alle Wochen und zu allen Zeiten".[1] Es ist also gemäss diesem späten Eintrag dem jeweiligen Obmann des Gerichts überlassen, Sitzungen anzuberaumen. Bezüglich der Praxis gilt es zwei Fragen zu trennen. Einmal bleibt zu untersuchen, wie oft das Gericht tagt. Zum andern, an welchem Wochentag.

Grundsätzlich gilt zur ersten Frage, dass unser Gericht immer dann zusammentritt, wenn Bedarf vorhanden ist. So kann es durchaus längere Unterbrüche zwischen den einzelnen Sitzungen geben: 4. April 1587,[2] 21. und 26. September 1587,[3] und 1. Februar 1588.[4] Dies, um nur eine Serie mit ziemlich langen Unterbrüchen zu nennen, wobei am 21. und 26. September im gleichen Fall verhandelt wird. Immerhin erhält der Leser der Protokolle für das 16. und 17. Jahrhundert den Eindruck, das Gericht tage wenn möglich einmal im Monat, wohl um die Zahl der anstehenden Fälle nicht zu sehr ansteigen zu lassen.[5] Im Laufe des 17. Jahrhunderts ändert sich die Tagungsfrequenz nicht drastisch, wohl aber steigt die Zahl der pro Sitzung behandelten Fälle an. Im 18. Jahrhundert nimmt sowohl die Zahl der Fälle als auch die Zahl der Sitzungen zu, so dass sich häufig, wenn auch längst nicht immer, eine Sitzung wöchentlich findet. Doch längere Sitzungspausen sind auch hier nicht unbekannt. Die bedeutendste davon fällt jeweils auf die Erntezeit. So trägt der Schreiber am 25. November 1717 ins Protokoll ein, dies sei die erste Sitzung seit dem 30. September, "wegen eingestellten rechten in dem Herbst".[6] Am 22. Juni 1758 beschliesst das Gericht, sich "wegen bevorstehendem heuet und Ernd, biss nach der Erndzeit" zu vertagen.[7] Während der Ernte werden alle Arbeitskräfte benötigt, weshalb einzelne Parteien, besonders solche aus der Landschaft, nur schwer zum Erscheinen gebracht werden können, selbst Ratsherren, die keine eigentliche Feldarbeit verrichten, müssen ihre Rebleute und sonstigen Helfer beim Einbringen der eigenen Ernte beaufsichtigen. Die Sitzungspause im Herbst während der Ernte entspricht also durchaus einem praktischen Erfordernis.

---

1 AE 12, 4.

2 EGP 2, 20.

3 EGP 2, 27 und 31.

4 EGP 2, 32.

5 So zum Beispiel: 14. April 1646; EGP 8, 238r. 5. Mai 1646; EGP 8, 241r. 30. Juni 1646; EGP 8, 243r. 3. Juli 1646; EGP 8, 245v. 4. August 1646; EGP 8, 246v.

6 EGP 16, 589.

7 EGP 26, 726.

Bezüglich des Wochentages, an dem das Gericht seine Sitzungen abhält, besteht in den EGO ebenfalls keine Verfügung. Zu Beginn sind der Dienstag und der Donnerstag gleichberechtigt. Von der Mitte des 17. Jahrhunderts an verschiebt sich die Präferenz auf den Dienstag. Allerdings gibt es Ausnahmen. So kann das Gericht auch am Montag, Mittwoch oder Freitag zusammentreten. Dies freilich nur, wenn es sich um dringende Fälle handelt, die zudem schon länger vor Gericht verhandelt werden. Zu dieser Ausnahmeregelung findet sich das Gericht um so eher bereit, hat es doch die Tendenz, einen Fall wenn immer möglich am Tage seiner Erstverhandlung zu erledigen. Jede Verzögerung eines Endurteils muss das Gericht demnach stören. Ein längerer Prozesss soll daher möglichst bald abgeschlossen werden, es sei denn, das Gericht spiele auf Zeit.[8] Dabei hat die Wahl von Dienstag und Donnerstag als Gerichtstage noch einen anderen Grund. Sind doch die weltlichen Mitglieder des Gerichts zugleich Ratsherren. Der Rat aber tagt meistens am Montag und am Freitag, seltener am Mittwoch. Diese Einschätzung wird zusätzlich gestützt durch die Feststellung, dass unser Gericht immer dann einen zusätzlichen Wochentag einschalten kann, wenn der Rat an diesem Tag nicht zusammenkommt.[9] Dazu kommt aber entscheidend, dass unser Gericht in der Ratsstube selber tagt und es nur schon von daher unmöglich ist, im selben Raum gleichzeitig zwei Versammlungen, diejenige des Rates und diejenige des Gerichts durchzuführen. Im 18. Jahrhundert kann sich an dieser Regelung, zu tagen, wenn die Ratsstube frei ist, das heisst, wenn keine Ratsversammlung stattfindet, nichts ändern. Da aber die Zahl der Fälle wie auch die Zahl der Sitzungen zunimmt, zeichnet sich eine Häufung der Versammlungen des Gerichts ab, was offenbar einzelne Richter von anderen Geschäften abhält. So beschliesst das Gericht am 18. Dezember 1714, es solle in Zukunft ein Wochentag bestimmt werden, an dem die Sitzungen stattfinden. Die Wahl des Gerichts fällt auf den Donnerstag.[10] Am 27. Juni 1720 ergeht das Ersuchen an den Obmann, "fürterhin alle donnerstag Ehgricht zu halten", und könne der Obmann die Sitzung selber nicht leiten, solle er einen Ersatz bestimmen.[11] Als regelmässiger, und

---

8 Kap. 7.3.3.1. und 7.3.3.6.

9 So zum Beispiel: 11. Juli 1645; EGP 8, 216v. Freitag. Der Rat tagt an diesem Datum nicht.
10. Februar 1671; EGP 10, 213. Freitag. Auch an diesem Tag findet keine Ratsversammlung statt.

10 EGP 16, 94.

11 EGP 17, 214.
Gerade die Forderung an den Obmann, im Verhinderungsfalle einen Ersatz zu benennen, hat schon früher zu Unstimmigkeiten unter den einzelnen Richtern geführt. So meldet das RP am 11. Juli 1682; 142, 51f., Obmann Tobias Holländer beschwere sich beim Rat, Junker Obherr Hans Andreas Peyer habe ohne sein Wissen und seinen Willen etliche Male Ehegericht gehalten. Peyer freilich sagt, Holländer habe ihm das Präsidium

zwar wöchentlicher Sitzungstag wird der Donnerstag bestätigt.[12]

jeweils übertragen. Das Rat beschliesst, es dürfe ohne Wissen und Willen des Obmanns keine Sitzung des Gerichts mehr gehalten werden.

12 Dies im Gegensatz zur EGO von 1785; AE 12, 4., in der es heisst, es solle nach Gutdünken des Obmanns "alle Wochen und zu allen Zeiten Ehegericht gehalten werden".

6. Zum Prozessablauf

Zunächst steht für alle Parteien, die aus freien Stücken vor Gericht erscheinen, also nicht vorgeladen werden, das Anhalten um einen Gerichtstermin.[1] Dies geschieht wohl in den meisten Fällen beim Obmann des Gerichts. Was aber offenbar nicht immer ohne Risiko ist. So meldet sich Regula Mertin vor einigen Tagen beim Obmann, "der aber ihro anbefohlen, dermalen wider heimzukehren und auf künfftig Zinstag wider zuerscheinen", was sie aber nicht einhält und am Dienstag, 9. Oktober 1713, nicht erscheint.[2] Dieses Vorgehen dient dazu, eine gewisse Ordnung in die Flut der Fälle zu bringen, damit aber auch eine Einteilung derselben für das Gericht vornehmen zu können. Zudem wird die Zeit bis zum eigentlichen Gerichtstag dazu verwendet, die Gegenpartei vorzuladen.[3] Erhält das Gericht eine Anzeige, so werden die Parteien einfach auf ein bestimmtes Datum, das vom Gericht festgesetzt wird, aufgeboten. Allerdings ist nicht zu übersehen, wie schwierig es manchmal ist, die Parteien auch tatsächlich zum persönlichen Erscheinen zu bringen, erscheinen doch längst nicht alle auf eine Vorladung, was sich daran zeigt, dass am 16. Dezember 1717 dem Schreiber vom Gericht befohlen wird, alle Personen aufzulisten, die einer Vorladung nicht nachgekommen sind, "damit selbige bey jedem haltenden Ehgricht abgelesen und erkandt, welchen solle gebotten werden",[4] andere Parteien lassen sich offenbar Zeit. So heisst es am 10. September 1627, die Richter hätten auf eine Partei warten müssen, "wil Sy im würtshus ein trunckhen".[5] Zudem kann das Gericht durchaus auch während der Sitzung verfügen, der Diener solle nach einem Angeklagten Ausschau halten.[6] Dies ist freilich nur möglich, wenn die Parteien in der Stadt selber wohnhaft sind, sonst kann es vorkommen, dass die Zeit bis zum Ende der Session nicht ausreicht, den Angeklagten herbeizuschaffen.[7] Ist der Wohnsitz unbekannt oder zu weit entfernt, wird

---

1 So lesen wir noch in der EGO von 1785; AE 12, 5., jede klagende Partei habe sich beim Obmann anzumelden "und ihro sodann auf Begehren der Access vor Löbl. Ehegericht ohne Anstand gestattet werden".

2 EGP 15, 328.

3 30. November 1531; EGP 1, 57v. "Ist ain Rechtstag angesetzt von hüt über acht tag ... vor dem Egericht zuerschinen."
26. August 1604; EGP 3, 337. "Ist auff Ihr anhalten, donnstags den 30. Anno 1604 gegen und wider Margretha Gertherin von Dübendorff ain Ehegerichtstag hierher zuo erschinen ernambset."

4 EGP 16, 602.

5 EGP 4, 136. Jeder Säumige muss 1 Gulden Busse bezahlen.

6 16. März 1713; EGP 15, 328. "Ist hierauff alsobald den diener zu hl. Senn hingeschikt und ihm angezeigt werden, das er den nachmittag um 1 Uhr sich stellen . solle."

7 13. Februar 1738; EGP 20, 612. Conrad von Ow, Sohn des alten Amtsvogts von Büsingen, genannt Bumperli, ist auf Vorladung nicht erschienen, "ist durch einen

manchmal verfügt, "dass der diener unter alle thor gehen und veranstalten solle, dass er [der Delinquent] auf betretten incarceriert werden solle".[8] Die Torhüter sollen demnach für das Gericht Polizeifunktionen übernehmen. Weigern sich Vorgeladene zu erscheinen, so bleibt dem Gericht nichts übrig, als diese immer wieder vor seine Schranken zu bitten, denn eine eigentliche Polizei gibt es nicht, die eine Vorladung auch in der Realität durchsetzen könnte. So werden am 7. August 1717 Major Rietmann und seine Frau erneut vorgeladen, nachdem sie nicht vor Gericht erschienen sind.[9] Am 19. August 1717 stellt sich heraus, dass die Beklagten wieder nicht anwesend sind,[10] und am 30. August 1717 weigert sich Major Rietmann noch immer, der Vorladung Folge zu leisten, worauf dem Gericht kein anderer Ausweg bleibt, als zu verfügen, der Schreiber solle zum Bürgermeister gehen "und im namen eines lobl. Ehegerichts ihm sagen und ihn bitten solle, krafft seiner authoritet und gewalt" dem Major ausrichten zu lassen, nächsten Donnerstag zu erscheinen.[11] Doch auch dieser Vorstoss bleibt offensichtlich ohne Erfolg, denn Major Rietmann erscheint auch am 6. September 1717 immer noch nicht, worauf das Gericht den Schreiber noch einmal zum Bürgermeister schickt.[12] Aber selbst dieser Versuch bleibt erfolglos, wie aus den Protokollen hervorgeht.[13] Wie der Fall schliesslich ausgeht, erfahren wir leider nicht, aber wahrscheinlich ist, dass vom Gericht auf eine Vorladung verzichtet wird, da alle Versuche, eine solche durchzusetzen, fehlgeschlagen sind. Freilich ist das Ausbleiben nicht immer nur auf Absicht zurückzuführen. So erklärt Jacob Sahler von Merishausen am 20. September 1736 auf die Frage, weshalb er auf die letzte Vorladung nicht erschienen sei, "er seye vor Mittag auf dem Randen[14] gewesen, dardurch er dann versaumt worden, dass Er zu späth aufs Rahthaus kommen".[15] Auch schenkt das Gericht keineswegs allen Aussagen Glauben, nach denen Parteien angeblich nicht persönlich erscheinen können. Am 22. Juni 1730 kann Johannes Schenkel, Bäcker, nicht erscheinen, da er "dem vorgeben nach todt schwach darnider ligen solle. Erkandt: dass der diener in sein haus gehen und sehen solle, wie sich die sach verhalte ... ".[16] Nur ganz selten wird den

---

Expressen botten abgeholt worden, welcher aber bis zu end der Session nicht zurukkommen ist".

8 9. Februar 1730; EGP 19, 136. Auch: 19. September 1715; EGP 16, 221.

9 EGP 16, 556.

10 EGP 16, 557.

11 EGP 16, 568.

12 EGP 16, 573.

13 30. September 1717; EGP 16, 581.

14 Name des Hügelzuges nördlich von Schaffhausen.

15 EGP 20, 324.

16 EGP 19, 169.

Parteien gestattet, nicht auf das vorgeschriebene Datum zu erscheinen.[17]

Ob die einzelnen Parteien zusätzlich auf eine bestimmte Zeit am Gerichtstag vorgeladen werden, lässt sich nicht eigentlich feststellen.[18] Es ist wohl eher anzunehmen, da das Gericht im voraus nicht wissen kann, wie lange die Verhandlung eines einzelnen Falles dauert, dass die meisten Parteien einfach entweder auf den Morgen oder den Nachmittag geladen werden und warten müssen, bis sie an der Reihe sind. Wahrscheinlich erklärt sich gerade aus diesem Sachverhalt der Eintrag vom 16. Juni 1778 im Protokoll, als eine Strafe erlassen wird, weil die Frau "fast 40 mahl in die Statt gekommen, ohne zu führung ihrer klage gelangen zu können".[19]

Vor Gericht schliesslich sind die Parteien von den Richtern durch eine Schranke getrennt, die oft in den Quellen erwähnt wird, wenn die Parteien dem Ehegerichtsdiener anloben müssen, einem Urteil nachzufolgen, und der Schreiber jeweils hinzufügt, dies geschehe "hinder dem Schranken".[20]

Zu Beginn des Prozesses bringt zuerst der Kläger sein Anliegen vor, worauf der Beklagte das Recht hat zu antworten. Dieser Ablauf nennt sich Rede und Widerrede. Manchmal kann darauf der Kläger erneut das Wort ergreifen usw. Dieses Vorgehen legt die Vermutung nahe, die Parteien erschienen gemeinsam vor den Schranken des Gerichts, was sich dann auch zeigt, wenn das Gericht zum Schluss kommt, dass " ... ain Jedes in abwesen[heit] des anderen wider fürgestellt mit allem ernst ermanet und erfragt" werden solle.[21] Eine andere Beobachtung erhärtet diese Vermutung zusätzlich. Denn das Gericht verhängt öfters Ordnungsbussen wegen ungebührlichen Verhaltens hinter dem Schranken. Dies lässt sich eigentlich nur erklären, wenn die Parteien im selben

---

31. Januar 1713; EGP 15, 285. Die Frau des Junkers Ziegler kann wegen Krankheit nicht erscheinen. "Ist aber erkant: weiln ... die krankheit simulirt scheinet der diener alsobald zu der hebamm Fr. Ursula Rostin hingehen und ihro verdeüten, das sie die fr. Zieglerin visitiren solle".

17 28. Januar 1692; EGP 12, 429. Margaretha Müllerin von Schleitheim darf sich erst später stellen, da sie "ein säugendes Kind hat".
1. Februar 1756; EGP 26, 489. Die Frau Doktor Zieglers befindet sich "in Articulo Mortis" und kann daher selbstverständlich nicht persönlich erscheinen, worauf das Gericht verfügt, Triumvir Johann Ludwig Peyer und Zunftmeister Johannes Neukomm sollen mit dem Notar die Frau Doktor Ziegler aufsuchen und vernehmen.

18 Für einige Hinweise siehe Kap 4.

19 EGP 31, 68f. Dieser Nachsatz ist allerdings im Protokoll mit Bleistift durchgestrichen. Dazu auch der Eintrag zum 20. März 1705 in den Rechnungen des Ehegerichts, Heft 2. Ein Paar wird an den Rat gewiesen "nach dem man das ganze Ehgricht mit Ihnen zugebracht und etlich andere Partheien abgewisen".

20 Der Schreiber selbst muss daher auf der Seite der Richter sitzen, sonst würde diese Bemerkung keinen Sinn ergeben.

21 9. November 1592; EGP 2, 170f.

Raum anwesend sind. Es seien nur ein paar besonders anschauliche Beispiele erwähnt. Am 10. November 1668 wird Jacob Brülinger von Merishausen mit 2 Mark Silber gebüsst, "umb das ... [er] so hoch gefräflet, Inn dem Er hinder dem Schranckhen die Wernerin aufs Maul geschlagen".[22] Selbst kleinste Verhaltensfehler kann das Gericht ahnden. So erhält Conrad Keller 2 Gulden Busse, weil er "hinder dem schranken ungebührender weiss mit den fingeren geschnellet".[23] Verbale Auseinandersetzungen dürften ebenfalls häufig sein, auch sie ergeben eigentlich nur einen Sinn, wenn die Parteien gemeinsam vor Gericht stehen. So verzeichnet der Schreiber am 22. April 1662 1 Mark Silber Busse "umb das Junker Jeremias Peyer zur Rosenstauden den Greuthmann ein Gut- und Blutdieb, auch des Teüfels Lockfogel geheissen".[24] Wir können annehmen, dass es das Gericht manchmal mit ziemlich turbulenten Szenen zu tun hat. Dazu dürften auch die Parteien beitragen, welche betrunken vor Gericht erscheinen. Am 20. März 1766 verzeichnet das Protokoll zu Abraham Müller von Merishausen, er sei "in der weinfeüchte vor E. Lobl. Ehgericht erschienen und sich hinder dem Schranken unverschamt aufgeführt ... ".[25] Als besonders hartnäckig erweist sich Alexander Zoller von Beringen, der am 30. August 1791 betrunken vor Gericht erscheint und zur Ausnüchterung acht Tage ins Zuchthaus gelegt wird.[26] Am 31. Oktober 1793 steht der nämliche Alexander Zoller einmal mehr vor den Schranken des Gerichts, doch eine Verhandlung kann nicht stattfinden, "da derselbe auch gegenwärtig so stark betrunken gewesen ... ". Diesmal freilich muss er für vierzehn Tage ins Zuchthaus, soll beim Eintritt gezüchtiget werden und darf bei Strafe keinen Wein erhalten.[27] Wenn sich viele und vor allem die ausführlichen diesbezüglichen Beispiele auch auf das 18. Jahrhundert beschränken, äussert sich vielleicht gerade darin eine zunehmende

---

22 EGP 10, 136f.

23 EGP 12, 294.
19. Februar 1691; EGP 12, 388. "um dass Klägers bruder unehrbarer weiss hinder dem Schranken sich verhalten und auf denselben geschlagen, ist er gebüsst 2 Gulden."

24 EGP 9, 322.
27. Januar 1629; EGP 5, 18. "in Caspar Meyer im Schrancken reverenter ein kezer, Schelm und dieben gescholten ...".
Nicht immer freilich erfahren wir den genauen Wortlaut, der zu einer Ordnungsbusse führt. 1. Juni 1691; EGP 12, 399. Maria Huberin hat "über öffters abmahnen ... ihren Eheman mit allerhand unguten und ehrverlezlichen worten übergossen, solle dessenwegen zur buss gezogen werden".

25 EGP 28, 103. Er muss dafür drei Tage ins Zuchthaus.

26 EGP 33, 232. "soll selbiger um nüchtern zu werden auf 8 tage dem Zuchthaus eingesezt und ihm kein wein zugelassen ... " werden.

27 EGP 33, 478f.
Weiteres Beispiel: 2. September 1762; EGP 27, 500. Caspar Rütinger von Neunkirch, Strümpfweber, erscheint "ganz betrunken" vor Gericht. Dafür soll er vierzehn Tage ins Zuchthaus und "um wider nüchter zu werden mit Wasser und brot gespiesen".

Sensibilisierung, wonach das Auftreten in angetrunkenem Zustand vor Gericht als zunehmend anstössig empfunden wird, im Zuge der allgemein zu beobachtenden Entwicklung zu einer immer strengeren Reglementierung und Bestimmung dessen, was sich gehört, und damit verbunden zu einer immer klarer werdenden Ausgrenzung von Fehlverhalten.[28] Das Beachten der sozial vorgeschriebenen Form äussert sich zudem in einem anderen Bereich, nämlich der Forderung des Gerichts, wonach die Parteien im korrekten Habit zu erscheinen haben. So lesen wir am 26. November 1761 im Protokoll über Hans Conrad Fischer, Strümpfweber, "da er doch kein burger dennoch in burgerlichem Habit erschienen das Oberkeitl. Missfallen bezeügt worden".[29] Masst sich hier ein Nichtbürger unschickliche Kleidung an, so gilt auch das Gegenteil. Am 11. Juli 1721 wird dem Junker Vogtherr Rüger im Thurn ein gerichtlicher Verweis erteilt, "er solle künfftig hin in burgerlichem anständigem habit erscheinen ... ".[30] Das Gericht verhängt also Bussen für das Tragen unanständiger, das heisst dem Stand nicht angemessener Kleidung.[31] In diesen Zusammenhang gehört zudem, dass von den Parteien dem Gericht gegenüber Bescheidenheit erwartet wird.[32]

Nicht immer freilich werden die Parteien zusammen vernommen. Getrennte Einvernahme der Parteien kommt vor, um diese dann, wenn sich widersprüchliche Aussagen ergeben, miteinander konfrontieren zu können. So wird am 17. Januar 1713 Margretha Seiler neben Jacob Dunkel gestellt, um diesem gegenüber ihre Aussage "ins angesicht zu sagen", also die bereits vor den Richtern gemachte Aussage in Gegenwart des Beklagten zu wiederholen.[33] Diese mitunter wohl dramatische Gegenüberstellung oder Konfrontation[34] der Beklagten miteinander und mit ihren unabhängig gemachten Angaben wird vom Gericht dazu verwendet, um eher ein Geständnis zu erreichen.

---

28 Freilich fehlen die Beispiele im 17. Jahrhundert nicht ganz.
20. Juni 1612; EGP 3, 665. "wyl er also mit wyn beladen gewesen" muss der Angeklagte ins Gefängnis.

29 EGP 27, 451.

30 EGP 17, 451.

31 5. Oktober 1650; EGP 8, 325v. Hans Grieshaber muss 4 Gulden Busse erlegen, weil er seinen Sohn "so schlechtlich zur Schul gehalten, und anJetzo so Bubisch ohne Rockh oder Mantel und Degen daher lauffen lassen".
4. März 1728; EGP 18, 526. Die Frau des Junkers Hans Caspar von Waldkirch muss 1 Mark Silber erlegen, weil sie "nicht im gebührenden habit erschienen ... ".

32 7. Juni 1725; EGP 18, 155. Hr. Heinrich Wipf redete hinter dem Schranken ungebührlich. "Ist ihm ein treffer verweis gegeben und sich vor dem Richter mehrerer bescheydenheit zu bedienen befohlen worden."

33 EGP 15, 262.

34 So der Ausdruck, welcher in den EGP auftaucht. Zum Beispiel: 13. Dezember 1695; EGP 13, 126. Beide Beklagten werden miteinander "confrontirt".

Nur in ganz seltenen Fällen erhalten die Parteien die Erlaubnis, ihre Klagen oder Gegenklagen nicht mündlich, sondern schriftlich vorzubringen.[35] Dies ganz sicher, um die Prozesse nicht unnötig in die Länge zu ziehen.[36]

Nach dem Anhören und Vernehmen der Parteien werden auf deren Wunsch oder auf Befehl des Gerichts Zeugen verhört, vorausgesetzt, die Parteien haben diese bereits mitgebracht, sie werden vom Gericht akzeptiert und es sind nicht zu viele. Dies würde nämlich den Prozessablauf über Gebühr in die Länge ziehen. Zum Abschluss der Vernehmung der Parteien gehört gewiss in den allermeisten Fällen das lautstarke und möglichst überzeugende Bitten um Verzeihung, das Beteuern, tiefe Reue zu empfinden, um damit eine nach Möglichkeit geringe Strafe zu erhalten.[37] Allerdings lässt sich das Gericht nicht immer davon beeindrucken, folgen wir dem Eintrag vom 10. März 1692, wonach die Beklagte "nebend herausgepress- und vergossen Crocodilsthränen bekennet ... ".[38]

Schliesslich erfolgt die Urteilsberatung des Gerichts, die sog. "Umfrag", bei der die einzelnen Richter ihre Meinung zum vorliegenden Fall abgeben.[39] Dabei treten manchmal Meinungsverschiedenheiten innerhalb des Gerichts auf.[40] Besonders die geistlichen Richter, welche sich als Hüter von Moral und Sittlichkeit verstehen, treten für rigorose Anwendung der Satzungen ein. So lesen wir am 7. Mai 1639, dass Hans Jacob Öchslin "noch 2 Tag in das böse Blockhüsli und wegen seines tragenden dienstes des Seklinsammelns für unser Gnedig herren Burgermeister und Rath gewisen [sein solle], da die glerten Herren In dessen nit mehr für tüchtig halten".[41] Mit den "glerten Herren" dürften

---

35 14. Januar 1749; EGP 23, 340-345. Frau Urteilssprecherin Wüscher erhält die Vergünstigung, ihre Klage, die sie "wegen schlecht habendem Gedächtnuss" ablesen möchte, in schriftlicher Form der Kanzlei einzugeben. Doch darf ihr Mann sich ebenfalls schriftlich verteidigen.
10. Dezember 1793; EGP 35, 20-22. Eine Klage wird "theils schriftlich, theils mündlich" vorgebracht.

36 Am 4. September 1748; EGP 23, 264-270. erhält Reichsvogt Leonhart Speissegger die Erlaubnis, die Gegenklage gegen seine Frau abzulesen, was dann auch "in circa 3frtl. stund gewähret".

37 13. Mai 1596; EGP 2, 307. "mit Rüewigem und bethrüebtem herzen fürbracht."
21. Juni 1687; EGP 12, 164. "und dermahlen seinen fehler hefftig beweinet und bereühet."

38 EGP 12, 448.

39 21. September 1758; EGP 27, 31. "wurde in Abstand beyder Partheyen eine Umfrag gehalten und nach weitläufiger Deliberation Erkannt ... ". 19. März 1754; EGP 26, 57. "in die Umfrag gekommen".

40 18. August 1631; EGP 6, 164. " ... mit merer Wahl zuo Recht erkent." 6. Februar 1652; EGP 8, 349r. "mit mehrer Stimmen erkändt." 14. Juni 1596; EGP 2, 310. "ainhelliglich Erkhendt ... ."

41 EGP 8, 125v.

die geistlichen Mitglieder des Gerichts gemeint sein, die der Meinung sind, der Angeklagte Öchslin könne und dürfe sein Amt nicht mehr ausüben. Bezeichnenderweise steht von den weltlichen Mitgliedern des Gerichts nichts. Offenbar nehmen sie den Vorfall, es handelt sich darum, dass Öchslin sich einer Frau in unzüchtiger Absicht näherte, nicht so tragisch. Noch viel deutlicher kommt dieser Gegensatz am 20. Februar 1638 zum Ausdruck, als es um die Frage geht, ob Enkel von Geschwistern heiraten dürfen. "Darüber sich die Geistlichen höchlich erzürnt, weil die Burgerschaft sich berüembt, dass Ehevermehlung in sölchen Fehllen Im Gottes wort nit verboten. Herr Pfarrer Hurter sagt, durch diese hurerey wurde das ganze gesatz des verbots der Oberkeit uffgehaben, da man doch der Oberkeit solle gehorsam sein. Herr Decanus wil sich ... selbsten verantworten ... dass Ein ehrsam Ehegericht solle bey Irer alten Sazungen verbliben ... ."[42] Der scharfe Protest der geistlichen Mitglieder des Gerichts verfehlt seine Wirkung nicht, denn das Begehren auf Ehe zwischen Hans Schilling und Madlena Huserin, beide von Guntmadingen, wird einhellig abgelehnt. Ganz so monolithisch, wie sich das Gericht uns darstellt, scheint es in Wirklichkeit nicht gewesen zu sein. Doch darf der Leser der EGP solche Meinungsverschiedenheiten nicht überbewerten. Einmal tauchen sie in den EGP sehr selten auf,[43] dann aber ist auch davon auszugehen, dass in den Grundsätzen die Richter sicherlich miteinander übereinstimmen, vertreten sie doch alle zusammen, ob Geistliche oder Ratsherren, die herrschende Ideologie des Stadtstaates. Wohl kann es bei solchen Meinungsverschiedenheiten innerhalb des Richterkollegiums länger dauern, bis die Urteilsverkündung erfolgt,[44] die dann auch von einzelnen Parteien gar nicht abgewartet wird. So heisst es am 14. Juni 1604: "Darauff er Schuelmaister ohne wüssen und gehaiss meiner gnedigen herren aines Ehegerichts von dannen gezogen."[45] Wie überhaupt die Beaufsichtigung der nicht im Verhandlungsraum anwesenden Parteien nachlässig zu sein scheint. Dies zumindest geht aus einem Eintrag vom 9. Juli 1743 hervor, als der Ehegerichtsdiener berichtet, "dass der Hans Georg Stukin sich zur hindern Rahthausthür hinaus und fortgemacht, auch nicht mehr zu finden

42 EGP 7, 94v-95r.

43 So finden sich, soweit wir sehen, für das 18. Jahrhundert nur zwei Einträge, bei denen eine Meinungsverschiedenheit klar erkennbar ist. 19. Februar 1789; EGP 31, 1075. "Weilen aber die hherren EhRichter sich über den Modum, wie man in diesem Process weiter fortschreiten solle, nicht vereinigen können ... ." Massiver scheint der Streit am 25. Januar 1780; EGP 31, 250f., als sich die Richter nicht über das weitere Vorgehen einigen können, worauf zwei der Richter "sich protestando aus dem Ehe-Gericht wegbegeben."

44 Zumindest erhalten wir diesen Eindruck, wenn der Schreiber ins Protokoll setzt, "nach hierüber geschehenem langem deliberieren wurde entlich Guth befunden das Ganze Geschäfft pro nunc einzustellen". 26. April 1746; EGP 22, 578.

45 EGP 3, 332.

seye".[46] Die Urteilsverkündung selbst erfolgt offenbar nicht durch die Richter, sondern entweder durch den Gerichtsschreiber oder den Gerichtsdiener.[47]

Nachdem das Urteil ergangen ist, werden fällige Bussen eingezogen, und die Parteien können die Appellation verlangen.[48]

Zusätzlich ist es möglich, gegen eine entsprechende Entschädigung eine Bestätigung des Urteils, einen sog. Urteilsbrief, zu erhalten.[49] Dort wird das ergangene Urteil verzeichnet und der Brief anschliessend mit einem Siegel versehen. Ob das Schaffhauser Ehegericht ein eigenes Siegel besitzt, lässt sich nicht feststellen. Die Vermutung geht eher auf eine Verneinung der Frage, denn wir lesen am 8. Dezember 1674, dass " ... under herrn Statthalters Insigel ein Scheidbrief ausgefertiget werden solle".[50] Auf das Gegenteil lässt aber der Eintrag vom 17. Januar 1715 schliessen, als es heisst, ein Schriftstück "solle von seiten lobl. Consistori ... authorisirt und mit dessen Sigell obrigkeitl. bekräfftiget werden".[51]

Abschliessend bleibt noch nachzutragen, dass die Verhandlungen mit ziemlicher Sicherheit nicht öffentlich sind, zum einen wegen des Inhalts, zum anderen ergäbe es sonst keinen Sinn, dass sich die Richter, der Schreiber und der Ehegerichtsdiener in ihren Eiden zum Stillschweigen verpflichten müssen.[52]

---

46 EGP 22, 14f.
7. Juli 1642; EGP 8, 177v. "Martin Waser ab der Rahtslauben hinweg gemacht und die flucht genommen."

47 14. April 1785; EGP 31, 776. Dies ist freilich ein sehr später Beleg, der nicht den Anspruch erheben kann, den ganzen Untersuchungszeitraum abzudecken.

48 Vgl. Kap. 9.

49 Köhler I, 64. "Derartige Urteilsbriefe kannte schon das Konstanzer Ehegericht ... ." Sie werden auch für alle anderen Ehegerichte belegt.
Zum Wortlaut eines Scheidbriefes. Vgl. Appendix II. Scheidbrief vom 17. April 1540.
Da nur ein Copierbuch des Ehegerichts für die Zeit von 1768 bis 1800 erhalten ist, finden sich erst dort erneut Scheidbriefe in ihrem Wortlaut, von der im Appendix II angeführten Ausnahme abgesehen.

50 EGP 10, 351. Ähnlich am 18. Oktober 1731; EGP 19, 220. und am 28. August 1759; EGP 27, 150.

51 EGP 16, 101.
Da die Ausgabenbücher der Stadt Schaffhausen für die Jahre 1529-1532 fehlen, ist es auch nicht möglich, dort die Anschaffung eines eigenen Siegels für das damals neugeschaffene Ehegericht zu finden.

52 Dies im Gegensatz zur Praxis beim Schaffhauser Malefizgericht: Chronik B 8, 26. Januar 1672, 166f. Dort wird der einmalige und kurzlebige Versuch des Rates beschrieben, die Verhandlungen des Malefizgerichts nicht mehr der Öffentlichkeit zugänglich zu machen.

7. Kompetenz

7.1. Räumlicher Kompetenzkreis

Da in der ganzen Arbeit, immer wenn der Schreiber dies vermerkt, der Herkunfts- oder der Dienstort der Beteiligten angeführt wird, erübrigt es sich, hier gesondert auf die genaue Herkunft der verschiedenen Parteien einzugehen.

Da es der allgemeinen Entwicklung der Ausbildung unabhängiger Stadtstaaten folgt, erklärt sich auch von selbst, dass Schaffhausen in der Stadt und auf der untertänigen Landschaft in eigener Regie sein Eherecht zur Anwendung bringen kann, gehört doch rechtliche Autonomie zu einem zentralen Merkmal eines souveränen Staatsgebildes.[1]

Somit können wir uns mit der Feststellung begnügen, dass, wenn ein strafrechtlich zu verfolgendes Delikt im Herrschaftsbereich der Stadt Schaffhausen geschieht, dies auch vor dem Ehegericht Schaffhausens verhandelt wird.[2] Wobei es für das Gericht keine Rolle spielt, ob die am Delikt beteiligten Parteien das Schaffhauser Bürgerrecht besitzen oder nicht. So kann es sich durchaus um Dienstboten aus dem benachbarten Ausland, worunter die übrige Eidgenossenschaft eingerechnet ist, handeln. Am 23. November 1658 werden Jacob Kunzlin und Anna Schmidin, die beide aus dem Zürichgebiet stammen, aber in Schaffhausen als Dienstboten arbeiten, wegen hier verübten vorehelichen Beischlafs gebüsst.[3] Geschieht demnach ein Delikt ausserhalb des Schaffhauser Herrschaftsgebietes, so fühlt sich das Gericht nicht zuständig. Dies zeigt schön der Fall der Ursula Geyerin von Buch vom 25. August 1682, die in Diessenhofen im Wirtshaus zur Sonne von einem Krämer aus Savoyen geschwängert worden ist. Das Gericht fordert den Angeklagten auf, sich mit der Frau wegen des Kindsunterhalts zu vergleichen. "Der begangenen Unzucht, weyln solche nit in unserer Bottmässigkeit geschähen, ist Er der Straf endlassen."[4] Diese Haltung lässt sich durchgehend beobachten. So urteilt das Gericht am 28. Oktober 1779 zwischen Anna Maria Brög "von hier" und Joseph Buchter von Jestetten, Müllerknecht bei Leutnant Schnezler, die "auf dem Obern Weeg zwischen Feürthalen und Langwiesen" Unzucht begingen, "weilen die That nicht auf Unsern Territorio beschehen, könne

---

1 Schib, Geschichte, 242-257 und 305-311. Leu, Schaffhausen, 158-193.

2 Diese Haltung taucht dann auch in der EGO von 1785; AE 12, 5f. kodifiziert auf: "Die Begangenschaft da abgewandelt, wo selbige vollzogen worden."

3 EGP 9, 166.
21. Februar 1769; EGP 28, 629. Johann Heinrich Janz von Sunzgen aus dem Markgräflerland und Catharina Wannerin von Eberfingen werden wegen vorehelichen Beischlafs abgestraft.

4 EGP 11, 286f.

man sie für ihren fehler vor diesem Foro nicht abbüssen ... ".[5] Die Dörfer Feuerthalen und Langwiesen liegen gerade jenseits des Rheins, der aber die Grenze zu Zürich bildet, woraus sich erklärt, weshalb das Gericht das Vergehen nicht ahnden kann. Liegen allerdings zusätzliche strafrechtlich relevante Punkte vor, wie etwa das Verschweigen der unehelichen Schwangerschaft, so kann dies vom Gericht gebüsst werden, sofern sich die Delinquenten auf Schaffhauser Territorium aufhalten.[6] Bei all diesen angeführten Fällen handelt es sich um Delikte, die von Staates wegen gerichtlich verfolgt werden, also um strafrechtliche Vergehen. Den zivilrechtlichen Bereich aber behandelt das Gericht auf eine andere Weise.

So urteilt es am 13. Juli 1598 zwischen Anna Rüegerin von Pfäffikon, die in Bargen als Magd arbeitet, und Jacob Jucker von Berg, Müller, wegen eines umstrittenen Eheversprechens: " ... weil nun beede Partheien Unsern gnedig herren nichtzit zuegethonn, sonder under die Zürcher Oberkeit gehörig ... seindt Sy beede für ir Ordenliche Oberkeit gen Zürich gewissen."[7] Nur folgerichtig verfährt das Gericht im Fall der Agnes Schneitterin von Oberneuforn im Thurgau und des Hans Jakob Neukomm von Sulgen bei Rafz, die ebenfalls wegen eines unklaren Eheversprechens vor Gericht erscheinen. Dieses erklärt am 11. August 1641 erwartungsgemäss, " ... dass weil Sy beide Klegere und Beklagter mein Gnedig Herren ganz nichts zue versprechen standind, sy einander under Ihrer Oberkeit deswegen mit Recht suchen mögindt".[8] Da die beiden in Schaffhausen zudem noch Unzucht miteinander verübten, werden sie deswegen, da es sich um ein strafrechtliches Delikt handelt, gebüsst und ins Gefängnis gelegt. Dieses Vorgehen gilt immer, selbst wenn es sich um ein Scheidungsbegehren handelt, ebenfalls ein zivilrechtliches Anliegen, und die Frau eine ehemalige Bürgerin von Schaffhausen ist, ihr Bürgerrecht aber durch die Heirat verlor. Deshalb wird am 5. August 1645 Heinrich Schäublin von Liena in der Grafschaft Sulz abgewiesen, der um die Scheidung von seiner Frau Maria Spenglerin bittet. Das Gericht gibt als Begründung eindeutig an: "Sintemaln aber gedachte sein hausfraw unsern gnedig herren nit mehr zuversprechen steht, sondern das Burgrecht vermannet."[9] Zum zivilrechtlichen Bereich kann auch ein

---

5 EGP 31, 221.
Weitere Beispiele finden sich: 19. September 1752; EGP 24, 471. 29. September 1767; EGP 28, 384f. 17. Juli 1770; EGP 29, 109.

6 22. November 1791; EGP 33, 262. Maria Barbara Vetterlin kann zwar nicht wegen begangener Unzucht gebüsst werden, da diese auf Zürcher Gebiet geschah, wohl aber weil sie als Magd hier in Schaffhausen ihre uneheliche Schwangerschaft verschweigt.

7 EGP 3, 35.

8 EGP 8, 161v.

9 EGP 8, 220v.

Ehestreit gehören, solange die Beteiligten selbst gegeneinander klagen. Am 2. Februar 1796 verkündet das Gericht getreu seiner Kompetenz, dass Felix Möklin und Ursula Müller von Schlatt sich entweder innert sechs Wochen aussöhnen sollen, oder sonst ausgewiesen würden, doch weigert es sich, ihre beiderseitigen Klagen wegen Ehezerrüttung zu behandeln, "weilen sie weder als Unterthanen noch als Schuzverwandte Uns keineswegs zu versprechen stühnden ... ".[10]

Nun kann es aber trotzdem im zivilrechtlichen Bereich vorkommen, dass das Gericht auf besondere Bitten des Klägers hin aktiv wird, auch wenn dieser nicht das Bürgerrecht Schaffhausens besitzt. Dies aber sind eigentliche Ausnahmefälle. Wie derjenige vom 12. März 1631, als Thoma Hauser das Gericht ersucht, an das Ehegericht in Zürich zu schreiben, es möge seine bei ihren Eltern in Feuerthalen wohnende Frau wieder zu ihm zu weisen. Das Ehegericht von Zürich antwortet, der Kläger solle sich in Zürich stellen, da er doch Hintersasse von Feuerthalen sei. Darauf gelangt Schaffhausen erneut an Zürich mit der Bitte, die Frau nach Schaffhausen vor Gericht zu weisen, wobei der Schreiber in einem indignierten Ton beifügt: "Da dann Inen guet Recht gehalten würdet."[11] An sich aber ist die Lage klar, denn beide besitzen nicht das Schaffhauser Bürgerrecht und sind auch keine Untertanen von Schaffhausen. Zudem handelt es sich eindeutig um eine Zivilklage.[12] Hier erhält der Leser einen kleinen Eindruck vom Einvernehmen zwischen den verschiedenen Gerichten, die sich ihre Kompetenz nicht beschneiden lassen wollen. So muss selbstverständlich ein Spruch eines ausländischen Gerichts vom hiesigen noch einmal bestätigt werden, um seine Rechtsgültigkeit zu erhalten.[13] Immerhin kann Schaffhausen auch ein anderes reformiertes Ehegericht anfragen, ob es einen Fall, der eigentlich nicht in seiner Kompetenz liegt, abhandeln dürfe.[14] Dies

---

Weitere Beispiele, bei denen auf Scheidung klagende Parteien abgewiesen werden, weil sie nicht Bürger oder Untertanen Schaffhausens sind: 7. Februar 1737; EGP 20, 428. 18. Februar 1749; EGP 23, 381.

10 EGP 35, 306.

11 EGP 6, 92f.

12 Eine wenn auch eher theoretische Möglichkeit, um als Nichtbürger von Schaffhausen vor dem hiesigen Gericht erscheinen zu dürfen, gäbe es dann, wenn die Parteien eine ausdrückliche Erlaubnis dazu von ihrem eigentlich zuständigen Gericht vorweisen könnten. Doch dürften solche Fälle sehr selten sein. Für Schaffhausen haben wir keinen eindeutigen dieser Art finden können. Auch im Falle Zürichs sind sie eine Rarität. Kilchenmann, Organisation, 146.

13 1. Mai 1714; EGP 16, 28. Hans Jerg Wäber von Lohn wurde vom Ehegericht in Zürich von Margreth Witter von Marthalen entschlagen, und es wurde ihm die Erlaubnis zur Wiederverlobung gegeben. Das Schaffhauser Gericht verlangt, er solle zur Bestätigung "vor hiesigem lobl. foro nochmaln um erlaubnuss anhalten".

14 18. April 1605; EGP 3, 365. Hier betrifft es das Gericht von Diessenhofen, welches angefragt wird, " ... Ob Sy dise sach mit allem anhang meinen gnedigen herren vertrouwen wöllen oder nit ... ".

geschieht vor allem dann, wenn grössere Unkosten vermieden werden sollen. So ist es zum Beispiel eigentlich unsinnig, dass im eben zitierten Fall Thoma Hauser nach Zürich vor Gericht gehen muss, da er doch in Schaffhausen arbeitet und seine Frau gerade über dem Rhein in Feuerthalen wohnt, also eine beträchtliche Zeit- und Kostenersparnis zu erreichen wäre.

Eine einschränkende Bemerkung drängt sich zum Schluss unserer Ausführungen auf. All die oben angeführten Fälle können nur einen, wenn auch ziemlich zuverlässigen, Trend aufzeigen, nicht aber ein präzises Bild geben, da in etwa der Hälfte aller verzeichneten Fälle der Herkunftsort der Parteien nicht aufgeführt ist. Diese also Schaffhauser Bürger oder zumindest Untertanen sein können oder nicht. Zudem lässt sich gleichfalls nicht sagen, ob und, wenn ja, wie viele gebürtige Schaffhauser anderswo ihr Recht suchen.

Grundsätzlich aber steht fest, dass die räumliche Kompetenz des Gerichts mit dem Herrschaftsterritorium des Stadtstaates Schaffhausen zusammenfällt, wenn es sich um strafrechtliche Delikte handelt. In diesem Fall werden alle Vergehen geahndet, gleichgültig, ob es Bürger, Untertanen oder Fremde betrifft. Dies scheint übrigens den Delinquenten manchmal sehr wohl bewusst zu sein. Am 13. März 1732 sagt Alexander Bek, Klosterküfer, der wegen eines vorehelichen Beischlafs vor Gericht steht, "es sey aber solcher zu Stein geschehen, hoffen also nit dass man sie hier abstrafen werde".[15] Damit aber eröffnet sich eine Möglichkeit, das Gericht, falls es sich um ein strafrechtlich relevantes Vergehen handelt, zu umgehen, indem die Tat zwar zugegeben wird, mit der Einschränkung, diese sei nicht auf dem Hoheitsgebiet Schaffhausens geschehen. Günstigerweise für das Gericht sind solche Fälle sehr selten, tauchen sie auf, so kann das Gericht dennoch verfügen, man solle nachfragen, ob die Parteien tatsächlich am Ort, wo sie das Delikt angeblich begingen, gestraft worden seien.[16] In zivilrechtlichen Belangen aber unterscheidet das Gericht zwischen Bürgern und Untertanen auf der einen und Landesfremden auf der anderen Seite. Letztere werden in der Regel vor ihre zuständige Obrigkeit gewiesen.

---

15 EGP 19, 333. Auch: 27. August 1716; EGP 16, 442.

16 21. Juli 1740; EGP 21, 215. Hr. Habik, Bäcker, und seine Frau geben einen vorehelichen Beischlaf zu, der aber in Zurzach geschehen sei. Das Gericht verfügt einen Prozessunterbruch, damit abgeklärt werden kann, ob das Paar tatsächlich in Zurzach gestraft worden sei.

7.2. Persönlicher Kompetenzkreis

7.2.1. Der Obmann[1] des Gerichts

Der Vorsitzende des Gerichts besitzt neben den Aufgaben der Leitung einer Verhandlung auch die Kompetenz der Festsetzung eines Gerichtstermins.[2] Es ist dem Obmann überlassen, das Gericht einzuberufen. Diese Kompetenz findet sich schon in der ersten EGO von 1530, in der es heisst: " ... wenn den obman bedunckt not sin, alsdann soll er die richtern durch den pedellen zusammen bereuffen."[3] Dazu kommt, dass er wenn möglich im voraus wissen muss, ob für einen Prozess Ersatzleute bestimmt werden müssen. So lautet denn auch ein Nachsatz zu einem Prozess vom 15. April 1662: " ... 2 tag zuvor herrn Statthalter zuwüssen thun, was für Persohnen sich stellen wollen, damit man wegen ausstands das Ehe-Gericht besetzen könne."[4] Ob er allerdings die Ersatzleute selbst bestimmen darf, ist eher fraglich. Wahrscheinlich behält sich der Rat oder der Bürgermeister dieses Recht vor. Immerhin figuriert der Obmann als Koordinator.[5]

Zudem ist es ihm erlaubt, Zeugeneinvernahmen selbst durchzuführen, wie es am 24. Januar 1603 zu lesen ist, als die Einvernahme stattfindet "in herrn Statthalters Alexander Kellers Behausung, weyl er nicht ausgangen. In Beiwesen sein herrn Statthalters, ehegerichtsschreiber Johann Caspar ab Egg und Lienhart Kellern des Pedellen".[6] Offenbar erachtet es der Obmann hier nicht einmal für nötig, noch andere Richter beizuziehen, sondern begnügt sich mit dem Schreiber und dem Ehegerichtsdiener.[7] Zu solch leichteren Fällen gehören auch Vergleiche der Parteien bezüglich der Aufzucht von

---

1 Die Bezeichnung ist in den EGP unterschiedlich: Obmann, Statthalter, Praeses. Ich verwende im Text stets den Begriff Obmann.

2 Vgl. Kap. 5.

3 Zwingliana 2, 1925, 290. Auch: EGO von 1785; AE 12, 4. Zur Praxis: Juli 1640; EGP 8, 143v.

4 EGP 9, 318.

5 7. Januar 1592; RP 31, 167. Dies deckt sich einigermassen mit dem Zürcher Ehegericht, das auch keine Ersatzmänner zum voraus wählt, vielmehr muss das Gericht von Fall zu Fall ergänzt werden. Wobei die Ersatzleute vom Bürgermeister ernannt werden. Kilchenmann, Organisation, 103.

6 EGP 3, 263.

7 Sicher ist wohl, dass bei solchen Einzelaktionen des Obmanns wenn immer möglich der Schreiber anwesend ist, damit ein ordnungsgemässes Protokoll erstellt und die Aussagen schriftlich festgehalten werden können. Doch gibt es auch Anhaltspunkte, die zeigen, dass der Schreiber allein Vernehmungen durchführt, allerdings nur auf Befehl des Richterkollegiums oder des Obmanns. So soll der Schreiber am 25. August 1736; EGP 20, 277. Ursula Keller von Thayngen "im Zuchthaus über nachstehende puncta befrage[n] ... ". Weitere Beispiele: 13. Februar 1599; EGP 3, 64. 29. Mai 1714; EGP 16, 31. 28. November 1758; EGP 27, 60.

Kindern und deren Unterhalt im Falle ihrer Unehelichkeit[8] oder Versuche, Inhaftierte zu einem Geständnis zu überreden.[9] Wie weit der Obmann bei solchen Fällen tatsächlich völlig frei handelt, ohne seine Richterkollegen vorher zu fragen, lässt sich freilich nicht genau sagen. So ist es durchaus möglich, dass der Obmann weitere Richter zuzieht, selbst wenn sich trotzdem keine eigentliche ordentliche Verhandlung ergibt. Am 18. Februar 1749 berichten der Obmann und ein weiteres Mitglied des Gerichts, "wie sie durch viele bemühungen endtlich so glüklich gewesen, den hrn. Doct. von Waldkirch und seine Frau Doct. in ansehung ihrer auf den höchsten Grad gestigenen Ehezwistigkeiten widerum mit einander zu reconcilieren ... ".[10] Hier handelt es sich um einen Versöhnungsversuch in einem Ehestreit. Zusätzlich zu eventuellen Einzelaktionen des Obmanns ist sicher, dass er jeweils vom Gesamtkollegium mit solcherlei Aufgaben betraut wird. So findet das Richterkollegium, der Obmann solle am 19. Juli 1647 Junker Hans Jacob Peyer zum Wegeisen zu sich laden, um ihm Verfehlungen vorzuhalten.[11] Am 20. Februar 1753 erhält der Obmann den Auftrag, "die Mühe auf sich zu nehmen und die Aussager vor Sich abzufragen und die antworten darüber zu vernehmen ... ".[12] Hier also versieht der Obmann die Aufgabe eines Untersuchungsrichters, der im Auftrage des Gerichts eine Voruntersuchung durchführt. In anderen Fällen erhält er den Auftrag, als Mahner zu amten, der Fehlbare ermahnt, von ihrem verdächtigen Verhalten abzulassen.[13] Doch das Gesamtkollegium der Richter kann noch weitere Vollmachten an den Obmann abtreten, so darf er selbst

---

8 3. Dezember 1640; EGP 8, 152r.

9 8. Juni 1779; EGP 31, 185. Der Obmann berichtet dem Gericht, er habe "leztern Samstag den Hans Vogelsanger, Kirchenpfleger, und dessen Sohn Melchior Vogelsanger nochmahlen aus der Gefangenschaft zu sich holen lassen und gesuchet selbige zum Geständnuss zu bringen, welches Ihm auch gelungen".

10 EGP 23, 379.
Als Motivation, keine ordentliche Verhandlung durchzuführen, sondern die Sache vor dem Obmann und einigen Richtern privat, also zum Beispiel im Haus des Obmanns selbst zu klären, lässt sich die Furcht festmachen, eine "Persöhnliche stellung for lobl. Ehegericht ihm nachtheilig und gefährlich sein möchte". So begründet Major Rietmann seinen Wunsch am 26. Januar 1719; EGP 17, 120. Allerdings geht das Gericht nur in den seltensten Fällen auf einen solchen Handel ein.

11 EGP 8, 264r. " ... also ist herrn Statthaltern befohlen worden, Ihn für sich in sein haus zu bescheiden, Ihm solches vorzuhalten und dann zuhören, was Er darüber antworten werde."

12 EGP 24, 571.

13 10. Mai 1677; EGP 11, 40.

entscheiden, ob jemand zu begnadigen sei,[14] oder gar in leichteren Fällen selbst Recht sprechen.[15]

Gemäss seiner Stellung ist der Obmann auch Bindeglied zwischen dem Gericht und dem Rat. So obliegt es ihm, wenn er vom Gesamtkollegium dazu aufgefordert wird, dem Rat besondere Verhältnisse zu erläutern und diesen zu Gegenmassnahmen aufzufordern. "Herrn ... Statthalter Alexander Keller soll ain Verzaichnus ergangner und verloffner worthen halb, was für grosse Unzuchten zuo Underhallauw ohne alles scheüchen nun mehr dann zuviel Im schwanckh, zuogestellt werden, Selbiges an mein gnedig herren Burgermaister und Rath anzuopringen habe."[16] Gemessen an der Gesamtzahl der Fälle allerdings tritt der Obmann nicht stark in Erscheinung. Am klarsten kommt seine Stellung darin zum Ausdruck, dass er nicht nur Obmann des Gerichts, sondern meistens auch Statthalter des Rates ist, also eine der höchsten politischen Funktionen im Stadtstaat mit dem Vorsitz im Ehegericht verbindet.[17]

---

14 12. Februar 1750; EGP 24, 11f. Es sei "dem herren Statthalter überlassen, den Stülinger zu begnadigen".

15 18. März 1727; EGP 18, 371. "wegen denen Persohnen so nur unzüchtig betastet Erkant, dass Selbige der iudicatur Ihr Ehrw. Wolw. herren Statthalter überlassen sein sollen."
13. April 1752; EGP 24, 30. Dem Obmann wird vom Gesamtkollegium aufgetragen, zwei Heiratswillige vor sich zu laden, und sollten diese auf ihrem Heiratswunsch bestehen, "Ihro Weisht. alsdann im Namen lobl. Ehegerichts die Erlaubnuss nach gut befinden ertheilen mögen".

16 20. Dezember 1608; EGP 3, 514.
14. Januar 1714; EGP 16, 40. "Concludirt: Es solle herr Praeses Ihro E.W. herren Burgermeister und kleinen Rath mit allem respect, was dieser sach halber for ... Ehege[richt] passirt, auch die darauff erfolgte urtheil, forstellen, mit ansuchen ... Ehege[richt] bey dero judicatur zu unterstützen."

17 Vgl. Kap. 2.

7.2.2. Die weltlichen Mitglieder des Gerichts[1]

Die einzelnen weltlichen Mitglieder des Gerichts, deren Zahl, wie wir hörten, schwanken kann,[2] haben vor allem eine Kompetenz, neben dem Zusprechen an Parteien im Namen des Richterkollegiums, der Absicht des Gerichts nachzukommen,[3] nämlich die Einvernahme von Delinquenten im Gefängnis. Entsprechend lauten denn auch immer wieder Zwischenurteile wie folgendes vom 28. Februar 1608: "Weyl nun mein gnedig herren ainichen satten grundt und ain Ja und Nain zwüschen beeden partheyen und Jeder theil bei seiner mainung zuo verpleiben auch darneben zuo leyden sich erclärt, Seindt derohalben beede Junge der gefangenschafft In zuozichen erkhennt und sollen herr Landtvogt Jacob Hüenerwadel und herr Zunftmaister Hans Wüscher morndriges tags Sy baide Examinieren."[4] Einzelne weltliche Mitglieder des Gerichts, meistens eines oder zwei, werden also vom Gesamtkollegium zur Einvernahme abgestellt. Dazu nehmen die verordneten Richter manchmal den Scharfrichter, der zugleich Folterknecht ist, mit, um entsprechenden Eindruck auf renitente Parteien zu machen und diese zu einer Aussage zu bewegen.[5]

Eine andere Kompetenz der weltlichen Richter ist die Zeugeneinvernahme. So berichtet das Protokoll am 12. August 1628, dass die männlichen Zeugen " ... In beywesen Junker Hans Im Thurn und herr Zunftmeister Hans Marti beaidiget und zur Kuntschafft abgehört werden" sollen.[6] Hierbei nehmen gleichfalls ein oder zwei Richter zusammen mit dem Gerichtsschreiber an den Vernehmungen teil.

In ganz seltenen Fällen können offenbar einzelne Richter auch als Mahner amten. Doch sind die Quellen dazu sehr dürftig. Am 13. Februar 1606 erhält Zunftmeister Georg Hüninger den Auftrag, der Unzucht Verdächtige abzumahnen.[7]

---

1 Sie werden in den EGP als "Beisitzer" oder "Assessores" bezeichnet.

2 Kap. 2.

3 9. Juni 1692; EGP 12, 461. Zunftmeister und Obervogt Siegrist und Zunftmeister und Obervogt Köchlin sollen den Parteien "ernsthafften nachtrukts" zureden.

4 EGP 3, 486. Auch: 1. Februar 1599; EGP 3, 58f.

5 10. Mai 1599; EGP 3, 77. 10. April 1600; EGP 3, 111.

6 EGP 5, 3.
5. Dezember 1605; EGP 3, 408. "Actum post meridie In Praesentia herrn Landtvogt Z. Hünerwadel, herrn Z. Georg Hüningers, Ehegerichtsschreybern Johann Caspar ab Egg und Lienhart Keller als Pedellen."
Allerdings kann das Gericht das Verhör auch dem Grossweibel übertragen. 15. August 1626; EGP 4, 66f.

7 EGP 3, 418.

Somit ist der Kompetenzkreis der weltlichen Mitglieder des Gerichts, trotz der wenigen eindeutigen Quellen,[8] einigermassen bestimmt. Die weltlichen Mitglieder sind neben ihrer eigentlichen Funktion als Richter, je nachdem, ob sie von Fall zu Fall dazu vom Gesamtkollegium bestimmt werden, Untersuchungsrichter.[9] Aber grundsätzlich kann wohl gelten, was ebenfalls für das Ehegericht von Zürich belegt ist, dass das Gericht fast ausschliesslich als Kollegium tätig ist. Einzelrichterliche Handlungen sind gemessen an der Gesamtzahl der Fälle sehr selten wirklich belegt, und wenn sie schon vorkommen, so werden sie mitunter durch einen oder zwei der weltlichen Richter, zusammen mit dem Schreiber und Ehegerichtsdiener, im Auftrag des Gerichts vorgenommen. Es handelt sich dabei in erster Linie um Zeugeneinvernahmen und Befragungen von Delinquenten.[10]

---

8 Für das 18. Jahrhundert findet sich eigentlich keine klare Aussage in den EGP zur Kompetenz der weltlichen Richter, was aber nicht heisst, die weltlichen Richter wären nicht doch zu den beschriebenen Aufgaben bei Bedarf herangezogen worden.

9 22. März 1703; EGP 14, 362f. "inzwüschen die herren politische beisizer mit herrn Stattschreiber dises geschäfts grosser gefahrlichkeit halben, einen absonderlichen discurs führen." Der Stadtschreiber ist der Vater des Angeklagten.

10 Kilchenmann, Organisation, 95. stellt genau die gleiche Situation für das Ehegericht von Zürich fest.

7.2.3. Die geistlichen Mitglieder des Gerichts[1]

Wollen wir die Frage nach den besonderen Aufgaben der geistlichen Richter beantworten, so sind wir auf eine ebenfalls dürftige Quellenlage angewiesen. Immerhin finden sich für die ganze Zeitspanne unserer Untersuchung vereinzelte Belege.

Zunächst scheinen sich die Geistlichen sporadisch zu treffen, um über anstehende Probleme im Zuammenhang mit der aktuellen Rechtsprechung zu beraten. Die Ergebnisse dürfen sie dann dem Gesamtkollegium vortragen. So am 10. Februar 1671, als sie bemängeln, der Sonntag werde nicht eingehalten, und die Übertreter sonntäglichen Arbeitsverbots würden nicht hart genug gestraft. Die Bäcker und die Müller besonders hielten das Arbeitsverbot am Sonntag nicht ein. Schliesslich ein geradezu modern anmutendes Problem, das folgendermassen beschrieben wird: "Das täglich und Nächtliche Essen und drinckhen in Edel- und andern häusern von Jungen döchtern und knaben ... dessgleichen auch in Beckhen- und würtshäusern und im Baumgarten,[2] da man bis gegen tag danzet und spielt, hernach auf den Gassen allerlei unruh anstellt, das bald Niemand mehr auf den Gassen des Läbens versichert seye."[3] Ob diese Beratungen jeweils im Zusammenhang mit den ordentlichen Synodalversammlungen geschehen, ist unklar, zumal die zitierte Stelle in den EGP einmalig ist. Immerhin zeigt sich dabei die Richtung geistlicher Kompetenz. Fragen der Sittlichkeit und der öffentlichen wie privaten Moral finden ihre besondere Aufmerksamkeit. Oft sind solche Fragen eng mit theologischen Überlegungen verknüpft. Daher werden die Geistlichen am 16. September 1680 vom Gesamtkollegium des Gerichts aufgefordert, sich " ... in herrn Decani Schalchen Pfarrhaus zusammen [zu] verfügen, zu rathschlagen: Ob diese That vermög Gottes worts und gebot für ein Blutschand zu achten und darnach zu richten seye".[4] In diesem Fall, bei dem es sich um Unzucht eines Mannes mit der Schwester seiner Frau handelt, haben die geistlichen Mitglieder eine Art von Sachverständigenfunktion.

Auch als Vermittler zu den Geistlichen auf der Landschaft können sie, auf Auftrag hin, amten. Am 9. März 1682 werden sie daher aufgefordert, den Pfarrherrren auf der Landschaft beizubringen, in Zukunft keine Personen katholischen Glaubens mehr zu trauen.[5] Am 2. Februar 1770 erhält der im Gericht sitzende Dekan den Auftrag, bei der nächsten Synodalversammlung den Landgeistlichen in Erinnerung zu

---

1 Ihre Bezeichnung in den EGP lautet "Beisitzer" oder "Assessores".

2 Dies der Name eines berüchtigten Zech- und Trinklokals in der Stadt Schaffhausen.

3 EGP 10, 214.

4 EGP 11, 190.

5 EGP 11, 224.

rufen, die EGO zu beachten und fehlbare Pfarrgenössige dem Gericht anzuzeigen.[6]

Daneben erstaunt es wohl kaum, wenn Geistliche manchmal im Namen des Gerichts versuchen, Inhaftierte zu einem Geständnis zu bewegen. So berichtet Triumvir Köchlin am 14. April 1774, "dass Er nach dem Auftrag E. Lobl. Ehgrichts mit beeden Persohnen in des Zuchtmeisters Stuben geredt, inen die nachdruklichste vorstellungen und einen ernsthafften zuspruch gemachet ... ".[7] Gerade das geistlich gegründete, biblisch untermauerte Zusprechen mag manchmal seine Wirkung nicht verfehlen.

---

6 EGP 29, 30f.

7 EGP 30, 96. Auch: 22. Januar 1689; EGP 12, 246. 12. Dezember 1737; EGP 20, 553.

7.2.4. Der Ehegerichtsdiener[1]

Zuletzt wenden wir uns dem auf den ersten Blick unscheinbarsten Mitglied des Gerichts zu. Doch dürfte bald klar werden, dass dieser erste Eindruck täuscht, denn seine Kompetenzen sind sehr vielfältig.

Da ist zunächst die Aufgabe, die jeweiligen Parteien vor Gericht zu laden.[2] So verfügt das Gericht am 16. August 1736, der Diener habe "sogleich in Meister Conrad Habiken bemelter Person Vatters haus zu gehen, genannte Elisabeth Habikin allda nachzufragen, auch selber solche im haus aufzusuchen, und auff betretten sogleich mit sich auffs Rathhaus zu bringen".[3] Hierbei versieht der Diener auf Befehl des Gerichts heutigen Polizeiaufgaben Vergleichbares, dies auch einfach deshalb, weil es keine ausgebildete Polizeiorganisation gibt. Denn es steht dem Gericht ausser dem Diener niemand zur Verfügung, Personen vorzuladen und, im Weigerungsfalle, an ihrem Aufenthaltsort abzuholen.[4] Offenbar aber ist das Vorladen nicht immer erfolgreich. So heisst es am 24. Januar 1678 im Protokoll: " ... weyln der Ehe-Gerichtsdiener die dirn Regula Schneiderin von Zürich ... nit andräffen noch zur hand bringen können, also ist diessmahls die sach auf weytere erkundigung eingestellt worden."[5]

Neben dem Vorladen wird der Ehegerichtsdiener auch dafür eingesetzt, ausstehende Bussen einzuziehen, wie in einigen Protokolleinträgen zweifelsfrei ersichtlich ist. Am 15. April 1656 hören wir von drei Frauen, denen je 20 Gulden Busse auferlegt wurden, es solle " ... also krafft derselben Urtheil die aufgelegte Geltstraf Ihnen nochmals durch den Ehegerichtsdiener gütlich abgefordert ... " werden.[6] Dabei kommt es wohl mitunter zu Unregelmässigkeiten von seiten des Ehegerichtsdieners. Dies mag eine Aussage von Hans Hablützel zeigen, der am 30. April 1632 vor Gericht vermeldet, " ... wie das der Ehegerichtsdiener bey Inen zue Wilchingen gewesen und Im einen gulden abgenommen".[7] Worauf der Schreiber anfügt, der Ehegerichtsdiener solle deswegen ernsthaft befragt werden.

---

1 In den EGP findet sich für dieses Amt neben Ehegerichtsdiener, oder einfach Diener, auch noch die Bezeichnung Pedell.

2 Dies kommt bereits in der ersten EGO von 1530 zum Ausdruck. Zwingliana 2, 1925, 290.

3 EGP 20, 266f. Auch: 26. Juni 1738; EGP 20, 710.

4 Dies gilt zumindest für die Stadt Schaffhauen und die unmittelbare Umgebung. Auf der Landschaft sind die Vögte oder Obervögte für die Stellung eines Delinquenten verantwortlich.

5 EGP 11, 87. Auch: 10. März 1711; EGP 15, 11.
Das Vorladen gehört auch zu den Pflichten des Ehegerichtsdieners des Zürcher Gerichts. Kilchenmann, Organisation, 113.

6 EGP 9, 85.

7 EGP 6, 205.

Eine weitere Aufgabe, die der Ehegerichtsdiener manchmal leisten muss, ist das Anstellen von Nachforschungen oder Einholen von Erkundigungen vor Ort in der Stadt und auf der Landschaft, wenn das Gericht findet, es habe für einen Fall zu wenig klare Anhaltspunkte. "Leonhart Keller, Ehegerichtspedell, soll nachforschung haben wegen Hans Conradt Schoppen frauwen. Was Sy für ainen Innzug habindt, dessgleichen in Wattinshasen haus. Und nachgents mein gnedig herren dessen berichten."[8] So lautet ein Auftrag vom 13. Februar 1606. Dazu kommen noch andere besondere Missionen des Ehegerichtsdieners. Offenbar ist es Usus, dass er jährlich mehrere Male auf die Landschaft geschickt wird, wo er "denen dem Ehegericht zugehörigen sachen bei vogt und geschwornen fleissig nachgeforscht und alsdann solches einem lobl. Ehgericht hinterbracht ... ". Dies soll einmal mehr geschehen, wie das Gericht am 17. Januar 1715 beschliesst.[9] Die bei solchen Nachforschungen gewonnenen Erkenntnisse trägt der Ehegerichtsdiener mündlich dem Gericht vor.[10]

In eine ähnliche Richtung geht zudem sein Befragen von Verdächtigen im Gefängnis, ein Vorgehen, auf das wir manchmal in den EGP stossen. Allerdings ist wohl anzunehmen, dass er diese Aktivität nicht auf Befehl des Gerichts entwickelt, sondern aufgrund der Tatsache, dass er die Verdächtigen und Verurteilten zum jeweiligen Gefängnis führen muss und daher unvermeidlich mit ihnen in engeren Kontakt kommt als etwa die zum Verhör verordneten weltlichen oder die zum Zureden abgestellten geistlichen Richter.[11] Diese besondere Position dürfte auch der Grund sein, weshalb er so manches von den Verdächtigen erfährt.[12] Seinen Ausdruck findet dieser mitunter intensive Kontakt zwischen Ehegerichtsdiener und Inhaftierten in einer

---

8 EGP 3, 419. Auch: 9. April 1750; EGP 24, 27. Der Ehegerichtsdiener muss die Frau des Rotgerbes Ermatinger aufsuchen, "allwo der Rudolph Ermatinger als bey seinem bruder in Arbeit gestanden, ... um zu fragen, wo ihr Schwager seye und ob er mit der Margaretha Schmid s.v. Unzucht getriben".

9 EGP 16, 103. Auch: 8. August 1720; EGP 17, 253. "Ehgerichtsdiener solle auff die landtschafft zu den tauffbüchern gehen und dem gadensteigen nachfragen." Er soll also die des vorehelichen Beischlafes Schuldigen aufspüren.
Hinweise auf solche Aktivitäten des Ehegerichtsdieners finden sich schon im 17. Jahrhundert. 13. Hornung 1672; EGP 10, 247.

10 25. Januar 1593; EGP 2, 174. "Uff dies Eegerichts dieners beschechnen mundtlichen fürbringen."

11 8. Mai 1714; EGP 16, 30. "Nachdem der diener betreffend Anna Maria Oschwaldin berichtet, das sie während ihrer gefangenschaft sich anderst bedacht und demselbig geoffenbahret ... ".
7. Juni 1725; EGP 18, 152. "Mstr. Hans Jacob Peter bestellter Ehegerichtsdiener berichtet, dass er als er die Maria Fuchsin befohlenermassen vorgestern nachmittag aus dem Zuchthaus in das sogenante Loch gesezet, darbey aber sie erinnert, weylen es noch Zeit seye, die Wahrheit zu sagen, habe sie ihm freymüthig geantwortet ... ".

12 Ein Hinweis auf vertrauliche Information, die der Ehegerichtsdiener von den Inhaftierten erhält, findet sich: 29. Januar 1657; EGP 9, 110.

Ermahnung des Gerichts vom 20. Oktober 1625, in der es heisst: "Der diener solle bey seinem Eyd Im Keller kein win In die gfangenschafft geben noch mit Im Essen und Trinckhen."[13] Doch kann der Ehegerichtsdiener dabei auch seine Kompetenzen überschreiten. So meldet ein Chronist, der Ehegerichtsdiener habe "in der gefangenschafft das hexenstüblin genannt, bey besuchung einer s.v. huren von Zürich ... zu viel an die sach gethan, und ihr die erledigung der eisenen banden, milterung der Gefangenschafft versprochen ... wann sie nur bekenne dassjenige was sie so lang gelaugnet habe".[14]

Zusätzlich obliegt dem Ehegerichtsdiener die Ausführung bestimmter Anordnungen zur Gefangenenverwahrung. So soll er die Tochter des Hans Yten, die im Seelhaus ihr Kind zur Welt bringen wird, besser einschliessen und gar an eine Kette legen.[15] Auch kann ihm befohlen werden, Ausgewiesene zur Stadt hinaus zu führen.[16]

Schliesslich erfüllt der Ehegerichtsdiener eine wichtige Funktion im Prozessgeschehen. Einmal beaufsichtigt er während der Verhandlungen die Parteien, welche vor dem Versammlungsraum des Gerichts warten, um so nach Möglichkeit Handgreiflichkeiten oder verbotene Absprachen zwischen ihnen zu verhindern,[17] dann nimmt er auch den Parteien hinter dem Schranken das Gelübde ab, einem ergangenen Urteil nachzufolgen.[18]

Der Ehegerichtsdiener erfüllt also, entgegen einem allfälligen ersten Eindruck, eine grosse Anzahl verschiedener Aufgaben. Man könnte ihn ein Stück weit mit einem modernen Polizisten vergleichen. So lädt er Parteien persönlich vor, bringt Verdächtige ins Gefängnis und amtet als Vollstrecker ergangener Urteile, wie Busseneinziehung oder Ausweisung. Sicherlich ist er, vielleicht vom Obmann abgesehen, das am meisten beschäftigte Mitglied des Gerichts.[19] Der Posten eines

---

13 EGP 4, 21.

14 Chronik B 8, 1678, 31-36. Auch: Chronik B 10, 199. und RP 137, 281-292.

15 29. Januar 1607; EGP 3, 452.
12. März 1771; EGP 29, 287. "auch der Ehgrichtsdiener herein beruffen und ihm anbefohlen worden, sie sogleich in die gefangenschafft zu führen, und in seiner gegenwart Castigiren zu lassen."

16 5. April 1631; EGP 6, 101. 23. März 1669; EGP 10, 154.

17 9. April 1742; EGP 21, 496.

18 28. September 1592; EGP 2, 166. 13. Februar 1631; EGP 3, 417. 19. Dezember 1715; EGP 16, 271.

19 Zu seiner Entlöhnung vgl. Kap. 10.
Der Vollständigkeit halber sei noch angemerkt, dass sich in den EGP zwei Belege finden, die von einer Ehegerichtsdienerin sprechen. 11. März 1734; EGP 19, 499f. und 19. September 1748; EGP 23, 285.
Da eine Frau nur sehr beschränkt ein öffentliches Amt, in das der Amtsinhaber vom Rat gewählt wird, innehaben kann, um ein solches handelt es sich nämlich im Falle des Ehegerichtsdieners, muss sich dieser Ausdruck auf die Frau des Amtsinhabers beziehen, die ihrem Mann zur Hand geht.

Ehegerichtsdieners scheint zudem begehrt zu sein.[20] So wird der neue Ehegerichtsdiener am 13. Mai 1670 aus sechs[21] und am 13. Juni 1768 gar aus elf Bewerbern gewählt.[22] Dies mag auch damit zusammenhängen, dass die Stellung lebenslänglich ist.[23]

20 Dies obwohl der Rat am 13. Mai 1670 beschliesst, der neugewählte Ehegerichtsdiener "solle fürters, ussert in hl. Statthalters Ehgrichtsgeschäfften, einem hl. Amtsburgermeistern beständig uf- und abwarten". RP 129, 274.

21 Ebd.

22 RP 226, 57.

23 Chronik A 25, 405. "Die Ehegerichtsdiener. ist lebenslänglichen."

7.3. Sachlicher Kompetenzkreis

7.3.1. Das Eheversprechen und dessen Auflösung

Wie bereits dargelegt,[1] spielt sich die Eheschliessung in zwei Stufen ab. Da ist zunächst die Verlobung, welche als konstituierendes Element das Eheversprechen enthält, der das eheliche Band begründende Schritt. Die zweite Stufe hat dann die vollständige Herstellung der Ehe als Institution zum Inhalt, entweder durch den jetzt vom reformatorischen Eherecht vorgeschriebenen Kirchgang oder durch die blosse Aufnahme der Lebensgemeinschaft in ganz formloser Weise. Gemäss diesen beiden Stufen lassen sich zwei Scheidungsarten feststellen: die Auflösung des blossen Eheversprechens vor der eigentlichen Trauung und dem Eintritt der Lebensgemeinschaft und die Trennung nach vollzogener Trauung; letzteres bezeichnet die Scheidung in unserem heutigen Sinne. Beide Arten der Scheidung sind nur dann möglich, wenn entsprechende ausreichende Gründe dafür vorliegen, denn das eheliche Band beginnt schon, einschliesslich seiner rechtlichen Folgen, mit dem Abschluss des Eheversprechens.[2] So soll hier zunächst der Bereich der Auflösung der Eheversprechens in der ehegerichtlichen Praxis dargestellt werden, wobei es sich erübrigt, die zu einem gültigen Eheversprechen notwendigen Bedingungen noch einmal aufzuzählen.[3]

Allerdings ist es von Nutzen, die ganze Gruppe der Klagen auf Einhaltung resp. Auflösung des Eheversprechens, die sehr umfangreich ist, der besseren Übersicht wegen in insgesamt fünf Themenbereiche einzuteilen. Dass sich dabei Überschneidungen nicht immer vermeiden lassen, sei als Entschuldigung angefügt. Das Hauptaugenmerk gilt, wie übrigens bei allen folgenden Kapiteln zur ehegerichtlichen Praxis, dem Verhalten des Ehegerichts während unserem Untersuchungszeitraum von gut 250 Jahren, durch den wir es begleiten.

---

1 Teil I, Kap. I.I. und I.2.

2 Wyss, Eheschliessung, in: ZSR 20, 1878, 132.
Huber, Privatrecht, 324: "Auflösung der Verlobung stand ... der Ehescheidung zur Seite, konnte nicht von einem der beiden Verlobten, auch nicht von beiden zusammen willkürlich vorgenommen werden, sondern erheischte Untersuchung und Bewilligung des Ehegerichts, wobei die Erlaubnis nur erteilt wurde, wenn genügende Gründe zur Aufhebung der Verlobung vorlagen."

3 Teil I, Kap. 2. und 3.2.

7.3.1.1. Das von einer Seite bestrittene Eheversprechen

Zunächst wollen wir die Gruppe der Fälle betrachten, bei denen eine Partei auf Einhaltung des Eheversprechens, also den Vollzug der Ehe durch die Trauung klagt, während die andere Partei die blosse Existenz eines solchen Versprechens in Abrede stellt.[1] So klagt am 14. November 1588 die Rüettingerin, eine Witwe aus Neunkrich, gegen Anthoni Görin, Maurer, der ihr eines Nachts, als er zu ihr in die Kammer kam, die Ehe versprochen habe.[2] Der Beklagte gibt zwar zu, in ihre Herberge gekommen zu sein, doch habe er sie bezahlt wie eine gemeine Dirne. Das Eheversprechen streitet er folglich ab. Da nun offensichtlich keine Zeugen vorhanden sind, welche die eine oder andere Aussage stützen könnten, und der Beklagte den Eindruck erweckt, die Klägerin sei eine Dirne, entscheidet das Gericht, da es den Beklagten nicht zu einem Geständnis bewegen kann, auf Lösung des vermeintlichen Eheversprechens. Steht Aussage gegen Aussage und sind keine weiteren Anhaltspunkte vorhanden, spricht das Gericht in der Regel die Auflösung des Eheversprechens aus. "Weyl sy [die Eherichter] nichts das ain Ehe geben mög, befinden könden."[3] So lautet dann auch die Urteilsbegründung im Fall der Anna Surbeckhin von Unterhallau vom 12. April 1592, die gegen Kleinhans Keller klagt, der freilich ein Eheversprechen leugnet. Der Klägerin nützt auch ihr Hinweis nichts, er habe gesagt, er wolle ihr auf immer treu sein.

Manchmal versucht, wie oben angedeutet, der Beklagte, die Klägerin in einem schlechten Licht erscheinen zu lassen, um so deren Eheanspruch unglaubwürdig zu machen. Dies tut ganz offensichtlich Conrat Schneider von Buchthalen am 10. April 1595 im von Dorothea Huserin, Tochter des alten Försters von Büsingen, angestrengten Prozess. Er habe nie "der Ehe und ehren gedacht, dann Ir Eheman von Iro In Krieg zogen vor acht Jaren, volgenz Sie mit ainem von Gresslicken by 6 Jaren Unzucht getriben und ain Kindt bevolchen, und sie möge doch nit wüssen, ob selbige lebig oder thodt".[4] Eine solche Auflistung von Fehlverhalten kombiniert mit der Unsicherheit, ob ihr eigentlicher Mann, der offenbar im Solddienst steht, noch am Leben sei, verfehlt in der Regel seine Wirkung auf das Gericht nicht. Besonders der Verweis auf unzüchtiges Verhalten in der Vergangenheit kann schwer wiegen. Im eben angeführten Fall lehnt das Gericht dann auch die Klage auf den Ehevollzug ab.

---

1 In diesem Kapitel geht es vornehmlich um die rechtlichen Aspekte und nicht um bestimmte Verhaltensmuster vor Gericht. Vgl. dafür: Teil III, Kap. 1.3. und 1.4.

2 EGP 2, 65.

3 EGP 2, 157.

4 EGP 2, 267.

Dennoch wäre es falsch anzunehmen, das Gericht urteile in solchen Fällen pauschal, ohne sich um die näheren Umstände der Beteiligten zu kümmern. Blosses Abstreiten eines Eheversprechens garantiert noch nicht zwangsläufig eine Auflösung desselben, also eine Ledigsprechung. Diese Erfahrung macht Clewin Baur von Wilchingen am 19. März 1607. Er streitet zwar das Eheversprechen ab, kann aber den Beischlaf nicht leugnen. Was aber den Ausschlag für das Urteil geben dürfte, ist die Tatsache, dass die beiden schon einmal ledig gesprochen worden sind, es sich also um eine Wiederholungstat handelt und die Klägerin demnach mit einem gewissen Recht bemerkt, "vermaine Sy, Er Sy nunmher zuo Kirchen und strassen zu fhüeren" habe.[5] Das Gericht ordnet die Trauung innert Monatsfrist an; es geht wohl davon aus, bei dieser Ausgangslage sei die Grundlage gegeben und der Beweis erbracht für eine Ehe.[6] Selbstverständlich versucht sich das Gericht wenn immer möglich auf Beweise zu stützen, die ein Eheversprechen belegen. So kann es gar das Beibringen von Zeugen verlangen, wie im Fall des Hans Maister, Knecht des Vogtes zu Kilchstetten, am 19. März 1601. Ihm wird auferlegt, dass er "mit khundtschafft beweisen und wahrmachen solle", Agnes Walther von Merishausen ein Tuch als Ehepfand gegeben zu haben. Dies kann er nicht tun, worauf seine Klage auf Ehevollzug abgewiesen wird.[7] Also auch ein Ehepfand gibt keine vollkommene Garantie, dass eine Klage durchkommt, zumal die Gegenseite stets nur von einem blossen Geschenk sprechen kann.[8]

Auf den zentralen Punkt und die entscheidende Schwierigkeit bei all diesen Fällen stossen wir in einer Urteilsbegründung vom 19. März 1601, in der eine Klage auf Ehevollzug abgewiesen wird: "Dieweyl sölche Eheversprechung nit mit mundt und handt auch im Beysein ehrlicher uhnparteyescher Leüthen sonder der Ehegerichtsordnung starckh zuewider und uhngemäss."[9] Denn in der Tat befinden sich die Richter in einem Dilemma. Wenn nämlich das Eheversprechen entgegen der Vorschrift der EGO nicht ordnungsgemäss vor Zeugen geschlossen wird, sondern heimlich, dann kann als Entscheidungsgrundlage nicht so sehr der Buchstabe des Gesetzes dienen, nach dem solche Eheversprechen ja verboten sind, sondern vielfach nur der persönliche Eindruck, den die Parteien auf die Richter machen. Von diesen wird also, wollen sie nicht

---

5 EGP 3, 460. Clewin ist eine Nebenform zu Claus.

6 Für Schaffhausen haben wir keinen eindeutigen Hinweis darauf gefunden, wonach das Gericht sich zu einer Zivilstandsbehörde gemacht habe und eine solche Ehe gleich vor den Schranken des Gerichts geschlossen worden wäre. So findet sich immer die Verordnung des nachfolgenden Kirchganges. Dies im Gegensatz zu Zürich. Köhler I, 95f.

7 EGP 3, 146f. Ein Beispiel einer erfolgreichen Beweisführung durch Beiziehen von Zeugen findet sich: 22. März 1599; EGP 2, 72f.

8 Zur Bedeutung des Ehepfandes: Teil III, Kap. I.1. und I.2.

9 EGP 3, 148.

pauschal alle solcherart geschlossenen Eheversprechen als dem Gesetz zuwider aufheben, ein gerüttelt Mass an Einfühlungsvermögen verlangt. Dies kommt besonders schön zum Ausdruck in der Urteilsbegründung im Prozess Andres Werner zu Beggingen gegen Anna Iseneggerin vom 13. November 1595. Dabei ist die Ausgangslage geradezu klassisch. Es steht nämlich Aussage gegen Aussage, und Zeugen sind keine vorhanden. Das Gericht verfügt trotzdem die Heirat der beiden, "wil der guett will anfangs wol zu gespüren gewest".[10] Die Richter gehen demnach davon aus, diese Verbindung gebe genügend Anlass zur Hoffnung, es entwickle sich eine gute Ehe. Als zusätzliche Aufmunterung und Starthilfe werden keine Bussen für das Paar verhängt und die beiderseitigen Kostenersatzansprüche aufgehoben. Wie sehr das Gericht jedes Anzeichen einer Zuneigung, oder zumindest nicht unüberwindbaren Abneigung, in Ermangelung anderer Anhaltspunkte als Entscheidungshilfe heranzieht, mag das Beispiel des Melchers im Hof, Hintersasse, im Prozess gegen Sausanna Keller von Neunkirch vom 9. August 1630 zeigen. Die Frau bringt vor, er habe sie den ganzen Sommer und Winter über beschlafen, weshalb das Gericht zum Schluss kommt, "diewil Sy dann die Unzucht solange Zeit mit einandern triben, sollen Sy einandern zue der Ehe behalten".[11] Manchmal versucht es das Gericht auch mit Zusprechen, wie am 28. November 1776, "dass er die Bollingerin nicht auf solche Art aufführen könne, und für ihn besser wäre, wann er sie behalten wurde".[12] Freilich kann das Gericht aufgrund des Erscheinungsbildes der Parteien auch den gegenteiligen Eindruck bekommen. So beschliesst es am 14. August 1660, " ... weyln Rängerin in Ihrer widerspänigkeit beständig verharret, und durch keine Mittel sich zu der Einsegnung bequemen wollen; also mein gnedig herren die Beisorg getragen, das hieraus grosses unheil endstehen möchte, das derowegen die eheliche ... [Verlobung] hiemit widerumb cassiert, aufgehebt und krafftlos sein solle".[13] Doch steht das Schaffhauser Gericht mit dem Einbezug dieser eher psychologischen Gesichtspunkte nicht allein, vielmehr ist solches Vorgehen anderen Ehegerichten durchaus gemeinsam.[14]

Schliesslich kann das Gericht eine Eheverfügung aussprechen, wenn es in gutreformatorischer Ansicht den Eindruck erhält, eine solche

---

10 EGP 2, 290f.

11 EGP 6, 30.

12 EGP 30, 439.
27. Juli 1744; EGP 22, 186. "ihnen vorgehalten, nachdem der unterscheid zwüschen ihnen in ansehung der Mitlen nicht gross sein werde und sie auss einem dorff sejen, auch er ein handwerk habe, und sie würklich von ihm schwanger, ob es nicht besser sein wurde, wan sie einander behalten thäten."

13 EGP 9, 245f.

14 So zum Beispiel im Falle des Ehegerichts von Basel. Markees, Eheschliessung, 58.

sei angebracht, um damit dem Laster der Unzucht vorzubeugen. So verfügt es am 27. Januar 1674, Meister Heinrich Rüeger, Schmied von Wilchingen, und Barbara Geyslerin von Flaach müssten heiraten, "sintemahln Schmid hiefor auch schon eine geschwängert, also solle Er solche dochter zu Kirch führen und ehelichen".[15] Es handelt sich damnach um eine Wiederholungstat, während beim Urteil die Meinung mitschwingt, erst einmal verheiratet, werde der Mann keinen Anlass zur Unzucht mehr haben.

Ungleich schwieriger wird die ganze Ausgangslage, wenn das Eheversprechen in der "weynfüechti" geschlossen wird, was besonders auf Kirchweihen und an Markttagen recht häufig geschieht,[16] und die Beteiligten mitunter nicht einmal mehr davon wissen (wollen). So klagt Anna Kellerin gegen den Knecht des Klosterküfers am 16. Juli 1601 auf den Ehevollzug. Er aber gibt zu Protokoll, was bei seinem Beruf vielleicht nicht so verwunderlich ist, " ... khönde sich nit erinnern, das er ihren nüchtern weiss die Ehe versprochen. Wöll er ihren halten, Im seye dessthalb nichts In wüssen".[17] Das Gericht weist ihre Klage ab, wie auch im Fall der Annelin Has, welche gegen Claus Hueber am 10. Dezember 1607 klagt. Der Beklagte sagt aus, er habe sie oft besucht, "seye aber allwegen voll bezächt gewesen, das er Iro die Ehe zuogesagt, wüsse er sich nicht mehr zuo erinnern".[18] Immerhin wird er gebüsst. Bei diesen hier angeführten Beispielen mögen die Richter auch aus Erfahrung urteilen. Denn eine in der "weynfüechti" geschlossene Ehe ist nicht unbedingt Garant für ein späteres erspriessliches Eheglück. Vielmehr können solche Ehepaare früher oder später vor den Schranken des Gerichts auftauchen und die Scheidung wegen Ehezerrüttung verlangen. Damit kann es auch geschehen, dass das Gericht bei der Abweisung einer Klage sogar explizit darauf verweist, es handle sich um kein gültiges Eheversprechen, da sich alles in betrunkenem Zustand abgespielt habe.[19] Die Grundhaltung in dieser Frage bleibt sich gleich, wie bereits am 13. Juni 1535 ersichtlich ist, als das Gericht ein Eheversprechen aufhebt, weil dies "hinder dem weyn beschechen, das alsdann sölichs ... die Ee nit binden mögen ... ".[20]

---

15 EGP 10, 318.

16 Deshalb auch der Ratsbeschluss vom 3. April 1592, wonach keine Ehen 14 Tage vor und nach einem Fest kirchlich geschlossen werden dürfen. Ordnungen A 17, 246. Doch scheint es in Schaffhausen kein generelles Verbot solcher Ehen gegeben zu haben, wie es Hauser, Leben, 107f. für Zürich berichtet.

17 EGP 3, 165.

18 EGP 3, 481.

19 11. September 1606; EGP 3, 439f. 24. Januar 1609; EGP 3, 521f.
Wie weit dabei der Verweis auf Betrunkenheit lediglich eine Schutzbehauptung ist, lässt sich nicht genau sagen. Sicher darf dies aber für den einen oder anderen Fall angenommen werden.

20 EGP 1, 156r.

Manchmal, und dies sei nur der Vollständigkeit halber bemerkt, bezieht das Gericht zusätzlich die möglichen Auswirkungen einer Eheverfügung mit ein. So lehnt es die Klage der Margaretha Dänergin gegen Hans Heinrich Höusi von Schleitheim am 5. Juni 1660 ab, da er aussagt: " ... das Er Ihro die Ehe keineswegs versprochen habe, und weyln Sie ein elende Creatur, und seine kinder Ihn so Er sie zur Ehe haben solte, in ihrer Mutter haus nit dulden" wollen.[21]

Überblickt der Leser der Protokolle diese Gruppe von Fällen, so erkennt er unschwer, wie das Gericht in diesem Bereich Mühe bekundet. Denn nach strikter Auslegung der gesetzlichen Erfordernisse müssten solche Eheversprechen, die ohne glaubwürdige Zeugen und stichhaltige Beweise geschlossen sind, aufgehoben werden. Das Gericht steht damit vor dem Dilemma zwischen der rechtlichen Anforderung und seinem sittlich-moralischen Auftrag. Auf der einen Seite die Situation, wie sie Franz Oschwalden, Bürger von Schaffhausen, in seiner Aussage vom 15. Mai 1655 zum Ausdruck bringt, in der er ein Eheversprechen gegenüber Anna Maria Hanin von Basel bestreitet und beifügt, sogar wenn doch ein Versprechen vorläge, " ... wäre doch solches kein rechtmässiges, sondern nur ein Winckhel versprächen gewesen".[22] Auf der anderen Seite trotzdem das Bemühen des Gerichts, mit einer auf Erfahrung und Wissen gestützten Vorgehensweise zu einem dem einzelnen Fall angemessenen Urteil zu kommen, um damit ein Aufheben des Eheversprechens, ein Ledigsprechen, vermeiden zu können. Dass dies gesamthaft gesehen nicht oft geschieht, ist festzuhalten, denn im Zweifelsfalle bleibt die EGO ausschlaggebend. Das Dilemma zwischen theoretischen Anforderungen hinsichtlich des Abschlusses eines gültigen Eheversprechens und den in der Praxis des 16. und 17. Jahrhunderts häufig vorkommenden, von einer Seite bestrittenen, ohne Zeugen geschlossenen Eheversprechen begleitet das Gericht von Anbeginn seiner Tätigkeit,[23] selbst wenn bereits gegen Ende des 17. Jahrhunderts die Zahl solcher Fälle merklich abnimmt, um dann im 18. Jahrhundert fast völlig aus den EGP zu verschwinden. Der Grund für diese Entwicklung dürfte darin liegen, dass

---

21 EGP 9, 240f. Eine erzwungene Ehe hätte offenbar erhebliche Nachteile für den Mann zur Folge, da die Kinder aus erster Ehe ihn aus dem Haus ihrer Mutter zu weisen drohen.

22 EGP 9, 58f.

23 Die Bemerkung Wehrlis, dass der Beischlaf das eigentliche Festigungselement der Ehe sei und die copula carnalis, welche dem Eheversprechen folgt, das Band zwischen den Verlobten zur Untrennbarkeit schliesse, trifft für Schaffhausen so absolut nicht zu. So gibt es sehr wohl Fälle, bei denen beide Seiten den vollzogenen Beischlaf gar nicht leugnen, die trotzdem zu einer Ledigsprechung führen. Dies eben ergibt sich aus der Situation der Praxis, wo die blosse Existenz eines Eheversprechens geleugnet, gleichzeitig aber der voreheliche Beischlaf obrigkeitlich verboten und verfolgt wird, da diesem die ehebestätigende Wirkung genommen werden soll. Wehrli, Ehescheidung, 67. spricht allerdings von der Situation in Zürich.

sich die Haltung des Gerichts im Laufe der Zeit wandelt, ist es doch im 18. Jahrhundert viel leichter möglich als in den beiden vorangehenden, eine Auflösung des Eheversprechens selbst bei noch so oberflächlichen Gründen, und wenn gar beide Seiten ein Eheversprechen zugeben, zu erreichen. Damit aber fällt die Notwendigkeit, ein Eheversprechen überhaupt zu leugnen aus Furcht, den Kläger oder die Klägerin am Ende heiraten zu müssen, dahin.[24]

---

24 Zu dieser Entwicklung siehe: Kap. 7.3.1.3.

7.3.I.2. Das gegen den Willen und ohne Wissen der Gewaltinhaber geschlossene Eheversprechen

Hierbei handelt es sich um die Gruppe der Fälle, bei denen zwar beide Seiten ein Eheversprechen zugeben, doch Eltern, andere Verwandte oder die Vögte damit nicht einverstanden sind. Grundsätzlich ist hier die rechtliche Lage unmissverständlich klar.[1] Dies nicht nur dem Gericht, sondern vielmehr auch den Parteien selbst. So sagt Martin Metzger am 29. Oktober 1586, das Eheversprechen mit Barbel Sathasin sei seinen Eltern "... und ganzer fründtschaft zewider, vermaine er, uss vermög der Ehegerichtssazungen von ihro rechtlichen geschaiden zewerden".[2] Da sein Vater seine Aussagen bestätigt, spricht das Gericht sie ledig. In einer solchen Situation nützen dem Kläger auch keine Beteuerungen, die Gegenpartei habe versichert, "... sy wöll Im zur Ehe haben und die fründt nit".[3] Denn wenn die Gewaltinhaber gegen eine Verbindung sind, werden die vermeintlich Verlobten getrennt. Dies gilt auch, wenn beide Parteien von sich aus heiraten möchten, die Gewaltinhaber aber ihr Veto einlegen.[4] Manchmal gar greifen diese zu massiven Drohungen, um ihrem Ansinnen nach Auflösung des missliebigen Eheversprechens Nachdruck zu verleihen. So meint der Vater von Hans Müller von Löhningen am 26. Oktober 1669: "Jedoch wann sein Sohn diese dochter zur Ehe haben wolle, werde Er nit viel wehren, und aber sein Sohn solle, solang Er, der Vatter, Im leben bleibe, keines Hallers wärth von Ihm zu empfangen haben."[5] Das Gericht versteht den Wink und hebt das Eheversprechen auf.[6] Freilich beschränkt sich die Einflussnahme der Gewaltinhaber nicht nur auf verbal geäusserten Widerstand, sondern sie kann durchaus auch zu eigentlicher Gewaltanwendung gegenüber den Heiratswilligen führen, wie dies Maria Schaad von Oberhallau am 6. Juni 1771 eindrücklich in ihrer Aussage vorbringt. Ihr Vater habe sie "an eine bettstatt angebunden, mit der Ruthen gezüchtiget, mit Schlägen übel Misshandlet und durchaus an sie verlangt, auch sie darmit nöthigen

---

1 Teil I, Kap. 3.2.

2 EGP 2, 6f.

3 13. Juli 1593; EGP 2, 200.

4 25. Oktober 1593; EGP 2, 207.

5 EGP 10, 171f.

6 Ein weiteres eindrückliches Beispiel für die Pressionsversuche seitens der Gewaltinhaber kommt am 15. Januar 1789; EGP 31, 1058. ans Licht, als bekannt wird, dass Meister Adam Reultinger den Verlobten seines Patenkindes Agnes Reultinger von Neunkirch Heinrich Leupp, Strümpfwebergeselle von Siblingen, "gleich nach lezterm Ehegericht ausser Arbeit gesezt" hat, um so Druck auf die Verlobten auszuüben, das Versprechen freiwillig aufheben zu lassen. (Die erste Verhandlung fand am 16. Dezember 1788; EGP 31, 1055. statt.) Das Gericht erklärt dann auch, nachdem die Frau darum gebeten hat, das Versprechen für aufgehoben.

wolle, dass sie ihn entschlagen solle".[7] Vor diesem Hintergrund wird die tatsächliche Bedeutung der Aussage des Gerichts klar, wenn es bemerkt, dass die Tochter "als verheyrathet nicht mehr unter der Elteren Ruthen stehe".[8] Die Gewalt über die Kinder ist beinahe uneingeschränkt wirksam. Gerade in der Gewaltanwendung aber zeigt sich auch eine gewisse Ohnmacht der Eltern gegenüber den Heiratswünschen der Kinder.[9] Doch gilt es einzuschränken, dass vornehmlich die Eltern nicht immer nur aus heiratspolitischen Motiven eine beabsichtigte Ehe zu verhindern suchen, sondern ihre Konsensverweigerung kann auch darauf beruhen, dass Kinder, besonders auf der Landschaft, wo die Arbeit schwer ist, als Altersversicherung betrachtet werden, die den alten und kranken Eltern bei der Feld- und Hausarbeit zur Hand gehen müssen und sich also daher nicht verheiraten dürfen, zumal erst mit dem Ableben der Eltern die Hofstelle frei wird, welche die Grundlage für das wirtschaftliche Überleben bildet. So erklärt der Untervogt von Beringen am 29. Mai 1666, sie seien gegen die Heirat ihrer Tochter, "in betrachtung Sie nun mehr zimblichen alters und so Sie die dochter also aus dem fleckhen lassen müssten, Sie alsdann zu Niemandem sondern trost und zuflucht hätten ...".[10] Oder der älteste Sohn muss nach dem Tode des Vaters dessen Pflichten übernehmen, wie dies Michel Küenler von Unterhallau am 12. November 1597 dem Gericht gegenüber ausführt, als er meint, sein Vater sei vor kurzer Zeit gestorben "und Eetlich ohnerzogne kinder hinderlassen, were seiner muetter will und mainung, das er sich der Zeiten nit verheüraten sonder Ire kleine Kinder ufferziechen solt".[11]

Gemäss dem Gesetz können dabei nicht nur die Eltern eine ihnen nicht genehme Ehe verhindern, sondern auch die Vögte, welche die Rechte ihrer Mündel wahrnehmen. Am 8. Dezember 1791 erklärt N. Neukomm, Jäger, von Unterhallau, bezüglich dem Eheversprechen zwischen seinem Mündel Magdalena Rahm und Rudolph Burger, Büchsenmacher, "seine basse [sei] ... eine blödsinnige Person"[12] und damit zur Ehe untauglich. Selbst die Grosseltern sind berechtigt,

---

7 EGP 29, 308f. Immerhin spricht das Gericht am 11. Juni 1771; EGP 29, 321f. ihren Eltern zu und "alles Oberkeitlichen Ernsts erinneret und verwahrnet ... die tochter in zukunft nicht mehr so übel wie biss dahin geschehen, zu behandlen, sonder wann sie sich verfehle, sie mit vernünfftigen vorstellungen darvon abhalten".
Als weiteres Beispiel dafür mag Dorothea Zündlin gelten, die am 19. Dezember 1643; EGP 8, 196r. erzählt, als ihr Bruder vernommen habe, sie sei mit Hans Conrad Braunen versprochen, "sein Schwöster sehr übel tractiert und geschlagen, also das Sie zu Betth ligen müessen".

8 EGP 29, 68.

9 Breit, Leichtfertigkeit, 104.

10 EGP 10, 66f. Auch: 27. August 1716; EGP 16, 440.

11 EGP 3, 12.

12 EGP 33, 283. Das Gericht hebt daher das Versprechen auf.

Einspruch zu erheben, dies aber wohl vor allem dann, wenn die leiblichen Eltern ihrer Enkel nicht mehr leben und damit die Erziehungsgewalt faktisch auf die Grosseltern übergegangen ist.[13] So urteilt das Gericht am 5. August 1648 zwischen Hans Melchior Hatt von Hemmenthal und Margaretha Sonnerin von Bargen: "Sintemahlen ihr grossmutter selbsten gebetten, das ein Ehrlobliches Ehegericht diese bede Persohnen nicht zusammen sprechen wolle...", gelte das Versprechen nicht.[14]

Doch darf aus den angeführten Beispielen nicht geschlossen werden, blosser Verweis auf Nichteinwilligen der Gewaltinhaber reiche aus, in jedem Fall ein bestehendes Eheversprechen aufzulösen. Diese Erfahrung muss Jacob Müller von Gächlingen machen, der am 13. November 1595 gegenüber Madlena Rüedin sagt, er möchte das Versprechen schon halten, aber sein Vater sei dagegen. Das Gericht aber entscheidet, dass er innert 14 Tagen heiraten solle "... sonderlich auch [auf] des Pedels anzaigen, das sin des knaben vatter selbs zu Im Pedell gesagt, was Im dise sach mit gunst zu melden ... [seie]. Er wölle sich dessen nichts annemen wie er dann gethon und nit selbst zugegen erschinen ...".[15] Der Vater ist offensichtlich gar nicht so sehr an der Sache interessiert, wie der Beklagte vorgibt, sonst wäre er wohl vor Gericht erschienen. Ganz abgesehen davon hätte des Vaters Konsensverweigerung ziemlich sicher nichts genützt, denn Jacob Müller, sein Sohn, ist über 30 Jahre alt und somit laut EGO nicht mehr an den Vater gebunden. Wie das Gericht überhaupt in Fällen, bei denen die Parteien das Mindestalter erreicht haben, eine Klage seitens der Gewaltinhaber auf Ledigsprechung abweist.[16]

Im Falle der Minderjährigkeit aber kann es vorkommen, dass das Gericht entgegen der EGO die Heiratserlaubnis ausspricht. Weshalb es dies tut, ist nicht erkennbar. Vielleicht hängt es aber erneut mit dem persönlichen Eindruck zusammen, den die Parteien auf das Gericht machen. Dieses kommt im Laufe der Verhandlung zur Überzeugung, die

---

13 2. November 1647; EGP 8, 270r.
Zur Grossmutter heisst es dort, "als die Ihn von Kindheit auferzogen".

14 EGP 12, 43. Auch: 4. September 1595; EGP 2, 285.
Manchmal sind allerdings die Verwandten nicht genauer bezeichnet, die Einspruch erheben, so zum Beispiel am 14. Juni 1768; EGP 28, 536f. Dies liegt wohl daran, dass eine Heiratsabsicht im grösseren Familienkreis beraten wird, dementsprechend auch andere Verwandte Einwände erheben können und als Vertreter der gesamten Familie vor Gericht erscheinen.

15 EGP 2, 292f.

16 12. August 1788; EGP 31, 1021. Johann Jacob Schalch und Maria Meyer möchten trotz des Einspruchs seines Vogtes Hurter heiraten, was das Gericht erlaubt, "weilen ... der Johann Jacob Schalch Burger und Zünftig, mithin der Vormundschaft gleichsam entlassen seye ...".
Weitere Beispiele: 17. August 1598; EGP 3, 38-50. 28. Juni 1599; EGP 3, 81.

beiden Personen gäben ein gutes Paar ab, was ein Abweichen im Interesse der Ehe von der EGO rechtfertigt. So verfügt das Gericht am 26. Januar 1629, dass der kaum 15 Jahre alte Hans Conrad Mäder, Sohn des alten Wirts zur Krone, und die Tochter Alexander Kümmerlins heiraten sollen, doch "... mit der hochzeit ein Verzug halten ... Immer solang bis der Sohn sine 18 Jahr erraicht haben würt".[17] Mit diesem Spruch tut das Gericht wenigstens dem Wortlaut der EGO Genüge. Allerdings geschieht dies im Gegensatz zum sonst üblichen Brauch, möglichst schnell nach der Verlobung zu heiraten.[18] Offenbar aber gibt es eine Untergrenze. Eine Vermutung, die sich beim Fall zwischen Vyda Rahmin von Unterhallau und Hans Jacob Grieshaber vom 5. Oktober 1650 aufdrängt, als das Gericht in Anbetracht dessen, dass der vermeintliche Bräutigam nur gerade etwa 10 Jahre alt ist, verfügt: "Dieweyl der knab noch gar Jung und nit schreiben und lesen kan, So solle derselbe ... zuvorderist In die Schul gehen, schreiben und lesen: und darnach ein handwerckh lehrnen, und zuvor sich keines wegs ehelichen zuversprächen nicht macht haben."[19]

Um Missbräuchen vorzubeugen, wie sie im Fall des zitierten Jacob Müller von Gächlingen anklingen, beharrt das Gericht wenn immer möglich auf persönlichem Erscheinen der Gewaltinhaber.[20] Einmal kann nämlich eine Konsensverweigerung der Gewaltinhaber nur vorgeschützt sein. Zum andern kann ihnen das Eheversprechen auf einmal nicht mehr genehm sein, weil sich seit dessen Abschluss eine bessere Partie erhoffen lässt. So müssen sich die Eltern von Margretha Gyslen am 13. Mai 1596 vom Gericht sagen lassen: "... das wil söllicher Zusammenwandel mit vorwüssen und zimliche fürderung In dem er [der Bräutigam] Zum gefatter genommen, underschlouff geben und zusammen wandlen lassen ... söllich weyl auch kein Eheverhinderung fürzebringen gewest, sind beede Junge menschen Zusammen gesprochen und erkhendt, das es ain Ehe zwischen Inen sein und haltten solle."[21] Sind die

---

17 EGP 5, 15.
Weitere Beispiele finden sich: 15. Januar 1630; EGP 5, 62. 15. Januar 1642; EGP 8, 166r. 6. Dezember 1659; EGP 9, 201f.

18 Teil I, Kap. 2.

19 EGP 8, 255v. Erst dann nämlich ist er in der Lage, sich seinen Lebensunterhalt zu verdienen.

20 Dieses Vorgehen zur Vermeidung von Missbräuchen wird auch für das Zürcher Ehegericht bezeugt. Köhler I, 76.

21 EGP 2, 305f.
Am 14. Mai 1716; EGP 16, 384f. befindet das Gericht, die Gründe, welche der Vater Elsbeth Zimmermanns gegen eine Ehe seiner Tochter mit Ulrich Ritzmann von Hasslach vorbringe, seinen "null und nichtig", da sie "aus geringsten ursachen" erfolgten.
Am 21. September 1779; EGP 31, 212. gibt das Gericht seine Erlaubnis zur Ehe zwischen Georg Gering und Anna Meyer von Rüdlingen, obschon der Mann 64 Jahre alt ist, seine Braut aber nur etwa 34 und zudem 5 kleine Kinder in die Ehe mitbringt, was denn auch von seinen Söhnen aus erster Ehe dem Gericht als Hinderungsgrund genannt

Gewaltinhaber daher nicht anwesend, werden sie zunächst vorgeladen. Am 31. Juli 1649 werden Hans Oschwald, Sohn des Vogtes von Thayngen, und Elsbetha Müllerin ledig gesprochen,[22] nachdem sich das Gericht am 23. Juli 1649 vorerst vertagt hat, um das Erscheinen ihrer Vögte abzuwarten.[23] Leisten die Gewaltinhaber aber einer Vorladung keine Folge, so wird dies als Einverständnis ausgelegt. Hierfür mag das Urteil zwischen Melchior Baur und Anna Reizmennin, beide von Wilchingen, stehen, das am 28. Juni 1599 ergeht. Die Eltern sind "... auf gethones Verkünden nit erschinen. Ist hierüber Erkenndt, das Zwüschen Inen Ein Ee sein soll und bleiben, und diesselbig Ehe mit Christenlichem Kirchgang unverzogenlich besteten".[24]

Doch hiesse es das hohe moralische Selbstverständnis der Gerichts unterschätzen, würden wir es bei den angeführten Beispielen zu dieser Gruppe von Fällen bewenden lassen. Im Gegenteil, wo immer sich eine Möglichkeit bietet, die Gewaltinhaber zu einer Sinnesänderung zu bewegen, versucht das Gericht es zu tun. Ein Eheversprechen als ehebegründender Akt soll wenn immer möglich nicht gelöst werden, auch wenn die Gewaltinhaber erst einmal damit nicht einverstanden sind. So verlangen die Eltern von Clewin Händlin von Wilchingen am 27. Januar 1597 die Ledigsprechung ihres Sohnes von Vyda Spengler. Dies geschieht dann auch, doch erst, "nachdem sein Vatter .. hievohr desswegen güettlichen angesprochen, das er und sein hausfrow zu verhüettung anders, Iren willen darin geben woltten, und aber nichzit by Im verfahren mögen".[25] Soweit also das Protokoll eines vergeblichen Versuchs. Diese Haltung des Gerichts lässt gar gelegentlich den Eindruck entstehen, es hebe ein Versprechen nur widerwillig und gegen bessere Einsicht auf, eben nur weil dies vom Gesetz verlangt wird. Am 6. Dezember 1636 ergeht folgendes Urteil im Prozess Hans Thoma Farer gegen Jungfrau Margreta Moserin, Tochter des Zunftmeisters Hans

---

wird. Das Gericht erkennt klar, dass seine Söhne lediglich um ihr Erbe fürchten, welches bei dieser geplanten Ehe durch das Hinzukommen 5 weiterer Kinder geschmälert würde, und daher das Vorhaben zu hintertreiben suchen.

22 EGP 8, 304r-304v.

23 EGP 8, 301v-303r. Die Vögte erscheinen tatsächlich und bestätigen ihre Aussagen, indem sie ihr Veto einlegen. Auch: 9. April 1742; EGP 21, 496.

24 EGP 3, 83.
Dieses Vorgehen, um Missbräuche auszuschliessen, wird auch vom Zürcher Ehegericht angewandt. Köhler I, 76.

25 EGP 2, 329f.
Diese Haltung lässt sich durch die ganze Tätigkeit des Gerichts verfolgen. So verzeichnet der Protokollführer am 8. März 1537; EGP I, 221r. im Fall zwischen Basilius Volbach von Schorndorf und Ursula Spiegelberg: "alsdann darneben Thoman Spiegelberg Ir fater beschickt und Im allen handel fürgehalten und versucht, ob man In sunst durch eeliche mitel bewegen konde, das er das gütlich beschechen lasse...".
Weitere Beispiele finden sich: I. März 1537; EGP I, 217v. 28. September 1758; EGP 27, 41.

Heinrich Moser. Sie haben einander die Ehe versprochen " ... auch einandern Ehepfennig zuesammen geben, aber ermelter herr Zunftmeister Moser die Eheverlobtnuss nit gestatten will, sondern offtermalen hochbedürt, dass sein Tochter In Farer nit haben müesse, sintemal sein frau seelig und Ire Schwöstern Sy zuesammen verkupelt habindt, und dieweils dann Sy Junge Einandern die Ehe so hoch verlobt und das zum offtermalen, und sonderlich dass herr Zunftmeister Moser kein aigentlich Stuckh uff In Farer noch seine Eltern wüsse, und dieweiln aber mein Gnedig herren In Jrer Ehgrichts Ordnung haben, das wann die Eltern Jren wilen nit welten geben, das der Jungen versprechen nüzit solle gelten, daruf mein Gnedig herren Sy der Ehe halber ledig ..." gesprochen.[26]

Doch sei wenigstens ein Fall geschildert, bei dem die Vermittlungsversuche des Gerichts erfolgreich sind. Am 21. November 1665 werden Adam Stüelinger von Neunkirch, Sohn des Steinmetzen, und Magdalena Geysslerin von Flaach zusammen gesprochen. "Nachdem aber auf freünd ernstliches zusprächen meiner Gnedig Herren sein Stüelingers Vatter die verwilligung hierzu gegäben, also haben beide ... einandern die händ gegäben umb auf nächste gelegenheit miteinandern zu kirch zu gehen und sich zusammen gäben [zu] lassen."[27] Allerdings muss, um einen allfälligen falschen Eindruck zu vermeiden, bemerkt werden, dass solche Vermittlungsversuche in den allermeisten Fällen nicht erfolgreich sind. Nur zu oft beharren die Parteien auf ihrem Begehren und lassen sich vom Gericht nicht erweichen.

Abschliessend lässt sich zu dieser Gruppe von Fällen feststellen, dass die gesetzlichen Grundlagen klar sind und das Gericht in der überwiegenden Zahl der Fälle auch strikte danach urteilt, selbst wenn es ihm manchmal schwerfallen mag.[28] Trotzdem werden immer wieder Versuche unternommen, prozessierende Parteien doch noch auszusöhnen, zwischen ihnen zu vermitteln, um keine Auflösung des Eheversprechens vornehmen zu müssen. Diese Haltung gilt für den gesamten untersuchten Zeitraum, wenn auch einschränkend erwähnt werden muss, dass die Zahl der Fälle, welche in diese Gruppe gehören, im Verlauf des 18. Jahrhunderts stark zurückgeht.[29] Für Schaffhausen aber gilt nicht, zumindest wird es vom Gericht nicht so eng ausgelegt, was Köhler für

---

26 EGP 7, 70v.

27 EGP 10, 52. Auch: 19. Januar 1664; EGP 10, 9f. 15. Februar 1681; EGP 11, 203f.

28 Wie im vorhergehenden Kapitel können bei der Beurteilung auch Gründe wie Trunkenheit bei Eingehung des Eheversprechens eine zusätzliche Rolle spielen. 11. Juni 1607; EGP 3, 465.
Oder die Möglichkeit, das Paar könnte zu einem Sozialfall werden; "... dass sie nebst ihren kindern an den bättelstab gerathen und UGHHrn. oder dem Spithal zur last fallen wurden ...". 19. Mai 1767; EGP 28, 329-332.

29 Zu den möglichen Gründen vgl. Kap. 7.3.1.3.

Zürich feststellt, dass nämlich das Einspruchsrecht der Gewaltinhaber absolut ist und jedes sonst gültige Eheversprechen aufhebt.[30] Es zeugt von der beträchtlich hohen Auffassung des Gerichts von seiner Aufgabe, wenn es trotzdem zu vermitteln sucht, ohne dazu vom Gesetz verpflichtet zu sein.[31]

---

30 Köhler I, 76.
Wenn das Einspruchsrecht auch nicht absolut ist, so dürfte es vielen Paaren schwerfallen, sich auf Dauer gegen die Weigerung der Eltern durchzusetzen. So bleibt am Ende oft die Einsicht, es sei besser, den Eltern zu folgen, worauf "freiwillig" um Aufhebung des Eheversprechens vor Gericht nachgesucht wird. Dazu auch: Simon, Untertanenverhalten, 240. Breit, Leichtfertigkeit, 150. stellt für das katholische Bayern fest, dass die Zustimmung der Eltern erwünscht, aber nicht notwendig ist.

31 Zudem gibt es sehr wohl Mittel, den Willen der Gewaltinhaber zu unterlaufen. So berichtet ein Chronist zum 11. Februar 1672. "Sontags haben sich 2 ledige Persohnen hohes hauses N. in Thurn u. M. Pejer welche zu ihrem Ehelichen vorhaben den Consens ihres der Jgfrau Vatter durch kein Mittell nit haben könten, um 9 uhr nachts bej dem Fischergässlin auss der Statt gen Feürthalen u. fürters auf den Rossen die zu Feürthalen auf sie bestelt waren gegen Zürich gemacht, da sie ohngefehrt I Stund von der Statt zu Schliren copuliert worden sind, welche bederseits Eltern hochbetrübt." Chronik B 10; 186.

7.3.1.3. Das Eheversprechen, bei dem sich nach seinem Abschluss Aufhebungsgründe ergeben

Einen weiteren Themenbereich bilden die Fälle, bei denen beide Parteien zwar ein Eheversprechen zugeben, sich seither aber neue Gesichtspunkte ergeben haben, die eine Lösung desselben, zumindest in den Augen eines der Verlobten, als wünschenswert erscheinen lassen. Viele dieser Lösungsversuche beruhen dabei auf vermeintlichen oder tatsächlichen Fehlern, die der Beklagte an sich haben soll. Dazu gehören auch kleinere Delikte, die von einem der Verlobten begangen worden sein sollen, so sieht es wenigstens das Dorfgeschwätz. Einen dafür typischen Fall finden wir am 8. September 1588, als Jacob Walter von Löhningen gegen Elsbeth Müllerin, Tochter des Müllers von Gächlingen, klagt. Er sei der Meinung gewesen, eine ehrliche Frau genommen zu haben. Dem sei aber nicht so, denn die Leute erzählten sich, sie habe bei ihrem vorigen Arbeitgeber gestohlen. Zudem habe der Prädikant zu Rüdlingen "gsagt, sei ain kaum nüziges wyb und ain Ehevertrennerin".[1] Das Gericht verlangt, dass er seine Aussagen und Anschuldigungen beweise, wozu er aber, da es sich lediglich um Geschwätz handelt, nicht in der Lage ist. Er muss dann auch innert 14 Tagen heiraten. In eine ähnliche Richtung gehen Verdächtigungen, die Frau habe seit der Verlobung, also seit dem Eheversprechen, die bereits geltende Treuepflicht mit einem anderen Mann verletzt. Bei solchen Klagen kann ebenfalls Gerede mitspielen, wie der Fall des Michel Löuw zeigt, der am 13. Oktober 1625 auf Auflösung des Eheversprechens gegen Margreta Walterin von Merishausen klagt, "weil der Melcher Löuw sich gegen Im berüembt, Er seye auch bey Iren gelegen, wann er hab wollen".[2] Doch zeigt sich beim Verhör des Melcher Löuw, dass er dies nur aus Neid sagte und um sich im Dorfe wichtig zu machen. Selbstverständlich wird die Klage abgewiesen.[3] Bringen Zeugenaussagen nichts wirklich Schlüssiges, so kann das Gericht auch ein bestehendes Versprechen auflösen im Sinne der EGO, wonach dieses nicht der Form nach bezogen worden sei, ohne dass es auf die vorgebrachten Gründe eingeht.[4]

Eine besondere Gruppe bilden die Fälle, bei denen sich die beiden Verlobten gegenseitig beschimpfen oder in anderer Form kränken. Eine Sache, die für die damaligen Menschen äusserst schwer wiegt, haben sie

---

1 EGP 2, 59. Auch: 1. Februar 1588; EGP 2, 39f.

2 EGP 4, 42f.

3 Stellt sich freilich heraus, dass die durch das Eheversprechen geltende Treuepflicht verletzt wurde, so wird der Fall einem Ehebruch gleich behandelt. Die Auflösung des Versprechens erfolgt allerdings erst, nachdem der betrogene Teil darum bittet, denn sonst ist eine Aussöhnung der Verlobten denkbar. 28. März 1601; EGP 3, 153f. 14. September 1713; EGP 15, 403.

4 5. Juni 1610; EGP 3, 583f.

doch ein für uns übertriebenes Ehrgefühl, das sie bei noch so kleinen verbalen Auseinandersetzungen gleich das Gefühl tiefster persönlicher Betroffenheit erleben lässt, einer Betroffenheit, die als Vergeltung nur die Lösung des Eheversprechens für genügend hält.[5] Dies zeigt sich am 5. April 1593, als Conrad Biffinger, Müller und Bürger von Schaffhausen, auf Auflösung des Versprechens gegen Margaretha Keller klagt, "weyl ... Sy In mit hochen schmechwortten an seinen Ehren verlezt, daran Sy Im gewalt und unrecht gethon ...".[6] Das Gericht nimmt solche Aussagen ernst und trennt die beiden Verlobten. Wahrscheinlich kommt dabei der persönlichen Erfahrung der Richter gewisse Bedeutung zu, die sie vermuten lässt, eine solche Verlobung, bei der sich die zukünftigen Ehepartner schon zu Beginn uneinig sind, könne nur als Ehestreit früher oder später vor den Schranken des Gerichts enden. Wie erwähnt, gehören in diese Gruppe nicht nur Verbalinjurien sondern auch Zurücksetzungen anderer Art. So verlangt Adam Bopp am 21. Januar 1744, sein Eheversprechen mit Elsbeth Neukomm von Unterhallau sei aufzulösen, weil "Hans Martin Zimmermann sie am Martini Markt am Arm auss der statt heimgeführt und ihn voran geschikt habe".[7] Der Bräutigam fühlt sich durch ihr Verhalten so gekränkt, dass er keinen anderen Ausweg sieht, als um die Auflösung des Versprechens zu bitten.[8] Das Gericht kommt seinem Begehren nach, obschon es feststellt, das Versprechen sei in aller Form geschehen.[9] Ja das Gericht kann noch weiter gehen und auf Unstimmigkeiten unter den Eltern der Verlobten Rücksicht nehmen. Am 3. Juli 1655 begründet es die Auflösung eines Eheversprechens wie folgt, "sintemahln man aber verspürt, das nicht allein beide Junge, sondern auch beyderseyths Eltern ein Unlust und Unzeitigen eifer, durch faules geschwätz böser Leüthen gegen einandern gefasst, also kein gutte Ehe zuhoffen wäre ...".[10]

In eine andere Richtung weisen Fälle, bei denen sich nach Abschluss des Eheversprechens herausstellt, dass die Frau die geforderte Einkaufssumme nicht aufbringen kann. Hierbei liegen für das Gericht eigentlich klare gesetzliche Grundlagen vor.[11] Denen gemäss

---

5 Zur Ehre: vgl. Teil III, Kap. 3.

6 EGP 2, 186. Auch: 7. November 1594; EGP 2, 255f.

7 EGP 22, 80f.

8 Allerdings will mittlerweile auch die Braut das Versprechen auflösen, was es dem Gericht erleichtern dürfte, sein Urteil zu fällen.

9 Verständlicher ist für uns das Anliegen der Elsbeth Stoffel, die am 17. Januar 1713; EGP 15, 261. gegen Heinrich Pfund von Unterhallau klagt, er habe sich seit ihrer Verlobung "sehr übell aufgeführt, sie beschädiget und gar ins maul geschlagen, worab sie [in] ein grossen und ohnabendenden aberwillen von demselbigen gerathen, so das sie ihn nit mehr behalten und keine liebe mehr zu ihm habe". Das Versprechen wird aufgehoben.

10 EGP 9, 65.

11 Teil I, Kap. 3.2.

werden dann auch im 17. Jahrhundert beinahe alle solchen Eheversprechen aufgehoben,[12] mit nur wenigen Ausnahmen.[13] Ein weniger einheitliches Bild zeigt sich uns im 18. Jahrhundert, denn das Gericht fällt manchmal widersprüchliche Urteile. So hebt es am 11. Oktober 1726 ein Versprechen auf, da die Frau den Einzug nicht aufweisen kann,[14] am 18. November 1727 erlaubt es die Heirat, obschon die Braut den geforderten Einzug nicht beibringt.[15] Hinter dieser unklaren Linie verbirgt sich wohl die Tatsache, dass der Bräutigam sein Bürgerrecht verliert, wenn er eine Frau heiratet, die den von der jeweiligen Gemeinde geforderten Einzug nicht aufbringen kann.[16] Damit liegt das letzte Wort in dieser Sache gar nicht so sehr beim Gericht als vielmehr bei den einzelnen Gemeinden. Dies zeigt sich besonders klar am 18. April 1780, als das Gericht zwar die Heirat zwischen Hans Ulrich Lienhard von Thayngen und Elisabeth im Thurn von Opfertshofen erlaubt, aber beifügt, "... hierauf beeden der ernsthaffte Vorhalt gemacht worden, ob es nicht besser gethan seye, wann Sie von ihrem Vorhaben abstehen wollten, indem ja ihre künftigen Kinder niergends kein Bürgerrecht hätten ...".[17] Nicht nur verliert der Bräutigam das Bürgerrecht, sondern auch die aus einer solchen Ehe stammenden Kinder haben mit allen möglichen Konsequenzen zu rechnen, wie der Ausweisung aus einer Gemeinde, in der sie nur geduldet sind, in Zeiten einer Hungersnot etwa, wenn eben nur Gemeindebürger versorgt werden können. Zudem ist es ihnen nicht erlaubt, am politischen Leben der Gemeinde teilzunehmen, sind sie doch nur bedingt rechtsfähig, also ganz grundsätzlich in einer den Vollbürgern gegenüber ungleich schlechteren Position. In diesem Bereich stösst das Gericht an die Gemeindeautonomie, die es ganz klar respektiert, wenn es verfügt, "... man denen Gemeinden nicht zumuthen

---

12 Als Beispiele mögen gelten: 28. April 1629; EGP 4, 22. 7. April 1674; EGP 10, 322f. 26. August 1680; EGP 11, 185f. 19. Mai 1685; EGP 12, 78.

13 25. Februar 1679; EGP 11, 130. Das Gericht verlangt, die Frau solle innert 14 Tagen die Einkaufssumme vorweisen, wenn sie dazu nicht in der Lage sei, gelte das Versprechen nicht. Auch: 20. November 1694; EGP 13, 50.

14 EGP 18, 306.

15 EGP 18, 486.
Am 30. Juni 1735; EGP 20, 40f. verfügt das Gericht, Conrad Widerkehr von Benken und Elsbeth Kirchhofferin von Guntmadingen dürften heiraten, obschon die Frau den erforderlichen Einzug nicht besitzt. Doch mag dieses Urteil damit zusammenhängen, dass der Bräutigam nicht schaffhausischer Untertan ist, es dem Gericht also eigentlich gleichgültig sein kann, ob die Frau in seiner Heimatgemeinde Benken (ZH) Aufnahme findet oder nicht.

16 1. September 1767; EGP 28, 358. Felix Keller, Strümpfweber, will Anna Ellenberg von Bieglen zu Bern heiraten, "obwohlen selbige den erforderlichen Einzug nicht habe, und er dardurch seines burgerrechts verlustig werde".
Bächtold, Gebräuche, 10. belegt dies ebenfalls.

17 EGP 31, 275.

könne, von ihren verfassungen und Gewohnheiten abzugehen".[18] Das heisst nun aber nicht, dass jede Weigerung einer Gemeinde, die Frau in das Bürgerrecht aufzunehmen, vom Gericht einfach so akzeptiert würde. Am 4. Februar 1777 ersuchen Hans Georg Wiser von Neunkirch und Anna Murbach von Siblingen das Gericht um Hilfe. Die Frau besass letzten Sommer beinahe 400 Gulden Vermögen, sie übernahm allerdings eine Bürgschaft für ihren Mann, verlor aber durch dessen Tod fast ihre gesamte Barschaft. Ihr Verlobter führt vor Gericht aus, "... nachdem er aber ein Wittwer seye, der 5 unerzogene Kinder habe, sie eine gute haushalterin und schon 50 Jahr alt seye, mithin keine Kinder mehr zeügen werde, die der gemeind zur last fallen könten", möge das Gericht die Heirat bewilligen. Diesem Ersuchen kommt das Gericht nach, doch kann es der Gemeinde nicht befehlen, die Frau ins Bürgerecht aufzunehmen. Immerhin weist es den Landvogt zu Neunkrich an, "denen Richteren zu Neunkirch, damit sie die Murbacherin zur burgerin annehmen möchten, die nachdruklichste vorstellungen zu machen".[19] Neben dem zuständigen Vogt kann das Gericht auch an die Dorfpfarrer appellieren, deren Einfluss in der Dorfgemeinde ihm sicherlich wohlbekannt ist.[20]

Aus der Sicht der Gemeinden stellt sich die ganze Sache freilich anders dar, denn sie haben kein Interesse, mittellose Personen ins Bürgerecht aufzunehmen, die vielleicht einmal Anspruch auf Sozialunterstützung erheben könnten. Deshalb verlangen sie eine erkleckliche Summe, die gleichsam als in der Zukunft vom Neubürger zu beziehendes Kapital betrachtet wird. Auch steht den Gemeinden keineswegs der Sinn nach Ausnahmen, denn dies könnte als Präjudiz aufgefasst werden, wovor sich die Verantwortlichen innerhalb der Gemeinden fürchten, sehen sie doch schon ihr Dorf von mittellosen Neuvermählten überschwemmt.[21] Zudem sind die Gemeinden vorsichtig

---

18 8. Dezember 1796; EGP 35, 384.
17. März 1789; EGP 31, 1086. Beinahe identisch tönt es bereits hier, als das Gericht ein Ersuchen des Basler Ehegerichts ablehnt, für einen Bürgerschein besorgt zu sein, und nach Basel meldet, "dass man hierinfahls nicht im Stand seje dem beschechenen Ansuchen zu entsprechen, weil man denen Gemeinden nicht zumuthen könne, von ihren verfassungen u. Gewohnheiten abzugehen".

19 EGP 30, 462. Ob diese "Vorstellungen" erfolgreich sind, erfahren wir leider nicht.

20 1. Juli 1755; EGP 26, 272f. "Benebenst solle an die hrn. Pfarrherren zu Neunkirch und Siblingen geschrieben werden, dass Einem Lobl. Ehegericht sehr unbeliebig zu vernehmen wäre, dass sich die Gemeinden dissfahls opponirten; es sollten dahero dieselbe ihre gute Officia anwenden, dass diese junge Leut eingelassen werden möchten."

21 Für diese Haltung sei ein Beispiel angeführt. Am 14. Januar 1714; EGP 16, 486. führt der Weibel von Rüdlingen im Hinblick auf ein Ausnahmeersuchen des Gerichts aus, "dass man solches von seiten der gemeind nit zugeben könne, angesehen die Meierin den Einzug nit hab und leicht hieraus ein schädliche consequenz erfolgen möchte ...". Doch wäre die Gemeinde auch mit einer Bürgschaft zufrieden.

und verlangen, dass die geforderte Einkaufssumme wenn immer möglich bar vorgelegt wird, denn Missbräuche sind durchaus denkbar. So erklärt Laurentz Bürgin von Buchthalen, weshalb er von seiner Verlobten das Einzugsgeld haben wolle, "weilen die gemeind, welche schon öfters angeführt worden, das baare geld sehen wollen und man ihro solches vor der Copulation baar aufweisen müsse".[22] Aber gerade diese Bedingung lässt sich mitunter nicht so einfach erfüllen. Am 26. Januar 1768 sagt Elisabetha Rublin aus, "sie habe den Einzug an ligenden Gütern von ihrer Mutter, welche sie bey dieser Winterzeit nicht verkauffen könne, indem jezo niemand güter kauffe, und jedermann den frühling erwarte, um zu sehen, ob etwas wachse ...".[23] Die einzige Instanz, welche den Gemeinden die Aufnahme ins Bürgerrecht befehlen könnte, ist der Rat. Doch dieser hat eher die Tendenz, die Gemeindeautonomie nicht zu beschneiden, zumal es sich um eine letztlich soziale Frage handelt, bei welcher der Rat im Falle des Bürgerrechtes von Schaffhauen die gleiche ablehnende Haltung einnimmt.[24]

In eine ähnliche Richtung weisen die Fälle, bei denen sich herausstellt, dass der Mann zum Unterhalt der Frau nicht in der Lage ist. Am 9. März 1669 erscheint deswegen Barbara Meyerin von Wilchingen vor Gericht und klagt gegen Adam Walch, Schuhmacher aus dem gleichen Dorf. Das Eheversprechen sei unter der Bedingung geschehen, "wann Er das handwerckh könne. ... Es habe aber In solcher Zeit Ihr Vogt und andere Ihm Walchen Arbeit gäben wollen. Er habe aber nit daran wollen, sondern sich geäussert und versteckt, woraus dann erscheine, das Er ja das handwerckh nit könne".[25] Das Gericht hebt das Eheversprechen auf, wohl einmal, weil die Frau darum bittet, dann aber sicher auch, weil ein wirtschaftliches Fortkommen des Paares nicht gesichert erscheint, es also am Ende entweder der Stadt oder dem Spendamt auf dem Dorf zur Last fallen würde.[26] Möchten aber die Brautleute entgegen aller

---

22 16. Februar 1773; EGP 29, 647.

23 EGP 28, 450f. Das Gericht gewährt einen Aufschub. Bis nach Ostern soll sie gehalten sein, "ihre güter zu versilberen und den Einzug der Gemeind zu Beringen baar vorzulegen...". Offenbar lassen sich die Äcker nicht wie geplant verkaufen, denn am 5. Mai 1768; EGP 28, 526f. hebt das Gericht das Versprechen auf, zumal ihr Verlobter sich mittlerweile im Solddienst befindet.

24 So gestattet der Rat am 28. Juni 1785; EGP 31, 793. der Gemeinde Neunkirch ausdrücklich, die Aufnahme Barbara Stolls von Osterfingen in das Bürgerrecht zu verweigern, da sie den erforderlichen Einzug nicht besitzt. Die Gemeinde ist bereits am 7. Juni 1785; EGP 31, 786. beim Bürgermeister Schaffhausens deswegen vorstellig geworden.
Die Stadt Schaffhausen selbst nimmt von 1728 bis 1798 nur drei Neubürger auf. Schib, Geschichte der Stadt Schaffhausen, 233.

25 EGP 10, 149f.

26 Ein weiteres Beispiel sei genannt: Am 31. Januar 1775; EGP 30, 210f. meldet Anna Margaretha Seilerin von ihrem Verlobten Johann Conrad Kirchhofer, Knöpfmacher, "nachdem sie aber ein starkes misstrauen in seine Profession seze, und sie besorge,

Warnungen, sie könnten ihr wirtschaftliches Überleben nicht sichern, trotzdem heiraten, so kann es das Gericht erlauben.[27]

Schliesslich tauchen Fälle auf, bei denen sich nach Abschluss des Eheversprechens bei einem der Verlobten Krankheiten einstellen oder körperliche Gebrechen sichtbar werden. So hebt das Gericht am 5. November 1672 ein Eheversprechen auf, "sintemahln aber Sie, Moserin, ein mangel und gepresten an Ihren Augen bekommen, also das zu besorgen, Sie gar um das Gesicht kommen möchte ...".[28] Besonders gravierend stellt sich die Situation dar, wenn einer der Verlobten an einer Geisteskrankheit leidet. Am 3. Dezember 1782 erscheinen Melchior Schaad und Elisabeth Müller von Oberhallau vor Gericht, da sie heiraten möchten. Sein Onkel Hans Conrad Schaad bringt aber vor, sein Neffe könne keinem Haushalt vorstehen, "indem derselbe wegen seinem blöden Verstand kaum unter die Menschen zu rechnen und weder zu anhaltender körperlicher Arbeit, vielweniger aber zu besorgung einer hausshaltung fähig seye ...".[29] Das Gericht hebt das Versprechen auf, "weilen sowohl aus dem äusserlichen Ansehen des Melchior Schaad als aus der von seinem Oncle gemachten unverfälschten und aufrichtigen beschreibung seiner Leibes- und Gemüths-Umständen klar erhelle, dass derselbe zum heyrathen ganz untauglich seye und eine unglückliche Ehe zu besorgen wäre". Doch nicht immer verfügt das Gericht eine sofortige Auflösung des Eheversprechens. Es kann auch zunächst einmal eine Wartefrist und einen Kuraufenthalt in einer Bäderstadt, wie Baden oder Zurzach, verordnen, um dann je nach Erfolg oder Misserfolg der Kur zu urteilen.[30] Auch kann das Gericht vor dem Urteil eine ärztliche Untersuchung verlangen.[31]

Eine weitere Entwicklung zeichnet sich im Laufe des 18. Jahrhunderts ab, die vermutlich eine grosse Auswirkung auf die Anzahl der Fälle anderer Gruppen hat. Es handelt sich darum, dass eine Auflösung des Eheversprechens leichter als in früheren Zeiten zu erreichen ist. Diese veränderte Einstellung kommt exemplarisch am 28.

---

dass er selbige nicht recht verstehe, sie also die Nahrung bey ihm nicht haben ... und Mangel leiden möchte, sonsten gar nichts gegen ihn und seine Persohn einzuwenden habe ...", wolle sie ihn doch nicht heiraten. Das Gericht kommt ihrem Wunsch nach.

27 4. Juni 1782; EGP 31, 487. Hans Jacob Schnezler, Bäcker, und Anna Maria Weber erhalten vom Gericht den Bescheid, "könne ein Lobl. Ehegericht solches nicht weiters verhindern, sondern wolle sie ihrem Schiksal überlassen ...". Das Gericht erlaubt zwar die Ehe, doch kommt sein Missfallen darüber unübersehbar zum Ausdruck, indem es dem jungen Paar nicht, wie sonst eigentlich üblich, Gottes Segen und Glück wünscht, sondern es lediglich seinem Schicksal überlässt.

28 EGP 10, 262f. Es handelt sich um Kurzsichtigkeit der Frau.
18. Mai 1680; EGP 11, 169f. Hier handelt es sich um Epilepsie. Die Verlobten werden getrennt "... aus allerlei künfftig zu tragenden ohngelägenheiten".

29 EGP 31, 527.

30 30. Oktober 1645; EGP 8, 226v-227r. 26. Januar 1719; EGP 17, 119.

31 11. März 1734; EGP 19, 499f.

August 1743 zum Ausdruck, als Anna Maria Müller von Löhningen als Begründung für ihre Klage auf Auflösung des Eheversprechens lediglich angibt, "sie habe nie kein lust noch liebe zu ihm gehabt". Andere, für das Gericht gewichtigere Gründe kann sie nicht angeben. Trotzdem folgt das Gericht ihrem Antrag mit einer Begründung, die in der Folge seine grundsätzliche Haltung kennzeichnet, "so hat jedannoch der Richter nicht in Gewonheit eine solche Persohn in dergl. fählen zu zwingen, sondern lieber dem begehren (etwanig erfolgenden ohnbeliebigen dingen ausszuweichen) zu entsprechen".[32] Dabei ist der Schlüsselausdruck, auf den es ankommt, "reüig", das heisst, einer der beiden Verlobten ist sich reuig, ein Eheversprechen eingegangen zu sein, und verlangt daher einfach dessen Auflösung. Auch wenn die Begründung dafür, zumindest gemessen an den Ansprüchen des 16. und 17. Jahrhunderts, erstaunt. So erklärt Agnes Bolli von Beringen am 16. Dezember 1734, sie bitte um eine Aufhebung des Eheversprechens mit Hans Jacob Vetterli, Schuhknecht aus Richlingen, da das Versprechen unter der Bedinung geschlossen worden sei, "dass wan Ihro sein heimat wol anstehe, nun sey sie zu Richlingen mit ihm gewesen, weil aber das ort Ihro nit gefalle, möge Sie ihn durchaus nicht, obschon Sie sonst weder klag noch mangel auff ihn habe". Das Gericht hebt das Versprechen tatsächlich auf mit einer für das 16. und 17. Jahrhundert unbekannten Begründung, "weilen Sie kein weitere lust ... zu ihm hat".[33] Auch wenn der Beischlaf bereits vollzogen ist, wird ein Eheversprechen aufgehoben, wenn ein Teil dies verlangt.[34] Die Folge dieser Entwicklung ist eine beträchtliche Erweiterung der sexuellen Freiheit und Wahlmöglichkeit.

Dass sich gerade bei solchen Fällen Raum für einen gerichtlichen Aussöhnungsversuch der Verlobten auftut, liegt mit Blick auf die grundsätzliche Haltung des Gerichts zur Auflösung des Eheversprechens

---

32 EGP 22, 29.
30. November 1693; EGP 12, 544. Bereits zu Ende des 17. Jahrhundert deutet sich diese Entwicklung an, als das Gericht befindet, "sintemahlen die beklagten ... allen widerwilen bezeüget und nicht die geringste liebe ... oder anmuth ... traget, auch aus solchen Ehen, welche gleichsam mit gewalt und zwang erpresset und gestifftet werden müssen, nicht bald etwas gutes, sondern im gegentheil vill böses erfolget, und diesfahls weder heil, glük noch segen zu verhoffen stehet hiermit aus zweyen üblen das geringere zu erwellen".

33 EGP 19, 592f.
5. November 1738; EGP 20, 7. Das Eheversprechen zwischen dem Kandidaten Johannes Conrad Leü und Jungfrau Margretha Ottin wird vom Gericht aufgehoben, obschon ein "auf gantz verbindliche weiss" geschlossenes Versprechen vorliegt, doch habe sie "dermahlen keine Lust noch affection mehr zu hr. Cand. ... und deswegen sich gegen ihm reüig declarire".
25. Januar 1748; EGP 23, 162. Das Eheversprechen zwischen Verena Zimmermann und Jacob Zimmermann wird aufgehoben, obschon sie "dem Lobl. Ehegericht kein andere Ursach, als dass Hans Zimmermann von Wilchingen ihro besser gefallen, hat sagen können".

34 29. Juni 1773; EGP 29, 711.

nahe. Ergibt sich daher die Möglichkeit einer Aussöhnung, so nimmt das Gericht diese wahr. Ein besonders hübsches Beispiel für einen solchen Versöhnungsversuch treffen wir am 1. März 1714, als Anna Clara Bringkmännin Daniel Müller von Löhningen nicht mehr heiraten will. Nachdem das Zureden des Gerichts in Abwesenheit ihres Bräutigams nicht gefruchtet hat, verfügt es, er solle Clara "mit sich heim und in sein haus nemen, sie beede mit speiss und trank versorgen und trachten, wie die partejen sich mit einandern freiwillig vergleichen und näher zusammen gebracht werden können ...".[35] Offensichtlich bedient sich das Gericht bei seiner Urteilsfindung der Weisheit, wonach die Liebe durch den Magen gehe. Allerdings kennt das Gericht durchaus auch schärfere Massnahmen als blosses Zureden. So am 20. Januar 1767, als es zunächst zwar dem Heinrich Keller von Siblingen, der Anna Schmidlin nicht mehr heiraten will, erklärt, "ob es nicht besser wäre, weiln die Schmidlin ein hauslich und arbeitsam Weib seye, wann er sie behalten wurde", und als sich dieser weigert, kurzerhand verfügt, er solle ins Gefängnis gelegt werden, bis er sich über den Unterhalt des Kindes mit seiner Braut verglichen habe. Dies ist ihm dann offenbar doch zu unangenehm, denn er erklärt sich schliesslich mit der Heirat einverstanden.[36] In den meisten Fällen aber ist das "Bereden"[37] erfolglos, da die Parteien auf ihrem Auflösungsbegehren beharren. Immerhin sei eine Aussöhnung erwähnt. Am 30. Mai 1769 erklären sich Hans Jacob Müller von Gächlingen und Anna Huser von Trasadingen bereit, doch die Ehe einzugehen; das Gericht quittiert es mit entsprechender Genugtuung und wünscht dem Paar "zu ihrem vorhaben Glük und Seegen".[38]

So uneinheitlich sich diese Fallgruppe darstellt, so uneinheitlich ist auch die Rechtsprechung des Gerichts. Eine eindeutige gesetzliche Grundlage gibt es eigentlich nur im Falle des fehlenden Einzugs, doch auch da kann das Gericht ein Versprechen zwar für gültig erklären, besitzt aber darüber hinaus keinerlei wirkliche Einflussmöglichkeiten, um die Gemeinden auch zur Aufnahme der Frau bei fehlendem Einzug zu bewegen. Bei all den anderen Fällen, wie später ersichtlicher Krankheit, Unfähigkeit, eine Familie zu ernähren, Dorfgeschwätz und ähnlichem, gibt es keine gesetzlichen Bestimmungen. Das Gericht ist also auf sein

---

35 EGP 15, 491f.
29. April 1720; EGP 17, 204. Das Gericht vertagt sich im Fall des Hans Conrad Schlatter und der Elisabetha Schererin, beide von Unterhallau, bis nach Ostern. "Indessen beederseits freündt wie sie sich gegen einandern aufführen, zu sehen, und daraus abnehmen ... ob eine vergnügte Ehe zu hoffen ...".

36 EGP 28, 252-255.
Gerade im 17. Jahrhundert treffen wir dieses Verhalten an, was aber für die damalige Haltung des Gerichts bezeichnend ist. 13. Dezember 1631; EGP 6, 173. 7. Mai 1639; EGP 8, 126v.

37 So die wörtliche Formulierung. 2. Februar 1786; EGP 31, 858.

38 EGP 28, 671f.

Einfühlungsvermögen angewiesen und kommt deshalb mitunter zu sich widersprechenden Urteilen bei derselben Ausgangslage. Von Fall zu Fall entscheidet sich, ob sich eine gute Ehe entwickeln kann oder ob die Voraussetzungen dafür als ungünstig eingeschätzt werden müssen. Dabei zeigt sich eine beträchliche Änderung in der ehegerichtlichen Haltung vom 16. und 17. zum 18. Jahrhundert zugunsten einer mehr an den tatsächlichen Erfordernissen orientierten Praxis. Wenn einer der Verlobten das Versprechen auflösen will und eventuelles Zureden nichts bringt, so wird dem Begehren stattgegeben, was besser scheint und wohl auch ist, als eine Ehe zu erzwingen.[39] Die hohen moralischen Ansprüche der Reformation und der nachfolgenden Jahrzehnte verblassen so mehr und mehr und machen einer realistischeren Einschätzung Platz. Dies aber hat zur Folge, dass es leichter ist, eine Auflösung des Eheversprechens im 18. Jahrhundert zu erreichen, was wiederum zu einer markanten Abnahme aller sonstigen in anderen Kapiteln aufgezeigten Fälle führt, bei denen es um Gültigkeit oder Ungültikeit des Eheversprechens geht, genügt doch als Begründung einfach, "reüig" zu sein, um das Ziel der Auflösung eines Eheversprechens zu erreichen. Der tiefere Grund dieser hier beschriebenen Entwicklung dürfte indes darin liegen, dass sich seit dem Anfang des 18. Jahrhunderts der Stellenwert der Verlobung zugunsten der Bedeutung der kirchlichen Trauung im ganzen Prozess der Eheschliessung mindert. Dülmen spricht in diesem Zusammenhang von einer "Verkirchlichung der Eheschliessungsvorgänge",[40] was zu einer Verschiebung von der weltlichen Verlobung zur kirchlichen Trauung als dem eigentlichen ehestiftenden Akt führt. Damit aber wird das Eheversprechen in seiner Bedeutung entwertet, wenn auch keineswegs seine grundlegende Wichtigkeit für die Heirat schwindet.[41] Dieser Prozess macht es im 18. Jahrhundert leichter für das Gericht, ein Eheversprechen bei offensichtlichem Dissens der Brautleute aufzuheben.

39 Diese Entwicklung wird in der EGO von 1785 kodifiziert. Vgl. Teil I, Kap. 3.2.

40 Dülmen, Fest der Liebe, in: Dülmen (Hg.), Armut, Liebe, Ehre, 68 und 85f.

41 Vgl. Teil I, Kap. 3.2. und Teil III, Kap. 1.1. und 1.2.

7.3.I.4. Das von beiden Seiten aufgehobene Eheversprechen

Eine weitere Gruppe bilden die Fälle, bei denen sich beide Parteien gegenseitig aus dem Eheversprechen entlassen haben oder bereits von einer anderen Instanz daraus entlassen wurden. Der Grund dafür, warum sich beide Parteien nicht mehr heiraten wollen, lässt sich oft nicht eindeutig festmachen, kann aber zum Beispiel in einem Eheversprechen liegen, sich erst dann zu verheiraten, wenn der Mann auf Wanderschaft zur Vervollkommnung seiner Handwerkskunst gewesen ist, was aber in einigen Fällen Jahre dauert. So kann eine Entlassung, oder wie die Quellen es nennen, Entschlagung, das heisst, die feierliche Verzichtserklärung beider Parteien auf alle Ansprüche, erfolgen, wenn der Mann sich in die Fremde begibt. Dies geschieht am 27. April 1606, als Hans Conrat ab Egg und Catharina Krapfin sich entschlagen, da "im nicht in wüssen ob er widerumb In sein Vatterlandt sich begeben werde".[1]

Um eine Entschlagung vorzunehmen, braucht nicht unbedingt das ganze Gericht zusammenzutreten. Es genügt vielmehr, wenn die Entschlagung vor einem oder zweien seiner ordentlichen Mitglieder erfolgt.[2] Nicht ausreichend ist hingegen die Entschlagung vor dem Diener des Gerichts. Eine solche muss nachträglich noch vom Gericht bestätigt werden.[3]

Bereits hier ist ersichtlich, dass nur das Gericht allein eine Entschlagung rechtsgültig vornehmen kann. Selbst wenn es sich nur um eine Bestätigung einer früher vorgenommenen Entschlagung handelt. Dies kommt immer dann zum Ausdruck, wenn sich Parteien verantworten müssen, die sich heimlich aus dem Eheversprechen entliessen. Zwar pflegt das Gericht eine Bestätigung auszusprechen, doch werden die Fehlbaren gebüsst. Wie am 7. März 1648 Barbara Spät, Magd in Schaffhausen, und Georg Maus von Kommingen mit 2 Gulden "umb solche leychtsinnige Eheaufsagung".[4] Ja sogar Gefängnis kommt in Betracht.[5] Aber auch das Entschlagen vor einem anderen Gericht ist nicht ausreichend. So erscheinen am 5. Dezember 1648 Heinrich Kuntzlin von Winterthur und Elsbetha Gebhardtin von Schaffhausen, die bereits vor Vogtgericht waren, weil ihre Mutter seinen Vater einen verdorbenen Mann nannte. Dort entschlugen sich beide. Das Ehegericht aber muss dies

---

1 EGP 3, 425.

2 3. Juli 1597; EGP 3, 6. 14. August 1636; EGP 7, 65r.

3 8. Dezember 1603; EGP 3, 302.

4 EGP 8, 277v-278r.

5 28. August 1678; EGP 11, 112. Ludwig Pfau muss bis zum Abend ins Gefängnis, da er und Margaretha Bachmännin sich "ohne Rechtliche Scheidung ... des ehelichen versprächens wider entlassen".

durch seine Bestätigung erst rechtsgültig machen "weyln ... solches nit genugsamb sondern Rechtlich geschehen muss".[6]

Dabei scheinen die Gründe für eine Entschlagung das Gericht nicht sonderlich zu interessieren, denn am 8. September 1668 heisst es in einem Urteil, die Parteien hätten sich entschlagen "umb geringer ursachen willen".[7] Wichtig ist, dass beide Seiten keine Heirat mehr wünschen und sich daher freiwillig aus dem Eheversprechen entlassen wollen. Diese Grundhaltung des Gerichts zeigt sich besonders klar in einem Urteil vom 21. Januar 1744 zwischen Adam Bopp und Elsbeth Neukomm von Unterhallau, die sich trotz richterlichen Zuspruchs nicht heiraten möchten. Schliesslich billigt das Gericht die Entschlagung mit dem im Hinblick auf die Haltung der Frau beigefügten Zusatz, "Elsbeth Neükomm ihr versprechen zu halten nicht zwingen, sondern lieber noch in Zeiten und dahin ihro entsprechen wollen".[8] Selbst wenn die beiden Hauptbetroffenen nicht persönlich anwesend sind, ist es möglich, die Entschlagung vom Gericht bestätigen zu lassen. Darum ersucht am 6. Februar 1772 Eberhard Gaupp im Namen des Herrn Kandidaten Johannes Rauschenbach und seiner ehemaligen Verlobten Jungfrau Susanne Ammann; das Paar möchte die Aufhebung des Eheversprechens "nicht eigenmächtig thun".[9] Die einzige Ausnahme kann dann eintreten, wenn das Paar bereits den Beischlaf vollzogen hat und die Frau schwanger ist.[10] Doch liegen dann die Verhältnisse anders, muss nämlich dem Kind ein Ernährer gefunden werden, damit es nicht der Stadt zur Last fällt. Wer bietet sich eher an als der Schwängerer selbst?

Bei dieser Frage also nimmt das Gericht eine relativ milde Position ein. Wenn zwei durch ein Eheversprechen gebundene Verlobte sich aus freien Stücken entschlagen wollen und keine besonderen Gründe vorliegen, wie etwa Schwangerschaft der Frau, dies nicht zu gestatten, gibt das Gericht einem solchen Begehren nach. Doch ist in jedem Fall das Ehegericht zuständig, keine andere Instanz kann eine Entschlagung rechtsgültig vornehmen. Dies aber zeigt einmal mehr wie zentral das Eheversprechen ist. Seine Bedeutung als eheschliessender Akt ist so wichtig, dass nur das eigens für diese Materie geschaffene Gericht für seine Auflösung kompetent ist. So wacht denn auch das Gericht mehr oder weniger eifersüchtig darüber, dass diese Kompetenz keinerlei Schmälerung erfährt, und jedes Einmischen subalterner Instanzen wird mit Busse geahndet. Dementsprechend muss am 23. November 1671 Jacob Erni, Ehegaumer in Beringen, 3 Pfund Heller Busse bezahlen, weil er

---

6 EGP 8, 291v.

7 EGP 10, 135.

8 EGP 22, 80f.

9 EGP 29, 411f. Der Grund, weshalb der Herr Kandidat nicht persönlich erschienen ist, liege in einer Unpässlichkeit, sagt der Antragsteller vor Gericht.

10 12. April 1592; EGP 2, 154f. 30. Juli 1672; EGP 10, 259.

zwischen Jacob Kessler und Verena Spechtin "... mitlen helfen, und diese Sach, wie es aber sein sollen, nit für ein Ehrsam Ehegericht gewiesen".[11]

11 EGP I0, 245.

7.3.I.5. Das doppelte Eheversprechen

Zuletzt wenden wir uns noch jenen Fällen zu, bei denen mehreren Personen oft mit beträchtlichem zeitlichem Unterschied die Ehe versprochen wird. Das Gericht steht damit also vor der Aufgabe zu entscheiden, welches dieser Versprechen für gültig erklärt werden kann.

Dabei lässt sich ein einfaches Grundmuster des gerichtlichen Vorgehens erkennen, das in einer Urteilsbegründung vom 16. November 1609 seinen Ausdruck findet. Das Gericht nämlich erklärt, Anna Touber von Osterfingen soll "denjhenigen dem Sy erstlichen die Ehe zuogesagt und versprochen zur Ehe behalten".[1] Das zeitlich spätere Versprechen wird zugunsten des ersten aufgehoben. Dies gilt auch und vor allem im Falle des bereits geschehenen Beischlafes. So verfügt das Gericht am 23. Januar 1644, dass Hans Sigg, Uhrenmacher, Margaretha Meyerin von Balingen heiraten muss, da er ihr zuerst die Ehe versprach und sie danach schwängerte. Dieses Urteil ergeht, obschon er Anna Hoofmännin, Bürgerin von Schaffhausen, heiraten möchte, der er später die Ehe versprach.[2] Allerdings kommt dabei dem Beischlaf und der Schwängerung mehr Gewicht zu, wenn dieses Delikt nur mit einem der Verlobten verübt wurde. In diesem Sinne erkennt das Gericht am 27. November 1600, dass Barbel Bollinger von Löhningen und Veyt Müller von Siblingen heiraten sollen, da er sie schwängerte. Dies ist ausschlaggebend. Denn Barbel Bollinger hat sonst noch drei weiteren Männern die Ehe versprochen, die aber mit ihr nicht intimen Kontakt hatten.[3]

Neben der zeitlichen Differenz der Eheversprechen können bei der Beurteilung weitere Elemente eine Rolle spielen. So dürfen Hans Jacob Schneider und Elisabetha Bolli von Beringen heiraten, obschon er auch noch Barbara Roost die Ehe versprochen hat. Doch erklären Schneider und Roost, sie möchten einander ohnehin nicht mehr heiraten.[4] Desgleichen ändert sich an der grundsätzlichen Stellung der Gewaltinhaber nichts. Fehlt deren Einverständnis zur Ehe, so wird das Versprechen aufgehoben, gleichgültig, ob es sich um ein zeitlich früheres oder späteres handelt.[5]

Gesamthaft gesehen aber gilt, dass ein zeitlich früher geschlossenes Eheversprechen ein zeitlich späteres aufhebt, sofern die

---

1 EGP 3, 564f. Auch: 28. April 1629; EGP 5, 21.

2 EGP 8, 197r-197v.

3 EGP 3, 139.

4 24. September 1761; EGP 27, 435. Zudem wird dem Gericht die Entscheidung dadurch erleichtert, dass Bolli und Schneider zugeben, bereits den vorehelichen Beischlaf vollzogen zu haben.

5 15. Januar 1678; EGP 11, 82f.

Voraussetzungen für beide Eheversprechen gleich stark sind. Ein Vorgehen, welches an das kanonische Recht erinnert.[6]

6 Wehrli, Trauung, II3. belegt die identische Vorgehensweise für das Ehegericht von Zürich. Vgl. Teil I, Kap. I.I.

7.3.2. Die Trennung von Tisch und Bett

Wird mit dem Eheversprechen das eheliche Band begründet, so erfolgt mit der kirchlichen Trauung oder der tatsächlichen Aufnahme der Lebensgemeinschaft die vollständige Herstellung der Institution der Ehe.[1] Dementsprechend schliesst die Ehescheidung im engeren Sinne ein Doppeltes in sich. Sie setzt der Institution der Ehe, wie sie von beiden Parteien begründet wurde, ein Ende und zertrennt das eheliche Band, wobei der unschuldig geschiedene Teil sich in der Regel wieder verheiraten darf.[2] Dieser vollständigen Scheidung steht die Trennung von Tisch und Bett gegenüber. Sie hebt nur die Institution der Ehe auf, die eheliche Lebensgemeinschaft, nicht aber das eheliche Band. Das spätmittelalterliche kanonische Recht kennt, wie wir hörten, allein die zweite Möglichkeit, das divortium quoad thorum et mensam.[3] Ein auf den ersten Blick erstaunliches Faktum im reformatorischen Bereich, eine kanonische Einrichtung mit all ihren Möglichkeiten zum Missbrauch weiterhin anzuwenden. Doch ist es tatsächlich dieselbe Einrichtung? Wann und unter welchen Bedingungen wendet sie das Ehegericht von Schaffhausen an?

Am 19. Oktober 1606 erscheinen Hans Reüttimann von Diessenhofen und seine Frau vor Gericht. Der Mann beklagt sich, seine Frau " ... sich gar ungepürlich und nicht wie ainem fromen Eheweib zuosteht und gepürt gegen In trage und verhalte ... In ain dieben und Mörder gescholtten mit fernerm beybringen, Er, Reüttimann, müsse Sy aintweders umbbringen oder Sy In. auch so hab Sy im ain Spinnwuppen[4] In ainem gemües zuoessen gegeben ... Dessgleichen so seye er nit sicher wann Sy im etwan Nachtlicherwyhl Im bedt ein Messer In Innestossen thüey ... also das Im mit Iro weytter hauszehalten gantz uhnmüglich, mit Straichen, schlagen und Balgen seye zwüschen Inen nun mehr dann zuviel beschehen auch der Scheltworthen halb".[5] Seine Frau bringt ähnliche Klagen über ihren Mann vor und bittet gleichfalls um Scheidung. Diesem Ansinnen gibt das Gericht nicht statt, da dafür keine Gründe vorlägen, sondern es trennt die beiden für ein Jahr lang von Tisch und Bett mit der

---

1 Teil I, Kap. I. und Kap. 7.3.I.

2 Kap. 7.3.3.I.

3 Teil I, Kap. I.I.

4 Mit "Wupp" wird ein Gewebe bezeichnet, besonders auch das Spinngewebe. Es handelt sich um ein seltenes, überwiegend für die Schweiz bezeugtes Wort. Grimm, Wörterbuch 14, 2058.

5 EGP 3, 442-444.

Mahnung, sich beiderseits zu bessern und von ihrem Ehestreit Abstand zu nehmen.[6]

Damit ist es aber bereits möglich, ein Charakteristikum der Trennung von Tisch und Bett in der Praxis des Ehegerichts von Schaffhausen festzumachen. Die Trennung von Tisch und Bett ist im Unterschied zur spätmittelalterlichen Praxis nur sehr selten eine unbefristete. Die Trennung reicht von nur einem Monat, wie am 26. Oktober 1661 vom Gericht beschlossen,[7] über drei Monate,[8] ein halbes Jahr,[9] ein Jahr,[10] bis zu drei Jahren.[11] Es gibt nur wenige Ausnahmen von dieser Regel. Im ganzen 17. Jahrhundert nur gerade eine, soweit wir sehen. Am 28. Oktober 1662 verfügt das Gericht im Fall des Meister Hans Krapfis, Küfer, und seiner Frau Barbara Stierlin, "sintemahlen von baiden theillen kein besserung Ihres lebens und ehelichen beiwohnens zu hoffen, sondern viel mehr ein schröcklicher todschlag zu befürchten, also sollen beide Ihrem begehren nach, Jahr und tag von Betth und Tisch geschiden und gesöndert sein".[12] Bei diesem Urteil sind aber ganz besondere Umstände gegeben, denn der Streit dauert schon sehr lange,[13] und der Mann ist offensichtlich sehr gewalttätig, so dass ihr Leben in Gefahr ist, wenn die Frau noch länger bei ihrem Mann bleiben müsste. Ist bei diesem Fall nicht expressis verbis von einer Trennung auf unbestimmte Zeit die Rede, so aber am 23. Februar 1796, als das Gericht verkündet, Elisabetha Zoller, geborene Schwin von Beringen, solle von ihrem Mann "auf unbestimmte Zeit zu Tisch und Bett ... geschiden ..." werden.[14]

---

6 Diese Mahnung fruchtet nichts, denn die beiden Eheleute begraben ihren Streit nicht. So erscheinen sie am 7. November 1607; EGP 3, 474f., also ziemlich genau nach Ablauf eines Jahres, erneut vor Gericht und werden dann geschieden.

7 EGP 9, 288.

8 4. Mai 1647; EGP 8, 259v.

9 28. August 1633; EGP 7, 7v. 18. März 1634; EGP 7, 15v. 4. Juni 1640; EGP 8, 140v-141r.

10 10. September 1674; EGP 10, 342. 8. November 1736; EGP 20, 373.

11 16. November 1606; EGP 3, 568f.

12 EGP 9, 343f. Der Eindruck, der Trennung auf unbestimmte Zeit wird noch zusätzlich dadurch verstärkt, da das Gericht verfügt, der Mann solle seiner Frau deren Hab und Gut, also das in die Ehe eingebrachte Frauengut, auf ihr Verlangen herausgeben.

13 Vgl. Anm. 26.

14 EGP 35, 312. Doch der Ehestreit ist bereits seit 1791 (!) beim Gericht aktenkundig. Das Gericht verfügt sogar am 19. November 1793; EGP 33, 480. der Mann solle, weil alles Zureden und alle sonstigen Mittel nicht zu einer Besserung geführt haben, "auf 3 Jahr in Sardinische dienste gethan, und dem recrouten führer angesagt werden ... , mit nächst dahin abgehenden Transport denselben in der Gefangenschaft zu übernehmen und wohlverwahret zur Compagnie zu bringen". Allerdings erfolgt die Ausführung des Spruches nicht, nachdem seine Frau selbst um Nachsicht gebeten hat. 3. Dezember 1793; EGP 33, 490f.

Wann aber wendet das Gericht die Massnahme der Trennung von Tisch und Bett an? Am 6. Dezember 1633 kommen Heinrich Schopp, Zimmermann, und seine Frau vor Gericht, dies, nachdem sie bereits zuvor ein halbes Jahr von Tisch und Bett getrennt waren. Die Frau aber weigert sich, wieder zu ihrem Mann zu ziehen, da er alles verschwende und mit sich unreinlich seie.[15] Das Gericht geht auf ihr Scheidungsbegehren gar nicht erst ein, sondern verfügt, dass die Ehegatten wieder zusammen wohnen sollen. Bereits am 10. Januar 1634 erscheint die Frau erneut und verlangt die Trennung von ihrem Mann mit der gleichen Begründung, "wegen das er mit Im selbsten so unsouber und alles verschwembt".[16] Das Gericht versucht es mit Zusprechen, offenbar und zunächst mit Erfolg, denn die Frau erklärt sich bereit, wieder mit ihrem Mann zusammenzuziehen. Schon sechs Tage später allerdings muss sich das Gericht mit ihrem Fall wiederum befassen, bestätigt aber das am 10. Januar 1634 ergangene Urteil.[17] Der befriedigende Abschluss des Falles wird damit aber nicht herbeigeführt. Denn am 18. März 1634 steht die Frau wieder vor den Schranken des Gericht, das jetzt keinen anderen Ausweg mehr sieht, als das zerstrittene Paar für ein halbes Jahr von Tisch und Bett zu trennen.[18] Ein anderes Beispiel mag das Vorgehen des Gerichts noch mehr verdeutlichen. Am 3. Juli 1646 erklärt es im Fall des Thoma Frener und der Ursula Beurerin von Thayngen, seiner Frau, sie sollen "... besser und freundtlicher miteinandern ... hausen, des fluchens und schlagens sich beiderseytzs ... müssigen und sparsamer ... sein bey erwarttender Straf und ungnaden".[19] Ziemlich genau zwei Monate später, am 1. September 1646, verfügt das Gericht, die Frau solle ins Gefängnis gelegt werden, bis sie sich bereit erkläre, mit ihrem Mann die Lebensgemeinschaft wieder aufzunehmen. Gleichzeitig befindet das Gericht: "Und ist Ihrem Bruder Hans Beurer von Bibern verbotten worden, seiner Schwöster in ihrer halsstarrigkeit ... aufzuweysen[20], auch kein beystand mehr dabey zu leisten, bey straf 20 Gulden."[21] Allerdings zeigt sich schon am 10. November 1646, dass die Frau trotz aller Drohungen seitens des Gerichts nicht zu ihrem Mann zurückgekehrt ist. Erst jetzt findet sich das Gericht bereit, das Paar für ein halbes Jahr von Tisch und Bett zu trennen, "umb verhütt - und besorgung grossen Unheils

---

Am 23. Juli 1649; EGP 8, 303r. und am 6. Mai 1777; EGP 30, 503f. schliesslich finden sich Urteile ohne Angabe einer zeitlichen Frist. Vielleicht handelt es sich um ein Versehen des Schreibers.

15 EGP 7, 8v.

16 EGP 7, 11v.

17 16. Januar 1634; EGP 7, 14v.

18 EGP 7, 16r.

19 EGP 8, 245v.

20 Der Ausdruck meint, sie dazu zu ermuntern.

21 EGP 8, 248v.

willen".[22] Das Gericht besorgt, dass eine zwangsweise Zusammenfügung der zerstrittenen Eheleute lediglich zu einer Eskalation der Auseinandersetzung führen könnte, mit unabsehbaren Folgen.[23]

Zunächst versucht das Gericht also, zerstrittene Paare zu versöhnen, wobei es verschiedene Mittel anwendet, dieses Ziel zu erreichen: Zusprechen, Bussandrohung und Gefängnis, um nur die wichtigsten zu nennen. Fruchtet dieses Vorgehen entgegen der Absicht der Gerichts nichts, greift es zur Trennung von Tisch und Bett als einer befristeten Massnahme, durch die das zerstrittene Paar wieder zum gemeinsamen Leben gebracht werden soll. Dabei geht das Gericht bei der Beurteilung, ob eine Trennung von Tisch und Bett angebracht sei, mitunter doch recht subtil und mit psychologischem Gespür vor. Am 22. November 1796 lehnt es die verlangte Trennung zwischen Anna Maria Hauser und ihrem Mann Caspar Hauser von Trasadingen ab mit der Begründung, "weilen beede noch jung, besonders aber der Mann ein aufbrausender Kopf zu seyn scheine, so solle noch vorerst ein gütlicher Versuch gemacht und privatim durch ... Junker Statthalter Peyer ein nachdrücklicher und ernsthafter Zuspruch an die jungen Eheleüte geschehen, besonders aber dem Mann mehrere Mässigung recomandirt werden".[24] Dem Paar soll also ohne viel Aufhebens nur gerade vom Obmann des Gerichts zugesprochen werden. Oder am 8. November 1642 zwischen Meister Martin Waser, Bürger von Schaffhausen, und seiner Frau Barbara Murbachin, als das Gericht die Trennung auf zwei Jahre verfügt, "dieweyl man verspürt, das beyderseyts gemueter und herzen also gegen einandern verbittert, das kein gutliche zusammenverfügung von Ihnen keineswegs zu hoffen gewesen".[25]

Verfügt das Gericht in vielen der bisher angeführten Fälle die Trennung, weil es den Eindruck erhält, den Ehegatten könne eine weitere gemeinsame Lebensführung, im Moment wenigstens, nicht zugemutet werden, so können freilich die streitenden Paare selbst die Trennung verlangen. Dies tun die Eheleute Meister Hans Krapfis, Küfer, und seine Frau Barbara Stierlin am 14. Januar 1651, nachdem der Mann seine Frau mit dem Stiel einer Axt auf den Kopf geschlagen hat. Vor allem die Beistände der Frau dringen auf eine Trennung, diese sei nötig, "damit seinem antrowen nach kein grösser übel und unheil daraus ervolge".[26]

---

22 EGP 8, 250v.

23 Dies kommt auch im Urteil vom 20. November 1781; EGP 31, 437f. zwischen Laurenz Gory und seiner Frau Barbara Bernhard von Thayngen zum Ausdruck, als das Gericht eine Trennung ausspricht, "weilen die versprochene besserung des Laurenz Gory nur heucheley seye und mann sich auf dieselbe gar nicht verlassen könne, sondern unter diesen Ehleuthen nur mehr Unheil und Unglük zu besorgen wäre ...".

24 EGP 35, 369f.

25 EGP 8, 184v. Auch: 6. Mai 1673; EGP 10, 284.

26 EGP 8, 332r-332v. Vgl. Anm. 13.

Das Gericht trennt die beiden ihrem Begehren nach für ein Jahr von Tisch und Bett, wobei die Gründe dafür auf der Hand liegen.[27]

Aus dem bisher Ausgeführten ergibt sich der eigentliche Grund, weshalb das Gericht einzelne Ehepaare auf Zeit von Tisch und Bett trennt, beinahe von selbst. Immer hat das Gericht die Hoffnung, dass sich die Beteiligten wieder zusammenraufen. Besonders klar kommt diese Haltung in einer Urteilsbegründung vom 2. Mai 1676 zum Ausdruck, als das Gericht Otilia Schobinger und Junker Landvogt Johann Conrad Peyer von Tisch und Bett trennt "in hoffnung das hierzwüschen beider erzörnte gemüther sich ändern möchten".[28] Letztlich aber kann solche Besserung nur mit der Unterstützung Gottes erreicht werden. Seine Hilfe ist der beste Garant für Wiederherstellung des von ihm gestifteten Standes der Ehe. Und so erstaunt es denn kaum, wenn seine Hilfe immer wieder angerufen wird, wie am 13. November 1609 zwischen Georg Walch und seiner Frau Clementa Stollin von Wilchingen. "Es seye dann sach, das unser Herr und Gott etwan andere bequemere mittel hierzwüschend Redlich friedsamb und wol mit ainandern hauszuhalten ihnen bescheren und mittheilen wurde."[29] Durch Gottes Beistand sollen die zerstrittenen Paare zur Besinnung und Einsicht kommen, deshalb auch die Aufforderung, fleissig zu beten.[30] Allerdings verlässt sich das Gericht nicht immer allein auf göttliche Hilfe, sondern verlangt ganz real von den einzelnen Personen Besserung, wobei es manchmal sogar besondere Bedingungen dazu aufstellt. So trägt es am 16. November 1609 Bastian Köchlin auf, der drei Jahre von seiner Frau getrennt wird, "wasmassen er sich nach dem [der gerichtlichen Trennung] verhalten, glaubwürdig Scheyn und Urkundt seines Verhandelns mitbringen solle".[31] Das Gericht will also sein Verhalten während der Zeit der Trennung urkundlich, damit amtlich, verzeichnet wissen. Wahrscheinlich ist dies ein gewisser Anreiz zu entsprechenden Bemühungen. Doch wird das Gericht wohl manchmal selbst aktiv, wie der Fall Hans Hegners und seiner Frau Margaretha Pfanderin von Herblingen zeigen mag, verfügt das Gericht doch explizit, "alsdann durch den diener[32] nachfrag gehalten werden solle, was gestalten Sie sich in solcher Zeit gegen einandern

---

27 Ein Sonderfall liegt am 1. Februar 1742; EGP 21, 469f. vor, als Hans Maag und seine Frau Anna Mänrad von Neunkirch darum bitten, ihnen zu erlauben, weiterhin getrennt zu leben, da "sie beede als 2 alte Persohnen einander nicht abwahrten können, desswegen sie mit vorwüssen hr. Pfr. und beederseitigem gutem willen sich voneinander gesöndert".

28 EGP 11, 3. Auch: 27. August 1650; EGP 8, 323v.

29 EGP 3, 561-563.

30 16. April 1795; EGP 35, 200.

31 EGP 3, 568f.
Die für die Ausfertigung des Berichts zuständige Person dürfte der Dorfpfarrer gewesen sein. Dies ist auch in Zürich belegt. Schlatter, Eheliche Gemeinschaft, 37.

32 Es handelt sich um den Ehegerichtsdiener.

verhalten und getragen haben".[33] Ein anderes Mal, als Emanuel Stimmer der Jüngere von seiner Frau Maria Spleisin erneut für ein Jahr von Tisch und Bett getrennt wird, am 5. Oktober 1675, weil er angeblich nicht für den Unterhalt seiner Familie aufkommen kann, trägt ihm das Gericht auf, "inzwüschen aber Er nach mitteln trachten, wie Er weib und kinder erhalten wolle, und solches mein Gnedig Herren offenbaren und zu wüssen thun solle".[34] Eine besonders weitreichende Anordnung trifft das Gericht am 14. April 1774, als es beschliesst, Hans Bopp und seine Frau Verena Schaad von Unterhallau sollten für ein Jahr von Tisch und Bett getrennt sein. "Sie, die Verena Schaad, damit man ihro nichts mehr anvertraue, zu Unterhallau offentlich verschrayt werden, ihm ... die güter zur besorgung überlassen seyn ... auch denen beeden beyständen, welche von Zeit zu Zeit ihre beedseitige haushaltungen zu besuchen Oberkeitlich auferlegt worden, zu Ende des Jahrs von seiner haushaltung in gegenwart des verordneten Untervogts Rechenschafft geben."[35] Dies läuft faktisch auf eine Bevormundung der beiden Eheleute hinaus, wobei das Los der Frau noch viel drückender ist, gilt doch das öffentliche Verschreien als schwere soziale Strafe, da sie einem faktischen Ausschluss aus der Dorfgemeinschaft gleichkommt.[36] Hier zeigt sich, wie tief ehegerichtliche Massnahmen in das Leben der einzelnen eingreifen können. Freilich sind solche genauen Anordnungen eher selten. Meistens begnügt sich das Gericht mit einer pauschalen Ermahnung, sich zu bessern. Was aber nicht heisst, es spielte keine Rolle, ob eine Änderung in der Lebensführung eingetreten ist oder nicht. So lehnt das Gericht am 7. Dezember 1658 das Ansuchen Conrad Peters, Küfer, ab, wieder mit seiner Frau zusammen wohnen zu dürfen, mit der Begründung: "Ist Ihm undersagt worden, weyln man bishero schlechte Verbesserung von Ihm verspürt."[37]

Noch fehlt ein Aspekt, der von nicht unerheblicher Bedeutung in diesem Zusammenhang der Trennung von Tisch und Bett ist. Es handelt sich um die Frage des Unterhalts, besonders der Frau, während der Zeit der Trennung, die ja, wie wir sahen, einige Jahre dauern kann. Dieser Schwierigkeit versucht das Gericht beizukommen, indem es klare

---

33 6. November 1660; EGP 9, 255f.

34 EGP 10, 375f.
Ein weiteres Beispiel dieser Art ereignet sich am 26. September 1775; EGP 30, 295-297. zwischen Meister Ludwig Mosmann jun. und seiner Frau Anna Barbara Schinz, deren Vater Storchenwirt in Zürich ist. "... dem Mann hiermit auferlegt seyn, ohne anstand eine herberg zu nehmen, eine eigene haushaltung anzufangen und zeigen, wie er sich in stand stellen wolle, für sich, die kinder und die frau die benöthigte Nahrung zu erwerben und die frau alsdann sobald er solches bewerkstelliget haben wird, wieder zu ihm ziehen ...".

35 EGP 30, 99f.

36 Verschreien meint, jemanden amtlich in Verruf erklären. Idiotikon 9, 1456.

37 EGP 9, 172.

Anweisungen erteilt. Wie am 28. August 1633 zwischen Melchior Hablützel und seiner Frau: " ... und soll der Hablützel seiner frauwen Beth und kleider zu handen stellen, wann aber Sy nach verloffener Zeit [der Trennung] widerum zuesammen hausen, soll Sy sölches widerum zuesammen stellen, und soll die frauw alle wuchen 3 bazen vom seinem Dienstgeld ab dem Rathhaus Empfahen, als auch den Zins von den zuegebrachten 210 Gulden."[38] Die Frau erhält demnach 3 Batzen wöchentlich zu ihrem Unterhalt, die sie auf dem Rathaus abholen muss, wohl damit eine Kontrolle darüber möglich ist, ob die Zahlungen geleistet werden und den richtigen Empfänger erreichen. Zusätzlich wird der Frau auch die Nutzniessung des von ihr in die Ehe gebrachten Vermögens zugesprochen, und es werden ihr Bett und Kleider ausgehändigt. Die Unterhaltszahlungen können je nach Vermögen und Einkommen der Beteiligten schwanken. Sind es am 23. August 1791 48 Kreuzer,[39] die der Mann wöchentlich bezahlen muss, so sind es am 3. Oktober 1793 1 Gulden 30 Kreuzer.[40] Doch kommt es auch vor, dass Pauschalbeträge verhängt werden. So muss Erhart Hallauer von Wilchingen seiner Frau Anna Hablützel nach einem Urteil vom 18. Juni 1667 für ihren Unterhalt während eines Jahres 40 Gulden bezahlen.[41] Selbst Naturalien rechnet das Gericht als Unterhaltszahlung, wie das Beispiel des uns schon bekannten Hans Krapfis, Küfer, und seiner Frau Barbara Stierlin zeigen mag. Am 14. Januar 1651 beschliesst das Gericht, dass er seiner Frau " ... 3 Mutt korn, der halbe theil weyn, fleisch, schmaltz, holtz und anders" zukommen lassen soll.[42] Der Mann dagegen darf die Dinge vornehmlich behalten, die zur Ausübung seines Berufes als Küfer unerlässlich sind und ihm seinen Lebensunterhalt, einschliesslich weiterer Unterhaltszahlungen an seine Frau, sichern. "Dargegen Ihm das Küfferholz, Reiff und Band verbleiben, und Ihro daraus fernere Nohtdurfft verschaffen." Auf der anderen Seite erhalten die Frauen für die Zeit der Trennung ihre Kleider und anderen Habschaften, die sie benötigen, um sich auf der Strasse gebührend zeigen zu können.[43]

---

38 EGP 7, 7r.

39 EGP 33, 225f.

40 EGP 33, 475.

41 EGP 10, 99f. Dazu muss er der Frau deren Kleider und das Bett herausgeben.

42 EGP 8, 332r-332v. Mutt ist ein Volumenmass, wobei 1 Mutt 89, 15 Litern entspricht.

43 3. Oktober 1793; EGP 33, 375. "Auch alle auf ihren Leib gehörige Kleider, Geschmuk und Plunder herausgeben ...".
22. August 1793; EGP 33, 466. " ... seiner Frauen die kleider zum Gebrauch der Kirchen und Strassen, wie auch das was sie zu ihrer hantierung und sonst benöthiget verabfolgen lassen ..." mit der vorsichtigen Bedingung "... alles aber so sie hinweg nehmen von der Canzley aufgezeichnet werden solle." Dies eine Vorsichtsmassnahme für den Fall, es komme zu einer endgültigen Scheidung. Dann könnte anhand des

Wie gut dabei solche Unterhaltsverfügungen von seiten des Gerichts in der Praxis spielen, lässt sich nur schwer mit Sicherheit sagen. Einmal ist die Zahl der Fälle, bei denen eine solche Verfügung verzeichnet ist, recht klein. Zum anderen Teil mag auch der Schreiber nicht immer alles aufgenommen haben. Immerhin gibt es Fälle, in denen der Mann seinen Unterhaltsverpflichtungen nicht nachkommt. Am 9. November 1675 wird Grossweibel a.D. Hans Murbach für ein Jahr von seiner Frau Anna Huberin getrennt, mit der gerichtlichen Auflage, ihr wöchentlich einen halben Taler zu bezahlen.[44] Die Trennung dauert offensichtlich länger als vorgesehen, denn am 18. November 1679 kommt vor Gericht ein Vergleich zustande, nachdem der Sohn von Anna Huberin klagt, ihr Mann sei seinen Verpflichtungen nicht mehr nachgekommen, und das Gericht erkennt, der Grossweibel a.D. habe seiner Frau für zwei der vier verflossenen Jahre wöchentlich einen halben Reichstaler nachzuzahlen.[45] Es darf vermutet werden, dass die Zahlungsmoral der Beteiligten auch sonst nicht immer besonders gut ist.[46]

In wenigen Fällen erfahren wir zudem etwas über das Schicksal der Kinder. Am 4. Juni 1640 erklärt das Gericht zwischen Heinrich Schneider und seiner Frau von Buchthalen, die Frau solle das jüngere und der Mann das ältere Kind zu sich nehmen.[47] Gerade aber eine solche Regelung kann zu Problemen führen. So erklärt Philipp Meyer von Unterhallau am 24. Januar 1797 vor Gericht, dass es ihm unmöglich sei, gleichzeitig das ihm zugesprochene Kind und seine Feldarbeit zu besorgen. Diese Aussage stimmt offensichtlich, denn das Gericht stellt fest, " ... das Kind so der Vater erziehen solte, elend besorget und überdass selbiges ein schwaches blödsinniges Geschöpf seye ...".[48] Fällt die Erzieherin aus, so ist der Mann, wenn er sich nicht eine Amme leisten kann und die Verwandten nicht einspringen können oder wollen, völlig auf sich allein gestellt, er erliegt schliesslich der Doppelbelastung von Arbeit und Kinderpflege, vor allem, wenn es sich, wie in unserem Fall, um ein kränkelndes Kind handelt, das besonders viel Pflege nötig hat. Als zusätzliche Unterstützung für die Frau gilt dabei eine manchmal vom Gericht verhängte Kostgeldzahlung für das Kind.[49] Ganz grundsätzlich ist aber anzumerken, dass selbstverständlich wenn

---

Verzeichnisses belegt werden, was die Frau bereits aus dem gemeinsamen Haushalt erhalten hat.

44 EGP 10, 379.

45 EGP 11, 143.

46 11. September 1792; EGP 33, 363f. Der Mann weigert sich, das monatliche Kostgeld an die Frau zu bezahlen.

47 EGP 8, 140v-141r.

48 EGP 35, 393f.

49 5.Juli 1792; EGP 33, 349f. Freilich ist der Mann mit der Zahlung 15 Wochen im Rückstand. Das wöchentliche Kostgeld für sein Kind beträgt 36 Kreuzer.

immer möglich die Frau sich mit ihren Kindern zu ihren Eltern oder Verwandten begibt und dort während der Zeit der Trennung lebt. Die Frau und ihre Kinder werden demnach, vorausgesetzt, die wirtschaftlichen und sonstigen sozialen Verhältnisse erlauben es, von der eigenen Familie versorgt. Sind deshalb die Einträge bezüglich Unterhaltszahlungen des Mannes an die Frau nicht sehr zahlreich? Wird also erwartet, dass die Beteiligten den Unterhalt wenn möglich untereinander regeln, und das Gericht letztlich nur in Ausnahmefällen eine Zahlung verfügt?[50]

Zusammenfassend lässt sich sagen, dass die Trennung von Tisch und Bett in der Praxis des Ehegerichts von Schaffhausen klar bestimmbare Formen zeigt. Zum einen ist die Trennung von wenigen Ausnahmen abgesehen stets befristet. Sie wird ausgesprochen entweder auf Verlangen der Parteien oder wenn das Gericht von sich aus zum Schluss kommt, die Paare seien zu sehr zerstritten, um die Lebensgemeinschaft weiterführen zu können. Dabei stellt die Trennung von Tisch und Bett lediglich den Ausweg dar für das Gericht, wenn keine Scheidungsgründe vorliegen und alle Vermittlungsversuche zwischen den Ehegatten gescheitert sind, doch noch auf diese Weise eine Entspannung der Situation zu bewirken. Selbst bei Fällen, die eigentlich eine Scheidung verlangten, bietet sich die Trennung dem Gericht als möglicher Ausweg an: " ... da Ein lobl. Ehegericht, wo noch einige hoffnung einer besserung vorhanden, nicht zu eilen pfleget; als solle noch diese Mittel vorgenommen werden und beede Eheleut auf I jahr lang zu bett und Tisch von einander geschieden sein."[51] Somit wird das wesentliche Element der vom Gericht angewandten Trennung ersichtlich. Es ist ein Mittel mit stark erzieherischem Gehalt. Die Parteien sollen während der Trennung zur Einsicht kommen. Mit dem spätmittelalterlichen kanonischen divortium quoad thorum et mensam teilt es lediglich noch die Terminologie, denn die Protokolle sprechen stets von Scheidung von Tisch und Bett. Für das Gericht jedenfalls bedeutet die Trennung immer einen möglichen Ausweg in seinem Bemühen, den Parteien zu helfen, einen Ausweg, der, wenn Hoffnung auf Erfolg besteht, beschritten wird. Denn solche Auseinandersetzungen innerhalb der Ehe vernimmt das Gericht mit Unwillen. "Dieweyl mein Gnedig Herren aus Meister Hans Jacob Schalchen, Gürtlers, und

---

50 So verfügt das Gericht 1771 im Falle des Landvogtes Stokar, die Frage des Unterhalts der Töchter solle von der Verwandtschaft geregelt werden. Rechnungen des Ehegerichts, Heft 21, 29.

51 2. September 1762; EGP 27, 500.
Sogar wenn das Gericht selbst zur Überzeugung gelangt, eine Aussöhnung der Ehepartner sei unmöglich, kann es zunächst einmal die Trennung verfügen, ohne gleich die Scheidung auszusprechen. 3. Oktober 1793; EGP 33, 475. Es sei "niemahlen eine friedliche und glükliche Ehe zu erwarten ...". Trotzdem sieht das Gericht von einer Scheidung ab und verhängt lediglich eine Trennung von sechs Monaten.

Elisabetha Sigerist, beiden Ehegemächten, langwirigen erzehlung, mit höchstem bedauren vernommen, wie das Sie ettliche Jahr hero mit Gotteslästerlichen worten und abschewlichen fluchen gegen einandern verfahren."[52] Dementsprechend gerne nimmt das Gericht von einer Versöhnung Kenntnis, wie am 2. September 1651, als der Schreiber im Protokoll vermerkt: "Also haben mein gnedig herren solches gerne angehört und vernommen", um dennoch dem Ehepaar die eindringliche Mahnung mit auf den Weg zu geben, " ... sich fürtters besser gegen einandern zu betragen und das Er sein zornig gemüt, Sie aber Ihr bös Maul besser Im Zaun halten solle bey erwartender hoher Straff und hiemit widerumb zusammen gelassen worden".[53]

---

52 2. September 1651; EGP II, 7f.

53 EGP 8, 339v.
Die hier herausgearbeiteten Charakteristiken der Trennung von Tisch und Bett finden sich auch bei den Ehegerichten von Bern, Basel und Zürich.
Für Zürich: Schlatter, Eheliche Gemeinschaft, 34. Wehrli, Ehescheidung, 80. Rost, Ehescheidung, 58. Für Basel: Simon, Untertanenverhalten, 137. Für Bern: Münch, Eherecht, 59.

7.3.3. Die Ehescheidung

7.3.3.I. Der Ehebruch

Für das reformatorische Eherecht gilt der Ehebruch als der Scheidungsgrund, der als einziger von der Bibel direkt legitimiert wird.[1] Dabei meint Ehebruch jeden ausserehelichen intimen Umgang eines Ehegatten, also auch das Fremdgehen des Mannes. Dies getreulich den hohen religiösen und moralischen Anforderungen der Reformation und den Zuständen des Spätmittelalters entgegengesetzt, wofür lediglich auf die Institution des Frauenhauses verwiesen sei, wie es in jeder spätmittelalterlichen Stadt anzutreffen war.[2]

Wird ein Ehebruch bewiesen oder gestanden, so folgt auf Klage des betrogenen Eheteils die Scheidung. Dabei ist sicher, dass für das Gericht ein Geständnis die willkommenste Ausgangslage darstellt, werden doch so die mitunter umfangreichen Zeugeneinvernahmen überflüssig. So muss die Frau Hans Heinrich Kromers den Ehebruch mit Hans Ulrich Fröwler gestehen, nachdem ihr Mann die beiden in flagranti ertappt hat. Das Gericht spricht am 20. November 1602 die Scheidung aus.[3] Mildernde Umstände lässt es dabei nicht gelten. Am 20. Juli 1592 wird die Ehe zwischen Georg Meyer von Neunkirch und seiner Frau Anna Kellerin von Oeningen geschieden, obschon die Frau erklärt, der Ehebruch sei während der Zeit geschehen, als ihr Mann in Frankreich im Solddienst stand.[4] Doch ist sich das Gericht bewusst, dass lange Abwesenheit des Mannes die Gefahr eines Ehebruchs von seiten der Frau erhöht. So urteilt es am 16. Juni 1778 zwischen Johannes Saurbeck und seiner Frau Catharina Meyer von Oberhallau, die Scheidung sei gerechtfertigt, da die Frau durch die "allzulange Abwesenheit ihres Mannes gleichsam zum Ehbruch verleitet worden und zu besorgen wäre, dass sie sich auch zu dem 2ten fehler leicht könte verführen lassen ...".[5] Allerdings scheidet als Milderungsgrund nicht nur Abwesenheit des Gatten aus, sondern grundsätzlich jeder andere Grund, der zu einem ausserehelichen Kontakt geführt haben kann. Ein interessanter Fall ergibt sich am 2. März 1607, als Niclaus Weyss, Sattler, die Scheidung von seiner Frau Margaretha

---

1 Teil I, Kap. 2.

2 Für Schaffhausen: Bächtold, Ältestes Gewerbe, in: SN 177, 1980.

3 EGP 3, 242-245. Der Ehemann betätigt sich dabei als Detektiv und stellt seiner Frau eine ganze Nacht nach.
Ebenfalls als Schuldeingeständnis wird Flucht bewertet. Am 9. März 1769; EGP 28, 650f. wird Margaretha Heller von ihrem Mann Conrad Bührer von Lohn geschieden, "nachdem Conrad Bührer, Seiler, wegen Ehebruch citiert, draufhin aber flüchtig worden ist, und andurch seinen begangenen fehler an den Tag gegeben und die That bekennet."

4 EGP 2, 160f.

5 EGP 31, 68f.

Thoüber von Wilchingen verlangt. Die Frau erklärt, sie müsse den Ehebruch gestehen, "... der Jüngling aber seye daran schuldig. Dann er Iro, weyl Sy khaine khinder ... habe zuogerathen, das er ... Iro ain Erben zuorüst. Habe er Sy listiglichen überredt".[6] Das Gericht akzeptiert ihre Erklärung nicht, wonach sie Ehebruch beging, um endlich ein Kind zu haben und auf Veranlassung des Schwängerers, sondern scheidet die Ehe auf Verlangen des betrogenen Ehemannes.[7] Selbst wenn die Ehegatten getrennt leben, findet dies vor Gericht als Entschuldigungsgrund keine Gnade. So spricht es am 9. August 1746 die Scheidung zwischen Johannes Bucher und Barbara Habik wegen Ehebruchs aus, obschon es ausdrücklich feststellt, "nachdem er aber seine frau in die 7 Jahr verlassen, auch werent diser Zeit in der Nähe gewesen, zu keiner Zeit aber die mindeste Anmuth oder Assistenz sowohl gegen sie als die kinder nicht gezeiget, so seye er die meiste schuld ...".[8] Die eigentliche Schuld am Ehebruch der Frau trägt demnach der Mann, doch ändert dies nichts an der Tatsache, dass ein Ehebruch vorliegt und das Gericht deshalb die Scheidung ausspricht. Noch krasser kommt die absolut geltende Treuepflicht zum Ausdruck, als am 21. April 1642 Michel Enderlin von Oberhallau und seine Frau geschieden werden, nachdem die Frau einen Ehebruch im Siechenhaus begangen hat, wo sie getrennt von ihrem Mann lebt.[9]

Wie aber sieht es mit der Wiederverheiratung der Geschiedenen aus? Ist doch nicht zuletzt die Ehescheidung deshalb eingeführt worden, um eine Hebung der Sittlichkeit zu erreichen, die durch das divortium quoad thorum et mensam den Reformatoren gefährdet schien.[10] Zu dieser Frage kann generell aus der Praxis des Gerichts folgendes bemerkt werden. In der Regel dürfen sich unschuldig geschiedene Frauen erst nach Einholung einer Erlaubnis vom Gericht wieder verehelichen. So heisst es am 8. November 1599, als Beatrix Rüegerin von ihrem ehebrecherischen Mann Daniel Lindameier geschieden wird, sie dürfe sich "unverhindert ... wol widerumb verhüraten. Doch mit ... [der Bedingung], das zuvor und ehe Sy sollichs Ins werckh verfüere, soll Sy ein Ersam Eegericht darumb ansprechen".[11] Handelt es sich um einen Mann als unschuldigen Teil, so lautet das Verdikt in aller Regel auf

---

6 EGP 3, 457f.

7 Die von Margaretha Thoüber vorgebrachte Erklärung ist keineswegs so unglaublich. Am 3. Februar 1752; EGP 24, 376. sagt Elisabetha Spörndlin von Neuhausen, sie habe zweimal Ehebruch begangen "... nach der Ernd und herbst, Sie habe eben kein Kind ... und hette sie eben auch gern ein Erben gehabt".

8 EGP 22, 632.

9 EGP 8, 173.

10 Teil I, Kap. I.I. und 2.

11 EGP 3, 94. Auch: 8. November 1599; EGP 3, 95. 10. Mai 1599; EGP 3, 76. 4. März 1602; EGP 3, 195.

Wiederverheiratung ohne vorherige gerichtliche Erlaubnis.[12] Ist die Frau des Ehebruchs für schuldig befunden worden, ändert sich für sie bezüglich der Wiederverheiratung nichts, ausser das Gericht spreche je nachdem ein absolutes Verbot zur Wiederverheiratung aus. Sonst besteht das Gericht auf vorheriger Einwilligung.[13] Beim Mann als schuldigem Teil verlangt das Gericht entweder eine vorherige Bewilligung[14] oder verbietet eine Wiederverheiratung ganz. Bei der Frage der Wiederverheiratung wählt das Gericht offensichtlich geschlechtsspezifisch verschiedene Methoden, wobei es konsequent im Falle der Frau schärfer und ungerechter vorgeht, denn in diesem Fall spielt es sehr oft keine Rolle, ob die Frau schuldig oder unschuldig geschieden wird, das Gericht verlangt eine vorherige Einwilligung zur Wiederverheiratung. Dies ist beim Mann, wenn er unschuldig ist, nicht unbedingt erforderlich. Damit aber trifft für Schaffhausen nicht so pauschal zu, was Köhler für das Ehegericht von Zürich aussagt, nämlich dass der unschuldige Teil sich wieder verheiraten darf. In Schaffhausen ist zumindest die Stellung der Frau diesbezüglich schlechter.[15]

Der Betrachter sollte sich allerdings hüten, dem Gericht nach all den bisher angeführten Scheidungsfällen eine scheidungsfreudige Praxis und Einstellung zuzuschreiben. Das Gegenteil ist zutreffend. So versucht das Gericht in uns inzwischen bekannter Manier, zwischen den Parteien zu vermitteln, um eine Scheidung zu vermeiden, selbst wenn der Ehebruch unbestritten ist. Am 26. August 1604 verfährt das Gericht zwischen Jacob Wüscher und seiner Frau, die den Ehebruch gesteht, wie folgt: "Darauf Sy ... ob Sy ainandern alles verzeyhen wöllen, gütlich angesprochen worden. Wo das nicht [geschehe], Im Wüscher das Recht erfolgen werde. Welches er nit annemen wöllen, sondern Rechtens begert. Demnach hierüber erkhennt und gesprochen, das es vermög der Ehegerichtsordnung ein Eheschaidung der Ehe allerdings ... mitbringe."[16]

---

12 3. September 1601; EGP 3, 172f.

13 20. November 1602; EGP 3, 245.

14 25. September 1600; EGP 3, 128. Hans Meiser soll zunächst die Busse wegen Ehebruchs erstatten und erst dann um Erlaubnis zur Wiederverheiratung nachsuchen.
Oder: 12. März 1607; EGP 3, 457. Bernhardtin Württenberger, Bürger von Schaffhausen: "Mit Recht verghundt und zuogelassen, das er sich wol anderwerts, doch mit ainer Burgersdochter, verehelichen ... möge."
21. Januar 1768; EGP 28, 442. Hans Conrad Rüger, Zimmermann von Wilchingen, erhält die Erlaubnis, sich erneut zu verheiraten, nachdem er vor 18 Monaten wegen Ehebruchs geschieden wurde.

15 Köhler I, 110. Auch: Kilchenmann, Organisation, 177f.

16 EGP 3, 336f.
Am 14. September 1785; EGP 31, 800f. führt das Gericht Margaretha Bollinger gegenüber aus, "ob es nicht allzu bedenklich wäre, sich mit ihren 5 unerzogenen kindern von ihrem Mann, welcher über seine vergehungen Reu und Leid bezeuge, scheiden zu lassen". Verzichtet die Frau auf Scheidung, so ist sie mit ihren Kindern zumindest einigermassen versorgt, was sie sonst nicht wäre. Die Ermahnung zeigt dann

Das Zusprechen an die Parteien wendet das Gericht besonders dann an, wenn Aussicht auf Erfolg besteht, also günstige Umstände gegeben sind. So versucht es am 5. November 1605 zwischen Adam Scheyer, Goldschmied, und seiner Frau Barbara Schälchlin zu vermitteln, ziemlich sicher, weil die beiden erst vor ganz kurzer Zeit geheiratet haben, der Mann aber bereits die Ehe gebrochen hat.[17] Dabei sieht es das Gericht gerne, wenn der schuldige Teil den unschuldigen selbst um Verzeihung bittet, also gleichsam die Grundlage für den gerichtlichen Vermittlungsversuch bereitet, wie im Falle des Hans Wolf und seiner Frau Beatrix Schalch vom 22. August 1609. Die Frau bittet, "das er ihren disen begangnen fhäler verzyhe ... damit Sy widerumb von Im begnadiget werden möchte".[18] Ihr Mann lehnt das Ansinnen ab und verlangt die Scheidung. Das Gericht greift darauf zu einem besonderen Mittel. "Darumben dann dise sach villicht das er Wolff sich etwan aines andern bedenken möcht, bis nechsten Ehegericht Ingestellt."[19] Das Gericht vertagt den Fall einfach, um dem Mann Gelegenheit zu nochmaliger Besinnung zu geben. Doch geht die Abneigung, eine Scheidung auszusprechen, noch tiefer. Denn das Gericht scheut sich nicht, selbst Verwandte in den Prozess der Umstimmung einzuschalten. Am 18. September 1655 verlangt die Frau Jacob Küllings von Wilchingen die Scheidung von ihrem Mann wegen Ehebruchs. Da dieser gar nicht persönlich anwesend ist, vertagt das Gericht den Fall ohne grosses Bedauern.[20] Am 4. Dezember 1655 schliesslich kommt es zur eigentlichen Verhandlung. Das Gericht vertagt erneut, um Zeit zu gewinnen, unter gleichzeitiger Anweisung, es solle " ... beyderseyths Beiständen und fründ alles ernsts zugesprochen werden, das sie erstlich die Frau dahin bereden und antreiben wollen, das sie Ihrem Ehemann den begangenen fähler verzeihen, und Ihn mit gnaden wider annemen wolle. Demnach Ihn dahin halten sollen, das Er sein Eheweib umb verzeihung bitten, und sich anerbieten thue, anders und besser fürters mit Ihro zu hausen".[21] Doch alle diese massiven Bemühungen fruchten nichts, denn am 18. März 1656 werden die beiden geschieden, weil die Frau sich

---

auch die gewünschte Folge, und die Frau verzichtet auf die Scheidung. 22. September 1785; EGP 31, 803.

17 EGP 3, 402f.

18 EGP 3, 553.

19 Am 16. November 1609; EGP 3, 367f. werden sie trotzdem geschieden.
Ein anderes Beispiel für die Verschleppungstaktik beginnt am 9. Februar 1608; EGP 3, 483., als Caspar Friderich auf Scheidung klagt. Das Gericht vertagt sich. Am 11. Februar 1608; EGP 3, 484. wird erneut vertagt. Zwei Tage später am 13. Februar; EGP 3, 485. abermals. Schliesslich stellt sich am 26. Mai 1608; EGP 3, 490. der Erfolg ein, und der Kläger verzeiht seiner Frau.

20 EGP 9, 72.

21 EGP 9, 75.

beharrlich weigert, ihrem Mann zu vergeben.[22] Schlagen die Versuche fehl, die Parteien zum Einlenken zu bewegen, so muss die Scheidung ausgesprochen werden gemäss der EGO. So werden am 20. November 1690 Conrad Hübscher von Unterhallau und seine Frau Anna Mezgerin geschieden, "sintemahlen besagter Hübscher zu keiner versöhnung sich verstehen wollen, sondern auf die scheidung stark getrungen".[23]

Für das Gericht aber stellt die Scheidung nur die ultima ratio dar, wenn wirklich kein anderer Weg mehr bleibt oder eine Aussöhnung von vornherein aussichtslos scheint. Ausgehend von dieser Einstellung des Gerichts, erstaunt es nicht, dass Erfolge in den Vermittlungsbemühungen entsprechend honoriert werden. So meldet das Protokoll am 16. Juni 1642 bezüglich Hans Zimmermann von Hallau und seiner ehebrecherischen Frau Anna Ram, er sei gefragt worden, "ob er sein unehrbar weib behalten wölle oder nit, der dann Sy freiwillig widerumb begert, also lassen Es mein gnedig herren darbey bewenden ...".[24] Was aber nichts anderes heisst, als dass die eigentlich fälligen Bussen wegen Ehebruchs nicht verhängt werden.[25] Schliesslich steht dem Gericht noch ein anderes Mittel zur Verfügung, eine Scheidung zu verhindern. Es ist dies sein Spielraum, Zeugenaussagen als genügend oder ungenügend anzusehen und entsprechend eine Scheidungsklage gutzuheissen oder abzuweisen. Zeugen müssen nämlich in der Tat häufig beigebracht werden, und es obliegt dem Gericht allein, deren Aussagen zu prüfen und gegebenenfalls als schlüssigen Beweis anzunehmen. Doch ist das gerichtliche Vorgehen hier nicht nur gelenkt vom Unwillen, eine Scheidung auszusprechen. Denn es sind oft Nachbarn, die etwas gesehen haben wollen, das sie später vor Gericht nicht mehr so genau wissen (wollen). Eine Frucht der obrigkeitlichen Aufforderung zur Denunziation. Also spielt hier auch das Moment der Wahrheitsfindung eine Rolle, welches das Gericht zur Vorsicht mahnt. Trotzdem klingt die erstgenannte Motivation, eine Scheidung zu verhindern, manchmal zumindest ansatzweise an. So am 30. April 1602, als das Verdikt gegen Ulrich Ower von Büsingen ergeht: "Dieweyl Ower noch nit genuegsam erwisen, das sein hausfrow ehebrüchig an Im worden, deshalb er Sy widerumb zue sich nemen und widerumb mitainandern wie frommen Eheleüthen gepürt ... wol haushalten sollen."[26] Ob dabei die Basis für

---

22 EGP 9, 79.
Ein anderes Beispiel ergibt sich am 1. März 1768; EGP 28, 496f., als das Gericht eine Bedenkzeit von acht Tagen verfügt, inzwischen sollten Leutnant Alexander Ott und seine Verwandten "sich bemühen ... seine frau auf andere gedanken zu bringen und sich mit selbiger auszusöhnen ...". Auch dieser Versuch schlägt fehl. EGP 28, 502-504.

23 EGP 12, 372.

24 EGP 8, 174. Auch: 15. April 1656; EGP 9, 81.

25 Teil I, Kap. 3.2.

26 EGP 3, 216. Auch: 25. März 1596; EGP 2, 297.

eheliches gegenseitiges Vertrauen noch gegeben ist, bleibe dahingestellt. In jedem Fall aber befindet sich das Gericht in der Zwickmühle zwischen dem klaren Erfordernis der Scheidung wegen Ehebruchs nach der EGO und der Unzulänglichkeit von Zeugenaussagen, die diesen schlüssig beweisen.[27]

Zusätzlich zu den bis dahin geschilderten Fällen gibt es noch eine ganze Anzahl, bei denen das Gericht zwar den Ehebruch als Delikt bestraft, diesen also als erwiesen betrachtet, trotzdem aber keine Scheidung erfolgt. Der Grund dafür liegt darin, dass nur der betrogene Teil auf Scheidung klagen kann, nicht aber der ehebrecherische. Offenbar scheint nun gerade dies längst nicht in allen Fällen zu geschehen, was dem Gericht bei seiner grundsätzlichen Einstellung nur recht sein kann. Im Gegenteil, es kommt sogar vor, dass der betrogene Eheteil vor Gericht um Gnade für den Ehebrecher bittet. So wird die Strafe wegen Ehebruchs für Hans N. von Stalden, zur Zeit beim Wirt in Merishausen in Diensten, herabgesetzt, "wil dann auch seine liebe Husfrow so starckh für In gepetten".[28] Das Verzeihen und Anhalten für den ehebrecherischen Teil vor Gericht kann dabei auch erst nach der Scheidung geschehen, wie wir es am 14. April 1758 von Johann Conrad Sigrist, Ratsherr, erfahren, der vor Gericht sagt, "er nun bey reifferer Überlegung sich anderst besinnet, und in Erwegung gezogen, dass sie wohl in sein haus tauge, indem sie seiner haushaltung bisher wohl vorgestanden, dannethin er ihro den begangenen Jugend-fehler verzeihen wolle ...".[29] Worauf das Gericht ihm erlaubt, die Frau wieder bei sich aufzunehmen. Hierbei stellen wir ein weiteres wichtiges Element in der Rechtsprechung des Gerichts im Falle des Ehebruchs fest, nämlich die Trennung zwischen dem Offizialdelikt einerseits, das von Amtes wegen zu verfolgen und mit entsprechenden Strafen zu ahnden ist, und anderseits dem zivilrechtlichen Antragsdelikt. Das Gericht also straft von Amtes wegen den Ehebruch als Offizialdelikt und behandelt eine eventuelle Scheidung deswegen nur, wenn eine Klage dafür eingereicht ist, wenn demnach auf zivilrechtlicher Ebene das Gericht angerufen wird.[30] Die Bedingung dabei ist, dass der Kläger persönlich anwesend sein muss.[31]

---

27 28. August 1678; EGP II, 112. An diesem Datum werden 14 Zeugen vernommen, ohne das Gericht von der Tatsächlichkeit des angeblichen Ehebruchs der Frau Meister Hans Ulrich Bleulers, Barbier von Wilchingen, zu überzeugen.

28 30.April 1594; EGP 2, 225. Auch: 20. September 1625; EGP 4, 11.

29 EGP 26, 694f. Auch: 26. September 1769; EGP 28, 707.

30 Rost, Ehescheidung, 68. belegt den gleichen Zustand für den Zürcher Stadtstaat.

31 1. Dezember 1767; EGP 28, 430f. Frau Hauptmann Heinrica Louise Pfisterin, geb. Roming, musste von Zürich nach Schaffhausen reisen, und verlangt deshalb die Rückerstattung ihrer Reisekosten, was das Gericht ablehnt, "weiln solches unsern verfassungen zuwider, und Sie um die Scheidung zu erhalten, jederzeit Persönlich sich stellen müssen".

So nachsichtig das Gericht sein kann im Falle einer Vergebung und Wiederaufnahme des ehebrecherischen Eheteils durch den betrogenen, so unbeugsam bleibt es in der Regel bei der Auslegung des Tatbestandes des Ehebruchs. Am 7. Juli 1701 erkennt das Gericht zwischen Conrad Nükomm und Margaretha Schadin von Hallau, "obwohl auf besagte beede fehlbare personen die that ehebrecherischer unzucht nit völlig gebracht werden können, weilen sie aber selbige zu verüben gänzlichen vorhabens gewesen, und sich darzu entblösst, und darmit ihren geilen vorsaz gezeiget, also sollen sie nichtsdestoweniger nach inhalt der Ehegerichts Ordnung ... gestrafft sein".[32] Obschon die Tat nicht wirklich geschah, werden die beiden zu Ehebrechern erklärt. Der Versuch oder der Vorsatz, Ehebruch zu begehen, reicht dem Gericht aus, die Tat als vollbrachten Ehebruch zu werten.[33] Dies gilt auch bei versuchter Notzucht.[34] Ja selbst im Falle des Meisters Hans Martin Oechslin, Gürtler, der mit einer inzwischen hingerichteten Frau Ehebruch beging, wird trotzdem das volle Strafmass ausgesprochen.[35]

Abschliessend können folgende Ergebnisse zusammengetragen werden. Trotz der Einführung der Ehescheidung im Falle des Ehebruchs nach reformatorischem Eherecht zeigt sich ganz deutlich, wie sehr auf der einen Seite gesetzliche Grundlagen und auf der anderen festverwurzelte Moralvorstellungen einander gegenüberstehen. Dieser Zwiespalt findet in der Haltung des Gerichts seinen Ausdruck. Zwar werden Scheidungen ausgesprochen, vorausgesetzt das Gericht befindet die Zeugenaussagen für stichhaltig und die Scheidung wird als zivilrechtliche Angelegenheit vom betrogenen Eheteil ausdrücklich gefordert. Aber selbst in solchen Fällen zeigt sich die hohe Wertschätzung des von Gott instituierten Standes der Ehe und der damit verbundenen Tugenden. So verfügt das Gericht über verschiedene Mittel, die Ehegatten wieder miteinander auszusöhnen, wie Zureden und Verschleppungstaktik,[36] nur um eine Scheidung vermeiden zu können.[37]

---

32 EGP 14, 219.

33 2. Dezember 1630; EGP 6, 55. Conrad Müller von Guntmadingen wird zum Ehebrecher erklärt, weil er mit Geld eine Frau zur Unzucht verleiten wollte. Auch: 7. Februar 1736; EGP 20, 117f. Das Gericht spricht gar die Scheidung aus, obwohl die Tat nicht geschah, doch Ursula Stammerin habe "ihren leib zuwider ihrer Ehelichen Pflichten einem anderen dargeben wollen".

34 24. November 1653; EGP 9, 12.

35 20. Februar 1662; EGP 9, 301. Auch: 6. Dezember 1633; EGP 7, 9v.

36 Safley, To Preserve the Marital State, in: Journal of Family History 7, 1982, 173. bestätigt dieses Vorgehen auch für das Ehegericht von Basel.

37 Immerhin ist eine gewisse Vorsicht mitunter angebracht, eine Scheidung nicht vorschnell auszusprechen, besteht doch der Verdacht, zumindest theoretisch, dass ein Ehebruch absichtlich verübt wird, um eine sonst unmögliche Scheidung zu erreichen. So sagt am 23. November 1752; EGP 24, 487. Sara Rahmin: "Es seje ihr nur um das zu thun, dass sie von dem Mann komme, alle leüth haben gesagt, sie solle es so machen."

Damit aber verkehrt sich der Auftrag des Gerichts in sein Gegenteil, denn nicht Ehescheidung wegen Ehebruchs sondern Eheschutz und Ehebewahrung trotz Ehebruchs ist das zentrale Anliegen und wohl auch der obrigkeitliche Auftrag an das Gericht.[38] Die Scheidung selbst bleibt nur ein Ausweg, zu dem gegriffen wird, wenn die Versöhnungsmittel versagen oder von vornherein als aussichtslos beurteilt werden.[39] Das Gericht scheint sich in der Tat an die Vorschrift in der EGO von 1552 zu halten, in der es heisst: "Die Eherichter aber sollen die scheidung schwerlich und ohne noth nicht zulassen, und so lang sie mögendt, wehren, aufhalten, auch nicht frefentlich eilen ... sonder ... mit grossem ernst wohl erwegen und ermessen, und allen müglichen fleiss fürwenden, die Ehegemächte der Scheidung abzuweisen."[40]

---

38 Das Gericht steht mit seiner Haltung nicht allein. So gilt für Zürich: Wehrli, Ehescheidung, 69: "Darum wird den Eherichtern geboten, die Scheidung nur als letzte Konsequenz zu berücksichtigen: sie so lange als möglich zu verhindern, ist ihre Pflicht." Für Basel: Simon, Untertanenverhalten, 248. Das Ziel des Gerichts ist die Erhaltung der Ehe. "Deshalb versucht es auch in Ehebruchsfällen noch Scheidungswillige von ihrem Begehren abzubringen." Auch: Ebd., 141.

39 Grundsätzlich gilt, was Wendel, Le mariage à Strasbourg, 149. feststellt: "Malgré la concession du divorce, le principe de l'indissolubilité du mariage reste un thème que les auteurs protestants reprennent toujours et à tous propos ... Le divorce leur parait quelquechose d'anormal dont il ne faut user que dans des cas extrèmes plus ou moins nombreux."
Wir stellen hier also eine weitgehende Übereinstimmung in Auftrag, Einstellung und Praxis verschiedener Gerichte mit Schaffhausen fest. Schaffhausen verkörpert mit anderen Worten beste Einordnung in den Gesamtrahmen.
Anzumerken bleibt noch, dass für alle Güterstreitigkeiten der Rat zuständig ist. Das Gericht also auch im Falle einer Scheidung in diesem Bereich kein Urteil fällt. Dies wiederum deckt sich mit Zürich. Kilchenmann, Organisation, 183.

40 Ordnungen A 17, 236.

7.3.3.2. Das böswillige Verlassen

Erst im Laufe der Zeit entwickelt sich das böswillige Verlassen, die desertio malitiosa, von der Verschollenheit her zu einem Scheidungsgrund. Verschollenheit liegt dann vor, wenn einer der Ehegatten jahrelang abwesend ist und niemand weiss, ob er noch am Leben ist oder nicht. Deshalb ist es zunächst erforderlich, dass der zurückgebliebene Eheteil den Tod des Verschollenen beweist. Diesen Nachweis verlangt das Gericht wenn immer möglich. So im Fall der Otilia Brapfin von Oberhallau am 10. Juli 1589. Sie möchte sich wieder verheiraten, da etliche Männer um sie freiten. Allerdings ist ihr Mann vor zwei Jahren als Söldner in der Krieg gezogen, wobei niemand genau weiss, ob er noch am Leben ist oder nicht. Die Frau beruft sich zwar auf einen Müllersknecht, dessen Namen sie aber nicht kennt, der gesagt haben soll, ihr Mann sei in Frankreich bei einem Gefecht gefallen, trotzdem gibt ihr das Gericht den Auftrag, nach Basel zu reisen, dort diesen angeblichen Müllersknecht einvernehmen zu lassen und dessen Aussage schriftlich dem Gericht zu überbringen.[1] Am 9. August 1589 meldet sich die Klägerin erneut, sie habe die verlangte schriftliche Zeugenaussage bei sich, das Gericht möge sie ansehen. Der Inhalt überzeugt das Gericht, das ihren Mann daraufhin für tot erklärt und ihr die Erlaubnis zur Wiederverheiratung erteilt.[2] Der Nachweis des tatsächlich vorliegenden Todes gelingt dabei nur selten, denn es stellt eine grosse Schwierigkeit für die Beteiligten dar, wirklich glaubwürdige Zeugen beizubringen, die dann auch mit eigenen Augen das Geschehen, welches zum Tode der betreffenden Person führte, gesehen haben. Dies ist ein Sachverhalt, der dem Gericht ebenfalls bekannt ist. Am 30. September 1680 lehnt es Zeugenaussagen im Falle der Margaretha Wägelin ab, welche den Tod ihres Mannes im Solddienst bestätigen sollten, mit der Begründung, "weyln aber mein gnedig herren es nit genuegsame kundtschafft, die es nur von hörsagen hat, befunden, also ist Ihnen auferlegt worden, mehrere und klärere kundtschafft beizubringen".[3] Nur

---

1 EGP 2, 80.

2 EGP 2, 81.
29. September 1711; EGP 15, 65. Die Frau darf sich wieder verheiraten, "als dero man in Holland gestorben u. sattsamen Zeügnuss und bericht hatt, das er gestorben ...".

3 EGP 11, 192. Erst am 11. Mai 1682 (!); EGP 11, 237f. erklärt das Gericht ihren Mann für tot aufgrund weiterer Zeugenaussagen, die freilich keinen anderen Schluss mehr zulassen, sagt doch ein ehemaliger Söldner, der Hauptmann habe "ein Rolle oder Rodel, darauf der verstorbenen Soldaten namen geschrieben gewesen, der gantzen compagnie vorgezeigt. darunter dann obgenandter ... auch begriffen gewesen seye".
Da die Zeugen öfters aus dem Söldnermilieu stammen, stellt ihre Glaubwürdigkeit für das Gericht eine Unsicherheit dar. So befindet es am 15. Februar 1605; EGP 3, 355. im Fall der Frau von Albrecht Spleys nach einer Zeugenaussage, dass "söllichs mehr für ain muetmasung als ein gewüssen zuospüren".

selten können die Kläger etwa einen Totenschein vorweisen, was als stichhaltiger Beweis dafür gilt, dass der verschollene Eheteil tatsächlich gestorben ist.[4] In den meisten Fällen muss sich das Gericht faktisch damit begnügen, auf Tod mit der grössten möglichen Wahrscheinlichkeit zu erkennen. Dies ist aber unbedingt nötig, denn sonst kann es vorkommen, dass Heiratswillige nicht eingesegnet werden, eben weil nicht gerichtlich bestätigt ist, dass der vorige Ehepartner nicht mehr lebt. [5]

Doch das vorsichtige Vorgehen des Gerichts, das Insistieren auf "wahrhafften bericht",[6] erklärt sich vornehmlich aus der Furcht, der vorige Ehepartner könne entgegen aller Vermutung eines Tages wieder auftauchen. Dann allerdings wäre das Problem ungleich grösser. Dass dies tatsächlich geschehen kann, mag der Fall der Margreta Meierin vom 17. August 1598 zeigen.[7] An diesem Tag erscheint ihr eigentlicher Mann Christa Gori von Thayngen, Söldner, vor Gericht und verlangt die Scheidung von seiner Frau, die inzwischen mit Conrad Ruch verheiratet ist. Dies geschah, nachdem Zeugen bestätigten, dass Christa Gori in Frankreich erschossen worden sei, und die Frau seit beinahe sieben Jahren keine Nachricht mehr von ihrem Mann aus Frankreich erhalten hatte. Die jetzige Situation erweist sich als problematisch, stellt sich doch die Frage, welche der beiden Ehen gültig ist. Da aber Gori die Scheidung verlangt, hat es das Gericht nicht schwer, zu einem Urteil zu finden, indem es dessen Ansuchen bewilligt. Margreta Meierin darf also ihren zweiten, rechtmässig angetrauten Mann Conrad Ruch behalten. Wie das Gericht entschieden hätte, wenn beide Männer auf ihrer Ehe bestanden hätten, lässt sich nur erschliessen. Wahrscheinlich wäre die zweite Ehe für nachträglich ungültig erklärt und Conrad Ruch mit einer hohen Busse belegt worden.[8]

---

4 13. Februar 1716; EGP 16, 296. Margaretha Gering von Buchberg erhält vom Gericht die Erlaubnis zur Wiederverheiratung, da sie in der Lage war, einen vom Hauptmann ausgestellten Totenschein für ihren verschollenen Mann beizubringen.

5 Dies erlebt Adelhaith Heckin von Diessenhofen, die am 7. November 1607, EGP 3, 475f. vor Gericht erscheint und aussagt, sie möchte sich gerne wieder verheiraten, "... aber man Sy In der Kirchen verkhünden sey niemandts besinnt. Es seye dann sach, das Sy schriftlichen Schein und urkhundt desshalb aufzulegen habe, ob dem also seye ...".

6 30. April 1632; EGP 6, 205.

7 EGP 3, 45f.

8 Als weiteres Beispiel sei der Fall des Christian Schweizer von Unterhallau und seiner Frau Ursula Neukomm von Löhningen vom 30. November 1784; EGP 31, 726. erwähnt. Der Mann verliess die Frau vor sieben Jahren, um in den Solddienst zu treten. Er habe unmöglich nach Hause schreiben können, da er bald in Polen, bald in Ungarn oder in Siebenbürgen stationiert gewesen sei. "Da er nun kürzlich mit Abschied wieder zurük gekommen, habe er mit verwunderung hören müssen, dass seine frau ... wieder einen andern geheyrathet." Am 2. Dezember 1784; EGP 31, 727. erscheint auch die Frau vor Gericht und wird gebüsst, doch bleibt ihre zweite Ehe bestehen, da ihr erster Mann Christian Schweizer ohnehin die Scheidung verlangt.

Allerdings kann es vorkommen, dass die Feststellung des Todes vom Gericht nicht verlangt wird. Doch handelt es sich dabei um besondere Fälle. Am 1. März 1636 erlaubt das Gericht die Heirat zwischen Ursula Müllerin und einem Mann aus Beringen, obschon der Tod ihres ersten Mannes nicht sicher feststeht. Aber da er "... vor 10 Jahren uff das Meer verkoufft worden ist ...", scheint es höchst unwahrscheinlich, dass er jemals wieder unvermutet in seine Heimat zurückkehrt.[9] Diese Vermutung drängt sich dem Gericht auch auf, als es der Vida Sibacher von Neunkirch am 22. Juni 1741 erlaubt, sich von ihrem Mann zu scheiden, da dieser "sich nicht mehr in Kriegsdiensten sondern in Einem Infalliden haus in Italien befinde".[10] Die Wahrscheinlichkeit seiner Rückkehr ist zumindest gering.[11] Wie aus den angeführten Beispielen ersichtlich wird, handelt es sich in den meisten Fällen um Ehemänner, die in den Solddienst getreten sind. Dies ist dann auch ein lästiges Problem, können doch die Desertierenden damit rechnen, in einer der stehenden Armeen als Söldner ein Auskommen zu finden. Einzig einmal schliesst das Gericht solches aus, als es am 27. Februar 1727 erkennt, dass Verena Wannerins Mann Michel Schudel "... als ein magerer mensch weder dienst prestenieren noch im bettelstab herumgehen werde und vermutlich dass er nicht mehr bey leben ...".[12] Da der Mann aufgrund seiner körperlichen Verfassung nicht zum Solddienst zu gebrauchen ist, er als schwächlicher Mann auch nicht betteln kann, besitzt er die beiden aussichtsreichsten Möglichkeiten, in der Fremde zu überleben, nicht, was zum Schluss des Gerichts führt, er sei wahrscheinlich tot. Es ist einleuchtend, dass der unerfreuliche Zustand mit dem Soldwesen dem Gericht missfällt, weshalb es am 18. Juni 1778 seinen Obmann beauftragt, dem Kleinen Rat zu melden, "dass denen hauptleüthen von den Standes Compagnien insinuiert werden möchte, hinfür keine verheyrathete Unterthanen ohne Consens der recruten kammer zu engagieren".[13] Dies zumindest ein Versuch, dem Unwesen ein Ende zu machen.[14] Ein ganz besonderer Fall sei hier noch angeführt, der

9 EGP 7, 58v.
Gleich liegt der Fall der Ursula Gisel von Wilchingen, deren Mann piemontesische Solddienste annahm, "allein sicherem vernehmen nach in Erfahrung gebracht ... dass derselbe wegen Desertion zu einer 15 Jährigen Galeeren-Straafe verurtheilt worden, mithin schwärlich wider in seine heymath kommen werde ...". 23. November 1790; EGP 33, 155.

10 EGP 21, 408.

11 Weitere ähnlich gelagerte Fälle, bei denen eine Rückkehr des Ehepartners unwahrscheinlich ist, finden sich am 22. September 1630; EGP 6, 39. und am 15. Dezember 1698; EGP 14, 84.

12 EGP 18, 345f.

13 EGP 31, 71.

14 Das Problem wird wohl zusätzlich dadurch verstärkt, dass Schaffhausen als Anwerbezentrum von Söldnern gilt.

aber zeigt, wie zurückhaltend das Gericht vorgeht und wie selbst grosse Distanzen nicht zwingend ein Hindernis darstellen, über den Verbleib des Verschollenen tatsächlichen Bericht zu verschaffen, wie umständlich und zeitraubend solche Erkundigungen auch sein können. Am 26. November 1733 klagt Catharina Lutz, ihr Mann habe sie letztes Jahr verlassen und ihr letzten Oktober geschrieben, er wolle sich nach Ostindien begeben. Sie möchte sich verheiraten und verlangt daher die Scheidung, "weil nun kein hoffnung zumachen, dass er sich widerum hier einfinden werde".[15] Das Gericht vertagt den Fall und trägt der Frau am 14. Januar 1734, als sich diese erneut mit ihrer Klage meldet, auf, sich "an die Ostindienische [sic!] kammer atressieren und fragen lassen solle, ob nit ein mensch des namens aldorten angelangt" sei.[16] Am 25. Februar 1734 kann die Frau einen Brief des Sohnes von Zunftmeister Hurter vorweisen, der sich in Amsterdam aufhält und für die Frau die geforderten Erkundigungen einzog. Daraus geht hervor, dass ihr Mann tatsächlich am 16. Januar 1734 von Amsterdam nach Ostindien abfuhr, doch lehnt das Gericht ihre Klage erneut ab mit der formaljuristischen Begründung, dieses Schreiben sei kein "formliches attestatum".[17] Am 1. April 1734 schliesslich spricht das Gericht die Scheidung aus, obschon die Frau immer noch kein Attest aufweisen kann, da der Sohn Zunftmeister Hurters inzwischen verstorben und dessen Nachfolger in Amsterdam krank ist. Das Gericht macht sich nunmehr die bereits zu Beginn des Prozesses von der Klägerin geäusserte Ansicht zu eigen, "dass er nach Ostindien in ein andere Welt gefahren und nit zuvermuten, dass er wider in sein Vatterland kommen werde." Trotzdem verlangt es von der Frau, sie solle nachträglich das "attestatum von der Ostindianischen [sic!] kamer" verlangen.[18]

Wie bereits im vorigen Abschnitt angedeutet, ist die Grenze zwischen Verschollenheit und böswilligem Verlassen fliessend. So kann es durchaus vorkommen, dass das Gericht neben Zeugeneinvernahmen zur Feststellung des Todes anordnet, der Verschollene solle ordentlich vorgeladen werden.[19] Dabei gehört das Vorladen eigentlich zum gerichtlichen Vorgehen bei böswilligem Verlassen, dem wir uns jetzt zuwenden wollen und bei dem ein ausgeklügeltes Verfahren angewandt wird. Zunächst stellt sich die Frage, ob der Aufenthaltsort des Desertors bekannt ist oder nicht. Fällt die Antwort positiv aus, so ergeht eine persönliche Vorladung mit Zusicherung freien Geleits an den

---

15 EGP 19, 472.

16 EGP 19, 482f.

17 EGP 19, 497f.

18 EGP 19, 512.

19 11. Dezember 1634; EGP 7, 36r.

Desertor, sich auf einen bestimmten Gerichtstag einzufinden.[20] Ein auch anderweitig aufschlussreiches Beispiel dazu soll erwähnt werden. Am 21. Januar 1768 erzählt Hans Jacob Lienhard von Thayngen seine Lebensgeschichte: Er sei als Söldner in niederländischen Diensten gewesen, dort aber desertiert, "nach diesem haben ein Seelenverkeüffer ihn auf ein holändisches kriegsschiff verkauft, auf welchem er 20 Monath gedienet", danach sei er auf seiner Heimreise in Niederwesel gezwungen worden, in preussische Dienste zu treten, dort habe er auch Catharina Magdalena Nagelin kennengelernt und diese geheiratet, worauf er sich entschlossen habe, mit seiner Frau zusammen erneut zu desertieren, um in ihre Heimat Darmstadt zu gelangen.[21] "Allda sie sich 7 Wochen aufgehalten, und hierauf vor ohngefahr 15 Monaten mit einander nach Thayngen gekommen seyen; Nachdem nun sein weib nur 14 Tag in Thayngen gewesen, habe sie über das land, die leüth und Religion entsetzlich geflucht, die leuth Katzen-Schweitzer und Kakervolk betittlet, und an ihn begehrt, dass er widerum mit ihro in ihr heimath gehen solle; welches er endlich gethan und mit ihro und dem Kind ... die Reise nach Darmstadt angetreten habe, unterwegs aber habe sein weib beinahe immerhin mit ihm gezanket, ihm auf leib und leben und ihn unglüklich zu machen gedrohet, so dass er sie in Hornberg geprüglet, den Copulationsschein ihro vor der Nasen zerrissen und selbige nebst dem Kind, welches sie par force mit sich nehmen wollen, verlassen habe." Nun verlangt der Kläger, seine Frau solle wieder zu ihm ziehen, "weil er nun glaube und solches auch in der gantzen Welt sowohl bräuchig als nathürlich seye, das das Weib dem Mann und nicht der Mann dem Weib nachfolgen müsse ...". Das Gericht verfügt, die Frau solle aus Darmstadt zitiert werden. Am 15. März 1768 liegt noch keine Antwort aus ihrer Heimat vor, worauf sich der Obmann des Gerichts bereit erklärt, den Bürgermeister zu bitten, nach Darmstadt zu schreiben.[22] Gut einen Monat später, am 21. April 1768, ist eine Antwort vom Superintendenten und Konsistorialrat Johann Balthasar Weitz aus Hessen Darmstadt eingegangen, wonach die Frau sich bereit erklärt habe, persönlich vor dem Gericht in Schaffhausen zu erscheinen.[23] Ob sie dies wirklich tut,

---

20 Köhler I, 42. Der Vorladebrief wird vom Schreiber ausgefertigt, vom Obmann des Gerichts gesiegelt und entweder dem Gerichtsdiener oder dem Kläger mitgegeben. Dies dürfte auch für Schaffhausen zutreffen.

21 EGP 28, 446-448. Der Grund für diese Heirat ist sicher, dass Hans Jakob Lienhard, der Kläger, unter dem Vater seiner Frau, der Sergeant war, in der gleichen Kompanie diente. Zudem ist die Frau lutherisch, was ihre Ausfälle gegen die hiesige Religion erklärt.

22 EGP 28, 504.

23 EGP 28, 508.
Heiterkeit mag die Schilderung Hans Jakob Räglins von Unterhallau auslösen, der zur Desertion seiner Frau berichtet, sie habe vor ihrem Weggehen "frecherweiss ein

bleibt ungewiss, da wir zu diesem Fall nichts mehr in den EGP vernehmen.[24] In den meisten Fällen allerdings trifft zu, dass der Aufenthaltsort unbekannt ist, was sich ein Stück weit aus dem Tatbestand des böswilligen Verlassens erklärt, hat doch der Desertor kein Interesse daran, demjenigen, vor dem er desertiert ist, seinen Aufenthaltsort bekannt zu geben. Diesen herauszufinden überlässt das Gericht dem Kläger oder dessen Eltern, indem es aufträgt, nach dem Desertor zu suchen. Oft gestaltet sich dieses Unterfangen aber zeitraubend, und sichere Erfolgsaussichten sind keineswegs garantiert. Am 25. April 1609 erhält Balthasar Staiger vom Gericht den Auftrag, "das er ... pessere Erkhundigung an was Enden Sy sich aufenthalte, möchte auspringen und fürzaigen ...".[25] Am 16. November 1609 meldet er dem Gericht, er habe eigens einen Boten angeheuert, seine Frau zu suchen. Doch ohne Erfolg, denn sie sei flüchtig.[26] Ausführlich beschrieben ist eine solche Suche auch am 9. Mai 1776, als Martin Bächtold von Schleitheim meldet, er habe dem Auftrag gemäss seinen Sohn überall gesucht, "und ihn nicht aufzutreiben wisse, in Brugg habe er in Erfahrung gebracht, dass er dorten übernachtet seye, auf diesen bericht nun habe er sich nach Basel begeben, und nicht nur in der Statt Basel sondern auch in dem Baslergebieth ihm nachgefraget, aber gar keine spuhren von ihm entdeken können, er habe einen Schleitheimer, der sich zu Basel geheyrathet und dorten auf der Landstrass arbeite, aufgetragen, den auffenthalt seines Sohns wo möglich in Erfahrung zu bringen und ihm alsobald Nachricht darvon zu geben ...".[27] Man kann sich leicht denken, dass die Kosten einer solchen Suchaktion, die ja der Kläger oder die Eltern selbst tragen müssen, beträchtlich sein können. Ein Umstand, der zum Problem werden kann, wie sich am 17. April 1714

Liedlein ihm zu truz gesungen, ade mein Schatz nun wil ich wandern, heut hab ich dich lieb gehabt, bald lieb ich ein andern ...". 17. Juni 1723; EGP 17, 569.

24 EGP 28, 508.
Am 10. Dezember 1793; EGP 35, 20-22. spricht das Gericht in einem sehr ähnlichen Fall die Scheidung aus, da sich Christina Philippina Catharina Hurter, geb. Goll, weigert, zu ihrem Mann Johann Rudolf Hurter, der in Ludwigsburg eine Seidenfabrik betreibt, zu ziehen. Die Frau weigert sich, Schaffhausen zu verlassen. Beide müssen aber eine Busse von 100 Reichstalern bezahlen, da die Scheidung "sich nur dahin reducirt, dass keines dem andern nachgehen wollen, mithin dise Ehescheidung dem Richter abgenöthiget worden seye ...".

25 EGP 3, 535.

26 EGP 3, 568.

27 EGP 30, 395. Folgerichtig ist, dass der Vater jemanden beauftragt, nach seinem Sohn zu suchen, der sich berufsmässig auf den Strassen aufhält. Damit wird die Möglichkeit erhöht, den Aufenthaltsort zu erfahren, ist die Strasse doch der Kanal, auf dem sich Nachrichten verbreiten.
Auch weite Entfernungen stellen für das Gericht kein Hindernis dar. 17. Januar 1764; EGP 27, 627. Bis nach St. Petersburg wird einem Händler eine Nachricht an einen Desertor mitgegeben.

zeigt, als der Bruder von Jerg Stoll von Osterfingen dem Gericht meldet, " ... können sie seinethalben nit immer im Land herum suchen, angesehen sie arme leüth und sich ihre weiber und kinder mit noth und viler arbeit ernähren können".[28] Denn während der Abwesenheit des Suchenden verdient dieser nichts, oder aber der Bote, welcher angeheuert wird, verschlingt an Bezahlung wichtige Geldreserven der Betroffenen. Kann allerdings der Aufenthaltsort in Erfahrung gebracht werden, erhält der Desertor eine persönliche Vorladung.[29]

Ist der Aufenthaltsort bekannt, der vorgeladene Desertor erscheint aber nicht, so bleibt dem Gericht die Möglichkeit, die fremde Obrigkeit um Hilfe zu bitten. So verfügt es am 29. Oktober 1601, dass an die Obrigkeit von Mümpelgart geschrieben werden solle mit der Bitte, die Verwandten und Freunde Ulrich Ysertens aufzufordern, sie möchten den Desertor zur Stellung vor hiesigem Gericht bewegen.[30] Die fremde Obrigkeit soll also die Bemühungen unterstützen, den Desertor zum Erscheinen zu bewegen. Dabei ist sich das Gericht bewusst, dass gerade beim vermeintlichen Suchen nach einem Desertor zuweilen Missbräuche vorkommen können, indem dieser gar nicht wirklich gesucht wird, damit so eher eine Scheidung erreicht werden kann. Deshalb verlangt das Gericht als Vorbeugemassnahme versiegelte Schreiben der fremden Obrigkeit, um Fälschungen auszuschliessen. Am 12. Februar 1771 berichtet deswegen Adam Forster von Neunkirch, er habe einen Boten herumgeschickt, um seinen Sohn suchen zu lassen, "... der aussgeschikte Mann habe aus zerschiedenen Cantzleyen authentische Schein mitgebracht, dass er ihn da und dorten aufgesucht habe".[31]

Bleibt freilich der Aufenthaltsort unbekannt, bringen die Nachforschungen des verlassenen Eheteils oder der Eltern keinen Erfolg, so kommt das Ediktsverfahren zur Anwendung. Dieses läuft etwa folgendermassen ab. Am 1. Februar 1599 klagt Wyda Klingenfuessin auf Scheidung von ihrem seit Jahren abwesenden Mann, dessen

---

28 EGP 16, 7.

29 10. April 1600; EGP 3, 108. Erat Wolf von Guntmadingen: "Das er in Erfahrung brungen, wo dieselbig sein hausfrouw hingeloffen, volgents Iren ein Citation überschickt."

30 EGP 3, 179. Mümpelgart, das heutige Montbéliard, nahe der Schweizer Grenze bei Basel.
Weitere Beispiele finden sich: 4. Dezember 1606; EGP 3, 446. 6. Juli 1784; EGP 31, 701. Dieser letzte Fall zieht sich hin vom 29. Juli 1784; EGP 31, 705. 12. August 1784; EGP 31, 709. bis zum 14. September 1784; EGP 31, 712.

31 EGP 29, 234.
Bereits am 1. Mai 1534; EGP 1, 117v. verlangt das Gericht, "soll er sy suchen ... und so er sy aber nit finden er glauplichen schin mitbringen, das er sy gesucht, und nit funden habe."
Selbst beträchtliche Distanzen scheinen dem Gericht nicht als Hinderungsgrund. Am 11. Januar 1687; EGP 12, 129. verlangt es, "das nacher Weingarten in der Pfalz geschriben und von dort aus der grund der Wahrheit erkundiget werden solle".

Aufenthaltsort unbekannt ist und bleibt. Das Gericht verfügt, dass zwei Edikte oder sog. offene Zitationes, eines in Schaffhausen und eines in Beringen an den Kirchtüren angeschlagen werden sollen mit der Aufforderung, der Mann möge sich im Zeitraum von sechs Wochen und drei Tagen stellen.[32] Die Idee hinter dieser Massnahme ist, durch das öffentliche Anschlagen der Aufgebote an den Türen der Kirche jenes Dorfes, aus dem der Desertor stammt, und an den Türen der Hauptkirche der Stadt Schaffhausen, des St. Johann, irgend jemanden zu finden, sei es ein Fremder oder ein Einheimischer, der vielleicht weiss, wo sich der Desertor aufhält, und diesen zum Erscheinen bewegt. In Ausnahmefällen können aber auch mehrere Edikte angebracht werden, um die Breitenwirkung zu steigern.[33] Oder die Zitation wird einem Verwandten bzw. den Eltern des Desertors zugestellt, in der Hoffnung, dieser melde sich bei ihnen.[34] Die Frist, binnen deren sich der Desertor einzufinden hat, bleibt dabei meistens dieselbe, nämlich sechs Wochen und drei Tage.[35] Womit sie zusammenhängt, scheint nicht ganz klar.[36] Immerhin ist es die damals gebräuchliche Zeitspanne, die sich bei anderen Gerichten gleichfalls findet. In der zweiten Hälfte des 18. Jahrhunderts werden auch Zeitungen zur Ausschreibung von Desertoren beigezogen. So erscheint am 26. Januar 1785 in der "Post und Ordinari Schaffhauser Mittwochs-Zeitung" ein Aufruf der Kanzlei Schaffhausens bezüglich eines Desertors mit ausführlichem Signalement. "Als wird jedermann andurch ersucht, dass falls man etwelche Nachricht von ihm Gasser geben könnte, solches allhiesiger Canzley einzuberichten."[37]

Inwieweit eine andere in der EGO von 1552 vorgesehene Massnahme in der Praxis des Gerichts eingehalten wird, lässt sich nicht klar feststellen, da mitunter die Einträge in den Protokollen nicht vollständig sind. Dabei handelt es sich um das dreimalige öffentliche Aufbieten zu je sechs Wochen und drei Tagen.[38] Zumindest beim Blick auf einzelne Protokolleinträge stellt der Leser fest, dass dieses Vorgehen nicht konsequent eingehalten wird. So wird Ursula Bader von

---

32 EGP 3, 59. Auch 9. März 1751; EGP 24, 166.

33 18. August 1608; EGP 3, 493.
Ist der Wohnsitz Schaffhausen selbst, wird folgerichtig nur ein Edikt angeschlagen, und zwar an der Türe der St.-Johanns-Kirche. Dazu: 14. Januar 1602; EGP 3, 188.

34 Zum Wortlaut einer solchen Zitation: Appendix IX.

35 Schon zu Beginn der ehegerichtlichen Tätigkeit ist davon die Rede. 5. März 1534; EGP I, 114r.

36 Es kann sein, dass dies mit einer Gerichtsfrist des germanischen Rechts, der Echtedingfrist, zusammenhängt. Staehelin, Ehescheidung, 114.

37 HZZtg 5, Nr. 8, 26. Januar 1785.
Auch ausländische Gerichte inserieren in diesem Schaffhauser Blatt auf der Suche nach Desertoren. So zum Beispiel am 18. Augustmonat 1779 das herzogliche Ehegericht zu Stuttgart. HZZtg 5, Nr. 66, 18. Augustmonat 1779.

38 Teil I, Kap. 3.2.

Beggingen, der am 17. Mai 1595 das erste Edikt bewilligt wurde, schon am 10. Juli 1595 geschieden.[39] Oder Anna Maria Pfander, der am 8. Juni 1747 befohlen wird, den Aufenthaltsort ihres Mannes Antoni Planta von Pressburg ausfindig zu machen, erhält die Scheidung bereits am 3. Oktober 1747 zugesprochen, ohne dass wir überhaupt von einem Ediktsverfahren hören. Offenbar hält sich das Gericht nicht streng an das gesetzlich vorgeschriebene Vorgehen und urteilt in dieser Hinsicht formloser als zum Beispiel das Basler Ehegericht.[40]

Die gemachten Ausführungen erlauben uns, das Vorgehen bei böswilligem Verlassen zu erkennen. Zunächst wird dem verlassenen Eheteil unter eigener Bezahlung der Kosten auferlegt, den Aufenthaltsort des Desertors ausfindig zu machen. Ist dieses Unterfangen erfolgreich, so wird dem Desertor vom Gericht eine verschlossene Vorladung, eine Zitation, zugeschickt, sich auf einen bestimmten Gerichtstag einzufinden. Bleibt der Aufenthaltsort hingegen unbekannt, werden zwei oder mehrere Edikte an den jeweiligen Kirchentüren angeschlagen, wobei die Frist, binnen deren sich der Desertor stellen muss, meistens gleich bleibt, nämlich sechs Wochen und drei Tage. Bei Bedarfsfall kann auch die Obrigkeit des Ortes, an dem sich der Desertor aufhält, um Hilfe angeschrieben werden. Erst nachdem all diese Massnahmen vom Gericht ergriffen worden und ohne Erfolg geblieben sind, sich also der Desertor nicht eingefunden hat, spricht das Gericht die Scheidung aus. Dann allerdings kommt das böswillige Verlassen dem Tatbestand der Verschollenheit sehr nahe. Diese liegt vor, wenn, nach manchmal langen Prozessen, mit der grösstmöglichen Wahrscheinlichkeit der Tod des Verschollenen festgestellt werden kann. Erst dann erteilt das Gericht die Erlaubnis zur Wiederverheiratung. Denn eine Scheidung ist logischerweise nicht nötig, besteht doch das eheliche Band durch den gerichtlich festgestellten Tod des Verschollenen nicht mehr, oder das Gericht scheidet das Ehepaar, wenn eine Rückkehr des Desertors als höchst unwahrscheinlich anzusehen ist. In beiden Bereichen aber sind umfangreiche Verfahren notwendig, bis das Gericht eine Scheidung bzw. eine Erlaubnis zur Wiederverheiratung

---

39 EGP 2, 274. und EGP 2, 280.

40 Staehelin, Ehescheidung, 113.

ausspricht.[41] Somit bestätigt sich auch hier die Zurückhaltung des Gerichts in Fragen der Scheidung und der Wiederverheiratung.[42]

41 Es gibt freilich Ausnahmen, doch dann liegen zusätzlich zur Desertion noch andere Gründe vor. Wie am 18. September 1792; EGP 33, 364. als das Gericht verkündet, es verzichte darauf, den Aufenthaltsort des Desertors ausfindig machen zu lassen, doch ist dieser wegen eines vom ihm begangenen Diebstahls ausser Landes, hat also wohl kaum ein Interesse daran, überhaupt gefunden zu werden.

42 Spricht das Gericht eine Scheidung aus, so befasst es sich nicht mit Fragen der Güterregelung. Dies bleibt allein dem Rat vorbehalten. Das Gericht befindet lediglich über Zulässigkeit oder Unzulässigkeit einer Scheidung, bzw. Wiederverheiratung.

7.3.3.3. Der Aussatz

Der von der "Maltzey", so der damals gebräuchliche Ausdruck für diese Krankheit,[1] Befallene muss sich von den Mitmenschen absondern und sein Leben im Siechenhaus verbringen.[2] Schon nach kanonischem Recht braucht dabei der gesunde Eheteil dem kranken nicht nachzufolgen. Dies bleibt selbstverständlich Praxis auch nach der Reformation. Allerdings ergeben sich für das Gericht daraus Probleme. Ist eine Scheidung in einem solchen Fall, wenn der eine Eheteil vom Aussatz befallen ist und daher nicht mehr beim gesunden Teil leben kann, zulässig oder nicht? Der erste Fall, der uns in den EGP begegnet, ereignet sich am 28. September 1592, als Hans Vögelin, Fischer und Bürger zu Schaffhausen, die Scheidung von seiner Frau, welche aussätzig sei, verlangt. Das Gericht erklärt kategorisch, diesem Begehren könne nicht entsprochen werden, und der Kläger "solliche Göttliche haimsuchung ... mit gedult tragen solte, ob vilicht der Almechtig der sachen sonsten ain Endtschaft machen würde".[3] Hier zeigt sich eindrücklich die althergebrachte Auffassung, wonach die Krankheit immer (auch) eine Strafe Gottes oder zumindest eine von Gott dem Menschen auferlegte Prüfung ist, die mit Geduld und Demut, Hoffnung und Vertrauen auf Gott ausgestanden werden muss.[4] In unserem Fall aber ist damit das dem Gericht vorliegende Problem nicht gelöst, denn Gott wendet keine anderen Mittel an, das heisst, er nimmt weder die Krankheit von der Frau, noch ruft er diese zu sich. So erscheint am 8. März 1593 Hans Vögelin erneut vor Gericht und wiederholt sein Anliegen auf Scheidung von seiner aussätzigen Frau, die schon sechs Jahre von ihm getrennt im Siechenhaus lebe. Doch das Gericht zeigt sich unnachgiebig und bleibt bei seiner Haltung mit der bemerkenswerten Begründung, "sich beyde, weyl sy aines zimlichen alters, solliches mit gedult lyden".[5] Wohl schwingt hier die unausgesprochene Ansicht des Gerichts mit, der Mann könne und solle sich bei seinem Alter ohnehin nicht mehr verheiraten. Eine Scheidung erübrige sich daher von selbst.[6]

Am 26. März 1661 verlangt Meister Hans Georg Sauter, "Strälmacher", die Scheidung von seiner aussätzigen Frau, die im Siechenhaus lebe. Er selbst müsse so ein elendes Leben fristen. Das

---

1 Idiotikon 4, 166.

2 Wipf, Spitalgeschichte, in: SN 100, 1986. Das Sondersiechenhaus Schaffhausens liegt auf der Steig, ausserhalb der Stadt.

3 EGP 2, 165.

4 28. November 1758; EGP 27, 61. "Letzteres früh-Jahr nun habe sie der Liebe Gott mit krankheit heimgesucht ...". Das theologische Paradebeispiel ist die biblische Gestalt des Hiob.

5 EGP 2, 179.

6 Leider vernehmen wir über den schliesslichen Ausgang des Falles nichts.

Gericht lehnt sein Begehren ab mit einer interessanten Begründung: "Sintemahlen Er sich hiebevor gegen seine Ehefrauwen solcher gestalten verhalten, das Er Ihro Ihr haablin [das Frauengut] nit allein hindurch gericht und verthan, sondern Sie ... gar verlassen und ... hinweg gezogen seye: also solle Er sich ferner gedulden und leiden, Gott inbrünstig umb verzeyhung bitten, wahre Buss und besserung erzeigen." Immerhin soll nach dem Willen des Gerichts mit seiner Frau geredet werden, "ob Sie Ihren willen geben wolte, das Ihr Ehemann sich anderwärtlich verehelichen möchte".[7] Das Gericht sieht also in Anbetracht seines vormaligen Verhaltens seiner Frau gegenüber keinen Grund, die Scheidung sofort auszusprechen, zumal zunächst seine Ehefrau um ihr Einverständnis gefragt werden soll. Einmal mehr steht nicht verzeichnet, wie der Fall ausgeht. Somit wissen wir nicht, ob die Frau ihre Einwilligung tatsächlich erklärt und das Gericht daraufhin die Scheidung ausspricht.

Wie sehr das Gericht auch andere Gesichtspunkte, wie allgemeines Verhalten des Klägers und dessen Alter, berücksichtigt, mag ein ablehnendes Urteil vom 7. Juni 1670 nochmals zeigen, als Melchior Zimmermann von Wilchingen und Hans Conrad Tanner, Wannenmacher von Lohn, auf Scheidung klagen wegen Aussatzes ihrer Frau. Das Gericht meint knapp: "Sintemahln Ihre Weiber mit der Maltzei behafftet, und bereits Jahr und Tag alhier im Siechenhaus gewesen. Hierüber ist Er, Zimmermann, zur fernern gedult gewiesen, dem Wannenmacher aber (der schon hohen alters und ganz verthüigen[8] Läbens) sich anderwürtlich zuverehelichen abgestrickt worden."[9] Das Gericht mahnt zur Geduld und lehnt eine Scheidung wegen hohen Alters ab. Also das Muster, welches wir rund 70 Jahre zuvor bei Hans Vögelin schon einmal gesehen haben.

Nun gibt es auch zwei Fälle, bei denen die Frauen eine Scheidung von ihrem Mann wegen dessen Aussatzes verlangen. Im ersten Fall vom 28. August 1633 möchte Madlene Krömerin von Neunkirch geschieden werden. Das Gericht aber vertagt sich mit der Begründung, der Mann müsse auch anwesend sein und die Scheidung selbst verlangen.[10] Hier also verfährt das Gericht strenger und verlangt, dass der kranke Teil persönlich anwesend zu sein habe, eine Bedingung, von der wir bei den vorher vorgestellten Fällen jeweils nichts hören. Dazu aber kommt noch die Forderung des Gerichts, der kranke Teil solle selbst um die

---

7 EGP 9, 270f.
In Zürich wird in einem solchen Fall die Zustimmung der Frau vorausgesetzt. Köhler I, 125. Rost, Ehescheidung, 85.
In Basel erfolgt die Scheidung auch bei mangelnder Einwilligung der Frau. Staehelin, Ehescheidung, 138.

8 Das heisst ganz verschwenderisch.

9 EGP 10, 194.

10 EGP 7, 7r.

Scheidung anhalten. Dies ist bei den Fällen nicht ersichtlich, bei denen die Männer als gesunde Eheteile auf Scheidung klagen. Offensichtlich eine deutliche Benachteiligung der Frau.

Beim zweiten Fall, bei dem von einer Frau auf Scheidung geklagt wird, vertagt sich das Gericht ebenfalls am 5. Juni 1610, verlangt aber gleichzeitig, dass der Mann der Anna Schmidtlin von Siblingen durch die Ärzte untersucht werde.[11] Leider erfahren wir aus den Protokollen nichts über den weiteren Verlauf dieser beiden Fälle, müssen uns somit mit den wenigen Andeutungen begnügen.

Eine Ausnahme schliesslich stellt der Fall des Bernhardtin Württenberger dar, der am 19. Oktober 1606 auf Scheidung von seiner im Siechenhaus lebenden Frau klagt. Zunächst versucht es das Gericht mit seiner bekannten Aufforderung zur Geduld, in der Hoffnung, der Fall löse sich von allein.[12] Doch dem ist nicht so. Am 15. Januar 1607 wird der Kläger geschieden. Ausschlaggebend für dieses Ausnahmeurteil dürfte die Tatsache sein, dass er zwei kleine Kinder hat. Mit der Scheidung soll der Weg geebnet werden, ihnen eine neue Mutter und, zumindest teilweise, eine neue Erzieherin zu verschaffen.[13]

Dies sind alle Fälle, bei denen wir es mit Aussatz zu tun haben. Sie beschränken sich im wesentlichen auf das 17. Jahrhundert und tauchen im 18. Jahrhundert überhaupt nicht auf. Trotz ihrer beschränkten Anzahl können aber folgende Feststellungen getroffen werden. Entgegen der EGO von 1552[14] wertet das Gericht Aussatz nicht eigentlich als Scheidungsgrund, sondern es versucht sich mit häufigem Vertagen und Ermahnungen zur Geduld vor einem abschliessenden Urteil zu drücken. Seine Haltung erinnert eher an das kanonische Eherecht, nach dem Aussatz kein Scheidungsgrund ist, oder an das Luthertum, das Aussatz als Scheidungsgrund ebenfalls nicht kennt.[15] Unverständlich ist zudem, dass es den Kranken nicht von Ärzten untersuchen lässt, um so eine Entscheidungsgrundlage zu erhalten.[16] Die letztliche Begründung für das Verhalten des Gerichts ist wohl darin zu suchen, dass der Aussatz als Strafe oder Prüfung Gottes aufgefasst wird, in dessen Plan nicht ohne Bedenken und nur mit grösster Zurückhaltung von seiten der Richter mit einer Scheidung eingegriffen werden darf.

---

11 EGP 3, 587.

12 EGP 3, 441.

13 EGP 3, 449.

14 Teil I, Kap. 3.2.

15 Köhler I, 125. Schlatter, Eheliche Gemeinschaft, 7. Esmein II, 13.

16 Dies besonders darum, weil es die Anordnung der medizinischen Begutachtung durchaus kennt. Kap. 7.3.3.4. und 7.3.3.5.

7.3.3.4. Die Impotenz

Solange sich im kanonischen Recht das Prinzip der Unauflösbarkeit des ehelichen Bandes noch nicht durchgesetzt hat, gilt allgemein die Impotenz als Scheidungsgrund.[1] Die Reformation reiht dann die Impotenz unter die Scheidungsgründe ein,[2] obschon sich ihre Zulässigkeit nicht unmittelbar aus der Bibel ergibt. Allerdings folgt sie aus dem Zweck der Ehe selbst. Verhindert doch die Impotenz die procreatio prolis und schützt den gesunden Teil nicht vor ausserehelichen Beziehungen.

Das Gericht muss sich in relativ wenigen Fällen mit der Frage der Impotenz und einem adäquaten Urteil dazu befassen. Am 22. März 1664 klagt Magdalena Walterin, dass ihr Mann Georg Sigg von Herblingen "... in zeit seines beiwesens, kein eheliche Liebe und pflicht geleistet; und Er hergegen bekändt, das Er kein Mannheit nit habe".[3] Das Gericht verfährt gemäss den Vorschriften in der EGO und weist den Mann zunächst zur Beschau an den Stadtarzt Johann Jacob Wäpfer.[4] Leider kennen wir das Resultat seiner Untersuchung nicht. Doch am 17. Mai 1664 verzeichnet der Schreiber zum gleichen Fall über den Mann, "als der sich Impotent erkähnt und darüber sich widerumb von heimath hinweg und davon gemacht".[5] Die Impotenz wird offenbar erneut vom Manne selbst zugegeben, doch scheint er, zumindest zeitweise, nicht mehr im Land zu sein. Jedenfalls wird die Frau von ihrem Mann geschieden. Auch in einem anderen Fall ist das Gericht vorsichtig und hält sich an die Vorschrift, um ein überstürztes Urteil zu vermeiden. So klagt Ursula Kellerin von Unterhallau am 9. November 1675, sie habe vor ungefähr 30 Wochen Hans Rahm geheiratet. "Er habe aber bis dato kein eheliche werckh mit Ihro verübt noch zu treiben begert, anderst das Er sie 2 mahl umbschlagen habe, es seye aber nichts kräfftiges gewesen und erzeige sich die geringste krafft dabei."[6] Hans Rahm gesteht den Sachverhalt und bietet an, sich ärztlich untersuchen zu lassen. Am 25. Januar 1676 erscheinen die beiden wieder vor Gericht, nachdem der Mann die ihm von Doktor Wäpfer verordnete Kur angewendet hat, doch zeigen sich keine Anzeichen der Besserung. Trotzdem möchte Hans Rahm in der Hoffnung auf Besserung seine Ehe mit Ursula Kellerin fortsetzen. Das Gericht allerdings erachtet die bisher verstrichene Zeit für genügend - zumal

---

1 Esmein I, 259-296. Staehelin, Ehescheidung, 124f.

2 Teil I, Kap. 3.2.

3 EGP 10, 17.

4 Zu Dr. Wäpfer: Mani, Schaffhauser Ärzteschule, in: Bircher (Hg.), Schweizerisch-deutsche Beziehungen im konfessionellen Zeitalter, 1984, 300-302. Rüedi, Schaffhauser Stadtärzte, in: SN 103, 1968.

5 EGP 10, 21.

6 EGP 10, 380.

offenbar medizinische Behandlungen und Kuren nichts halfen -, um die Ehegatten zu scheiden, dies also trotz seines Wunsches, man möge noch zuwarten, vielleicht stelle sich eine Heilung ein.[7] Wenn medizinische Mittel, die Impotenz zu beheben, versagen, so erachtet das Gericht dies als Zeichen, eher eine Scheidung auszusprechen. Am 9. März 1733 erscheinen Verena Murbachin, geb. Kahrerin, und ihr Mann Hans Jacob Murbach vor Gericht. Die Frau klagt, ihr Mann sei impotent und habe schon etliche Heilmittel versucht, doch ohne Erfolg.[8] Zunächst vertagt sich das Gericht, scheidet aber am 26. März 1733 die Ehe.[9] In seiner Urteilsfindung stützt sich das Gericht stark auf das medizinische Gutachten. Kommt dieses zum Schluss, eine Heilung sei ausgeschlossen, so erfolgt in der Regel die Scheidung. Wie am 26. September 1726 zwischen Madläna Bächtold und ihrem Mann Hans Bächtold. Das medizinische Gutachten führt aus, "dass bey Hans Bächtold ein malum incurabile und zwaren mehr interne als externe sich befunden ...". Das Gericht spricht die Scheidung aus.[10] Kommen die Ärzte aber zur Überzeugung, es liege keine Impotenz vor, so wird die Klage vielfach abgewiesen.[11] Zusätzlich zur medizinischen Begutachtung des Falles kann das Gericht auch eine Art von Probezeit anordnen. Dies tut es im Fall des Max Gündtert, Knöpfmacher, und seiner Frau Barbara Bäschlin, nachdem die Frau am 18. Mai 1680 zu Protokoll gibt, " ... das Sie bald ein Jahr lang bei Ihrem Ehemann ... gewohnet, und aber Er habe Sie die gantze Zeithero nit geliebet noch eheliche werckh mit Ihro zuüben understanden. Und ob Sie schon im betth sich gegen Ihm gewändt und Ihn anrühren wollen, habe Er sich ins Leynlachen eingewickelt ... also das

---

7 EGP 10, 381f.

8 EGP 19, 415f.

9 EGP 19, 420-423. Merkwürdig dabei ist, dass das Gericht verfügt, der geschiedene Mann müsse seiner Frau 200 Gulden Schmerzensgeld entrichten, "umb das ... er Murbach ohngeacht all der ihm von seiner gewesenen Ehfrau erwisenen freündtlichkeit und Liebe, wegen abgang seiner natürlichen Kräfte Ihro frau Kahrerin das Ehliche vergnügen nicht geben können ...". Der Mann wird also für etwas gestraft, wofür er nichts kann. Oder denkt das Gericht, es liege an seinem fehlenden Willen?
Ein weiterer Grund für dieses Urteil mag auch darin liegen, dass "ihre Eltern von diser einzigen tochter descendenten sehen möchten, und damit nicht böse consequentien casus conscientia und schwehre seüffzer daraus entstehen möchte ...". 19. März 1733; EGP 19, 417-420.

10 EGP 18, 301.
Am 19. September 1726; EGP 18, 298. wird der Mann zur medizinischen Untersuchung gewiesen.
Als weiteres Beispiel sei der Fall der Affra Gasser genannt, die gegen ihren Mann Hans Keller von Unterhallau klagt. Die Ärzte befinden am 20. März 1753; EGP 24, 544f., der Mann sei "nicht nur zu erzeügung Kindern gantz untüchtig sondern auch keine besserung zu hoffen ...".

11 18. Juli 1747; EGP 23, 27. Das Gutachten stellt keine Impotenz bei Barbara Huser fest, worauf das Gericht ihr und ihrem Mann Hans Jacob Zimmermann von Trasadingen aufträgt, wieder zusammen zu leben.

Sie sich wol noch ein Jungfraw nännen könne".[12] Zunächst wird der Ehemann in die Pflicht genommen und mit Ernst gefragt, weshalb er sich so gegen seine Frau verhalte. Seine Antwort lautet lediglich, er hoffe, dass sich die Sache bessere. Das Gericht weist ihn darauf wie gewohnt an die Ärzte zur Beschau. Am 10. Juni 1680 wiederholt die Frau ihr Anliegen vor Gericht, das zuerst den Befund der Ärzte resümiert und darauf basierend sein Urteil fällt. Das medizinische Gutachten erklärt ganz klar, der Mann sei nicht impotent, worauf das Gericht die Klage der Frau abweist. Immerhin fügt es an, " ... wann aber wider verhoffen die erwünschte besserung nicht folgen [wird]", solle das Ehepaar zur weiteren Abklärung sich erneut vor Gericht einstellen.[13] Bei diesem Fall ist der Verdacht nicht ganz auszuschliessen, es handle sich um eine sogenannte impotentia occulta, die sich in einer unüberwindlichen Abneigung gegen eine bestimmte Person äussert. Die Impotenz ist dann eine relative, besteht sie doch lediglich gegenüber einer einzelnen Person und hat beinahe ausschliesslich psychische Gründe. Dabei leuchtet es unschwer ein, dass diese Art der Impotenz nicht mit einer auf das rein Äusserliche abstellenden ärztlichen Beschau zu erkennen ist. Ein dafür typisches Beispiel ergibt sich am 6. Dezember 1740, als das medizinische Gutachten zum Schluss kommt, es liege bei Hans Jacob Rahm von Unterhallau keine eigentliche Impotenz vor, die "organa generationis" seien richtig beschaffen, "mithin aber bey disem Mann eine Simplicitaet, welche ordinari mit einer kaltsinnigkeit begleithet wahrgenohmen worden seje, woraus der Schluss dahin gefasst werden müssen, dass der Mann magis ut frigidus in venerem als impotens zu declarieren seje, welche frigiditas bej disen beeden Ehleüthen wegen ihrer gemüther disharmonie und geringer Liebe und affection so sie einander erwisen, noch mehr unterhalten werde ... ".[14] Hier gelangen wir also an einen Punkt, bei dem die gerichtlichen Mittel zur Wahrheitsfindung zwangsläufig versagen müssen, wenn auch für den damaligen Wissensstand eine andere Möglichkeit als die äusserliche Untersuchung gar nicht gegeben ist.

Bei den bisher betrachteten Fällen klagen die Ehefrauen auf Scheidung. Es gibt alledings auch Fälle, bei denen der Mann die Klage einbringt. Am 18. März 1598 sagt Jacob Zoller, Weber, gegen seine Frau Anna Sattlerin von Dachsen, er habe sie vor ungefähr 25 Wochen geheiratet " ... und mit ainandern alls Eeleüten gepürt haushalten wöllen: Und alls er Eliche werckh wie sich gepürt mit Iro triben wöllen, dahin

---

12 EGP II, 171.

13 EGP II, 174.
2. September 1766; EGP 28, 159-161. Der Fall des Hans Jacob Ritzmann und seiner Frau Verena Hablützel wird bis in den Oktober vertagt, "innert welcher Zeit sichs zeigen werde, ob der Naturfehler sich bessere ...".

14 EGP 21, 309f.

sie auch Iren gueten wyllen gegeben, und gern Ir Bestes, alls billich were, gethonn hete, so befinde es sich dermassen, das Sy gar nicht thaugelich Zun Eelichen werckhen ... seie".[15] Seine Frau gesteht den Sachverhalt, worauf das Gericht sie zur Beschau vor die Hebammen weist. Am 6. April 1598 liegt der Bericht der Untersuchung vor, gemäss diesem die Frau nicht impotent ist. Das Gericht stellt bei seinem Urteil auch hier auf das Gutachten ab und verfügt: "Sindt sy wider zuesammen Erkennt, und by höchster ungnad gepotten, das Sy allsbald und ohne verzug widerumben zuesammen zichen und alls frommen Christenlichen Eeleüten gezimbt und wol anstatt Ehrlich und redlich mit einandern haushalten söllen, damit soliche Clagen nit ferner noch weiter fürgebracht werdindt."[16]

Betrachtet der Leser die in den EGP aufgeführten Fälle, bei denen das Gericht wegen Impotenz angerufen wird, so ist es vielleicht etwas verwunderlich festzustellen, dass ihre Zahl, verglichen mit den drei Jahrhunderten unseres Untersuchungszeitraumes, gering ist. Doch muss wohl davon ausgegangen werden, dass die meisten Fälle von Impotenz gar nie als solche vor Gericht kommen, weil der kranke Partner aus Furcht und Scham, seine Krankheit werde durch die Verhandlung öffentlich, dem gesunden Partner davonläuft, diesen also desertiert. Damit aber finden sich diese Fälle bei Verfahren wegen böswilligen Verlassens, wo die Frage nach dem Grund der Desertion eine untergeordnete Rolle spielt. Dass diese Aussagen nicht blosse Vermutungen sind, mögen folgende Beispiele belegen. Am 20. November 1736 sagt Elisabetha im Thurn, sie habe mit einer Klage seit sieben Jahren "aus schamhafftigkeit" gewartet.[17] Oder Hans Winzeler von Barzheim, der "sein Unvermögen aus Schamhaftigkeit nicht eingestehen wollen".[18] Schliesslich Balthasar Rahm, der "vor seinem Weggehen gesagt, er gehe nicht vor E. Lobl. Ehgricht aus forcht, man möchte ihn visitieren".[19] Dies sei der Grund, weshalb er seine Frau verlassen habe.[20]

Noch bleibt uns, einen Bereich darzulegen, nämlich die Frage der Wiederverheiratung in solchen Fällen. Grundsätzlich gilt dabei, dass der

---

15 EGP 3, 22.

16 EGP 3, 24.
6. November 1736; EGP 20, 365. Junker Hans Ulrich Peyer im Hof zum kleinen Käfig klagt gegen seine Frau Elisabetha im Thurn.

17 EGP 20, 383.

18 5. Mai 1789; EGP 31, 1099.

19 24. November 1772; EGP 29, 575.
"Visitieren" bezeichnet hier das Vornehmen einer medizinischen Untersuchung.

20 Ein anderes Beispiel findet sich am 15. April 1771; EGP 29, 294f. Der Fall zieht sich, da die Frau ihren Mann verlassen hat, über lange Zeit hin. 15. Dezember 1772; EGP 29, 581. 16. Februar 1773; EGP 29, 645. 16. März 1773; EGP 29, 671f. 27. April 1773; EGP 29, 693.

gesunde Eheteil sich erneut verheiraten darf, erfolgt die Scheidung doch wesentlich auf Grund der Tatsache, dass keine Nachkommen gezeugt werden können.[21] Manchmal kann eine Wartefrist verhängt werden.[22] Schwieriger erweisen sich die Fälle der kranken Eheteile. Grundsätzlich wäre es so, dass eine Wiederverheiratung ausgeschlossen ist. Doch in der Praxis gibt es zwei Möglichkeiten, dieses Verbot zu umgehen. Einmal bei Gesundung des kranken Eheteils. So wird Balthaser Löw am 13. April 1531 von seiner Frau geschieden, nachdem er einen Eid schwor "zu got dem almechtigen ... , das er sein leben lang kainer frouwen nie gewaltig gewesen und nie nützig gemögen hab, In der gestalt auch, das er noch heüt by tag ... kein man sig ... und sein leben lang nie mit kainer frowen nützig zuschaffen hab gehan ... ".[23] Am 7. März 1532 erscheint er wieder vor Gericht und verkündet, "wie Im got geholffen, das er sin manskrafft überkhommen darumb er begere Im zuerlauben ain wib zunemen".[24] Leider vernehmen wir nicht, ob das Gericht seinem Begehren stattgibt. Ein ähnlicher Fall ereignet sich am 11. August 1729, als Jacob Bolinger, der am 22. Juni 1724 wegen Impotenz geschieden worden ist,[25] vor Gericht erscheint, "vorgebend, dass sein sach seither anderst worden, und die Natur so treibe, dass er alle tag solches verrichten und dermahlen Kinder zeügen imstand seye ... ".[26] Das Gericht lässt ihn zunächst medizinisch untersuchen und erklärt dann am 6. Oktober 1729, er solle sich besser bedenken, da man eine Wiederverheiratung nicht gerne sehe.[27] Offensichtlich schenkt das Gericht seinen Beteuerungen, er sei gesund, keinen uneingeschränkten Glauben, und dies wohl mit Recht. Denn es ist nicht auszuschliessen, dass sich jemand nur für impotent erklärt, um eine sonst unmögliche Scheidung zu erreichen. Dies gesteht Hans Jacob Müller von Löhningen am 24. Juni 1766 freimütig, als er um die Erlaubnis nachsucht, sich zu verheiraten. "Er habe zu seiner abgeschiedenen frauen keine Liebe gehabt und seye ... bewogen worden zu bekennen, dass er impotens seye."[28] Die andere Möglichkeit zur Wiederverheiratung ergibt sich aus dem Umstand, dass der Mann schlichtweg eine Frau als Haushälterin braucht, auch wenn

---

21 So betont das Gericht am 13. April 1531; EGP 1, 54v., "... diewil die Ee von gott uffgesetzt ist, darumb das man sich meren und wachsen soll ... ".

22 20. November 1736; EGP 20, 384f. Der gesunde Eheteil muss ein Vierteljahr warten, bis er sich erneut verheiraten darf.

23 EGP 1, 54r. und 54v.

24 EGP 1, 69r.

25 EGP 17, 692-694.

26 EGP 19, 97.

27 EGP 19, 113. Auch hier erfahren wir nichts über den letztlichen Ausgang des Falles.

28 EGP 28, 142-145.

sich an seiner Impotenz nichts geändert hat.[29] So sagt Georg Pfund am 5. Dezember 1743 aus, er sei seit dem Tod seines Vaters "also hülfflos", dass er unbedingt eine Frau heiraten müsse, die den Haushalt besorge.[30] In einem solchen Fall kann das Gericht die Erlaubnis zur Wiederverheiratung erteilen, wenn vorher die zukünftige Frau über den Zustand ihres Bräutigams gerichtlich informiert worden ist und sie sich bereit erklärt, ihn trotzdem zu heiraten. Am 2. Dezember 1690 hält das Gericht Elsbetha Spenglerin von Buchthalen vor, die Hans Spengler heiraten will, "weilen aber er Spengler zu den Ehelichen werken sich impotenz befindet, hat man solches ihro Elsbetha Spenglerin genugsamlich remonstiert und sie darüber befragt, ob sie nichtsdestoweniger ihn zur Ehe behalten und künfftig mit seinem gebrechen gedult tragen wolle? als sie darauf mit ja geantwortet, hat man es darbei bewenden lassen".[31] Der Grund für dieses Vorgehen liegt darin, dass die Frau später nicht auf Scheidung wegen Impotenz klagen kann, wenn sie dies schon vor Antritt der Ehe gewusst hat. Die Frau muss also vor Gericht darauf verzichten, je deswegen zu klagen. In der Realität aber kann es sein, dass solche Abmachungen, nie wegen der vorher bekannten Impotenz zu klagen, nicht spielen. So bringt Herr Speissegger, Organist, am 14. Mai 1789 vor, er habe schon bei der Hochzeit erkärt, er wolle seine jetzige Frau "lediglich als Hausmutter" haben, während die Frau sagt, er habe sie "bloss wie eine Stuben Magd behandelt". Das Gericht scheidet die Ehe, da sie schon von ihren Voraussetzungen her keine Hoffnung auf Versöhnung bietet.

Damit erkennen wir die Grundlinie des Gerichts. Zunächst können Scheidungsklagen nur vom gesunden Eheteil eingebracht werden. Dann folgt das Gericht den gesetzlichen Vorschriften und holt Sachverständigenrat bei den Stadtärzten ein, gleichgültig, ob es sich um Männer oder Frauen handelt. In seltenen Fällen freilich werden die Frauen den Hebammen zur Schau überwiesen.[32] Lautet das Gutachten auf Nichtvorliegen von Impotenz, wobei die besondere Form der impotentia occulta gar nicht wirklich diagnostiziert werden kann, weist das Gericht, gestützt auf das medizinische Gutachten, die Klage ab.[33]

---

29 Ein formloses Zusammenleben eines Mannes mit einer Haushälterin ist nicht möglich, da sich beide dem Verdacht aussetzen würden, in einem Konkubinatsverhältnis zu leben, was strikte verboten ist.

30 EGP 22, 56.

31 EGP 12, 374f.
31. Januar 1732; EGP 19, 320f. Elsbeth Rost erklärt sich bereit, Jacob Bolinger von Beringen zu heiraten, "sie habe lust zu ihm und er zu ihr ... sie wolle es mit ihm wagen".

32 Auch das Gericht von Basel kennt Hebammen als Begutachterinnen. Guggenbühl, Gerichtliche Medizin, 38f.

33 In der Praxis des Basler Ehegerichts wird die Scheidung ausgesprochen, wenn nach Ansicht der Ärzte Unheilbarkeit vorliegt. Staehelin, Ehescheidung, 134.

Zusätzlich kann es eine Art von Probezeit oder eine Wartefrist verhängen, in der Hoffnung, der Zustand bessere sich.[34] Auch Behandlungspflicht ist nicht unbekannt.[35] Führen alle diese Massnahmen nicht zum Ziel, so wird die Scheidung ausgesprochen. Hier also hält sich das Gericht sehr eng an die EGO.[36]

---

34 9. Juni 1795; EGP 35, 243. Der Fall des Leonhart Schilling und seiner Frau Catarina Müller von Löhningen wird zwei Monate vertagt, da bei ihm "als einem jungen Mann noch hoffnung zu seiner besserung".

35 24. Februar 1785; EGP 31, 765. Der Stadtarzt Burgauer soll versuchen, Johannes Huser von Beringen "durch kräfftige Arzney Mittel ein wärmeres Geblüt beyzubringen". Was sich allerdings als erfolglos erweist. 7. Dezember 1786; EGP 31, 922.
1533 wird in Basel die Behandlungspflicht eingeführt, einschliesslich einer Wartefrist von einem Jahr bis zur endgültigen Scheidung. Guggenbühl, Gerichtliche Medizin, 63.

36 Das Gericht in Basel hält sich ebenfalls recht streng an den für Schaffhausen skizzierten Rechtsgang. Guggenbühl, Gerichtliche Medizin, 63.

7.3.3.5. Andere Krankheiten

Den beiden letzten Kapiteln verwandt sind Fälle, bei denen Scheidung aufgrund von körperlichen oder seelischen Krankheiten verlangt wird. Ihre Zahl ist bis zum Ende des 17. Jahrhunderts sehr gering, steigt dann aber im Laufe des 18. Jahrhunderts merklich an, was vielleicht mit den wenn auch nicht drastischen, so doch fühlbaren Verbesserungen der Diagnosemöglichkeiten zusammenhängt.[1]

Die Haltung des Gerichts solchen Fällen gegenüber kommt in einer Urteilsbegründung vom 13. Dezember 1631 unmissverständlich und eigentlich nicht überraschend zum Ausdruck. Hans Thorer klagt auf Scheidung von seiner Frau, die mit einer nicht näher spezifizierten Krankheit geschlagen sei. Das Gericht befindet: " ... dieweyl das Gesez Gottes vermag, dass der Leibsbresten kein Ehescheidung, sondern Lieb und Laidt mit einandern halten. Hierüber haben mein gnedig herren Erkent, das Er, Hans Thorer, ... ohngeschaiden verbleiben solle ...".[2] Getreulich dieser Einstellung gewährt das Gericht die Scheidung nicht, als sie Thoma Frener am 14. März 1637 verlangt, nachdem seine Frau selbst bekannt hat, sie habe zwei Beckenbrüche seit der letzten Geburt, "... also das Sy keines Manns mehr wert seye, begere sich hiemit von Im scheiden zu lassen".[3] Hans Ebner, Bürger von Schaffhausen, versucht gar, die Scheidung von seiner Frau unter Angabe der Unwahrheit zu erwirken, indem er ausführt, sie leide an einer angeblich ansteckenden Krankheit. Doch das Gericht übergibt die Frau den Stadtärzten zur Beschau.[4] Diese kommen zum Schluss, die Frau sei zwar krank, aber sie

---

1 Sicher aber ist eine scharfe Abgrenzung von Krankheiten erst durch die moderne Medizin möglich geworden. Daher sollte sich der Leser der EGP hüten, Begriffe, deren Sinn heute medizinisch klar umrissen ist, in den Quellen unserer Zeit in gleicher Weise auszulegen. Baer, Medizinisch statistische Ergebnisse, 719.

2 EGP 6, 172.
Beinahe identisch urteilt das Gericht schon am 25. Mai 1536; EGP I, 193r., als es Düring Rebmann gegenüber sagt, der auf Scheidung von seiner tauben Frau klagt, "dwil Ir krancke und unvermogenheit von got wie Jedem zeerwarten, so welle man Im, so doch dhain kranckhait die Ee schaiden möge, dhain andere Eefrowen zenemen vergunnen noch zulassen, sunder solle er Jr noch etwas Zyt zusechen und Jrer gesundhait erwarten und der besserung verhoffen".

3 EGP 7, 72v. Die Hilflosigkeit des Gerichts zeigt sich daran, dass die Eheleute ein halbes Jahr von Tisch und Bett getrennt werden. Der Nutzen dieser Massnahme darf wohl bezweifelt werden.
Mehr auf die Lage der Beteiligten geht das Gericht am 7. Februar 1771; EGP 29, 224. ein, als es die Ehe zwischen Christian Heller und Elisabetha Schöttlin scheidet, die seit sechs Jahren verheiratet sind, "es seyen aber alle 3 geburthen solcher gestalten beschaffen gewesen, dass der Scherrer allmahl sie vom dem Kind mit äusserster Müh entlediget, und durchaus ohnmöglich gewesen, weder das einte noch das andere von ihren Kindern lebendig zur Welt zu bringen, und dass auch sie selbsten allemahl in die grösste Lebensgefahr gesezet worden ...".

4 19. April 1605; EGP 3, 368f.

leide nicht unter der vom Kläger genannten Krankheit.[5] Am 15. Mai 1605 schliesslich, nach etwa einem Monat Prozessdauer, befindet das Gericht, der Kläger selbst leide unter einer Krankheit, die er schon zu Lebzeiten seiner ersten Frau gehabt, sie folglich auf seine zweite Frau übertragen habe. "Darauf ... erkent ... das er ohne alles weytter clagen fürohin wie ainem ehrsamen hausvatter zuothun gepürt mit ihren Haushalten."[6] Gerade bei ansteckenden Krankheiten schwebt der gesunde Eheteil in einer gewissen Gefahr, sich durch weiteres Zusammenleben mit dem kranken Ehepartner selbst zu infizieren. Die Reaktion darauf kann sein, dass der gesunde den kranken Eheteil nicht mehr bei sich wohnen lassen will. So klagt am 8. April 1734 Leonhart Bartenschlager gegen seine Frau, sie leide an der Syphilis, "er könne zeigen, dass sie 54 bülferli gebraucht und 8 wagen holz zum schwizen gebraucht, mithin möge er sie nit mehr, weil sie ihm als einem bek alle kundtsame[7] vertreiben wurde ....".[8] Das Gericht weigert sich beharrlich, eine Scheidung auszusprechen,[9] bis der Kläger sich am 14. Juli 1735 bereit erklärt, die Frau wieder in sein Haus aufzunehmen, allerdings unter der Bedingung, sie "allein in ein aparte stuben und kammer thun, dass Sie mit bakstuben, Laden und Kuchen kein gemeinschafft nehmen solle".[10] Dies ist die einzig mögliche Vorsichtsmassnahme, um zu verhindern, dass sich andere Personen anstecken können. So verfügt das Gericht auch am 13. März 1766, Caspar Trippel und seine Frau Susanna Spörndlin sollen wieder zusammenleben, da eine Scheidung nicht in Frage komme, "indessen die frau dem Mann keine eheliche beywohnung zu gestatten gehalten sein, biss sie durch ein Attestatum Medici vollkommen überzeugt, dass er curiert seye".[11] Handelt es sich bei solchen Fällen um gefährliche Krankheiten, so gibt es auch eigentliche Nichtigkeiten, zumindest vom medizinischen Standpunkt aus gesehen. Am 3. August 1784 verlangt Ursula Bollin von Beringen die Scheidung von ihrem Mann Hans Schwyn, Weber, da "sie auch bey seinen öftern und häftigen Anfällen des Nachtwandels ihres Lebens bey selbigem nicht mehr sicher

---

5 24. April 1605; EGP 3, 369f.

6 EGP 3, 373-377. Es wird nicht ganz klar, um welche Krankheit es sich handelt. Wahrscheinlich ist es aber die Syphilis.

7 "Kundtsame" ist ein alemannisches Wort und steht für Kundschaft. Grimm, Wörterbuch 5, 2634f.

8 EGP 19, 514f. Die Frau leide an "einer sehr gefehrlichen krankheit die man franzosen heisse ...".

9 So am 24. Juni 1734; EGP 19, 533f. 1. Juli 1734; EGP 19, 540-542. 31. August 1734; EGP 19, 554-556. 28. September 1734; EGP 19, 574. 10. Februar 1735; EGP 19, 603f. 17. Februar 1735; EGP 19, 608f. 21. Juni 1735; EGP 19, 20, 28-30.

10 EGP 20, 45. Unklar ist, weshalb die Frau nicht den Ärzten zur Beschau zugewiesen wird.

11 EGP 28, 98f.

seye ...".[12] Das Gericht findet, ihre Klage sei "von so geringem belang", dass eine Scheidung nicht in Frage komme, doch trägt es dem Mann auf, sich "bey einem geschikten Arzt zu erkundigen, ob ihm nicht davon zu helffen wäre". Die Frau erhält die Erlaubnis, in einer eigenen Kammer zu schlafen, allerdings mit der Warnung des Gerichts, "jedoch einander die Ehlichen Pflichten nicht zu versagen."

Der einzige Ausweg, welcher in einem solchen Fall bleibt, ist die freiwillige Trennung der beiden Ehegatten, die aber nicht eine Lösung des ehelichen Bandes bedeutet. So begehrt am 4. Oktober 1644 Bernhardin Klingenfuss von Osterfingen, dass seine Frau, die seit Jahren an einer Krankheit leide, zu ihrem Sohn in dessen Haushalt ziehen dürfe, wo sie gewiss besser versorgt werden könne. Das Gericht gibt diesem Begehren statt.[13]

Eine besondere Untergruppe bilden die Fälle, bei denen es sich um Epilepsie handelt. Auch diese Krankheit zählt nicht zu den Scheidungsgründen. Höchstens eine Trennung von Tisch und Bett liegt im Bereich des Möglichen. Am 18. September 1792 werden Hans Georg Werner von Merishausen und seine Frau Anna Meister für ein Jahr getrennt. Die Begründung des Gerichts ist aufschlussreich, lautet sie doch, "sonderheitlich ... aus besorgnus, es möchten mehrere Kinder gezeuget werden, die die Krankheit des Mannes erben könten, so könne Ein Lobls. Ehegericht aus Landesvätterlicher Sorgfalt nicht umhin ...", die befristete Trennung auszusprechen.[14] Was aber sicherlich keine Lösung darstellt, es sei denn, das Gericht nehme in Kauf, dass das Paar auch nach Ablauf des Jahres nicht mehr zusammenziehe. Bei anderen solchen Fällen wird nicht einmal eine Trennung bewilligt, sondern man ermahnt die Ehepaare stets, das gemeinsame Leben wieder aufzunehmen.[15] Die grosse Schwierigkeit bei der Epilepsie liegt darin, dass nach damaligen medizinischen Kenntnissen eigentlich keine Behandlungsmöglichkeiten gegeben sind. Zudem tritt die Krankheit in Schüben auf, zwischen denen der Patient äusserlich völlig unbeeinträchtigt ist. Bestehen zudem noch längere Intervalle zwischen den einzelnen Anfällen, kann es durchaus sein, dass auf eine Genesung geschlossen wird. Auf jeden Fall spricht das Gericht in keinem dieser Fälle eine Scheidung aus, lieber trennt es das Paar auf Zeit, um zu

---

12 EGP 31, 706. Der Mann führt dazu medizinhistorisch vielleicht aufschlussreich aus, "dass er zwar den fehler des nachtwandels an sich habe, seye aber unschuldig daran und ein blosser Naturfehler, welcher schon lange im ganzen Dorf bekant, und wann er einen Anfall davon habe, dörffe ihn seine frau nur bey dem Namen ruffen, so komme er also bald zu sich selbst und werde ihro gewiss nichts leids thun ...".

13 EGP 8, 203v. Die Frau leide an "sonderbarer Leibsgebrechlichkeit".

14 EGP 33, 368f.

15 17. Februar 1729; EGP 19, 45. Immerhin ordnet das Gericht an, der Kranke solle bei Ärzten Rat suchen. Am 16. Juni 1729; EGP 19, 64. wird verfügt, das Paar müsse wieder zusammenziehen.

sehen, wie sich die Krankheit entwickelt. Zumal diese Krankheit, wie jede andere auch, eine Strafe oder Prüfung Gottes ist, die dieser nach eigenem Gutdünken wieder aufheben kann.[16]

Anders verhält es sich freilich mit Fällen, bei denen Geisteskrankheit oder zumindest geistige Verwirrtheit den Klagegrund bildet. Dazu bestehen eindeutige gesetzliche Vorgaben, reiht doch die EGO von 1552 "wüttigkeit" und "unsinnigkeit" unter die Scheidungsgründe ein.[17]

Zunächst geht das Gericht wie bei allen Fällen von Krankheit vor und weist die Parteien zur Geduld. Am 2. Dezember 1745 bittet Hans Jacob Vogel, Rotgerber, um die Scheidung von seiner Frau Rachel Sulzer, da sie seit sieben Jahren "in einer verwirrten Gemüthskrankheit sich befinde".[18] Das Gericht vertagt sich, um am 9. Dezember 1745 zu verkünden, "obwohlen ... das anbringen und begehren des herrn H.J. Vogels ganz wahrhafft und wohlbegründt, und ihn desswegen mitleidenswürdig ansehen, mithin auch die geneigtheit hette, ihm dermahlen schon in seinem begehren zu entsprechen, wan es nicht gegen die bissherige Observanz geschehen müsste; als solle er nur noch vor eine kurze Zeit zur gedult gewisen ... ob etwan der liebe Gott in der Zeit mit der Frauen ein ende machen möchte ...".[19] Die Motivation ist einmal mehr die Hoffnung, es könne sich eine Besserung einstellen, wobei besonders an Gottes unerforschliche Ratschlüsse gedacht ist. Dies klingt auch am 5. Mai 1789 an, als das Gericht befindet, Conrad Spahn könne noch nicht von seiner Frau Elisabetha Bührer geschieden werden, "weilen noch nicht alle hofnung aufzugeben seye, dass die Elisabetha Bührer wieder zu ihrem vorigen Verstand und Gesundheit gelangen könne".[20] Nach einer am 19. Mai 1789 verordneten dreimonatigen Wartefrist[21] verweigert das Gericht am 24. November 1789 immer noch die Scheidung, da "von ihro als einem noch jungen und starken Menschen besserung zu hoffen

---

16 So sagt am 12. Oktober 1730; EGP 19, 193f. Magdaläna Mogin zur Epilepsie ihres Mannes Mathis Steinegger, "es hab ihms Gott geben, werde es auch wider von ihm nehmen".

17 Teil I, Kap. 3.2.

18 EGP 22, 519f.

19 EGP 22, 524. Der Mann solle sich bis Ostern 1746 gedulden. Am 19. April 1746; EGP 22, 573. wird die Ehe geschieden, nachdem ihr Stiefvater seine Einwilligung dazu gegeben hat.
Am 30. Juni 1668; EGP 10, 128f. wird Erhart Hallauer von seiner kranken Frau Anna Hablützel geschieden, nachdem das Paar bereits am 18. Juni 1667; EGP 10, 99f. von Tisch und Bett getrennt worden ist. Bei diesem Fall handelt es sich übrigens um den einzigen für das 16. und 17. Jahrhundert belegbaren. Wahrscheinlich hängt dies mit den fehlenden Diagnosemöglichkeiten zusammen. Gleiches gilt für Zürich: Köhler I, 302f.

20 EGP 31, 1098.

21 EGP 31, 1107.

seye".[22] Als zusätzlich begleitende Massnahme wirkt erneut das medizinische Gutachten, das in vielen solchen Fällen vom Gericht angefordert wird, um entscheiden zu können, ob Aussicht auf Heilung oder Besserung der Krankheit bestehe oder nicht.[23] Zusätzlich nützlich ist jeweils die Einwilligung entweder des kranken Eheteils, vorausgesetzt, dieser ist dazu fähig, oder eines der nächsten Verwandten. So wird am 17. Juni 1766 die Scheidung zwischen Meister Wipf, Schneider, und seiner Frau Magdalena Hurter verweigert, obwohl seine Klagen begründet seien, "mithin auch wann seine frau in die von ihm verlangte Ehscheidung eingewilliget haben wurde, und es nicht gegen die bisherige Observanz geschehen müsste, in seinem begehren zu entsprechen ...".[24] Ein anderes Mal, am 22. Januar 1793, verfügt das Gericht zwischen Meister Hans Jacob Pfister, Gärtner, und seiner Frau Helena Pfister, geb. Fährlin, zwar sei es bedenklich, schon eine Scheidung auszusprechen, "wenn nicht frau Pfisterin selbst darauf angedrungen", zudem herrsche eine gegenseitige Abneigung der Eheteile.[25]

Scheidungen wegen Geisteskrankheit drängen sich für das Gericht vor allem auch dann auf, wenn der gesunde Eheteil in seinem wirtschaftlichen Fortkommen durch die Krankheit seines Ehepartners ernstlich behindert wird. So führt Adam Weisshaubt, Hafner zu Neunkirch, am 12. Juni 1766 aus, seine Frau Margaretha Steinegger leide seit langer Zeit an "gemüthskrankheit", unter solchen Umständen "sowohl in seiner haushaltung an seine Kinder vieles versaume, als auch bey seinem handtwerk Merklichen schaden leide, zumahlen er daselbe nicht treiben, oder in diesem fahl die Kinder sorglos ligen lassen müsse".[26] Hier kommt ganz eindeutig zum Ausdruck, dass der Mann der Doppelbelastung Haushalt und Arbeit nicht gewachsen ist, muss er doch

---

22 EGP 33, 7. Wie der Fall ausgeht, erfahren wir leider nicht.

23 13. Dezember 1791; EGP 33, 284f. "Nach dem umständlichen bericht hr. StattPhysicus Burgauer" befindet das Gericht, die Krankheit sei unheilbar, worauf es die Ehe zwischen Meister Jonas Senn, Strümpfweber, und seiner kranken Frau Maria Rosina Maurer scheidet.

24 EGP 28, 134-136. Am 1. Juli 1766; EGP 28, 152f. wird die Ehe geschieden, da jetzt auch die Frau einwilligt.

25 EGP 33, 410.

26 EGP 28, 126f.
Am 1. Juli 1766; EGP 28, 148-150. erklärt der Mann unmissverständlich, er bitte um Scheidung, "damit seine kinder und die haushaltung auch widerum besorget und er sein handtwerk zum besten der seinigen allen treiben könne". Das Gericht spricht dann auch die Scheidung aus.
Schon 22 Jahre früher am 28. Januar 1744; EGP 22, 91-93. beschreibt Hans Georg Maag von Neunkirch, Drechsler, seine durch die Krankheit seiner Frau verursachte Lage: "Auch bey seinem handwerk vielen schaden leiden zumalen er selbige nicht treiben oder in diesem fahl die Kinder sorglos ligen lassen müsse." Das Gericht spricht ebenfalls eine Scheidung aus.

immerhin für fünf Kinder sorgen. Durch den offensichtlichen Ausfall der Hausfrau ist es ihm nicht möglich, für beide Bereiche gleichzeitig zu sorgen. In die gleiche Richtung geht der Fall des Pfarrers Johann Jacob Ott vom 9. Dezember 1783, als dessen Ehe geschieden wird, da er im "anscheinenden beharlichen Wahnsinn" lebt, deswegen seine Pfarrstelle und damit sein Einkommen verloren hat, und seine Frau aussagt, aufgrund dieser misslichen finanziellen Lage "sehe sie sich in betrachtung ihres sehr geringen Vermögens in die Nothwendigkeit versezt auf eine andere Versorgung bedacht zu seyn".[27] Das heisst, die Frau hofft, ihre Situation durch eine erneute Heirat zu verbessern. Die Ehe wird vom Gericht daraufhin geschieden.

So oder so ist die Lage des kranken Eheteils wohl in keinem Fall beneidenswert, gibt es doch im Grunde in damaliger Zeit keine Behandlungsmethoden, ausser dem Fesseln, dem Anbinden oder Anketten des Kranken.[28] Die solcherart Kranken werden einfach in die Spitäler und die sonstigen Armeneinrichtungen gelegt, wo sie vor sich hindämmern.[29] Die ungenügende medizinische Kenntnis und Versorgung kommt zudem darin zum Ausdruck, dass die Geisteskrankheiten nie genauer spezifiziert sind. So sprechen die EGP lediglich von "verrükung in dem Kopf",[30] "gänzlicher Verwirrung und verrükung des Verstandes"[31] oder "völliger Raserey".[32] Nur in ganz wenigen Fall erhalten wir eine präzisere Schilderung der Umstände. Am 19. Januar 1730 beschreibt Verena Leüpin von Siblingen das Verhalten ihres Mannes Balthasar Weber, der "nicht nur keine ehliche pflicht abstatten könne ... sonder seines gemüts halber ... dermassen elend daran seye, dass er die meiste Zeit der vernunfft nicht mächtig, und obschon ohne rasen und toben gleichwol aber auch fast ohn alle menschlichkeit beynahen als ein vih dahin lebe ... etwan auch mit ganz unverschämten herauslauffen auf die gassen all nakend, in gleichem mit offtmaligem vil stunden lang gleichfort anhaltendem brummen und brülen und anderen abenteürlichen anstellungen mehr, alhier nun schon einige Jahr sich dorff kündig gemacht hat ...".[33] Hier entsteht vor uns das Bild eines als Dorftrottel

---

27 EGP 31, 648f.

28 23. August 1746; EGP 22, 634f. So fragt das Gericht Elsbeth Wanner von Schleitheim, "ob sie auch schon gefesslet worden seje? Ja, sowohl bej ihren Eltern als bey ihm". (Ihr Mann ist gemeint).

29 Zu Schaffhausen: Steinegger, Versorgung der Geisteskranken, in: SN 36, 1961.

30 15. Januar 1793; EGP 33, 405f.

31 5. Mai 1789; EGP 31, 1098.

32 Ebd.

33 EGP 19, 124f.
Freilich kann der optische Eindruck einiges über den Zustand aussagen. Am 23. August 1746; EGP 22, 634f. vermerkt der Schreiber im Protokoll zu Elsbeth Wanner von Schleitheim, "wie E. E. lobl. Ehegericht aus ihrer aufführung hinderm schranken selbsten wahrnehmen muss, sie nicht allezeit sanae mentis ist".

geltenden Kranken. Oder am 22. April 1751, als wir einen ausführlichen und bewegenden Einblick gewinnen. Martin Wanner von Schleitheim erzählt von seiner Frau, "sie seye in einem betrübten Zustand, er habe sie schon anfesslen müssen, sie seye in gar grossen anfechtungen, und vermeine er, sie habe (Gott behüt uns) mit dem bösen zu thun; in ihrer jugend habe sie sehen müssen, dass ihre Mutter sich entleibt ... jetz seye das in ihro aufgewachsen und plage und treibe sie, dass sie immer meine, der böse komme; es wolle ihn niemand mit ihro einlassen, durch schlagen und bös mit ihro zu sein glaube er nicht, dass es das rechte mittel seye; der hr. Pfarrer und der Vogt haben denen Leüthen, wo sie seyen, selbst gesagt, sie sollen sie fortjagen, wan sie sich nicht gehörig und gebührlich aufführe". Das Gericht kann als Hilfe nur anbieten, dass der Dorfpfarrer "ferner an diesem Weib Theologisch arbeite".[34]

Auch die in diesem Kapitel gemachten Ausführungen bestätigen die allgemeine Tendenz des Gerichts, in allen Fragen der Scheidung mit grosser Zurückhaltung vorzugehen. Doch darf hier daran erinnert werden, dass ausser im Falle von Geisteskrankheit keine anderen körperlichen Gebrechen als Scheidungsgründe legitimiert sind,[35] das Gericht sich also an die gesetzlichen Grundlagen hält, wenn es Scheidungsbegehren dieser Art ablehnt. Ob damit den einzelnen Parteien wirklich geholfen werden kann, bleibe dahingestellt. Sicher aber können die Klagen nur vom gesunden Eheteil eingebracht werden. Die Scheidung erfolgt im Falle von Geisteskrankheit, wenn keine Hoffnung auf Besserung besteht, die ökonomische Situation der Beteiligten es geraten erscheinen lässt und die Einwilligung des Kranken beziehungsweise seines Bevollmächtigten oder Vogtes vorliegt.

---

34 EGP 24, 187f.
Die Frau selbst meint, "der böse gebe ihr ein, sie solle sich erstechen ... sie bätte und arbeite".

35 Die Impotenz und der Aussatz sind in gesonderten Kapiteln behandelt. Kap. 7.3.3.3. und 7.3.3.4.

7.3.3.6. Die Zerrüttung der Ehe

Dieser Tatbestand gilt gemäss den auf uns gekommenen EGO nicht als Scheidungsgrund, verdient aber doch Beachtung, weil sich das Gericht ziemlich oft mit solchen Problemen auseinandersetzen muss.

Es lassen sich die Klagen auf Scheidung wegen Ehezerrüttung in verschiedene Themenbereiche einteilen, obschon die Grenzen zwischen ihnen unvermeidbar fliessend sind. Da ist zunächst Trunksucht. Am 28. November 1672 klagt Anna Komerin auf Scheidung von ihrem Mann Conrad Fräner, Weber von Thayngen, "das Er unhauslich seye, dem überflüssigen drincken nachhänge, und wann Er dann heim komme und foll weyn seye, Sie übel tractiere und schlage, also das Sie elend und kranck worden und nit mehr Ihr forige gesundheit habe".[1] Doch es sind nicht nur die Ehemänner, die trunksüchtig sein können. So erzählt Johann Caspar Oechslin zum Lindenbaum am 8. September 1795 über seine Frau Maria Oechslin, geb. Schildli, dass sie "sich dem Laster der Trunkenheit so sehr ergebe, dass sie fast Täglich von Morgen bis an den Abend berauscht seye, ja offters auch mitten in der Nacht in den Keller gehe und in der Trunkenheit schon par mal dermassen die Stigen herunter gefallen seye, dass er sie für Tod aufgehoben habe, ihre Unmässigkeit bringe sie dan soweit aus dem Winkel der Vernunft, dass sie zuweilen ganz rasend werde und in solchem Zustand schröklich fluche und schwöre und sowohl mit ihm als denen nachbarn Streit anhebe ...".[2] Er bitte um gerichtliche Hilfe, da sein Haus sehr darunter leide und die Kinder "das traurige Spectakel täglich für Augen haben". Dabei ist die Lage des gesunden Eheteils alles andere als einfach, versucht dieser doch wohl zunächst die Trunksucht des Ehegatten vor den Nachbarn zu vertuschen, und erst wenn dies nicht mehr möglich ist, erfährt auch das Gericht davon. So berichtet Hans Jacob Brütsch von Büttenhardt, "er habe zwar sein Elend und ihre Schande so lang als möglich vor der Welt

---

1 EGP 10, 266f.
Am 7. Dezember 1724; EGP 18, 45. klagt Anna Bärin über ihren Mann Conrad Zimmermann, er schlage sie "sonderlich wann Er voll seye, welches fast täglich geschehe, als er bald alle tag des morgens brantwein und hernach wein darauf sauffe".

2 EGP 35, 269f.
Am 20. Februar 1753; EGP 24, 566f. bringt Benedict Stierlin, Metzger in Feuerthalen, gegen seine Frau Anna Maria Wepfer vor, sie sei dem Laster der Trunksucht verfallen, in Zürich habe sie "sich dermassen mit trinken übersehen, dass Mann sie wie ein s.v. Schwein habe herumschleppen müssen". Eine der Gefahren, die neben der Zerrüttung der Ehe und der ökonomischen Verhältnisse der Eheleute aus der Trunksucht entstehen können, beschreibt Stierlin am 17. Mai 1753; EGP 24, 595-598. Seine Frau habe einmal in ihrer Trunkenheit fast das Haus in Brand gesetzt, "wie sie dann würklich mit Anzündung eines leinlachens, wann das Kind mit dem s.v. hafen nicht gelöschet, ein grosses Unglük anstellen können". Die Gefahr einer Feuersbrunst kann offenbar im letzten Augenblick abgewendet werden, da ihr Kind geistesgegenwärtig den Nachttopf zum Löschen benutzt.

zu verbergen gesucht, und in der Stille an ihrer Verbesserung gearbeitet, aber leider mit keinem guten Erfolg, indem es statt besser nur schlimmer worden".[3] Die psychischen Belastungen für das gemeinsame Eheleben, die aus der Trunksucht resultieren, sind wohl in aller Regel sehr gross, und es mag daher kaum verwundern, wenn gerade in der Trunksucht einer der wesentlichen Gründe für die Ehezerrüttung liegt.[4]

Eng mit der Trunksucht zusammenhängend, aber nicht stets dadurch allein bedingt ist die "Unhauslichkeit", also die Verschwendungssucht. Ein weiteres immer wieder auftauchendes Thema, führt doch Verschwendungssucht nicht selten zur Überbeanspruchung der finanziellen Mittel. So klagt am 22. Januar 1793 Johann Heinrich Fährlin gegen seine Frau Ursula Fährlin, geb. Hechelmüller. Als er nach der Trennung wieder zu seiner Frau in ihr gemeinsames Haus gezogen sei, "allein in ihrer herberg nichts als die lären Wände gefunden habe, in dem sie nicht nur ihre Kleider und den haussrath sondern auch sein Schwarzes Kleid theils versezt theils verkauft, und noch hie und da Schulden gemacht und das Geld liederlicher weise verschwendet und so durch ihre bisherige übel Aufführung und Ausschweiffung wie auch durch die unnatürliche Gleichgültigkeit gegen ihr eigen Kind ihm das herz und alle Zuneigung zu ihr gänzlich benohmen habe".[5] Ähnlich ergeht es Hans Conrad Oschwaldt, der am 12. Januar 1609 vor Gericht über seine Frau sagt: "... hab er klaider ... welche Sy Im verkaufft, wie auch ihre aigne klaider sampt dem hausrath und Bedtgewander ... dann Sy khain Schüssel Im haus mehr, daraus Sy Im zuoessen geben khünt ...".[6] Die Verschwendungssucht ist keineswegs nur auf sozial schwächere Schichten beschränkt, im Gegenteil, dort, wo mehr Mittel zur Verfügung stehen, lässt sich auch mehr ausgeben. So beginnt am 7. November 1667 ein langer Scheidungsprozess zwischen Maria von Waldkirch, Tochter des Junker Klosterschreibers Bernhardin von Waldkirch, und ihrem Mann Junker Alexander Peyer zum Glücksrad. Seine Frau und ihr Vater werfen ihrem Mann Verschleuderung nicht nur seines Vermögens, sondern auch des Frauengutes vor, worauf eigentlich die Frau allein Anrecht hat.[7] Der

---

3 19. Januar 1796; EGP 35, 301f.

4 Für die materiellen Folgen der Trunksucht vgl. Teil III, Kap. 2.3.

5 EGP 33, 409.
Dass hinter dem merkwürdigen Verhalten der Frau tatsächlich deren Trunksucht steht, erhellt sich am 29. Januar 1793; EGP 33, 411f. als der Mann erklärt, "dass seine Frau dem laster des übermässigen ... Wein und Brantenwein Trinkens so sehr ergeben, dass sie nicht nur zum öftern ganz aus dem Zirkul der vernunft gewesen, sondern auch sogar einmal des nachts auf der Straasse ligen gebliben seye ...".

6 EGP 3, 517f.
Am 26. Mai 1608; EGP 3, 489f meldet Hans Pfeiffer von Neunkirch, wie seine Frau "Im das Bedt wie auch das Khindtbeth verkaufft".

7 EGP 10, 114.

Prozess zieht sich über Jahre hin, wobei die Ehegatten zwischenzeitlich einmal von Tisch und Bett getrennt sind. Die Vorwürfe an die Adresse des Mannes bleiben gleich, wie sie am 18. März 1669 vom Vater der Frau einmal mehr vorgebracht werden. Junker Alexander Peyer, sein Schwiegersohn, habe "... etliche 1000 Gulden uhnnützer und fauler weyse verschwändt, verspilt und s.v. versoffen. Gestalten Er diesmahls die geringste Mittel nit habe, sein weib und kind zu erhalten".[8]

Ferner findet sich Vernachlässigung der häuslichen Pflichten.[9] Am 26. Mai 1674 sagt Hans Conrad Zimmermann von Buch über seine Frau, "das Sie Ihm nit helfe hausen, auch Ihr Jüngstes kind hinder den Ofen gelegt und hinweg gangen ... da Inzwüschen das kind die fingerlin am Ofen verbrännt, das es Blätterlin daran bekommen, alsdann die Nägelin abgangen".[10] Da der Frau der häusliche Bereich untersteht, erwartet der Mann, dass sie ihren häuslichen Pflichten nachkommt, besonders das Aufziehen der Kinder wie auch das eigentliche Haushalten besorgt.[11] So sind denn auch Klagen zu finden, wie sie Wilhelm Fischer am 2. Mai 1676 vorbringt, als er sich über seine Frau beschwert, "sie seye faul und kein nutz, wann Er abends heim komme, seye weder für noch liecht, auch noch nit kochet".[12] Selbst Eifersucht taucht gelegentlich als Klagegrund auf. Am 26. Juni 1792 erklärt Ursula Gering von Rüdlingen dazu, ihr Mann Georg Siber von Buchberg "seye von der Eyfersucht so eingenohmen, dass wan sie nur mir einer Mannsperson geredet, er sie gleich im verdacht gehabt, und sie vor eine s.v. hur gehalten".[13]

Daneben ergeben sich Ehestreite aus Unverträglichkeit der Ehepartner, was in allgemeines Gezänk und gegenseitige Beleidigungen verbaler Art ausartet. So bringt es Hans Torer in seiner Klage gegen

---

8 EGP 10, 151f.

9 Vgl. dazu Teil III, Kap. 2.1.

10 EGP 10, 327f.

11 Umgekehrt allerdings ist auch möglich, dass der Ehemann die gerichtliche Anweisung erhält, seiner Frau " ... in dem haus zu kuchin, keller und anderem den ihro gebührenden gewalt und sie gleich ihm meister sein lassen". 10. Mai 1717; EGP 16, 525. Dies vor allem dann, wenn die Frau sich von ihrem Mann in den Haushaltsgeschäften benachteiligt fühlt.

12 EGP 11, 2.

13 EGP 33, 342.
17. März 1649; EGP 8, 296v-297r. Jacob Neukomm, Schuhmacher von Löhningen, klagt gegen seine Frau mit der Begründung, " ... das sein Ehefrau Ihm bisweilen nit kochen wolle ... sondern ... sich eines gewüssen Schwabens (so bisweylen in Ihres Vatters haus einkehre) annehme, bey demselben stehe und rede ... esse und trinke, und denselben lieber als Ihn hette, welches er nit leiden könne noch wolle".
19. Februar 1743; EGP 21, 594. Maria Margreth im Thurn klagt gegen ihren Mann Johann Friedrich Hurter, Peruquier, "indessen habe der Mann während ihres ganzen Ehestandts über alle kleinigkeiten, wann nur ein Mannspersohn Sie angesehen, oder mit ihr auff offentl. gass geredt, ein argwohn gefasset, mit ihro streit und Zank angefangen".

seine Frau am 12. August 1628 auf den Punkt. Sie habe " ... ein schantlos bös mul, also das er mit Iren nit husen khöndt noch wölle".[14] Was sich die streitenden Ehegatten an Verbalinjurien gegenseitig an den Kopf werfen, wissen wir aus solchen Prozessen relativ genau. So habe Reichsvogt Leonhart Speissegger seine Frau Anna Maria Amann mit "hur, Canaille, bestie" betitelt[15] und wenig später "sie ein Bestie aller Bestien und hund aller hünden gescholten, und dieses habe er ihrem büblin am tisch auch gesagt".[16] "Schelm und Spitzbube",[17] "Fluch",[18] "Lump, Hurenbub"[19] und "Galgenfogel, Galgenkatz"[20] sind weitere Kostproben aus dem Repertoire der Verbalinjurien. Oft sind dabei verbale Auseinandersetzungen lediglich die Vorstufe zu Tätlichkeiten unter den Ehegatten, wobei deren Androhung zuerst erfolgt. So bringt die Frau Michael Kusters von Merishausen am 9. August 1630 gegen ihren Mann vor: " ... Sy khöndt und wüsse In nit zuehaben, dann er Iren offtermalen trowt, wölle Iren ein glidt vom Leib schlagen, auch Sy begert zue erstechen."[21] Kommt es schliesslich zu Tätlichkeiten zwischen den Ehegatten, so leidet nicht zuletzt besonders die Frau darunter.[22] Am 4. Februar 1717 berichtet Silberherr Hans Caspar Lang, Beistand der Anna Barbara Habik, deren Mann Hans Conrad Spleiss, "Sie ohnverantwortlicher weiss sehr übel tractiere und mit schlägen

---

14 EGP 5, 2.

15 4. September 1748; EGP 23, 264-270.
"Canaille" gilt als rohes Schimpfwort auf eine liederliche oder böse, streitsüchtige Frau. Idiotikon 3, 308.

16 30. Januar 1749; EGP 23, 361-368.
15. Januar 1754; EGP 26, 28. Junker Hauptmann Johann Georg Peyer klagt über seine Frau Maria Cleophea im Thurn, diese "begegne ihm immerdar mit Schelt-Worten: du Schelm, du dieb, du Lumpenhund, du kalb! Welches vor einen ehrlichen Mann unerträglich".
25. November 1773; EGP 30, 3-18. Maria Cleophea Zündel klagt gegen ihren Mann Junker Rittmeister Johann Friederich im Thurn, er habe zu ihr gesagt, "halt das Maul du verfluchte Bestie, pake dich zum teüfel, und zu deinem Vatter, ... dem verfluchten Judenzeug".

17 12. Juni 1766; EGP 28, 127-133. Meister Bernhardtin Spörndlin, Schneider, sagt aus, seine Frau Maria Elisabetha Spörndlin, geb. Langin, "ihn wie alltäglich geschehen einen Schelm und Spitzbuben betittlet, dass er darüber in Alteration gerathen, ihro ein Maulschellen angebracht ...".

18 2. Juli 1633; EGP 7, 1r-1v.

19 6. Mai 1673; EGP 10, 284.

20 4. Dezember 1673; EGP 10, 307.

21 EGP 6, 31.
12. Juli 1753; EGP 24, 607f. Samuel Peyer von Schleitheim klagt über seine Frau: "Es seje gar nicht um sie zu erleiden, sie gebe ihm alle böse wort ... habe schon vor Jahr u. Tag ihm einmal im bett nach der Gurgel griffen u. ihn erwürgen wollen, item erst vor einigen wochen habe sie ein gleiches gegen ihn tentiert, u. vor incirca 8 Tagen hab sie ihm ein Messer in Leib steken wollen ...".

22 Vgl. Teil III, Kap. 2.2.

grausamlich zurichte, wie sie dann auff eine Zeit zu ihm gekommen und in beysein seines schwagers ihren Rüken entblosset, da sie dann von empfangenen schlägen auff jeder schultern eine handbreit grün, schwartz und blau gewesen ...".[23] Am 5. Februar 1590 klagt Judith Zimprechtindt über ihren Mann: "stand er für sy, fass beede füest und streckh Iro die dümling In die Nasen und Ins angesicht bis das ... hellen Bluet heraus louffe."[24] Solche tätlichen Auseinandersetzungen können sich bis zum Äussersten steigern, wie aus der Schilderung des Pfarrers Peyer zu Neunkirch vom 11. Dezember 1781 über das Ehepaar Heinrich Weisshaupt und Barbara Steinegger von Neunkirch ersichtlich wird, "indem der mann sich erfrächet, in der Raserey unter entsezlichen flüchen mit einer Axt auf die frau loszugehen und sie das weib eine Schauffel ergriffen, so dass, wann mann nicht zu hülff gekommen, eines dem andern Einen Tötlichen Streich versezen und beybringen können".[25] Doch muss der Gerechtigkeit halber bemerkt werden, dass manchmal auch Ehemänner unter ihren Frauen leiden. Dazu seien einige Beispiele erwähnt, die einen gewissen amüsanten Zug haben. Am 24. Juni 1756 berichtet Heinrich Kloter, Wollweber, seine Frau Dorothea Kloter, geb. Deggellerin, habe "ihm Nachthafen, Bögeleisen, Pantofel an Kopf geworffen".[26] Zudem habe sich seine Frau verlauten lassen, "dass sie ihren Mann zunacht im Schlaf mit dem Bögeleisen todschlagen wolle, und hernach sagen, er seye gestorben". Sich zu wehren weiss auch Ursula Ruplin von Unterhallau, deren Mann Hans Schlatter, Küfer, am 27. Januar 1767 vor Gericht erzählt, seine Frau habe "ihm mit der faust ein blaues Aug und mit dem Spinnrädlin ein Loch in Kopf geschlagen".[27] Am Ende können solche innerehelichen Streitereien zum Eklat führen. So erschlägt ein Mann im Zorn seine Frau "mit dem s.v. irdinen Nachtgeschirr, welches doch noch Pfenning gantz gewesen".[28] Dazu gehört auch der Versuch, den Ehepartner mit Gift aus dem Wege zu schaffen, wofür wir allerdings nur sehr wenige Anhaltspunkte haben,

---

23 EGP 16, 498. Der Mann allerdings findet, die Schläge seien "wohlverdient" gewesen.

24 EGP 2, 87f.
11. November 1744; EGP 22, 311-330. Maria Barbara von Waldkirch, geb. Hurterin, gibt gegen ihren Mann Junker Gerichtsherr Francisc von Waldkirch zu Protokoll. Ihr Mann sei brutal und misshandle sie ständig, "ein andermahl widerum so übel tractiert, dass sie blau und rothe Zeichen im Gesicht gehabt, und dannoch sie in diser Gestalt zwingen wollen, dass sie in die Kirche gehen sollen".

25 EGP 31, 450.

26 EGP 26, 425f.

27 EGP 28, 261.
12. Januar 1797; EGP 35, 387-390. "ihm mit dem bögeleisen einen zahn ausgeschlagen."

28 RP 203, 110-114. 3. September 1745. Zu diesem Fall auch: Sacphusiana Nr. 33, 1745, 105v.

doch mag dies auch daran liegen, dass sich mit den damals bekannten Methoden Gift nur schwer nachweisen lässt.[29]

Betrachtet man die oben angeführten Fälle, so muss festgehalten werden, dass das Gericht nur selten dem Begehren nach Scheidung entspricht, obschon all diese Fälle bereits durch die vorgängigen Instanzen gelaufen sein dürften. Denn kommt ein Fall wegen Ehezerrüttung vor Gericht, so stellt dieses die letzte Instanz dar.[30] Zunächst, als halboffizielle Instanz gleichsam, erfolgt die Vermittlung in einem Ehestreit von seiten beider Verwandtschaft. So erfahren wir am 22. Februar 1735 im Ehestreit zwischen Junker Andreas Peyer, Strümpfweber, und seiner Frau Anna Maria Burgauer, "ein Ehrende freündtschafft von beeden seiten ein vergleich gemacht, wie sie sich gegen ihm und Er gegen Ihr ins künfftig aufführen sollen ...".[31] Denn der Mann findet, diese Dinge gehörten nicht vor Gericht, denn es betreffe "domestica".[32] Den gleichen Standpunkt nimmt Reichsvogt Leonhard Speissegger am 26. September 1748 ein, als er ausführt, "es seye ja allzeit üblich, dass von beederseits freündschafftten die streitigen dinge nach abgehörtem pro et contra zuerst gerichtet werden ... seine sachen seyen nur häusliche sachen, und er als hausvatter köne ja selbige selbst richten".[33] Trotz dieses innerfamiliären Charakters spielt sich die Vermittlungsbemühung in klaren Formen ab. So wird über den Vermittlungsversuch im Ehestreit zwischen Junker Landvogt Georg Michael Stokar von Neuforn und seiner Frau Elisabetha Oschwaldin am 21. Mai 1772 berichtet, es sei zu einer Zusammenkunft, einer "Conferenz", von Verwandten und Freunden beider Seiten gekommen, dort

---

29 Chronik B8, 25. Januar 1638, 140. Ulrich Walther von Löhningen, "welcher seiner frauen Arsenicum in ein Suppen gethan und ihro darmit vergeben wollen, welches aber offenbahr worden, für Malefizgericht gestelt".
Nachstellungen nach dem Leben lassen sich selten in den EGP wirklich eindeutig fassen. 1. Februar 1765; EGP 27, 738f. Die Frau Hans Vogelsangers von Beggingen weigert sich, zu ihrem Mann zurückzukehren, da er sie habe vergiften wollen. "... was ihro durch die Suppen, so ihro ihr Mann zugericht begegnet seye, selbige habe nicht anderst als wie s.v. hüenerdreck geschmekt ... Nicht lang hernach habe er ihro einen trunk gegeben, worauf sie gantz ellend worden und völlig vom Geblüt gekommen." Das Gericht befindet dann auch am 5. März 1765; EGP 27, 745f., "in dem höchsten Grad wahrscheinlich ist, dass ihro in die Suppen und im Trunk etwas widriges und unrichtiges gegeben worden". Dies zeige das medizinische Gutachten, weshalb die Scheidung ausgesprochen wird.

30 Es sei denn, eine der Parteien appelliere an den Rat.

31 EGP 19, 611f.

32 Ebd. "was die domestica antreffe, so seye ein attest von beederseits freündtschafft aufgesezt, wie man sich verhalten solle ... mithin gehörend dise sachen nicht hirher, wollens vor der freündtschafft ausmachen lassen."

33 EGP 23, 289-294. Auch: 3. Dezember 1767; EGP 28, 433-435.

seien "beede Partheyen in pro et contra angehört auch beederseits klägdten der Commission vorgetragen" worden.[34]

Als erste offizielle Instanz gilt der Pfarrer, welcher zwischen den zerstrittenen Eheleuten zu vermitteln suchen muss. Dies kommt ganz klar am 17. Januar 1782 zum Ausdruck, als das Gericht Georg Bopp von Unterhallau erklärt, "dass er den Weg Rechtens vergessen, indem, wann er gegen seine frau etwas zu klagen gehabt, er sich zuerst bey seinem herrn Pfarrer hätte anmelden, und wann dessen vermittlung nichts geholffen, ein Lobl. Ehegericht um hilffe ersuchen sollen".[35] Handelt es sich auf der Landschaft um den Dorfpfarrer, der für die Vermittlung zuständig ist, so fällt diese Aufgabe in der Stadt mit Vorzug dem Dekan zu,[36] oder das Paar wird vor das ganze Presbyterium gestellt, "wo ihnen zugesprochen werden soll".[37] Eine Ausnahme stellt die Vermittlung vom 8. März 1764 zwischen Junker Johann Friedrich im Thurn und seiner Frau Margaretha Stokarin dar, als auf Verlangen der Parteien gar ein Ausschuss des Ehegerichts selbst, "worzu Ihro Weisheit Herr Statthalter, Ihr WohlEhrwd. herr Decanus Meyer und herr Triumvir Peyer denominirt worden", den Eheleuten kräftig zusprechen und eine Aussöhnung herbeiführen soll.[38] Erst wenn all diese Bemühungen, auf die das Gericht nicht verzichten will, unternommen worden und erfolglos geblieben sind, gelangt der Fall vor Gericht.[39] Man kann davon ausgehen, dass dieses die zerstrittenen Eheleute zunächst, vor allem wenn sie zum ersten Mal deswegen vor Gericht stehen, mit einer eher pauschalen Ermahnung wieder entlässt, wie sie stellvertretend am Beispiel eines Urteils vom 29. Oktober 1601 zwischen Ulrich Finck und seiner Frau von Neunkirch ergeht. Das Gericht befindet, ihr eheliches Gezänk sei keine Ursache für eine Scheidung, und verfügt daher: " ... Sy beede Ehemenschen wider zuesammen zichen, und mit ainandern redlich und fridlich haushalten. desgleichen er, der Mann,

---

34 EGP 29, 503.

35 EGP 31, 453.

36 4. September 1748; EGP 23, 264-270. Nachdem das Paar beim Obmann des Gerichts um Hilfe gebeten hat, "der sie an die Kirche verwisen, wie dann herr Decanus sie beede abgehört, widerum gemittlet ...".

37 12.Juni 1766; EGP 28, 127-133.

38 EGP 27, 645f. Der Obmann legt vor Gericht am 20. März 1764; EGP 27, 647. Bericht ab über diesen "Extraordinari Actu" und meint, es bestehe wenig Aussicht auf Versöhnung des zerstrittenen Ehepaares.

39 Diese Aussage ist aufgrund der Quellen für das 18. Jahrhundert belegbar, für das 16. und 17. Jahrhundert dagegen fehlen leider solche eindeutigen Hinweise, doch ist zumindest nicht ausgeschlossen, dass nach dem nämlichen Muster verfahren wird. Damit ist nicht gesagt, dass alle solchen Fälle den beschriebenen Instanzenweg durchlaufen müssen, doch dürfte es sich um die Mehrheit handeln. Dies wird auch durch die EGO von 1785; AE 12, 23. bestätigt, taucht doch dort die Forderung auf, bei Ehezerwürfnissen genau so zu verfahren, wie es das Gericht im 18. Jahrhundert in der Praxis auch tut.

seinem weyb als das schwechste glid desto mehr vergeben, und Sy Ihm hingegen In allen billigen sachen underthenig und gehorsam sein solle."[40] Ein anderes typisches Beispiel findet sich am 3. Dezember 1767, als Vogtrichter Adam Schmid und seine Frau Barbara Schmid, geb. Spleissin, vom Gericht die Mahnung erhalten, "dass sie von nun an mit ainander heimziehen, das vorgegangene in vergessenheit setzen, einander desswegen keinen vorwurff machen, Christlich, liebreich und vertragsam sich verhalten, je des Andern nach denen schwacheiten und fehlern mit freündtlichkeit begegnen ...".[41] Fruchten Zusprechen und Ermahnen nichts, so können bei Bedarf auch andere Massnahmen verfügt werden. Gefängnis zum Beispiel erscheint dem Gericht als geeignetes Mittel, besonders verstockte Eheteile zum friedlichen Zusammenleben zu zwingen.[42] Als erste Stufe erfolgt manchmal auch die blosse Androhung von Gefängnis, sollten sich die Eheleute in der Zukunft nicht anständig verhalten.[43] Besonders dann, wenn der Mann seine Frau grob misshandelt hat, gilt das Gefängnis zusätzlich als Strafe. Am 29. Januar 1717 verfügt das Gericht, Meister Hans Ludwig Altorffer, Rotgerber, solle "wegen seinem brutalen betragen gegen die frau zur Correction und zum nachdenken seine begangenen fehler zu bereuen und bessere und friedlichere gesinnungen gegen seine frau an den Tag zu legen, der gefangenschaft eingesezt ... werden".[44] Reicht dies immer noch nicht aus, den Mann zur Rücksichtnahme zu bewegen, so scheut sich das

---

40 EGP 3, 180f.

41 EGP 28, 433-435.
26. September 1748; EGP 23, 289-294. Das Gericht verfügt an die Adresse des Reichsvogtes Leonhard Speissegger und seiner Frau Anna Maria Amann, "wie Ein lobl. Ehegericht noch nicht alle hoffnung verlohren, ... seine frau ... nach seinem eigenen sagen einen etwas schlechten Verstand und melancholisch geblüt habe, also er umso ehender bedenken, dass ihr wahres wolsein in einer vergnügten Ehe bestehen werde, also er ... etwan auch trachten möchte, unter Gottes beystand, sich widerum mit seiner frauen zu versöhnen, welches vor ihr künfftiges heil viel besser sein werde ...".
13. Dezember 1768; EGP 28, 602. Geradezu poetisch klingt die Aufforderung an ein zerstrittenes Ehepaar, "alles bisherige in das Tieffe Meer der vergessenheit zu senken".

42 12. August 1628; EGP 5, 2.
Pfister, Chorgericht, 38. erwähnt dieses Vorgehen im Fall der Gerichte des bernischen Aargaus.

43 15. Januar 1691; EGP 12, 385. Barbara Rahmin und ihr Mann Ludwig Härlinger von Unterhallau leben im Ehestreit. "Weilen aber er Härlinger garstige und einem Eheman übelanstendige Reden gegen seinem Eheweib ausgegossen und des arbeitens ungewohnt, als solle er in das Zuchthaus eingelegt daselbst mit Wasser und brot, so vill er dessen mit seiner eigener hand arbeit verdienen wirt, gespisen, inzwischen aber sie Rahmin sich erklären solle, ihn widerumb anzunehmen ... im widrigen sie an ihres Ehemans stell gesezt werden solle." Auch: 10. Dezember 1608; EGP 3, 507f. 27. September 1612; EGP 3, 684.

44 EGP 29, 222.
12. Juni 1766; EGP 28, 127-133. Meister Bernhardtin Spörndlin, Schneider, muss wegen Misshandlung seiner Frau drei Tage in den Draken.

Gericht nicht, nach dem Grundsatz "Auge um Auge, Zahn um Zahn" vorzugehen. Dies erfährt Conrad Zimmermann am 7. Dezember 1724, als das Gericht verfügt, er solle ins Zuchthaus gelegt werden, "alwo er taglich mit dem hagenschwantz[45] und mit einem hälsling[46] daran hinden und vornen knöpf wie er sein frau tractiert, geschlagen werden solle".[47] Freilich steht dem Gericht noch ein ganz besonders originelles Mittel zur Verfügung, die Gatten zwangsweise zur gegenseitigen Rücksichtnahme zu bringen. Hierbei handelt es sich um den sogenannten Ehelöffel. Die zerstrittenen Paare werden im Gefängnis in eine gemeinsame Zelle gelegt, erhalten aber nur eine Schüssel und vor allem nur einen Löffel, um daraus zu essen.[48] Wahrscheinlich hat diese Anordnung mit der Ansicht zu tun, wonach Liebe durch den Magen gehe. Sicher aber ist dies ein allgemein übliches Mittel, Eheleute zu gegenseitiger Gefälligkeit zu zwingen.[49] Auch die uns schon bekannte Methode der Verschleppung kann wenn nötig angewandt werden. Dazu heisst es in einem Urteil vom 15. Dezember 1608 im Fall des Alexander Moser und seiner Frau: "Dieweyl besagte Ehegemächte so sehr über einandern verpittert. Ist diemaln söllichs bis nach disem Neüwen Jahr Ingestelt. In der Zeydt zuosehen, ob sy sich villeicht nicht etwan anderst gegen ainandern erzaigen, halten und vertragen möchten."[50] Doch nicht immer scheint dem Gericht die persönliche Ermahnung oder die Strafandrohung ausreichend. So kann es durchaus vorkommen, dass die für den Wohnort der zerstrittenen Paare zuständige lokale Vertretung der Obrigkeit, also Dorfvogt oder Obervogt des betreffenden Gebietes, eingeschaltet werden.[51] Diese sollen das Verhalten des Paares beobachten. Hier zeigt sich eindeutig der strafrechtliche Charakter von Ehezerwürfnissen. Die der Obrigkeit zur Verfügung stehenden Mittel werden voll ausgeschöpft, um eine Versöhnung zu erreichen. Ein Ehezerwürfnis ist ein auch von Amtes wegen zu verfolgender Zustand, zumindest nachdem die verwandtschaftlichen

---

45 Hagenschwanz bezeichnet einen Ochsenziemer, bes. als Prügelwerkzeug. Idiotikon 9, 2027f.

46 Hälsling oder Halsling meint einen Strick. Grimm, Wörterbuch 4, 265.

47 EGP 18, 45.

48 11. August 1718; EGP 17, 38. " ... sollen Sie beede biss nächst Ehgericht zusammen in den traken gesezet werden, auss einer schüssel und löffel daselbst essen und auss einem glass trinken." Auch: 10. Dezember 1608; EGP 3, 507f. 26. April 1703; EGP 14, 369f.

49 Hauser, Leben, 108.

50 EGP 3, 509.
17. Mai 1753; EGP 24, 595-598. Das Gericht vertagt das Verfahren zwischen Benedict Stierlin, Metzger in Feuerthalen, und seiner Frau Anna Maria Wepfer bis nach Pfingsten. Die beiden Eheleute sollen sich bedenken, "ob es nicht für sie und ihre Kinder besser und Nutzlicher wäre, wann sie sich miteinander versöhnen und wider zusammen begeben wurden".

51 8. Oktober 1590; EGP 2, 110f. 9. Dezember 1596; EGP 2, 322.

Vermittlungsbemühungen nicht zum Erfolg geführt haben und der Pfarrer als erste offizielle staatliche Instanz eingeschaltet wird. Wenn die Umstände es erfordern, schreckt das Gericht selbst nicht vor der massivsten Strafandrohung zurück, nämlich der Ausweisung aus Stadt und Land, falls das zerstrittene Paar seine Lebensführung nicht ändere und zu einer Versöhnung nicht Hand biete.[52] Eine solche Drohung kann das Gericht allerdings nur anwenden, wenn es sich nicht um Bürger handelt.

Manchmal sieht das Gericht die Ursachen des Ehestreites nicht nur bei den Ehegatten selbst. Dabei spielt die berühmt berüchtigte Schwiegermutter mitunter eine ausschlaggebende Rolle. So verfügt das Gericht am 30. September 1766 im Streit zwischen Verena Catharina Blank und ihrem Mann David Huber, "indessen die beede Schwieger Mütter ... der haushaltung dieser jungen leüthen sich entmüssigen sollen".[53] Offenbar hat das Gericht diese beiden als die Hauptschuldigen erkannt, da sie sich in die Haushaltung des jungvermählten Paares einmischen.[54] Freilich kann auch das Hauspersonal als Ursache des Ehezerwürfnisses angesehen werden.[55] Damit eng verbunden sind gerichtliche Verbote an Familienangehörige gerichtet, einem Eheteil Zuflucht und Unterschlupf zu gewähren.[56] Denn auf diese Weise wird in den Augen des Gerichts der Ehestreit nur noch verschärft. Einmal ordnet das Gericht sogar eine medizinische Behandlung an, da eine Krankheit seiner Meinung nach am Ehezerwürfnis zwischen Hans Werner und seiner Frau von Merishausen schuld ist. Am 21. April 1642 befindet das Gericht daher, die Frau solle " ... ein Baden Cur ohnverzogenlich anstellen und halten".[57]

Von nicht zu unterschätzender Bedeutung bei all den Versuchen, ein Ehezerwürfnis zu beheben, ist die Verankerung im Jenseitigen. Fehlt diese, so sind die Ehepaare dem Wirken des Teufels ausgesetzt, der sich unablässig bemüht, Zwietracht zu sähen und die gottgewollte

---

52 29. Februar 1644; EGP 8, 199r. Josef N. aus Württemberg, Mesmer zu Büsingen, und seine Frau. "Fahls aber kein besserung ervolgte, sollen Sie beide von Statt und Land verwiesen werden."

53 EGP 28, 183-187.

54 24. März 1757; EGP 26, 542. "Melchior Schaad, Vater, aber, um dass es ... notorisch und handgreiflich, dass er an der bösen Ehe dieser jungen Leuten die meiste Schuld habe, indem er nur böses gestifftet, solle zu wohl verwürkter Buss 4 M[ark] S[ilber] erlegen." Weitere Beispiele finden sich: 15. April 1656; EGP 9, 86f. 21. Juli 1767; EGP 28, 357.

55 2. Mai 1676; EGP 11, 2. Die Magd soll aus dem gemeinsamen Haus entfernt werden. Vgl. dazu auch Teil III, Kap. 2.4.

56 4. Mai 1647; EGP 8, 259r. Die Frau hält sich beinahe vier Wochen bei ihrer Mutter auf, weshalb diese mit 4 Gulden Busse belegt wird, da sie ihre Tochter "einzogen und underschlauff geben".

57 EGP 8, 173v.

Institution der Ehe zu untergraben. Daher erstaunt es nicht, wenn das Gericht Anweisung an ein zerstrittenes Paar erteilt, "das liebe gebät und alle rechte treu und tugenden vor die hand zunemen und dem bösen zu widerstehen".[58] Woraus dabei die Tugenden bestehen, welche sich die Paare aufzuerlegen haben, kommt schön in seiner geradezu puritanischen Art am 16. Mai 1674 zum Ausdruck, als das Gericht Meister Heinrich Seelin, Bäcker, ermahnt, dass "der Mann fleissig arbeiten und hausen, auch ernstlicher bätten und den Gottesdienst verrichten solle".[59] Ist der Ehestreit eine letztlich den Paaren von Gott auferlegte Prüfung, so muss diese auch ausgestanden werden. Dies ist den Beteiligten selbst durchaus einsichtig, erklärt sich doch zum Beispiel Conrad Zimmermann bereit, "wol mehr als zuvor in die kirchen gehen".[60] Zum anderen verfolgt das Gericht in seiner Einschätzung der Lage jene Linie, die sich unmissverständlich am 11. November 1744 zeigt, als es Maria von Waldkirch, geb. Hurterin, folgendermassen zuspricht: "dass sie doch das Creütz, welches der L. Gott ihro auferlegt habe, mit gedult tragen und hoffen solle, dass auch die Zeit kommen, dass Er sie erlösen werde, und also seinem heiligen willen sich ergeben solle; der sie in ihrem stand nicht verlassen, und nach der ersten frag des Catechistium kein haar von ihrem haubt ohne Seinen h. willen fallen lassen, villmehr sie auss disem Creütz in freüdt bringen werde".[61] Deshalb ist nur folgerichtig zur Wiederherstellung einer zerstrittenen Ehe am Ende Gottes Hilfe und Segen nötig.[62] Denn nach seinem Gesetz gibt es eben keine Scheidung aufgrund von Ehezerwürfnissen. Die Ursache dafür liegt daher nicht ausschliesslich beim Verhalten der Ehegatten zueinander, sondern auch beim mangelnden Zugang zu Gott. Ist dieser Mangel erst einmal behoben, so sind folglich die Hindernisse auf dem Weg zum Eheglück beseitigt. Behoben wird er, wenn die zerstrittenen Eheteile sich nach den göttlichen Geboten richten und ein gottesfürchtiges Leben führen, Moral und Tugenden beachten. Dies ist die Sichtweise nicht nur des Gerichts. So sagt Anna Barbara Habik am 30. August 1717 über ihren Mann Hans Conrad Spleiss, Buchbinder, der sich bis anhin ihr gegenüber schlecht benommen hat, er habe seinen Sinn geändert, "das solches eine sonderbahre Regierung Gottes seie, und sie

---

58 17. März 1649; EGP 8, 296v-297r.

59 EGP 10, 326.
30. August 1740; EGP 21, 228f. Das Ehepaar soll friedlich leben, "wie es Christl. Eheleüten geziemet ..., mehrere Gottesforcht suchen und üben, zu haus morgen und abend fleissig bätten, die Predig und Kinderlehr ordentl. besuchen ...".

60 9. Januar 1725; EGP 18, 52f.

61 EGP 22, 311-330.

62 1. Dezember 1653; EGP 9, 13f. Der Schreiber fügt der Ermahnung an Meister Melchior Pfister, Metzger, und seine Frau bei: "Dazu dann Ihnen der allmächtige Gott sein gnad und heiligen Geist verleyhen wolle." Auch: 29. November 1666; EGP 10, 89.

solches vermittelst des gebättes von Gott ausgebetten haben".[63] Begehren auf Scheidung werden deshalb zunächst einmal äusserst zurückhaltend beurteilt, handle es sich um Fälle von Trunksucht oder Verschwendung, Eifersucht oder gar Körperverletzung, bis hin zur Nachstellung nach dem Leben. All diese Tatbestände bringen laut den EGO keine Scheidung.[64] So heisst es in der EGO von 1681, "alsdann wo keine ursach völiger Scheidung vorhanden ist, nach Gottes Ordnung, an Oberkeitlichen mitteln nichts underlassen, sondern Sie mit recht und Gefangenschaft, auf alle weis und weg widerum zusammen ... [gebracht] werden, und solches zu bewerkstelligen den herren Eherichtern überlassen sein".[65] Und die obrigkeitlichen Mittel schöpfen die Richter dann auch, wie wir gesehen haben, weidlich aus. So unverständlich sich die manchmal unbeugsame Haltung des Gerichts, selbst in schweren Fällen der Misshandlung keine Scheidung auszusprechen, für den heutigen Leser der EGP ausnimmt, so vorsichtig muss er mit einem vorschnellen Vorwurf der Unbarmherzigkeit an die Adresse des Gerichts sein. Sicher kann man sich zuweilen fragen, weshalb das Gericht keine Trennung von Tisch und Bett ausspricht, um so wenigstens vorübergehend eine Entspannung der Situation zu erreichen. Doch liegt gerade dies im freien Ermessen der Richter. Der andere Grund aber geht tiefer. Denn das Konzept der Liebesheirat, der Heirat also ausschliesslich aufgrund persönlicher Zuneigung zwischen den späteren Ehegatten, ist etwas, bis auf wenige Ausnahmen, dem 16. und dem 17. Jahrhundert, weniger dem 18. Jahrhundert, Unbekanntes. Die Vorstellung, nur aus Liebe zu heiraten, ist für die grosse Masse der damaligen Menschen eine fremde Idee und bleibt dies wohl auch während des 18. Jahrhunderts, obgleich sich gerade dort die Anzeichen mehren, dass der gegenseitigen Zuneigung der späteren Ehegatten eine immer grössere Bedeutung zukommt.[66] Doch vernehmen wir noch gegen Ende des 18. Jahrhunderts in

---

63 EGP 16, 567.

64 Wehrli, Ehescheidung, 80. stellt das identische Vorgehen für das Zürcher Gericht fest. Die Scheidungsnorm der Ehezerrüttung ist unbekannt.

65 Ordnungen B Heft 5, 50.

66 So lesen wir in den EGP des 18. Jahrhunderts vermehrt von gegenseitiger Liebe.
11. Januar 1703; EGP 14, 338-340. "So sige dannoch die gegen einander tragende Liebe so angewachsen, dass sie sich lieber das leben nehmen, als wider von einandern trennen lassen wollen."
13. Januar 1773; EGP 31, 22-24. Das Gericht empfiehlt, "die Sache reiflich zu überlegen, und lediglich dem Trieb ihres Herzens und ihrer wahren Überzeugung zu folgen".
11. Februar 1777; EGP 30, 468-472. Johann Jacob Ziegler vom Grüth erklärt sich bereit, sein Eheversprechen mit der Witwe des Junker Postmeisters Johann Conrad Peyer Maria Franzisca Peyer zum Ochsen aufheben zu lassen. "Es würde villmehr nach seiner denkungsart jederzeit kränkend für Ihn seyn, wann er durch seine Person die geringste hindernuss an dem künfftigen Wohlstand und Glückseligkeit der Frau Postmeisterin geben solte." Er wünsche ihr "aus bestem und aufrichtigsten herzen

einem Tagebucheintrag von Andreas Keller, dem späteren Antistes von Schaffhausen, zur Brautwerbung: "Die Eltern meiner Geliebten waren von dem ersten Antrag an gleich gut gestimmt gewesen. Dem Mädchen selbst war noch nichts entdeckt worden."[67] Die Auserwählte Kellers weiss also noch gar nichts von den Heiratsplänen ihrer Eltern. So heiratet die überwiegende Mehrheit der Menschen auch, manchmal wohl vor allem, aus sozialen und wirtschaftlichen Motiven.[68] Für die Ehe sind wohl gegenseitige Treue, Verträglichkeit, Zuneigung, Ehrbarkeit nötig, doch dazu kommen, wie wir es andeutungsweise in einzelnen Klagen gehört haben, noch andere wichtige Dinge: körperliche Tüchtigkeit, das haushälterische Umgehen mit den beschränkten gemeinsamen Mitteln, die Fähigkeit der Frau, den Haushalt zu besorgen. Die Liebe also muss mit ganz realen Überlegungen gepaart sein.[69] Es herrscht daher in den meisten Fällen wohl eine Mischung von zweckrationalen und emotionalen Überlegungen.[70] Dabei erfüllt die Ehe eine wichtige soziokulturelle Funktion, bildet sie doch ein stabilisierendes Element in einem von Kargheit, Krankheit und Unsicherheit gezeichneten Alltag. Die Voraussetzungen, um eben diesen Alltag besser zu meistern, sind für Verheiratete in der Regel einiges günstiger als für Unverheiratete. Die

---

alles beständige Wohlergehen, eine dauerhaffte Gesundheit und bis in das spätheste Alter unter Göttlichen Seegnungen den genuss unzehlbarer Glückseligkeiten".

67 Keller, Andreas Keller, 4. Eintrag zum 2. Februar 1788. Erleichternd kommt hinzu, dass sich die beiden zukünftigen Brautleute seit ihrer Jugend kennen.

68 8. Februar 1700; EGP 14, 172f. Die Frau heiratet, weil sie glaubt, "bei diesem mann genugsame lebensmitel zubekommen".
26. Juni 1792; EGP 33, 343f. Meister Johannes Huser gibt vor Gericht zu, "da doch Männiglich bekannt seye, in welchen Umständen er gewesen, durch die er gleichsam in die Nothwendigkeit versezt worden, dise Person zu heyrathen, um seinen Oeconomischen Zustand wider zu verbessern". Mitterauer/Sieder, Vom Patriarchat zur Partnerschaft, 154. sprechen in diesem Zusammenhang von "Versorgungsehe".
Wie hoch der Anteil gegenseitiger Liebe beim Eheschluss tatsächlich ist, bleibt umstritten. So veranschlagt ihn Ingram, Church Courts, 125-167. als nicht unbedeutend, sicher aber als einiges entscheidender, als die zeitgenössischen Moralisten erkennen lassen. Dies im Gegensatz zu Stone, The Family, Sex and Marriage, 181-216., der mehr die realen, zweckgerichteten ökonomischen Überlegungen der Brautleute bei der Wahl betont. Für Schaffhausen scheint mir gerade im 16. und 17. Jahrhundert eher die Interpretation von Stone zutreffend, wenn auch persönliche Zuneigung keineswegs ausgeschlossen ist. Aber gerade in schaffhausischen Tagebüchern der Zeit findet sich wenig, was nur auf Liebe schliessen liesse. Vgl. dazu: Dülmen, Heirat und Eheleben, in: AKG 72, 1990, 169.

69 Ein schönes Beispiel dafür sei angeführt. 26. September 1769; EGP 28, 712-716. Ein Vater erklärt, er habe seinem Sohn zugeredet, seine Braut "als eine naherin von der bauren und Landwirthschaft gar nichts wisse, mithin zum Nähen und aufwarten besser als auf einen baurenhoff tauge ...".
Allgemein dazu: Hauser, Wirtschaftsgeschichte, bes. 126-132. Hauser, Leben, 197-204. Ozment, When Fathers Ruled, 50-72. Simon, Untertanenverhalten, 248f.

70 Becker, Leben und Lieben, 201. Anm: 69. bietet ein Beispiel vornehmlich zweckrationalen Handelns.

Ehe erscheint so nicht nur gottgewollt, sondern meint auch eine Lebensnotwendigkeit, die von den Lebensumständen der grossen Mehrheit der Menschen diktiert wird.[71] Oder um es mit Melanchthon zu sagen: "Ich glaube, dass man von Natur zum Heiraten gezwungen wird. Diese Lebensform ... gefällt besser als Ehelosigkeit."[72] Bei einer solchen Sachlage heiraten dann oft Menschen, die dies unter "modernen" Umständen nicht tun würden, eben weil sich die Ehe auf verschiedenartige Wurzeln gründet. Dass dabei alle Stricke reissen, ist selten, und dies weiss auch das Gericht. Eine Scheidung wegen Ehestreits, Verschwendung oder anderer Unzulänglichkeiten eines der Ehegatten, wie schlimm auch die konkreten Auswirkungen auf den Ehepartner und die Familie sind, muss ihm als übertriebene Forderung erscheinen. Wegen solcher Ehezerwürfnisse eine Scheidung vorzunehmen widerspricht den göttlichen Geboten und dem Charakter der damaligen Ehe. Was dem Gericht bleibt, neben seiner ohnehin scheidungsfeindlichen Haltung, ist die Ermahnung und der Einsatz staatlicher Zwangsmittel, um eine Zerrüttung der Ehe zu beheben. Dies ist die Position für das ganze 16. und 17. Jahrhundert. So gibt es bis zu Beginn des 18. Jahrhunderts, soweit wir sehen, nur gerade drei Fälle, bei denen das Gericht die Scheidung ausspricht.[73] Im 18. Jahrhundert freilich ändert

---

71 Beachten sollte man aber, dass etwa 30% der Menschen unverheiratet bleiben, vornehmlich aus wirtschaftlichen Gründen. Es handelt sich dabei um die grosse Gruppe, die sich eine Ehe nicht leisten kann oder der die Heiratserlaubnis von der Obrigkeit deswegen verweigert wird. Im 18. Jahrhundert sind zum Beispiel auf der Zürcher Landschaft mehr als ein Drittel aller Erwachsenen unverheiratet. Hauser, Leben, 203. Mitterauer/Sieder,Vom Patriarchat zur Partnerschaft, 54. geben für Mittel- und Westeuropa gar eine Quote von max. 1/3 der Männer und nicht einmal 50% der Frauen an, welche verheiratet sind.

72 Zit. aus: Hauser, Leben, 198f.

73 Diese Ausnahmen seien hier der Vollständigkeit halber erwähnt.
Am 9. September 1662; EGP 9, 341f. wird Heinrich Hauser von seiner Frau geschieden, da sie ihn durch ihr liederliches Leben zum Wegzug gezwungen hat, und er jetzt in der Pfalz eine Stellung als Stadtschreiber erhält. Dafür aber brauche er eine ehrliche Frau, zumal sich seine angestammte Frau weigere, mit ihm in die Pfalz zu ziehen. Die Scheidung wird wohl wegen der Gefährdung seines beruflichen Fortkommens ausgesprochen, allerdings nur mit Stimmenmehr.
19. März 1630; EGP 5, 83. Hans Schilling, Gerber, wird von seiner Frau geschieden, die aber seit fünf Jahren nicht mehr bei ihm wohnt, da er sie andauernd verprügelte. Das Gericht kann die Scheidung aussprechen, indem es die Frau des böswilligen Verlassens für schuldig spricht; dies ist ein rechtlich stichhaltiger Scheidungsgrund.
Diesen Kunstgriff wendet es auch beim wohl berühmtesten Fall in seiner ganzen Geschichte an. Am 26. Oktober 1678; EGP 11, 115f. bringt der damals mächtigste Schaffhauser Tobias Holländer, Säckelmeister der Stadt, die Scheidungsklage im Namen seiner Tochter Barbara Holländer gegen deren Mann Alexander Zündel ein. Die Begründung ist fadenscheinig, lautet sie doch lediglich darauf, ihr Mann habe über sie geflucht. Selbstverständlich lehnt das Gericht sein Begehren ab, beschliesst aber, ihrem Mann solle ins Gewissen geredet werden. Zudem werden sie ein halbes Jahr von Tisch und Bett getrennt. Nach Ablauf dieser Frist folgen mehrere Prozesse: 20. November 1679; EGP 11, 147. 27. November 1679; EGP 11, 150-152. 8. Januar 1680;

sich das Bild; zwar wird immer noch in der Mehrzahl der Fälle das Scheidungsbegehren abgelehnt, doch nicht durchgängig. Als Hauptgrundsatz des Gerichts für die Behandlung solcher Fälle im 18. Jahrhundert kann die Aussichtslosigkeit, eine Versöhnung herbeizuführen, gelten, nachdem alle Zwangsmittel, eine solche zu erreichen, ergebnislos eingesetzt worden sind. So spricht das Gericht am 27. Februar 1766 eine Scheidung aus zwischen Wachtmeister Jonas Siband und seiner Frau Margaretha Sibandin, geb. Siggin, mit der Begründung, "da gar keine Hoffnung zu ihrer versöhnung mehr übrig und alle obrigkeitliche hierzu angewandte Mittel unverfänglich".[74] Das Gericht zeigt doch in einigen Fällen Einsicht in die Grenzen seiner Möglichkeiten und den beschränkten Nutzen staatlicher Zwangsmittel, mit denen um jeden Preis eine Versöhnung erreicht werden soll, nur um eine endgültige Scheidung vermeiden zu können. Am 12. März 1790 verfügt es die Scheidung zwischen Capitainleutnant Franz Ott und seiner Frau Maria Esther Ott, geb. Ringk von Wildenberg, weil "die Abneigung unter ihnen so gross, dass weder schärffere noch gelindere Mittel bey ihnen nichts verfangen wurden, und dahero weder von dem eint noch Andern eine besserung zu erwarten seye".[75] Zudem spreche man die Scheidung aus "sonderheitlich in Ansehung der Kinder", die unter dem fortdauernden Ehestreit besonders leiden.[76] Bei der Urteilsfindung, eine Scheidung wegen Ehezerrüttung auszusprechen, fallen zusätzlich zum Grad der Zerrüttung und der Aussichtslosigkeit, eine Versöhnung zu erreichen, noch andere Gesichtspunkte in Betracht. Im eben angeführten Fall sind es Kinder, welche dem Ehestreit nicht mehr länger ausgesetzt werden können. Doch kann auch die Kinderlosigkeit des Paares eine Rolle bei der Beurteilung des Falles spielen, kommt so doch gar nicht erst die Frage auf, wer die Kinder zu sich nehmen muss.[77] Oder grosse

---

EGP II, 153f. 22. Januar 1680; EGP II, 155. Am 3. Februar 1680; EGP II, 159f. zeigt es sich, wie das Gericht hart bleibt in seiner Haltung und erneut verfügt, die Frau solle zu ihrem Mann zurückkehren, was diese und ihr Vater seit der Trennung von Tisch und Bett ablehnen. So bleibt dem Gericht am 23. März 1680; EGP II, 161f. kein anderer Ausweg, als die Frau des böswilligen Verlassens für schuldig zu erklären und die Scheidung auszusprechen. Dies allerdings nur auf massiven Druck des Rates hin, der sich vor den einflussreichen Säckelmeister stellt. Selbst ein Auftritt der Schaffhauser Geistlichkeit vor dem Rat als Zeichen des Protestes gegen dessen Anweisung an das Gericht, die Scheidung auszusprechen, bringt keinen Erfolg, zeigt aber die Unverständlichkeit dieses Ratsbeschlusses für die geistlichen Mitglieder des Gerichts.

74 EGP 28, 82f.

75 EGP 33, 64.

76 Armenpfleger Spleiss erhält denn auch den Auftrag, die Kinder dem geschiedenen Paar wegzunehmen, "weilen man die Erziehung derselben Ihnen nicht anvertrauen könne, und dahero trachten, wie sie anderwerts könten besorgt werden".

77 29. November 1791; EGP 33, 271. Adam Waldvogel, Bäcker, von Neunkirch, und Margaretha Wildberger werden geschieden, da es sich zeige, "wie karg, lieblos und

Charakterunterschiede der beiden Eheteile fallen ins Gewicht, so dass eine Versöhnung aussichtslos erscheint. So wird am 18. Juni 1748 Alexander Müller von seiner Frau Dorothea Oschwald geschieden, da "so wol in ihrem braut - als kurzen Ehestand eine grosse alienation und widrigkeit der Gemüther gewaltet habe ... dass es bis dahin nicht allein ein übelgerathene Ehe gewesen, sondern auch kein hoffnung zur besserung künfftighin zu schöpfen".[78] So lässt sich für die Praxis im 18. Jahrhundert festhalten, dass eine Scheidung immer im alleinigen Ermessen des Gerichts liegt. Kommt dieses zur Überzeugung, es bestehe keine Hoffnung auf Aussöhnung der zerstrittenen Ehegatten, so kann es, muss aber nicht, eine Scheidung aussprechen, besonders wenn dabei auch alle Versöhnungsversuche und möglichen staatlichen Zwangsmittel erfolglos geblieben sind. Diese Haltung ist zumindest im Lichte möglicher Missbräuche besehen gerechtfertigt.[79] Sicher aber ist, dass im 18. Jahrhundert eine Scheidung wegen Ehezerrüttung eher ausgesprochen wird, das Gericht generell mehr auf die individuelle Situation der Beteiligten eingeht und deren Begehren vermehrt in Betracht zieht, ohne deswegen so lange als möglich von seinem Grundsatz der Eheerhaltung abzuweichen. Die Scheidung bleibt eine Ausnahme, auch wenn der Tatbestand der Ehezerrüttung in der Praxis des Gerichts im 18. Jahrhundert langsam, aber nicht durchgängig den Charakter eines Scheidungsgrundes erlangt.

---

unverträglich der mann seine frau behandelt und man nicht vorsehen könne, dass zwischen ihnen Ruh und fride zu stifften und ohnehin keine kinder vorhanden".

78 EGP 23, 246-248.
12. April 1796; EGP 35, 327f. Niklaus Stoll von Osterfingen und Margreta Wyss werden nach nur neunmonatiger Ehe geschieden, da "der mindeste Zwang die Margreta Wyss, die kein gefühl gegen ihren Mann zeige, zu einem unglüklichen Entschluss bringen könnte".

79 27. März 1764; EGP 27, 657f. Maria Ursula Schmied wurde am 17. Januar 1764; EGP 27, 622. von ihrem Mann Hyacinth Frommet, Sprachenmeister aus der Provinz Languedoc, auf ihr Ansuchen geschieden, doch stellt sich jetzt heraus, dass sie das Gericht mit "vielen s.v. Lugen" hinterging, um "von ihrem liederlichen Mann widerum loss werden [zu] können".

7.3.4. Vaterschaftsklagen[1]

Damit kommen wir zu einem der erschütterndsten Kapitel unserer Untersuchung, zumal wir über die realen Umstände durch die Aussagen der Beteiligten recht genau Bescheid wissen. Zunächst sei zur Erläuterung vermerkt, dass der Vaterschaftsklage ausschliesslich Unzucht, also ausserehelicher Intimverkehr, oder Hurerei, Intimverkehr lediger Personen miteinander, zugrunde liegt. Da aber die Unterscheidung zwischen Unzucht und Hurerei in den EGP nicht immer und überall vollständig gemacht wird, benutzen wir in der Folge lediglich den Terminus "Unzucht".

Unzucht ist ein gesetzlich verbotenes und unter Strafe gestelltes Vergehen. Dennoch kommt es häufig vor, was die grosse Anzahl solcher Fälle vor Gericht belegt. Dabei sind in vielen Fällen auf der Seite der Kläger weibliche Dienstboten zu finden, auf der Seite der Beklagten ihre Arbeitgeber und deren Söhne.[2] Dies kommt nicht von ungefähr, sind doch die Dienstboten von ihren Arbeitgebern in materieller Hinsicht völlig abhängig. Zudem gehört es zur Sitte, dass Dienstboten oft, wenn auch keineswegs immer, schon nach kurzer Dienstzeit ihre Stellung wechseln, der Kreis der möglichen Schwängerer also entsprechend grösser wird.[3] In jedem Fall aber ist eine uneheliche Schwangerschaft unehrenhaft und mit schlechtem Leumund verbunden.[4] Dies gilt für beide Seiten. Eine Tatsache, die oft zum Versuch von seiten des Schwängerers führt, die Frau ausser Landes zu schaffen, um auf diese Weise einen Skandal zu vermeiden. So sagt die Tochter Conrad Schayers am 9. Juni 1634 aus, Lenz Meier habe sie fortgeschickt und ihr Geld mitgegeben.[5] Der Vorteil einer Geburt ausser Landes liegt darin, dass ein beliebiger

---

1 Dies ist das einzige Kapitel, zu dem Vorarbeiten bestehen, welche allerdings die rein juristischen Gesichtspunkte betonen. Etzensperger, Stellung des ausserehelichen Kindes. Bollinger, Ermittlung der ausserehelichen Vaterschaft.

2 Arlette Farge, Das brüchige Leben, 39f. beobachtet für das Paris des 18. Jahrhunderts, dass mehr als die Hälfte der Frauen, die während der Schwangerschaft verlassen werden, Dienstbotinnen sind. Ihre Partner sind entweder andere Bedienstete oder ihre Arbeitgeber resp. deren Söhne. Mitchison/Leneman, Sexuality, 184. sprechen für das Schottland des 18. Jahrhunderts von der Häufigkeit, mit der Dienstbotinnen von ihren Dienstherren oder deren Söhnen geschwängert werden.

3 8. August 1683; EGP II, 270. Catharina Spechtin wechselt mitunter bereits nach einem halben Jahr die Stellung.
28. Januar 1768; EGP 28, 457. Eine Magd aus Ermatingen steht seit einem Jahr in Schaffhausen in Diensten "von Liechtmess biss Margaretha auf der kauffleüth Stuben, und von Margaretha biss jezo in dem Würtshaus zum Löwen".

4 Selbst vor Gericht kann sich dies auswirken. So vermerkt der Schreiber am 2. Dezember 1784; EGP 31, 730: "In Ansehung ihrer vorgegebenen Schwangerschaft ist selbige wegen ihrem berüchtigten Scandaleusen Lebenswandel als verdächtig bezweiflet und nichts weiters darüber verhängt worden".

5 EGP 7, 20v. Auch: 12. April 1670; EGP 10, 186f.

Mann als Schwängerer angegeben werden kann, denn für die fremde Obrigkeit ist eine Überprüfung der Angaben meistens zu aufwendig.[6] Selbst der Versuch, einen anderen Mann gegen Bezahlung dazu zu bringen, sich als Schwängerer auszugeben und damit die Vaterschaft auf sich zu nehmen, kommt vor. Am 10. Mai 1631 meldet Hans Spörli von Löhningen, " ... habe er, Jacob Nünkomm In höchlich gebeten, das er bekenne, er seye bey Iren ... gewesen, damit er, Nünkomm, nit In schmach und schandt gerathe. Wölle dem Kindt mehrers geben ...".[7] Geradezu fachmännisch ist die Instruktion, welche Magdalena Vogelsanger von Beggingen von der Frau des Ratsherren Stierlin erhält, deren Sohn die Dienstmagd im Hause seiner Eltern geschwängert hat. "Die Frau Ratshl. Stierlin habe ihro gesagt, sie solle ihren Sohn, weilen er eine braut unter handen habe, verschonen, und ihn nicht, sondern einen Begginger, nemlich den Michael Wanner, der Tod seye, und ihro nicht widersprechen könne, angeben, ... könne auch noch von dem Wanner ein kleines Erb beziehen, sie wolle ihro überdas noch die Ehgrichtliche Straff bezahlen."[8] Kann hier der Verstorbene nicht mehr vor Gericht erscheinen, so taucht auch die Überlegung auf, einen Fremden als Vater anzugeben,[9] oder einen, der weit weg verreist ist,[10] damit das Gericht in seinen Nachforschungen gehörig behindert wird.

Aus den nämlichen Gründen der Unehrenhaftigkeit hat die Geschwängerte ein vitales Interesse, die Schwängerung so lange als irgend möglich zu verschweigen. So kann sie einmal ihren Dienst behalten und auch, zumindest vorübergehend, ihren guten Ruf,[11] ist er doch entscheidend, will sie vor der Niederkunft des Kindes noch geheiratet werden, denn ein gut beleumdeter Mann gleicher oder höherer sozialer Stellung wird wohl kaum je eine Frau mit einem unehelichen Kind nehmen.[12] Gelänge eine Heirat vor der Geburt des unehelichen Kindes, so wäre die Schwängerung lediglich vorehelicher Beischlaf, und das Kind hätte einen Vater, wäre demnach ehelich. "Da sie von Jacob Lousi unter Ehlichem Versprechen geschwängert worden, Er zum Vatter

---

6 So bringt Anna Billing von Flurlingen am 24. Januar 1773 in Kreuzlingen ihr Kind zur Welt und gibt einen schon seit zwei Jahren nicht mehr in Schaffhausen weilenden Buchdrucker aus Tübingen als Vater an. 2. Februar 1773; EGP 29, 631.

7 EGP 6, 108f.

8 EGP 30, 275-280.

9 30. August 1736; EGP 20, 306. "... sie solle ein frembden angeben, man werde nicht so genau nachfragen."

10 3. Dezember 1739; EGP 21, 100. "gedacht, weilen der Maurer so weith entfernet, und man desshalben nicht nachfragen werde, sie diesen angeben wolle ...".

11 Wächtershäuser, Das Verbrechen des Kindsmordes, 63. sieht die Verheimlichung der Schwangerschaft motiviert durch das Bestreben der Erhaltung der Geschlechterehre.

12 So auch: Dülmen, Frauen vor Gericht, 94f.
Anders: Breit, Leichtfertigkeit, 168., der die Heiratschancen lediger Mütter kaum schlechter sieht. Mit Breit übereinstimmend: Ingram, Church Courts, 310.

des Kinds, und das zur Welt kommende Kind Ehelich anerkannt ..." sein, dies verfügt das Gericht am 4. Februar 1779 zwischen Maria Magdalena Ammann und Jacob Lousi von Frankfurt, Perückenmachergeselle bei Meister Hurter.[13] Dass gerade dieser Sachverhalt den Beteiligten mitunter sehr wohl bewusst ist, mag noch einmal das Beispiel der Magdalena Vogelsanger von Beggingen vom 25. Juli 1775 zeigen, denn die Mutter des Schwängerers Frau Stierlin bringt weiter vor, sie solle sagen, "der Wanner habe sie, wann sie schon kein Ehpfand von ihm habe, unter ehelichem versprechen geschwängeret, sie und ihr Kind bleibe alsdann eine Burgerin zu Beggingen ...".[14]

Betrachtet man nun die Gerichtspraxis selbst, so gilt es zu Beginn festzustellen, dass zumindest bis etwa zu Anfang des 17. Jahrhunderts Vaterschaftsklagen im eigentlichen Sinne selten sind. Die Klagen haben bis zu diesem Zeitpunkt als Begründung ein vermeintliches Eheversprechen des Schwängeres an die Frau.[15] Damit aber muss das Gericht zunächst entscheiden, ob überhaupt ein Eheverspechen vorliegt. Ein dafür typisches Beispiel ereignet sich am 12. August 1628, als Torotea Hauserin gegen Bartolome Mäder klagt: " ... habe er die Unzucht mit Iren vollbracht [d.h. sie geschwängert] und Sy zue der Ehe genommen, auch Iren ain Ring uf die Ehe geben mit vermelden, solle Sy niemandt scheiden, dann allein Got ...".[16] Bartolome Mäder gesteht zwar die Unzucht, doch leugnet er das Eheversprechen. Das Gericht sieht keinen anderen Ausweg, als die Klägerin zu fragen, ob sie von ihrer Klage auf die Ehe zurücktreten wolle, denn ein Eheversprechen lässt sich nicht schlüssig beweisen. Die Klägerin erklärt sich dazu bereit, wenn der Mann das Kind nach der Geburt zu sich nehme und es aufziehe. Dies macht dem Gericht den Weg frei, die Parteien wegen Unzucht zu büssen, sie ledig zu sprechen und die von der Klägerin wohl eigentlich angestrebte Verfügung zu erlassen, dass nämlich der Vater sein Kind, nachdem es für die ersten zwölf Wochen bei seiner Mutter geblieben ist, für immer zu sich zu nehmen und für dessen Unterhalt aufzukommen hat. Zudem muss er ihr 30 Gulden in zwei Raten als Entschädigung bezahlen. Im Laufe des 17. und dann vor allem im 18. Jahrhundert nehmen eigentliche Vaterschaftsklagen zu. Dabei gilt es in der Praxis des Gerichts zu unterscheiden zwischen Fällen, bei denen die Vaterschaft unbestritten, und solchen, bei denen diese unklar ist. Gerade wenn die

---

13 EGP 31, 135.
Die grundsätzliche Haltung zeigt sich am 12. Februar 1760; EGP 27, 220., als das Gericht verkündet, "weilen in favorem Matrimonii und denen allgemeinen Rechten Gemäss. Wann die Schwängerung unter Ehelichem Versprechen geschiehet, und die Persohnen einandern heyrathen, das Kind vor Ehelich angesehen werden kann ...".

14 EGP 30, 275-280.

15 Eine Feststellung, die schon Bollinger, Ermittlung, 15. macht.

16 EGP 5, 3-9.

Vaterschaft als solche unbestritten ist, ergibt sich für das Gericht einmal mehr die Möglichkeit, zwischen den Parteien zu vermitteln. So gestehen am 23. Juni 1746 Heinrich Bolinger und Barbara Pfeiffer von Beringen, Unzucht begangen zu haben, "hierauf wurde sowohl dem Bolinger als der Pfeifferin alle nötige und wohlgemeinte vorstellungen gemacht, ob es nicht besser were, weilen doch sie von Gleichen umständen und Alter, und sie ein hauslich und arbeitsam Mensch seje, wan er sie behalten wurde ...".[17] Die ohnehin fällige Busse werde so auch noch kleiner, da sie im Falle der Heirat nur wegen vorehelichen Beischlafs gebüsst würden und nicht wegen Unzucht.[18] Dabei kann das Zusprechen durchaus auch massiver ausfallen. Am 6. Oktober 1740 muss sich Hans Georg Zirn von Balingen, der Elsbeth Räglin von Unterhallau geschwängert hat, vom Gericht sagen lassen: "worauf ihm vorgestellet, dass er mit seinen nichtigen ausreden und ableügnen die sach nicht guth machen werde, man frage ihn also in guter wohlmeinenheit, ob er das mensch nicht behalten könne, dass er nicht, wie er glaube, mit einem Maulwüschen, oder gar leicht draus kommen werde, wan er diese geschwächte[19] Persohn nach dem geschehenen versprechen, wie man glauben müsse ... durch dermahliges Leügnen sizen lasse", wolle er sie nicht heiraten, so warteten auf ihn eine grosse Busse und viele weitere Unkosten.[20] Trotz dieses eindringlichen Zuspruchs, bei dem das Gericht alle Register zieht und dem Beklagten zusätzlich mit einer besonders hohen Busse droht, weigert er sich, ein Eheversprechen zuzugeben und die von ihm geschwängerte Frau zu heiraten, worauf das Gericht ihm Bedenkzeit einräumt. Am 18. Oktober 1740 zeigt er noch immer keine Sinnesänderung, doch muss er so lange im Gefängnis bleiben, bis er für den Unterhalt des Kindes ausreichende Kaution geleistet hat.[21] Auch hier also ist das Gericht mit seinem Vermittlungsversuch erfolglos.

Anders verhalten sich die Fälle, bei denen die Vaterschaft unklar ist. Auffallend dabei der Versuch von seiten der angeblichen Schwängerer, die Frau in ihrem Leumund schlechtzumachen.[22] So führt Johann Adam Bäschlin im Namen seines abwesenden Bruders Georg Heinrich, welcher lustina Enderis geschwängert haben soll, am 16. Januar 1772 aus, sein Bruder gestehe zwar, Unzucht mit der Klägerin getrieben zu

---

17 EGP 22, 627.

18 Die beiden Beteiligten verlangen Bedenkzeit. Doch wird aus dem Vermittlungsversuch des Gerichts nichts, denn am 23. August 1746; EGP 22, 636. erklären sie beide, sie möchten definitiv nicht heiraten.

19 Geschwächt meint geschwängert.

20 EGP 21, 256f.

21 EGP 21, 266f.

22 Das Argumentationsmuster ist hierbei identisch mit dem im Teil III, Kap. 1.3. beschriebenen. Breit, Leichtfertigkeit, 145. stellt dieses Verhalten auch für das katholische Bayern fest.

haben, doch habe er sie nicht "allein, sondern viele andere haben sie neben ihm gebraucht und habe sie jedesmahl als eine Canaille mit 1, 2 und 3 Gulden bezahlt ... es seye in ihrem haus wie in einem daubenhaus zu u. hergangen ...".[23] Die Frau wird in seinen Aussagen zu einer Prostituierten, die deswegen keinen Anspruch auf gerechte Behandlung hat.[24] Nach diesen Aussagen scheint es beinahe unmöglich, den wahren Vater des Kindes überhaupt festzustellen, ist doch der Kreis der möglichen Schwängerer zu gross. Gilt es den eigentlichen Vater herauszufinden, so hat das Gericht verschiedene Möglichkeiten. Doch ist dies ein Vorgehen, das wir erst langsam zunehmend für die 2. Hälfte des 17. und besonders für das 18. Jahrhundert bemerken. Denn noch am 25. Januar 1593 heisst es im Urteil zwischen der Witwe Franz Hubers zu Unterhallau und Heini Meyers von Embrach, "weyl der Ehe halb kain ansprach fürgewendt, nach altem brouch für unser gnedig herren Burgermaister und Rath gewisen".[25] Da nicht auf den Ehevollzug geklagt wird, fühlt sich das Gericht gar nicht zuständig für die Entscheidung der Vaterschaft. Dies ist Sache des Rates.[26] Das Gericht büsst die Parteien wegen Unzucht und entscheidet über Gültigkeit oder Ungültigkeit eines Eheversprechens. Dies ist seine Aufgabe. Ganz offensichtlich sind die Kompetenzen zwischen Ehegericht und Rat bis ins 17. Jahrhundert klar verteilt.

Besonders im 18. Jahrhundert aber wendet das Gericht eine besondere Methode zur Bestimmung der Vaterschaft an, wenn es sich beim vermeintlichen Schwängerer um einen Söldner handelt. So am 16. April 1761 im Falle Ulrich Rüedins, der sich unter der Kompanie Hauptmann Pfisters befindet. "Solle an wohlErmelten herrn hauptman interrogatoria übersandt werden, ob der Ulrich Rüedin die That geständig seye und er der Müllerin die Ehe versprochen habe."[27] Der Einheitskommandant wird also damit beauftragt, im Namen des Gerichts den Beklagten zu befragen und dessen Aussagen an das Gericht zu

---

23 EGP 29, 398-401.

24 27. April 1773; EGP 29, 694-696. Altamtmann Johannes Kirchhofer sagt im Namen seines Sohnes über die angeblich von diesem geschwängerte Anna Maria Enderis, sie habe seinen Sohn verführt, "sie ihm auch Anleitung gegeben, und ihm angezeiget, wie er mit ihro beyhalten solle, dass sie nicht schwanger werden könne; es seye ja bekannt, dass sie schon lange Zeit einen ausschweiffenden Lebenswandel geführt, ein jeder, der den beütel gezogen, einen freyen Zutritt zu ihro ... gehabt ... habe sie ihn [seinen Sohn] an sich geloket, in der Absicht ihn, wann sie von einem anderen Schwanger werden sollte, zum dek-Mantel zu gebrauchen ...". Auch hier ist der Versuch eindeutig, die Frau als Prostituierte erscheinen zu lassen.

25 EGP 2, 175.

26 11. April 1685; EGP 12, 74. Nachdem Barbara Bolling von Altdorf insgesamt drei Männer als Schwängerer angegeben hat, verfügt das Gericht, die Klägerin und die Beklagten sollten gesondert ins Gefängnis gelegt werden, und weist den ganzen Fall, bei dem es um die Bestimmung der Vaterschaft geht, an den Rat.

27 EGP 27, 378.

senden, wonach dieses ein Urteil spricht.[28] Am Ort, an dem die Einheit stationiert ist, wird das vom Gericht angeforderte Verhör wohl in der Regel vom Kommandanten und dem beigeordneten Pfarrer vorgenommen.[29] Diese Methode scheint selbst beim unvermeidlichen Zeitverlust im Prozessablauf erfolgversprechend,[30] wäre es doch zu aufwendig, den Söldner eigens vorzuladen, zumal dieser nur schwerlich einer solchen Sache wegen Urlaub erhalten würde, da die Vorgesetzten immer mit der Möglichkeit der Desertion rechnen müssen, was die damaligen Söldnertruppen ohnehin empfindlich trifft. Ansonsten aber beharrt das Gericht auf persönlicher Anwesenheit des Beklagten[31] oder zumindest auf einem Vertreter, der in dessen Namen spricht.[32] Der Grund für letzteres mag in der Kostenersparnis liegen.

Doch besteht grundsätzlich die einzige Möglichkeit, die Vaterschaft festzustellen, wenn kein Geständnis erfolgt, darin, die Angaben bezüglich des Zeitpunkts der Schwängerung, welche die Frau macht, mit denen des Mannes zu vergleichen. Ergibt sich eine Übereinstimmung, so ist für das Gericht der Beweis der Vaterschaft erbracht. So erklärt das Gericht am 18. Januar 1791 Barbara Bek, der Prozess werde eingestellt, "bis sie entweders nähere Daten an handen geben, oder den Vater zeigen könne, der in Angabe der Zeit mit ihr übereinstimmen werde".[33] Sicherlich ist dies eine unbefriedigende Methode, was sich spätestens beim Eintrag vom 8. November 1753 zeigt, als das Gericht verkündet, da die Frau zwei Männer kurz nacheinander zugelassen habe, seie es "anfolglich" unmöglich, den richtigen Vater des Kindes überhaupt ermitteln zu können.[34] Zudem ist es gar nicht immer einfach, sich an

28 24. November 1761; EGP 27, 443. Ulrich Rüedin bekennt sich als Vater des Kindes laut seiner schriftlich eingegangenen Aussage.
Zum Wortlaut eines solchen Schreibens an einen Kommandanten: Appendix VIII.

29 10. Februar 1767; EGP 28, 272. Veith Keller ist Söldner im Schweizer Regiment Bouquet. Am 27. Januar 1767 wird "das mit Veith Keller desshalb in Breda vorgenohmene, von dem Cap.-Lieut. Peyer eingesandte und durch hr. Regiments Prediger Hurter underschriebene verhör ... abgelesen".

30 23. Mai 1780; EGP 31, 278. Das Gericht fordert eine Einvernahme an.
22. Juni 1780; EGP 31, 281. Das Protokoll des am 7. Juni vorgenommenen Verhörs liegt dem Gericht vor

31 12. Mai 1795; EGP 33, 231. Barbara Bollinger von Beringen, Magd im oberen Wacholderbaum, gibt Herrn Ott in der Münz als Vater ihres Kindes an, dieser ist aber zur Zeit auf Handelsreise. "Allein das Lobl. EheGericht von dem Gesez nicht abgehen wollen nach welchem die persönliche Gegenwart des beklagten erfordert werde", daher vertagt es den Fall, bis Ott wieder zurück ist.

32 2. Februar 1741; EGP 21, 337. Der Sohn des Heinrich Rauschenbach schwängerte Anna Güntert von Büsingen, doch ist er seither flüchtig, "aus forcht vor den Eltern". Diese erscheinen vor Gericht und erklären sich bereit im Namen ihres Sohnes, der die Vaterschaft anerkennt, die Busse zu bezahlen.

33 EGP 33, 176f.

34 EGP 26, 2f.

das genaue Datum zu erinnern, was dazu führen kann, dass die Frauen mitunter verschiedene Männer angeben.[35] Um dieser Unsicherheit im Falle eines Prozesses auszuweichen gibt es freilich die Möglichkeit, dass die Beteiligten gleich anlässlich des Beischlafs das Datum im Kalender vermerken und sich so zusätzliche Sicherheit verschaffen.[36] Zum anderen stellt sich die Frage, wie gross die Zeitdifferenz in den Angaben sein darf, damit das Gericht noch auf Vaterschaft erkennt. So kann es durchaus vorkommen, dass provisorische Urteile ergehen, wie am 17. September 1748, als Hans Jerg Pfau zum Vater eines Kindes erklärt wird, "in so lang ... bis er einen anderen Vatter zeigen köne".[37] Schliesslich kann das Gericht auch verfügen, dass die Frage der Vaterschaft bis zur Geburt eingestellt werde, um dann ein Geniessverhör vornehmen zu können,[38] oder aber gleich ganz, wie es in den Quellen heisst, "Gott und der Zeit" überlassen werde.[39] Die Idee hinter dieser auf den ersten Blick unverständlichen Massnahme ist wohl, dass Gott das Gewissen des Schwängerers nicht ruhen lässt, bis dieser doch noch ein Geständnis ablegt, zumal er damit rechnen muss, sein Fehltritt auf Erden werde zu seiner Zeit von Gott gestraft.

Die Frage, bei der die Zuständigkeit von Rat und Gericht eigentlich klar geregelt ist, betrifft die Festsetzung der Unterhaltszahlungen des Schwängerers an die Frau und vor allem an das Kind. Dafür ist, wie auch für sonstige Güterstreitigkeiten, der Rat zuständig. Doch hiesse es den Grad der Ausbildung damaliger Organisation überschätzen, wollte man annehmen, die Kompetenzverteilung werde immer sorgfältig eingehalten. Wahrscheinlich ist die Motivation des Gerichts für eine Kompetenzüberschreitung von Fall zu Fall, denn darum handelt es sich bei genauerem Hinsehen, im Bestreben zu suchen, wenn möglich die Prozesskosten für die Beteiligten zu begrenzen. Daher versucht das Gericht, in der Minderzahl der Fälle allerdings,[40] und vorausgesetzt, die Vaterschaft ist klar, einen aussergerichtlichen Vergleich bezüglich der Entschädigung für die Mutter und ihr Kind herbeizuführen.[41] So mahnt

---

35 Ein Faktum, das den Beteiligten sehr wohl bekannt ist. Am 29. Juni 1780; EGP 31, 286. sagt Conrad Bollinger von Löhningen, Küfer, aus, weshalb er am 22. Juni 1780; EGP 31, 282f. die Schwängerung der Margaretha Walter geleugnet habe. "Es haben ihm einige Weibs-Leüthe gerathen, solches nicht gleich das erstemal zu gestehen, weil andere auch zu ihro gewandelt, und sie villeicht alssdann einen andern angeben werde."

36 27. August 1733; EGP 19, 463. "ein Zeichen in Kalender gemacht so mit ihrer aussag eintreffen wurde."
14. März 1797; EGP 35, 411. "und disen Tag sogleich im Calender verzeichnet."

37 EGP 23, 273.

38 Vgl. Kap. 8.

39 18. Mai 1773; EGP 29, 720. Die Beispiele könnten beliebig vermehrt werden.

40 Die Mehrzahl der Fälle wird dem Rat überstellt.

41 Die geradezu klassische Haltung des Gerichts kommt am 4. Dezember 1737; EGP 20, 547. zum Ausdruck, als es verfügt, "Jerg Mejer zum Vatter des Kinds Erkant und so

das Gericht die Beteiligten, einen aussergerichtlichen Vergleich zu suchen.[42] Allerdings kann das Gericht nicht immer widerstehen, auch mit einer Drohung dem aussergerichtlichen Vergleich nachzuhelfen. Am 25. August 1682 erklärt es darum zwischen Ursula Geyerin von Buch und Max Bassil, einem Krämer aus Savoyen, " ... das Er ... sich mit Ihro gütlich vereinbaren [solle]. Widrigen fahls sein waar so lang alhier in arrest ligen bleiben solle, bis sie Ihres tragenden Kinds nidergekommen sein solle".[43] Doch spricht aus dieser gerichtlichen Anordnung auch die Furcht, der Schwängerer könnte sich mit seiner Ware hinwegmachen und die Frau gänzlich ohne finanzielle Zuwendung sitzenlassen.[44] Auch wenn es sich, wie angeführt, um eine Minderheit aller Vaterschaftsklagen handelt, bei denen das Gericht einen Vergleich bewirkt, so sind sie trotzdem aufschlussreich, erfahren wir doch, wie eine solche Übereinkunft zwischen der Frau und ihrem Schwängerer aussehen kann. Hierbei gibt es verschiedene Möglichkeiten. Am 12. April 1670 kommt ein Vergleich zwischen Anna Kellerin von Neunkirch und dem Sohn des Junkers Wilhelm Im Thurn zustande, der die Klägerin, als sie bei seinem Vater diente, geschwängert hat. Der Mann muss der Klägerin 30 Gulden Entschädigung bezahlen, dafür verpflichtet sie sich, auf alle sonstigen Ansprüche und Klagen in Zukunft zu verzichten.[45] Dies eine zentrale Vorbedingung zu einer Übereinkunft. Denn wenn der Schwängerer nicht sicher sein kann, dass später nicht doch noch Nachforderungen erhoben werden, macht ein solcher Vergleich keinen Sinn, sondern wird eher gleich vor dem eigentlich zuständigen Gremium, dem Rat, geschlossen. Dort nämlich ist ein Urteil, und um ein solches würde es sich dabei handeln, endgültig.

Neben der erwähnten Pauschalabfindung gibt es auch die Möglichkeit der Zahlung in Raten. Dafür liefert der Fall Conrad Müllers von Gächlingen und der Madlena Sutter von Osterfingen vom 3. Dezember 1640 ein anschauliches Beispiel. Der Mann muss der Frau " ... 10 Gulden und 1 Muth Korn[46] und 1 aimer wein[47] guetmachen ... und von dato über

---

beede Partheyen wegen Unterhalt des Kinds sich nicht gutlich miteinander vergleichen und verstehen könnten, die sachen diesfahls vor Ug herren Eines W.W. kleinen Raths verwisen sein sollen".

42 28. November 1720; EGP 17, 298f. Das Gericht befindet, "die alimentation des Kindes mögen Sie sich vergleichen". Auch: 12. Juli 1625; EGP 4, 4.

43 EGP 11, 286f.

44 Das Arrestieren der Besitztümer des landesfremden Schwängerers, um dessen Flucht zu verhindern, ist beliebt und wohl auch die einzige wenigstens einigermassen erfolgversprechende Methode. So verfügt das Gericht am 20. Mai 1756; EGP 26, 409f. bezüglich Anthoni Hartmann von Müllhausen, sein Meister solle den Lohn und die anderen Effekten nicht herausgeben.

45 EGP 10, 186f.

46 Entspricht 89, 15 Litern.

47 Entspricht 37, 50 Litern.

ein halbes Jahr 15 Gulden und über 1 Jahr widerumb 15 Gulden [erstatten]. Wann aber nach verfliessung des halb Jahr das Kindt von Gott wurde abgefordert werden, solle die lezte 15 Gulden auch gestorben und bezalt sein".[48] Besondere Umstände erfordert einmal mehr ein Söldner. So muss Erhard Täuber sechs Jahre lang jährlich 5 Gulden bezahlen, was aber seinem Kommandanten dem Capitaine Im Thurn zum Oranienturm angezeigt werden soll.[49] Jener ist letztlich dafür verantwortlich, dass vom Sold, den er als Kommandant dem Täuber auszahlt, jährlich 5 Gulden an die Frau gelangen. Doch ist sehr zweifelhaft, ob die Unterhaltszahlungen in der Realität sowohl bezahlt werden als auch ausreichend sind.[50] Die Vermutung geht eher auf das Gegenteil.[51]

Grundsätzlich stellt man fest, dass in den ersten Jahrzehnten unserer Untersuchung das Kind bei einem solchen Vergleich, der auf Vermittlung des Gerichts beruht, in den meisten Fällen dem Vater zur Auferziehung zugesprochen wird. Selbst wenn die Mutter das Kind behalten möchte. Am 14. November 1588 verlangt Magdalena Muschlerin, sie möchte ihr Kind behalten und wie ihr Fleisch und Blut erziehen. Das Gericht entscheidet selbst, also ohne den Rat, sie dürfe ihr Kind noch ein halbes Jahr behalten, dann solle es dessen Vater, wenn er dies verlange, übergeben werden.[52] Je tiefer wir aber in das 17. Jahrhundert eindringen, desto mehr ändert sich diese Praxis. Immer häufiger stellt der Vergleich fest, die Frau solle das Kind behalten, der Mann lediglich eine Abfindung zahlen und sich so von allen unangenehmen Folgen befreien. Zunehmend gewinnt die Ansicht Boden, dass die Frau das uneheliche Kind selbst erhalten müsse als Strafe für die Unzucht.[53] Das Vaterschaftsverfahren hat nicht mehr nur zum Ziel, dem Kind und der Mutter einen Versorger zu finden. Es wird, zumindest teilweise, zu einem amtlichen Strafverfahren.[54] An dieser Entwicklung hat das

---

48 EGP 8, 152r.
15. Januar 1771; EGP 29, 210. Der Vergleich sieht vor, dass der Schwängerer sechs Jahre lang jährlich 8 Gulden bezahlt.

49 12. Januar 1779; EGP 31, 124.

50 2. September 1651; EGP 8, 340r. Thoma Brugger muss drei Jahresraten zu je 10 Gulden zum Unterhalt des Kindes an die von ihm geschwängerte Frau nachzahlen. "Hergegen Sie versprochen so Er solches geliefert werde haben, Ihn fürterhin ruhig und ohnangefochten verbleiben zulassen."

51 Zellweger, Stellung des ausserehelichen Kindes, 113. meint, diese Beiträge stellten nur einen Bruchteil der effektiven Erziehungskosten dar.

52 EGP 2, 64.

53 Diese Entwicklung findet sich in der EGO von 1785; AE 12, 39. festgeschrieben, heisst es doch dort, den unehelichen Kindern werde die Heimat ihrer Mutter angewiesen, "und dieselbe für die Erziehung zu sorgen hat".

54 Zellweger, Stellung des ausserehelichen Kindes, 14. stellt eine identische Entwicklung für Basel fest. Er meint, die Verhärtung der Haltung des Gerichts sei eine Reaktion auf das Tridentinum.

Gericht als Instanz zur Abstrafung der Unzucht seinen Anteil. Die Bestrafung der Unzucht und der Entscheid über Gültigkeit des Eheversprechens oder dessen Ungültigkeit liegt denn auch eindeutig in seiner Kompetenz. Für die Frage der Vaterschaft wie für das Problem der Entschädigung der Mutter und des Kindsunterhalts ist eigentlich der Rat zuständig.[55] Doch heisst dies nicht, dass vom Gericht nicht versucht wird, einen (aussergerichtlichen) Vergleich herbeizuführen, der anschliessend vom Gericht lediglich eine Bestätigung erfährt. So können wir die Beobachtung Beckers, wonach nur die Fälle vor Gericht kommen, bei denen eine informelle aussergerichtliche Regelung nicht stattfinden konnte, nicht nachweisen.[56] Die Alimentation des Kindes soll zwar wenn möglich informell geregelt werden, aber die Tat der Unzucht ist so oder so ein Strafrechtstatbestand, der Bestrafung und Ahndung erheischt. Ein Fall kommt vor unser Gericht, wenn die Unzucht notorisch wird, womit es für unseren Untersuchungsraum scheinbar von wenig Relevanz ist, ob sich die Parteien vorgängig vergleichen konnten oder nicht.

Becker, Leben und Lieben, 261. betont die Wichtigkeit der Unterhaltszahlungen für das Kind, wie auch die Abfindung der Mutter und die Ersetzung der Unkosten als Mittel der Konfliktlösung.

55 Dieser allerdings besitzt keine anderen Mittel, eine umstrittene Vaterschaft zu bestimmen. Liegt kein Geständnis des vermeintlichen Schwängerers vor, und kann dieses auch nicht durch Zwangsmassnahmen erreicht werden, so bleibt die Frage der Vaterschaft offen. So leugnet ein Angeklagter beständig, Vater des Kindes zu sein, worauf er entlassen wird, was einen Chronisten zur ironischen Bemerkung veranlasst: "Dises ist das erste kind so zu Schaffhausen ohne vatter geboren worden." Zum 13. Januar 1668; Chronik B 7, 179f.

56 Becker, Leben und Lieben, 263.

7.3.5. Vorehelicher Beischlaf[1]

Die Einträge in den EGP zu diesem Delikt beginnen mit dem 10. Mai 1631. Hängt dies damit zusammen, dass vorher solche Vergehen von den obrigkeitlichen Organen auf der Landschaft geahndet wurden? Auf jeden Fall setzt die obrigkeitliche Verfolgung dieses Vergehens früher ein, hören wir doch in der EGO von 1595 zum ersten Mal von Strafen für dieses Delikt.[2] Grundsätzlich aber liegt das Verbot des vorehelichen Beischlafs ganz auf der Linie der Propagierung der kirchlichen Trauung als ehevollziehenden Akts in der Reformation. Doch erübrigt es sich, an dieser Stelle noch einmal auf die tieferen Gründe für diese Haltung einzugehen.[3] Vielmehr soll ein Blick auf die gerichtliche Praxis geworfen werden.

Am 10. Mai 1631 erhalten Bernetin Spörli von Löhningen und Jacob Küenler von Unterhallau mit ihren Frauen wegen vorehelichen Beischlafs eine Busse von 10 Pfund Heller beziehungsweise 10 Gulden auferlegt.[4] Es handelt sich um namhafte Beträge. Bereits am 17. Mai 1631 findet sich der zweite Eintrag über eine Abstrafung dieses Delikts.[5] Jacob Stahel und Hans Walch, beide von Wilchingen, werden mit Gefängnis und je 5 Gulden gestraft, dies obschon die Frau von Jacob Stahel offenbar mit dem Kranz zur Kirche ging. Heisst es doch in der EGO von 1595, die Busse solle höher sein für den Fall, die Beteiligten gingen mit Kranz und Schäppel zur Kirche. Nur schon diese kurze Sequenz mag zeigen, dass es sich beim vorehelichen Beischlaf um ein ausserordentlich häufiges Delikt handelt. Ja dieses Geschäft erhält eigentlichen Routinecharakter für das Gericht, was sich auch in der Art, wie der Schreiber seine Einträge vornimmt, zeigt. Dieser nämlich trägt das Vergehen im Laufe des 17. Jahrhunderts immer öfter in summarischer Weise ein, indem er einfach die Namen der Betroffenen untereinander aufstellt und am rechten Blattrand die jeweiligen Bussbeträge verzeichnet.[6] Über die näheren Umstände erfahren wir nichts.

Es seien beispielhaft einige Einträge herausgegriffen, wobei wir uns die Namensnennung der Betroffenen schenken und uns auf die blosse Anzahl der Delinquenten beschränken. Am 9. Oktober 1638 finden sich

---

1 Vorehelicher Beischlaf meint ein Delikt, das zwischen Partnern geschieht, die einander nachher heiraten. Dies im Gegensatz zur Unzucht.

2 Teil I, Kap. 3.2.

3 Teil I, Kap. 2. und 3.2.

4 EGP 6, 108.

5 EGP 6, 111f.

6 Diese Beobachtung gilt für das 17. Jahrhundert. Degginger, Geschichte der Hebammen, 38. beschreibt ein solches Verhalten des Schreibers am St. Galler Ehegericht.

sieben Namen von Delinquenten.[7] Am 27. April 1643 sind es vier,[8] am 24. Januar 1654 ebenfalls,[9] am 28. Oktober 1662 fünf,[10] am 24. Oktober 1671 acht,[11] schliesslich am 14. Dezember 1686 gar neun Namen.[12] Dabei finden sich die Delinquenten nicht nur unter den Landleuten und kleinen Handwerkern, auch unter den führenden Familien Schaffhausens und sonstigen angesehenen Personen gibt es einige Betroffene. So wird am 5. Dezember 1644 Junker Hans Friederich Peyer mit 20 Gulden gebüsst.[13] Am 14. Dezember 1752 trifft es einen anderen Vertreter des schaffhausischen Adels, nämlich Junker Tobias von Ziegler und "seine Eheliebstin", die ebenfalls 20 Gulden Busse erlegen müssen.[14] Am 26. August 1680 erhält Stadtarzt Johann Conrad Wäpfer eine Busse von 10 Gulden,[15] am gleichen Tag Junker Joachim Peyer 20 Gulden,[16] am 28. April 1657 Leutpriester Hans Georg Oschwald 30 Gulden.[17] Die Beispiele liessen sich beliebig vermehren. Gerade wenn es sich um hochgestellte Personen handelt, hat das Gericht manchmal Schwierigkeiten, diese auch wirklich zum persönlichen Erscheinen vor den Schranken des Gerichts zu bewegen. So beträgt die Busse für Junker Joachim Peyer 20 Gulden, weil ihm "2mahl gebotten" werden muss.[18] Dass dies ein eigentliches Problem für das Gericht darstellt, mag auch dessen Beschluss vom 3. Dezember 1661 zeigen, als es bekräftigt, " ... das fürohin keine Persohn mehr (wegen Persönlicher Stellung), er seye gleich was stands ... verschonet werden solle, sondern sich ein Jede Persohn, der in dergleichen verfählt und sündiget, ohne einiches dispensieren, sich vor mein Gnedig herren [d.h. den Eherichtern] Persönlich stellen und sein begangenen fähler verantworten solle".[19] Trotzdem hält sich das Gericht nur unvollständig an seine eigene Bekräftigung. Zwar weist es am 25. Februar 1662 das Gesuch des Heinrich Schwartz, sich nicht persönlich stellen zu müssen, ab unter ausdrücklichem Verweis auf den eben erst gefassten Beschluss,[20] doch am 6. Januar 1666 erhält der neugewählte Pfarrer zu Beggingen Conrad

---

7 EGP 8, 118r-118v.
8 EGP 8, 189v.
9 EGP 9, 15f.
10 EGP 9, 344f.
11 EGP 10, 239f.
12 EGP 12, 123.
13 EGP 8, 207r.
14 EGP 24, 518.
15 EGP 11, 187.
16 Ebd.
17 EGP 9, 125.
18 EGP 11, 187.
19 EGP 9, 289.
20 EGP 9, 306.

Spleys die Erlaubnis, sich nicht persönlich einfinden zu müssen.[21] Wahrscheinlich gibt das Gericht nur nach, um den Pfarrer, der immerhin Vertreter der Obrigkeit in seinem Dorf ist, nicht schon vor Antritt seiner Pfarrstelle in den Augen der Dorfbevölkerung gänzlich unglaubwürdig zu machen. Denn dies wäre er zweifelsohne, würde sein Vergehen publik durch ein persönliches Erscheinen vor Gericht, gehört es doch zu seiner Aufgabe als Pfarrer, die Mandate zum Verbot des vorehelichen Beischlafs von der Kanzel zu verkünden. Eine selbst für die Gnädigen Herren unerträgliche Vorstellung. Noch weit im 18. Jahrhundert klingt etwas von dieser Forderung nach persönlichem Erscheinen der Delinquenten an, wenn zum Beispiel am 2. Dezember 1788 der Vater des Andreas Schneider von Altdorf erscheint, um für seinen Sohn die fällige Busse zu erlegen, denn dieser "heute durch einen Zufall am fuss hart beschädiget worden, und deswegen nicht erscheinen können".[22] Das Gericht erlaubt die Stellvertretung durch den Vater, erklärt freilich, dies sei ohne Konsequenz, d.h. andere Parteien könnten daraus keinen Präzedenzfall ableiten und nun selber nicht mehr persönlich erscheinen wollen.[23] Weiter beharrt das Gericht wenn immer möglich auf dem persönlichen Erscheinen der Ehegattin. Was ganz offensichtlich von den Beteiligten immer wieder unterlaufen wird, sonst fänden sich nicht Bekräftigungen des Gerichts, die Männer bei Nichterscheinen ihrer Frauen entweder nach Hause zu schicken und auf ein späteres Datum aufzubieten[24] oder sie wegen Ungehorsams doppelt zu büssen.[25] In den allermeisten Fällen dürften dabei Scham vor den anderen Dorfbewohnern und Furcht, sich der Lächerlichkeit preiszugeben, die Gründe für das Nichterscheinen gebildet haben. In der EGO von 1785 wird dann auch diese Forderung, wonach das Paar vor Gericht zu erscheinen habe, dahingehend modifiziert, dass, wenn die Geburt vor Ablauf von acht Monaten nach der Hochzeit geschehe, nur der Mann sich persönlich zu verantworten habe, komme aber das Kind vor der Hochzeit oder innert vier Wochen danach zur Welt, müssten weiterhin beide, Mann und Frau, vor Gericht erscheinen.[26] Ganz selten vernehmen wir andere Erklärungen für das Nichterscheinen der Frau. Am 25. November 1656 trägt der Schreiber ins Protokoll ein über die Frau Jacob Hatts von Hemmenthal: "Sie aber ... ein blödes Kind haben solle, also abwesend geblieben."[27]

---

21 EGP 10, 56.

22 EGP 31, 1049.

23 Die nämliche Haltung zeigt sich noch am 7. Juli 1795; EGP 35, 259. Die dem Sohn des Hans Jacob Rahm, Weibel von Unterhallau, "bewilligte Entlassung aber ohne consequenz seyn solle".

24 11. April 1654; EGP 9, 28f.

25 21. Juli 1674; EGP 10, 333.

26 AE 12, 30.

27 EGP 9, 102.

Bisher sprachen wir lediglich vom blossen Tatbestand des vorehelichen Beischlafs, nicht aber von der Frage, wie denn dieser Sachverhalt überhaupt festgestellt werden kann und wie das Gericht davon erfährt? Die einzige damals zur Verfügung stehende Methode beruht auf der Festsetzung der kirchlichen Trauung als Ausgangspunkt. So soll bekanntlich das Datum der Trauung von den Pfarrern aufgeschrieben werden.[28] Dieses nun bildet die Grundlage zur Errechnung des frühest möglichen Zeitpunktes, an dem das neuvermählte Paar sein erstes Kind erhalten kann. Die Annahme dabei ist selbstverständlich, dass der Beischlaf frühestens am Tag der Trauung vollzogen wird. Kommt aber das erste Kind vor dem so errechneten Datum zur Welt, ist dies der Beweis, dass der Beischlaf vor der Trauung stattgefunden haben muss. Auf diese Weise erklären sich Einträge in die EGP wie zum Beispiel am 10. März 1635, als Heinrich Lembli und seine Frau mit 10 Gulden gebüsst werden wegen vorehelichen Beischlafs, da ihr erstes Kind 24 Wochen zu früh zur Welt kam.[29] In jedem Fall aber ist der Pfarrer im Dorf die Person, welche über alle notwendigen Informationen verfügt.[30] Trägt er doch nicht nur das Datum der Trauung in das Kirchenbuch ein, sondern auch das Datum der Taufe, für die er gleichfalls zuständig ist. Damit hat er nur noch die beiden Einträge zu vergleichen, um eventuelle Missetäter aufzuspüren und an das Gericht zu melden, wie es seine Aufgabe ist. So kann es geschehen, dass dem Pfarrer geschrieben wird, wenn sich bezüglich der Daten Unklarheiten ergeben. Dies ist besonders dann notwendig, wenn die Beklagten bestreiten, vorehelichen Beischlaf verübt zu haben, aber zugeben, dass ihr Kind zu früh nach der Hochzeit geboren wurde.[31] So grosse Bedeutung misst das Gericht diesem Delikt bei, dass es selbst bei Bedarf den Obervogt einschaltet, welcher die Hebamme, die an der betreffenden Geburt anwesend gewesen ist, befragen soll.[32] Manchmal allerdings trägt die Aussage einer Hebamme zum Einsturz der Klage bei, wie am 14. September 1680, als Vogtrichter Hans Conrad Veyt, Bäcker,

---

28 Da die Führung der Kirchenbücher im Stadtstaat Schaffhausen ins Ermessen der Geistlichkeit gestellt ist, beginnen die meisten Kirchenbücher auch erst im 17. Jarhhundert. Dies mag mit ein Grund sein, weshalb erst im 17. Jahrhundert das Delikt des vorehelichen Beischlafs in den Verhandlungen des Gerichts auftaucht. Steinemann, Kirchenbücher, in: SHB 14, 1937, 128-131. und Steinemann, Kirchenbücher, SD aus "Schweizer Familienforscher", 1950, 1f. 6-15 findet sich ein Verzeichnis aller auf uns gekommenen Kirchenbücher Schaffhausens.

29 EGP 7, 43v.
20. September 1642; EGP 8, 182v. Das Kind kommt 18 Wochen zu früh zur Welt.
22. Juni 1658; EGP 9, 151. "massen sie 6 wochen vor der hochzeit eines kinds genesen."

30 Allerdings sind auch andere Dorfbewohner als Denunzianten denkbar, da eine vorzeitige Geburt innerhalb der Dorfgemeinschaft wohl nicht lange verborgen werden kann.

31 11. Dezember 1673; EGP 10, 308.

32 2. Februar 1647; EGP 8, 255r. 2. Februar 1687; EGP 12, 134.

vor Gericht steht, der " ... aber auf den von der hebammen empfangenen Bericht mit gnaden hingelassen worden".[33] Die Zeichen einer Frühgeburt beschreibt am 19. November 1748 Frau Spenglerin, Hebamme, "das kind habe bey der Geburth noch keine negel gehabt, habe viel geschlaffen und gar wenig gesogen ...".[34] In diesem Zusammenhang kann auch die Aussage eines Arztes eine Klage gegenstandslos machen.[35] Hier erhebt sich zudem die Frage, ob eine gewisse Toleranzfrist vom Gericht akzeptiert wird, binnen deren eine Klage wegen vorehelichen Beischlafs nicht statthaft ist. Offensichtlich ändert das Gericht seine Auffassung in dieser Hinsicht oder entscheidet einfach von Fall zu Fall. Am 11. Dezember 1732 werden Wagenmeister Stierlin und seine Frau entlassen, weil ihr Kind drei Wochen zu früh zur Welt kam.[36] Am 25. April 1775 aber erhalten Hans Jacob Vögelin und Margaretha Hepp von Gächlingen eine Busse, dies obgleich die Frau nur vierzehn Tage zu früh das Kind zur Welt brachte.[37]

Womit wir uns den Entschuldigungen der Parteien kurz widmen können. Georg Meyer von Merishausen bringt am 7. November 1648 vor, "das er nit vor befugter Zeit zu Ihro gewandelt, sondern sein fraw von streng arbeit wegen zu früh genesen".[38] Die Entschuldigungen sind vielfältig. Neben zu schwerer Arbeit während der Schwangerschaft, wie eben angeführt,[39] wird häufig auch ein Sturz der schwangeren Frau angegeben, der die Geburt beschleunigt und vorzeitig gemacht habe. So am 24. Juni 1717, als Hans Wäher vorbringt, seine Frau sei "mit einer

---

33 EGP II, 188.
14. Februar 1765; EGP 27, 740. Verena Rüeger, Hebamme von Wilchingen, sagt, das Kind des Alexander Hablützel und der Veronica Rüeger von Wilchingen sei eine Frühgeburt gewesen, worauf das Ehepaar entlassen wird.
Degginger, Geschichte der Hebammen, 38. und Mitchison/Leneman, Sexuality, 171. betonen gleichfalls die wichtige Rolle der Hebamme bei der Entscheidung, ob vorehelicher Beischlaf vorliege oder nicht.

34 EGP 23, 320.
5. Dezember 1726; EGP 18, 325. Das Kind kam 14 Tage zu früh zur Welt, "dann es fast noch kein nabelschnur gehabt, noch nicht ausgefüllt gewesen seye, hab 14 tag lang nicht essen können, sonder aus einer tabakPfeiffen umb solches zuerhalten trinken müssen".

35 12. Februar 1661; EGP 9, 267.

36 EGP 19, 393. "weilen es nur ein kurze Zeit antreffe ...".
12. März 1716; EGP 16, 330. Das Paar wird entlassen, "weiln es keine grosse und namhaffte Zeit antrifft ...". Leider erfahren wir nicht, wieviel zu früh das Kind zur Welt kam.

37 EGP 30, 241.

38 EGP 8, 290r.

39 Weitere Beispiele dazu finden sich: 20. April 1724; EGP 17, 652. Die Frau habe noch in der Stunde der Geburt "mit grosser bemühung einen hammer von 18 lb lupffen und brauchen müssen". Ihr Mann ist Schmied in Neuhausen.
Oder: 24. Juni 1717; EGP 16, 548. "Weiln sein frau ihm in dem handwerk helffen, und nägell mit dem grossen hammer in der Zeit als sie nähig gewesen schmiden müssen."

gelten mit Erbsen gefallen ...".[40] Oder am 19. Juni 1721 Hans Conrad Schenkel, seine Frau sei "ohnversehens von einem schemmel ... gefallen".[41] Bis hin zu schrecklichen Erlebnissen[42] oder übergrossem Ärger[43] reichen die Entschuldigungen. Es ist interessant festzustellen, dass Simon für die Basler Landschaft die beinahe identischen Entschuldigungsgründe aufführt.[44] Wir können uns also seine Erklärung als auch für unsere Verhältnisse zutreffend denken. Wären solche Unfälle tatsächlich der Grund für die vorzeitige Niederkunft, so müsste es sich jedesmal um kaum lebensfähige Frühgeburten gehandelt haben. Dies scheint nicht besonders häufig der Fall zu sein.[45] Eher trifft zu, dass die Delinquenten wissen, dass der Beischlaf erst nach der Trauung gestattet ist, und sie gerade darum zu erklären versuchen, wie es dennoch zu einer verfrühten Geburt habe kommen können![46]

Zusammenfassend lässt sich gerade bei diesem Delikt eindrücklich zeigen, wie die obrigkeitlichen Gebote in der Realität nur bedingt durchsetzbar sind. Das Delikt des vorehelichen Beischlafs ist zwar seit der Reformation unter Strafe gestellt und busswürdig, kommt aber so häufig vor, dass es für das Gericht zur Routine wird. Was allerdings nicht heisst, das Gericht würde ihm keine Beachtung schenken. Im

---

40 EGP 16, 548.

41 EGP 17, 408.
Ein weiteres Beispiel sei erwähnt: 11. Oktober 1768; EGP 28, 578. Stephan Hurter, Barbierer, sagt, "dass die frau auf den kopf die Stiegen herunter gefallen, welches ihre Niderkunfft um 14 Tage beförderet habe".

42 6. Oktober 1729; EGP 19, 112. Adam Stamm führt aus, "weilen des ambtmans haus eingefallen und grossen schreken eingenohmen, die geburt beförderet worden seye ...".

43 27. November 1732; EGP 19, 388. "weilen sie sich sehr erzürnt seye das Kind nit ausgetragen gewesen und die geburt beförderet worden."

44 Simon, Untertanenverhalten, 245. Noch aufschlussreicher mag der Hinweis sein, dass sich identische Entschuldigungsgründe im Schottland des 17. und 18. Jahrhunderts finden lassen. Mitchison/Leneman, Sexuality, 171f. Dies ein Beispiel, wie universal und gleichzeitig uniform menschliches Verhalten sein kann.

45 28. August 1714; EGP 16, 54f.
Immerhin gibt es solche Fälle. So berichtet Pfarrer Christoph Ziegler über die Frühgeburt, die Schuld liege daran, dass seine Frau sich mehrmals heftigst erschreckt habe, "sonderheitlich habe die etwas Zeit entstandene schrökliche feürsbrunst ihro hefftig zugesetzt, so das ihro lange Zeit der schreken in glidern gewesen". Zudem habe seine Frau ihre Magd bei einem Schäferstündchen mit einem Schuhknecht überrascht, was die Geburt befördert habe. Die Hebamme erklärt vor Gericht, das Kind sei eine Frühgeburt gewesen, worauf das Paar entlassen wird.
27. Oktober 1685; EGP 12, 88. 10 Namen sind aufgeführt und zu je 5 Gulden Busse verurteilt, mit der Anmerkung: "Sind alle in gnaden entlassen weilen etwelche vor 3.4.5. jahr sich verheirathet und durch fahl zu früh niderkommen."

46 So muss zum Beispiel Jacob Brülinger von Merishausen am 19. September 1720 gestehen, dass seine Frau nicht, wie zuerst gesagt, von einem Pferd getreten worden, sondern ein vorehelicher Beischlaf der Grund für die Frühgeburt sei.

Gegenteil, das Delikt wird vom Gericht ernstgenommen,[47] daher immer wieder die Bekräftigungen, die Parteien, und vor allem die Ehegattinnen, müssten sich persönlich stellen. Dazu kommen noch Beschlüsse, die in der EGO festgesetzten Bussen strikte einzuhalten und keinen Nachlass zu gewähren.[48] Irgendwie erhält der Leser der EGP den Eindruck, das Gericht sei weder willens noch fähig einzusehen, wie obsolet dieses gesetzliche Verbot des vorehelichen Beischlafs in der Realität eigentlich ist. Doch liegen dieser Unwille und diese Unfähigkeit, Schlüsse aus der Praxis zu ziehen, nicht nur beim Gericht allein, sondern sie sind vielmehr Ausdruck der generellen Haltung der Obrigkeit, einmal erlassene Verbote unter allen Umständen beizubehalten und zu verteidigen. Dabei ist es offensichtlich, dass trotz der reformatorischen Propagierung der kirchlichen Trauung als ehevollziehenden Akts im Volk der Beischlaf, die copula carnalis, wie seit je, diese Stellung auch nach der Reformation einnimmt.[49] Was sich auch in den EGP manchmal äussert. So sagt Heinrich Boller von Küsnacht, Schneidergeselle, auf die Frage des Gerichts, weshalb er gleich nach dem Eheversprechen den Beischlaf vollzogen habe: "Die Mutter habe ihm gleichsam zu verstehen gegeben, dass solches so der Gebrauch seye."[50] Wir haben es dabei mit einem weitverbreiteten Phänomen zu tun. So gibt Beck für das Dorf Unterfinning in Bayern für den Zeitraum von 1671 bis 1720 eine Rate von einem Viertel bis zu einem Drittel an, wo voreheliche sexuelle Kontakte der Heirat vorangehen und die Geburt des Kindes entsprechend frühzeitig erfolgt.[51] Simon errechnet für den Zeitraum von 1750 bis 1800 auf der Basler Landschaft eine Zahl von rund 20 % als Anteil schwangerer Bräute, die vor den Altar treten.[52] Ingram schliesslich gibt für das vorindustrielle England eine

---

47 10. November 1657; EGP 9, 136. Bernhard Weyss von Osterfingen wird gebüsst, obschon der voreheliche Beischlaf drei Jahre zurückliegt.
25. November 1734; EGP 19, 583. Hans Rudolf Buchter, Schmied von Thayngen, muss die Busse bezahlen, obwohl seine Frau, mit der er den vorehelichen Beischlaf beging, inzwischen verstorben ist.

48 3. Juli 1684; EGP 12, 40. 6. Juli 1686; EGP 12, 112f.

49 Wir schliessen uns damit der Beobachtung Wehrlis, Ehescheidung, 67. an, der mit Blick auf Zürich das gleiche Verhalten der Bevölkerung feststellt. Dies im Gegensatz zu Köhler I, 99., welcher meint, das Volk habe im Kirchgang den ehevollziehenden Akt gesehen. Er beschreibt damit eher die Wunschvorstellung der Obrigkeit. Breit, Leichtfertigkeit, 300.
Es scheint, dass die Mehrheit der Delinquenten aus der Landschaft stammt. Lässt dies darauf schliessen, dass gerade die eher konservativen Gegenden noch mehr an der altüberlieferten Tradition der copula carnalis als ehevollziehenden Akts festhalten?

50 15. Dezember 1778; EGP 31, 118f.
11. Dezember 1610; EGP 3, 605. Nach vollzogenem Beischlaf verkündet der Bräutigam: "Jezt seye Sie sein vor Gott und der Welt."

51 Beck, Illegimität, in: Dülmen (Hg.), Kultur der einfachen Leute, 122.

52 Simon, Untertanenverhalten, 229.

Zahl von mindestens 20 % an.[53] Alle Versuche also, dem Kirchgang den ehevollziehenden Charakter zu übertragen, schlagen nur teilweise durch. Dies freilich trifft beim Blick auf die oben erwähnten Zahlen auch auf andere Gegenden und für andere Obrigkeiten zu. Die Intention der Unterbindung des vorehelichen Beischlafs und damit vorehelicher Schwangerschaften ist zwar vorhanden, aber bei der Durchsetzung ist trotz Drohung und Bestrafung kein allzu grosser Erfolg feststellbar.[54] Was bleibt, ist ein Gericht, das noch und noch solche Fälle zur Aburteilung erhält, obwohl die obrigkeitliche Moralpolitik gerade in diesem Bereich als über weite Teile gescheitert zu bezeichnen ist. Beck sieht den Hauptgrund für das letztliche Scheitern darin, dass der bäuerlichen Gesellschaft die formalisierte Unterscheidung zwischen legitim und illegitim fremd ist. Das gültige Kriterium sei ehrenhaftes und unehrenhaftes Verhalten, wobei wohl Unehelichkeit der dörflichen Moral entgegengesetzt sei, weil unverbindlich, da eben keine Eheschliessung erfolge, nicht aber Vorehelichkeit, weil verbindlich, d.h. im Rahmen eines Vorganges, der nach dem Eheversprechen zur Heirat führe.[55] Unsere Eindrücke können diese Interpretation durchaus bestätigen.

---

53 Ingram, Church Courts, 219.
Solé, L'amour en occident, 31. spricht generell davon, dass voreheliche sexuelle Beziehungen im Ancien Régime einer Gewohnheit entsprächen, obschon sie in den Augen der Kirche eine skandalöse Ausnahme seien.

54 Beck, Illegimität, in: Dülmen (Hg.), Kultur der einfachen Leute, 132. Auch katholische Obrigkeiten sind in ihren Bemühungen nicht erfolgreicher.

55 Beck, Illegimität, in: Dülmen (Hg.), Kultur der einfachen Leute, 150.

7.3.6. Gadensteigen

In die Zuständigkeit des Gerichts fällt auch die Bestrafung dieses Vergehens. Dabei ist es erstaunlich, dass die EGP nur vereinzelte Fälle bieten, bei denen das Gadensteigen als alleinige Straftat auftaucht.[1] Dies mag einerseits damit zu tun haben, dass die Aktivität des Gadensteigens zum mehr oder weniger festen Bestandteil des Werbens eines Mannes um die Frau gehört, demnach also höchstens bei strittigen Eheversprechen zu finden ist, andererseits aber liegt die Ahndung dieses Delikts in den Händen der Obervögte. So zumindest heisst es noch in einem Mandat vom 8. Mai 1640 gegen das Gadensteigen, die Obervögte auf der Landschaft sollten die Fehlbaren bestrafen.[2] Erst später taucht in den Mandaten das Gericht als die zuständige Behörde auf. Am 21. August 1657 ist in einem Mandat wider das Gadensteigen zu lesen, die Pfarrer, Ehegaumer, Hausväter, Vormünder und Meister hätten alle Fehlbaren anzuzeigen, die dann von den Eherichtern gestraft werden müssten.[3] Es scheint aber in der Praxis ein Kompetenzwirrwarr geherrscht zu haben, taucht doch am 19. März 1607 in den EGP der erste Eintrag einer Bestrafung wegen Gadensteigens auf, dies obschon nach dem Mandat von 1640 die Obervögte für zuständig erklärt werden.[4] Auf der anderen Seite meldet der Schreiber am 9. Mai 1671, also nach dem Mandat von 1657, das die Zuständigkeit an das Gericht delegiert, der Landvogt Junker Ziegler zu Neunkirch strafe gegen die Satzung Gadensteigen. Das Gericht fühlt sich dann auch in seiner Kompetenz eingeschränkt und beschliesst deshalb, " ... das mein Gnedig herren und Obern Ihm [dem Landvogt] und andern herrn Obervögten, die sich solcher Sachen anmassen, ein solches abstricken[5] und anbefehlen wollen, dergleichen Partheyen vor ein Ehrsam Ehegericht zu weysen".[6] Und noch am 23. August 1743 sieht sich der Rat veranlasst zu bestimmen, das Gadensteigen gehöre zur Abstrafung vor das Ehegericht. Die Ehegaumer sollen die Fehlbaren beim Obmann des Gerichts "denuncieren".[7]

Wenden wir uns der gerichtlichen Praxis zu. Am 19. Oktober 1630 verhängt das Gericht gegen den Untervogt Conrad Schwaninger von Guntmadingen die beträchtliche Busse von 30 Gulden, da er nachts zu den Kindern des Conrat Schilling von Löhningen in die Kammer

---

1 Breit, Leichtfertigkeit, 89f. stellt dies auch für seinen Untersuchungsraum im katholischen Bayern fest.

2 Mandate A 7, 75.

3 Mandate A 8, 341f.

4 EGP 3, 459. Veyt Hirtenschlager und sein Geselle, beide von Gächlingen, werden an diesem Datum gebüsst.

5 Abstricken meint verbieten.

6 EGP 10, 224f.

7 RP 201, 128.

eingestiegen sei. Doch ist das Gericht damit nicht zufrieden, verlangt es nämlich, dass " ... diejenigen so In ufgewisen auch citirt werden".[8] Dies geschieht am 2. Dezember 1630, als Conrat Schilling, Sohn des Gerbers, und der Sohn des verstorbenen Hans Schwaninger wegen Hilfeleistung und Anstiftung zum Gadensteigen mit zwei Mark Silber gebüsst werden.[9] Am 24. April 1688 erfahren wir gar von einer List, die Caspar Stolz von Neunkirch beim Gadensteigen anwendet. Er steigt zu drei verschiedenen Mädchen in die Kammer ein, gibt sich dabei aber als ledigen Mann aus.[10] Hier sind wir an der Schnittstelle zwischen Gadensteigen als alleinigem und als Begleitdelikt bei umstrittenen Eheversprechen. Denn Caspar Stolz gibt sich nicht von ungefähr als ledig aus, ist doch ein Mädchen viel eher bereit, einen Burschen in seine Kammer einzulassen, wenn es auf ein Eheversprechen hoffen kann. Dies aber muss den Zeitgenossen bekannt gewesen sein, sonst hätte Caspar Stolz diese List wohl kaum angewendet.[11] Nicht immer ist allerdings der Versuch einzusteigen erfolgreich. So berichtet Hans Jacob Meyer von seinen Erfahrungen, als er bei Verena Moog von Neunkrich habe einsteigen wollen. "Desswegen eine Leiter angestellt habe; als er aber in der Mogin Kamer gekommen, habe ihn ihr Vater wohl empfangen und tapfer abgeprügelt, so dass er glaube, genug gestrafft zu seyn."[12] Nicht viel besser ergeht es Samuel Löw von Hemmenthal, der am 30. August 1774 aussagt, "... sie habe ihn aber oben auf der Stiegen mit einem Nagel 2 mahl auf den Kopf geschlagen und ihm jemand, wie er hinunter gekommen, 2 Ohrfeigen gegeben, worauf er wider fortgegangen ...".[13] Ungünstig ist zudem, wenn der Platz bereits von einem anderen besetzt ist, wie dies Simon Enderlin erzählt, der über ein Vordach hinauf vor das Fenster des Mädchens steigt, nur um festzustellen, dass bereits ein anderer da ist. Als die beiden Enderlin am Fenster bemerken, "ihn das dächlin hinunter gestossen, dass er auf den s.v. mist gefallen".[14] Ungeplant verläuft auch der Versuch eines Mannes aus dem Dorf Dachsen, der zur Tochter des Schulmeisters von Neuhausen einsteigen will, deren Vater aber schliesst den Eindringling kurzerhand in einem

---

8 EGP 6, 51.

9 EGP 6, 57.

10 EGP 12, 195f.

11 4. April 1713; EGP 15, 339. Hans Peyer soll zu Magdalena Peyerin von Schleitheim eingestiegen sein, sich dabei als ledigen Mann ausgegeben haben unter Verwendung eines falschen Namens. Er erhält eine Busse von 30 Gulden und 4 Wochen Gefängnis, da es sich um eine Wiederholungstat handelt.

12 18. Juni 1754; EGP 26, 140.

13 EGP 30, 157.
11. Oktober 1770; EGP 29, 168. Hans Erzinger berichtet, man habe ihm einen Stein nachgeworfen, ihn an einem Schuh gerissen und an seinem Rock gehalten beim Versuch, in die Kammer eines Mädchens einzusteigen.

14 5. Februar 1760; EGP 27, 215.

Zimmer ein und lässt ihn erst am folgenden Morgen wieder abziehen.[15] Ganz und gar ungeschickt stellen sich Christen Ertzinger und Michel Mejer von Schleitheim an, die beide bei der Anna Wannerin zu Gaden steigen wollen "und darüber in händel gerathen seind".[16] Durch den Lärm, den die beiden verursachen, werden die Eltern des Mädchens gewarnt. Unglücklich ist auch der Umstand des Vollmondes, dann nämlich sind die Eindringlinge gut zu erkennen. Dies muss Georg Külling von Wilchingen erfahren, der zu 2 Gulden Busse verurteilt wird, obschon er nicht in die gewünschte Kammer einsteigen kann, denn das Mädchen weist ihn ab, sagt aber vor Gericht, " ... seye Mondschein gewesen, hab Ihn wol gekändt".[17] Auch der Vorgang des Einsteigens selbst ist nicht immer ganz ohne Risiko, selbst wenn geradezu einbrecherische Methoden angewandt werden. So sagt Adam Steinegger, er habe mit einem Messer die Kammertür der Verena Meyer geöffnet, um sich zu ihr ins Bett zu legen.[18] Jacob Brülmann hingegen versucht bei Eva Busenhart von Lohn einzusteigen, "in dem hineinsteigen eine scheiben zerbrochen, welche er bezalt ...", heisst es dazu im Protokoll.[19] Durch die Dunkelheit im Innern des Hauses behindert, stürzt gar ein Achtzehnjähriger von der Treppe zu Tode.[20]

Doch kann es auch vorkommen, dass ein Mädchen selbst gebüsst wird, weil es sich nicht abweisend genug verhält. Am 19. Juli 1647 muss Verena Moserin von Neunkirch 5 Gulden Strafe erlegen, " ... weyln Sie, Moserin, Ihm, Stammen, die Stang gehalten und zum Gadensteigen anlass geben".[21]

Trotz der relativ geringen Zahl solcher Fälle vor Gericht lässt sich gerade daran ein Blick auf das Brauchtum der Zeit werfen. Zunächst fällt dabei auf, dass alle solchen Fälle auf der Landschaft geschehen, also dort, wo hartnäckiger an überlieferten Traditionen festgehalten wird, als dies die Bewohner der Stadt tun.[22] So sagt denn auch Hans

---

15 18. Juni 1733; EGP 19, 446.

16 28. Januar 1738; EGP 20, 575.

17 12. Februar 1661; EGP 9, 268f.
Ähnlich ergeht es einem Mann, der bei Frida Keller von Schleitheim einsteigen will; diese nämlich sagt am 22. November 1740; EGP 21, 295. vor Gericht, "er seje gut kennen gewesen, massen der Mond geschienen ...".

18 23. Juni 1740; EGP 21, 199.

19 3. März 1711; EGP 15, 5.

20 14. Januar 1730; Chronik B 14, 222. "ist ein 18järig knab zu gaden gestigen und im hineinsteigen auf eine stegen kommen und zu todt gefallen."

21 EGP 8, 263v.

22 Die einzige Ausnahme findet sich am 9. April 1739; EGP 20, 865. als Catharina Burgauerin vor Gericht erscheint und sagt, sie sei von Johann Heinrich Bucher, Sohn des Zunftschreibers, geschwängert worden, und zwar als dieser zu ihr in die Kammer gestiegen sei. Die Erklärung ist einleuchtend, denn der Beklagte sagt, die Tat sei geschehen, "da mann hr. Cantor Deggellers haus gebauen, seye Er das gerüst hinauff

Jacob Meyer von Neunkirch am 18. Juni 1754: "Im übrigen seye das Gadensteigen bey ihnen ein alter Gebrauch, den jederman aussübe."[23] Gerade im dörflichen Milieu spielt wohl oft noch der Faktor der Mutprobe eine Rolle. Am 9. Mai 1775 berichtet Hans Gysel von Wilchingen, "der Walch habe mit ihm um einem Trunk gewettet, dass er zu der Verena Zimmermännin des nachts im Gaden gehen wolle, dieses seye auch geschehen ...".[24] Dies ist eine Feststellung. Die andere deutet auch hier auf die nur beschränkte Durchsetzbarkeit obrigkeitlicher Erlasse hin. Immer wieder treffen wir das Vergehen des Gadensteigens an, obschon von 1640 bis 1688 allein elf (!) einschlägige Mandate zum Verbot des Gadensteigens auf uns gekommen sind.[25] Für das 18. Jahrhundert sind es immerhin noch fünf Mandate innerhalb des Zeitraumes von 1712 bis 1738.[26] Ihre Zahl lässt darauf schliessen, dass dieses Vergehen auf der Landschaft häufig ist, auch wenn nur gerade wenige Fälle vor Gericht kommen. Der Eindruck, das Gadensteigen sei häufig, und alle obrigkeitlichen Versuche, dieses zu unterbinden, blieben ohne erkennbaren Erfolg, wird vollends erhärtet, wenn wir die endlosen Klagen der Geistlichkeit über das Gadensteigen betrachten. Bereits 1614 bringen die Geistlichen vor, durch das Gadensteigen würden "die döchteren verfelt, Vatter und Mutter hochbetrübt, die fründschafften verbitteret". Es fehle nicht an geeigneten Verbotsmandaten, "es manglet allein an getroüwer Straff Execution und vollstrekung".[27] 1647 klagt der Pfarrer zu Thayngen, "dass das gadensteigen und das bulen in dem beth sehr gemein".[28] Im selben Jahr bringt eine Visitation der Landschaft die Erkenntnis, dass auch in Löhningen "das Gadensteigen und In dem Beth bulen noch nicht aufhöre".[29] 1673 wird geklagt, das Gadensteigen führe dazu, "das fast kein unverwelkter jungfräulicher ehrenkranz bis zum kirchgang und Einsegnung der Ehe gebracht wird".[30] 1689 vernehmen wir von geistlicher Seite, "es lassen etwelche in einer Nacht zwey, drey und mehr nacheinander hinein".[31] Selbst im 18. Jahrhundert setzt sich

---

und in ihr haus zur Guggern hinein gestigen und zu ihro in die Cammer kommen ...". Da am Nachbarhaus gebaut wird, kann er das Baugerüst zum Einsteigen verwenden.

23 EGP 26, 140.

24 EGP 30, 254f. Sein Ausdruck, sie hätten um einen "Trunk" gewettet, relativiert sich beim Blick auf den tatsächlichen Wetteinsatz von einem Eimer Wein, also 37,50 Litern.

25 Mandate A 7; 75. und 183. A 8; 341f. 364f. und 452f. A 9; 128. 239. und 250. A 11; 3. 36. und 215.

26 Mandate A 14, 136. und 301. A 15, 104. A 16, 14. und 85.

27 AA 72.3. Synodalmemorial vom 3. November 1614.

28 AA 72.3. Synodalmemorial vom 20. Mai 1647.

29 AA 74.2. Visitation der Landschulen und Kirchen 1647, 1648, 1649. Der Bericht zu Löhningen ist mit 14. November 1647 datiert.

30 AA 72.3. Synodalmemorial vom 1. Mai 1673.

31 AA 72.3. Synodalmemorial vom 10. Juni 1689.

dieses Bild fort. 1702 wird durchgehend geklagt, das leichtfertige Gadensteigen sei überall im Schwange,[32] 1706 erfolgt eine beinahe wörtliche Wiederholung der Klage,[33] 1729 taucht das Gadensteigen immer noch in den Klagen des Synodus auf,[34] und zehn Jahre später hat sich das Bild überhaupt nicht geändert, über das Gadensteigen "wirt fast durchgehends geklaget, als über eine Sünde, die sehr im Schwang gehe. Ist in der That eine der schwersten GrewelSünden, durch welche das Land entheiliget wirt".[35] Vor diesem Hintergrund wird die Wirksamkeit auch der ehegerichtlichen Massnahmen zur Unterbindung des Gadensteigens mehr als fraglich, denn in den Dörfern wird, vom Dorfpfarrer wohl abgesehen, das Gadensteigen eben nicht als Delikt, sondern als zum Brauchtum gehörend empfunden und daher geduldet. Fehlt aber das Unrechtsbewusstsein, so fehlt auch die Bereitschaft der Dorfbevölkerung zur Zusammenarbeit mit der Obrigkeit. Deshalb können die Massnahmen zur Unterbindung des Gadensteigens nicht erfolgreich sein.

---

32 AA 72.4. Synodalmemorial vom 4. Mai 1702.

33 AA 72.4. Synodalmemorial vom 6. Mai 1706.

34 AA 72.4. Synodalmemorial vom 5. Mai 1729.

35 AA 72.4. Synodalmemorial vom 30. April 1739.

7.3.7. Zu schnelle Wiederverlobung nach dem Tode eines der Gatten

Wie aus den EGO hervorgeht, ist auch dieses Verhalten unter Strafe gestellt. Dies vor allem, um Erbschaftsfragen besser überblicken zu können und zur Vermeidung von Unsicherheiten, wer der Vater des Kindes sei, der verstorbene oder der lebende Mann der Frau.[1] Die Einträge beginnen im Herbst 1629, und es sind nicht viele Fälle, die in der Folge vor Gericht kommen. Aber das Problem muss das Gericht beschäftigt haben, denn am 27. April 1643 beschliesst es, " ... das auf nächstbevorstehendem Synodo wegen des Mandats, wie lang die Männer und weiber auf absterben Ihren Ehegemahlen In witwer- und witwenstand verbleiben sollen, anregens zu thun [seie]".[2]

Was beim Blick auf diese Fälle erstaunt, und dies ist der eigentliche Grund, weshalb wir dieses Kapitel einschieben, ist die Kürze der Zeit, welche manchmal verstreicht, bis sich verwitwete Personen erneut verloben. Ein zumindest für heutige Verhältnisse eher ungewöhnlicher Zug. So sind es bei Abraham Meister und Elisabetha Schwizerin am 27. Oktober 1629 beim Mann elf und bei der Frau vier Wochen.[3] Am 15. Januar 1630 stehen Hans Ulrich Helchenberger und eine Frau unbekannten Namens vor Gericht, weil er "ungefahr 14 tage [sic!] nach seiner frau Töttlichen abliben ... Sy in seinem hus ... zue der Ehe genommen, mit vermelden, er möchte also ein Jung Mensch zur Ehe haben ... ".[4] Den absoluten Rekord aber stellt die Kümmerli, Witwe Hans Conrad Mäders, auf, die am 11. Juli 1639 acht Tage (!) nach dem Tode ihres Mannes Junker Stokar zur Ehe nimmt.[5] Beim Blick auf solch kurze Trauerzeiten sollten wir uns an das erinnern, was wir zum Charakter der Ehe bereits ausführten. Für die Mehrzahl der damaligen Menschen ist die emotionale Bindung an den Ehepartner nur eine von verschiedenen Wurzeln der Ehe.[6] Da ist nicht in jedem Fall eine lange Trauerzeit vonnöten, zumal der Tod für diese Menschen einen ganz anderen Stellenwert besitzt als heute. Heirat und Tod gehören zum Leben, das letztlich in Gottes Händen ruht. Zudem hat die Frau einen Mann nötig, sei es als Rechtsbeistand, sei es als Ernährer. So führt Elisabetha Schöttlin am 29. September 1778 vor Gericht aus, sie müsse sich vor Ablauf der Zeit erneut verheiraten, weil sonst, wenn sie ihre Güter immer durch fremde Männer bearbeiten lassen müsse, ihr geringes Vermögen durch

---

1 Kap. 3.2.

2 EGP 8, 190r.

3 EGP 5, 49.

4 EGP 5, 65.

5 EGP 8, 128v. Es stellt sich allerdings heraus, dass bei diesem Handel ihre Magd als Kupplerin auftritt.

6 Kap. 7.3.3.6.

das Bezahlen des Taglohns aufgezehrt würde.[7] Auf der anderen Seite ist der Mann ohne Frau mehr oder weniger hilflos, zumindest wenn er sich keine Dienstboten leisten kann. Diese eigentliche Notlage, in die ein Mann durch den plötzlichen Tod seiner Frau geraten kann, zeigt sich einige Male sehr eindrücklich. Am 24. Juni 1656 bittet Hans Atzinger von Unterhallau um vorzeitige Erlaubnis zur Wiederverheiratung, da nach dem Tode seiner Frau " ... sein hauswesen gar schlechtlich versehen".[8] Noch prägnanter formuliert es Hans Würtenberger von Rüdlingen am 13. März 1714. Er möchte vor der Zeit heiraten, da er "ein witwer mit 6 kleinen kindern seie ... weiln er hilff und rath vor die kinder nöthig und die feldgeschäffte angehen".[9] In all den gerade angeführten Begehren auf vorzeitige Wiederverheiratung erteilt das Gericht die Erlaubnis.[10] Dabei lässt es sich zweifellos von sozialen Überlegungen leiten, kann es doch kein Interesse daran haben, Familienväter, die eine Ehefrau zur Besorgung der häuslichen Geschäfte, der Kindererziehung und zur Mithilfe bei der Feldarbeit nötig haben, ihrem Schicksal zu überlassen. Doch nicht immer kommt das Gericht dem Begehren nach. So lehnt es am 1. Dezember 1791 das Begehren Jacob Hirts auf vorzeitige Wiederverheiratung ab, der "als ein armer und krüplichter Mensch kurz nach dem Tod seiner frauen sich schon wider mit einem jungen Weibsbild von Gächlingen ehelich versprochen habe". Durch eine solche Heirat würde nur die Gemeinde "mit armen und elenden Kindern beschwähret", deshalb sollten seine Verwandten und die Dorfvorgesetzten diese beabsichtigte Ehe mit allen Kräften zu verhindern suchen.[11] Besondere Umstände schliesslich liegen beim Ansuchen um vorzeitige Wiederverheiratung in den folgenden beiden Fällen vor. Am 21. November 1665 trägt Vogtrichter David Trippel im Namen einer Frau vor, " ... obschon Sie die bestimpte Zeit der 9 Monaten nit vollstreckt, Jedoch bei vorigen Ihren 2 Ehemännern kein kind gezeugt und bei 60 Jahren alt" sei.[12] Beinahe identisch ist die Begründung, welche Ameley Heusin von Schleitheim am 4. April 1713 vorbringt, sie sei über 50 Jahre alt und habe in ihrer ersten Ehe keine Kinder zur Welt gebracht.[13] In beiden Fällen gibt das Gericht dem Ersuchen statt, es erachtet ihre Aussagen wohl als genügend,[14]

---

7 EGP 31, 104. Zudem sei sie zu alt, um noch einmal Kinder zur Welt bringen zu können.

8 EGP 9, 95.

9 EGP 15, 503.
13. März 1714; EGP 15, 503. Hans Rüdy hat Schulden und möchte deshalb vor der Zeit wieder heiraten, da er "ohne ein weib in s[ein] haushaltung nit woll fortkommen kan".

10 Ebd. Die Einwilligung wird erteilt, "weiln hr. Pfr. Wietman von Nünkirch ihm ein gutes Testimonium gegeben."

11 EGP 33, 277f.

12 EGP 10, 51.

13 EGP 15, 341.

14 Ebd. Das Gericht erteilt zwar die Erlaubnis zur Wiederverheiratung, doch soll an den Pfarrer geschrieben werden, "ob sie so alt und einmal keine kinder gehabt". Ganz

dass nicht unverhofft doch noch ein vom verstorbenen Ehemann gezeugtes Kind zur Welt kommt oder die Wohnsitzgemeinden in der Zukunft nach der Wiederverheiratung der beiden Frauen durch Kinder belastet würden.[15]

---

vertraut es ihren Angaben offensichtlich doch nicht und wittert einen möglichen Missbrauch.

15 Dass sich Menschen mehrfach verheiraten, ist demnach durchaus üblich, auch wenn das Beispiel Harych Wegelins, Wirt zum Schwert, einmalig sein dürfte, von dem Stokar in seiner Chronik schreibt: "dye 6. frowen gennon ... und sind im 4 frowen gestorben, und dye 5. ist im by lebendygem lib abgangen, und der Wegelin ist by 100 jaren." Stokar, Chronik, 1527, 150.

7.3.8. Die Verwandtschaft als Ehehindernis

Zunächst einige Vorbemerkungen. Das römische Recht zählt den Grad der Verwandtschaft nach dem Grundsatz: tot sunt gradus quot generationes. Gemäss dieser Methode benutzen die Römer das Modell einer Treppe, bei der jede Zeugung eine Stufe bildet. In den Seitenlinien werden die Stufen von der einen verwandten Person aufwärts bis zum gemeinsamen Stammvater und von da abwärts bis zur anderen verwandten Person gezählt. Das kanonische Recht übernimmt die Zählung aus dem germanischen im 8. Jahrhundert, obwohl sich diese Zählweise erst seit Papst Alexander III. (1063) als anerkannte kanonische Zählung durchsetzt. Nach diesem Zählverfahren dient der menschliche Körper als Grundlage, in dem jedes Gelenk als ein Grad bezeichnet wird. In der geraden Linie wird gleich dem römischen Recht gezählt. In der Seitenlinie aber zählt unter den Generationen nicht die einzelne Zeugung, sondern die ganze Zeugungsreihe. Die Kinder von Geschwistern sind nach römischer Zählart somit im 4. Grad verwandt, nach kanonischer aber im 2. Grad.[1]

Dieser Unterschied in den gesetzlichen Grundlagen bleibt für das Gericht mit der ersten EGO von 1530 bestehen, denn diesbezüglich heisst es dort lediglich, "da soll es deshalb bi gaistlichen und weltlichen rechten bliben".[2] Diese Anweisung löst nichts, ist ja eben das geistliche vom weltlichen Recht in diesem Punkt verschieden. Wann in der Ehegesetzgebung Schaffhausens zum erstenmal explizite Anordnungen eingeführt werden, entzieht sich unserer Kenntnis. Immerhin ist zu vermuten, dass mit dem Treffen in Zürich von 1533 klare Bestimmungen übernommen werden.[3] Grundsätzlich aber gilt für das reformatorische Eherecht, dass nur die in der Bibel aufgeführten Verwandtschaftsgrade ein Ehehindernis darstellen. Ursprünglich ist somit die Ehe zwischen Geschwisterkindern gestattet.[4] Doch erregt gerade dies bei den katholischen Orten der Eidgenossenschaft Anstoss, so dass 1533 eine solche Ehe auch für die protestantischen Orte verboten wird. Dieses Verbot wird in der Folgezeit auf Ehen im 3. Grad ausgedehnt.[5] In der EGO von 1637 taucht, nach der EGO von 1552,[6] das Verbot für Ehen im 3. Grad

---

1 Münch, Ehehindernisse, 16f. Safley, To Preserve the Marital State, in: Journal of Family History 7, 1982, 173, Anm. 11.

2 Zwingliana 2, 1925, 294.

3 Teil I, Kap. 3.2., Anm. 33.

4 Münch, Ehehindernisse, 46-55. Wehrli, Verlobung, 78-94.

5 Hinweise auf Probleme mit der Durchsetzbarkeit in Schaffhausen finden sich: 10.Dezember 1590; EGP 2, 123. 25. Oktober 1593; EGP 2, 203.

6 AE I, 14f. Die Komplexität der Materie selbst für die Zeitgenossen mag sich daran zeigen, dass der Schreiber im Text der EGO eine Zeichnung anbringt, welche zum Abzählen der Verwandtschaftsgrade dient, neben einer ausführlichen Liste aller Verwandten, die einander nicht heiraten dürfen.

ausdrücklich auf.[7] Damit ist die Linie des Gerichts klar. Heiratswillige, die im 3. Grad verwandt, also Enkel von Geschwistern sind, werden ledig gesprochen, auch wenn sie bereits die copula carnalis vollzogen haben.[8] Zusätzlich verhängt das Gericht eine beträchtliche Busse, die sich zwischen 10 und 50 Gulden bewegt. Dabei lässt es sich auch nicht erweichen, ein einmal ergangenes Urteil in dieser Sache zurückzunehmen. Reicht einmaliges gerichtliches Aufheben der Verlobung nicht aus, so wird zu massiver Drohung gegriffen, wie im Falle des Martin Germann und der Anna Dunckel von Merishausen am 31. Oktober 1676. "also ist Ihnen hiemit nochmalen die zusammenwandlung und begerte ehelichung bei verweysung aus dem land rund abgestrickt[9] worden."[10]

Eine Änderung in der Rechtsprechung tritt erst mit der revidierten EGO von 1681 ein. Danach dürfen Heiratswillige, die im 3. Grad verwandt sind, heiraten, nachdem sie zuvor vom Gericht die Erlaubnis erwirkt und eine Busse, besser eine Dispensgebühr, von 50 Gulden entrichtet haben.[11] Die Höhe dieser Gebühr soll einerseits abschreckende Wirkung haben, andererseits der Staatskasse zu entsprechenden Einnahmen verhelfen.[12] Bei den unten beispielhaft aufgeführten Fällen[13] müssen dann auch die Beteiligten den vollen Betrag über 50 Gulden bezahlen. Ja selbst als Drohung lässt sich die Höhe der Gebühr verwenden. Am 22. März 1753 redet das Gericht Catharina Simmler zu, das Eheversprechen sei ohnehin nicht nach From geschehen, sie seien zudem im 3. Grad verwandt, "welches sie viel gelt kosten wurde", daher wäre es doch besser, wenn sie freiwillig auf den Vollzug des Versprechens verzichte.[14] Dies allerdings weigert sich die Frau zu tun, worauf das

---

7 Ordnungen A 6, 594.
Doch bereits 1590 verlangt das Gericht, es solle dem Rat gesagt werden, dass im 3. und 4. Grad Verwandte nicht heiraten dürften. Die Pfarrer auf der Landschaft sollten daher einmal jährlich die betreffenden Bestimmungen öffentlich verlesen, "damit sich menigelicher vor Schaden und ungnad zu verhüetten wüsse". 10. Dezember 1590; EGP 2, 123.
Am 25. Oktober 1593; EGP 2, 203. wird diese Aufforderung gar wiederholt. Und 1639 folgt in einem Mandat die massive Strafandrohung für Zuwiderhandlung, wonach Fehlbare 1000 Gulden Busse bezahlen müssen, für ehr- und wehrlos erklärt und ausgewiesen werden, nachdem ihnen auch das Bürgerrecht aberkannt worden ist. Mandate A 7, 3v-4r.

8 8. Juni 1630; EGP 6, 4. 23. Oktober 1636; EGP 7, 68v-69r. 5.Februar 1639; EGP 8, 122v. 27. Oktober 1645; EGP 8, 225r-225v.
Das identische Vorgehen belegt Münch, Ehehindernisse, 48. auch für Basel.

9 Das heisst gänzlich verboten.

10 EGP 11, 17.

11 Ordnungen B Heft 5, 39.

12 Siehe den Schluss dieses Kapitels.

13 1. November 1681; EGP 11, 217. 23. Februar 1682; EGP 11, 222.

14 EGP 24, 556. Der eigentliche Grund für das Verhalten des Gerichts liegt darin, dass zum vornherein klar sei, ihr Bräutigam habe "gar kein hertz mehr zu ihr", also über kurz oder lang eine Scheidungsklage vor den Schranken des Gerichts zu befürchten ist.

Gericht das Versprechen aufhebt, nicht etwa, weil sie im 3. Grad verwandt sind, was kein rechtlich stichhaltiger Grund mehr wäre, sondern weil es nicht nach der vorgeschriebenen Form geschehen sei. Am 19. April 1763 wird Hans Keller, Sohn des Feldmessers, und seine Frau Maria Buchter von Thayngen zusätzlich um eine Mark Silber gebüsst, weil sie nicht vor der Heirat um Erlaubnis dazu beim Gericht nachgesucht haben.[15] Nur am 12. April 1687 befindet das Gericht im Sinne einer grossen Ausnahme, Jacob Riplin und Ursula Brunnerin von Unterhallau sollen "in ansehung ihrer armut ... nur 13 Gulden erstatten".[16]

Bis zur Änderung der gerichtlichen Praxis gibt es freilich einen Ausweg, das Eheverbot im 3. Grad zu umgehen, indem sich das Paar ausser Landes trauen lässt, denn eine nachträgliche Scheidung nach dem Bande ist nicht möglich. So lassen sich am 5. Mai 1646 Hans Georg Specht und Dorothea Moserin, beide von Merishausen, in der Markgrafschaft Baden einsegnen, nachdem die Ehegaumer ihres Dorfes sie gemahnt haben, sich nicht zu verheiraten.[17] Bei einem solchen Vorgehen, das selbstverständlich verboten ist,[18] kann allerdings die Busse, um eine solche handelt es sich in diesem Fall tatsächlich, beträchtlich hoch sein. Am 8. Oktober 1639 heiratet Junker Johann Jakob Stokar Ursula Peyer zur Traube im badischen Gebensdorf.[19] Dafür muss der spätere Erfolgsdipolmat Schaffhausens[20] sowohl für sich als auch für seine Gattin je 200 Gulden Busse bezahlen.[21] Nach Änderung der gesetzlichen Grundlagen 1681 ist dieser Ausweg nicht mehr nötig, auch wenn sich vor Gericht in abnehmender Zahl immer noch Paare einfinden, die bereits geheiratet haben und jetzt nachträglich die Dispensgebühr entrichten.[22] Gleichfalls verboten sind Ehen im 3. und 4. Grad, das heisst, wenn ein Urenkel und ein Enkel von Geschwistern heiraten möchten. Solche Fälle sind nicht sehr häufig, kommen aber durchaus vor. Ganz sicher ist sich dabei das Gericht nicht. So verfügt es am 29. Oktober 1590, dass der Fall des Georg Erzinger von Buchberg und der Elsbetha Zerweggin vertagt werden solle.[23] Das Gericht gelangt in der

---

15 EGP 27, 556f.

16 EGP 12, 143.

17 EGP 8, 241v. Auch: 23. November 1658; EGP 9, 164.

18 Bänninger, Untersuchungen, 80.

19 Gebensdorf scheint ein beliebter Ort für ein solches Vorhaben gewesen zu sein. So lassen sich Junker Hans Conrad Peyer und Jungfrau Agnes Spleissin, die im 3. Grad verwandt sind, dort einsegnen. 4. Mai 1666; Chronik B 7, 158f. Der Chronist spricht allerdings von "Gerbersdorf", meint aber wohl Gebensdorf.

20 Vgl. Hofer, Johann Jakob Stokar, in: SHB 68, 1991, 180-189.

21 RP 99, 86v.

22 2. März 1682; EGP 11, 223.
Dieser Ausweg ist auch in Zürich gebräuchlich. Wehrli, Verlobung, 87.

23 EGP 2, 113.

Zwischenzeit an den Dorfpfarrer und an den Rat. Letzterer verfügt am 10. Dezember 1590, "das sy Eeleüth sein und bleyben mögen, allerdingen unter ufferlegung ainer namhafften straf, anderen zu ainem abscheüchlichen Exempel".[24] Weshalb der Rat so entscheidet, ist ungewiss, ebenso ob das Gericht damit einverstanden ist. Auf jeden Fall muss es dieses Ratsurteil als Grundlage für ein am gleichen Tag, dem 10. Dezember 1590, gefälltes Urteil betrachten, spricht es doch Hans Keller und Elisabetha Abent, beide aus Rüdlingen, die zueinander im 4. resp. 3. Grad verwandt sind, zusammen. "Wiewol es unser gnedig herren und Obern ordnung etwas zuowider."[25]

Noch schwankender zeigt sich aber die ganze Sache im Falle der Verwandtschaft im 4. Grad, wenn also die Heiratswilligen Urenkel von Geschwistern sind. Am 8. August 1588 erteilt das Gericht dem Pfarrer zu Unterhallau den Auftrag, die Trauung zwischen Martin Stachel und Elsbetha Ramstucki vorzunehmen. Sie sind im 4. Grad verwandt und erscheinen vor Gericht, weil sich ihr Dorfpfarrer weigert, sie einzusegnen.[26] Doch am 8. Oktober 1590 verfügt das Gericht, Michel Rüeger von Merishausen und Ursula Geügel dürften nicht heiraten, weil ihre Urgrossmütter Schwestern gewesen seien.[27] Einige Zeit später, am 16. Juni 1591, aber stösst das Gericht sein Urteil in dieser Sache um, nachdem die Mutter Michel Rüegers persönlich vor Gericht erschienen ist und inständig darum gebeten hat, den beiden doch die Ehe zu erlauben.[28] Während es am 10. April 1606 Benedikt Müller aufträgt, seiner Tochter einen anderen Mann zu suchen, weil deren Verlobter mit ihr im 4. Grad verwandt ist.[29] In dieser Frage lässt sich also keine einheitliche Linie in der Rechtsprechung des Gerichts erkennen. Es urteilt wohl eher aus dem Moment und aufgrund des Eindruckes, den die Parteien bei ihrem Auftritt vor den Schranken des Gerichts hinterlassen.

Klar ist dann wiederum das Vorgehen des Gerichts in der Frage einer Ehe mit der Schwester der verstorbenen Frau des heiratswilligen Mannes. Der Mann ist zwar nicht mit der Familie der Verlobten verwandt, zumindest nicht näher, denn sonst hätte er seine erste Frau nicht heiraten können, doch stützt sich das Gericht bei der Beurteilung solcher Begehren auf die Bibel. Deshalb werden alle Ansuchen dieser Art kategorisch abgelehnt.[30]

---

24 EGP 2, 121.

25 EGP 2, 121f.

26 EGP 2, 56. Auch: 26. September 1587; EGP 2, 31.

27 EGP 2, 106.

28 EGP 2, 133.

29 EGP 3, 424.

30 Als Beispiele sollen gelten: 2. März 1630; EGP 5, 75. 11. Februar 1673; EGP 10, 275. Als biblische Grundlage für diese Haltung dient: Lev. 18. 18.

Bei der Unübersichtlichkeit der Verwandtschaftsverhältnisse der Beteiligten[31] einerseits und der Komplexität der ganzen Materie andererseits erstaunt es nicht, wenn das Gericht, um sich nicht auf dieses schwierige Gebiet begeben zu müssen, den Fall einfach an den Rat zur Beurteilung überweist.[32] Doch auch die rein rechtlichen Grundlagen sind für das Gericht wohl nicht immer ganz klar. So erscheint am 10. März 1757 Junker Ratsherr und Landvogt Johann Conrad von Mandach vor Gericht mit der Bitte, ihm zu erlauben, die Frau seines verstorbenen Schwagers Junker Georg Stokar von Neuforn zu heiraten.[33] Das Gericht aber ist unsicher, sagt zwar, man wäre geneigt, seinem Ansuchen zuzustimmen, "weil man aber nicht die geringste Norma habe, und in der Ehegerichts-Ordnung nichts ausgeworffen; als seye man aussert stand über diesen Casum zu judiciren ...". Womit klar ist, dass sich der Rat mit diesem besonderen Problem befassen soll. Das Gericht traut sich nicht zu, einfach, da ja nichts diesbezüglich Spezifisches in der EGO vermerkt ist, ein eigenes Urteil zu fällen. Die Rechnung des Gerichts geht allerdings nicht auf, denn der Rat weist den ganzen Fall, ohne eine Entscheidung zu fällen, wieder zurück. Das Gericht ringt sich wohl oder übel am 18. März 1757 zu einer eigenen Beurteilung durch, indem es die Ehe erlaubt, da sie auch in der Bibel nicht verboten sei, fügt jedoch zur Begründung, weshalb die ausserordentlich hohe Dispensgebühr von, wie es im Protokoll heisst, 200 Gulden verlangt werde, hinzu: "Damit bey diesen ohnedem verderbten und anstössigen Zeiten, Unserem leichtsinnigen Volk zu ärgerlichen und anstössigen fleisches-ausschweiffungen kein anlass gegeben und Thür und Thor geöffnet werde ...".[34] Wie unsicher das Gericht selbst bei denjenigen Fällen sein kann, die es in eigener Verantwortung beurteilt, mag das Begehren Hans Cristas und Elsbetha Meyers von Unterhallau vom 3. September 1601 zeigen. Das Gericht verfügt, sie dürften nicht heiraten aus Gründen zu naher Verwandtschaft. Die beiden aber beharren auf

---

31 Mitunter tauchen Paare vor Gericht auf, die ihren Verwandtschaftsgrad gar nicht kennen (wollen). 12. August 1596; EGP 2, 319.

32 21. Februar 1600; EGP 3, 104. 27. November 1602; EGP 3, 257. 2. März 1630; EGP 5, 76. 28. März 1650; EGP 8, 316v.

33 EGP 26, 527-529. Der Antragsteller führt dabei aus, " ... wie dass er nach bedachtsamer Überlesung unserer Ehegerichts-Ordnung und bemerkung" gefunden habe, sein Begehren sei rechtens, zudem "seye er der gänzlichen Meynung gewesen, dass die alte allgemeine Regel, wo kein Gesatz, da ist kein Richter, auch ihm hierin zum Vortheil dienen werde ...".

34 EGP 26, 535f. Zudem gilt die Gebühr "ohnnachlässlich", also ohne dass sie aus Gnade und auf Ersuchen gemildert werden soll.
Entgegen den Erwartungen des Gerichts meldet sich aber bereits am 24. März 1757; EGP 26, 537. Balthasar Zimmermann, Vogt von Trasadingen, der ebenfalls die Frau seines verstorbenen Schwagers heiraten möchte. Das Gericht kann eine Erlaubnis nicht verweigern, verhängt allerdings auch in diesem Fall eine Dispensgebühr von 150 Gulden zur Abschreckung.

ihrem Ansinnen, worauf das Gericht schwankend wird und den Fall an den Rat weiterleitet.[35] Handelt es sich um eine eindeutige Blutschande, so ist für die Aburteilung sowieso der Rat als alleinige Instanz zuständig. Doch scheint nicht einmal bei der Frage, was als Blutschande zu werten sei, Klarheit zu bestehen. So meint das Gericht am 23. Juli 1713 bezüglich der Unzucht, die Veronika Grütmännin und Wilhelm Vogelsanger, beide von Beggingen, miteinander begingen, obschon sie im 2. Grad zueinander verwandt sind, sie hätten sich "so straffbahr gemacht, dass ein lobl. Ehgericht die unter ihnen begangene blutschuld nach verdienen und nach deren habenden Rechten nicht genugsam abzubüssen vermögen, derwegen sie die ganze sach Einem wollweisen kl. rath zu fernerer judicatur übergeben sein solle".[36] Noch am 12. August 1791 befindet das Gericht nach interner Überlegung "einmüthig" im Fall zwischen Junker Urteilssprecher Stokar von Neuforn und seiner Frau Friderika Stokar, geb. Schwarzin, die im 2. Grad verwandt sind, der Rat seie zuständig,[37] während es am 27. September 1792 einen identischen Fall zwischen Margaretha Pletscher und Vinzent Häusy von Schleitheim, freilich erst nachdem die Richter sich vorher beraten haben, ob sie den Fall nicht besser an den Rat weisen sollten, allein abschliessend beurteilt.[38]

Die eigentliche Kompetenz des Gerichts erstreckt sich auf die Beurteilung der Gültigkeit oder Ungültigkeit eines Eheversprechens bei zu naher Verwandtschaft. Dabei verhängt es Bussen für Verlobungen im verbotenen Grad oder auch Heiraten ausser Landes, mit denen versucht wird, das Verbot zu umgehen. Der Eindruck der Unsicherheit bleibt, und es sind wohl auch Zweifel an der Durchsetzbarkeit erlaubt. Gerade im Bereich des Eheverbots im 3. Grad wird klar, dass es sich je länger, je unhaltbarer erweist. Diesen Eindruck erhält der Leser auch beim Blick auf die Begründungen, welche von den Antragstellern manchmal vorgebracht werden, um das Gericht zu überzeugen, keine Dispensgebühr bezahlen zu müssen. So führt Junker Johann Ludwig Peyer am 4. Mai 1756 aus, seine Verlobung mit Ursula Barbara Peyer zur Peyerburg widerspreche weder göttlichem noch natürlichem Gesetz, "noch auch dardurch Zucht und Ehrbarkeit im geringsten aus der acht gelassen, vielweniger jemandem einiger Schaden und nachteil darvon zuwachse, oder Anstoss und Ärgerniss gegeben werde; anfolglich erwehntes gesetz mehr als ein politisches und civil-Gesetz anzusehen, und lediglich in des Richters Willkühr stehe, ein solches Gesetz gnädigst zu moderiren

---

35 EGP 3, 176f.

36 EGP 15, 411.

37 EGP 33, 221-223.

38 EGP 33, 374f. Dabei dient als Begründung für die Eigeninitiative, der Rat habe am 13. Oktober 1789 einen solchen Fall wieder an das Gericht zurückgewiesen.

und zu limitiren ...".[39] Trotzdem bleibt das Verbot formell bestehen, auch nach der Änderung in der Rechtsprechung. Jetzt ist es immerhin möglich, gegen Bezahlung einer Dispensgebühr von 50 Gulden die Erlaubnis zur Heirat im 3. Grad zu erlangen. Und es macht sich eine Tendenz bemerkbar, die Dispensgebühr aus Gnade jeweils zu reduzieren, befindet das Gericht deshalb doch am 5. Oktober 1695, "dass fürohin wo immer möglich bei angesezter straf der 50 Gulden des 3ten grads verbleiben ... solle".[40] Denn die Heirat zwischen Enkeln von Geschwistern ist in der Tat vor allem im 17. Jahrhundert recht häufig und erklärt sich, zumindest teilweise, aus den überschaubaren Verhältnissen. Die Dörfer sind klein, und will der Mann eine Frau aus der dörflichen Gemeinschaft heiraten, was wegen der Einkaufssumme für Fremde ratsam ist, so sind entferntere Verwandtschaftsgrade der Beteiligten sicher nicht immer zu umgehen. Dies gilt übrigens auch für die führenden Familien der Stadt Schaffhausen, welche aus Standesgründen bestrebt sind, unter ihresgleichen zu heiraten, womit aber zwangsläufig die Auswahl an nicht zu nahe verwandten Personen geringer ist. So sagt denn auch Junker Urteilssprecher Stokar von Neuforn zur Begründung für seine Heirat mit Friderika Stokar, geb. Schwarzin, die im 2. Grad verwandt sind, er habe sich erneut verheiraten wollen, "aber keine Person gewusst und gefunden, deren Eigenschaften ihm mit seiner gewohnten Lebens- und denkungs-Art also übereinstimmend geschinen ...".[41]

Die Einsicht in die realen Verhältnisse muss sich, wenn auch nur zögernd, am Ende im Rat und dem Gericht durchgesetzt haben, was zur Einführung der Dispensgebühr geführt hat. Damit ist es möglich, auf der einen Seite formal rechtlich nicht vom Verbot der Ehe im 3. Grad abzurücken, die Dispensgebühr wird daher folgerichtig als Busse bezeichnet,[42] hätte dies doch die Aufgabe eines einmal erlassenen gesetzlichen Verbotes bedingt, was für die Gnädigen Herren unvorstellbar scheint und ihnen den Eindruck einer gefährlichen Untergrabung der Prinizpien, auf denen der Staat und ihre Herrschaft gründet, vermittelt hätte. Zusätzlich lässt sich mit der Dispensgebühr der Wohlfahrt des Staates, das heisst der Staatskasse, ein Dienst erweisen. Eine Gelegenheit, die sich die Gnädigen Herren als gewiefte

---

39 EGP 26, 401-403.
Am 3. Oktober 1754; EGP 26, 156f. erfolgt vor Gericht eine beinahe identische Begründung,

40 EGP 13, 103.

41 12. August 1791; EGP 33, 221-223. Die Familie Schwarz gehört seit langer Zeit zu den einflussreichen Bürgersfamilien der Stadt Schaffhausen.

42 Das erste Mal in den Protokollen wird am 19. April 1763; EGP 27, 556f. von einer "dispensation", die "behörigen Orts nicht vorhero ausgewürkt" worden sei, gesprochen. Von da an findet sich dieser Ausdruck häufiger und taucht gar in der EGO von 1785; AE 12, 15. auf. Dort wird die zu entrichtende Gebühr auch auf 30 Gulden herabgesetzt.

Rechner gleichwohl nicht entgehen lassen wollen. So findet sich die Änderung dieser Politik in der Praxis des Gerichts wieder, das als direktbetroffenes Organ diese Massnahme anwenden muss.[43]

43 Es ist aufschlussreich, dass auch Zürich, allerdings später, die gleiche Änderung in seiner Rechtsprechung einführt, einschliesslich der Erhebung einer Dispensgebühr. Bänninger, Untersuchung, 34.
Auch in Basel werden solche Ehen im 3. Grad gestattet. Simon, Untertanenverhalten, II6. Wir können also eine Angleichung an die Realität auf breiter Front in der Rechtsprechung Zürichs, Basels und Schaffhausens feststellen. Mit der Einschränkung vielleicht, dass die Gnädigen Herren von Schaffhausen offenbar die besseren Rechner sind, führen sie doch als erste die Dispensgebühr ein.

7.3.9. Strafen

7.3.9.1. Bussen und Gefängnis

Da für alles und jedes vom Gericht eine Busse verhängt wird, würde es zu weit führen, die von Delikt zu Delikt verschiedenen Bussgeldbeträge aufzulisten. Zumal deren Relevanz stark eingeschränkt wäre, ist es doch ausserordentlich schwierig, die damaligen Geldbeträge zu heutigen in Bezug zu setzen. Doch ergäbe eine gesonderte Auflistung der verschiedenen Bussen nur dann einen wirklichen Sinn. Daher beschränken wir uns auf die Busspraxis des Gerichts.[1]

Hierbei stellt sich zunächst die Frage, wie denn das Gericht an die von ihm verhängten Bussen herankomme? Die Versicherung, dass die Bussen tatsächlich abgeliefert werden, kann auf verschiedene Arten erfolgen. Einmal verfügt das Gericht ausdrücklich, die Parteien dürften erst dann das Rathaus verlassen, wenn die verhängten Bussen bezahlt sind.[2] Dann können auch Bürgen akzeptiert werden, welche die spätere Bezahlung der Busse sicherstellen sollen.[3] Wobei es dem Gericht überlassen ist, einen Bürgen zu akzeptieren oder nicht.[4] Beinahe identisch ist das Verlangen einer Kaution, bevor der Delinquent entlassen wird.[5] Zu diesem Mittel greift das Gericht besonders dann, wenn es sich um Landesfremde handelt, soll doch damit einer Flucht vorgebeugt werden.[6] Auch ein bei Gericht bis zur Bezahlung der Busse hinterlegtes Pfand ist eine Möglichkeit, sich die Begleichung der Summe zu sichern. So hinterlegt Adam Scheyer, Goldschmied, einen Becher und einen Dolch.[7] Erfolgt die Auslösung der Pfandgegenstände nicht innert der festgesetzten Frist, so werden sie auf Befehl des Gerichts verkauft.[8] Erscheinen dem Gericht all diese Möglichkeiten als zu unsicher, so scheut es sich nicht, auch auf den jeweiligen Arbeitgeber der

---

1 Das exzessive Bussenwesen macht das Zürcher Ehegericht zu einer verhassten Institution. Wehrli, Ehescheidung, 92.

2 12. November 1597; EGP 3, 13. "Bey tagZeit oder ehe Sy ab dem Rhathaus gangen zur straf erlegen sollen."

3 6. Januar 1601; EGP 3, 142. Als Bürge amtet der Vogt von Merishausen.
27. Mai 1535; EGP I, 150r. Der Verurteilte erhält einige Tage Zeit, die Busse zu bezahlen, doch muss er einen Bürgen stellen.

4 20. März 1766; EGP 28, 100. Das Gericht lehnt es ab, überhaupt einen Bürgen für Johann Jacob Wüscher anzunehmen, da es der Meinung ist, dessen Gefängnisstrafe sei wohlverdient.

5 30. Juni 1711; EGP 15, 40. " ... dass die Mutter Caution stellen solle, anderst ihr Sohn nit aus dem arrest gelassen ..." werde.

6 14. Juni 1787; EGP 31, 961. "Der frömbde dafür Caution stellen". Auch: 12. November 1789; EGP 33, 2.

7 2. November 1605; EGP 3, 400f.

8 28. April 1629; EGP 5, 22.

Delinquenten zurückzugreifen. Am 18. November 1591 werden Anna Schöchin, Magd zu Lohn, und Otli Widmer, Knecht zu Altdorf, mit 2 Gulden gebüssst. Das Gericht verfügt, "und soll sein Maister .... unsern gnedig herren [diese Summe] zuostellen".[9] Dahinter verbirgt sich sicherlich der Gedanke, dass der Meister oder Arbeitgeber seinen Gesellen und Angestellten gegenüber die Aufsichtspflichten eines leiblichen Vaters ausüben sollte; werden also die ihm so Anvertrauten straffällig, so trägt der Meister oder Arbeitgeber zumindest auch eine ideelle Schuld. Schliesslich kann das Gericht auch anordnen, das Besitztum der Delinquenten mit Arrest zu belegen, bis diese die Bussen bezahlen.[10] Selbst die obrigkeitlichen Organe auf der Landschaft können dafür eingespannt werden. So erfährt Hans Rüdys Frau am 11. August 1712, sie solle die Busse für ihren Mann erlegen, "widrigen fals hr. Landvogt von Neunkirch ein befehl ertheilt werden solle, so vill von s[einen] mitteln zu verkauffen, biss alles ausgericht und bezahlt sein wird".[11] Wie im vorgehenden Urteil ersichtlich, erfolgt der Verkauf der Habschaft auf gerichtlichen Befehl, falls die Delinquenten ihre Bussen nicht fristgerecht bezahlen. Am 11. Mai 1675 vermerkt der Schreiber, der Verkauf der Kleidung Samuel Stämpflins von Bern habe 10 Gulden gebracht.[12] Dies geschieht besonders dann, wenn die Gebüssten flüchtig sind, also keine Aussicht besteht, die Bussgelder noch zu erhalten.[13] Die im 16. und 17. Jahrhundert zahlenmässig häufigste Möglichkeit freilich ist das Anloben an die Hand des Ehegerichtsdieners, die Busse innerhalb einer gewissen Zeit zu bezahlen. Mitunter allerdings kann es geschehen, dass dem Gericht die Delinquenten zuwenig vertrauenswürdig erscheinen, um lediglich aufgrund des Anlobens entlassen zu werden. In diesem Falle werden sie so lange ins Gefängnis gelegt, bis jemand aus ihrer Verwandtschaft oder sonstwer, zum Beispiel der Meister, bei dem der Geselle in Arbeit steht, sie aus der Gefangenschaft auslöst. Eine recht harte Praxis, die sich nur daraus erklären lässt, dass dem Gericht die Bussgelder als solche sehr viel wert sein müssen. Der Gebüsste muss die ihm auferlegte Busse bezahlen, nur so sühnt er sein Vergehen. Daher ergreift das Gericht jede sich bietende Gelegenheit, an die Bussgelder heranzukommen. Am 7. Februar 1758 verfügt es, Elsbetha Schenkel und ihr Mann Heinrich Bäschlin müssten zusammen die Busse von 24 Gulden erlegen, "die Schenkin aber, weil der Bäschlin nicht

---

9 EGP 2, 143. Auch: 2. März 1779; EGP 31, 143.

10 31. Januar 1660; EGP 9, 209.

11 EGP 15, 176.

12 EGP 10, 365.

13 16. Juni 1746; EGP 22, 607.
10. Mai 1791; EGP 33, 204. Die in Arrest liegende Habschaft von Conrad Fridrich Zipflin, Bäckerknecht, und Ludwig Beide, Nagelschmied, soll, da sie flüchtig sind, "verkauft und ihre bussen darvon bezahlt werden".

anwesend, die gantze Summ bezahlen; mithin sich auf dem arrestierten schwartzen Kleid wider erholen ...".[14] Dem Gericht ist zunächst einmal die ganze Busse wichtig, wie und ob überhaupt die Frau die Hälfte der 24 Gulden je von ihrem Mann zurückerhält, ist nebensächlich. Die Haltung, Bussen wenn irgend möglich sicher zu erhalten, zeigt sich auch daran, wie das Gericht immer wieder beschliesst, ja nichts von den festgesetzten Bussgeldbeträgen nachzulassen, im Gegenteil, ohne alles Nachsehen sollen die Bussen wie in den EGO vorgesehen verhängt werden.[15]

Doch wäre es irreführend anzunehmen, das Gericht folge immer seinen eigenen Bekräftigungen und liesse in keinem Fall Gnade walten. Das Gegenteil ist eher richtig, gehört doch das Richten nach Gnade zum festen Bestandteil eines Urteils und der damaligen Praxis. Es ist Teil des Rechtsverständnisses der vormodernen Zeit. Dabei geht es nur ganz selten darum, eine Strafe gänzlich aufzuheben, sondern sie lediglich zu mildern.[16] Wer um Gnade bittet, kann beinahe sicher sein, dass seine Busse (erheblich) reduziert wird. So heisst es treffend in einem Urteil vom 22. September 1630 über Jerg Walter, "weil er die gnad begert, ist Ihm gnad bewisen worden".[17] Diese Haltung wird vom Gericht intern sogar bestätigt, als es am 14. April 1785 einmütig beschliesst, "dass, wann denen Partheyen von dem Gericht Schreiber oder dem Diener das Urtheil eröfnet und von selbigen Gnade verlangt worden, so solle darüber eine Umfrag gehalten und so wohl Burgern als landleüthen die hälfte, oder wo es die Umstände erheischen, ein Mehreres nachgelassen werden".[18] Dabei ist es offenbar nicht einmal nötig, dass die Parteien sofort um Gnade bitten. So tut dies am 18. Juni 1778 Carl Heinrich Kellner, Schreibergeselle, gar schriftlich, worauf das Gericht die ihm verhängte Busse von 30 Gulden auf 4 Louisdor herabsetzt.[19] Manchmal allerdings überlässt das Gericht es auch seinem Obmann, zu entscheiden, wieviel von der Busse aus Gnade nachgelassen werden kann.[20] Wer freilich nicht um Gnade bittet, der verwirkt seinen

---

14 EGP 26, 656.

15 31. Oktober 1676; EGP 11, 15. 19. Oktober 1686; EGP 12, 120. 18. Januar 1687; EGP 12, 131. 27. November 1688; EGP 12, 229.

16 Hauser, Leben, 232. Dülmen, Theater des Schreckens, 43-49. Schindler, Verbrechen und Strafen, 138.

17 EGP 6, 39.
24. Februar 1535; EGP I, 144r. Bereits hier lesen wir, "diwyl er ... umb gnad gepätten Sind mine herren Im genedig und sol ainen guldin von hütt dato hin In monatsfrist erleggen und Ist damit der gevenknus Erlassen".

18 EGP 31, 776.

19 EGP 31, 73. "Über welche bereitwilligkeit und rechtschaffenes betragen Ein Lobl. EheGericht sein vergnügen und zufriedenheit zu Tage geleget ...".

20 18. November 1794; EGP 35, 138. Die Frau hat eben Zwillinge zur Welt gebracht, daher wird "der mehrere Nachlass [der Busse] ... J. E.W. Junker Statthalter

Gnadenanspruch. Dies geschieht besonders dann, wenn die Delinquenten gar nicht vor Gericht erscheinen, folglich nicht persönlich um Gnade bitten können.[21] Dabei macht heftiges Beweinen und lautstarkes Bereuen der Tat einen entsprechend positiven Eindruck auf die Richter.[22] Zudem fällt auf, wie das Gericht milde ist, wenn Kinder im Spiel sind. So erlässt es am 3. Dezember 1667 Barbara Länhartin von Thayngen die ganze Busse wegen Ehebruchs, da sie drei kleine Kinder hat.[23] Oder 1629, als Bartholme Mäder zwar seine Busse entrichten muss, diese aber anschliessend seinem kleinen Kind aus Mitleid übergeben wird.[24] Auch im Falle einer Schwangerschaft ist das Gericht zusätzlich nachsichtig. Am 4. November 1647 muss Hans Hofmann aus Franken, Hintersasse zu Schaffhausen und Rebmann des Rittmeisters Schalch, die ihm auferlegten 3 Pfund Heller nicht bezahlen, weil seine Frau kurz vor der Geburt steht.[25] Auch Haftverschonung wegen Schwangerschaft ist bekannt.[26] Doch handelt es sich dabei um eine allgemeine Erscheinung der Zeit.[27]

Eine ganz besondere Art der Bussen sind die Ordnungsbussen, die das Gericht bei ungebührlichem Verhalten der Parteien verhängen kann. Dafür sei ein Beispiel erwähnt. Am 27. Januar 1629 wird Anna Seilerin mit 10 Gulden gebüsst, weil sie "In, Caspar Meyer, im Schranckhen ... ein Kezer, Schelm und dieben gescholten".[28] Diese Bussen werden wahrscheinlich wenn immer möglich gleich nach der Verhandlung vom Ehegerichtsdiener eingezogen. Zur gleichen Gruppe gehören auch Bussen wegen Drohungen, das Urteil an eine andere Instanz ausser Landes weiterzuziehen. In diesem Bereich reagiert das Gericht empfindlich, zweifelt doch eine solche Drohung direkt die Legitimität des Gerichts überhaupt an. Am 20. Oktober 1643 verhängt es daher gegen Clement Oschwaldt 10 Gulden Busse, "umb das ... [er] hinderm schranken sich ganz

---

überlassen". 10. März 1796; EGP 35, 318. Es handelt sich um einen identischen Fall, die Frau wird dem Obmann "zur Gnade empfohlen".

21 10. Juli 1682; EGP 11, 252.

22 3. Juli 1684; EGP 12, 40f. 12. September 1780; EGP 31, 290.

23 EGP 10, 116.

24 EGP 5, 106. Das genaue Datum ist unbekannt.

25 EGP 8, 273r.

26 Gefängnis vom 12. bis 21. Januar 1773, dann entlassen, "auf den bericht der Hebammen Bäschlin, dass sie kinds-Weh habe". EGP 29, 694.
Entlassen aus Rücksicht auf ihr "säugendes Kind". 20. Oktober 1791; EGP 33, 251.

27 Hauser, Wirtschaftsgeschichte, 122. "Selbst die harte Justiz ... nahm Rücksicht auf Frauen und Kinder."
Köhler I, 140. belegt dies auch für das Ehegericht in Zürich. Schindler, Verbrechen und Strafe, 153-157. nennt als Strafmilderungsgründe in Freiburg im Breisgau: Krankheit, Siechtum, Schwangerschaft, kleine Kinder.

28 EGP 5, 19. "Schelm" ist ein schwerwiegendes Schimpfwort. Grimm, Wörterbuch 8, 2508.

ungestüm verhalten und geredt, könne wol an ein ander Ordt".[29] Schliesslich sei noch eine für das Verhalten der Parteien aufschlussreiche Bussverfügung angeführt. Am 27. Oktober 1628 beschliesst das Gericht, da es auf Parteien warten musste, die im Wirtshaus tranken, diese mit je einem Gulden zu büssen.[30]

Nun drängt sich die Frage auf, wie regelmässig die Bussen in der Realität beglichen werden. Dies entzieht sich leider weitgehendst unserer Kenntnis, fehlen uns doch für das 16. und 17. Jahrhundert Bussbüchlein, in denen jeweils vermerkt steht, wieviel einer Busse die einzelnen Parteien noch schulden. Immerhin einen Hinweis, wenn auch einen zugegebenermassen eher dürftigen, besitzen wir. So finden sich am Ende des Protokollbuches für die Zeitspanne eines Jahres, 1629-1630, nur sechs Personen aufgeführt, die ihre Bussen noch nicht bezahlt haben.[31] Im 18. Jahrhundert freilich verfügen wir über Einnahmenverzeichnisse des Ehegerichts, in denen auch die bezahlten Bussen aufgeführt sind.[32] Dort stellt sich heraus, dass die jeweiligen Bussen tatsächlich regelmässig bezahlt werden. Ist die Zahlungsmoral wirklich so gut? Doch gibt es wohl noch eine andere Erklärung für die offensichtlich wenigen säumigen Zahler. Das Gericht passt nämlich die Höhe der Busse auch den materiellen Verhältnissen der Delinquenten an, die somit in die Lage versetzt werden sollen, die verhängte Busse bezahlen zu können.[33] Ein schönes Beispiel dafür findet sich am 12. August 1628, als Martin Zimmermann erneut vor Gericht steht, weil ihm eine Busse von 100 Pfund Heller auferlegt worden ist. Das Gericht reduziert die Busse auf 20 Gulden mit der Begründung, die erste Busse sei verhängt worden, "wil mein gnedig herren bericht gewesen, er sey des gueten vermögen, welches aber nit Ist, sondern alle armueth ...".[34] Das Gericht kann sogar anordnen, es sollten Erkundigungen über die

29 EGP 8, 192v. Auch: 28. April 1653; EGP 8, 362r.

30 EGP 5, 13. Auch: 28. April 1653; EGP 6, 64.

31 EGP 5, 106. Es lässt sich nicht beurteilen, ob die Liste tatsächlich vollständig ist.

32 Justiz L4. Rechnungen Ehegericht, insgesamt 21 Hefte.

33 Dies scheinen die Parteien zu wissen. Denn am 16. August 1599; EGP 3, 86. erfährt das Gericht, zwei Angeklagte hätten auf dem Heimweg frohlockt, hätten die Richter gewusst, dass sie mehr Geld bei sich gehabt haben, "Sy hetten Inen lassen In seckhell griffen".
Simon, Untertanenverhalten, 247. belegt ebenfalls eine Anpassung an die finanziellen Verhältnisse der Verurteilten am Basler Ehegericht. Schindler, Verbechen und Strafe, 137. Anders: Breit, Leichtfertigkeit, 133. für das katholische Bayern.

34 EGP 5, 12.
Die Beispiele liessen sich beliebig vermehren:
28. November 1797; EGP 36, 3. "wegen seiner dürftigkeit aber nur 6 Gulden habe erlegen können."
23. November 1536; EGP I, 206v. "in ansechung siner armut und das er minen herren bishar gehorsam gewesen."

Vermögenslage der Delinquenten eingezogen werden.[35] Wie schwierig es trotzdem sein kann, die Busse aufzubringen, wird manchmal ersichtlich. So berichtet Ursula Wipf am 20. Juni 1753, sie habe die Busse von 3 Gulden und 30 Kreuzer "bey einer Marthalemer Magd entlehnt, und derselben ihre Kleider darfür versetzt. Wann sie nun diese 3 Gulden 30 Kreuzer hätte, könnte sie ihre Kleider wieder haben".[36] Gerade in solchen Fällen kann die Familiensolidarität spielen. Die Frau des Schachenmann bittet das Gericht um Milderung der Busse für ihren Mann, "weil sie mehreres nicht zahlen könne, als was ihro von ihren geschwüsterten mitgetheilt werde".[37] Herrscht aber so grosse Armut bei den Delinquenten, dass überhaupt kein Geld zu holen ist, sich keine Bürgen auftreiben lassen und keine Pfandgegenstände von Wert hinterlegt werden können, dann wird die Busse in Gefängnis umgewandelt. Die Parteien müssen dann gleichsam die Busse im Gefängnis abdienen.[38] Diese Möglichkeit wird bereits in der EGO von 1552 erwähnt, wo es heisst, wer die Busse nicht bezahlen könne, solle in den Turm gelegt werden und dort die Busse "mit mus und brott wett machen nach gestalt und gelegenheit der sach und ye zu Zyten der Obergkeyt gefallen und erkanndtnuss".[39] Auch dabei zeigt sich der eigentliche Charakter der Strafe. Wer die Busse nicht zahlen kann, muss sein Vergehen eben auf eine andere Weise sühnen.

Damit können wir uns dem Bereich des Gefängnisses zuwenden. Hierbei tauchen immer wieder folgende Namen verschiedener Verwahrungsorte für Delinquenten auf: Blockhaus, Diebesturm, Draken, seltener das Obertor, der Finsterwaldturm, das Loch beim Spital, das Zuchthaus, und besonders für Frauen das Stübli, allem Anschein nach ein Raum auf dem Rathaus, denn manchmal werden dort auch Vernehmungen durchgeführt. Schliesslich wird noch das Hexenstübli genannt, welches wahrscheinlich mit dem Stübli nicht identisch ist.[40] Es lässt sich aber keine Regelung erkennen, wer bei welchem Delikt in welches Gefängnis

---

35 27. Juni 1720; EGP 17, 217. Catharina Häuss wird mit 20 Gulden gebüsst, "indessen seye sich zu informieren, weil Sie fillicht die straff nicht erlegen werde".

36 EGP 26, 127.
25. April 1793; EGP 33, 444. "das Geld so sie mit Spinnen verdient, habe sie ... beyseite geleget, um die Busse zu bezahlen, so sie lezthin erlegen müssen, indem sie solches von ihrer baasen entlehnen müssen."

37 28. Januar 1744; EGP 22, 94.

38 20. September 1642; EGP 8, 183r. 26. Mai 1668; EGP 10, 125. 27. November 1781; EGP 31, 446.
Als Tarif wird am 16. März 1536; EGP 1, 188v. angegeben: "In thurn als für Jedes pfund ainen tag und nacht abdienen." In der EGO von 1785, AE 12, 30f. ist als Tarif ein Gulden pro Tag angegeben.
Ein Vorgehen, das durchaus heute noch üblich ist. Ein 24stündiger Gefängnisaufenthalt vermindert den geschuldeten Bussbetrag um 30 Franken. NZZ 173, 28./29. Juli 1990.

39 AE 1, 4.

40 Vgl. auch: Dülmen, Theater des Schreckens, 21.

gelegt wird. Es scheint so gewesen zu sein, dass leichtere Vergehen, wie Unzucht, gebrochenes Eheversprechen und ähnliches, mit Blockhaus oder Draken, schwerere Verfehlungen, wie Ehebruch, aber mit Turmhaft bestraft werden.[41] Freilich ist dies keine generell gültige Regel. Besonders da verschiedene Gefängnisse bei ein und derselben Person verfügt werden können. So soll Johann Caspar Schalch am 20. März 1766 aus dem Draken in das Zuchthaus gelegt werden, wenn er die Busse nicht erlegt.[42] Vielmehr erhält der Leser der EGP den Eindruck, das Gericht entscheide von Fall zu Fall und mit Blick auf ein Gefängnis, das gerade noch Platz frei hat; kann doch Überfüllung nicht ausgeschlossen werden, zumal andere Gerichte gleichfalls Gefängnisstrafen verhängen. Wir besitzen gar einen Hinweis auf Platzknappheit. Am 24. Februar 1604 soll die Witwe des Ulrich Starcken in das Stübli gelegt werden. Doch der Schreiber bemerkt, es sei bereits ein anderer Delinquent dort inhaftiert gewesen, worauf das Gericht den vorliegenden Fall vertagt, bis im Stübli wieder Platz ist.[43] Einschränkend muss zu unseren Ausführungen angemerkt werden, dass in den meisten Fällen nur von Gefängnis die Rede ist, also nicht weiter spezifiziert wird, welche Lokalität damit genau gemeint ist.

Was die Dauer der Gefängnisstrafe anlangt, so fehlt eine Präzisierung in den meisten Fällen ebenfalls. Trotzdem können wir sagen, dass die Dauer des Gefängnisaufenthaltes nur sehr selten mehr als einige Tage beträgt. Manchmal ist es gar nur eine Nacht, welche die Delinquenten dort verbringen müssen.[44] Das Gefängnis als Strafanstalt, wie wir sie heute kennen, scheint weitgehend unbekannt zu sein.[45] Im 18. Jahrhundert beginnt sich dies zu ändern. Es tauchen vermehrt Einträge auf, nach denen die Delinquenten für einige Wochen ins Gefängnis müssen.[46] Die Zurückhaltung bei der Verhängung langer Gefängnisstrafen mag zudem damit zusammenhängen, dass die

---

41 Stokar, Verbrechen, 325. spricht im 19. Jahrhundert von folgender Begebenheit, für die er allerdings keinen Beleg gefunden habe. Eine eigentümliche Strafe für Ehebrecher habe darin bestanden, sie quer auf einen Balken zu setzen und diesen mehrere Stunden lang an einem Seil in einem dunklen Turm hängen zu lassen. Der Turm soll beim Schwabentor gestanden haben. Wir haben nur eine einzige Stelle gefunden, welche auf die beschriebene Strafe Bezug nehmen kann. So berichtet am 4. September 1755; EGP 26, 281. Margaretha Fotsch von Unterhallau, "der Meister, bey welchem sie ... gedient, habe sie offtmahl gewarnet und gesagt; Sie werde noch müssen in Schaffhausen auf den Bengel sitzen". Damit ist allerdings nicht bewiesen, dass die Strafe auch tatsächlich angewendet wird, immerhin könnte es sein, dass ihr Meister dies nur vom Hörensagen weiss.

42 EGP 28, 100.

43 EGP 3, 313.

44 3. November 1586; EGP 2, 8f. 4. Dezember 1591; EGP 2, 145.

45 Schaffroth, Gefängniswesen, 16. belegt dies auch für Bern. Breit, Leichtfertigkeit, 136.

46 20. März 1764; EGP 27, 650f. und 22. Oktober 1773; EGP 29, 759. Die Dauer der Einkerkerung beträgt jeweils 4 Wochen.

Delinquenten für die Zeit ihrer Inhaftierung eine Abgabe entrichten müssen. Das Gefängnis soll sich so selbst finanzieren. Wenn nun aber ohnehin bei den Beteiligten keine oder nur sehr beschränkte Geldmittel vorhanden sind, deswegen gar manchmal überhaupt erst eine Gefängnisstrafe verhängt wird, so muss es mit zunehmender Dauer des Aufenthalts schwieriger werden, diese sogenannte Turmlosung auch wirklich eintreiben zu können. Am 9. Dezember 1751 bittet eine Frau, ihrem Mann das Zuchthaus zu erlassen, "indem sie arme Leüth seyen und nur kösten darüber gehen, worfür sie 1/2 frtl. korn kauffen könne".[47] Dabei ist der Kostensatz nicht sehr hoch, wie aus einem Beschluss des Gerichts vom 28. Januar 1662 hervorgeht, "das ein Jede Persohn so In die gefangenschafft erkändt, und nit über Nacht darinnen gelassen wirdt, kein Thurnlosung schuldig sein solle. die Jenige aber so über Nacht darinnen verbleiben, Sollen dem hl. Grossweibel mehrers nit (laut seiner Ordnung und altem gebrauch) als 10 Schilling geben und bezahlen".[48] Da die Gnädigen Herren aber auf keinen Fall wollen, dass die Delinquenten dem Staatssäckel zur Last fallen, mag dies ein wesentlicher Grund sein, die Dauer der Haftstrafen kurz anzusetzen.[49]

Womit wir bei der Verpflegung sind. Die offizielle Verfügung lautet beinahe immer auf Wasser und Brot. Nun hiesse es die damaligen Verhältnisse verkennen, wollte man annehmen, die offizielle, gerichtliche Verfügung werde immer streng eingehalten. Die gegenteilige Vermutung ergibt sich manchmal aus den EGP. So ermahnt das Gericht am 1. Juli 1662 seinen Diener, Meister Jacob Barten solle "würklich nur mit Wasser und Brodt gespiesen werden".[50] Oder am 29. Januar 1771, als Meister Hans Ludwig Altorffer, Rotgerber, wegen Misshandlung seiner Frau ins Gefängnis muss und das Gericht verfügt, "ihm kein Wein zugelassen und gegeben werden solle".[51] Nur wenn die besondere Einwilligung des Gerichts vorliegt, dürfen die Delinquenten andere Nahrung erhalten.[52] Auch dürfen die Inhaftierten nicht ohne

---

47 EGP 24, 324f.

48 EGP 9, 298.

49 So ist es sogar möglich, eine Gefängnisstrafe bei Bezahlung einer gewissen Summe nicht erst antreten zu müssen. 8. September 1609; EGP 3, 557f.
Freilich scheint das Gericht manchmal aus den Busseneinnahmen für die Verköstigung der Inhaftierten aufzukommen. Rechnungen des Ehegerichts, Heft 7, 21. Mai 1749.

50 EGP 9, 336. Auch: 20. Oktober 1625; EGP 4, 21.

51 EGP 29, 222.
31. Oktober 1793; EGP 33, 478f. "ihm bey straffe kein wein zugelassen werden solle."
29. April 1720; EGP 17, 205. Das Gericht erfährt, Maria Mantz von Marthalen habe von ihrer Schwester und einem Mädchen "wein und einen öpffel weggen" erhalten.

52 23. Oktober 1738; EGP 20, 778. Caspar Schweitzer sei es erlaubt, "von den seinigen eine gute Suppen durch den Zuchtmeister zugebracht zu werden".
7. Juni 1725; EGP 18, 151. Susanna von Mandach darf im Zuchthaus, da sie vor nicht langer Zeit ihr Kind geboren hat, zusätzlich zu Wasser und Brot auch noch eine geschmalzene Suppe erhalten.

Erlaubnis des Gerichts von Angehörigen besucht werden.[53] Auch zu den Zuständen im Zuchthaus, wohl anderen Gefängnissen darin vergleichbar, erhalten wir einen aufschlussreichen Einblick am 29. November 1736, als der Schreiber im Protokoll vermerkt, der Aufseher des Zuchthauses Scherrer und seine Angehörigen hätten entgegen allem Verbot verschiedenen Inhaftierten "Speis und Trank gegeben, und angeschaffet", zudem unterschiedliche Personen zu den Inhaftierten vorgelassen, "über das auch Er Zuchtmeister die incarcerierte 2 leichtfertige dirnen Verena Habik und Catharina Häus aus der Gefangenschafft in hoff hinunter gelassen ... Zudem habe Zuchtmeister eine wegen s.v. diebstahls eingesteckte Magt in sein Stuben kommen und Wull spinnen lassen, so dann werden in dem Zuchthaus die thürlein von jeder gefangenschaft beständig ohnverschlossen gelassen und werde nur die erste haupt-thür zugemacht und eingeschlagen".[54] Dass bei solchen Zuständen auch alle besonderen Verfügungen des Gerichts, die Inhaftierten wegen Verdunkelungsgefahr in einzelne Zellen zu legen, nichts nützen, leuchtet ein.[55] Schliesslich muss die Bewachung selbst nicht über jeden Zweifel erhaben gewesen sein. Am 31. Juli 1635 wird Verena Höschelerin wegen Unzucht mit ihrem Arbeitgeber Zunftmeister Jacob Hofmann ins Gefängnis gelegt. Der Schreiber fährt fort, " ... aber In derselben Nacht herr Zunftmeister Hofmann die Höschelerin uss der gefangenschaft zue sich übernacht In sein haus genommen, welche der herr Grossweibel ussgelassen (Sölches er zue verantworten hat.)".[56] Nicht viel anders zeigen sich die Verhältnisse im Zuchthaus, als am 21. Januar 1690 dem Gericht bekannt wird, dass "er die ganze nacht bei ihro in dem Zuchthaus gewesen und daselbsten sie frischer dingen beschlaffen habe".[57] Selbst Gefängnisausbrüche tauchen in den EGP manchmal auf.[58] Geradezu

---

53 13. Juni 1754; EGP 26, 115. Ursula Wipf ist als Schwangere im Seelhaus inhaftiert. Dessen Aufseher meldet dem Gericht, es habe sie eine Frau sprechen wollen, "er habe sie aber abgewiesen, biss sie entweder ein Billet von Jkr. Statthalter bringe, oder auf dessen Befehl der Ehegerichtsdiener komme ...".

54 EGP 20, 398.

55 So ordnet das Gericht gerade im Fall der Verena Habik und Catharina Heusin an, sie sollen "von einander so guth möglich separiert" werden. 1. November 1736; EGP 20, 364. Da aber die Zellentüren offenbar nicht geschlossen werden, bleibt die Anordnung des Gerichts ohne Wirkung.

56 EGP 7, 52r-52v. Der Grossweibel hat die Oberaufsicht über die Gefangenen. Schaffroth, Gefängniswesen, 13.
Auch: 16. Juni 1704; EGP 14, 430. Hans Heinrich Amman, Apotheker, lässt Sibilla Steinerin, mit der er Unzucht beging, aus dem Arrest. " ... also dass sie mit grossen und auf 76 Gulden 36 Kreuzer sich belaufenden Kösten zur hand gebracht werden müssen". Diese Kosten muss der Fluchthelfer selbstverständlich ersetzen.

57 EGP 12, 316.

58 20. Juli 1724; EGP 17, 711. "Der Peruquenmacher Hans Jacob Müller verwichenen Montag abends aus dem sogenanten hexenstübli gewalthätig ausgebrochen und flüchtigen fuss gesezet ... ".

professionell geht Leonhart Stammer vor, der dem Gericht am 23. Juli 1711 ungerührt erklärt, "dass er gar leicht heraus kommen können, er habe ein buchin spönlin genommen und mit demselben das schloss abgebrochen und heraus kommen daraufhin zu des rothen bek gegangen 1/2 mass wein getrunken und bei aufgang der thoren sich fortgemacht".[59]

Ist es also durchaus möglich, sich gegen entsprechende Bezahlung oder besser Bestechung den Aufenthalt im Gefängnis angenehmer zu gestalten, so gilt dies nur für solche Delinquenten, welche über die nötigen Mittel verfügen. Besonders Frauen, wenn sie zusätzlich von der Geburt ihres Kindes geschwächt sind, können in der Gefängnishaft körperlichen Schaden nehmen. So erzählt der Ehegerichtsdiener am 26. Juli 1725, er habe wie befohlen Susanna von Mandach ins Loch gesetzt und diese auch gewohntermassen besucht, "als sie ihm aber das andere Mal gar keine Antwort gegeben, habe er ein Liecht hinbringen, und die thür aufmachen lassen, da sie dann in einem gar fürchterlichen Stand gefunden worden, massen sie daselbst in starken Gichtern gelegen, und von einem kalten Schweiss ihre zwe hauben, die sie übereinander auffgehabt, so nass gewesen sigen, dass man sie hernach ausswinden können ... ". Die Frau wird sofort in das Stübli gebracht und dort von einem Arzt behandelt.[60]

Ganz selten ist es auch möglich, eine Milderung der Gefängnisstrafe zu erlangen. Dabei spielen dieselben Gründe wie bei der Milderung einer Busse eine Rolle. So wird am 13. März 1645 die Gefängnisstrafe gegen Agatha Rohrbassin von Beringen ausgesetzt, "weyl diessmahl Ihr kind sehr kranckh und übel auf ist. Das Sie ins künfftige, so es wider besser umbs kind worden, mit gefangenschaft abgestrafft werden solle".[61] Nicht nur Krankheit dient als Begründung, eine Gefängnisstrafe auszusetzen. Am 31. Mai 1731 erscheinen die Söhne Jacob Bürers von Bibern und bitten, ihrem Vater das Gefängnis auszusetzen, "weil man vil zu thun habe in dem feld und durch sein ausbleiben vil versaumt werden ... ".[62]

In eher seltenen Fällen wird Gefängnis dann angeordnet, wenn Fluchtgefahr besteht. Dies geschieht vor allem bei der Verfügung von

---

28. Januar 1780; EGP 31, 252. "sich eigenmächtig aus der Gefangenschafft des Drakens loss gemacht."

59 EGP 15, 55. Schindler, Verbrechen und Strafe, 81.

60 EGP 18, 183.

61 EGP 8, 211r.
21. November 1765; EGP 28, 16. Conrad Storrer, Müller, wird auf sein Bitten das Gefängnis ausgesetzt "wegen seinem todkranken Sohn ... mit dem anhang, wann der Sohn wider genesen, er sich stellen und incarceriert werden solle".

62 EGP 19, 249f.
22. September 1791; EGP 33, 250. Der Angeklagte wird bis nach dem Herbst entlassen, damit er bei der Ernte mithelfen kann.

Zwangstrauungen. So am 27. November 1688, als das Gericht zwischen Barbara Kellerin und Zacharias Weber von Siblingen befiehlt, " ... sodann bede der gefangenschaft eingelegt, von dar morndrigs tags in die Kirchen geführt und daselbst offenlich eingesegnet werden sollen".[63] Solche Zwangstrauungen auf gerichtliche Anordnung hin dürften nicht auf den besten Voraussetzungen zum Eheglück gebaut sein, wie der Fall zeigt, bei dem der Mann am gleichen Tag, an dem die Zwangsheirat vollzogen wurde, seine Frau mutwillig verlässt.[64] Daher ist es eigentlich verwunderlich, dass das Gericht trotzdem zu diesem Mittel greift.[65]

Selten ist ebenfalls die Verfügung, der Delinquent habe im Steinbruch zu arbeiten, um so seinen Gefängnisaufenthalt abzudienen und das Arbeiten zu erlernen.[66]

Wenden wir uns zum Schluss noch zwei weiteren Strafarten zu, die nur entfernt mit dem Gefängnis zu tun haben. Sehr gerne verhängt das Gericht nämlich die Strafe der Schmachgeige und, allerdings weniger häufig, der Trülle. Beide Strafarten besitzen das Charakteristikum, beinahe immer nur im Zusammenhang mit Gefängnis oder Busse ausgesprochen zu werden. Sie sind also eigentliche Zusatzstrafen, die dazu dienen, den Delinquenten dem Spott der Öffentlichkeit preiszugeben.[67] Denn das Ziel der Stafe ist nicht die Besserung des Delinquenten, sondern seine Blosstellung. Besonders in den Dörfern wird oft zur Schmachgeige gegriffen, einem schweren Halsring aus Holz mit zwei Löchern zum Festhalten der erhobenen Arme.[68] Gemäss der Intention erfolgt das Stehen an der Schmachgeige dann, wenn ein möglichst grosser Teil der Dorfbevölkerung den Delinquenten auch zu

---

63 EGP 12, 229. Auch: 11. August 1681; EGP 11, 214.

64 29. Januar 1771; EGP 29, 216.

65 Münch, Eherecht, 45. spricht für Bern davon, solche Zwangstrauungen seien nicht selten gewesen.
Nur am Rande sei erwähnt, dass Gefängnis auch verordnet wird, um renitente Parteien zur Annahme eines Urteils zu zwingen. 8. September 1588; EGP 2, 58. 27. Januar 1657; EGP 9, 104f. 31. Mai 1731; EGP 19, 249f.

66 Die Strafe des Steinbruchs ist erst für das 18. Jahrhundert belegt.
26. Januar 1756; EGP 26, 361f. Georg Gisel von Wilchingen solle "das Schellenwerk an den hals gehenkt, alle Tag im Steinbruch zur offentlichen Arbeit angehalten, und wofern er solche nicht verrichtet, mit stokschlägen darzu genöthiget werden". Auch: 16. Februar 1741; EGP 21, 356.

67 Als Beispiel einer Ausnahme mag der Fall des Conrad Atzinger von Unterhallau vom 14. März 1738; EGP 20, 634. dienen. Wenn er die Geldbusse wegen Ehebruchs nicht erlegen könne, "so solle selbiger 3 Sonntag nacheinander an die Schmachgeigen daselbst [in Unterhallau] gestellt werden".

68 Wipf, Schandgeigen, in: Schaffhauser Magazin 2, 1982, 11. Am 13. Juni 1662 ergeht ein obrigkeitlicher Befehl an alle Obervögte, Schmachgeigen anfertigen und aufstellen zu lassen.
Kramer, Grundriss, 58. sieht in der Geige einen Ehrverlust ohne dauernde Folgen, somit eine eher erzieherische Wirkung.

Gesicht bekommt, nämlich beim sonntäglichen Kirchgang. Dies erfahren wir in einem Urteil vom 26. Mai 1668. Rosina Bergerin von Unterhallau solle " ... nächsten Sontags vor und nach der achte Predigt an die Geygen gestellt werden".[69] Ähnliche Wirkung kommt der Trülle zu. Dabei handelt es sich um ein Instrument, das von den Passanten schnell im Kreis gedreht werden kann. Der Delinquent, welcher sich im Innern befindet, wird so über kurz oder lang ohnmächtig oder erbricht sich.[70] Auch findet sich nicht nur in der Stadt eine Trülle, sondern Trüllen sind offenbar auf der Landschaft ebenfalls in Gebrauch.[71] Gleichsam eine Verschärfung erfährt das öffentliche Ausstellen der Delinquenten im Laufe des 18. Jahrhunderts, als das Gericht dazu übergeht, zusätzlich oder anstelle der Schmachgeige auch noch zu verlangen, dass eine Strafpredigt über die Fehlbaren in der Kirche gehalten werde.[72] So verfügt das Gericht am 18. Juni 1772, dass Magdalena Schudel von Beggingen dort an die Schmachgeige gestellt werde, "während der Predigt Mitten in der Kirchen auf ein Stühlin gesezt und von dem hrn. Pfarrer eine solche Straff-Predigt abgehalten werden, damit auch andere ledige Leüth an einem solchen Auftritt sich erspieglen möchten".[73] Der andere Aspekt neben der Verspottung der Delinquenten zeigt sich in diesem Urteil ebenfalls, nämlich die Meinung, eine solche Aufführung der Fehlbaren wirke abschreckend, wie es am 18. Januar 1781 unmissverständlich zum Ausdruck kommt, als Anna Grüninger von Unterhallau und Melchior Auer, die miteinander Ehebruch begingen, am 28. Januar, einem Sonntag, in der Kirche zu Unterhallau "auf einen besonderen Stuhl zusammen gesezt und von herrn Pfarrer daselbst Ihnen und der ganzen Gemeind zur Warnung und besserung eine sehr nachdrucksame und ernsthafte Straaf-Predigt gehalten und darin die

---

69 EGP 10, 127.

70 Steinegger, Von der Trülle, in: SN 233, 1957. Die Trülle Schaffhausens befindet sich auf der vorderen Bachbrücke, einer von Passanten besonders stark frequentierten Stelle.
Als Beispiel für die Verhängung der Trülle mag dienen: 3. März 1657; EGP 9, 121.

71 19. September 1648; EGP 8, 288r. und 27. November 1660; EGP 9, 260. "In die Trüllen zu Schlaitheim eingeschlossen werden." 7. Mai 1661; EGP 9, 274. Trülle von Thayngen.

72 Dies ist eine Tendenz, die sich freilich bereits Ende des 17. Jahrhunderts bemerkbar macht.
18. März 1690; EGP 12, 340. Die Geigen werden aus Gnade erlassen, "jedoch Sollen bede nechstkünfftigen Sontag in einen, von herrn Pfarrern ernamseten stuhl nechst der kanzel gesezt, ihren begangenen ärgerlichen fehler, durch eine eben zu disem ende hin fürgenohmene predig remonstiert und kräfftigsten ernstes für die augen gelegt, damit andere dardurch gebessert und sich von dergleichen und anderen lastern zu hüten wüssen werden".

73 EGP 29, 530. Um sicherzugehen, dass das Urteil auch vollstreckt wird, lässt das Gericht an den Pfarrer und den Untervogt von Beggingen schreiben, zudem verlangt es, der Weibel von Beggingen solle die Frau am Samstag aus dem Zuchthaus in Schaffhausen abholen, damit am Sonntag die Strafe vollzogen werden könne.

Abscheülichkeit des so sehr überhand nehmenden Laster des Ehebruchs und der hurerey auf das kräftigste vorgestellt ... " werden sollen.[74] Das öffentliche Ausstellen und Abhalten eines Zuspruches an die Delinquenten muss dabei nicht immer nur in der Kirche geschehen. So begingen Margretha Schenkel, Kindenmutter im Spital, und Heinrich Gäschlin daselbst Unzucht, worauf sie "von ihrem herrn Pfarrer, herrn Triumvir Oschwald, in der grosen Stuben vor allen Spitthalern prostituirt werden und einen kräfftigen Zuspruch von demselben anhören sollen".[75] Selbst Kinder werden davon nicht ausgenommen. Am 18. September 1766 verfügt das Gericht, eine Reihe von acht Kindern aus Lohn, die bei unzüchtigen Handlungen erwischt und vom Pfarrer angezeigt wurden, sollen, nachdem sie vier Wochen bei Wasser und Brot im Zuchthaus gesessen seien, nach Lohn überführt werden, "damit sie sogleich bey ihrer Ankunft in der offentl. Schuhl und in Gegenwarth aller Schuler-Knaben können härtigklich mit Ruthen gestrichen, und Sonntags darauf an selbige in der Kinderlehr ein scharffer zuspruch ... gethan werden".[76] In der Stadt scheint es für diesen Zweck der Strafpredigt einen fest installierten Stuhl, das sogenannte Schandbänklin, in den Hauptkirchen, dem St. Johann und dem Münster, gegeben zu haben.[77] Als Gnade kann das Gericht verfügen, dass die öffentliche in eine private Strafpredigt umgewandelt wird, die entweder nur vor dem Kirchenstand[78] oder gar in der Studierstube des Pfarrers im Beisein von diesem allein erfolgt.[79]

Mit der öffentlichen Strafpredigt sind wir im Bereich der Ehrenstrafen.[80] Da ist zunächst neben der Trülle und der Geige das von uns schon behandelte Verbot, mit Schäppel und Kranz zur Trauung in die Kirche gehen zu dürfen im Falle des vorehelichen Beischlafs.[81] Daher erklärt sich auch, weshalb das Gericht gerade bei Unzucht häufig

---

74 EGP 31, 356. Am 20. Februar 171; EGP 31, 366. meldet der Schreiber im Protokoll, Melchior Auer sei aus dem Dorf entwichen, um der Strafpredigt zu entgehen, doch habe er wieder zur Hand gebracht werden können.
Weitere Beispiele zur Srafpredigt finden sich etwa: 31. August 1713; EGP 15, 390. 7. Januar 1773; EGP 29, 586.

75 20. März 1764; EGP 27, 650f.

76 EGP 28, 176f.

77 20. Juli 1713; EGP 15, 365.

78 17. Dezember 1765; EGP 28, 41.

79 18. Juni 1772; EGP 29, 531.

80 Quanter, Schand- und Ehrenstrafen, 6f. unterscheidet zwischen Schand- und Ehrenstrafe, wobei im Falle der Schandstrafe das öffentliche Ansehen nur vorübergehend gemindert werde, während die Ehrenstrafe auf Vernichtung der Ehre überhaupt ziele. Zur Schandstrafe zählt er etwa Trülle, Strohkranz, Geige, zur Ehrenstrafe Ausweisung und Staupenschlag. Allerdings lässt sich die Frage der praktischen Bedeutung dieser doch eher theoretischen Unterscheidung stellen. Wichtig bleibt für beide Strafarten der Charakter der Ehrenrührigkeit.

81 Teil I, Kap. 3.2.

verfügt, die Frau solle zwangsweise in einem strohenen Schappel in der Öffentlichkeit vorgeführt werden, als für jedermann sichtbares Zeichen, dass sie ihre Jungfräulichkeit verloren hat[82] Dazu kann auch noch das Abhauen der Zöpfe kommen, die nur von unverheirateten jungfräulichen jungen Frauen offen getragen werden dürfen.[83] Werden sie also auf Befehl des Gerichts abgehauen, so heisst dies, die junge Frau wird öffentlich zur Dirne erklärt.[84] Mit der Hochzeit zusammen hängt das Verbot, sich Gäste auf das Hochzeitsmahl und an die Hochzeitsfeier einzuladen.[85] Hierbei dürfte es sich, vorausgesetzt, das Verdikt wird tatsächlich ausgeführt, um eine der einschneidendsten Strafen gehandelt haben, sind doch gerade Hochzeitsfeiern ein Mittel, wenigstens für kurze Zeit den kargen und schwierigen Alltag zu vergessen.[86] Eine Hochzeitsfeier ist dann jeweils auch eine öffentliche Angelegenheit, bei der grosser Aufwand betrieben wird, wie die Klagen über unmässige Hochzeitsfeiern zeigen.[87]

---

82 2. Juli 1733; EGP 19, 449. Verena Bächtold soll "under die Kirchenthüren mit einem streüwernen borten gestelt" werden.
Diese Strafsanktion entspricht weitherum geübter Praxis. Birlinger, Volksthümliches Schwaben, 215-217. Als Zusatzstrafe, von der wir in den EGP nichts lesen, erwähnt dieser, dass auch der Mann entweder mit einem strohenen Degen oder einem Strohmantel gestraft wird. Schindler, Verbrechen und Strafe, 277f. In Freiburg im Breisgau sind die Strohkränze zusätzlich mit Eisenglöcklein besetzt. Schild, Gerichtsbarkeit, 227, Abb. 529. zeigt einen Strohkranz für gefallene Mädchen aus dem Germanischen Nationalmuseum in Nürnberg.

83 24. Mai 1729; EGP 19, 60-62. Margareth Schenkel klagt, zwei Frauen hätten ihr auf offener Strasse die Zöpfe abgehauen und geredet, "dass mans also allen huren machen solle".
3. Februar 1699; EGP 14, 107. Das Gericht beklagt sich über eine Frau, die entgegen allen Aufforderungen "gleich andern ehrlichen töchtern mit abhangenden Zöpfen bisher aufgezogen".
Schindler, Verbrechen und Strafe, 71. Fuchs, Illustrierte Sittengeschichte, Bd. 3, 73. und Abb. zwischen den Seiten 424 und 425 bringt zwei aufschlussreiche Darstellungen zur Strafe des Haarabschneidens.

84 15. August 1720; EGP 17, 258. Anna Kauffmännin aus dem Schleinthal von Bernegg beging Unzucht. Sie solle " ... tag und nach in die gefangenschafft des lochs gesetzet, ihro die Zöpff abgehauen und hernach mit auffgesetztem stroh Schappel mit trommen und Pfeiffen zur stadt hinaus geführt werden".

85 15. Februar 1627; EGP 4, 90. " ... und aber niemandt uf die Hochzeit sollindt lassen laden."

86 Weiss, Volkskunde, 177-180.
Zum Charakter des Festes überhaupt: Hauser, Leben, 149. "Im Fest wird der Alltag durchbrochen, im Fest findet die Gesellschaft wieder zusammen. Fest und Feier verleihen dem Leben die grossen seelischen Dimensionen, die dem Alltag fehlen." Welches Fest ist dazu mehr geeignet als eine Hochzeit?

87 AA 73.7. Ratschlag der Geistlichkeit an den Rat und dort am 12. Mai 1621 behandelt. Die Geistlichen wägen ab, ob es besser sei, die Hochzeiten auf der Landschaft am Sonntag oder an einem Arbeitstag abzuhalten. "Halt mans am Sonntag, so gibts ein grossen zulouff von Jungem Volckh, Söhn und Töchteren, knechten und Mägdten, auch von anderen dörfferen naher, da gibts Schänckinen und des Zächens viel, da es vilmahlen

Schliesslich sei noch eine letzte ehrenrührige Strafe angeführt, die freilich nur ganz selten und soweit ich sehe nur im 18. Jahrhundert angeordnet wird. Es handelt sich um die Bannisation in das Haus; während dieser Zeit darf der so gebannte Delinquent sein Haus nicht verlassen, also keine Besuche machen, nicht zur Kirche gehen, ganz allgemein nicht am öffentlichen Leben in der Gemeinde oder der Stadt teilnehmen.[88] Es scheint aber nicht ganz klar, ob das Gericht allein, oder mit dem Rat zusammen, diese Strafe verhängen darf. Dabei ist die Bedeutung der Ehrenstrafen für den einzelnen schwer abzuschätzen. Nicht unwesentlich dürfte sein, welchen sozialen Rang der Delinquent einnimmt und wie die Qualität des Delikts empfunden wird. Wer sozial ganz unten steht, kann auch durch eine Ehrenstrafe nichts mehr verlieren.[89] Die intendierte Ehrminderung wird nur gelingen, wenn das Rechtsbewusstsein der Untertanen mit dem der Obrigkeit zusammenfällt, ist dies nicht der Fall, so kann eine Ehrenstrafe auch zu einer ungewollten Erhebung des Delinquenten führen, den Verurteilten in die Nähe eines Märtyrers rücken.[90]

Zusammenfassend lässt sich bemerken, dass dem Gericht ein ausgeklügeltes Strafsystem zur Verfügung steht,[91] welches je nach Fall und seinen Umständen angewandt wird. Die Bussen sind vielfältig, wobei bei aller aufgesetzten Strenge des Gerichts immer auch Gnade erlangt werden kann, wenn der Verurteilte darum bittet. Dies gehört zum festen Bestandteil des Richtens. So verschieden die Bussen sind, so vielfältig zeigen sich auch die Gefängnisstrafen. Dabei sind wohl manchmal Zweifel an der Ernsthaftigkeit der Durchführung von Gefängnisstrafen erlaubt. Bei aller Trostlosigkeit des Kerkers, und es gibt deren viele und verschiedenartige, wie wir gesehen haben, scheint es bei entsprechender Bestechung durchaus möglich, sich ein gewisses Mass an Bequemlichkeit zu verschaffen,[92] zumal die Dauer des Aufenthalts in den allermeisten Fällen sehr begrenzt bleibt.

---

geschicht, dass sölche sachen fürgond, die hernach für ein Ehrsames Ehegericht kommend. halt mans aber an dem Wercktag, da würt das Baursvolck an Ihren geschäfften und arbaiten verhindert, und bleibt der zulouff auch nit gar vermitten."

88 18. Januar 1703; EGP 14, 344. Das Gericht verfügt, Barbara Schaad solle bis auf Lichtmess in das Haus gebannt sein.
26. September 1746; EGP 22, 651. Der Rat verurteilt Margreth Schenkel zur Bannisation während eines Jahres in ihr Haus. RP 204, 457.

89 Dülmen, Theater des Schreckens, 76. Auch: Ingram, Church Courts, 340. Vgl. Anm. 93.

90 Kramer, Grundriss, 58f.

91 Eine einmalige Ausnahme bildet die am 12. August 1628; EGP 5, 9. verhängte Strafe des Bodenküssens. Dies ist wohl eine spiegelnde Strafe: der gotteslästerliche Mund soll den Erdboden, den Schemel Gottes, küssen. Vgl. Idiotikon 3, 528.

92 Ein Sachverhalt, der durchaus bekannt scheint. So lesen wir in einer Chronik über Andreas Deggeller, der ins Gefängnis muss "und mit Wasser und brot gespisen werden solle. Ist nur zu besorgen, der Grossweibel habe ihm bratis und küchlin geben". Chronik B 8, 1664, 27.

Zu den Bussen und Gefängnisstrafen kommen noch die Ehrenstrafen und die Strafen, die der öffentlichen Zurschaustellung der Delinquenten dienen.[93] Diese werden in der Regel als Zusatzstrafen einer Busse oder dem Gefängnis angehängt. All diese vielen Strafmassnahmen dienen dazu, den obrigkeitlichen Geboten Nachachtung zu verschaffen.

Doch die vielleicht wichtigste Beobachtung bleibt noch nachzutragen. Das Gericht besitzt ganz offensichtlich nicht nur die Kompetenz, Bussen zu verhängen und diese auch, unter Anwendung entsprechender Vorsichtsmassnahmen, vom Diener einziehen zu lassen, sondern auch die Kompetenz, Gefängnisstrafen anzuordnen. Somit bildet es aber eine Ausnahme gegenüber den Ehegerichten Zürichs und Basels. Denn nach allem, was wir wissen, entscheidet unser Gericht allein über Bussen und Gefängnis. Das Gericht in Zürich darf nur untersuchen und warnen, die Bestrafung liegt beim Rat.[94] Das Gericht in Basel darf zwar Bussen verhängen, doch nur leichte Gefängnisstrafen.[95] Die Chorgerichte auf der Berner Landschaft dürfen max. drei Tage Gefängnis und max. 10 Pfund Busse verfügen.[96] Es scheint also, dass unser Gericht hier eine grössere Kompetenzfülle besitzt, was aber erneut an den eher übersichtlichen Verhältnissen liegen mag. Das Gericht ist so sehr vom Rat abhängig, dass dieser nicht fürchten muss, von ihm in seiner unbeschränkten (Straf)gewalt konkurrenziert zu werden.

---

93 Wie diese selbst eine solche Strafe erleben, erfahren wir leider nicht. Immerhin bitten am 19. April 1740; EGP 21, 139. Verwandte einer Verurteilten, diese nicht an die Geige zu stellen, weil es "ein ohnauslöschlicher schimpf und nachtheil, dass man ihnen allezeit vorruken könne, dass diese ihre befreündtin an der Geigen gestanden seje, überdass wurde sie die Barbara Rahm die elend und verachteste Creatur werden".

94 Kilchenmann, Organisation, 159. Köhler I, 133.

95 Staehelin, Ehescheidung, 31. Safley, Let No Man Put Asunder, 188.

96 Baumann, Chorgericht, in: Brändli u.a. (Hg.), Schweiz im Wandel, 312. Pfister, Chorgericht, 28-30.

7.3.9.2. Ausweisung und Ausschluss vom Abendmahl

Eine weitere Strafe in der aufsteigenden Hierarchie der möglichen Strafmassnahmen bildet die Landesverweisung. Dies ist eine Massnahme, die uns erst seit etwa 1620 aus den EGP entgegentritt. Vielleicht deshalb, weil vorher nur der Rat die Ausweisung verfügen konnte.[1] Ganz klar scheint die Kompetenz nicht geregelt, verlautet doch am 18. April 1741 im Gericht, eine Delinquentin solle dem Rat angezeigt werden, "damit sie als ein verdächtig und berüchtigte persohn von hiesiger Statt verwisen werden möchte".[2]

Die Landesverweisung richtet sich in der Hauptsache gegen unverheiratete Frauen, die der Unzucht überführt und nun schwanger sind oder das Kind eben erst zur Welt gebracht haben. Der Hintergedanke bei dieser Strafmassnahme ist, zu verhüten, dass Kind und Mutter dem Spital und dem Spendamt zur Last fallen. Diese Einstellung kommt sehr deutlich in einem Urteil vom 16. August 1683 zum Ausdruck, als das Gericht befindet, wenn die Frau " ... innerhalb 8 tagen zwey ehrliche Männer zu bürgen stellt, dass [ihr Kind] weder meinen gnädigen herren noch der Gemeind ... auf den hals wachsen müsse, möge es in Land bleiben, anderst sie fortgewiesen".[3] In diesem Urteil zeigt sich nicht nur die Krämermentalität der Gnädigen Herren, sondern auch ganz allgemein die verschärfte Praxis gegen unehelich geschwängerte Frauen und deren Kinder im 17. und 18. Jahrhundert.[4] Dieses Vorgehen, obschon in der Praxis längst angewandt, wird schliesslich in einem Ratserlass vom 9. November 1685 kodifiziert. Zunächst beklagen sich die Gnädigen Herren, die Zahl der unehelich geschwängerten Frauen nehme allenthalben zu, zudem würden diese Kinder meistens dem Mann aufgebürdet und nicht, wie es sich eigentlich gehöre, den Frauen selbst. Daher seien alle solchen Frauen sofort von Stadt und Land zu verweisen. Kämen sie zurück, solle diese der Scharfrichter mit Peitschen aus der Stadt treiben.[5] Besonders eindrücklich zeigt sich schliesslich diese Einstellung, die an abgrundtiefe Verachtung grenzt, bereits in einem Urteil vom 4. Oktober 1649, als das Gericht Obervogt Junker Hans Ziegler beauftragt, Verena Reychlin, eine Magd in Osterfingen, " ... sampt Ihrem ersten unehelichen kind von statt und Land [zu] verweysen, damit

---

1 Markees, Eheschliessung, 36. nennt den Rat als zuständige Instanz für die Ausweisung in Basel.

2 EGP 21, 377. Auch: 27. März 1749; EGP 23, 399.

3 EGP 11, 277. Auch: 19. September 1648; EGP 8, 286r.

4 Kap. 7.3.4.

5 Ordnungen A 17, 222f.
Das Auspeitschen ist eine Strafe für die niedrigste Volksklasse. Wer geprügelt wird, verliert einen Teil seiner Persönlichkeit. So: Steinegger, Vom Schandpfahl, in: SN 233, 1957.

diese Unrath aus dem Land geschafft werde".[6] In dieser Stimmung werden auch bedenkenlos schwangere Frauen ausgewiesen.[7] Dabei gestaltet sich eine solche Ausweisung durchaus zu einer öffentlichen Belustigung, die einmal mehr dazu dient, die Delinquentin dem Gespött und der Verachtung preiszugeben. So notiert der Schreiber im Fall der Margaretha Schmidin, die zum dritten Mal unehelich schwanger ist, am 7. Mai 1678, " ... darauf Mitwochs den 8. dieses [Monats] mit Trommen und Pfeiffen zur Statt hinaus gewiesen worden".[8] Entweder besorgen der Ehegerichtsdiener oder die Bettelvögte die Ausweisung. Als zusätzliche Verschärfung kann bei der Ausweisung vom Gericht angeordnet werden, die Frau müsse den Lasterstein tragen.[9] Oder die Frau wird unter Pfeifen- und Trommelspiel mit strohenem Schappel und abgehauenen Zöpfen zur Stadt hinaus geführt.[10] Wie wenig das Gericht sich über die Folgen einer Ausweisung Gedanken zu machen braucht, mag auch die Tatsache zeigen, dass es sehr wohl Pauschalausweisungen mehrerer Frauen miteinander verfügen kann.[11] Auch nicht zimperlich ist das Gericht, wenn der Mann nicht von seiner Geliebten lassen will, die ihrerseits ausgewiesen wird. So erklärt es kurz und bündig am 26. Mai 1674 dem Hans Fogel von Merishausen "und so Er nit von Ihro lassen woll, solle Er gleichergestalten mit Ihro hinweg gewiesen sein."[12]

Allerdings bleibt die Frage, inwieweit in der Realität solche Ausweisungen eingehalten werden. Der Eindruck, die Überwachung in einer Stadt wie Schaffhausen sei relativ einfach, gut organisiert und entsprechend effizient, mag trügen, vor allem wenn wir die oft wiederholten Klagen auf den jährlichen Synodalversammlungen der Schaffhauser Geistlichkeit lesen, wo immer wieder moniert wird, am Sonntag ströme das Volk aus der Stadt auf die Landschaft - bis hin zur Klage, die Stadttore blieben selbst am Sonntag während des Gottesdienstes unverschlossen.[13] In diesem Lichte erscheint dann auch der Eintrag eines Chronisten, der zu einem ausgewiesenen Einwohner meint,

---

6 EGP 8, 308r.

7 24. November 1653; EGP 9, 11. 15. April 1656; EGP 9, 87.
Zellweger, Stellung des ausserehelichen Kindes, 55. spricht von der gleichen Praxis im Falle des Ehegerichts von Basel.

8 EGP 11, 96.

9 9. Januar 1675; EGP 10, 357. "durch den Scharfrichter mit dem Lasterstein zur Statt hinaus geführt und verwisen." Zum Lasterstein: Stokar, Verbrechen, 324.

10 28. September 1736; EGP 20, 347. 8. November 1753; EGP 26, 2f.
Zur Bedeutung dieser Ehrenstrafen vgl. Kap. 7.3.9.1.

11 14. Februar 1635; EGP 7, 40v.

12 EGP 10, 329.

13 AA 72.4. Synodalmemorial vom Mai 1790. "2. dass den lezten Sommer kein Thorverschliessen am Tage des herrn auch nicht während der Morgenversammlungen beobachtet worden." Dazu auch: Kirchenwesen Schachtel I, Nr. 15, Synodalgravamina vom Synodus 1769.

dieser sei erneut zurückgekehrt, habe sich gerade ausserhalb der Stadt aufgehalten und sei dort schliesslich gestorben. Zudem habe man die Abdankungsfeier auf der Rebleutestuben gehalten. Um dann vorwurfsvoll zu enden, "ohne dass er einmahl von der Oberkeit perdonniert ware".[14] Die Kontrolle auf dem Land dürfte noch schwieriger sein. So klagt der Synodus im Mai 1576, die ausgewiesene Witwe Peter Rüedins halte sich noch immer in Beringen auf,[15] um im November die gleiche Klage erneut vorzubringen.[16] Offenbar hat sich am beklagten Zustand nichts geändert, und die Ausweisung ist entweder gar nicht vollstreckt worden, oder die Mittel, diese dauerhaft durchzusetzen, reichen einfach nicht aus. Ausgewiesene können sich also durchaus wieder einschleichen.[17] Zudem gibt es Beispiele, die vermuten lassen, das Gericht zeige sich mitunter gnädig. So wird am 9. Juni 1634 eine Köchin aus der Stadt verwiesen.[18] Am 24. Juli 1634 lesen wir zum selben Fall, das Urteil auf Ausweisung bleibe bestehen, doch dürfe sich die Frau in der Stadt aufhalten, wenn auch nicht mehr dort arbeiten.[19] Gesteht das Gericht hier offenbar auf Ansuchen eine Milderung in der Art der Ausweisung zu, so lehnt es dies am 17. Januar 1667 ab, obwohl der Antragsteller Jacob Schmid, Rebmann, vorbringt, er möchte wieder in die Stadt zurückkehren zu seiner Frau und seinen Kindern.[20] Zudem gibt es Versuche, durch Bittschriften an den Rat, die Wiederzulassung in die Stadt zu erlangen. Ein langwieriger Fall sei kurz dargestellt, auch um die Schwerfälligkeit der obrigkeitlichen Entscheidungsfindung zu erhellen. Am 13. Juni 1670 liegt dem Rat ein Gesuch der Maria Wolfenspergerin vor, die wegen Unzucht mit Hauptmann Braun aus der Stadt verwiesen wurde, ihr wieder zu erlauben, zu ihrer Familie in die Stadt zurückzukehren.[21] Der Rat lehnt das Ersuchen ab. Doch am 22. August 1671 taucht eine Bittschrift an den Rat in der gleichen Sache auf,[22] was auch der Bruder der Ausgewiesenen am folgenden Tag vor Rat

---

14 Chronik B 8, 5. Januar 1668, 156f.

15 AA 72.2. Synodalmemorial vom 3. Mai 1576.

16 AA 72.2. Synodalmemorial vom 1. November 1576.
AA 72.4. Synodalmemorial vom 2. Mai 1743. Zwei ausgewiesene Männer hätten, so wird berichtet, das Dorf gar nicht verlassen, oder sie hielten sich nur gerade in naher Entfernung davon auf.

17 7. Februar 1737; EGP 20, 428f. 4.Mai 1756; EGP 26, 401. 27. Januar 1767; EGP 28, 257.
Dülmen, Theater des Schreckens, 50. Beck, Illegimität, in: Dülmen (Hg.), Kultur der einfachen Leute, 128.

18 EGP 7, 22v.

19 EGP 7, 24v.

20 EGP 10, 91.

21 RP 130, 24.

22 Justiz G, Nr. 12, 2.

vertritt.[23] Dieser befindet, es solle noch ein Jahr zugewartet werden. Es folgen zwei weitere ergebnislose Versuche, den Rat zur Zurücknahme der Ausweisung zu bewegen,[24] bis am 21. März 1673 das Ersuchen um Wiederzulassung endlich erfolgreich ist. Freilich fällt der Rat diese Entscheidung erst, nachdem er eine Bittschrift des Pfarrers zu Marthalen, einer Gemeinde auf zürcherischem Gebiet, die ganz in der Nähe Schaffhausens auf der anderen Rheinseite liegt, und worin der Pfarrer der Verbannten ein gutes Zeugnis ausstellt, bedacht und beraten hat.[25] Zudem ergeht die Auflage an Maria Wolfenspergerin, sie solle sich "Gottsförchtig, still und eingezogen verhalten" und "nit aus dem haus als allein in die kirchen erheben". Diese Anordnung hat ihren guten Grund, wie sich ein gutes Jahr später zeigt, als die Ehefrau Hauptmann Brauns, also des ehemaligen Geliebten der Maria Wolfenspergerin, vor Rat klagt, diese verhalte sich unanständig, "frech und prächtiger Weise vor ihrem haus fürüber gehe". Dies nimmt der Rat zum Anlass, Maria Wolfenspergerin erneut auszuweisen.[26]

Einer faktischen Ausweisung kommt sodann die Aufforderung des Gerichts an die geschwängerte Frau gleich, den Mann ihres Kindes im Ausland zu suchen.[27] Bei der Ausweisung zeigt sich die ganze Härte und Einseitigkeit damaliger Strafpraxis. Die Frau dient einerseits als Sexualobjekt für den Mann, soll dann aber im Fall einer Schwangerschaft die ganze Last und vor allem die alleinige Schuld tragen. Die Meinung, wonach die Frau letztlich die Alleinschuldige sei, äussert sich gerade bei Urteilsbegründungen wie der folgenden deutlich. Catharina Walter von Eschlikon bei Andelfingen "als eine freche und für junge Leüth gefährl[ich]e dirn sodann von statt und land verwisen werden solle".[28] Die Frau gilt als das Übel, vor dem die Stadt und die Gemeinschaft in Schutz genommen werden muss. Dass zur Schwangerschaft zwei nötig sind, die Frau und der Mann, wird verdrängt. Daher muss der Mann, wenn überhaupt, nur geringe Konsequenzen fürchten, während die Frau ausgewiesen wird, in einer Zeit, in der es sehr schwer ist, sich an anderen Orten durchzubringen ohne ein wie auch immer

---

23 RP 131, 572.

24 29. März 1672; RP 131, 242. 9. Dezember 1672; RP 132, 9.

25 RP 132, 305.

26 14. Mai 1673; RP 132, 345-347. Die Ausgewiesene versucht sich offenbar einmal mehr ganz in Stadtnähe aufzuhalten, verbietet ihr doch der Rat am 26. Mai 1673; RP 133, 9f. auf der Steig oder in Fischerhäusern zu wohnen, beides gerade ausserhalb der Stadtmauern gelegene Stadtteile auf Schaffhauser Territorium.

27 21. September 1598; EGP 3, 53f. 17. Mai 1664; EGP 10, 20. 23. November 1756; EGP 26, 463.

28 24. Juni 1753; EGP 24, 606. Auch: 28. April 1795; EGP 35, 210. Die Frau sei eine "erzliederliche Dirn".

schwaches soziales Auffangnetz von Bekannten und Freunden.[29] Das Gericht verfährt nach dem Grundsatz: aus den Augen aus dem Sinn. Geradezu bildhaft wird dies, wenn es verfügt, die auszuweisende Delinquentin solle über die Rheinbrücke auf Zürcher Gebiet und damit ins Ausland geführt[30] oder durch den Ehegerichtsdiener "unter das Thor geführt" werden.[31] Besonders ungerecht aber scheint die Tatsache, dass im Laufe des 18. Jahrhunderts die Haltung mehr und mehr an Bedeutung gewinnt, die es von der Fähigkeit des Delinquenten, die ihm auferlegte Busse bezahlen zu können, abhängig macht, ob er ausgewiesen wird oder nicht.[32] So verkündet das Gericht am 23. November 1730, Anna Keller von Wasterkingen solle wegen Unzucht 2 Mark Silber Busse erlegen, "widrigenfahls morgen durch den bettelvogt zusamt dem kind über die Rheinbrug geführt werden".[33] Solche Urteile könnten beliebig vermehrt werden.[34] Dass die Mehrzahl solcher unehelich geschwängerten Frauen, die wohl als Mädge oder Dienstbotinnen auf Schaffhauser Territorium arbeiten, nicht ohne weiteres in der Lage ist, die geforderte Busse zu bezahlen, sei nur nebenbei erwähnt. Mit dieser Praxis aber wird letztlich die Einnahme von Bussen zum Wohle des Staatssäckels höher gewertet als der mögliche soziale Abstieg der Ausgewiesenen, denen es ausserdordentlich schwer fallen dürfte, sich andernorts eine neue Existenz aufzubauen. Leider wissen wir über die konkreten Lebensumstände solcherart ausgewiesener Frauen beinahe nichts. Immerhin lässt sich an einem Fall die schier ausweglose Situation der Frau beschreiben. Verena Schaggin, die mit ihrem Kind wegen Unzucht von Stadt und Land verwiesen wurde, ersucht den Rat in einer Bittschrift, wenigstens ihr Kind in das Spital geben zu dürfen, um es so vor dem Hunger zu retten. Seit ihrer Ausweisung habe sie sich mit ihrem Kind "in gröster armuet und bettel durch mitleydenliche hilfereichung Barmherziger Christen auch harter arbeyt ... Elendiglich ernehret".[35] Auch wenn wir eine gewissen Übertreibung um des Effekts willen in der

---

29 Die Einschränkung allerdings ist, dass die Ausweisung, welche das Gericht anordnet, auf landesfremde Personen beschränkt bleibt.

30 1. Juli 1738; EGP 20, 715.

31 17. September 1793; EGP 33, 472.
Rüeger meint in seiner Chronik, 5. Buch, 6. Kap., VIII. zum Obertor: "Zu disem tor füert man die armen übelteter uss zur straf."

32 Freilich gibt es schon Beispiele für diese Praxis aus dem 17. Jahrhundert. 19. Februar 1650; EGP 8, 312r.

33 EGP 19, 198.

34 Zwei weitere Beispiele seien angeführt. 24. April 1714; EGP 16, 24. Ursula Manzin von Marthalen wird ausgewiesen, "weiln sie an gelt nit gestrafft werden kan ...".
15. Januar 1722; EGP 17, 518. Margaretha Hozeller ist " ... von solcher armuth, dass Sie die angesezte buss nicht zu bezahlen, als solle sie mit aufgeseztem Strohschappel zur Statt hinaus geführet und von Statt und land gebotten werden".

35 Justiz L 5, Nr. 5, 18. Mai 1667. Ihr Gesuch wird am 20. Mai 1667 vom Rat abgelehnt.

Schilderung ihrer persönlichen Situation nicht ausschliessen können, so bleibt doch immer noch ein hinreichend treffendes Bild der Lebensumstände, in die ausgewiesene Frauen geraten können.

Wenden wir uns nun aber noch dem Ausschluss vom Abendmahl zu. Hierbei handelt es sich um eine sozial zeichnende Kirchenstrafe mit erzieherischem Inhalt. Zunächst aber gilt: der Ausschluss vom Abendmahl stellt einen Bestandteil der Strafmassnahmen im Falle eines Ehebruchs dar. Dazu kann neben Bussen und Gefängnis der Ausschluss aus allen Ämtern folgen.[36] Wie schwer ein Verlust der Amtsstelle für den einzelnen wiegt, muss mangels Quellen offen bleiben. Doch kann er wohl in den Fällen, wenn die verlorene Stellung die einzige Verdienstmöglichkeit darstellt, gravierende Konsequenzen haben. Dies zumindest bringt Lorenz Nägeli in einer Bittschrift um Wiederzulassung zu seiner Lehrerstelle vor, von der er wegen Ehebruchs entsetzt wurde. Darin heisst es, er besitze keinerlei Eigentum. Auch könne er seine Kinder nicht kleiden, zudem sei es ihm nicht möglich, "das ich ihnen die leibsnahrung köne verschaffen dan wan sie wollen ihren hunger stillen, müssen sie barmhertziger Leüthen ihrer dargebottenen Allmosen behelfen, dennoch So thu ich mich auch schämen, dieweil ich noch so Jung, das ich meine kinder also dem Allmosen nachgehen lassen muss".[37] Als weitere damit zusammenhängende Strafmassnahme finden wir das Verbot, an einer Ämterverlosung teilzunehmen.[38] Als Verbotsspanne gelten offenbar sechs Jahre.[39] Sogar das Verbot, eine Hochzeit zu besuchen, selbst wenn die Betreffenden bereits dazu geladen sind, kommt in diesem Zusammenhang vor.[40]

Dass ein an sich weltliches Gremium wie unser Gericht ein solches Mittel der Kirchenzucht, wie es der Ausschluss vom Abendmahl

---

36 Chronik B 9, 10. April 1674, 182. Ein Pfarrer wird seiner Pfründe entsetzt "weilen er etliche unzüchtige sachen begangen".
Chronik B 14, 1691, 69. Zu einem Ehebrecher heisst es dort, "ist mit gewohnter buss belegt und der Grossrathshrl. stell entsetzt worden".
3. Januar 1784; EGP 31, 652. "seiner Richterstelle entsezt". Auch: Chronik B 4, 15. Juli 1604, 20r. Ein Ehebrecher verliert seine Richterstelle.

37 E 43.I. Bittschriften. Das Gesuch des Lorenz Nägeli ist undatiert, doch ergibt sich eine ungefähre Datierung auf 1668, denn sein Fall wird vor Ehegericht am 19. Juni 1666; EGP 10, 70. und am 22. Juni 1666; EGP 10, 72f. verhandelt.

38 3. August 1786; EGP 31, 893. "nach dem Gesez auf 6 Jahre von allem burgerlichen Loos suspendirt."

39 16. Januar 1783; EGP 31, 546. 9. Dezember 1783; EGP 31, 647. Dies wird auch in der EGO von 1785; AE 12, 41. festgeschrieben, wonach der Ausschluss vom Los, d.h. das Verbot, an einer Ämterverlosung teilzunehmen, für sechs Jahre gilt, wenn der Delinquent entweder kein Amt versieht oder ein Amt noch nicht angetreten hat, besitzt er freilich ein Amt, so gilt der Ausschluss vom Los lebenslänglich.

40 22. Juli 1609; EGP 3, 545f. Die Frau Alexander Gerspachs solle " ... des Herrn Nachtmahl bis auf scheinbare verbesserung hin beraupt und endtschlossen sein, an khain ... Hochzeyt oder Gastmahl, ob Sy schon darzu geladen wurde oder nicht, ghan".

ist, anordnen kann, zeigt einmal mehr die enge Verflechtung zwischen staatlicher und kirchlicher Gewalt im christlich obrigkeitlichen Stadtstaat Schaffhausen.[41] Wie lange aber der Ausschluss vom Abendmahl dauern soll, legt das Gericht in den seltensten Fällen fest. Es sein denn, es finde, Gnade sei angebracht, wie am 25. Oktober 1659 gegenüber Andreas Michel, Gerichtsstatthalter und Wirt in Herblingen: "So haben iedoch meine gnädig herren auf sein hochtrugenliche bitt und erzeigende reu Ihm gnad bewiesen, das Er nächstkommende Weyhnachten neben andern Communicanten wol zugelassen werden möge."[42] Zuvor soll er sich aber bei Dekan Schalch melden und diesem seine Reue bezeugen. Normalerweise entscheiden die zuständigen Pfarrer, ob und wann jemand wieder zum Abendmahl zugelassen werden kann.

Hier freilich stellt sich die Frage nach der Effizienz dieser Massnahme. Auf den ersten Blick ist sie in der Tat schwerwiegend. Denn dem solcherart Gebannten ist nicht nur versagt, am Abendmahl teilzunehmen, sondern er darf auch nicht bei einer Taufe als Vater oder Pate stehen, und er kann sich nicht kirchlich trauen lassen. Wieweit aber der Ausschluss als Strafe erlebt wird, lässt sich nur schwer sagen. Doch gibt es eindeutige Hinweise in den Synodalmemorialia des 18. Jahrhunderts, aus denen klar hervorgeht, dass vom Abendmahl ausgeschlossene Dorfmitglieder die Wiederzulassung gar nicht suchen, es ihnen recht egal ist, ob sie am Abendmahl teilnehmen dürfen oder nicht. So klagt der Pfarrer zu Neunkirch, ein vom Abendmahl Ausgeschlossener habe sich nicht gebessert, "der Suspension u. auch dem h. Abendmahl nichts nachfrage".[43] Eine andere Möglichkeit, den Ausschluss unwirksam zu machen, erscheint in der Klage des Pfarrers zu Merishausen, Ausgeschlossene hätten "sich frecher dingen unterstanden, nach Beggingen zu gehen u. daselbst an dem Oster h. Tag das h. Abendmahl leichtfertig an sich gerissen".[44] Gerade die Bedingung, der Ausgeschlossene müsse zur Erlangung der Wiederzulassung zum Tisch des Herrn Reue zeigen und den Pfarrer darum bitten, lässt zumindest die theoretische Möglichkeit offen, dass der Ausgeschlossene

---

41 Dülmen, Theater des Schreckens, 76. bezeichnet gerade den Einbezug der öffentlichen Kirchenstrafen in das weltliche Strafsystem als charakteristisch seit dem 17. Jahrhundert. Besonders verbreitet sind diese Strafen in Süddeutschland und der Schweiz.

42 EGP 9, 189f.

43 AA 72.4. Synodalmemorial vom 7. Mai 1733. Bereits 1601 hören wir die Klage, "so were es gar ergerlich, daz menigklich ohne einichen underschid Zu dem h. nachtmahl gange: da etliche so In offnen sünden und lastern ergriffen, ohne Buss besserung und belehrung zu solichem h. Mahl kommind". Protokolle der Schulherren 2, Sitzung vom 20. Januar 1601, 98r.

44 AA 72.4. Synodalmemorial vom 1. Mai 1738.

dies gar nicht tun will![45] Damit mag zusammenhängen, dass nach den EGP im 18. Jahrhundert weniger oft explizit verfügt wird, der Ehebrecher sei vom Abendmahl auszuschliessen. So gibt es Einträge in den EGP, bei denen eine diesbezügliche Verfügung fehlt,[46] während sie bei anderen Fällen auftaucht.[47] Zudem wissen wir nicht, wie bei einer Weigerung, um Wiederzulassung nachzusuchen, vorgegangen würde. Damit aber verkehrt sich der Sinn des Ausschlusses vom Abendmahl in sein Gegenteil. Wird er doch verhängt, um den Delinquenten vor der ganzen dörflichen oder städtischen Gemeinde sichtbar zu bestrafen, dabei behält sich die Obrigkeit durch den jeweiligen Pfarrer die Kontrolle vor, zu beurteilen, ob sich wirklich eine Besserung im Lebenswandel des Fehlbaren einstellte.[48]

---

45 Daneben gibt es offenbar eine mehr oder minder grosse Gruppe, die sich freiwillig nicht am Abendmahl beteiligt, was folglich die Wirksamkeit des Ausschlusses noch mehr herabmindert, ist doch der gerichtlich Ausgeschlossene nicht der einzige innerhalb der Dorfgemeinschaft.
Bereits in der Mitte des 16. Jahrhunderts lesen wir in einer Klage des Synodus über die Verachtung des Abendmahles. "Da etliche in langen Jaaren sölichs nit mit uns gebrucht habend." AA 72.1. Nr. H, undatiert, wohl 1555. 1594 wird nach einer ausgedehnten Visitation auf der Landschaft erkannt, dass Männer und Frauen sich sehr selten zum Abendmahl verfügten, "oder wol so bald durchs ganze jahr nit ein einziges mahl zur predig noch zu des herren tisch verfüegind". Protokolle der Schulherren 2, Sitzung vom 2. November 1594, 53v. 1648 klagt Neunkirch: "Das es unversühnliche hertzen gebe, welche aus neid und hass, so Sie gegen einandern haben und tragen, des herrn tisch sich endthalten." AA 74.2. Visitation der Landschulen und Kirchen 1647, 1648, 1649. Dieselbe Gemeinde klagt 1764, die Gemeindemitglieder fänden sich nur in geringer Zahl zum Abendmahl ein. Protokolle der Schulherren 14, Sitzung vom 18. Dezember 1764, 122.

46 5. Februar 1750; EGP 24, 9. 9. März 1751; EGP 24, 172.

47 9. Mai 1775; EGP 30, 252. Vielleicht handelt es sich aber lediglich um eine Nachlässigkeit des Schreibers.

48 Simon, Untertanenverhalten, 219f. Seine Überlegungen zur Effizienz des Ausschlusses, die sich mit unseren Beobachtungen decken, machen wir uns hier zu eigen. Wobei einschränkend anzumerken ist, dass seine Untersuchung die Basler Landschaft im 18. Jahrhundert betrifft.
Köhler II, 659f. scheint uns die Bedeutung des Ausschlusses für den einzelnen, gerade auch im Lichte der Aussagen in den Synodalmemorialia betrachtet, wenn nicht theoretisch, so doch in seiner praktischen Auswirkung zu überschätzen. "Traf den Fehlbaren der Bann, so stand er ausserhalb der Gemeinde Gottes und bekam das auch im bürgerlichen Leben zu spüren. ... Er war wie ein Heide." Damit gibt Köhler eher die Sicht der Obrigkeit und Geistlichkeit wieder, als dass er die konkrete Realität beschriebe.

8. Die Wahrheitsfindung

Nachdem wir nun die Arbeit des Gerichts und die verschiedenen Strafmassnahmen eingehend betrachtet haben, fehlt uns noch der Einblick in die Mittel, welche das Gericht anwendet, um die Wahrheit und damit letztlich das Urteil zu finden. Da ist zunächst, neben dem elementarsten Mittel der direkten Parteienbefragung zum Sachverhalt, das Zureden an die Beklagten von seiten des Gerichts, die Wahrheit zu gestehen. Dieses Zureden reicht dabei von einer "wohlgemeinten Erinnerung"[1] über jeden "ersinnlichen Zuspruch und drohung"[2] bis hin zu wirklich elaborierten "Vorstellungen" in der folgenden Art, wie sie der Beklagte am 8. Oktober 1744 zu hören bekommt, dem "abermahl das Oberkeitl. missfallen seiner aufführung halben bezeüget und verwarnet, dass er sich nicht weiter vertieffen, sondern gedenken solle, dass der Gott, der alles wüsse, ein ohr, ein aug, und eine hand habe, die alles hören, sehen und entdeken können, entlich auch die Wahrheit an tag bringen könne und werde, und dahero er nicht glauben solle, dass man ihm seine aussagen abnehme ".[3] Selbst der Auftrag an Verwandte, "ihren bruder und vetern zu bekantnus der warheit [zu] bereden", findet sich in den EGP.[4]

Die gleichsam nächste Stufe im Prozess der Wahrheitsfindung bildet das Zeugenverhör, das entweder auf Verlangen der Parteien oder auf Befehl des Gerichts vorgenommen wird.[5] Dies kann so weit gehen, dass vom Gericht ausdrücklich gefordert wird, sich durch Zeugen vor einer Klage abzusichern. So erhält Maria Haffner von Bibern am 13. Juli 1747 den Auftrag, zu ihrem Mann zurückzukehren, sollte dieser aber wieder "etwas unflätiges begehen, so solle sie es jemand in der Nachbarschafft zeigen, und auf den Augenschein führen, damit sie ihre

---

1 22. September 1772; EGP 29, 549.

2 20. November 1753; EGP 26, 8.

3 EGP 22, 228f.
13. Juni 1752; EGP 24, 417. Es zeige sich ganz klar, dass Hans Brühlmann "mit der Wahrheit zuruk halte, solle doch Gott und die Obrigkeit nicht länger anliegen, sondern die Wahrheit sagen, man werde ihm das Mensch nicht auftringen, er habe die Wahrheit auf der Zungen, solle selbige heraussagen".

4 28. Juni 1703; EGP 14, 386.

5 Zeugnisfähigkeit besitzen sowohl Frauen als auch Männer. Doch zeugen die mündigen Männer "bey iren eiden", sie werden also vor ihrer Aussage bei Bedarf vereidigt, die Frauen hingegen lediglich "bey iren trüwen". Dies trifft auch für Zürich zu. Rost, Ehescheidung, 49. Köhler I, 49-55.
Die eigentliche Vereidigung von Zeugen ist im 18. Jahrhundert sehr selten fassbar, zudem scheint das Gericht die Unterscheidung im Status zwischen Männern und Frauen nicht mehr (konsequent?) zu machen. So werden am 20. Juli 1724; EGP 17, 713. Männer und Frauen gleichermassen als Zeugen vereidigt.
AE I, unpaginiert. Zeugeneid aus dem 16. Jahrhundert. "Ir werden schweren, In diser Streitbaren Sach Eine ware und Luttere warheit zue sagen, was Eüch wol In wüssen ist keinem theil weder zue Lieb noch zue Leit."

klag verificieren könne".[6] Doch hat das Gericht selbstverständlich das Recht, Zeugen abzulehnen, sei es, weil "in dem haubtwesen nichts Reales und positives werde vermuthlich zu vernehmen gegeben, sondern die sachen nur verwirrter gemacht werden", wie es am 20. Januar 1750 zur Ablehnung einer gewünschten Zeugeneinvernahme befindet,[7] sei es, weil die Zeugen nicht nach der Form auftreten und deshalb vom Gericht verworfen werden. Dies gilt besonders, wenn vermeintliche Zeugen sich nicht streng an das prozessuale Verfahren halten.[8] Zur Ablehnung von Zeugen führt auch ein zu nahes Verwandtschaftsverhältnis zu den Klägern resp. Beklagten,[9] oder Zeugen werden abgelehnt, weil sie offensichtlich im Dienste einer Partei stehen.[10] Wichtig scheint zudem das Einverständnis der Gegenpartei. So wird der Beklagte etwa gefragt, ob er gegen die von der klagenden Partei vorgeschlagenen Zeugen Einwendungen zu machen habe.[11] Letztlich aber ist es das Gericht, welches entscheidet, ob Zeugen zulässig sind und ob sie vernommen werden oder nicht. In der Regel müssen die Zeugen zuerst aufgeboten werden. Die Parteien sind freilich selbst dafür verantwortlich, dass die Zeugen auch zur vorgeschriebenen Zeit erscheinen, meistens auf die nächste Gerichtssitzung,[12] wo sie dann vernommen werden, oder vom Gericht dazu eigens verordnete Mitglieder besorgen dies, um anschliessend dem Gesamtkollegium der Richter das Ergebnis vorzutragen.[13] Doch kann es vorkommen, dass Zeugen auf der Landschaft befragt werden, dies, um Kosten zu sparen, denn normalerweise erhält jeder Zeuge ein Zeugengeld und eine Entschädigung für den erlittenen Verdienstausfall.[14] Beides müssen die Parteien selbst bezahlen. Das Ergebnis der Einvernahme schickt der zuständige Vogt in versiegeltem Brief an das Gericht. Jener versieht für einen allfälligen Augenschein vor Ort einen zusätzlich wichtigen Dienst. So ergeht am 7. Juli 1778 der Befehl an den Vogt von Siblingen "mit Zuzug eines Ehgaumers genau zu untersuchen, ob es möglich seye, durch das unten in der Cammerthür

---

6 EGP 23, 20.

7 EGP 24, 3.

8 26. November 1761; EGP 27, 447f. Elisabetha Oschwald von Thayngen erscheint als Zeugin vor Gericht, "solche aber als sie kaum hinter dem Schranken, gleich ohnbefragter angefangen zu sagen ... so ist sie dieser verdächtigen Aussage, als eine vorjagende kundschafft verworffen ...". Ein weiteres Beispiel dafür findet sich: 3. November 1746; EGP 22, 660.

9 29. Februar 1588; EGP 2, 44.

10 13. Juli 1630; EGP 6, 18. "beede kuntschafften sind in der Parteyen diensten."
11. Dezember 1634; EGP 7, 36r. "die kuntschafften mit Essen und Trinckhen wider gepür gefasset."

11 1. Dezember 1718; EGP 17, 69.

12 17. Mai 1593; EGP 2, 190.

13 Kap. 7.2.2.

14 21. März 1626; EGP 4, 62. 5. Juli 1645; EGP 8, 216r.

sich befindliche Loch auf das bett zusehen".[15] Es handelt sich darum, abzuklären, ob Maria Walter von Siblingen tatsächlich durch ein Loch in der Türe gesehen haben könne, wie zwei Unverheiratete zusammen im Bett lagen.[16] Beim Lesen der EGP erhält man den Eindruck, das Gericht messe den Aussagen je nach der Glaubwürdigkeit der Zeugen mitunter grosse Bedeutung bei, denn nicht selten sind die Aussagen akribisch aufgezeichnet, selbst wenn es sich im einzelnen um gleichlautende Erklärungen handelt. Die Zeugen werden denn auch mit eindringlichen Worten an ihre Pflichten zur Wahrheit gemahnt.[17] Die Glaubwürdigkeit der Zeugen festzustellen, um damit einer Falschaussage vorzubeugen, ist allerdings schwierig, will das Gericht die Zeugen nicht vereidigen, was aber aus Furcht vor einem allfälligen Meineid sehr selten geschieht.[18] So ist anzunehmen, dass Falschaussagen gemacht werden, wenn wir auch nur sehr selten davon erfahren. Am 1. November 1698 lesen wir, dass Joseph Mezger, Torhüter, "wider seine pflicht jeder Parthei, was selbige gern gehört, geredt, essen und trinken genohmen".[19] Immerhin lassen sich die äusseren Umstände der Aussage einigermassen bestimmen und abklären. Am 1. Februar 1774 will das Gericht von der Seelmeisterin und der Seelmagd[20] wissen, "ob die Wegelin, so sie solches gesagt bey gutem verstand gewesen seje?"[21] Die persönliche Befragung der Zeugen nimmt das Gericht ernst. Selbst wenn es sich bei denselben um Kinder handelt. So findet sich am 7. November 1594 die Bemerkung des Schreibers zur Aussage der Maria Walch, Tochter der Anna Walch: "Nota, so [ein] gar Jungs meitlin gesin, were sonst anderst gefragt worden."[22] Am 19. Februar 1728 schliesslich, da die Sitzung aufgehoben wird wegen der fortgeschrittenen Zeit, beschliesst das Gericht, die Zeugin, die 12jährige Anna

---

15 EGP 31, 83.

16 9. Juli 1778; EGP 31, 85. Der Augenschein, oder die "Visitation", wie es in den Quellen heisst, ergibt, "dass man durch dasselbe [das Loch] zwar das fussbrett und die bettstohlen nicht aber auf das bett sehen könne ...". Es war also der Klägerin unmöglich zu sehen, was sich im Bett abspielte. Ihre Klage wird folgerichtig abgewiesen.

17 16. Juni 1772; EGP 29, 523. "treülich verwahrnet, dass er ja weder aus Neid noch Eyffer, noch aus verleümdung gegen seine nächsten und neben Menschen, kein falsches Zeügnuss geben möchte, indem er vor Gott u. Menschen sich eine schwähre verantwortung auf den hals laden, und an leib und Seel gestrafft werden könnte, solle also Niemand weder zu Lieb noch zu Leid die Wahrheit hinterhalten."

18 Zur Bedeutung des Eides siehe weiter unten.

19 EGP 14, 78f. Der Zeuge wird wegen seiner Falschaussagen als unglaubwürdig abgewiesen. Ein weiteres Beispiel für eine Falschaussage: 2. Februar 1768; EGP 28, 469-472.

20 Die Seelmeisterin ist die Frau des Seelmeisters, des Aufsehers im sogenannten Seelhaus, während die Seelmagd ihre Mitarbeiterin ist.

21 EGP 30, 55-59.

22 EGP 2, 258.

Marina Schalch, bis zur nächsten Verhandlung ins Zuchthaus zu legen, wohl um eine mögliche Verdunkelung zu verhindern.[23]

Eine besondere Art von Zeugen bilden dabei die Sachverständigen, also Ärzte und Hebammen, im Falle von Schwangerschaft und Krankheit.[24] Dazu können für Fragen der Lebensführung der Parteien, besonders im Falle eines Ehestreites, die Vögte, Ehegaumer und Pfarrer angeschrieben werden, die von Amtes wegen verpflichtet sind, auf Verlangen des Gerichts solche Auskünfte zu erteilen.[25]

Erhält das Gericht aber den Eindruck, die Parteien widersprächen sich zu stark und ihre Glaubwüdigkeit stehe sonst in Zweifel, greift es zum Mittel der Gefangenschaft, besser der Untersuchungshaft, um verstockte Parteien zu einem Schuldgeständnis zu bringen. Hierbei geht das Gericht unzimperlich vor, müssen doch die Parteien so lange ins Gefängnis, bis sie die Wahrheit bekennen. Diese Haltung zeigt sich eindrücklich am 18. Januar 1659, als das Gericht zum Schluss kommt: "Sintemahln beklagter Müller so hartnäckig auf seiner verlöugnung der schwängerung verharret, sie, Klägerin, aber die umständ so glaubhafft erzellen kann, und ohnbewegt dabei verbleibt, also solle Müller so lang Im Gefängnis des diebsthurn aufgehalten werden, bis Er die klare und lautere warheit bekennen wirdt."[26] Die Absicht des Gerichts, ein Schuldgeständnis zu erlangen, kommt dann auch in den EGP unverhohlen zum Ausdruck. So befindet das Gericht am 4. August 1642, zwei Angeklagte sollten ins Blockhaus gelegt werden, "bis Sie gichtig werden und ihren fähler bekennen".[27] Am 9. Mai 1752 hält der Schreiber entlarvend fest, die Beklagte solle "ins Zuchthaus gesetzt, und darinnen Recht Mürb gemacht werden".[28] Ganz offensichtlich ist dieses Vorgehen des Gerichts bekannt, denn am 12. Oktober 1773 erzählt Joseph Wanner von Beggingen, die Schwester seiner Mutter und der Stabhalter von Hemmenthal hätten ihm im Gefängnis gedroht, wenn er kein Geständnis ablege, würden die Gnädigen Herren "übel mit ihm verfahren und der gefangenschafft nicht entlassen ...".[29] Dass diese Methode der Wahrheitsfindung keineswegs über alle Zweifel erhaben ist, leuchtet unschwer ein. So erklärt Hans Maag von Neunkirch am 4. Dezember 1655,

---

23 EGP 18, 522. Am 26. Februar 1728; EGP 18, 523. wird das Mädchen dann als Zeugin vernommen.
11. Mai 1787; EGP 31, 957-959. Das Gericht führt ein Verhör eines etwa 5jährigen Knaben durch.

24 Besonders ersichtlich in den Kap. 7.3.3.4. und 7.3.5.

25 Vgl. Kap. 12.1.

26 EGP 9, 175f. Besonders deutlich wird die Absicht solchen Vorgehens auch am 20. Februar 1742; EGP 21, 481., als das Gericht verkündet, der Beklagte solle nicht länger leugnen, sonst werde ein Geständnis "mit der Gefangenschafft schon erpresst werden".

27 EGP 8, 178r.

28 EGP 24, 448.

29 EGP 29, 749.

er habe nur aus Furcht und der im Gefängnis herrschenden Kälte ein Geständnis abgelegt.[30] Doch ist das Gericht auf diese Problematik der Zeit entsprechend nicht sensibilisiert. Was zählt, ist ein Geständnis, denn nur dies ist mit dem Ausdruck "Wahrheit bekennen" gemeint, auf das ein Schuldspruch gestützt werden kann.

Zunächst freilich kann auch mit dem Gefängnis nur gedoht werden, in der Hoffnung, dies reiche aus, ein Geständnis zu erhalten. Am 23. August 1736 ergeht an Ursula Keller die unverhohlene Drohung, sie solle "zuerst vor das Loch geführt werden, und selbiger damit zu trohen, wan sie nicht den eigentlichen Vatter ihres Kinds angebe, als welche gefangenschaft sie dermahlen verdient, und selbiger aingelegt werden solte ...".[31] Noch subtiler wird die Taktik der Wahrheitsfindung, wenn das Gefängnis tatsächlich zur Anwendung kommt. Dann nämlich kennt das Gericht verschiedene Stufen oder, in der Sprache des Gerichts, verschiedene "Grade" der Gefangenschaft in steigender Verschärfung. An erster Stelle steht das einfache Gefängnis, dem das Zuchthaus als erster eigentlicher Grad der Gefangenschaft folgt. Der zweite und weitaus ungemütlichere Grad ist das Loch,[32] das dosiert angewandt wird. So werden Johannes Frey und Barbara Schenkin am 30. Juli 1716 erneut ins Zuchthaus gelegt, "und soll erstlich Sie, Schenkin, hernach Er, Frey, jedes einen tag, auch mehr oder weniger, nach dem der Ehegerichtsdiener etwan finden werde, dass Sie es ausstehen können in das loch und hernach widerum in das Zuchthaus gesezet werden, anbey beeden alle communication mit ihren fründen abgeschnitten und als gefangene gespisen werden".[33] Als zusätzliche und letzte Steigerung

---

30 EGP 9, 74.
Am 1. Oktober 1739; EGP 21, 97. erfahren wir von Barbara Wiser von Herblingen, sie habe einen falschen Mann als Schwängerer angegeben, "weil sie so lang in der g[e]f[angen]schafft gesessen und fast darin verfaulen müssen, habe sie den abwesenden Maurer angegeben, in der hoffn[ung] dass man ihro glauben und den process finiren werde ...".

31 EGP 20, 285. Aus Rücksicht auf ihre "gemüths constitution" wolle das Gericht sie damit für den Moment noch verschonen.
18. September 1742; EGP 21, 534. Elisabetha Buchter von Thayngen solle erneut ins Zuchthaus gelegt werden, "und ihr zur territion die gefangenschaft des Lochs gezeiget, auch dieselbe auf ferners verharren, Morgen umb 9 Uhr würklich ins Loch gesezt und darin biss auf den Abend gelassen ... werden solle".

32 30. Januar 1759; EGP 27, 82. " ... dass der 2. Grad mit der Richlin vorgenohmen und sie aus dem Zuchthaus ins Loch gesetzt ..." werden solle.
Die Zählung der Gefängnisgrade erfolgt dabei unterschiedlich. So findet sich auch die Einstufung des Lochs als dritten Grades. "nach dem 3.ten Grad der Inquisition in das Loch gesezet worden." 27. Februar 1781; EGP 31, 371. Diese Zählung macht eigentlich mehr Sinn, ergibt sich doch so für das Gefängnis der erste und für das Zuchthaus der zweite Grad.

33 EGP 16, 434. Als Verpflegung ist Brot und Wasser gemeint.
Ein weiteres Beispiel, bei dem die Beklagte nur für einige Stunden ins Loch gesetzt werden soll, findet sich am 28. Juli 1739; EGP 21, 48.

kann das Gericht die Züchtigung verfügen, das Geständnis soll also aus den Inhaftierten herausgeprügelt werden.[34] Doch auch dabei ist der Erfolg und vor allem der Wert eines solcherart erhaltenen Geständnisses unsicher, besteht doch durchaus die Gefahr, dass der Verdächtige nur um den Schlägen zu entgehen ein Schuldgestädnis ablegt, dieses aber an der Verhandlung widerruft.[35]

Bleiben alle diese Mittel der Befragung, des Zuredens, der Drohung und der Untersuchungshaft verschiedener Grade ohne Erfolg, oder erhält das Gericht von Anfang an den Eindruck, nur auf diesem Wege zur Wahrheit zu gelangen, so ordnet es die Folter an. Dies muss im 16. und 17. Jahrhundert eine nicht unbekannte Praxis gewesen sein, wie aus einer Antwort des Gerichts an den Rat von Diessenhofen hervorgeht. Dieser fragt an, wie sich die Richter bei einer umstrittenen Vaterschaft verhielten. Das Gericht anwortet am 23. Mai 1590, es gebe zwei Möglichkeiten, den Eid oder die Tortur, das peinliche Verhör also.[36] Dabei ist es selbstverständlich dem Gericht überlassen, zu entscheiden, wann und ob überhaupt die Folter angewandt wird. Wir dürfen aber wohl davon ausgehen, dass zunächst nur mit der Folter gedroht wird, analog zur Drohung mit dem 2. Grad der Gefangenschaft, dem sogenannten Loch, um bereits damit ein Geständnis zu erhalten.[37] Wie oft die Folter somit tatsächlich zur Anwendung kommt, ist schwer zu sagen. Doch fällt immerhin auf, wie das Gericht zurückhaltend scheint, den Mann foltern zu lassen. So haben wir nur gerade von einem Fall Kenntnis, bei dem der Mann und die Frau gefoltert werden.[38] Bezüglich der Frauen aber besitzen wir einige Hinweise, wonach die Folter, das heisst die peinliche Befragung, wirklich vorgenommen wird.[39] Alle Belege für die Anwendung der Folter stammen allerdings aus dem 17. Jahrhundert, während wir im 18. Jahrhundert keinen solchen Beleg finden. Anscheinend ordnet das Gericht die Folter nicht mehr an, es sei denn, wir betrachteten die Züchtigung im Gefängnis als solche. Doch ist damit nicht schlüssig bewiesen, ob tatsächlich von der peinlichen Befragung im Zuge eines Prozesses vor Ehegericht Abstand genommen wird. Auf der einen Seite könnten es die Schreiber für unnötig erachten, solches

---

34 20. Februar 1759; EGP 27, 97. Die Sache solle vertagt "und sie durch Streich zur Confession gebracht werden ...".

35 20. November 1770; EGP 29, 179.

36 EGP 2, 101.

37 16. Oktober 1666; EGP 10, 84. Mattheus Weyss gesteht die Unzucht "bei vorgestellter Tortur".

38 28. November 1676; EGP 11, 28. "Als nun Sie beide, Bollingerin und Weibel hierüber an die follter geschlagen."

39 3. Oktober 1626; EGP 4, 76. 22. Juli, 1645; EGP 8, 219r. 30. November 1669; EGP 10, 177. 30. Juli 1678; EGP 11, 107.
Bei den Frauen wird in der Regel die Daumenschraube angewandt. Staehelin, Folter, in: Basler Stadtbuch 1965, 104.

in den Protokollen überhaupt noch zu erwähnen, auf der anderen Seite könnte die Kompetenz, die Folter zu verfügen, auf den Rat übergegangen sein, eine Entwicklung wie sie sich im Falle des Reinigungseides an der Wende vom 17. zum 18. Jahrhundert vollzieht.[40]

Hierbei handelt es sich um ein weiteres Mittel der Wahrheitsfindung, das besonders bei bestrittenen Eheversprechen und bei unklarer Vaterschaft Anwendung findet, freilich immer erst, nachdem andere Mittel nicht zum Erfolg geführt haben. Bei der Anwendung des Reinigungseides lässt sich eine eindeutige Entwicklung seit der Einführung des Gerichts ablesen. Zunächst fällt auf, wie oft der Reinigungseid in der Anfangsphase des Gerichts, also ab 1530 bis zum Ende des ersten Protokollbandes, 1538, verfügt wird. In dieser Zeit kommt, wohl unter dem Einfluss reformatorischen Gedankengutes, dem Reinigungseid prozessentscheidende Bedeutung zu; das Gericht stützt sein Urteil unbedingt darauf ab.[41] Dabei macht es keinen Unterschied zwischen Frauen und Männern. So schwört am 2. Juli 1534 die Frau einen Reinigungseid "mit uffgehepten fingern", der Mann habe ihr die Ehe versprochen, was dieser bestreitet. Durch die Ablegung des Eides erhält ihre Aussage unbedingte Beweiskraft, worauf das Gericht folgerichtig ihre Heirat verfügt.[42] Verzichtet aber die klagende Partei darauf, von der beklagten den Reinigungseid zu verlangen, so gilt ihre Klage als nicht stichhaltig.[43] Weigert sich allerdings Kläger oder Beklagter, den vom Gericht verlangten Eid abzulegen, so gilt dies als Schuldgeständnis.[44] Verfügt das Gericht anfangs den Reinigungseid beinahe sorglos, so zeigt sich im 17. Jahrhundert eine gründliche Änderung in seiner Haltung. Diese Änderung ist wohl nicht zuletzt die Frucht der regelmässig wiederkehrenden Ermahnungen der Geistlichkeit, sich vor dem Meineid zu hüten, gilt dieser doch als schwere Sünde, wofür nicht nur der Meineidige selbst, sondern auch die gesamte Gemeinschaft von Gott gestraft werden kann.[45] Bereits 1573 beklagt sich der Synodus

---

40 Die Abnahme in der Anwendung der Folter im 18. Jahrhundert entspricht einem generellen Trend. Dülmen, Theater des Schreckens, 35.

41 Zellweger, Stellung des unehelichen Kindes, 87. und Köhler I, 133. bezeugen für Basel und Zürich ebenfalls, dass der Eid den Ausgang des Prozesses bestimmt.

42 EGP I, 128v. Weitere Beispiele: 28. Oktober 1530; EGP I, 42v. 10. Juni 1535; EGP I, 155v.

43 17. November 1530; EGP I, 45r. "Sy hat In aber des [Eides] erlassen, ist fürters Erkent, dass Stoffel der E halb von Margreth ledig sein soll." Weiteres Beispiel: 23. Mai 1535; EGP I, 145v.

44 8. Juni 1536; EGP I, 196v-196r. Das Paar muss, da sich der Mann weigert, den Reinigungseid abzulegen, um zu beweisen, dass er ihr die Ehe nicht versprochen hat, innert acht Tagen heiraten. Weitere Beispiele: 1. Juni 1536; EGP I, 194v. 8. März 1593; EGP 2, 182.

45 So schildert ein Chronist anschaulich die Folgen eines Meineides. Ein Bürger von Basel will einen Meineid schwören, "sihe da sinket er ... in der Rahtstuben zu Boden, übergibt sich oben und unden, seine Zunge war ihm also gestarret und brandschwarz,

über das Fluchen und Schwören, "darunter auch das liechtfertige eydtschweeren in den gerichten begriffen wirdt".[46] 1668 folgt eine präzise Klage von gleicher Seite, in der es heisst, es sei zum Ablegen eines Eides höchste Gottesfurcht nötig, doch "vernimbt man, das bej uns solche Eid geschworen werden, das beides, die den Eid leisten und die denselbigen abnehmen, im herzen wissind, es sej dem nit also wie geschworen wird". Es gelte zu bedenken, "das kein treü sej die so hochheilig und verbindtlich als des Eids, und so einmal desselben ansehen und krafft geschwecht wird, so wird auf Erden under Menschlichen gesellschaften alle treü und warheit wancken". Die Majestät Gottes werde so nicht mit sich scherzen lassen, lautet dann auch die abschliessende Drohung an die Adresse der weltlichen Obrigkeit.[47] Vor diesem Hintergrund ist es nicht weiter erstaunlich, wenn das Gericht bereits am Ende des 16. Jahrhunderts nur zögernd zum Mittel des Reinigungseides greift. So befindet es zwar am 3. Dezember 1597, Hans Heinrich Pfau, Bäcker, solle den Eid leisten, " ... aber zuvor und ehe er söllichs erstattet, sölle Im die [Eid]thaffel und auslegung des aydts, und erclerung des maynaydts öffenlich vorgelesen ... werden". Zudem solle er vor das Gerichtszimmer treten, um sich mit seinen Beiständen zu bereden und die Sache besser zu bedenken.[48] Ganz der veränderten Haltung des Gerichts entspricht auch die zunehmend beobachtbare Tendenz, die Abnahme des Reinigungseides nur anzudrohen, nicht aber tatsächlich zu verlangen.[49] Dadurch hofft das Gericht ein Geständnis zu erreichen. Aus der vorsichtigen und zögernden Haltung des Gerichts dem Reinigungseid gegenüber, im 17. Jahrhundert, und seiner Sorge, der Kläger oder Beklagte könnte einen Meineid ablegen, erklärt sich, dass der Eid ganz im Gegensatz zum 16. Jahrhundert nur sehr selten Anwendung findet. Noch einmal anders zeigt sich das Bild im 18. Jahrhundert, als das Gericht überhaupt keinen Reinigungseid mehr verlangt, ist doch diese Kompetenz ganz auf den Rat als oberste und letzte Instanz übergegangen. Dieser kann den Reinigungseid verlangen, wenn das Ehegericht ihm einen Fall überweist, bei dem die ehegerichtlichen Mittel der Wahrheitsfindung nicht zu einem Geständnis geführt haben. Doch verlagert sich somit lediglich das grundsätzliche Problem des möglichen Meineides, daher greift auch der Rat nicht

---

dass er nicht allein nichts mehr reden könnte, sondern gleich einem rasenden und wilden thier brüllen müsste, mit welchem wilden gebrüehl er noch 2 Tag zugebracht, darmit sein elendes leben geendet ...". Chronik B 8, 1. oder 2. April 1679, 174f.

46 AA 72.2. Synodalmemorial vom 5. November 1573.

47 AA 72.3. Synodalmemorial vom 23. April 1668.

48 EGP 3, 15f.

49 30. April 1695; EGP 13, 72. "Ist erkant, dass ihm die Eydtafel, wie würklichen beschehen, vorgelesen und bis nechst haltendes Ehegericht in der Gefangenschaft Jedem Zeit gegeben werden solle."

uneingeschränkt zu diesem letzten Mittel. Am 20. August 1744 überstellt das Gericht Verena Blum von Beggingen an den Rat, da diese trotz mehrmaligen Befragens und längeren Gefängnisaufenthalts kein Geständnis ablegen will, die Mittel des Gerichts somit erschöpft sind.[50] Sieben Tage später am 27. August 1744 berichtet der Obmann den Richterkollegen, der Rat gebe den Fall an das Gericht zurück, da über Verena Blum "nichts anders als dass juramentum vorgenohmen werden könnte, welches aber bej einer solch liederl. dirn eine höchst bedenkliche und wichtige sach were".[51] Der Rat wagt aus Furcht vor einem Meineid nicht, den Reinigungseid von der Beklagten zu fordern. Diese Furcht gewinnt offensichtlich immer mehr an Bedeutung, gilt doch als sicher, dass der Meineidige "zeitl. und ewig verlohren" ist,[52] da durch die Ablegung eines Meineids "dem dreyeinigen Ewigen Gott der bundt aufgesagt und also die Zeitliche Straff und Ewige Verdamnus sich auf den hals geladen werde".[53] Angesichts solch gravierender Konsequenzen nicht nur für den einzelnen, sondern auch für die Wohlfahrt des Gesamtstaates mag sich erklären, weshalb der Rat im Laufe der Entwicklung die Kompetenz, einen Reinigungseid zu verfügen, an sich zieht.[54]

Abschliessend sei noch eine besondere Art der Wahrheitsfindung erwähnt, das weitverbreitete sogenannte Geniessverhör.[55] Was sich dahinter verbirgt und wie es ungefähr abläuft, schildert uns der Schreiber am 7. November 1654. Die Hebamme von Oberhallau sagt als Zeugin aus, sie sei zur Margareta Schadin berufen worden, " ... habe sie solche in ihrer kammer ganz nackhend auf den knien stehend gefunden. Und als sie, die hebamm, verspürt, das es an dem, das diese dochter ein kind gebären müsse, habe sie die Vögtin und andere Weiber mehr zu ihro beruffen lassen. Als sie nun gekommen, seye es mit Ihro, Schadin, an voller geburt gestanden. Und als diese Weiber mit ernst an sie gesetzt, solle anzeigen, wer der Vatter dieses Kindes seye, habe sie geantwortet Felix Reich, der Maurer. ... Darauf die Weiber gesagt, die Zeit seye zu kurz, könne nit Vatter sein. Zeigte sie ... den Stubenknecht an ... Auf solches die Weiber gesagt, die Zeit were zu lang, köndte auch nit der Vatter sein".[56] Hier haben wir in der Tat die entscheidenden Elemente

---

50 EGP 22, 202.

51 EGP 22, 203.

52 22. März 1753; EGP 24, 561.

53 20. Juli 1724; EGP 17, 713.

54 Dem Gericht bleibt im 18. Jahrhundert noch die Kompetenz, Zeugen zu vereidigen, doch handelt es sich dabei nicht um einen Reinigungseid. 20. Juli 1724; EGP 17, 713. Vgl. Anm. 5.

55 Das Wort "Geniessverhör" stammt aus dem mittelhochdeutschen Wort "genist", was die Genesung und/oder die Entbindung meint.

56 EGP 9, 38f.

des Geniessverhörs. Die unklare Vaterschaft, die Hebamme im Verein mit den angesehenen Frauen des Dorfes und die Befragung während der Geburt, wer der richtige Vater des Kindes sei. Die Absicht dabei ist, dass die Gebärende unter Schmerzen eher bereit ist, den richtigen Vater anzugeben.[57] Beim angeführten Beispiel leiten die Frauen das Verhör selbst ein, doch kann es auch vom Gericht angeordnet werden.[58] Allerdings nimmt das Gericht meistens nur dann Zuflucht zu diesem Mittel, wenn das gerichtliche Befragen der Frau zu keinem Ergebnis geführt hat.[59] Die Hebamme aber wird so amtlich beauftragt, die Geburt erst einzuleiten, nachdem die Schwangere den Namen des Schwängerers angegeben hat. Die an sich ursprünglich zur Hilfeleistung verpflichtete Hebamme wird so zum Instrument obrigkeitlicher Überwachung. Einer Aussage beim Geniessverhör misst das Gericht grosse, wenn auch nicht immer allein prozessentscheidende Bedeutung bei.[60] Kommt es doch vor, dass Frauen Namen angeben, um sie später wieder zurückzunehmen.[61]

Soweit die Mittel zur Wahrheitsfindung, die dem Gericht zur Verfügung stehen. Dabei fällt einmal mehr ihre aufsteigende Hierarchie auf - von der persönlichen Befragung, dem Zureden, dem Zeugenverhör, der Untersuchungshaft bis hin zur körperlichen Züchtigung, der Folter und dem Reinigungseid. Für Frauen kommt noch das Geniessverhör dazu. All diese Mittel anzuwenden liegt zumindest zeitweise in der Kompetenz des Gerichts.[62] Sie alle dienen dem einen Ziel, die Wahrheit zu ermitteln, was aber nach damaligem Verständnis Erzwingung eines Schuldgeständnisses meint, als Voraussetzung für die Abstrafung.

---

57 Herold, Hebammenamt, in: Bader (Hg.), Rechtsgeschichte aus Neigung, 375. Beim Geniessverhör ist eine gewisse Ähnlichkeit mit der Folter unverkennbar. Erst ein Erlass des Revolutionsdirektoriums vom 22. Februar 1799 in Luzern schafft für die Eidgenossenschaft das Geniessverhör ab.

58 19. Januar 1779; EGP 31, 131. " ... anbey der hebamm in Beggingen alles Ernst und bey ihren Pflichten anbefohlen werden, die Anna Bluhm in Gegenwart einer andern unpartheyischen Person vor der Entbindung um den wahren Vatter des Kindes zu befragen."

59 6. Dezember 1660; EGP 9, 264f. 26. Oktober 1661; EGP 9, 285.

60 27. Oktober 1795; EGP 35, 280. "Weilen sie unter denen Geburtsschmerzen auf ihrer ehmaligen Aussag beharret, mithin ihr fürgeben so gut als eidlich bestätiget habe ... ".

61 Zum gleichen Ergebnis kommt für Schaffhausen Etzensperger, Stellung des ausserehelichen Kindes, 41.
Den nämlichen Stellenwert besitzt das Geniessverhör in Basel. Zellweger, Stellung des ausserehelichen Kindes, 91. Simon, Untertanenverhalten, 105.
Übrigens trifft die Feststellung bei Bollinger, Ermittlung der ausserehelichen Vaterschaft, 16. zu, wonach das Geniessverhör in keiner EGO festgehalten ist. Es wird also in der Praxis ohne rechtliche Grundlage angewandt.

62 Unrichtig ist somit die Feststellung Bollingers, Ermittlung der ausserehelichen Vaterschaft, 17. das Gericht habe kein Recht besessen, den Eid aufzuerlegen und auch abzunehmen. Dies trifft in der Praxis für das 16. und 17. Jahrhundert nicht zu, obschon sich der Eid in den EGO nicht findet.

Deshalb existiert auch kein Recht der Aussageverweigerung.[63] Es ist der Beklagte, der seine Unschuld beweisen muss, und nicht etwa das Gericht dessen Schuld.[64] Freilich hängt dies mit der Mangelhaftigkeit des Beweisverfahrens der damaligen Zeit zusammen. Daher sind die Richter weitgehend darauf angewiesen, dass sich der Angeschuldigte selbst der Tat für schuldig erklärt.[65]

Allerdings bleibt nachzutragen, was geschieht, wenn die Mittel des Gerichts erschöpft sind, ohne dass ein Geständnis vorliegt. Zum einen kann das Gericht einen solchen Fall an die oberste Behörde im Stadtstaat, den Rat, überstellen, welcher "allen gewalt, die Wahrheit an den tag zu bringen, inhanden ...",[66] oder aber das Gericht überlässt den Fall als endgültig letztes Mittel "Gott und der Zeit".[67] Dies geschieht zum Beispiel auch im bereits zitierten Fall der Verena Blum von Beggingen, den der Rat wieder an das Gericht zurückweist, da der Beklagten der Reinigungseid aus Gründen der Vorsicht nicht abgenommen werden kann.[68] Hinter dieser auf den ersten Blick verwunderlichen Verfügung verbirgt sich wohl die Idee, Gott und der Fluss der Zeit würden den wirklich Fehlbaren durch Gewissenstriebe dazu bringen, seine Schuld letztlich zu gestehen, oder im Laufe der Zeit könnte vielleicht noch Belastendes auftauchen, ist doch das Verfahren mit einer solchen Verfügung lediglich auf unbestimmte Zeit vertagt und nicht etwa abgeschlossen, da ein Endurteil nicht ergeht.[69] Spätestens beim Jüngsten Gericht, so die Vorstellung, würde die Tat gestraft werden, die, da sie auf Erden geleugnet wurde, um so schwerer wiegt.[70] In letzter Instanz also wird der ungelöste Fall an das Jüngste Gericht

---

63 Dülmen, Theater des Schreckens, 24. "Konstitutiv für die Abstrafung war in jedem Fall das Geständnis des Angeklagten."

64 Diese Haltung kommt dann auch unverhüllt in der Sprache selbst zum Ausdruck. So vermerkt der Schreiber am 5. November 1742; EGP 21, 568., das Gericht habe trotz aller Bemühungen keine "weitere gestandnus ... erpressen können ... ".

65 Staehelin, Folter, in: Basler Stadtbuch 1965, 101. Dülmen, Theater des Schreckens, 43. Mit dem Schuldgeständnis erübrigt sich freilich auch eine Verteidigung, so verfügen Angeklagte über keinen Verteidiger, der etwa die besonderen Umstände und die Lebenssituation der Angeklagten dem Gericht erläuterte. Dies zeigt sich besonders im Falle der Anklage wegen unehelicher Schwangerschaft.

66 9. März 1696; EGP 13, 163.
Weitere Beispiele: 26. April 1712; EGP 15, 153. 20. September 1742; EGP 21, 539.

67 5. November 1742; EGP 21, 568. 23. April 1761; EGP 27, 390.

68 27. August 1744; EGP 22, 203. "das weitere und eigentliche Gott und der Zeit überlassen."

69 So heisst es zumindest am 18. Januar 1766; EGP 28, 50. "das übrige aber ihrer eignen verantwortung und gewüssens trieb überlassen sein solle."

70 9. Dezember 1766; EGP 28, 239. Barbara Klingenfuss und Jacob Teüber, beide von Osterfingen, "auf die nachdrucklichste weise an das gewüssen geredt, dass sie doch ihre unsterbliche Seelen nicht weiter in gefahr stürtzen und sich gar durch hinderhaltung der Wahrheit nach Leib und Seel in Zeit und Ewigkeit unglücklich machen sollen".

überwiesen.[71] Daher erklärt sich auch die grosse Bedeutung, welche das Gericht Aussagen von Sterbenden oder von zum Tode Verurteilten beimisst. Die Ansicht ist, dass Menschen, die dem Tode ins Angesicht sehen und damit kurz vor dem jenseitigen Richter stehen, keine Falschaussagen machen können. So redet das Gericht denn auch am 1. Februar 1774 Conrad Waldvogel von Stetten unmissverständlich ins Gewissen, "dass er doch die Wahrheit sagen solle, die Anna, deren Aussag als einer sterbenden von besonderer kraft seye, die auch gewusst, dass sie vor dem höchsten Richter von allen ihren handlungen rechenschafft abgeben müsse und eine solche frechheit von ihro, dass sie ihn [Waldvogel] fälschlich angegeben habe, nicht plaz haben könne".[72]

---

71 Dieselbe Verfügung findet sich offenbar beim Zürcher Ehegericht. So notiert Pfarrer Schoop in seinen Abschriften aus dem Zürcher Ehegericht die wörtlich gleichlautende Verfügung, wonach ein Fall Gott und der Zeit überlassen sei. Scaphusiana Nr. 73, 2. Juli 1737, 190r.

72 EGP 30, 55-59.
29. Juni 1752; EGP 24, 453f. Verena Ühlinger wurde in Zürich hingerichtet, "welche so Reüwend ihr leben geendet", sie hätte Jacob Meyer von Neunkirch nicht zum Vater ihres Kindes angegeben in der Stunde ihres Todes, "wans nicht dem so wäre, und worauf sie bis ans End beharret und gestorben seje".

9. Die Appellation

"... solchs witer nit, dann allain ... fur uns burgermaister und den clainen rat appellieren."[1] So lautet die diesbezügliche Bestimmung in der EGO von 1530. Der Rat ist demnach die alleinige Appellationsinstanz für alle Parteien, die mit einem ergangenen Urteil des Gerichts nicht einverstanden sind. Dabei muss die Appellation "glich am schrancken beschechen, welcher appellierend tail ouch zu stund ain guldin in das gericht erleggen, und gewündt er, so soll im der guldin wider geben werden, verlürt er aber, so hat er den guldin damit verloren".[2] Die Appellation hat unverzüglich, nachdem das Urteil ergangen ist, zu erfolgen, und zwar unter Hinterlegung eines Guldens. Dies soll die Parteien wohl dazu bringen, sich die Sache gut zu überlegen. Ob diese Vorschriften zur Appellation im folgenden geändert werden, lässt sich nicht sagen, zumal wir in keiner anderen EGO, ausser derjenigen von 1785,[3] diesbezügliche Verfügungen finden. Sicher aber ist, dass der Rat alleinige Appellationsinstanz bleibt, erklärt sich dies doch aus seiner unbestrittenen Stellung als oberste Legislative, Judikative und Exekutive im Stadtstaat Schaffhausen. Zudem lassen sich einige kleinere Änderungen indirekt festmachen. So kann die Appellation später nicht mehr sofort erfolgen, einfach weil zuerst vom Gericht eine Appellationsschrift zu Handen des Rates verfasst werden muss. Wohl aber muss die Appellation immer noch gleich nach der Urteilsverkündung verlangt werden. Auch der Betrag, welcher als Appelllationsgeld zu bezahlen ist, erhöht sich, doch nur geringfügig, auf 3 Gulden.[4]

Blicken wir auf die Praxis, so stellen wir fest, dass nur sehr selten das Mittel der Appellation ergriffen wird.[5] Wo der Grund dafür zu suchen ist, lässt sich schwer sagen. Es scheint nicht, dass die doch eher geringe Höhe des Appellationsgeldes sehr abschreckend gewirkt hat. Vielmehr ist es möglich, dass einfachere Leute, Landbewohner und kleine Handwerker, Tagelöhner und Dienstboten, sich nicht zu appellieren getrauen, einfach weil sie froh sind, durch das Ende des Prozesses vor Gericht nicht mehr vor der Obrigkeit als Appellanten erscheinen zu müssen, zumal dies dann vor versammeltem Rat zu

---

1 Zwingliana 2, 1925, 291.

2 Zwingliana 2, 1925, 291.

3 Vgl. Anm. 8.

4 7. September 1630; EGP 6, 36. 3 Gulden "Appellatgelt".
25. November 1717; EGP 16, 588. 3 Gulden "appelllationsköstenn".

5 Gesamthaft sind es etwa 100 Appellationen im Zeitraum von 1586 bis 1798. Dies stellt eine verschwindend geringe Zahl dar, vergleicht man sie mit der Gesamtzahl der behandelten Fälle, die mehr als 10000 erreichen dürfte.
Einen ähnlich niedrigen Prozentsatz stellt Köhler I, 66. für das Gericht in Zürich fest. Auf 1116 Fälle kommen nur gerade 29 Appellationen.

geschehen hätte, was für mit den Gepflogenheiten des Rates und der Gnädigen Herren unvertraute Parteien eine Hemmschwelle bedeutet. Dieser Eindruck wird noch dadurch verstärkt, dass die überwiegende Mehrheit der appellierenden Parteien eindeutig zu den vermögenderen sozialen Gruppen gehört, damit aber auch wenn nicht eigene Familienmitglieder, so doch Bekannte im Rat sitzen hat, was zu einer gewissen Vertrautheit mit der Institution Rat führt.

Zunächst aber steht bei jeder Appellation das Ansuchen um sie vor Gericht, und es kann durchaus geschehen, wenn auch nur in der kleinen Minderheit der Fälle, dass diesem Begehren von seiten des Gerichts nicht entsprochen wird. So lehnt es am 4. Dezember 1764 ein Appellationsersuchen rundweg ab, "in Ansehung dass er eine freywillige bekantnuss gethan u. das Factum eingestanden".[6] Am 25. September 1727 gar geht das Gericht massiv gegen ein Appellationsersuchen vor, indem es festhält, das ergangene Urteil sei wohlbegründet, und es bedürfe keiner Appellation, die Richter sähen es lieber, "dass er sich wol begreiffe und die urtheil annehme, wann ers aber nicht annehmen wolle, er sich in der gefangenschafft bedenken solle".[7] Liegt die Erteilung einer Erlaubnis zur Appellation hier anscheinend allein in der Interpretation des Gerichts, so gibt es doch noch objektivere Kriterien der Beurteilung. Eine Appellation scheint nicht möglich, wenn sie sich lediglich auf die Höhe einer diktierten Busse beschränkt[8] oder wenn, was unmittelbar einleuchtet, noch gar kein abschliessendes Urteil ergangen ist.[9]

Wird die Appellation vom Gericht bewilligt und von den Parteien auch vollzogen,[10] so gibt es grundsätzlich vier Möglichkeiten, wie der Rat darauf reagieren kann. Einmal lehnt er die Appellation ab, mit der feststehenden Wendung, es sei wohl gesprochen, aber übel appelliert worden. Das Urteil des Gerichts wird somit vom Rat vollumfänglich bestätigt.[11] Der Rat kann aber selbstverständlich eine Appellation kraft seiner Position auch gutheissen. In einem solchen Fall verkehrt sich die Wendung, und der Rat befindet, es sei wohl appelliert und übel gesprochen worden. Das vor Gericht ergangene Urteil wird aufgehoben,

---

6 EGP 27, 710.

7 EGP 18, 480.

8 14. März 1765; EGP 27, 760. "weilen ratione der bussen kein Appellation gestattet wirdt."

9 28. Januar 1780; EGP 31, 253. Es sei noch kein "Decisiv Urteil" gefallen. Vgl. aber die EGO von 1785; AE 12, 6., in der es heisst, es werde in Inquisitions- und Strafsachen keine Appellation gestattet.

10 Dies ist deshalb wichtig, weil nicht alle Appellationen auch tatsächlich durchgeführt werden, selbst wenn die Parteien die Erlaubnis dazu vom Gericht haben.

11 29. Oktober 1660; EGP 9, 252. RP 120, 148f. Junker Hans Jacob Peyer appelliert. 23. April 1738; EGP 20, 675. RP 196, 398-405. Junker Leutnant Salomo Peyer appelliert.

worauf der Rat selbst ein Urteil verkündet.[12] Eine weitere Möglichkeit ist die Rückweisung an das Gericht. Dies geschieht gleich zweimal im bereits erwähnten Prozess zwischen der Tochter des Säckelmeisters Tobias Holländer von Bärau, Barbara Holländerin, und ihrem Mann Alexander Zündel.[13] Da sich das Gericht bis zuletzt beharrlich weigert, eine Scheidung wegen Ehezerrüttung auszusprechen, versucht es der einflussreiche Säckelmeister mit der Appellation. Am 1. Dezember 1679 gelangt er an den Rat, der die Sache aber erneut an das Gericht weist.[14] Dieses bleibt bei seiner Weigerung, eine Scheidung auszusprechen, worauf der Säckelmeister am 6. Februar 1680 wiederum appelliert.[15] Der Rat zieht sich mit nochmaliger Rückweisung an das Gericht aus der Affäre, zeigt sich aber schon eher bereit, auf die Linie der Kläger einzuschwenken.[16] Die letzte Möglichkeit, welche dem Rat bleibt, ist die Teilbestätigung eines ehegerichtlichen Urteils. So kommt er am 26. Juni 1682 zum Schluss, die am 22. Juni 1682 vom Gericht den zerstrittenen Eheleuten Anna Pfisterin, Tochter des Zunftmeisters Melchior Pfister, und Alexander Rüeding, Buchdrucker, gesetzte Frist von vier Wochen, binnen deren sie sich wieder zum gemeinsamen ehelichen Leben zusammenraufen müssten, sei zu kurz bemessen. Allerdings sei die gerichtliche Verfügung, die Lebensgemeinschaft müsse wieder aufgenommen werden, richtig.[17] In eine ähnliche Richtung geht die Aussetzung der Appellation. Am 14. Juli 1756 verfügt der Rat, ein zerstrittenes Ehepaar solle zunächst einen Versöhnungsversuch unternehmen; während dieser Zeit ruhe die Appellation.[18]

Über die genauen Gründe, welche jeweils zur Appellation Anlass geben, sind wir nicht informiert, wenn auch anzunehmen ist, dass die Grundvoraussetzung zur Appellation immer das Gefühl einer Partei ist, ihr sei nicht Recht ergangen. Auch kennen wir die Überlegungen des Rates bei der Beurteilung einer Appellation nicht. Die Einträge in den RP sind diesbezüglich nicht ergiebig. Im Falle der Sache Tobias Holländers

---

12 9. Dezember 1596; EGP 2, 323. RP 56, 268f. Verena Sachser von Thayngen und ihre Beistände appellieren.

13 Vgl. Kap. 7.3.3.6. Stokar, Tobias Holländer, in: SHB 3, 1874, 71-75.

14 RP 139, 210f.

15 RP 139, 298.

16 Die Ehe wird auf Druck des Rates, der sein einflussreiches Mitglied nicht desavouieren will, schliesslich geschieden.
Ein anderes Beispiel für Rückweisung findet sich am 21. März 1740; RP 197, 511-514. Der Rat sieht entgegen dem Gericht nicht genügend Gründe für eine Scheidung und weist den Fall zur Wiederbegutachtung an das Gericht zurück.

17 RP 142, 27.
Vor Ehegericht wird der Fall verhandelt: EGP 11, 249. Es ist dann auch Zunftmeister Pfister, der appelliert.

18 RP 214, 127f. Benedict Burgauer appelliert.

freilich dürften politische Gründe für das Verhalten des Rates ausschlaggebend gewesen sein.

Abschliessend lässt sich festhalten, dass generell die Möglichkeit der Appellation besteht, die allerdings mit Kosten verbunden ist. Zudem sind die Erfolgsaussichten vor Rat längst nicht garantiert. Die Verhältnisse in Schaffhausen scheinen hier denen in Zürich verwandt. So ist auch in Zürich der Rat alleinige Appellationsinstanz. Wie in Schaffhausen kann die Appellation auch vom Vater oder von Verwandten, nicht nur von den betroffenen Personen selbst, gefordert werden. Selbstredend sind auch die aufgezeigten vier Möglichkeiten, wie der Rat auf eine Appellation reagieren kann, in Zürich bekannt.[19] Mit der Einräumung der Möglichkeit, ein ehegerichtliches Urteil appellierend weiterzuziehen, bewahrt sich der Rat seine Stellung als oberste Instanz im Stadtstaat und seine Kontrollfunktion über das von ihm abhängige Ehegericht.

---

19 Köhler I, 65-68. Kilchenmann, Organisation, 209f.
Basel kennt keine Appellationsmöglichkeit. Staehelin, Ehescheidung, 56. Auch in Bern ist die Obrigkeit alleinige Appellationsinstanz. Köhler I, 318.

10. Die Bezahlung des Gerichts

Abschliessend wollen wir uns noch der Frage der Entlöhnung der Mitglieder des Gerichts zuwenden. Zunächst lässt sich feststellen, dass sich in keiner der EGO diesbezüglich genaue Angaben finden. Wir sind also neben den EGP auf andere Quellen angewiesen, wie die RP und die Stadtrechnungen (SR). Damit aber lässt sich die Frage ziemlich schlüssig beantworten.

So stossen wir am 2. Juni 1535, also fünf Jahre, nachdem das Gericht seine Tätigkeit aufnimmt, auf folgenden Eintrag in den RP: "Meinen herrn und Erichtern ist für Ir belonung zugethailt und sol fürhin gäben werden zähen gulden und blyptt Inen das geltt zuthailen."[1] Die Formulierung lässt darauf schliessen, dass hier zum erstenmal eine Entlöhnung der Richter beschlossen wird, die aber in Zukunft, "fürhin", beibehalten werden soll. Wie die Richter die Gesamtsumme unter sich aufteilen, bleibt ihnen überlassen. Diese Regelung erfährt offenbar in den nachfolgenden Jahrzehnten eine Präzisierung. Findet sich doch in den Stadtrechnungen, die leider nur unvollständig auf uns gekommen sind, für unseren Zeitraum vorerst die Regelung, dass dem Obmann und all seinen Beisitzern jeweils auf Pfingsten, wenn also traditionell das Amtsjahr zu Ende geht, ein Betrag ausgerichtet wird. Dabei erhält der Obmann für jede gehaltene Sitzung 8 Schillinge, jeder Beisitzer 6 Schillinge.[2] Zusätzlich spendet ihnen der Rat auf Pfingsten ein Festmahl. Auch später bleibt der Unterschied in der Besoldung zwischen Obmann und Beisitzer bestehen. So findet sich unter den Ausgaben in den Stadtrechnungen ab etwa 1650 für jeden Beisitzer wie auch für den Obmann als jährliche Entlöhnung ein Betrag von jeweils 6 Gulden 40 Schillingen.[3] Bei den Einnahmen der Bussgelder jedoch ist ein zusätzlicher Betrag für den Obmann notiert, der damit faktisch mehr Geld erhält als seine Richterkollegen.[4] Am 15. Dezember 1680 aber lesen wir in den RP, den Eherichtern gebühre für jede gehaltene Sitzung 1 Gulden.[5]

Freilich besitzen die Mitglieder des Gerichts noch eine andere Einnahmequelle, legen sie doch anscheinend in völliger Unabhängigkeit die von den Parteien zu entrichtende Gerichtsgebühr fest. Wobei bemerkenswert ist, dass in der Regel immer diejenige Partei, welche den Prozess anstrengt, auch die Gerichtskosten bezahlen muss,

---

1 RP 9, 686.

2 SR A 269, 197. Berechtigt dies zum Schluss, dass die geistlichen Mitglieder die gleiche Entlöhnung erhalten?

3 SR A 312, 192.

4 SR A 330, 37.

5 RP 140, 258. "und dann dem Ehgricht alt gewohntermassen ein Lachs gericht."

gleichgültig, ob sie für schuldig oder für unschuldig befunden wird.[6] Die Richter verteilen nach der Sitzung das von ihnen erhobene Sitzgeld untereinander.[7] Doch ist nicht ganz klar, ob die geistlichen Mitglieder vom Sitzgeld auch einen Anteil erhalten. Ein, allerdings relativ später, Eintrag vom ll. April 1685 legt eher die gegenteilige Vermutung nahe. An diesem Tag beschliessen die Richter, auch den beiden geistlichen Mitgliedern des Gerichts das gleich hohe Sitzgeld zu entrichten, wie es die weltlichen Mitglieder erhalten.[8] Zumindest zeigt diese Stelle, dass der Anteil, den die Geistlichen, wenn überhaupt, erhielten, nicht dem der übrigen Richter entsprach.

In jedem Fall aber legt das Gericht anfänglich von Fall zu Fall die Gebühr fest. So beschert es sich am 30. April 1590 3 Pfund Heller, "für all müey und arbeyt".[9] In der folgenden Entwicklung im 16. und 17. Jahrhundert aber scheint sich ein Betrag von 4 Gulden 12 Schillingen pro Sitzung eingebürgert zu haben. Doch ist dieser Betrag, obschon in den meisten Fällen verhängt, nicht fest und kann bei Bedarf verändert werden. Am 15. April 1656 muss der Grundbetrag von 4 Gulden 12 Schillingen doppelt entrichtet werden, " ... umb das beide Partheien mein gnädig herren vielfaltig bemüht und überstanden ... ".[10] Das Gericht sieht sich also über Gebühr in Anspruch genommen, weshalb es einfach die doppelte Summe an Sitzgeld verlangt. Dieses Sitzgeld muss auch entrichtet werden, wenn das Gericht gar kein Urteil fällt und die Parteien wegen Nichtzuständigkeit abweist.[11] Im 18. Jahrhundert erhöht sich die generelle Sitzgebühr auf 11 Gulden,[12] die meistens ausgesprochen werden, doch ist auch die Höhe dieser Summe variabel.[13] Besonders wenn das Gericht lange sitzt, erhöht sich das Sitzgeld auf das Doppelte.[14]

Nun noch einige Worte zum Pedell, dem Ehegerichtsdiener, der, wie wir gesehen haben, recht viel Arbeit leistet für das Gericht und in dessen Tätigkeit eine wichtige Rolle spielt. Seine Besoldung speist sich aus verschiedenen Quellen. Einmal erhält er auf Pfingsten 5 Pfund als

---

6 Allerdings kann der schuldige Teil verpflichtet werden, die Kosten dem unschuldigen, der den Prozess anstrengte, zu ersetzen. 27. Mai 1690; EGP 12, 351. Der Kläger muss zwar die Gerichtskosten und die Bussgelder bezahlen, "welche er auf Frau Susanna Brändlin ... hab und gut widerum zusuchen haben ..." solle.

7 3. Dezember 1597; EGP 3, 16.

8 EGP 12, 75.

9 EGP 2, 29.

10 EGP 9, 84.

11 4. Juni 1640; EGP 8, 141r.

12 Es sei nur ein Beispiel erwähnt: 1. Februar 1703; EGP 14, 351.

13 Gemäss den Rechnungen des Ehegerichts beträgt die Sitzgebühr Anfang des 18. Jahrhunderts 12 Gulden und reduziert sich später auf 11 Gulden.

14 Rechnungen des Ehegerichts, Heft 3, Eintrag zum 19. Juli 1736. "Sizgeld, lang gesessen." Es sind 22 Gulden statt der üblichen 11 Gulden verzeichnet.

Pauschalbetrag. Dazu kommen von jeder von ihm eingeforderten Busse 2 Schillinge.[15] Als dritte Quelle dient die Entschädigung, welche er bei persönlicher Vorladung der Parteien von diesen fordern darf. Dieser Botenlohn kann je nach Länge der Reise unterschiedlich sein. So erhält er am 18. November 1673 1 Gulden 36 Kreuzer, weil er bis nach Baden reisen musste.[16] Wie oft es vorkommt, dass der Ehegerichtsdiener zuviel von den vorgeladenen Parteien fordert, lässt sich nicht schlüssig sagen, immerhin besitzen wir aber Hinweise auf solcherlei Unregelmässigkeiten. Am 28. Januar 1662 beschliesst das Gericht, der Ehegerichtsdiener solle in Zukunft nicht mehr als 7 Schillinge für jede persönliche Vorladung verlangen dürfen.[17] Dieser Beschluss macht nur einen Sinn, wenn der Diener vorher zuviel an Botenlohn forderte.[18] Gut einhundert Jahre später, am 1. Dezember 1772, verzeichnet das Protokoll zum gleichen Problem, "wie dass bey Ihnen schon viele klägden eingekommen, dass der Ehgrichtsdiener die Ehgrichtl. Partheyen wegen bieterlohn allzu sehr übernehme und von jeder Persohn 6, 9 und 12 bazen fordere ... ".[19] Offensichtlich sind die Missbräuche nicht beseitigt, was vielleicht aber auch nicht weiter erstaunen sollte, ist doch die gesamte Besoldung des Ehegerichtsdieners so dürftig, dass dieser sich auf die beschriebene Weise zusätzliche Einnahmequellen zu erschliessen sucht. Ende des 18. Jahrhunderts zeigt uns eine Auflistung, dass sich die Besoldung des Ehegerichtsdieners weiterhin aus ganz verschiedenen Quellen speist.[20] So erhält er an Geld vom Säckelamt 3 Gulden 20 Kreuzer, vom Spendamt 2 Gulden 40 Kreuzer, vom Siechenamt 2 Gulden 40 Kreuzer und vom Seelamt 3 Gulden. Zusätzlich erhält er Naturalien, nämlich an Kernen aus fünf verschiedenen Quellen insgesamt 9 Mutt,[21] an Roggen 2 Mutt,[22] an Holz 4 Klafter und schliesslich alle drei Jahre Tuch zu einem Mantel. Zudem scheint es, als habe der Ehegerichtsdiener sich als besondere Entschädigung für viel Mühen und Arbeit auf Beschluss des Rates eine zusätzliche Belohnung verdienen können. Zumindest beschliesst der Rat am 27. September 1689, der

---

15 SR A 269, 197.

16 EGP 10, 303.
Diese relativ hohe Summe ist freilich eine seltene Ausnahme. Für Vorladungen auf dem Territorium Schaffhausens erhält er gewöhnlich einen Pauschalbetrag von einigen Schillingen.

17 EGP 9, 296.

18 Ende des 18. Jahrhunderts lauten die Beträge: 24 Kreuzer für Personen, denen in der Stadt selbst geboten werden muss, 48 Kreuzer für solche Personen, die auf der Landschaft aufgesucht werden müssen. Chronik A 25, 404.

19 EGP 29, 580.

20 Chronik A 25, 404.

21 Das (ehemalige) Kloster liefert 1 Mutt, das St. Agneser Amt ebenso, das Kornamt 4 Mutt, das St. Johannser Amt 2 Mutt und das Spendamt 1 Mutt.

22 Die Quellen dafür sind das (ehemalige) Kloster und das St. Agneser Amt.

Ehegerichtsdiener solle als Dank dafür, dass er "in mehr als 100 Sessionen verkündet", 7 Gulden 12 Kreuzer und 1 Mutt Korn erhalten.[23]

Will jemand sein Recht vor Gericht suchen, so kann dies also entsprechend teuer werden. Ist doch nicht nur das Sitzgeld für die Richter, sondern auch die Entschädigung für den Schreiber, falls dieser einen Urteilsbrief anfertigen muss, und das Siegelgeld von den Parteien zu bezahlen.[24] Dazu kommen noch zusätzliche Kosten. So "für den Taglohn und Zeitversaumnus",[25] das heisst für Verdienstausfall der Zeugen, die durch ihr Erscheinen vor Gericht an ihrer Arbeit gehindert werden,[26] ja selbst für "Zehrung und Pferdtlohn"[27] kann mitunter eine Entschädigung verlangt werden, wie auch selbstverständlich für alle vom Gericht angeforderten medizinischen Gutachten.[28] Die Absicht, derzufolge all diese zusätzlichen Kosten neben den Bussen und dem ordentlichen Sitzgeld erhoben werden, tritt klar hervor, soll doch damit das Gericht sich selbst finanzieren. Wobei diese Haltung zumindest widersprüchlich ist. Einmal werden die Parteien in den EGO aufgefordert, ihr Recht vor Gericht zu suchen, doch sollen sie auf der anderen Seite alle anfallenden Kosten selbst tragen, gleichgültig, ob sie vermögend sind oder nicht. Immerhin muss einschränkend bemerkt werden, dass sowohl den Parteien als auch dem Gericht sehr wohl bekannt zu sein scheint, dass ein Prozess zu hohen Auslagen führen kann. So sagen Hans Schudel und Anna Bluhm am 3. Juni 1779 aus, "sie beede um die kosten zu erspahren, eins geworden, solches vor lobl. Ehegericht zu läugnen ... ".[29] Am 31. Juli 1738 meint Matthäus Lehmann, Schuhknecht aus Hornberg in Württemberg, er wolle lieber ein Geständnis ablegen, obschon er unschuldig sei, doch "er seye ein Armer Kerl und nicht imstand einen weitläuffigen process zuführen ... ".[30] Wie schwer die Kostenfrage für einzelne Parteien wiegen kann, mag auch Martin Hablützel zeigen, der am 14. Dezember 1797 erklärt, er habe

---

23 RP 149, 189f.
Weitere sporadische Zuwendungen finden sich in den Rechnungen des Ehegerichts.

24 22. März 1664; EGP 10, 18. Meister Rudolf Bäschlin muss neben den 4 Gulden 12 Schillingen Sitzgeld noch 1 Gulden 12 Schillinge Schreiberlohn und Siegelgeld bezahlen. 19. August 1717; EGP 16, 557. Für einen Scheidbrief muss eine "gebührende Schreibertax" entrichtet werden.

25 1. Dezember 1772; EGP 29, 577.

26 11. Oktober 1763; EGP 27, 605. Wilhelm Blum erhält "2 Taglöhn mit 12 bzl.". 20. November 1753; EGP 26, 10. Die Hebamme erhält 30 Kreuzer und 9. Juli 1778; EGP 31, 85. ein als Zeuge vorgeladener Ehegaumer 24 Kreuzer.

27 24. November 1767; EGP 28, 412.

28 Die Kosten für ein medizinisches Gutachten belaufen sich in der Regel auf 3 Gulden 36 Kreuzer (30. November 1769; EGP 28, 745. 26. Juni 1792; EGP 33, 342.) oder auf 7 Gulden 12 Kreuzer (5. September 1737; EGP 20, 509f. 7. Dezember 1786; EGP 31, 922.)

29 EGP 31, 181. Es geht um einen vorehelichen Beischlaf.

30 EGP 20, 727.

Ursula Rüger, die Tochter des Schneiders von Wilchingen, nur heiraten wollen, "aus forcht vor seinem Vater, welcher die Kösten nicht bezahlen wollen ...".[31] Da Martin Hablützel fürchtet, sein Vater würde die Kosten einer Ledigsprechung nicht bezahlen, gibt er vor, mit einer Ehe einverstanden zu sein. Doch selbst das Gericht weiss um die Kostenfolgen eines langen Prozesses, weshalb es manchmal versucht, entweder an die Verwandten um Vermittlung zu appellieren, um Kosten zu sparen,[32] oder aber es gelangt an ausländische Gerichte mit der Bitte, aufwendige Verfahren im Interesse der Beklagten zu verkürzen. So schreibt das Gericht am 22. Juni 1779 an das Chorgericht zu Bern und verlangt, Alexander Ulmer, Bürger von Schaffhausen, der angeblich Anne Lizette Pavillon von Praz aus der Kirchgemeinde Moutier unter Eheversprechen schwängerte, "um ihm die Kosten der persönlichen Stellung zu erspahren hierüber vor uns zu verhören ... ".[33] Bern soll demnach einwilligen, dass der Beklagte aus Kostenersparnis vor dem hiesigen Gericht verhört wird. Trotz diesen Einsichten in das Kostenrisiko eines Prozesses vor Gericht ändert sich an der Ansicht, die Beteiligten müssten das Verfahren selbst finanziell tragen, einschliesslich aller möglichen Nebenkosten, nichts. Oberstes Ziel bleibt die Schonung des Staatssäckels, der unter keinen Umständen belastet werden darf. Dieses Ziel wird vollumfänglich erreicht. Das Gericht arbeitet kostendeckend und muss keine Zuschüsse aus dem Staatssäckel fordern. Im Gegenteil, das Gericht liefert jährlich eine gewisse Summe an den Staatshaushalt ab, doch bleibt seine Bedeutung für die Staatseinnahmen und den Staatshaushalt marginal.[34]

Bezüglich der Besoldung der einzelnen Richter kann aber sicherlich gesagt werden, dass sie pro Sitzung ein Entgelt in Form der Gerichtsgebühren erhalten, wie ihnen auch eine Pauschalsumme vom Rat zugeteilt wird, welche sich aus den Bussen speist. Blickt man auf die Rechnungen des Ehegerichts im 18. Jahrhundert, so stellt sich heraus, dass der mit Abstand grösste Ausgabenposten die Sitzgelder sind. Daneben finden sich kleinere Beträge für den Ehegerichtsdiener, den Schreiber, einzelne Ehegaumer etc.[35] Die Besoldung der Richter ist damit festgelegt. Es ist nicht an ihnen, die Beute, sprich die Bussen, unter sich zu verteilen. Die Gerichtsgebühren legen sie allerdings

---

31 EGP 36, 7.

32 20. März 1721; EGP 17, 387. Es handelt sich um einen Ehestreit, doch solle der Mann Hans Ulrich Stierlin sich bis zur gerichtlichen Untersuchung des Sachverhalts um verwandtschaftliche Vermittlung bemühen "um abwendung grösserer ohnkösten".

33 EGP 31, 198.

34 Vgl. Appendices III und IV.

35 Zusätzlich besteht die Tendenz, jede Extraleistung gesondert zu berechnen. So erhält der Schreiber für das Erstellen der Jahresrechnung des Gerichts jeweils 4 Gulden. Ja selbst ein Briefporto nach Paris ist mit 22 Kreuzer verzeichnet. Rechnungen des Ehegerichts, Heft 13, 24. April 1761.

weitgehend selbst fest,[36] wobei sich mit der Zeit ein Standardbetrag einspielt. Das Besoldungssystem ist somit ziemlich ausgebildet, versucht es doch, mögliche Missbräuche zu verhüten.[37]

36 Auch in Zürich werden die Gerichtsgebühren von den Richtern selbst festgelegt. Köhler I, 68f. Kilchenmann, Organisation, 155f.

37 Inwieweit diese Entlöhnung die Aufwendungen und den Verdienstausfall der Richter deckt, ist nicht zu sagen. Vielleicht wäre es aber besser, nicht von Entlöhnung, sondern eher von Entschädigung zu sprechen.

II. Das Selbstverständnis des Gerichts und sein Bild in der Öffentlichkeit

Es gilt der Zeit als unumstössliche Tatsache, dass jede Obrigkeit von Gott eingesetzt, damit im Jenseits legitimiert und verankert ist. Die Obrigkeit wird zum Statthalter Gottes auf Erden, der dessen Gebote ausführt und in dessen Namen zum Wohl und zur Wohlfahrt des Staates wie seiner Bürger und Untertanen mit Nach- und Umsicht handelt. Diese Sichtweise bildet die tragende Herrschaftsideologie des obrigkeitlich-paternalistisch-christlichen Stadtstaates.

Was für die Obrigkeit gilt, gilt zwangsläufig auch für unser Gericht, ein Geschöpf des Rates, der höchsten Autorität im Stadtstaat. Daher ist es nur folgerichtig, wenn der Schreiber im Protokoll etwa vermerkt, ein Delinquent habe "wider die gebott und verbott seiner von Gott aufgesezten Oberkeit" gehandelt, um dann getreulich der Idee allen Herrschaftsursprungs fortzufahren, dadurch habe dieser aber "auch zuvorderst wider die gebott gottes auch altem und neüwen Thestamendt zuewider gehandlet".[1] Da beide Bereiche nicht nur theoretisch, sondern tatsächlich untrennbar ineinander verwoben sind, das Irdische sich vom Jenseitigen her legitimiert, verstösst der Delinquent sowohl gegen die weltlichen Gesetze als auch, und im Grunde viel folgenschwerer, da letztlich sein Seelenheil in Gefahr steht, gegen die göttlichen Gebote selbst - so sehr durchdringen Diesseitig-Weltliches und Jenseitig-Göttliches einander. Wenn aber die Obrigkeit die Gebote Gottes vertritt und dessen Willen ausführt, so ergibt sich, dass auch ein Gericht, und besonders ein Ehegericht, das sich mit der stark religiös verstandenen Institution der Ehe befasst, stellvertretend für Gott richtet. Diese Auffassung zeigt sich unmissverständlich, wenn das Gericht von sich sagt, der Angeklagte solle die Wahrheit gestehen, "dem Richter, welcher dem Allwissenden GOTT Gericht halte".[2] Freilich entspricht diese Sicht der richterlichen Verantwortlichkeit dem Denken der Zeit und lässt sich in der Bibel selbst finden. Sie wird gewollt propagandistisch, wenn unter anderen biblischen Leitsätzen zur christlichen Herrschaftsausübung an der Nordwand der Ratsstube von Schaffhausen, also an dem Ort, an dem auch das Gericht tagt, zu lesen steht: "spricht der König Josaphat Zu den Richtern: nun lugend, wasz Ir thüen. Dan ir Richtend nit dem Menschen, Sonder Gott, und der ist by Eüch Im Handel des

---

1 23. Oktober 1599; EGP 3, 92.
27. September 1600; EGP 3, 130. "nit nun allain wider die gepott und verbott von seiner von Gott ufgesezten Oberkeit sonder auch zuvorderst wider die gepott Gottes, altem und nüwen Testament zuewider höchlich verfält und gehandlet."

2 7. Dezember 1758; EGP 27, 67.

Gerichts."[3] Manifestiert sich in der Tätigkeit des Gerichts - zumindest in dessen eigener Sichtweise - göttliches Wirken und göttlicher Wille, so fügen sich Aussagen wie, dem Delinquenten bleibe nichts anderes mehr übrig, "als den erzörnten Gott und an seine Statt gesezten Richter in dieser Welt, um Gnäd. verzeihung seiner schwähren Sünden und herzens besserung" zu bitten,[4] nahtlos in die gesamte geistig-moralische Grundhaltung ein.

Dies ist die eine Seite des gerichtlichen Selbstverständnisses. Die andere bildet das Pendant dazu. Führen die Richter Gottes Willen aus, so üben sie auch weise und, wenigstens in ihren eigenen Augen, milde Voraussicht, reuige Sünder können daher mit Gnade rechnen. Damit findet sich das Gericht in der Rolle, in der es sich wohl am liebsten sieht. Einmal als strafend vollziehende Gewalt göttlichen Gebots, dann aber auch als väterlich mildes Tribunal, vorausgesetzt, der Delinquent zeige Reue und Zerknirschung. Diese paternalistisch-patriarchalische Rolle zeigt sich schön, wenn der Schreiber im Protokoll festhält, eine Klägerin begehre vom Gericht "vätterlichen Rath".[5]

Das Gericht ist damit seinem Selbstverständnis nach in einer Doppelrolle oder Doppelfunktion; einmal als Statthalter göttlich inspirierter Ordnung und Vollstrecker der daraus legitimierten Gesetze, dann, komplementär dazu, als väterlich wohlwollendes "Besserungsinstitut",[6] dessen Ziel Wohlfahrt, Umkehr und Korrektur der Sünder sind.[7]

Wie aber sieht es mit dem Ruf, welchen das Gericht bei den Parteien und in der Öffentlichkeit hat, aus. So aufschlussreich diese Frage ist, so schwierig lässt sie sich beantworten, da wir nur über sehr wenige Quellenbelege dazu verfügen. Damit lässt sich aber auch die Akzeptanz des Gerichts in der Bevölkerung nicht feststellen, besitzen wir doch nur gerade wenige Quellen, die sich eindeutig dazu äussern. So das Verhalten des Laurentz Joss, Barbier, der am 15. Dezember 1674, nachdem er auf Vorladung des Gerichts nicht erschienen ist, "trotziglich

---

3 Zit. nach: Frauenfelder, Das Rathaus zu Schaffhausen, in: SHB 22, 1945, 7-75. Hier: 61. Der biblische Bezug ist: 2. Chron. XIX (6).
58-62 findet sich der Wortlaut all dieser Leitsprüche, die sich an der Ost-, West- und Nordwand des Raumes befinden und geschickt die Herrschaftsideologie propagieren. An der Westwand heisst es deshalb bezeichnenderweise: "Jederman sey Underthan der Oberkeit, dan sy ist von Gott verordnet. Wer sich nun wider die Oberkeit setzt, der widerstrebt Gottesordnung. Sy ist Gottes dienerin und tragt das Schwerdt nit umb Sonst Sonder ist ein Recherin zur Straff über den, der böses thuet." Der biblische Bezug ist: Röm. 13, 1-4.

4 30. Oktober 1738; EGP 20, 783.

5 16. Januar 1749; EGP 23, 353.

6 So fällt es ein Urteil "aus Landesvätterlicher Sorgfalt". 18. September 1792; EGP 33, 368f.

7 Deshalb zum Beispiel die Verfügung, der Ausschluss vom Abendmahl solle bis zur offensichtlichen Besserung des Delinquenten andauern. Kap. 7.3.9.2.

zur antwort gäben: habe auf dem Rahthaus nichts zu schaffen".[8] Noch direkter bringt es die geringschätzige Haltung Cristen Schmidlins zum Ausdruck, der angeblich gesagt hat, "solle alle viere abfallen wann er für Eegericht In hero gange".[9] Weigern sich die Vorgeladenen in den beiden eben angeführten Fällen zu erscheinen, so manifestiert sich eine andere, ähnliche, Art des mangelnden Respekts vor dem Gericht und damit der Obrigkeit am 20. November 1721, als Friedrich Hurter, Sohn des Oberstleutnants Hurter, und dessen Frau einen vorehelichen Beischlaf zwar unumwunden gestehen, doch auf die Vorhaltung der Richter, ob sie ihre Tat auch bereuten, "hatt Er Sich vernehmen lassen, weil mann es so verlange, müsse Er es eben sagen, ja es seye ihnen leid".[10] Ganz gewiss hört das Gericht solche Äusserungen nicht gern, die letztlich auch Zweifel an der Ernsthaftigkeit des gerichtlichen Bemühens offenbaren und dessen Bestrebungen zur Fortpflanzung der Moral und Sittlichkeit zuwiderlaufen. Wie weit verbreitet eine solche abschätzige Haltung der Bevölkerung dem Gericht und seiner Arbeit gegenüber ist, lässt sich nicht sagen. Immerhin vermögen die angeführten Quellenstellen offensichtlichen Dissens mit und fühlbare Distanz zur Obrigkeit zu zeigen, die sich hier dem Ehegericht gegenüber äussern.

Einen anderen Ursprung haben wohl Klagen der unterlegenen Partei, wonach die Richter parteiisch seien und das Recht nicht für beide Seiten gleich anwendeten.[11] Bei solchen Vorwürfen an das Gericht zeigt sich eher die Enttäuschung über den verlorenen Prozess, die sich in solcherlei Verdächtigungen Luft macht, als eine grundsätzliche Kritik am Verhalten und der Prozessführung des Gerichts. Von ähnlicher, wenn auch nicht gleicher Natur sind die Unterstellungen einzelner Parteien, die Richter seien bestechlich. Der Vorwurf der Bestechlichkeit wiegt schwer und zieht, kann er bewiesen werden, scharfe Konsequenzen nach sich. Doch auch in diesem Bereich kommen die Klagen auf Bestechlichkeit des Gerichts von seiten der unterlegenen Parteien, die alles Interesse daran haben, für sich und andere den Grund der prozessualen Niederlage vor Gericht zu erklären. Dabei bietet sich am einfachsten und eingängigsten der Vorwurf an, das Gericht sei von der siegreichen Partei gekauft gewesen. Am 24. November 1603 sagt Agnes Schwarzin nach einem verlorenen Prozess gegen Alexander Ochs, "das

---

8 EGP 10, 353.

9 13. September 1599; EGP 3, 89.
11. Juni 1607; EGP 3, 465. "sich vernemen lassen, was er mit dem und anderm zuoschaffen, was er mein gnedig herren nachfrage."

10 EGP 17, 484.

11 5. April 1692; EGP 12, 452. Caspar Deggeller hat "anbei mit zimlich unanständigen worten den Richter angefahren und denselben der partheylichkeit bezüchtiget, in dem man der anderen parthey in allem placedirt".

khainer under meinen gnedigen herren ainem ehrsamen Ehegericht In der stuben size, der nicht Alexio Öchslin In sein Seckhel spreche ... ".[12] Am 4. August 1642 argumentiert der Verlierer identisch, wenn er meint, "der Schwaninger hab solche Urtel mit Seckhel oder Gelt zuwegen gebracht".[13] Wie sehr ein solcher Vorwurf in den Augen des Gerichts dessen Glaubwürdigkeit gegen aussen untergräbt, mag auch der Fall des Herrn Habik, Bäcker, zeigen, der am 21. Juli 1740 dem Gericht gegenüber äussert, "als wan es dies Orts nur um das Gelt zu thun were".[14] Als Strafe dafür muss er 3 Tage in den Draken, mit der aufschlussreichen Begründung, seine Äusserung sei ungeschickt und schädige die Autorität des Gerichts.

Schliesslich bleibt noch das Beispiel eines Bestechungsversuchs anzuführen. Am 7. September 1630 verzeichnet der Schreiber, eine Partei habe zwei Richtern je 4 Reichstaler, einem anderen Richter einen silbernen Becher und dem Obmann gar 50 Gulden angeboten, um ein Urteil in ihrem Sinn zu erreichen. "Welche Verehrungen aber ... mein gnedig herren ganz nit annemmen wöllen",[15] wie der Schreiber eilfertig anfügt. Sicher aber lässt sich bemerken, dass dem Gericht von der Verliererseite mitunter Bestechlichkeit vorgehalten wird, ob dies lediglich einen unbegründeten Verdacht und eine Unmutsäusserung über den verlorenen Prozess darstellt oder ob tatsächliche Bestechungen vorliegen, muss unbeantwortet bleiben, zumal die Gewinnerseite keinerlei Interesse hat, sich Bestechung nachweisen zu lassen. Wohl mag auch unser Gericht, wie wohl die anderen auch, bei der Bevölkerung im Ruf der Bestechlichkeit stehen, doch überprüfen lässt sich dies nicht. Zudem lässt sich nicht eigentlich feststellen, wie die Arbeit des Gerichts zum Beispiel bei der Geistlichkeit gewertet wird, sehen wir von der einmalig auftauchenden Klage des Synodus ab, wonach die Bewohner von Lohn ein üppiges Leben führen, "werden von einem Ehrsamen Ehegricht nit der gebühr nach abgestrafft: Maria Bürerin sey ledig ausgangen, dessen sie sich in dem heimgehen gerühmet".[16] Immerhin bekommen wir einen deutlichen Eindruck, den wir mangels Quellen nur bruchstückhaft herausarbeiten können, dank einem von Junker Ratsherr Johann Konrad Peyer verfassten Spottgedicht aus dem Jahre 1748 auf die Verhältnisse in Schaffhausen, in dem es heisst:

---

12 EGP 3, 299. Um den Verdacht der Bestechlichkeit zu entkräften, weist das Gericht den Fall sofort an den Rat.

13 EGP 8, 178v.
30. Februar 1611; EGP 3, 619. "seye kein ehrlicher Im gericht."

14 EGP 21, 215.

15 EGP 6, 37.

16 AA 72.3. Synodalmemorial vom 20. Mai 1647.
Kritik an der Urteilssprechung des Gerichts klingt auch an, wenn etwa gesagt wird, "das von E. Lobl. Ehgricht ergangene urtheil kein Teüffel werth seye". 7. Januar 1773; EGP 29, 586f.

"Mein Freund, wie heisst der Staat, wo Redlichkeit verscheuchet,
Und nur der Böswicht gilt, der vor den Grossen schleichet?
Wo man die Kunst versteht durch schlaues Processieren,
Die Diebe zu befreyen und Huren zu lavieren,
Und wo im Gegentheil den Mann von Biderkeit
Die Rach des Richters trift für seine Offenheit?
Wo man das Urtheil nur zu Gunst der Vettern spricht,
Und oft der dümmste Kopf hoch sitzet im Gericht ... ".[17]

Das für unseren Zusammenhang nun eigentlich Pikante an diesem Gedicht ist die Tatsache, dass dessen Autor Johann Konrad Peyer Doktor beider Rechte und Urteilsprecher ist und sein Spottgedicht, wie er selbst ausführt, seinem Freund Diakon Johann Melchior Hurter an einer Ehegerichtssitzung als Geschenk übergibt.[18] Ohne den Charakter eines Spottgedichts zu vernachlässigen, das zwangsläufig die Verhältnisse überzeichnet, bleibt doch der Eindruck, es könnten eigene Erfahrungen Peyers aus seiner Richtertätigkeit in das kleine Werk eingeflossen sein.[19]

Die Diskrepanz zwischen gerichtlichem Selbstverständnis und Anspruch auf der einen Seite, seinem Bild in der Öffentlichkeit auf der anderen, das auf eine gewisse Gleichgültigkeit, wenn nicht sogar Geringschätzung seiner Tätigkeit schliessen lässt, ist unverkennbar.

---

17 Das Gedicht ist hg. von Reinhard Frauenfelder, in: SHB 54, 1977, 47-49. Dort finden sich auch ergänzende Bemerkungen des Hg. zur Person des Autors.

18 Das Gedicht wird anlässlich der 9. Ehegerichtssitzung 1748 überreicht. Diese fällt auf den 28. März 1748.
Diakon (Helfer) Melchior Hurter ist, wie Peyer auch, nicht Mitglied des Ehegerichts, nimmt aber wahrscheinlich an dessen Sitzung teil als Vertreter seines Vorgesetzten Antistes Köchlin, der verhindert ist.

19 Ganz so einmalig scheint freilich der Vorwurf der Bestechlichkeit nicht zu sein. So wird am 18. Oktober 1633 Pfarrer Elias Murbach vor den Rat zitiert, da er angeblich in einer Predigt öffentlich sagte, "das man bej der Oberkeit kein Audienz haben könne, man schmiere dan den wagen ...". RP 93, 151.

12. Organe der Ehegerichtsbarkeit auf der Landschaft

12.1. Die Dorfpfarrer[1]

Von zentraler Bedeutung für die Ehegerichtsbarkeit auf der Landschaft sind die Dorfpfarrer, die nicht so sehr als Seelsorger in unserem heutigen Sinne gelten, sondern vielmehr den verlängerten Arm der Obrigkeit darstellen, mit dem diese versucht, ihre Mandate und Verordnungen, damit ihre obrigkeitliche Moralpolitik, durchzusetzen.[2] Entsprechend vielfältig sind dann auch die Aufgaben und Kompetenzen eines Pfarrherren im Rahmen der Ehegerichtsbarkeit.

Dabei ergeben sich einige Aufgaben aus der seelsorgerischen Tätigkeit der Pfarrer. So ist es der Dorfpfarrer, welcher die Trauungen vornimmt und daher auch folgerichtig dafür zuständig ist, in seinem Sprengel dafür zu sorgen, dass keine Heiraten im verbotenen Grad der Verwandtschaft geschehen. Am 1. November 1681 wird daher der Pfarrer zu Buchberg vom Gericht gemahnt, in Zukunft keine Personen mehr zu verheiraten, "er wüsse dann zufor eigentlich wie nach Sie einandern In der Blut-freündschafft verwandt seyen".[3] Selbst die Pfarrer in der Zürcher Nachbarschaft bekommen dieses Anliegen vom Gericht zu hören, dem selbstverständlich bekannt ist, dass einheimische Parteien auswärts heiraten, um damit Verbote zu umgehen. So wird am 20. November 1679 ein Schreiben an das Ehegericht in Zürich gesandt, "das Sie Ihre Pfarrhl. auf Ihrer Landschafft dahin halten wollen, unsere Burgere die etwan in verbottenem Grad oder sonst umb verübter ungebür willen, sich aussert unser Statt und Landschafft auf Ihrer Landschafft (wie schon vielmahlen und erst jüngst ... beschähen) nit mehr Copulieren thuen".[4] Da die Pfarrherren auch die EGO verwahren und diese sporadisch ihrer Dorfbevölkerung vorlesen sollten, ist es einsichtig, wenn sie etwa vom Gericht ersucht werden, ins Land kommende Söldner vor sich zu laden, um diesen die EGO vorzuhalten, "und sie wohlmeinend verwahrnen,

---

1 Gugerli, Pfrund, 76-95. beschreibt die Lage auf der Zürcher Landschaft wie auch die Stellung der Zürcher Geistlichen, die wohl den Schaffhauser Zuständen durchaus vergleichbar sind. Für Basel: Simon, Untertanenverhalten, 210-212. Zur Rolle des Dorfpfarrers im katholischen Bayern. Breit, Leichtfertigkeit, 249-254.

2 Die Formulierung, wonach der Pfarrer "une double mission - politique et religieuse" ausführt, ist sicher zutreffend. Histoire de la vie privée 3, 576.

3 EGP 11, 218.
2. Juli 1742; EGP 21, 521. Der Pfarrer zu Thayngen solle daran erinnert werden, sich bei jeder Trauung vorher bei den Parteien zu erkundigen, ob sie vielleicht in verbotenem Grad verwandt seien, seie dies der Fall, so müssten die Parteien zuerst vor Gericht gewiesen werden, um dort die Dispensgebühr zu erlegen. Vorsichtshalber fügt das Gericht noch bei, der Pfarrer solle diese Ermahnung zum Nutzen seiner Nachfolger im Ehebuch seiner Gemeinde eintragen. Zur Dispensgebühr vgl. Kap. 7.3.8.

4 EGP 11, 146.

damit sie sich wohl vorsehen, auch züchtig und ehrbar aufführen ... ", sonst müssten sie im Falle der Delinquenz die doppelte Busse bezahlen.[5] Oder das Gericht befindet, den Landpfarrern sollten einzelne Mandate zu bestimmten Vergehen übersandt werden, damit sie der Dorfbevölkerung verlesen werden könnten.[6]

Damit freilich erschöpfen sich die Aufgaben des Pfarrers längst nicht. So ist er auf Anordnung des Gerichts dafür zuständig, Delinquenten ihren Fehler vorzuhalten. Solche gerichtliche Anordnungen an einzelne Pfarrherren ergehen relativ oft. Am 3. Juli 1655 verfügt das Gericht, Verena Bollin von Biberach müsse wegen ihrem "grosse ohnverschambt ärgerlich leben und unzüchtiger reden ... bis abends In Trüllen ... und desswegen hl. Pfarrern zu Lohn zuzuschreiben, solchem Meitlin mit ernst zu zu sprächen und von seiner Gottlosigkeit abzumahnen".[7] Weitere Anordnungen sind etwa, beabsichtigte und dem Gericht missliebige Heiraten zu verhindern[8] oder sich um zerstrittene Eheleute zu kümmern, wobei die diesbezüglichen Befehle klar umrissen sein können. So erhält der Pfarrer zu Neunkirch am 12. Februar 1750 den Auftrag, auf die Eheleute Hans Jacob Weisshaubt und seine Frau "zu vigilieren und das passierende anhero zu berichten".[9] Nicht immer dürften aber die Versuche des Pfarrers so erfolgreich ablaufen wie am 23. Januar 1770, als Hans Jacob Neükomm, Küfer von Unterhallau, vor Gericht aussagt, "er habe in der Alteration einmahl seine frau geschlagen, da dann der herr Pfarrer beede zu sich kommen lassen und einen geistlichen Zuspruch an sie gemacht habe, sint der Zeit haben sie einander kein böses Wort mehr gegeben".[10] Solche Vermittler-

---

5 4. Februar 1766; EGP 28, 58f. Es handelt sich um ein Zirkularschreiben an alle Pfarrer auf der Landschaft.
Dies scheint in der Tat ein Problem zu sein. Copierbuch des Ehegerichts, 16. März 1773, 47. An diesem Datum ergeht ein Schreiben an alle Hauptleute, in Zukunft keine Urlaubspässe mehr an Soldaten auszustellen, da diese sich auf Urlaub nicht ordentlich verhielten. Appendix V.

6 23. November 1652; EGP 8, 358v. Es betrifft je ein Mandat zum Gadensteigen und eines zum vorehelichen Beischlaf. Insgesamt werden so sechzehn Mandate an alle Landpfarrer verschickt.

7 EGP 9, 66. Auch: 20. November 1683; EGP 12, 7.
Copierbuch des Ehegerichts, 20. Januar 1781, 79. Befehl an den Pfarrer zu Herblingen, eine Strafpredigt zu halten. Appendix VII.

8 18. Juni 1739; EGP 21, 15. Der Pfarrer zu Schleitheim solle Elsbeth Pejer "mit nötigen vorstellungen ihro gedanken wo möglich zu benehmen ... " trachten, Hans Georg Russenberger zu heiraten. Offenbar ist der Pfarrer erfolgreich, denn er meldet am 23. Juli 1739; EGP 31, 38. an das Gericht, Elsbeth Pejer wolle den Russenberger nicht mehr heiraten.

9 EGP 24, 13f.
1. Oktober 1667; EGP 10, 112. "bis auf scheinbare Besserung Ihres Lebens (worauf dann herr Pfarrer zu Lohn fleissige achtung geben solle)."
Copierbuch des Ehegerichts, 13. Juli 1790; 117. und 10. März 1796; 198.

10 EGP 29, 7.

tätigkeiten ergeben sich allerdings aus der Stellung des Pfarrers im Dorf selbst, denn dieser ist bei Ehestreïtigkeiten die erste Anlaufstelle, er bemüht sich um eine Schlichtung, auch wenn es das Gericht gar nicht besonders verlangt. Deutlich kommt dies am 17. Juni 1756 zum Ausdruck, als der Pfarrer zu Siblingen dem Gericht meldet, am 1. Juni sei Jsaac Meyer betrunken aus dem Wirtshaus gekommen, "habe er sein Weib Anna Murbach ohne alle Ursach so jämmerlich zugerichtet, dass wann sie das Kind nicht auf dem Arm gehabt, er sie zu Tod geschlagen hätte. Da nun das Weib mit dem blutigen kopf zu ihm gekommen, habe er durch seine Magd den Mann citirt".[11] Doch die Kehrseite der Stellung des Pfarrers bringt es mit sich, dass dieser dem Gericht auf Verlangen Charakterschilderungen einzelner Eheleute zukommen lässt, die alles andere als schmeichelhaft sind. So schreibt der Pfarrer zu Neunkirch am 11. März 1743 über die Frau Hans Jacob Maags, Dreher, diese sei "villmehr ein eigensinnige bosshafftige und nach anderen MannsPersohnen fleischlich gelüstende Creatur, als eine dem gemüth nach schwache Weibs-persohn wehre ... ".[12] Das Gericht freilich erhält einen anderen Eindruck und misst dem Mann die Schuld am Ehestreit bei. Doch beschränkt sich solch negative Beurteilung nicht nur auf die Frauen. Auch deren Ehemänner sind der geistlichen Beurteilung unterworfen. Am 1. Dezember 1789 schreibt der Pfarrer zu Gächlingen an das Gericht, ein Mann, dessen Name nicht genannt wird, sei "von jugend auf als ein unnüzer bosshaffter und frecher Geselle bekannt ..., von dem mann wenig Gutes zu hoffen habe".[13] Sehr deutlich zeigt sich bei solchen Schilderungen das Frauenbild der Zeit, wie es sich selbstverständlich gerade in den Aussagen der Pfarrherren spiegelt, wobei die Frauen als eigensinnig, bösartig, streitsüchtig, verschwenderisch und wollüstig gezeichnet werden,[14] die Männer als verstockt, der Obrigkeit gegenüber ungehorsam und arbeitsscheu. Ist der Pfarrer schon für solche Charakterbeurteilungen zuständig, so wird ihm

---

11 EGP 26, 414. Der Täter freilich habe ihn, den Pfarrer, "aber gantz trotzig wissen lassen: Es seye ihm jezt gar nicht gelegen zum Hrn Pfarrer zu kommen".

12 EGP 21, 600.

13 EGP 33, 13. Die Nachbarn und Ehegaumer bestätigen dann auch diese Ansichten des Pfarrers. 8. Dezember 1789; EGP 33, 16. Es sei im ganzen Dorf bekannt, der Mann sei von Jugend auf "ein böser bub gewesen".

14 So seien als weitere Beispiele erwähnt: 28. März 1748; EGP 23, 199. Die Frau des Johannes Saurbeck von Oberhallau wird in einem Brief des Pfarrers geschildert, "darin der Catharina Wanner Eigensinn, wie auch ihr bös, unfriedliches und Geitziges hertz genugsam entdeket worden".
10. Februar 1751; EGP 24, 164f. Die Frau Philipp Gassers könne nicht über alle Ausgaben im Haushalt Rechenschaft ablegen, "sie auch ein zimlich unruhiges und friedhässiges Weib seye".
19. Januar 1796; EGP 35, 301f. Das Gericht meint zu einem Bericht Pfarrer Habiks zu Lohn, eine Dorfbewohnerin sei "als eine von Jugend auf sittlich verdorbene incorible Person geschildert worden".

manchmal auch vom Gericht aufgetragen, sich zu erkundigen, ob jemand tatsächlich so krank sei, dass er nicht vor Gericht erscheinen könne.[15] Oder der Pfarrer muss weitere Erkundigungen zu einem Delikt einziehen, über die er dann dem Gericht berichten soll.[16] Von der blossen Informationsbeschaffung auf Befehl des Gerichts ist es nicht mehr weit zur Denunziation, die allerdings vom Pfarrer erwartet wird, sollte sich einer seiner Pfarrgenössigen nicht an die Mandate und Ordnungen halten. Am 18. April 1762 meldet der Pfarrer zu Unterhallau dem Gericht, "dass der Jacob Räglin, Küeffer, als er letsthin wegen begangenen Ehebruchs abgestrafft worden, und kaum nach hause gekommen, bej allen Anlässen sehr Nachtheilige reden, als wann ihm zu viel geschehen und widerrechtl. gegen ihn procedirt worden wäre, ausgestossen".[17] Jacob Räglin muss 4 Mark Silber Busse bezahlen und dem Pfarrer Abbitte leisten. Diese Anzeigepflicht besteht auch bei allgemeinen Missständen, zu denen sich die Pfarrherren äussern und das Gericht um Abhilfe bitten.[18] Erscheint der Pfarrer bisher lediglich als ausführendes Organ der Obrigkeit, als Zuträger von Informationen an das Gericht und dessen Befehlsempfänger, so gibt es ergänzende Beispiele, die eindeutig zeigen, dass der Pfarrer auch auf seiten der Dorfbewohner stehen kann, besonders wenn es darum geht, beim Gericht um Nachsicht für einen Übeltäter zu bitten. So hält der Pfarrer zu Merishausen am 11. Februar 1690 vor Gericht darum an, seiner Pfarrgenössigen Anna Meister "die aufgesezte geltbuss in etwas zu verringern und Ihro ... als einer jungen Weibspersohn die angehenkte schandgeigen nachsehen" zu wollen.[19] Wie

---

15 9. Dezember 1766; EGP 28, 241f. Dem Pfarrer zu Thayngen solle geschrieben werden, "die Müllerin wegen vorschützender krankheit und anderen umständen in Augenschein zu nehmen, und ob sie sich Persönlich stellen und ihren begangenen fehler verantworten könne, E. Lobl. Ehgricht den eigendtl. bericht einzusenden". Auch: 24. Januar 1609; EGP 3, 521.

16 27. Januar 1657; EGP 9, 109.

17 EGP 27, 477f.
30. April 1743; EGP 21, 613. Der Pfarrer zu Lohn berichtet dem Gericht, "dass Hans Martin Schwein, Gemeindpfleger, ihm angezeigt, wie [Hans Martin Burer und die Frau Hans Ulrich Waldvogels] ... ein Verdächtigen Umgang pflegen und den 24. Mertz ins holtz ... mit einander gegangen und den 2tn hujus er erst Abends um 2 oder 3 Uhr in die statt gegangen und erst Nachts um 9 Uhr mit ihro heimgekommen seje, sodann habe des Salomon Waldvogels frau am heil. Ostertag sie gesehen zu ihm gehen ... ". Auch: 8. Mai 1632; EGP 6, 207.

18 4. Februar 1633; EGP 6, 245. Der Pfarrer zu Hallau sendet ein "Ernstliches Schreyben", worauf das Gericht beschliesst, es solle dem Rat berichtet werden, "wegen der Liechtstubeten, dass dieselbigen mögen abgeschafft werden".
Freilich haben die Pfarrherren die Möglichkeit, sich mit einem Synodalmemorial direkt an den Rat zu wenden.

19 EGP 12, 322. Die Frau wird wegen Unzucht gestraft.
Als weiteres Beispiel: 3. Februar 1746; EGP 22, 535. "Hr. Pfarer Keller schreibt Sub dato Beggingen 2. Febr. zu favor des Jacob Wanners und der Maria Hattin und recommendirt sie in die gnad des lobl. Ehegerichts."

zahlreich solche Interventionen zugunsten von fehlbaren Pfarrgenössigen sind, lässt sich freilich nicht sagen, zumal es sehr wahrscheinlich ist, dass der Schreiber längst nicht alle Bittschriften und Gesuche, welche das Gericht erreichen, in den EGP aufführt.

Sicherlich kann es bei der Verantwortung, die dem Pfarrer zugemutet wird, vorkommen, dass dieser zu streng vorgeht, wie der Pfarrer zu Unterhallau, gegen den am II. Mai I637 geklagt wird, er habe unberechtigterweise die Tochter des Hans Stahels "gescholten, sei sie Schappels oder Krenzli nit werth, und Ihren ... selbiges In der offentlichen Versamblung abgezogen ...".[20] So sehr von seinem Verdacht überzeugt, die Frau sei nicht mehr berechtigt, das Zeichen der Jungfräulichkeit zu tragen, lässt sich der Pfarrer offenbar ohne stichhaltigen Beweis dazu hinreissen, dieser den Schappel während der Predigt vom Haupt zu nehmen. Am I8. Juli I637 erkennt das Gericht denn auch, der Pfarrer habe zu übereifrig gehandelt und die Frau dürfe den Schappel tragen.[21] Übereifer ist auch im Spiel, als Jacob Walter von Siblingen gegen seinen Pfarrer klagt, dieser rede übel von ihm und gebe aus, er, der Kläger, führe "ein rechtes hurenleben", weil er seine Frau wieder zu sich genommen habe.[22] Das Gericht verbietet dem Pfarrer umgehend, sich weiterhin in diese Ehe einzumischen.[23]

Handelt es sich bei diesen Fällen um pfarrherrlichen Übereifer, so ist allerdings nicht ausgeschlossen, dass die Pfarrer in den Augen des Gerichts ihrer Aufgabe nicht richtig nachkommen. Sei es, sie überschreiten ihre Kompetenz, worauf das Gericht jeweilen energisch reagiert,[24] oder sie zeigen sich gänzlich ungehorsam. So gibt der Pfarrer zu Siblingen einen an ihn gerichteten Brief des Gerichts ungeöffnet wieder zurück, was das Gericht sofort dazu veranlässt, den renitenten Pfarrer vorzuladen, wo "ihm alles ernsts zugesprochen und sich dergleichen sachen ganzlichen zu müssigen Oberkeitl. befelch nachzukommen und seinen pfarrgenössigen mit besserm exempel

---

20 EGP 7, 77v.

21 EGP 7, 83r.

22 EGP I4, 27.

23 Nicht immer aber erntet eine Einzelinitiative eines Pfarrers das Missfallen des Gerichts. So meldet der Pfarrer zu Buch, er habe alle jungen Männer, die sich in die Fremde begäben, zuvor befragt, ob sie sich verlobt hätten. 3I. Juli I649; EGP 8, 306. Die Absicht ist klar, es sollen sich wenn immer möglich nur verheiratete oder nicht durch ein Eheversprechen gebundene Männer ausser Landes begeben dürfen, da sonst bei einer eventuellen Schwangerschaft die Unterhaltsverpflichtungen viel schwerer abzuklären sind.

24 I7. August I724; EGP I8, 9. Dem Pfarrer zu Buch "umb er sich in Ehgrichtlichen händel eingemischt, ein sonderbahres misfallen bezeügt, und er sich für das zukünfftige nicht mehr in dergleichen sachen zu Meliren erinnert".

vorzugehen kräfftig injungirt ..." wird.[25] Das Gericht scheut sich auch nicht, dem Pfarrer gegenüber als vorgesetzte Behörde aufzutreten und dessen Arbeit im Namen des Gerichts geradezu abschätzig zu beurteilen. Am 4. Februar 1783 befindet es, Pfarrer Schalch zu Unterhallau habe "einen sehr einfältigen und unzulänglichen bericht erstattet".[26] Der so gemassregelte Pfarrer beeilt sich, das Gericht seiner Loyalität zu versichern, mit den Worten, seine Nachlässigkeit sei ihm eine Warnung, weshalb "Er sich mit äusserstem fleiss bemühen werde, inskünftige sein Amt mit mehrerer Vorsicht und klugheit zu versehen, um dadurch bey seiner so weitläuffigen Gemeind vielen Nuzen zu stiften und seiner gnädigen Obrigkeit alle Satisfaction welcher Er sich bestens zu Gnaden empfehlen wolle".[27] Inwieweit das Misstrauen des Gerichts gegenüber den Pfarrherren, sie vernachlässigten ihre Pflichten, berechtigt ist, lässt sich wegen mangelnder Quellen nicht genau sagen. Immerhin besitzen wir zwei Stellen, die ein eher unvorteilhaftes Bild der pfarrherrlichen Arbeit auf der Landschaft entwerfen. Am 4. November 1594 ergeht ein Zirkularschreiben an die Landpfarrer, das einen erhellenden Blick auf die dortigen Zustände erlaubt. Das Schreiben ist die obrigkeitliche Reaktion auf das Ergebnis einer zuvor vorgenommenen Visitation. So meldet der Rat an die Landpfarrer, es habe sich gezeigt, "als seye es auch bey Eüch (den unschuldigen nit gemaint) nit alles suber und rein, wie doch In allgemainer menschlicher schwachhait zu wünschen, Ettliche suchend mehr das weltlich dann das Gaistlich, sehend scherffer uff die besoldung, als uff die gebührende arbait. Studierend liederlich und selten, schweiffend die ganze woch umbher und lond sich by huss nit finden, fassen die predigten erst uff den Sambstag in Yl".[28] Die andere Stelle findet sich im Protokoll der Schulherrren vom 18. Dezember 1764 und betrifft den Pfarrer zu Lohn. Auch sie ist die Reaktion auf eine vorherige Visitation. Dort lesen wir, der Pfarrer zu Lohn sei "in allen Stüken saumselig u. träg, darbey in seinem Aufzug unsauber u. anstössig, auf der Cantzel im Vortrag unverständlich u. hastig, u. in der Ausarbeitung seiner Predigten unverantwortlich nachlässig ... keine Predigt zu Papier bringe ... sonder bald aus dieser bald aus jener Postill ohne Ordnung, ohne Zusammenhang u. ohne Überlegung etwas herplaudere ... Mitthin weder seinen wichtigen hirten Pflichten noch dem hochOberkeit. Ansinnen in keinem Stük ein

---

25 30. Mai 1724; EGP 13, 73. Der Pfarrer weigert sich, eine vom Gericht gewünschte Heirat zu vollziehen.

26 EGP 31, 561-569.

27 6. Februar 1783; EGP 31, 570-576.

28 AA 73.3. Zur Vorbereitung des Zirkularschreibens: Protokolle der Schulherren 2, Sitzung vom 2. November 1594, 54v-55r.

Genügen leiste".[29] Für das Gericht scheinen besonders dann Vorbehalte angebracht, wenn zum Beispiel seit längerem keine Anzeigen eines Pfarrers mehr erfolgten.[30] Doch haben wir in keinem Fall von offensichtlicher Bestechlichkeit eines Pfarrers Kenntnis, wie sie Rudolph Ermatinger am 1. September 1778 dem Gericht schildert. Er habe im Württembergischen geheiratet. Der dortige Pfarrer habe zwar nach einer obrigkeitlichen Erlaubnis zur Heirat ausser Landes gefragt, doch als er diese nicht habe vorweisen können, sei die Antwort des Pfarrers gewesen, "er könne diese wichtige handlung unter 12 Louis d'or nicht verrichten, worauf er mit ihm, wie mit einem Juden zu markten angefangen und zulezt mit 6 L[ouis] d'or vorlieb genohmen ... ".[31]

Doch wäre es verfehlt, die Stellung des Pfarrers im Dorf als uneingeschränkt und vor allem unangetastet zu betrachten. Nicht nur sind ihm enge Grenzen seitens der Obrigkeit, worunter das Gericht zählt, gesetzt, sondern seine Stellung innerhalb des Dorfes ist zudem von unten, von der Dorfbevölkerung her, keineswegs so unangefochten, wie der Leser auf den ersten Blick meinen könnte. Häufig sind Klagen der Pfarrer, das Volk zeige keinen Respekt.[32] Ja der Pfarrherr kann innerhalb seiner Gemeinde geradezu isoliert sein. Ein dafür aufschlussreiches Beispiel liefert der Pfarrer zu Lohn 1649, der sich beklagt, wenn er die Dorfvorgesetzten, Vogt, Kirchenpfleger, Ehegaumer, zu sich rufe und diese nach Verfehlungen der Dorfbewohner frage, damit er die Fehlbaren vor sich laden könne, gelinge es ihm nicht, auch nur etwas zu erfahren, "verschweigend alles endtweders aus freündtschafft und Nachbarschafft, oder aus sorg, Sie möchten einandern erzürnen, und eine feindtschafft auf sich laden, auch die Ehegaumer die doch darzu bestelt, zeigend Ihm nichts an, wan ein ding Landtkündig komme es erst für seine ohren".[33] Die Feindschaft der Dorfgemeinschaft gegenüber dem Pfarrer, der eben doch als Vertreter der Obrigkeit empfunden wird, mag sich in Einzelfällen bis zur lapidar verzweifelten Zustandsschilderung der Pfarrers zu Merishausen steigern, der über seine Pfarrgenössigen

---

29 Protokolle der Schulherren 14, 1760-1778, Sitzung vom 18. Dezember 1764, 120f. Immerhin muss einschränkend bemerkt werden, dass solch grobe Pflichtverletzungen offenbar selten sind.

30 5. Dezember 1797; EGP 36, 5. Der Pfarrer zu Thayngen zeigte dem Gericht schon seit Jahren keine vorehelichen Beischlafhandlungen mehr an. Das Gericht beschliesst, der Obmann solle diesen gelegentlich "an seine Obligenheit" erinnern.

31 EGP 31, 90f.

32 So wird anlässlich einer Visitation der Landschulen und Kirchen am 24. August 1647 in Thayngen vom Pfarrer vorgebracht, "das ein schlechter gehorsam seye des Volcks gegen Ihren Vorgesetzten ...". AA 74.2. Visitation der Landschulen und Kirchen 1647, 1648, 1649.
1681 heisst es allgemein: "Es findt sich wenig respects gegen den Obern im Politischen und geistlichen stand." AA 72.3. Synodalmemorial vom 5. Mai 1681.

33 AA 74.2. Visitation der Landschulen und Kirchen 1647, 1648, 1649.

meint, diese "plagen ihn sehr".[34] In einem solchen Klima erstaunt es denn auch nicht, wenn klagend vorgebracht wird anlässlich einer Synodalversammlung, der Vogt von Wilchingen habe vor ungefähr einem Jahr in Gegenwart von Bauern gefragt, wer den Hausrat des neuen Pfarrers nach Wilchingen führe, wobei er den neuen Pfarrer als "Pantlin" bezeichnet habe.[35] Dies ist ein despektierlicher Ausdruck für einen dicken, schwerfälligen Menschen.[36] Womit der Vogt ziemlich genau das landläufige Bild der geistlichen Herren als wohlgenährt und beschaulich wiedergibt. Dieselbe Gemeinde gibt 1720 erneut zur Klage Anlass, meldet doch ein weiterer neugewählter Pfarrer seinem Vorgesetzten, dem Antistes, dass seit seiner Wahl zum Pfarrer zu Wilchingen kein Bewohner des Dorfes bei ihm erschienen sei, "und er vernehmen müsse, wie schlechten willen sie gegen Ihn bezeügen und sich verlauten lassen, dass sie Ihn eben achten wie den vorigen Pfarrer und keinen Meister brauchen, indem sie bishero Meisters genug gehabt".[37] Trotz des Prestiges, welches mit dem Pfarramt verbunden ist, bleibt der Pfarrer als Stadtbürger in der dörflichen Welt ein Aussenseiter, eine Situation, die wohl noch durch die Bildungsschranke zwischen Pfarrherr und Dorfbevölkerung akzentuiert wird.[38] Für das daraus resultierende mangelnde Durchsetzungsvermögen vieler Pfarrherren betrachte man nur einmal deren Klagen in den Synodalmemorialia, die Pfarrgenössigen besuchten die Predigten sehr selten, am Sonntag gar gingen die Männer zur Predigtzeit ihrem Schiessvergnügen nach, die Kinderlehre zeige keine Wirkung und vieles mehr.[39] Auch in den EGP finden sich einige ganz wenige diesbezügliche Aussagen. So meldet der Obmann am 26. Juni 1777, Hans Jacob Rütinger, Stubenwirt in Neunkirch, habe gesagt, "dass er dem tausend S. Pfaffen nicht mehr in die kirchen gehen, und der donner sein weib und den Pfaffen vierzig klaffter tieff in boden schlagen solle".[40] Der Rütinger muss seinem Pfarrer Abbitte leisten und

---

34 HV 57 Abschriften aus Synodalakten. Zum 28. April 1701, 142.

35 AA 72.4. Extrakt aus dem Synodalmemorial vom Jahr 1712 Wilchingen betreffend.

36 Idiotikon 4, 1397.

37 Protokolle der Schulherren 9, Sitzung vom 17. September 1720, 328f.

38 Gugerli, Pfrund, 88.

39 Dafür sei nur gerade auf die Klage der Pfarrers zu Herblingen "über das weglauffen seiner zuhörer am Sontag, thüen es Ehgaumer selbst und ander..." verwiesen. AA 72.3. Synodalmemorial vom 2. Mai 1689.
Dabei muss sich der heutige Leser freilich bewusst sein, dass gerade die Sonntagspredigten sehr lange dauern können und die Zuhörer über Gebühr strapaziert werden. So empfindet es selbst die Synodalversammlung als störend, wenn Pfarrer Jetzler länger als zwei Stunden predigt, "obschon ihm solches vilfältig untersagt worden und seine zuhörer zu 9kirch zum oftern drüber sonderl. in der kälte geklagt". Scaphusiana Nr. 49, Mai 1680, 61v.

40 EGP 30, 525. Auch: 29. November 1687; EGP 12, 183.
Eine andere Unmutsäusserung sei aus den RP erwähnt. Diese verzeichnen am 10. September 1738; RP 196, 232. Samuel Peyer von Schleitheim habe seinen Pfarrer

zusätzlich vier Tage ins Gefängnis. Am 7. September 1730 wird die Schuhmacherin aus Merishausen mit 3 Mark Silber gebüsst, da sie, als die Tochter des dortigen Pfarrers fälschlicherweise der Unzucht verdächtigt wurde, "über die sach gefroloket".[41] Der Leser mag sich die voreilige Schadenfreude der Frau vorstellen, als gerade die Tochter des Pfarrers, der über Sitte und Anstand wachen muss, in zweifelhaften Verdacht gerät. Dass bei einigen Leuten zudem der Eindruck der Parteilichkeit des Pfarrers entstehen kann, mag verständlich sein, wenn sich solche Vorwürfe auch nicht überprüfen lassen.[42]

Zur Unterstützung bei der Ausübung seiner ehegerichtlichen Aufgaben kann der Pfarrer auf die Ehegaumer zurückgreifen.[43] Daher kommt es durchaus vor, dass Befehle des Gerichts an beide Instanzen, Pfarrer und Ehegaumer zugleich, gerichtet sind.[44] Sei es, zerstrittene Ehepaare sollen ausgesöhnt werden,[45] sei es, Verdächtige im Dorf selbst werden dem Amtsauftrag gemäss befragt. Zu diesem Zwecke müssen sie vor dem Pfarrer und den Ehegaumern erscheinen.[46] Doch ändert diese Zusammenarbeit, die sich nur schon vom Aufgabenbereich her ergibt, nichts daran, dass der Pfarrer grundsätzlich über den Ehegaumern steht. Diesen fallen eher Hilfsfunktionen zu, oder sie erhalten gar vom Pfarrer ihre Befehle.[47] Somit bleibt der Dorfpfarrer die zentrale Figur zur Durchsetzung obrigkeitlicher Moralpolitik, zur Koordination und Ausführung ehegerichtlicher Massnahmen der Landbevölkerung gegenüber. Seine Bedeutung für das Funktionieren der Ehegerichtsbarkeit auf der Landschaft, die nicht unmittelbarer Kontrolle und Aufsichtsmöglichkeit seitens der Obrigkeit in der Stadt unterworfen ist, kann schlichtweg nicht überschätzt werden. Ohne die Mithilfe der Dorfpfarrer liessen sich die Aktivitäten des Ehegerichts auf der untertänigen Landschaft gewiss nicht in dem Masse

---

"nicht nur mehrmal einen hülschenscheller geheissen, sondern auch gesagt, dass Selbigen nach seinem Tod alle Teüffel herum reissen werden, auch die andere Pfarrer". Dafür muss Peyer ins Zuchthaus.

41 EGP 19, 185.

42 24. Mai 1731; EGP 19, 248.

43 Vgl. Kap. 12.3.

44 15. Dezember 1608; EGP 3, 509. Das Gericht verlangt einen Bericht über das Verhalten eines Delinquenten, "hierumben herrn Pfarrherrn und Ehegouwern In Wilchingen zuogeschriben werden".

45 15. Januar 1642; EGP 8, 165v."das herr Pfarrer zu Theyngen mit hilff der Ehegaumern ... beide Ehegemächte für sich erfordern, und Sie beide, wo immer möglich Jhres streits halber zuvereinbaren ... ".

46 15. September 1604; EGP 3, 342. 2. September 1651; EGP 8, 340v.

47 18. Juni 1748; EGP 23, 234. Die Ehegaumer versuchten bei Hans Brütsch von Buch auf Befehl des Pfarrers eine Visitation vorzunehmen, dieser allerdings setzt sich zur Wehr, "nach dem degen, und in dessen ermanglung nach dem harst gegriffen, und sie abzutreiben gesucht, auch einen solchen lermen gemachet, dass seine eigene Kinder zum haus hinaus fliehen müssen".

wahrnehmen, wie wir es beobachten, auch wenn neben dem Pfarrer Kirchenstände, Ehegaumer und Dorfvögte ihre Tätigkeit entfalten. Doch hängen zumindest die ersten beiden Instanzen wesentlich vom Pfarrer selbst ab. Der Erfolg des Ehegerichts und damit der obrigkeitlichen Ehegerichtsbarkeit auf der Landschaft beruht also nicht unwesentlich auf der Aktivität, die der jeweilige Dorfpfarrer in seinem Sprengel entfaltet, eine Aktivität, die ihn aber nicht nur als uneingeschränkte Respektsperson erscheinen lässt, sondern ihn durchaus auch in Konflikt mit der eigenen Gemeinde bringen kann.[48]

48 Zur Rolle des Pfarrers bei der Frage des vorehelichen Beischlafs und der unehelichen Schwangerschaft, vgl. Kap. 7.3.5. und Teil III, Kap. 3.

12.2. Obervögte und Dorfvögte[1]

Wenn diese auch ihrem Wesen nach nicht primär für das Gericht arbeiten, so können sie trotzdem auf Anordnung hin ehegerichtliche Aufgaben übernehmen und damit im Rahmen der Ehegerichtsbarkeit eine gewisse Rolle spielen. Dabei stellen die Obervögte die eigentliche Verbindung zwischen dem Regiment des Stadtstaates und der untertänigen Landschaft dar, selbst wenn die Mehrheit von ihnen nur selten und auch dann nur für kurze Zeit direkt auf der Landschaft residiert.[2] Dies hängt freilich damit zusammen, dass alle Obervögte Mitglieder des Rates von Schaffhausen sind und die Stelle eines Obervogtes als eine besondere Ehrenstelle innerhalb der traditionellen Ämterlaufbahn des Stadtstaates gilt. Aus ihrer Stellung ergibt sich der Einbezug der Obervögte in ehegerichtliche Massnahmen beinahe von selbst, wenn auch diesbezügliche Aktivitäten sicherlich keine Hauptaufgaben darstellen, sondern eher beiläufigen Charakter tragen. Dies ist zumindest der Eindruck, welcher sich aus den EGP gewinnen lässt. So soll der Obervogt etwa dafür sorgen, dass ein Paar auch tatsächlich heiratet,[3] oder er soll zerstrittene Eheleute dahin bringen, friedlich miteinander zu leben und, im Weigerungsfalle, diese als Gefangene und anderen als abschreckendes Beispiel vor Gericht in die Stadt führen.[4] Zudem ist er dafür verantwortlich, dass sich Vorgeladene vor Gericht stellen.[5] In die gleiche Richtung gehen Aufforderungen an einen Obervogt, Verdächtige gefangenzunehmen und nach Schaffhausen zu übersenden.[6] Als wichtigste staatliche Autorität vor Ort kann zudem ein Obervogt vom Gericht den Befehl erhalten, eine unliebsame Person auszuweisen.[7] Wie sehr das Gericht die Obervögte als ausführende

---

1 In den EGP ist jeweilen von Untervögten oder einfach von Vögten die Rede.

2 Schaffhausen unterhält zur Verwaltung der Landschaft sieben Obervögte und einen Landvogt. Nur der Landvogt zu Neunkirch residiert im alten bischöflichen Schloss daselbst und der Obervogt über den Reiat auf Schloss Herblingen, ausserhalb der Stadt Schaffhausen. Bächtold, Beiträge zur Verwaltung, 35-72.
Dasselbe gilt zum Beispiel für die inneren Vogteien Zürichs, wo die Obervögte gleichfalls nicht auf der Landschaft residieren. Daher ist auch im Nachbarstaat Schaffhausens die Präsenz der Obrigkeit zumindest partiell gering. Braun, Ausgehendes Ancien Régime, 239. Simon, Untertanenverhalten, 201-210. zur Situation in Basel.

3 11. August 1597; EGP 3, 9. 10. Mai 1599; EGP 3, 77.

4 25. Oktober 1593; EGP 2, 206f.

5 21. Februar 1600; EGP 3, 105. Ein Schreiben soll an den Obervogt zu Neunkirch abgehen, "das er mit Iren Verschaffen, das Sy uff nechst Eegericht sich hieher stelle".

6 4. August 1586; EGP 2, 5.
Der Obervogt solle "Beat Husern von Osterfingen ... fenklichen annemen lassen, und unsern g. herren Burgermaister und Rethe überschicken ... ".

7 9. Februar 1641; EGP 8, 154v. "und uss der Statt Neünkirch und Lantschafft verwissen welches dem J. Obervogt solle zuegeschriben werden, die Tirn nit mehr zue leiden."

Organe betrachtet, mag sich daran zeigen, dass diesen Anordnungen zur Ausführung übertragen werden, die eigentlich nicht in die Ehegerichtsbarkeit fallen. Trotzdem mischt sich unser Gericht ein, und erwartet dies auch von den Obervögten. So erfährt das Gericht am 19. September 1648, dass Hans Bändel, der jede Woche zwei bis dreimal in der Stadt Schaffhausen bettle, "sein eigen korn habe, auch Gelt ausleyhen solle, also des allmusens gantz unwürdig seye, also solle Hr. Obervogt Ihm solches alles ernsts abstricken, dess Bättelns müssig zugehen und sich an dem so Ihm Gott zu seiner nohtwendigen Nahrung beschert vernügen zu lassen".[8] Oder der Obervogt erhält den eher allgemeinen gerichtlichen Auftrag, Massnahmen zu treffen, "dass die Liechtstubeten, Kirben und die unehrbaren Tochtern abgeschafft werdindt".[9] Doch gestaltet sich die Zusammenarbeit des Gerichts mit den Obervögten nicht immer ganz reibungslos. Dies besonders dann, wenn die Obervögte Vergehen in eigener Instanz ahnden, das Gericht aber dadurch seine Kompetenz beschnitten sieht. So büsst Landvogt Junker Ziegler zu Neunkirch einen Delinquenten wegen Gadensteigens, "auch sich sonsten Ehe- und anderer dergleichen händeln, (die laut Ehe-Grichts-Ordnung abzustraffen einem Ehrs. EheGericht zustehen) annimbt", daher solle der Rat "ihm und andern hl. Oberfögten die sich solcher Sachen anmasssen ein solches abstricken und anbefehlen ..., dergleichen Partheyen vor E. Ehe-Gricht zuweysen".[10]

Sind die Obervögte von ihrer sozialen Herkunft und ihrem politischen Umfeld her gesehen eigentliche Vertreter der städtischen Obrigkeit auf der Landschaft, so gilt dies für die Dorfvögte weit weniger ausgeprägt. Sicher sind auch diese Vertreter der Obrigkeit, aber sie stammen aus dem jeweiligen Dorf selbst, leben in und mit der Dorfgemeinschaft, sind dieser gegenüber in einer anderen Lage. Dass sich daraus Interessenkonflikte zwischen Loyalität der Obrigkeit gegenüber, in unserem Fall dem Ehegericht, und der Dorfsolidarität ergeben können, liegt auf der Hand.[11] Dies äussert sich immer dann,

---

6. Dezember 1633; EGP 7, 9r. "h. Obervogt zue Neünkirch solle zue geschriben werden, das er die Bretlin Geigerin Im Stättlin nit mehr wonen lassen solle, weiln Sy Ein unerbaren Wandel füert."

8 EGP 8, 287r.

9 4. Februar 1633; EGP 6, 247. Kirben meint Kirchweihen.
Copierbuch des Ehegerichts, 18. Januar 1781; 79. Der Landvogt zu Neunkirch soll dafür sorgen, dass sich die Gäste nicht länger als bis 9 Uhr abends in den Wirtshäusern aufhalten. Appendix VI.

10 9. Mai 1671; EGP 10, 225.

11 Ein besonders anschauliches Beispiel für einen Interessenkonflikt findet sich in den Synodalmemorialia. So wird 1575 geklagt, der Dorfvogt von Buchberg sei der Wirt dort, "und die gemeind damit verderbt, und seins nutzens halben, nit weehrt, was er weehren solt". AA 72.2. Synodalmemorial vom 5. Mai 1575. Die Klage wird 1576 wiederholt, also hat sich offensichtlich an diesem unbefriedigenden Zustand nichts geändert. AA 72.2. Synodalmemorial vom 1. November 1576.

wenn ein Dorfvogt vom Gericht gebüsst wird, da er entweder von einem Delikt weiss, dies aber nicht anzeigt,[12] oder versucht, hinter dem Rücken des Gerichts eine Streitsache selbst zu schlichten.[13] Dies mag zudem auch darum geschehen, weil die Stellung des Dorfvogtes innerhalb der dörflichen Gemeinschaft keineswegs eine unbeschränkt gesicherte ist, der Dorfvogt also in seinem eigenen Interesse trachten muss, nicht zu sehr mit der Obrigkeit, deren Verboten und Mandaten gleichgesetzt zu werden.[14] Dort setzt denn auch die Kritik vor allem der Landgeistlichen ein, die immer etwa vorbringen, die Dorfvögte kämen ihren Pflichten nicht nach. So heisst es bereits 1536/1537 bezüglich verschiedenster Verfehlungen, die in den Dörfern geschehen, "dise stuk alle werend und zeygend die undervögt nit an, sind in iren ämpteren ungflissen, sehens schier lieber dan dass sys strafftind".[15] 1672 klagt der Synodus, die Dorfvögte seien nachlässig und zeigten besonders das Gadensteigen und den vorehelichen Beischlaf nicht an.[16] Inwieweit das Gericht die Meinung der Geistlichkeit teilt, lässt sich nicht sagen, zumindest aber scheut es sich nicht, fehlbare Dorfvögte zu büssen.

Wenn auch die Hinweise auf Einbezug der Obervögte und der Dorfvögte in die Ehegerichtsbarkeit in den Protokollen relativ selten sind, so steht doch ausser Zweifel, dass sie als Vertreter der Obrigkeit zur Durchführung ehegerichtlicher Anordnungen herangezogen werden. Allerdings scheint ihre Bedeutung innerhalb des Systems der Ehegerichtsbarkeit eher gering, zumindest im Vergleich zur Rolle der Pfarrherren und der Ehegaumer.

---

12 27. Oktober 1629; EGP 5, 49. Der Untervogt von Guntmadingen wird mit 6 Pfund Heller gebüsst, da er einen Vorfall in seinem Dorf verschwiegen hat "und nit nach Lut seines bevelchs die Sach an seinem gebührend Ortt gerüeyt".
Auch: 24. Mai 1631; EGP EGP 6, 119. 9. März 1637; EGP 7, 71v.

13 24. Oktober 1629; EGP 5, 42. "Und diewil aber der Undervogt Hans Müller die Sach hinderruckhs eines Ehrsamen Ehegrichts wöllen vertedingen solle er 6 lb h[eller] straf" bezahlen.

14 Wie gefährdet im vollen Sinne des Wortes auch ein Dorfvogt sein kann, mag das folgende Beispiel zeigen. Der Vogt von Hallau wird bei einem Schäferstündchen mit einer anderen Frau erwischt, deren Mann "gangen ain büchs geholt ... und sig der undervogt hinwegk geloffen und hette Martin Ram sin büchs zu einem loch hinaus als ob er ain wild schüssen wolt gericht in den undervogt zu schiessen". 9. Mai 1532; EGP I, 77v.

15 Synodalmemorial des Jahres 1536/1537 hg. von Lieb und Schib, in: SHB 48, 1971, 152.

16 AA 72.3. Synodalmemorial vom 2. Mai 1672.

12.3. Die Ehegaumer

Hierbei handelt es sich um eine spezifische Schöpfung im Rahmen der Ehegerichtsbarkeit, denn vor der Einführung eines eigenen Ehegerichts ist die Institution der Ehegaumer in den Dörfern unbekannt.[1] Diese setzt sich erst allmählich auf der Landschaft durch. Ja, es ist vielleicht bei einem Blick auf die diesbezüglichen Quellen nicht ganz falsch, von einem eigentlichen Kampf besonders der Geistlichkeit für die Einführung von Ehegaumern zu sprechen. Bereits 1536/1537 fordert der Synodus vom Rat, in jedem Dorf mindestens zwei oder drei Männer zu bestimmen, die "umb meerer ruw willen und zur furdernus warer zucht und erberkeyt" mit dem jeweiligen Dorfpfarrer die Aufsicht über das dörfliche Leben ausüben.[2] Wenn hierbei die Institution der Ehegaumer auch keine wörtliche Erwähnung findet, so besteht wohl kein Zweifel, dass gerade diese gemeint ist, denn in einem bald darauf folgenden Ersuchen der Geistlichkeit an den Rat taucht die Forderung nach Ehegaumern wörtlich auf. "Zum 4. Das eegoumer in ieder kilchhöre zbstellen, die lasterhafften abzmanen, uff besserung zwisen." Obgleich schon einmal beschlossen, sei dies in Neunkirch "und anderswa" nicht ausgeführt worden.[3] Ob in den folgenden Jahrzehnten Fortschritte in der Institutionalisierung der Ehegaumer auf der Landschaft gemacht werden, können wir nicht sagen, doch geht die Vermutung eher auf das Gegenteil, denn 1569 hören wir die erneute Bitte der Geistlichkeit, es sollten Ehegaumer bestimmt werden.[4] Einige Monate später folgt eine Wiederholung dieser Forderung. Immerhin vernehmen wir, dass in Thayngen Ehegaumer im Einsatz sind, und zwar "nit on frucht".[5] Offenbar aber geschieht wieder keine eigentliche Etablierung der Ehegaumer, vernehmen wir doch 1579, es werde vom Synodus "(wie auch vormals geschehen) zum höchsten begehrt: das allenthalben scharffe Ehgaumer und rüeger bestellt werdind ...".[6] Zwei Jahre später folgt die Klage, Unzucht, Ehebruch und Hurerei geschähen, ohne dass die Schuldigen angegeben würden, daher müssten Ehegaumer bestimmt werden "damit disen sünden stattlich geweert und hiemit gottes zorn vermitten

---

1 Bächtold, Beiträge zur Verwaltung, 50. Die Zahl der Ehegaumer schwankt je nach Grösse des Dorfes zwischen zwei und fünf.
Im Wort Ehegaumer steckt das Verb "gaumen", was etwa mit "beaufsichtigen, überwachen" übersetzt werden kann.

2 Synodalmemorial des Jahres 1536/1537 hg. von Lieb und Schib, in: SHB 48, 1971, 156.

3 Synodalmemorial des Jahres 1537/1539 hg. von Lieb und Schib, in: SHB 48, 1971, 169.

4 AA 72.2. Synodalmemorial vom 3. November 1569.

5 AA 72.2. Synodalmemorial vom 4. Mai 1570.

6 AA 72.2. Synodalmemorial vom 5. November 1579.

werde".[7] Doch auch der Verweis auf den Zorn Gottes vermag offenbar die Wünsche der Geistlichkeit nach Ehegaumern nicht zu erfüllen. 1584 hören wir denselben Wunsch nach Ehegaumern,[8] und 1586 wird vom Synodus ausgeführt, es seien noch nicht in allen Gemeinden Ehegaumer bestellt. "So bittet ein Synodus: wolgedachte unsere gl. herren wöllind mit ernst daran sein; das dieselbigen unverzüglich geordnet und gesetzt werdind."[9] Auch diese eindringliche Bitte scheint nicht durchschlagend, denn 1592 sieht sich der Synodus gezwungen, doch noch einmal die Einsetzung von Ehegaumern zu fordern, wo bisher keine eingesetzt sind.[10] Zwei Jahre später vernehmen wir im Sitzungsprotokoll der Schulherren vom 2. November 1594, die Gemeinde Lohn verfüge noch über keine Ehegaumer.[11] 1607 schliesslich beschliesst der Rat, es "sollen fürohin In unser Landtschafft In Jedem Vlekken oder dorff Zwen ernsthaffte, erbare und wahrhaffte Männer zue ehegoumern gesezt und geordnet werden".[12] Es tönt, als ob in den vergangenen Jahrzehnten keinerlei Forderung nach Ehegaumern aufgestellt worden sei und sich die Gnädigen Herren eben erst jetzt, im Jahre 1607, zur Schaffung der Institution der Ehegaumer entschlössen. Dies mag damit zusammenhängen, dass zunächst die Forderung nach Ehegaumern eine rein geistliche war, sollten die Ehegaumer doch, in gutreformatorischer Absicht, fehlbare Dorfbewohner von ihren Sünden abmahnen und auf den rechten Weg weisen, um so die allgemeine Sittlichkeit und Moral in den Dörfern zu heben. Diese Rolle, die eigentlich wenig oder keinen Strafcharakter enthält, scheint sich aber im Laufe der Jahrzehnte zu wandeln. Je mehr der Ehegaumer vom Mahner und Aufseher zum "Polizisten" wird, desto grösser zeigt sich wohl das Interesse der weltlichen Obrigkeit an dieser Institution, deren Ziel nunmehr die Registrierung aller Fehlbaren im Dorf und deren Verzeigung an die Obrigkeit ist. Der Ehegaumer wird so von einem reformatorischen Instrument der Geistlichkeit zu einem vornehmlich weltlichen Organ, mit dessen Hilfe "die Lasterhafften leüth zur gebürender ernstlicher straaff, In erfarung gebracht, angegeben und hiemit die Ehr Gottes gefürdert, ouch unser aller zeitlicher und ewiger wolstandt verschafft werden möge".[13] Nach 1607 vernehmen wir denn auch in den Synodalmemorialia keine Klagen mehr, Ehegaumer sollten eingesetzt werden.[14]

---

7 AA 72.2. Synodalmemorial vom 25. Mai 1581.

8 AA 72.2. Synodalmemorial vom 5. November 1584.

9 AA 72.2. Synodalmemorial vom 3. November 1586.

10 AA 72.2. Synodalmemorial vom 27. April 1592.

11 Protokolle der Schulherren 2, 54r.

12 I. Thekt, I A Ratserkenntnisse 1556-1700; Nr. 2; 1588-1618. Actum 12. Januar 1607.

13 Ebd.

Auch wenn schon gegen Ende des 16. Jahrhunderts die Klagen der Geistlichkeit Erfolg zu haben scheinen und in einzelnen Gemeinden Ehegaumer eingesetzt werden, so folgt die flächendeckende Institutionalisierung erst mit dem 17. Jahrhundert.

Aus dieser graduellen Entwicklung und Umformung der Rolle der Ehegaumer ergibt sich, dass diese letztlich ihrem Wesen und ihrer Aufgabe nach nicht nur direkt mit der Ehegerichtsbarkeit befasst, sondern eigentlich dem Ehegericht unterstellt sind. Zu ihrem Kompetenzbereich gehört die Aufsicht über die allgemeine Lebensführung innerhalb des Dorfes,[15] wobei sie berechtigt sind, sogenannte Visitationen vorzunehmen, unangemeldete Besuche bei einzelnen Dorfbewohnern, um deren Lebensumstände und deren Lebensführung zu erkunden.[16] Daher können die Ehegaumer Ansprechpartner für das Gericht sein, wenn dieses Auskünfte zum Verhalten einzelner Parteien einziehen will.[17] Zudem bilden die Ehegaumer mit dem Dorfvogt und/oder dem Dorfpfarrer zusammen gleichsam die erste Instanz der Ehegerichtsbarkeit für den Fall, es handle sich um einen Versuch, zwischen zerstrittenen Ehepaaren oder verstockten Verlobten eine gütliche Einigung zu erlangen.[18] Dabei freilich achtet das Gericht sehr genau auf eventuelle Kompetenzüberschreitungen, da es immer wieder meint, die Ehegaumer mischten sich zu sehr in Angelegenheiten ein, die unter die Kompetenz des Gerichts fallen. So beschliesst das Gericht am 7. Mai 1754, Hans Georg Schilling, Schulmeister und Ehegaumer von Löhningen, "solle ein derber Verweis gegeben, und nachdrucklich insinuirt werden, dass er sich ins künfftig nicht mehr unterstehe, in solche Sachen zu meliren, sondern es sogleich Einem Lobl. Ehgericht anhängig zu machen".[19] Offensichtlich hat sich der betreffende Ehegaumer nach der Ansicht des Gerichts zu sehr in einen Streit um ein Eheversprechen eingemischt. Dies gilt besonders, wenn das Gericht den Eindruck erhält, die Ehegaumer hätten versucht, eine Sache unter der Hand zu regeln.[20] Gerade daher mag der Eindruck stammen, die Ehegaumer seien im Grunde genommen nicht wirklich zuverlässig, ein Eindruck, der das Gericht offensichtlich immer wieder überfällt. Dieses

---

14 Doch sind damit die Unzulänglichkeiten noch nicht behoben. So klagt der Synodus 1641, die Ehegaumer seien in einzelnen Dörfern nicht vereidigt. AA 72.3. Synodalmemorial vom 6. Mai 1641.

15 So finden sich unter den Aufgaben der Ehegaumer neben den rein ehegerichtlichen Bereichen wie dem Verfolgen von Gadensteigen und Unzucht auch das Angeben von Gotteslästerung, Spielen, "Unfleiss des Kirchgangs und anhörung der Predigt Götlich worts". Eid der Ehegaumer vom 24. Mai 1648; A 6, 597r.

16 21. Januar 1745; EGP 22, 367.

17 22. Mai 1600; EGP 3, 119.

18 7. März 1648; EGP 8, 277r.

19 EGP 26, 73.

20 4. Juni 1635; EGP 7, 45v. 4. August 1646; EGP 8, 247r.

Misstrauen des Gerichts, ob begründet oder unbegründet, lässt sich schwer beurteilen, gegenüber den Ehegaumern äussert sich in nicht weniger als vierzehn gerichtlichen Ermahnungen an deren Adresse, sie sollten ihre Aufgabe besser versehen und nicht in ihrer Nachlässigkeit verharren. So lesen wir am 29. April 1648 beispielhaft im Protokoll, "das die Ehegaumer auf der Landtschafft sehr unfleissig etwan zu einer und der andern sach durch die finger sehen, und die übertrettenden Persohnen nit nach gebür verleiden und angeben". Es werde ihnen allen deshalb ernsthaft zugesprochen, fleissiger und gewissenhafter in ihrem Amt zu sein.[21] Reichen Ermahnungen nicht aus, verhängt das Gericht Bussen gegen einzelne pflichtvergessene Ehegaumer, wie es am 29. Januar 1695 Hans Ulrich Busenhardt, Ehegaumer von Lohn, erfährt, der zu 2 Gulden Busse verurteilt wird, da er "das daselbsten passirte unehrbahres wesen und gegebene ärgernuss nicht angezaiget und hinderhalten".[22] Der Eindruck der Unzuverlässigkeit der Ehegaumer wird zudem durch die schier endlosen Klagen der Geistlichkeit gestärkt. Immer wieder bringt diese vor, die Ehegaumer seien nachlässig und zeigten die Fehlbaren nicht an. Allein in fünf Synodalmemorialia für den Zeitraum von 1669 bis 1732 finden sich solche Klagen.[23] Dazu kommen gleichlautende Klagen, die anlässlich von Visitationen vorgebracht werden.[24] Selbst in den RP finden sich Anordnungen, den Ehegaumern sei zuzureden, ihre Pflicht besser zu beobachten.[25] Es lässt sich demnach wohl mit Recht die Frage nach der Effizienz und der Zuverlässigkeit der Ehegaumer stellen.

Dabei muss allerdings der Interessenkonflikt eines Ehegaumers zwischen seinem obrigkeitlichen Auftrag und seiner Stellung als Dorfbewohner zur Dorfgemeinschaft und den anderen obrigkeitlichen Organen, wie etwa dem Dorfvogt, berücksichtigt werden. So dürfte es sich kaum empfehlen, in jedem Fall ein Vergehen dem Ehegericht zur Anzeige zu bringen, besonders da der Ehegaumer auch nach dem

---

21 EGP 8, 280v.
Die anderen Ermahnungen finden sich: 4. Dezember 1606; EGP 3, 448. 20. August 1607; EGP 3, 468. 4. März 1645; EGP 8, 210r. 27. Oktober 1685; EGP 12, 88. 7. März 1690; EGP 12, 332. 19. November 1711; EGP 15, 72. 10. Mai 1712; EGP 15, 155. 7. Juni 1712; EGP 15, 161. 15. August 1715; EGP 16, 200. 28. Mai 1726; EGP 18, 268. 19. Mai 1729; EGP 19, 59. 9. Juni 1735; EGP 20, 5. 16.Juni 1735; EGP 20, 16f.

22 EGP 13, 55.
Weitere Beispiele liessen sich beliebig anführen. So etwa: 30. Juni 1640; EGP 8, 142v. 11. April 1685; EGP 12, 75. 4. Oktober 1737; EGP 20, 519.

23 AA 72.3. Synodalmemorial vom 4. Mai 1669. AA 72.3. Synodalmemorial vom 1. Mai 1673. AA 72.4. Synodalmemorial vom 9. Mai 1718. AA 72.4. Synodalmemorial von 1725. AA 72.4. Synodalmemorial vom 1. Mai 1732.

24 AA 74.2. Visitation der Landschulen und Kirchen 1647, 1648, 1649. Hier die Visitation von Thayngen vom 24. August 1647 und diejenige von Merishausen vom 18. Februar 1649.

25 6. Juni 1732; RP 190, 6. 14. Juli 1741; RP 199, 120. 12. Januar 1761; RP 218, 443.

eventuellen Prozess mit dem von ihm angeschwärzten Mitbewohner im gleichen Dorf zusammenleben muss. Dieser Zwiespalt kommt deutlich am 7. Dezember 1637 zum Ausdruck, als der Ehegaumer von Buchthalen mit 6 Gulden gebüsst wird, da er wohl von der vom Dorfvogt begangenen Unzucht Kenntnis hatte, dieses Vergehen aber nicht dem Gericht meldete.[26] Zusätzlich mögen Kompetenzüberschneidungen innerhalb der dörflichen Struktur das rechtzeitige Angeben von Delinquenten verhindern. Am 14. Juli 1751 nämlich erklärt Franz Tanner, Ehegaumer von Bargen, bezüglich mehrerer Vergehen, die angeblich nicht dem Gericht gemeldet wurden: "Er habe den Vogt gefragt, ob ers dem hr. pfarrer angezeigt, und da er mit ja geantwortet, habe er geglaubt, es seye genug."[27] Ob diese Aussage lediglich eine Schutzbehauptung ist, indem der Ehegaumer seine Verantwortung abwälzt, bleibe dahingestellt. Nicht immer muss dabei das Versagen so greifbar sein, wie wir es am 1. März 1753 von Johannes Brütsch aus Buch, vernehmen, dem " ... ernsthafft zugesprochen, dass er als Ehegaumer seiner Pflicht vergessen, und anstatt die junge leüth zu wahrnen selbst bej ihnen gesessen und mitgezecht habe".[28] Wenn dies auch ein Einzelfall zu sein scheint, so erklärt sich in diesem Lichte besehen ein Stück weit wenigstens das Misstrauen des Gerichts den Ehegaumern gegenüber, von denen es den Eindruck hat, sie kämen ihrer Aufgabe nicht in ausreichendem Masse nach, was aber um so schwerer wiegt, da gerade die Institution der Ehegaumer, wie sie uns spätestens seit Ende des 16. Jahrhunderts begegnet, zur Sicherstellung der Durchsetzung des Eherechts geschaffen wird und damit zentral zur Ehegerichtsbarkeit gehört.

---

26 EGP 7, 94r.
27 EGP 24, 221.
28 EGP 24, 573.

12.4. Die Knabenschaft

Zur Ehegerichtsbarkeit auf der Landschaft gehört, obwohl nur inoffiziell und von der Obrigkeit stets mit Misstrauen beobachtet, auch die Knabenschaft in den einzelnen Dörfern, die gleichsam als eine Art von Dorfpolizei amtet, der vor allem die Kontrolle obliegt, wer bei welchem Mädchen zur Nacht in den Gaden einsteigt, wobei Dorffremde besondere Aufmerksamkeit erfahren. Die Knabenschaft selbst setzt sich aus unverheirateten jungen Männern des jeweiligen Dorfes zusammen, was erklärt, weshalb gerade Dorffremde als potentielle Konkurrenten im Werben um eine Frau besonders überwacht werden.[1] Nach den Quellenstellen der EGP scheint die interne Überwachung ziemlich rasch und lückenlos zu arbeiten, vernehmen wir doch öfters, die Knaben seien "gleich" zur Stelle gewesen und hätten den Eindringling vom Gadensteigen abgehalten.[2] Als typisches Beispiel dafür, wie selbst eigentlich harmlose Begebenheiten das Auftauchen der Knabenschaft bewirken können, erzählt Johann Martin Müller von Thayngen am 15. Juli 1745, er habe mit Maria Müllerin von Löhningen zu Abend gegessen und sie anschliessend nach Hause begleitet, "und seyen sogleich die knaben kommen sobald er mit der tochter in der stuben gewesen, worauf er sich in der tochter kammer salvirt ... ".[3] Der Eindruck, wonach die Knaben vermeintlich Fehlbaren geradezu auflauern, um beim geringsten Anlass, der Unschickliches vermuten lässt, zur Stelle zu sein, ist also

---

1 AA 72.4. Synodalmemorial vom 6. Mai 1745. Der Pfarrer zu Merishausen berichtet: "dass die alldortige junge knaben, welche von dem hrn. Pfarrer zu dem h. Abendmahl praepariert werden ... sich darzu auf eine gantz andere u. zwar recht detestable weise müssen einweihen lassen, indem der gantze übrige hauff der annoch ledigen knaben, die bereits zu der h. communion hinzu gelassen sind, jene gemeiniglich nöthiget, dass sie um eben dise Zeit, dann auch sie die Erlaubnis, zum Tisch des herren zu kommen, erlangen, zuerst den sogenannten Heusel-Wein zum besten geben, u. sich darmit das Recht u. privilegium acquirieren müssen, dass auch sie alsdann gleich denen übrigen des Nachts auf denen gassen herumschwermen, das Gaden-Steigen exercieren u. alle übrige büberejen, ohne einigen weitern Entgelt, mitmachen dörffen."
Eine ähnliche Schilderung findet sich bereits: AA 72.3. Synodalmemorial vom 10. Juni 1689.
Mitterauer, Jugendgruppen, in: Beiträge zur historischen Sozialkunde 6, 1976, 36-38. "Die Burschenschaft bildet so ein wichtiges Regulativ hinsichtlich des Zugangs zum Heiratsmarkt und beeinflusst ihn in Richtung einer territorial beschränkten Endogamie." Für die Eidgenossenschaft: Hauser, Leben, 216-218. Simon, Untertanenverhalten, 227f. Lutz, Jünglings- und Gesellenverbände, bes. 8-23 und 43-57. Métraux, Jugendleben, 40-51.

2 25. November 1723; EGP 17, 611. 12. Mai 1729; EGP 19, 58.

3 EGP 22, 459.
Ein anderes Beispiel findet sich am 9. Mai 1752; EGP 24, 447., als Johannes Trüb aussagt, er sei von Bibern nach Lohn gegangen, um seinem zukünftigen Schwiegervater einen Gruss auszurichten, "da es aber Nachtszeit und er von den Knaben verfolgt worden, hab er gebetten, das Man ihn ins haus lasse", was auch geschehen sei, zudem habe er die Kammertür versprerren müssen, da ihm einer der Knaben nachgerannt sei.

offensichtlich und spricht für die Effizienz des Vorgehens. Wie gross dabei die Autorität ist, mit der die Knabenschaft im Dorf auftritt, wird ersichtlich, wenn diese mit aller Selbstverständlichkeit von den Hausbesitzern verlangt, die Häuser zur Inspektion zu öffnen. Am 22. März 1736 erklärt Jacob Rych, Küfer aus Neuhausen, "es seyen 2 oder 3 knaben an sein haus kommen, sagend, es seye einer bey der Magt, denen Er dann auf verlangen das haus eröffnet, sie haben Ihn aber nicht gefunden".[4] Selbst vor Gewaltanwendung schreckt man nicht zurück. So haben Michel Löup und Michel Werner von Beggingen "einer Tochter alda die Türen an der Ramer uss dem angel gelupfft, da Ir hochzeiter bey Iren war".[5] Geradezu listenreich zeigt sich schliesslich das Vorgehen, um den vermeintlich Fehlbaren aus seinem Versteck im fremden Haus herauszubekommen. Am 14. März 1738 erhält das Gericht von einigen Knaben aus Neunkirch auf die Frage, wie sie den Xander Müller aus der Kammer vertrieben hätten, die lapidare Antwort, welche aber auf diesbezügliche Erfahrung schliessen lässt: "Schwefel haben sie vor dem Schlüsselloch angezündt."[6] Durch den dabei verursachten Gestank und Rauch erreichen die Knaben ihr Ziel. Freilich sind nicht nur andere Männer das Opfer der Überwachung, sondern diese erstreckt sich durchaus auch auf die unverheirateten Frauen des Dorfes. So erfahren wir am 25. November 1647 von Zacharias Peyer von Schleitheim, Müller, seine Magd Elsbetha Stammen sei ungefähr eine Stunde "nach Betzeit" nach Hause gekommen "und trage die kleider an arm; als Sie gefragt, warumb Sie also daher komme, sage Sie die knaben haben Sie geprügelt ... also das solches ein alter brauch seye, dergleichen döchtern so nachts auf der gass schweiffen also abzuprügeln".[7] Das nächtliche Ausgehen einer unverheirateten Frau unterliegt gleichfalls der Kontrolle seitens der Knabenschaft, die in der Anwendung ihrer Strafmittel nicht zimperlich ist, wie das Beispiel zeigen mag. Das Verprügeln der Fehlbaren gehört nicht zum alleinigen Repertoire, welches der Knabenschaft zur Verfügung steht.[8] So taucht in den Quellen auch auf, was Michel Leüpold von Toningen, Schuhknecht, am 10. Dezember 1744 wiederfährt. " ... sodass die knaben ihn aus dem haus genohmen und in

---

4 EGP 20, 133. Auch: 7. Februar 1715; EGP 16, 122.

5 29. Oktober 1640; EGP 8, 144v.
23. August 1746; EGP 22, 635. "in des Hans Webers haus ein eisengitter vor den kammerfenstern weggebrochen und zu den Mägten zu Gaden gestigen ... weil sie glaubt, die Meitli haben frömbde kerl bej sich ...".

6 EGP 20, 636.

7 EGP 8, 275r. Hans Höusi, einer der Beteiligten, sagt dann auch aus, die Magd sei wirklich geprügelt worden, "weyln sie etliche mahl also nachts ins dorf hinauf kommen und Mannen und Knaben angereitzt".

8 29. Juni 1790; EGP 33, 90. " ... indem die knaben ihm aufpassen und ihn prüglen wollen".

den brunnen gesezt haben."[9] Die Fehlbaren werden zur allgemeinen Belustigung in den Dorfbrunnen befördert, "da dan nicht nur dero beste kleider verderbt, sonder sie auch selbst, sonderlich in strenger Winterzeit an ihrer gesundheit beschädiget werden", wie die Geistlichkeit klagt.[10]

Ist die Aktivität der Knabenschaft soweit durchaus im Sinne der Obrigkeit und ihres Kampfes gegen das Gadensteigen, lässt sich doch noch eine zusätzliche Zielrichtung erkennen, die allerdings der Obrigkeit weniger gefallen haben dürfte. Dabei handelt es sich um das Bemühen, die fehlbaren Männer nicht nur zu verprügeln, sondern auch auszunehmen.[11] So erzählt Verena Pletscher, Magd in Schleitheim, von Jacob Abt, dieser sei bis 3 Uhr am Morgen bei ihr gewesen, und als er sich habe nach Hause begeben wollen, hätten zwei Knaben, "welche ihm die ganze Nacht aufgepasst, ihn der einte bey dem Rok und der Andere bey den haaren angepakt und ihn genöthiget mit ihnen auf das Rieth zu gehen, allwo sie ihn ... genöthiget, dass er ihnen die bey sich gehabte 42 xr. Geld geben ... ".[12] Das Geld dient dazu, sich einen schönen Abend im Dorfwirtshaus zu machen. Die Absicht, sich so einen Abendtrunk zu verschaffen, spielt bei den Aktivitäten der Knabenschaft eine sehr grosse Rolle. So gesteht Hans Leonhart am 24. Juli 1727 freimütig, er habe in einer Kammer nach Fehlbaren gesucht, "die ihm zutrinken bezahlen sollen ... ".[13] Am 26. Januar 1730 vermeldet Michel Wanner anscheinend ohne grosses Erstaunen, "das die Knaben auf ihn gepasst und ihn ins Wirtshaus geführt".[14] Entsprechend rabiat fällt die Reaktion aus, wenn sich der Fehlbare weigert, das gewünschte Geld herauszurücken. So klagt Jacob Walter, Sohn des Schmiedes von Löhningen, am 6. Dezember 1774, die Knaben von Merishausen hätten "ihn häuslen[15] wollen, 4 Gulden von ihm verlangt, und ihn, weil er ihnen nichts geben wollen, zu boden gerissen, geschlagen, durch die Strass geschlept und in

9 EGP 22, 345.
30. Januar 1755; EGP 26, 196. Die Knaben hätten "demselben gedrohet, sie wollen ihn in den Brunnen werffen".

10 AA 72.3. Synodalmemorial vom 10. Juni 1689.

11 6. Februar 1721; EGP 17, 372. " ... da ihn die Raffzer knaben ausnehmen wollen ... ". 4. März 1755; EGP 26, 222. " ... so haben sie solche ausnehmen ... wollen."

12 11. September 1770; EGP 29, 140. Die 42 Kreuzer sind offensichtlich nicht genug, da er auch noch sein Brusttuch hinterlegen muss.
Mitunter wird dem Liebhaber ein Kleidungsstück entwendet, welches dieser anschliessend auszulösen hat. Fuchs, Illustrierte Sittengeschichte, Bd. 2, 79. zeigt eine Abbildung aus einer erotischen Schwankillustration des 15. Jahrhunderts, bei der dem Liebhaber der Mantel gestohlen wird.

13 EGP 18, 443. Das Gericht büsst ihn dann auch mit 6 Gulden.

14 EGP 19, 131.

15 Der Häuselwein gilt als Abgabe an die Knabenschaft. Dazu: Idiotikon 2, 1679-1681.

das wasser werffen wollen".[16] Bei dem manchmal zu beobachtenden gezielten und schnellen Vorgehen der Knabenschaft kann sich schon der Eindruck einstellen, die ganze Sache sei wohlvorbereitet gewesen, um einen vermeintlich Fehlbaren in die Falle zu locken, nur zum Zweck, der Dorfjugend einen Abendtrunk zu verschaffen. So zumindest sieht es Conrad Schech, der am 27. November 1732 vor Gericht erklärt, "glaub dass es ein angelegt spil gewesen, weil die knaben gleich ihn ausgenohmen und zu trinken begehrt ... ".[17] Das Gericht ist sich dann auch dieses Dilemmas zwischen willkommener nächtlicher Aufsicht über das Verhalten der unverheirateten Frauen und ihrer Verehrer auf der einen und den eigennützigen Motiven der Knabenschaft auf der anderen Seite wohlbewusst. So kann es gerade deshalb Bussen verhängen, wie am 26. Mai 1778, als drei Knaben mit je 1 Mark Silber gestraft werden, "welche zwar diese That entdekt, solches aber mehr um häussel wein zu gewinnen, als um dem Laster zu steuren, gethan".[18] Richtigerweise hätten sie nämlich den ganzen Vorfall dem Ehegaumer anzeigen müssen. Trotz dieser von der Obrigkeit zwiespältig betrachteten Aktivität der Knabenschaften steht sicher ausser Frage, dass die dadurch ausgeübte dorfinterne Kontrolle eine gewisse Wirksamkeit im obrigkeitlichen Sinne bei der Bekämpfung der Laster zeitigt,[19] wenn auch die vielen immer wiederkehrenden Klagen in den Synodalmemorialia, das Gadensteigen nehme auf der Landschaft überhand, die Effizienz relativiert, richtet sich doch die Aktivität der Knabenschaft in erster Linie gegen Dorffremde, die bei einheimischen Mädchen einzusteigen versuchen, während die Einheimischen, sofern sie zur Knabenschaft gehören, sich grosse Freiheiten gerade in diesem Bereich herausnehmen.[20]

---

16 EGP 30, 183.

17 EGP 19, 389.

18 EGP 31, 62.

19 Hauser, Leben, 216. spricht gar von sittenrichterlichen Funktionen der Knabenschaft. Vgl. auch: Hoffmann-Krayer, Knabenschaften und Volksjustiz, in: Geiger (Hg.), Kleine Schriften zur Volkskunde, 124-159.

20 So klagt etwa der Pfarrer zu Neunkirch "über das nächtliche unwesen der knaben und Jungengesellen, welche auff der gassen sich auffhalten und umher lauffen und allerlei muthwillen anstellen und treiben". AA 72.3. Synodalmemorial vom 6. Mai 1686.

Soziale Aspekte der Ehe

I. Das Eheversprechen in seinem Umfeld

I.I. Anbahnung und Bezug des Eheversprechens

Wollen wir diesen Fragenkomplex beantworten, so sind wir auf einzelne Aussagen von Parteien vor Gericht angewiesen, Aussagen, die im Verlauf eines Prozesses eher zufällig und beiläufig gemacht werden. Trotzdem ist es möglich, einen einigermassen vollständigen Überblick zu gewinnen, einfach durch die grosse Anzahl der zur Verfügung stehenden, freilich verstreuten Aussagen, die zu einem Gesamtbild zusammengefügt werden müssen. Doch findet dieses Vorgehen seine Rechtfertigung nur schon darin, dass dem Eheversprechen, wie wir immer wieder sahen, eine zentrale Rolle bei der Eheschliessung zukommt, und zwar nicht nur auf der rein juristischen Ebene, als Vorstufe zur eigentlichen Ehe, als Ehebezug, sondern auch im Verhalten und Brauchtum der beteiligten Menschen. Das Eheversprechen ist der erste und wesentliche Schritt auf dem Weg zur Ehe, ein Schritt, der wohl von den Beteiligten selbst auch so empfunden wird oder doch zumindest so empfunden werden sollte.

Wenden wir uns zu Beginn der Frage zu, wo und wie ein Eheversprechen angebahnt und bezogen werden kann, auch wenn wir uns stets bewusst sind, dass letztlich eben nur die Fälle vor Gericht enden, bei denen das Versprechen und seine Umstände umstritten oder sonstwie unklar sind, demnach die folgenden Beispiele besonders in ihren Details nicht allzu sehr generalisiert werden dürfen.[1]

Auffallend ist zunächst, wie scheinbar formlos das Eheversprechen bezogen werden kann, und zwar trotz aller obrigkeitlichen Versuche, den Beteiligten zuzusprechen, sich einen solchen Schritt wohl zu überlegen. Formlos in jeder Hinsicht. Einmal der juristischen, das heisst ohne Beizug von eigentlich in den EGO geforderten Zeugen oder ohne die Gewaltinhaber um Erlaubnis zu fragen oder diese zumindest, wie es gutem Brauch und Anstand entspricht, von der beabsichtigten Verlobung in Kenntnis zu setzen. Ein Sachverhalt, der dann vor Gericht erscheint, wenn Gewaltinhaber klagen, man hätte nicht um die Hand der

---

1 Wir können auf die einzelnen Werberituale nicht weiter eingehen, vor allem weil in den EGP nur vereinzelte und verstreute Aussagen dazu vorliegen. Somit muss der eher volkskundliche Aspekt weitgehend unberücksichtigt bleiben. Für Hinweise auf Werberituale: Bächtold, Gebräuche, 5-71. Hauser, Leben, 306-312. Simon, Untertanenverhalten, 234-236.
Für Schaffhausen findet sich Rudimentäres bei Steinemann, Kirchenbücher, in: SHB 14, 1937, 133-138. und Steinegger, Volkskundliches, in: SAV 37, 1939, 170-173. Wesentlich ausführlicher ist Steinegger, Hochzeitsbräuche, in: SHB 16, 1939, 107-149.

Tochter angehalten, sondern fremde Leute hätten ihnen vom Versprechen erst berichtet.[2] Formlos auch, was den Ort, an dem das Versprechen geschieht, und vor allem dessen Umstände überhaupt betrifft. So erfahren wir, dass Oswald Clausen, Leinenweber von Agelthausen im Toggenburg, "kurtz verschiener Zeits alhier in der Gastherberg zum Schwärth ... Sie, Rähmin, die Er zuvor niemahls gekändt umb die Ehe angeredt ... ", und sie "sich hierzu gutwillig bequemt".[3] Nicht viel anders geht es zu, als Meister Hans Geyger, Steinmetz, Anna Meyerin von Schleitheim ein Eheversprechen anbietet. "Als Er an einem Sontag abends von der wäberzunfft naher haus gehen wollen, habe Er Sie vor Ihres Junckhern haus neben einer andern Magdt sitzend angetroffen ... habe Er Sie umb die Ehe angeredt."[4] Als sich die Magd nicht gleich entscheiden kann und zuerst ihren Arbeitgeber fragen will, weigert er sich zu warten, "sondern kurzumb wüssen wollen, ob Sie Ihm die Ehe versprechen wolle. Darauf Er Sie an sich gezogen und geküsst ... ". Conrad Zimmermann von Trasadingen schliesslich verspricht auf dem Feld bei der Arbeit einer Taglöhnerin die Ehe und muss, da alles so improvisiert abläuft und er nicht darauf vorbereitet ist, sich das Ehegeld[5] von einem anderen Feldarbeiter borgen.[6] Der Leser kann tatsächlich bei solchen Schilderungen den Eindruck erhalten, ein Eheversprechen sei entgegen seiner juristischen und persönlichen Bedeutung eine Sache, die sich gleichsam im Vorübergehen abmachen lasse, sich eben so ergebe oder begebe, als ob die Entscheidung, ein Eheversprechen einzugehen, vom eigenen Willen unbeeinflusst sei.[7] Von tieferer Kenntnis des zukünftigen Ehepartners und gar gegenseitiger Zuneigung wird nichts spürbar, am ehesten mag noch die Überlegung, ob die Frau arbeitswillig sei, eine Rolle spielen,[8] wenn das Eheversprechen nicht gänzlich dem Zufall überlassen werden soll. Oder dann handelt der Mann in einer Art von Torschlusspanik, wie Georg Uhlmann, Wagner von Beringen, der in einer Nacht am Haus der Barbara Rüdin von Gächlingen anklopft und ihren aus dem Schlaf gerissenen Vater kurzerhand um die Hand seiner Tochter bittet, was dieser aber ablehnt, da er nicht so unüberlegt in

---

2 23. Juli 1649; EGP 8, 302r.

3 7. April 1674; EGP 10, 322.
Immerhin macht er zur Bedingung, dass die Frau das Landrecht habe, da er sie sonst nicht in seine Heimat nehmen dürfe.

4 24. Juni 1650; EGP 8, 319v-320r.

5 Zur Bedeutung des Ehegeldes siehe weiter unten und Kap. I.2.

6 3. Oktober 1765; EGP 27, 804f.

7 Conradt Fritscheller führt dazu aus, als er auf einer Reise in Stein am Rhein aufgehalten worden sei, "hab sichs begeben, das er Crista Schunackhers dochter ... zuo der Ehe genommen". 10. März 1603; EGP 3, 267.

8 Dies ist mit grosser Sicherheit die Motivation für den oben angeführten Conrad Zimmermann, der während der Feldarbeit sieht, wie die Taglöhnerin fleissig arbeitet, und sich daraufhin entschliesst, dieser die Ehe anzutragen.

einer Nacht seine Tochter verspreche. Als Begründung für sein reichlich merkwürdiges Verhalten gibt Uhlmann an, er selbst habe keinerlei Vermögen, und daher wolle ihn keine Frau nehmen, die nur über etwas Gut verfüge. Uhlmann weiss offenbar, dass auch Barbara Rüdin nicht mit einer Mitgift rechnen kann und also von daher keine Hindernisse für ein Eheversprechen entstehen sollten.[9]

Ähnlich wenig Rücksicht auf gegenseitige Zuneigung wird im Falle einer Verkuppelung zweier Personen genommen, mit entsprechenden Folgen. So berichtet Junker Hauptmann Johann Conrad im Thurn zur Haselstaude, er möchte seine Magd heiraten, da seine Verwandtschaft seine erste Ehe erzwungen habe, "doch der Erfolg gezeigt, dass sie nicht zusammen getaugt. Nun wolle er seinem eigenen Kopf folgen."[10] Beim Versuch, jemanden zu verkuppeln, spielt neben dem ausgeübten Zwang auch das Überraschungsmoment eine entscheidende Rolle, wie dies Elisabetha Fischer von Herblingen anschaulich erzählt. Man habe sie auf die Gemeindestube bestellt, wo auch Hans Jacob Leu gesessen sei, der ihr Avancen gemacht habe, "worauf dann der Stubenknecht nebst anderen ihro zugesprochen, sie solle das Glük nicht mit füssen von sich stossen; worüberhin der Schulmeister hergeholet worden, der den EheContract aufgesezt, und seje alles über kopf und hals hergegangen ... welchem nach der Jacob Leu solchen unterschriben und sie gezwungen, ein gleiches zu thun, weil sie aber nicht schreiben könne, habe sie solchen nur mit 2 Creüzlin bekräftigen müssen ... ".[11] Besonders günstig ist für das Vorhaben der Verkuppelung zudem, wenn die Beteiligten beisammen sitzen beim Abend- oder Schlaftrunk und wegen des genossenen Alkohols leichter zu beeinflussen sind. So berichtet Hans Stier, Pfründer in Diessenhofen, als er letzten Herbst mit anderen Pfrundinsassen beim Abendtrunk gesessen sei, habe der Spitalmeister "im ... (als sy vollens wins gewesen) zuo der Emma Müllerin gesezt. volgenz beede die hand genommen, in ain anderen gethon und gesagt, das er sie zum Weib nemmen solle".[12] Auch Jacob Hessens Erfahrung diesbezüglich ist charakteristisch, der mit Melchior Müllers Magd zu Siblingen und einigen anderen beim Schlaftrunk sass, "werend abgeredt worden und dahin gebracht, das Sy einandern die hendt gebotten und die Ehe zuegesagt habendt".[13] Es ist unschwer einsichtig, dass gerade unter

---

9 3. Juni 1651; EGP 8, 335v.

10 23. August 1757; EGP 26, 572f.
5. Oktober 1531; EGP I, 56v. "sy baide hinder den tisch gesetzt und under anderm angehebt zureden, was gut und wievil sy habe und gesagt Er soll nit also, was hienacht nit geschech, das geschech niemer und näme Ir baider hend und schlage die Inainander und spräch das Ist ain Ee."

11 2. Dezember 1760; EGP 27, 298.

12 26. Januar 1590; EGP 2, 128. Emma Müller sagt dazu, der Spitalmeister habe "Ire beede hend zuosammen gehalten und gesagt, Es solle ain Eehe zwüschen Inen sein".

13 17. August 1598; EGP 3, 47. Weiteres Beispiel: 5. April 1593; EGP 2, 186f.

solchen Umständen geschlossene Eheversprechen oft im Streit vor Gericht enden.[14]

Damit kommen wir zum Ablauf eines Eheversprechens. Da ist einmal das Versprechen selbst, wobei es vor allem darum geht, der Gegenseite unverbrüchliche Treue zuzusichern und ihr so Sicherheit zu verschaffen, das Versprechen werde auch wirklich eingehalten. Dazu dienen nicht nur Aussagen, wie "du bist mein und ich bin dein, das soll unser beeder Jawort sein",[15] sondern noch viel eher, was in den Quellen als das Verpfänden von Leib und Seele bezeichnet wird.[16] Darunter versteht sich eine Ankündigung, wie etwa, "das Gott sich von Im wenden solte, wann er Iro nicht haltte ... ".[17] Oder: "das heylig abendtmahl sol Im verlohren sein, wann er mehr von Iren lasse."[18] Durch die Anrufung Gottes als der höchsten Autorität soll das Versprechen transzendentale Legitimation und Bestätigung erfahren. Gott wird gleichsam zum Zeugen angerufen für die Ehrlichkeit der eigenen Absichten, gleichzeitig wird dabei die Strafe für den Bruch des Eheversprechens benannt. Für eine Gesellschaft, die zutiefst von der direkten Einwirkung göttlichen Willens in die irdischen Belange überzeugt ist, die fest daran glaubt, zumindest in ihrer beinahe ausschliesslichen Gesamtheit, dass Gott selbst direkt strafend eingreift in das weltliche Geschehen, erhalten solche verbalen Versicherungen einen in der Tat sehr bindenden Charakter und verschaffen somit der Gegenseite die nötige Sicherheit, sich überhaupt auf ein Versprechen einzulassen. Selbst wenn das Verpfänden der Seele vielleicht für den einzelnen von eher formelhaftem Charakter ist, so tut dies seiner eigentlichen Bedeutung keinen Abbruch, die besondere Dimension bleibt, weshalb Frauen dies auch immer wieder vorbringen.

Es gibt freilich noch andere Möglichkeiten, ein Eheversprechen zu bestätigen. Dazu gehört das Zutrinken auf die Ehe. Den geeigneten Rahmen dafür gibt einmal mehr der Abend- oder Schlaftrunk ab, bei dem

---

14 Einschränkend gilt es zu bemerken, dass Kuppler auch im Sinne von Heiratsvermittlern auftreten können, die im Auftrag und gegen Bezahlung vorgehen. Daher hat der Kuppler oder die Kupplerin nicht von vorneherein einen negativen Beigeschmack. Bächtold, Gebräuche, 20-23.

15 EGP 19, 428.
8. März 1593; EGP 2, 181. "du bist min und ich bin dein". Hierbei handelt es sich um eine Rechtsformel, durch die sich die Frau in die Gewalt des Mannes begibt. Die Formel besitzt nach Bächtold, Gebräuche, 87f. noch bis ins 18. Jahrhundert Bedeutung.

16 3. März 1631; EGP 6, 83. "zue der Ehe genommen ... auch sein seel darzue verpfendt."
2. November 1647; EGP 8, 270v. "und sein Leib und Seel gegen Ihro verpfändt."

17 4. September 1595; EGP 2, 287.
16. April 1603; EGP 3, 273. "Er wöll Sy nicht verlassen und wann er von Ihren weyche soll auch Gott von Im weichen."

18 7. Januar 1630; EGP 5, 56.
28. April 1603; EGP 3, 275. "So er Sy verlasse, soll er auch von Gott verlassen und das hailige abendtmahl an Im verlohren sein."

ohnehin bereits eine ganze Gruppe von Personen beim Wein zusammensitzt. Damit aber sind eigentlich die beiden Hauptbestandteile des Zutrinkens auf die Ehe vorhanden: Zeugen und Wein.[19] Gerade Essen und Trinken besitzen von altersher auch eine rechtliche Bedeutung.[20] Die Absicht dabei ist, durch Zutrinken auf die Ehe das Versprechen vor Zeugen zu bestätigen, es öffentlich und gleichsam rechtlich bindend zu machen.[21] Zum Vorgehen selbst gilt zu sagen, dass der Bräutigam seiner Braut mit einem Glas Wein auf die Ehe zutrinkt, worauf die Braut ihrem zukünftigen Mann den Zutrunk erwidert. "Und er Iro ain Trunckh mit dem Glas uff die Ehe gebracht. habe sie Im beschaid gethon und die Ehe zuegesagt."[22] Die beiden Brautleute anerkennen so gegenseitig vor Zeugen, ein Eheversprechen abgeschlossen zu haben.[23] Indem die Braut den Zutrunk erwidert, wird die Verpflichtung zur Ehe gegenseitig.[24] Es ist nicht immer klar, ob die beiden Brautleute aus dem gleichen Glas trinken müssen, wie es hier den Anschein macht: " ... dann Er Ihro ein Trunckh weyns auf die Ehe gebracht, den Sie Ihm gesegnet und darüber getrunken."[25] Oder ob sie zwei verschiedene Gläser benutzen. Bei aller Formalität, welche das Zutrinken begleitet, kann trotzdem der Eindruck entstehen, es geschehe improvisiert, was seiner Bedeutung als Bestätigung eines Eheversprechens freilich keinen Abbruch tut.[26] Auch der Kreis der direkt am Vorgang beteiligten Personen kann sich erweitern, wobei sich der Charakter der Bestätigung und Öffentlichmachung des Versprechens eher noch verstärkt. So fragt einer der Anwesenden Thoman Schmidt, ob er sich verlobt habe, was dieser bejaht, worauf "er Im Schmidt ain glas mit wein auf guet glückh hein ausgebracht und Im glückh gewünscht, das er Schmidt alsbald angenommen und gesagt wöll ihren auch halten".[27] Durch die Abnahme des Zutrunks gibt Schmidt zu erkennen, dass er sich tatsächlich verlobt

---

19 30. Januar 1589; EGP 2, 69. 4. Dezember 1591; EGP 2, 145.

20 Hauser, Leben, 106f.

21 Bächtold, Gebräuche, 94-96. Zum Zutrinken vgl. auch den Artikel im Idiotikon 5, 691-694. Deneke, Hochzeit, 16. sieht im Zutrinken auf die Ehe eine mehr individuelle Art der Bindung.

22 14. Februar 1594; EGP 2, 215.
19. September 1594; EGP 2, 251. "Daruff er ain glas Ingeschenckht und Iro uff die Ehe gebracht, hab sy beschaid gethon."

23 14. Januar 1602; EGP 3, 191. "Darnach an seines Vatters Tisch Iren ain Becher mit wein ausgebracht, und sy als sein hochzeytterin, In anhörung seiner Eltern gehaissen."

24 16. November 1609; EGP 3, 564. "Darauf er ihren ain Trunckh weins wie auch Sie dargegen Im auf die Ehe hein ausgebracht."

25 14. April 1646; EGP 8, 239r.
Das Trinken aus demselben Glas bringt die begonnene Lebensgemeinschaft zum Ausdruck. Bächtold, Gebräuche, 104.

26 20. Oktober 1603; EGP 3, 295. "Iren aus ainer gelten so voller weyns was auf die Ehe zuetrinckhen gegeben."

27 5. Juni 1610; EGP 3, 587.

hat. Noch beliebter scheinen Zutrünke zwischen Familienmitgliedern der beiden Brautleute zu sein. Jacob Rüdin von Gächlingen, Schneider, erklärt, die Verwandtschaft seiner Braut habe mit ihm und seiner Familie auf Schwagerschaft getrunken.[28] Auch dabei gilt das gemeinsame Trinken der einzelnen Familienmitglieder auf die zukünftige Ehe als Bestätigung des Versprechens und als Einverständnis der Verwandtschaft zur Ehe.

Neben dem Zutrinken, das im Laufe der zweiten Hälfte des 17. Jahrhunderts allmählich aus den Quellen verschwindet, ist ein weiteres vorzügliches Mittel, sich das Eheversprechen gegenseitig zu bestätigen, der Austausch von Ehegeschenken,[29] besitzt doch dies den zumindest scheinbaren Vorteil, dass beide Seiten etwas in Händen haben, um die Existenz des Versprechens zu beweisen, sollte es zu einem Prozess vor Gericht kommen. Die Absicht dahinter ist, durch die Annahme eines Ehegeschenkes, oder Ehepfandes, sein Einverständnis zu einer Ehe bindend zu geben. Wer das Pfand annimmt, bestätigt damit gleichzeitig das Versprechen und bringt so die Bereitschaft zur Ehe zum Ausdruck.[30] Diese Auffassung wird in den Quellen unmissverständlich greifbar. So erzählt Regula Jung, Hans Müller habe, nachdem er sich in ihrer Stube ein Bild von ihren finanziellen Verhältnissen gemacht habe, zu ihr gesagt, "er möchte ihr Buel sein. so es ihren geliepte, welches Sy Im zuogesagt. Darauff er bey dem Tisch den Seckhel herfürgezogen und ihren zway geltlin gegeben mit vermelden, so Sy das gellt behalte, müess Sy In auch zur Ehe haben".[31] Der Pfandgeber und der Pfandnehmer befinden sich so in des anderen Schuld. Verena Rahmin von Unterhallau sagt, Eberhard Külling von Wilchingen, Schneiderknecht, habe ihr einen Gürtel gekauft, "und dabey geredt, weyl Sie dieselbe angenommen, also müsse Sie Ihn auch haben".[32] Allerdings kann sich auch hier der Eindruck einstellen, ein Austauschen von Ehegeschenken geschehe zufällig und ohne tiefere Absicht der Beteiligten, sich wirklich überlegt zu versprechen. Hans Spar von Neunkirch sagt dazu, als er Verena Schacherin getroffen habe, sei ihm eine halbe Silberkrone entfallen, "welchen die dochter aufgehebt, darauf Spar gesprochen, wann Sie das

---

28 3. Juni 1651; EGP 8, 336v.

29 Zum materiellen Wert der Ehegeschenke siehe das folgende Kapitel 1.2. Die Sitte des Austausches von Ehegeschenken ist weitestverbreitet. Bächtold, Gebräuche, 123-184.

30 Bächtold, Gebräuche, 251. interpretiert die Bedeutung des Ehegeschenkes dahingehend, dass die Pfänder als Äquivalente der Person selber gedacht seien und somit den Pfandgeber repräsentieren.

31 9. Januar 1604; EGP 3, 304.

32 28. Juni 1653; EGP 8, 365r. 29. Juli 1645; EGP 8, 219v. Der Bräutigam spricht zu seiner Braut, "wann dies Gelt behalten wilt, so must hiemit alles, und also auch mich behalten."

Gelt behalte, so müsse Sie Ihn auch behalten".[33] Der eher zufällige Umstand ändert nichts an der bindenden Kraft des Ehegeschenks in den Augen der Beteiligten. Die entscheidenden formalen Bedingungen dabei sind, dass die Ehegeschenke freiwillig gewechselt und nicht mehr zurückgegeben werden, gilt letzteres doch als Aufkündigung des Versprechens, als Auflösung der gegenseitigen Verpflichtung. So schickt Catrina Frey ihr Ehepfand zurück, "dann Sy kein Mann begere".[34] Die Bedingung der Freiwilligkeit spielt in der Realität eine nicht unbedeutende Rolle, vernehmen wir doch immer wieder, das Ehepfand sei einer Partei aufgezwungen worden. Dabei ist es noch harmlos, wenn die Frau dem Mann einen Ring von seinem Finger zieht und ihn sich selbst ansteckt, lässt das Verhalten des Mannes doch auf sein Einverständnis schliessen,[35] problematischer wird die ganze Sache, wenn tatsächlich Gewalt angewendet wird. Oft erfahren wir, ein Ehepfand sei ungewollt der Frau "in ihren Buessen gestossen"[36] oder - von der Frau unbemerkt - in eine Tasche ihres Rockes gesteckt worden.[37] Vollends auf massives Vorgehen lassen Aussagen schliessen wie, der Mann habe die Frau gezwungen, "ihro die hand genohmen und mit Gewalt eine Ducaten hinein getrukt".[38] Es können aber auch Frauen zur List, ja gar Gewalt greifen, um sich ein Ehepfand zu verschaffen. So erzählt Hans Ülinger, letzte Fasnacht seien einige Mädchen beisammen gesessen, und als er vorbeigekommen sei, "haben Sie Ihn zum Fenster hinein gezogen und die hosensäck durchsucht und Ihm 1/2 dahler daraus genommen".[39] Er allerdings versteht die Absicht und wirft das Geld, nachdem er es zunächst wieder an sich genommen hat, auf den Tisch mit der Bemerkung, wer von den Mädchen es nehme, müsse auch ihn zur Ehe nehmen. Als wie bindend ein Ehepfand angesehen wird, mag sich daran zeigen, dass sich durchaus auch Vorteile aus einem unrechtmässig

---

33 4. November 1645; EGP 8, 228r.
15. Juli 1651; EGP 8, 338v. Calixt Ülinger von Neunkirch führt aus, die Witwe Benedict Fritzens habe kürzlich einen Dickpfennig in ihrer Hand gehalten, welchen er ihr genommen habe, worauf sie gesagt habe: "wann du den dickhen hast und behaltest, so musstu mich auch haben ... Du bist jetzunder mein mit Leib und Gut, habe Ihn also auf recht und redlich zur Ehe genommen."

34 9. März 1637; EGP 7, 71v.
21. Juni 1787; EGP 31, 962f. Der Vater Barbara Husers von Trasadingen befiehlt seiner Tocher, das vermeintliche Ehegeschenk sogleich zurückzuschicken, "so haben sie auch weiter keine Ansprache aneinander zu machen".

35 24. März 1642; EGP 8, 172r.

36 23. Mai 1609; EGP 3, 541.
27. November 1632; EGP 6, 239. Die Frau will den Mann "ganz und gar nicht, dann er ihro das gellt In ihren Buessen gestossen".

37 17. Januar 1643; EGP 8, 185v. "die tochter sagt, das Er Ihro den dickpf. ohne Ihr wüssen in Sackh geschoben."

38 25. Oktober 1746; EGP 22, 656f. Weiteres Beispiel: 10. März 1602; EGP 3, 302.

39 6. Mai 1673; EGP 10, 285.

angeeigneten Besitzstück ziehen lassen, selbst wenn es sich nur darum handelt, für die Rückgabe einen Geldbetrag zu fordern. Ulrich Lutz erzählt dem Gericht, einige Mädchen hätten ihm in einer Nacht einen Ring gestohlen und sich geweigert, diesen zurückzugeben, bis er ihnen Wein bezahle. Er muss auf diese Pression eingehen, in der Hoffnung, so den Ring wieder in seinen Besitz zu bringen, "sonsten wurde man vermeinen, Er hett Etwas mit Inen zue schaffen".[40] Geradezu panikartig ist die Reaktion von Johannes Dubler, als Elsbetha Forer plötzlich Geld, das er ihr für eine Busse auslegte, als Ehepfand ausgibt, "hab er mit gewalt solches wider genohmen und sie so entsezlich in die finger gebissen, dass sie es hab müssen fallen lassen, deren merkmahl noch zusehen seyen".[41] Diese Episode zeigt die Zwiespältigkeit und Problematik des Ehepfandes. Sind erst einmal Gegenstände gewechselt, so liegt es letztlich im Ermessen der Beteiligten, diese auch wirklich als Ehepfand anzusehen, oder bloss als Geschenk, als "Krom" auszugeben,[42] als eine nicht verpflichtende Gegenleistung für einen Dienst, als blosses Zeichen der Wertschätzung, als Leihgabe[43] oder als Lohn für geleistete Arbeit.[44] Daher garantiert ein Ehepfand noch keineswegs, dass das Gericht eine Eheansprache auch gutheisst. Diese Unsicherheit scheint einigen Beteiligten durchaus bewusst zu sein, weshalb Anna Roostin von einer Witwe den Rat erhält, "so er aber Iro etwas geben wölle, soll Sy In fragen, ob ers ihren auf die Ehe gebe oder nicht".[45]

Ist das Eheversprechen solcherart bestätigt, folgen die Verabredungen bezüglich des Hochzeitsfestes. Dazu gehört auch die Vorbereitung der Brautausstattung, was gerade für weniger bemittelte Brauteltern eine grosse finanzielle Belastung darstellt.[46] So meldet Hans Brütsch von Buch, Hans Mesmer von Dörflingen habe seine Tochter vergangene Pfingsten zur Ehe genommen, worauf Trog und Bettstatt angefertigt worden seien, "dardurch Sie dann In zimblichen Costen gebracht haben".[47] Zur Brautausstattung gehören der Trog, das heisst, eine Lade, in der das Bettzeug und die Ausssteuer aufbewahrt werden,[48] und das Brautbett. Da diese wie alle anderen Teile der Aussteuer besonders auf die Hochzeit gefertigt werden müssen, bedeutet ein Nichteinhalten eines getroffenen Eheversprechens einen gewichtigen

---

40 20. Oktober 1625; EGP 4, 26.

41 12. Dezember 1726; EGP 18, 329.

42 13. Juli 1598; EGP 3, 37.

43 10. Juli 1595; EGP 2, 283.

44 3. Oktober 1765; EGP 27, 804f. Dazu auch das Kapitel I.3.

45 22. Januar 1603; EGP 3, 262.

46 20. September 1787; EGP 31, 979. "weilen sie wegen Armuth ihrer Eltern sich noch kein Aussteürbett habe anschaffen können."

47 5. August 1645; EGP 8, 222r.

48 Grimm, Wörterbuch II, 790.

finanziellen Verlust.[49] Wie gross dieser allerdings jeweilen ist, erfahren wir nur sehr selten.[50] Die Vorbereitungen beinhalten auch das Ausrichten der Hochzeit selbst. Gelangt ein Eheversprechen dann zur Auflösung, wenn bereits für das Hochzeitsmahl eingekauft worden ist, so sind die erlittenen finanziellen Verluste noch grösser.[51] Es dürften nicht zuletzt gerade diese Folgekosten sein, welche immer wieder dazu führen, dass Brautpaare vor Gericht darum bitten, entweder gar nicht heiraten zu müssen, da sie einander "wegen der Türen Zit nit mehr begeren zue der Ehe zu behalten",[52] oder sie bitten um einen Aufschub der Hochzeit, "weyl dis jars ain härbe klamme und theüre Zeydt".[53] Reichen die finanziellen Mittel nicht aus, so können die Hochzeitsvorbereitungen ins Stocken geraten,[54] ja das Eheversprechen selbst kann in Gefahr stehen, wenn die finanzielle Decke zu dünn ist. Margretha Pfeiffer von Neunkirch bittet um Aufhebung ihres Eheversprechens; da sie zwölf Wochen krank gewesen sei, habe sie all ihre Mittel aufgebraucht, "so habe sie dermahlen nichts mehr und seje zum ehstand ohndauglich".[55] Die Frau kann während ihrer Krankheit nicht arbeiten und verbraucht daher all ihre Ersparnisse, die sie zur Ehegründung vorgesehen hat. In diesem Lichte erklären sich auch die Wünsche um Aufschub der Hochzeit bis in die oder nach der Erntezeit.[56] Die Brautleute sind Tagelöhner, welche folglich während der Erntezeit besonders günstige Verdienstmöglichkeiten in der damaligen arbeitsintensiven Landwirtschaft finden, da alle Hände auf den Feldern willkommen sind, und so hoffen, sich bis nach der Ernte genügend Geld beiseite gelegt zu haben, um dann die Hochzeit begehen zu können.

Stellen wir diese einzelnen aufeinanderfolgenden oder gleichzeitigen Schritte zum Ehebezug zusammen, so ergibt sich etwa folgendes Bild. Ein Eheversprechen kann sehr formlos bezogen werden, selbst Personen, die sich vorher noch nie sahen, versprechen einander die Ehe, wenn dies auch sicherlich nur die kleine Minderheit der Fälle

---

49 7. Mai 1661; EGP 9, 275. "mit Betth, Trog und anderen grossen umbkosten erlitten." 11. August 1668; EGP 10, 130. "Ihro Brauth-Betth, Trog und anders einkaufft und machen lassen."

50 3. Februar 1735; EGP 19, 601. Die Summe wird mit 75 Gulden 44 Kreuzer angegeben. Am 13. Februar 1772; EGP 29, 431. sind es 169 Gulden 49 Kreuzer und am 16. Juli 1771; EGP 29, 343. gar 341 Gulden 30 Kreuzer.

51 20. März 1660; EGP 9, 216. Das Fleisch für die Morgensuppe ist bereits bestellt.

52 11. Oktober 1627; EGP 4, 141.

53 23. Mai 1609; EGP 3, 539.

54 24. Januar 1609; EGP 3, 521. "das Sy aber mit dem Kirchgang bissher verzogen, seye dise theüwre Zeydt schuldig."

55 1. Oktober 1739; EGP 21, 92.

56 4. März 1602; EGP 3, 195. "aber erst nach der Erndtzeit hochzeit zuehalten begheren." 15. April 1602; EGP 3, 209. "sollen bis nechstkheünfftige Erndtzeit mit ainandern hochzeit halten."

betrifft, geht doch normalerweise dem eigentlichen Eheversprechen eine mehr oder weniger lange Werbung voraus. Besondere gegenseitige Zuneigung ist zum Eingehen eines Eheversprechens offensichtlich nicht nötig. Zur Bestätigung des Versprechens und zur gegenseitigen Verpflichtung und Absicherung, dieses auch wirklich zu halten, dient das Zutrinken auf die Ehe und vor allem das Austauschen von Ehegeschenken.[57] Gilt das Versprechen als geschlossen und bestätigt, so folgen die Hocheitsvorbereitungen, welche besonders für Minderbemittelte eine grosse finanzielle Belastung bedeuten.

Wir stellen demnach fest, dass zum Bezug und zum Ablauf des Eheversprechens bestimmte Formen gehören, die wenn immer möglich eingehalten werden sollen. Die Absicht ist klar: durch diese Formen sollen die Brautleute so sehr in ein Netz gegenseitiger Verpflichtung eingebunden werden, dass in dem Grad, in dem eine Auflösung des Versprechens schwieriger, die gegenseitige Absicherung und damit die Sicherheit für den einzelnen grösser wird.[58]

---

57 I. Februar 1588; EGP 2,36. Besonders schön kommen bei diesem Beispiel die verschiedenen Schritte zum Bezug des Eheversprechens zum Ausdruck. Die Brautleute versprechen einander die Ehe, trinken anschliessend darauf, und am nächsten Morgen erhält die Braut als Ehepfand zur Bestätigung ein Geldstück.
Dülmen, Kultur und Alltag I, 145. Durch die Ehegeschenke werden neue soziale Bindungen geschaffen.

58 Formal allerdings ist der Ehekontrakt das beste Mittel der gegenseitigen Absicherung. Doch vernehmen wir vor Gericht selten etwas von einem solchen Kontrakt, sicher nicht zuletzt auch deswegen, weil viele Menschen einfach weder lesen noch schreiben können. Vermutlich ist gerade das Fehlen eines solchen verbindlichen Schriftstückes ein wesentlicher Grund, weshalb das Versprechen umstritten ist und sogar vor Gericht endet.

I.2. Die Ehegeschenke[1]

Sahen wir im vorangehenden Kapitel, welche Bedeutung im Ablauf des Eheversprechens dem Ehepfand, das von den beiden Brautleuten gewechselt wird, zukommt, so stellt sich hier die Frage, welcher Art die getauschten Ehegeschenke seien.

Eindeutig lässt sich die Feststellung machen, wonach, soweit wir dies aus den Quellen erfahren, in etwa der Hälfte der Fälle im 16. und 17. Jahrhundert Geldstücke als Ehepfand gewechselt werden, wobei die Grösse der Summe unterschiedlich, wenn auch mehrheitlich eher gering ist.[2] Dies mag damit zusammenhängen, dass bei Abschluss des Eheversprechens die Brautleute nur gerade Kleingeld auf sich tragen, zumindest wenn es sich um ein improvisiertes Versprechen handelt, wie es uns im letzten Kapitel einige Male begegnete. Die Beträge reichen von einigen Batzen[3] zu Dickpfennigen,[4] Schillingen,[5] Kronen,[6] Franken,[7] Taler,[8] Dukaten,[9] Goldgulden.[10] Daneben aber kommen als Ehepfand Gebrauchsgegenstände unterschiedlichster Prägung und Qualität in Frage, eine Tendenz, die sich im 17. Jahrhundert immer mehr bemerkbar macht und im 18. Jahrhundert schliesslich die Überhand gewinnt. Auch hierbei sind viele der Gegenstände von eher geringem materiellem Wert, wie etwa Haar-[11] und Hutschnüre.[12] Dazu dienen Gürtel,[13] Strümpfe

---

1 In den Quellen variiert die Bezeichnung von Ehegeschenk, Ehepfand bis hin zu Haftgeld, was seiner tatsächlichen Bedeutung den besten Ausdruck verleiht.
Dazu auch: Bächtold, Gebräuche, 126-184. Deneke, Hochzeit, 61-80.

2 Die Höhe der Summe spielt für den Zweck keine Rolle. Letztlich scheint in dieser Zahlung die Gepflogenheit nachzuwirken, durch die "arrah", dem Dran-, Drauf-, Haft-, Angeld, die Erfüllung des Vertrages zu sichern. Deneke, Hochzeit, 67.

3 17. Oktober 1610; EGP 3, 595. "ain Schweizerbazen". 11. Dezember 1609; EGP 3, 571. "zwen Sechs Bäzer". 13. November 1595; EGP 2, 292. "drey bazen".

4 27. August 1650; EGP 8, 321r. "4 dickhen". 22. Juli 1645; EGP 8, 218r. "2 dickpfenning".

5 9. Juni 1657; EGP 9, 129. "1 Zürichschilling".

6 16. März 1598; EGP 3, 20. "ein halbe Silber Kronen"; 24. April 1638; EGP 7, 101r. "ein Silberkronen".

7 8. November 1599; EGP 3, 96. "ain halben franckhen". 17. Mai 1595; EGP 2, 271. "ain franckhen".

8 24. September 1607; EGP 3, 470. "ainen Thaler". 24. Januar 1626; EGP 4, 49. "ein Reichstaler".

9 2. November 1683; EGP 12, 1. "1 Ducaten". 23. Juli 1649; EGP 8, 302. "1 doppelte ducat".

10 30. Januar 1589; EGP 2, 67. "ain goldtguldin".

11 17. Januar 1643; EGP 8, 185v. 6. Juni 1654; EGP 9, 34.

12 17. Januar 1643; EGP 8, 185v.

13 22. Januar 1639; EGP 8, 122r. "2 Gürteln". 8. März 1593; EGP 2, 180. "ain gürttel".

verschiedener Machart,[14] Messerfutter,[15] Besteck jeglicher Art,[16] sonstige Kleidungsstücke, wie Halsmantel,[17] Vorschurz[18] und Halstuch,[19] ja sogar Stoff, woraus der Beschenkte sich selbst ein Kleidungsstück machen (lassen) kann,[20] als Ehegeschenke.[21] Selbst Taschentücher,[22] Krawatten,[23] Hemdenknöpfe[24] und "ein silberin Strälin"[25] finden sich darunter, wie auch Schuhe[26] und Schuhschnallen.[27] Gerade letztere Ehegeschenke weisen auf das modische Bewusstsein hin, das sich besonders auch bei den Tabakdosen, als modischem Accessoire der Zeit, zeigt. Diese werden in verschiedener Ausführung als Ehepfand weitergegeben,[28] selbst weniger bemittelte Brautleute erhalten solche,[29] und sie sind sogar geeignet, um einer Frau verehrt zu werden.[30] Doch manifestiert sich darin nichts anderes als vielleicht der eindrücklichste Nachvollzug damals gängiger Mode-

---

14 20. Februar 1776; EGP 30, 364. "ein Paar Seidene Strümpf". 1. September 1763; EGP 27, 592h. "ein Paar weisse Strümpf". 31. Juli 1677; EGP 11, 48. "ein par Bomerantzfarb gestrickte Strümpff", d.h. dunkelgelbe Strümpfe. Vgl. Grimm, Wörterbuch 7, 1995.

15 6. Juli 1670; EGP 10, 195.

16 2. März 1630; EGP 5, 73. "ein par Silbere Messer". 13. Juli 1593; EGP 2, 199. "ein Löffell". 24. Januar 1626; EGP 4, 49. "ein halb dozet Löfelstil".

17 18. November 1679; EGP 11, 144. "ein fordertheil zu einem halsmantel". 11. August 1681; EGP 11, 214. "ein wienerhalsmantel". Mit Halsmantel bezeichnet sich ein kurzer, Hals und Brust deckender miederartiger Überwurf von Leinwand. Grimm, Wörterbuch 10, 255.

18 20. Mai 1770; EGP 29, 51. Vorschurz oder Fürschurz meint einen besonderen Schurz zum Vorbinden. Grimm, Wörterbuch 4, 804.

19 20. Februar 1776; EGP 30, 363. "1 seidenen Halstuch". 3. September 1748; EGP 23, 260. "7 halstücher".

20 1. November 1768; EGP 28, 582. "wollener Damast". 19. September 1776; EGP 30, 412. "seidenen Trilch zu einer Vesten".

21 Sogar "ein Sameti Teschen mit Silbernen knöpfen" ist unter den Ehegeschenken zu finden. 2. März 1630; EGP 5, 73.

22 3. Juli 1597; EGP 3, 3. "ein fazennetlin". 11. August 1744; EGP 22, 192. und 14. Januar 1745; EGP 22, 363. "ein Schnupftuch".
Das Taschentuch ist vor allem im 17. Jahrhundert beliebt und eignet sich deshalb besonders zum Ehegeschenk, weil es während Renaissance und Barock als Luxusartikel gilt. Bächtold, Gebräuche, 129. Deneke, Hochzeit, 80.

23 20. Februar 1776; EGP 30, 364. "ein seidene Grawaten".

24 24. Juni 1777; EGP 30, 514.

25 1. August 1659; EGP 9, 189.

26 31. Juli 1788; EGP 31, 1018.

27 9. Dezember 1760; EGP 27, 306. "ein Paar Silberne Schuhschnallen". 13. Januar 1750; EGP 23, 495. "ein paar Schuschnallen".

28 14. Juli 1762; EGP 27, 495. Es handelt sich um eine silberne Tabatière. 1. April 1734; EGP 19, 510. "ein Silberne tabaktosen".

29 10. Dezember 1748; EGP 23, 326. "eine Erdene tabacdosen".

30 21. August 1759; EGP 27, 145.
19. September 1776; EGP 30, 412. "eine Tabatiere von poselaine".

vorstellungen, mit einer gewissen zeitlichen Verzögerung freilich. Denn folgen wir Saint-Simon, dem intimen Kenner höfisch-aristokratischer Sitten der Zeit, so ist das Tabakschnupfen von Frauen in den unbestritten europaweit modisch und kulturell massgebenden Kreisen Frankreichs selbst in der königlichen Familie üblich.[31] Als andere modische Ehegeschenke wären Degen,[32] Portraits der Brautleute,[33] Dosen für Schönheitspflästerchen[34] und "ein quasten an einen weher"[35] zu nennen. Letztere tauchen freilich nur als Geschenke auf, die sich begüterte Brautleute leisten können und wofür diese eher eine Verwendung haben. Ein schönes Beispiel für Modebewusstsein und den Willen, es anderen gleichzutun, bietet Melchior Sorg, Ratsherr, der auf die Frage seiner Braut, was er als Ehepfand haben möchte, antwortet, "er habe kein sakuhr und tabaktosen".[36] Da er im Rat sitzt, dürfte ihm das Fehlen von Statussymbolen der Zeit, wie Sackuhr und Tabakdose, bei jeder Ratsversammlung beim Blick auf andere Ratsherren schmerzlich auffallen. Dies ist sicher der Grund, weshalb er sich gerade diese beiden Ehegeschenke ausbittet. Beliebte Ehegeschenke sind auch Nadelbüchsen[37] und mit heilenden Salben gefüllte Balsamdosen.[38] Weniger auf modische Reize gerichtet und mehr zur geistigen Erbauung gedacht sind die oft geschenkten Psalmbücher,[39] weniger beliebt, vielleicht auch, weil zu unhandlich, scheint die Bibel.[40] Selbstverständlich gelten auch die heute bekanntesten, traditionellen Zeichen der Verbundenheit, nämlich Ringe[41] oder anderer Schmuck,[42] als bevorzugte Ehegeschenke.

---

31 Saint-Simon, Mémoires, Bd. 4, 398. "Le vendredi 5 février [1712], le duc de Noailles donna une fort belle boite pleine d'excellent tabac d'Éspagne à la Dauphine, qui en prit et le trouva fort bon." Zum Tabakschnupfen der Frauen: Gibson, Women, 205.

32 24. Juni 1742; EGP 21, 512. "ein silbernen Degen". 31. Juli 1677; EGP 11, 48. "i dägengehänk".

33 28. Juli 1729; EGP 19, 96.

34 6. Februar 1742; EGP 21, 478. "ein Muschentöslin". Idiotikon 13, 1804.

35 28. Juli 1729; EGP 19, 95. Mit Weher wird ein Fächer bezeichnet. Grimm, Wörterbuch 14, 98f.

36 30. März 1734; EGP 19, 507.

37 29. August 1765; EGP 27, 786. "ein Silbernes Nadelbüchslin".

38 14. August 1660; EGP 9, 244. "ein Balsam-büchslin gegeben und gesagt, wann Ihro wehe werde, könne Sie sich damit anstreichen."

39 19. Dezember 1643; EGP 8, 196r. "ein Psalmbüchlin"; 31. Juli 1677; EGP 11, 48. "ein mit Silber beschlagen Psalmbuch".

40 2. November 1683; EGP 12, 1.

41 1. August 1659; EGP 9, 189. "ein goldin Ringlin". 16. Januar 1749; EGP 23, 347. "silberner Ring". 15. Dezember 1643; EGP 8, 193v. "ein diamant Ring". 28. Juli 1729; EGP 19, 95. "ein Ring mit diemanden".
Die Geschichte des Gebrauchs von Ringen reicht bis in das alte Rom zurück, wobei dort weder der eigentliche Trauring noch der Ringwechsel bekannt war. Deneke, Hochzeit, 71.

42 21. Heumonat (Juli) 1674; EGP 10, 334. "1 goldin Kettenlin". 16. Juli 1771; EGP 29, 340. "einen Goldenen Geschmuck um den hals". 14. Februar 1737; EGP 20, 433. "ein

Leider erfahren wir eigentlich nicht, wie viel Geld die Brautleute für solche Ehegeschenke aufwenden, von einer Ausnahme abgesehen. So hat sich eine Auflistung erhalten, doch handelt es sich dabei um die Ehegeschenke eines sehr begüterten Paares, beläuft sich doch die Summe der Präsente, die der Braut gemacht werden, auf über 760 Gulden.[43] Das mangelnde Wissen bezüglich des Wertes der Ehegeschenke ist auch deshalb nicht von ganz nebensächlicher Bedeutung, weil die Gnädigen Herren sich sehr wohl das Ehepfand als Einnahmequelle ausersehen und erschlossen haben. So verfügen die Richter am 5. Mai 1646, "das fürohin das Ehegelt, und was die Partheyen einandern auf die Ehe geben möchten (so dieselbe nit zusammen gesprochen werden) E.E. Ehegericht verfallen sein und zu handen geliefert werden solle".[44] Wird also ein Eheversprechen vom Gericht aufgehoben, so müssen die Ehegeschenke an das Gericht abgeliefert werden, wobei in der Regel das Armensäckli das Geld erhält. Allerdings können die Richter auch verfügen, der Ehegerichtsdiener solle das Ehegeld als Entschädigung für geleistete Arbeit erhalten,[45] oder es landet auf Beschluss des Gerichts im Stock der Sondersiechen.[46] Dabei müssen Gegenstände zu ihrem Gegenwert beim Gericht ausgelöst werden, das sich so den nützlichen Bargeldbetrag sichert, während die Brautleute erst danach ihr Ehepfand zurückerhalten.[47] Wie viel Geld freilich auf diese Weise in das Armensäckli gelangt, muss, von wenigen Ausnahmen abgesehen, offenbleiben. Die Beträge auf jeden Fall scheinen durchaus zu schwanken. So gibt das Gericht von Pfingsten 1766 bis Pfingsten 1768 30 Gulden 6 Kreuzer an das Armensäckli weiter,[48] im folgenden Jahr von Pfingsten 1768 bis Pfingsten 1769 sind es aber nur gerade 11 Gulden 54 Kreuzer,[49] wieder ein Jahr später etwas mehr, nämlich 19 Gulden 18 Kreuzer,[50] und schliesslich von Pfingsten 1770 bis Pfingsten 1771 die nicht unbedeutende Summe von 55 Gulden 20 Kreuzer.[51] An den gewechselten Ehe-

---

paar Ohrenbehänk". 10. Januar 1665; EGP 10, 35. "ein kleinod mit kleinen Rubinlein umbbesezt".
Inwieweit die traditionelle Bedeutung der einzelnen Edelsteine bei ihrer Auswahl von Bedeutung ist, muss offenbleiben, so steht zum Beispiel der Rubin für das Glück in der Liebe und der Saphir für Treue. Deneke, Hochzeit, 79.

43 Vgl. Appendix I.

44 EGP 8, 243r.

45 29. Mai 1778; EGP 31, 67. und 6. Juli 1779; EGP 31, 206.

46 9. August 1638; EGP 8, 115r.

47 Wie dann allerdings der Gegenwert eines Lehrbriefes, der als Ehepfand der Braut gegeben wird, zu bestimmen ist, erfahren wir leider nicht. 17. September 1754; EGP 26, 144-146.

48 Justiz L4, Rechnungen des Ehegerichts, Heft 18, 31.

49 Ebd.

50 Justiz L4, Rechnungen des Ehegerichts, Heft 19, 38.

51 Justiz L4, Rechnungen des Ehegerichts, Heft 20, 30.

geschenken lässt sich also zum Teil wenigstens ablesen, was gerade Mode ist, selbst wenn begüterte Stadtbürger darauf eher und schneller reagieren als Landleute, die für vieles vielleicht auch keine richtige Verwendung haben. Sicher ist aber zudem, dass die Ehegeschenke im Laufe der Zeit und besonders im 18. Jahrhundert immer wertvoller werden und selbst Landleute nicht mehr unbedingt hinter dem, was sich Bürger leisten, zurückbleiben wollen. Wohl sind die Zeiten selten geworden, als der Bräutigam von seiner Braut ihre Haube, die sie beim Abschluss des Versprechens gerade trägt, und sie von ihm seine Hosenbändel erhielt.[52] Dass aber der Brauch, ein Ehepfand zu wechseln, nicht nur durch die ganze Zeit beibehalten wird, sondern dass die Ehegeschenke im Wert und in der Ausgestaltung zunehmen, zeigt die ungebrochene Bedeutung, welche dem Ehepfand durch die Jahrhunderte beim Abschluss eines Eheversprechens zukommt.

---

52 22. Juni 1606; EGP 3, 428.

I.3. Männliches Verhalten vor Gericht

Aufgrund der grossen Zahl der Fälle sind wir in der Lage, uns auch mit der Frage nach männlichen Verhaltensmustern auseinanderzusetzen. Wie handeln Männer, die vor Gericht angeklagt sind, ein Eheversprechen gebrochen zu haben? Wir wollen dabei zwei Teilaspekte betrachten. Einmal das Verhalten vor Gericht, dann das Verhalten gegenüber der Frau.[1]

Zunächst fällt auf, wie das Ehepfand, das der Gegenseite Sicherheit bieten soll,[2] sich in sein Gegenteil verkehren kann. Ein Sachverhalt, den die Männer weidlich ausnützen. Auch wenn das Faktum, dass der Frau Geld gegeben wurde, oft nicht bestritten ist, so bleibt es der Interpretation offen, dessen Zweck zu bestimmen. Dabei ist es noch weniger folgenschwer, wenn der Mann dem Gericht gegenüber ausführt, er habe der Frau lediglich Geld zu einem "Krom"[3] oder aufs Neue Jahr gegeben.[4] Ist die Absicht im Verhalten des Mannes bereits hier klar, geht es doch darum, wenn immer möglich, die blosse Existenz eines Ehepfandes zu verneinen und damit folglich auch die Existenz eines Eheversprechens,[5] so erhält dieses Verhalten eine zusätzliche Dimension, wenn der Mann versucht, nicht nur den Austausch eines Ehepfandes zu verneinen, sondern gleichzeitig die Frau in ein Umfeld schlechten Leumunds und in den Ruf der Leichtfertigkeit zu bringen.[6] Dies aber geschieht unweigerlich, wenn der Mann vor Gericht behauptet, das Geld habe er "für das Sy bei Ihm geschlaafen zue Lohn geben. dann sy zue Im gesagt, wöll nit vergebens sein huor sein".[7] Die Frau soll als

---

1 Quellenbelege lassen sich vor allem für das 16. und 17. Jahrhundert finden, weil es im 18. Jahrhundert zunehmend einfacher wird, ein Eheversprechen vor Gericht auflösen zu lassen mit dem blossen Verweis auf gegenseitige Abneigung oder Reue. Vgl. Teil II, Kap. 7.3.1.3.

2 Vgl. Kap. 1.1.

3 25. Oktober 1593; EGP 2. 204. "Und den bazen hab er Iro zu ainem Krom zugestelt." 16. August 1599; EGP 3, 84. "das habe er Iren zuo einem Krom geben, und gar nichts uff die Ehe geben."

4 10. April 1595; EGP 2, 268. "was sonsten das guldin zaichen belang habs er Iro allain zum guotten Jar geben."

5 Damit bürden die Männer den Frauen die Beweislast auf. Becker, Leben und Lieben, 284.

6 Beck, Illegimität, in: Dülmen (Hg.), Kultur der einfachen Leute, 135. beschreibt in etwa die gleichen Verhaltensmuster der Männer in seiner Untersuchung zum bayerischen Dorf Unterfinning. Auch: Breit, Leichtfertigkeit, 109-112.
Arlette Farge, Das brüchige Leben, 37-39. zeichnet in ihrer Untersuchung zum Leben im Paris des 18. Jahrhunderts ein zu unseren Beobachtungen beinahe identisches Bild männlichen und weiblichen Verhaltensmusters im Falle der unehelichen Schwangerschaft auf.

7 19. März 1601; EGP 3, 147.
14. November 1588; EGP 2, 65. "hab er Iro ain ... Pfenning wie ainer andern zu Lohn geben."

Hure gebrandmarkt werden, die weder Anrecht auf ein Eheversprechen besitzt noch in ihren Aussagen vor Gericht wirklich glaubwürdig ist.

Das Gleichsetzen der vermeintlichen Braut mit einer Hure ist ein Verhaltensmuster, das sich bei Erklärungen, weshalb ein Eheversprechen nicht gehalten werden könne, ebenfalls finden lässt. So wird etwa vorgebracht, die Frau "seye schon zuvor ein hur und also kein Jungfraw mehr gewesen".[8] Die Bedingung, wonach die Frau zumindest im Moment des Abschlusses eines Eheversprechens jungfräulich zu sein hat, wird zu einer Waffe in der Hand des Mannes, der zwar den Beischlaf mit ihr zugibt, sich aber nachfolgend weigert, die Frau zu heiraten, da sie angeblich nicht jungfräulich war.[9] Das Argument bewegt sich damit beinahe im Kreis, wobei der Mann stets der Gewinner ist. Einmal wird als Bedingung Jungfräulichkeit gefordert, um erst ein Eheversprechen mit der Frau einzugehen. Erfolgt danach der Beischlaf als dessen Bestätigung, was häufig geschieht,[10] so kann der Mann sich bei seiner Weigerung, das Versprechen einzuhalten, darauf berufen, die Frau sei eben doch keine Jungfrau mehr gewesen, was sich im nachhinein ohnehin, selbst wenn dem Gericht medizinische Mittel zur Verfügung stünden, nicht feststellen lässt.[11] Erklärt bei einer solchen Ausgangslage das Gericht, es liege tatsächlich kein Eheversprechen vor, so entwickelt sich die Situation für die Frau noch viel nachteiliger und folgenschwerer, genügt sie doch jetzt nicht mehr dem Anspruch auf Jungfräulichkeit, womit sich der Kreis schliesst, mit der Einschränkung, dass die Frau nun offiziell, gleichsam vom Gericht festgestellt, als Hure gilt. Im Ergebnis machen diese Anforderungsnorm nach Jungfräulichkeit und das männliche Verhalten die Frau zu einer Hure, die sich nicht oder nur mehr schwer verheiraten kann.[12]

Ein weiteres Mittel, die Frau im Zwielicht erscheinen zu lassen, ist der Verweis, sie habe die durch den Abschluss des Eheversprechens geltende Treuepflicht verletzt, was einem Ehebruch gleichkommt, gilt das Eheversprechen doch als Ehebegründung. Männer bringen vor, sie hätten der Frau wohl die Ehe versprochen "mit der Condition, wann Sy sich hinfürtter ehrlich und woll verhalte, welches sich aber nicht befunden ... ".[13] Selbst eigentlich harmlose Begebenheiten, zumindest

---

8 23. Januar 1644; 8, 197r.

9 10. Dezember 1608; EGP 3, 502-506. Das Versprechen sei geschehen, doch unter der Bedingung, dass die Frau eine reine keusche Jungfrau sei, was nicht zutreffe.
28. März 1650; EGP 8, 316r. Die Frau sei keine Jungfrau mehr.

10 Teil II, Kap. 7.3.5.

11 Es sei denn, die Frau wäre schwanger und das Kind käme bald nach dem Datum, an dem der vor Gericht verhandelte Beischlaf geschah, zur Welt. Dies hiesse, der Mann vor Gericht kann nicht der Vater sein und die Frau kann auch keine Jungfrau mehr gewesen sein.

12 Vgl. Teil II, Kap. 7.3.4., Anm. 12.

13 28. März 1601; EGP 3, 153.

Vorkommnisse, die sich zwischen den Brautleuten wohl aus der Welt schaffen liessen, werden zum Treuebruch emporgehoben und umgebogen. Wenn nach dem Eheversprechen ein anderer Mann zur Braut kommt und "zu Ihro aufs Betth gesässen", reicht dies, die Frau der Untreue zu bezichtigen.[14] Auch persönliche Zurücksetzungen fallen in diesen Bereich. Das Eheversprechen sei zu lösen, wird etwa verlangt, da die Braut "mit einem andern von Hemmenthal auf die Kirchweyhe gen Beringen gangen, und erst umb Mitternacht mit Ihro heim kommen".[15] Die Frau soll hierbei als unkeusche, untreue und unzuverlässige Person dargestellt werden, die ein ehrlicher Mann nicht mehr zur Ehe nehmen kann. Die Absicht ist klar, auch wenn ein solch offenes Geständnis und berechnetes Vorgehen in den Quellen sehr selten zum Ausdruck kommt, wie es Jerg Kerner an den Tag legt, der "wollen andere gesellen zue Jren triben, damit Er Jren ledig werde".[16]

Das verbreitetste Verhalten der Männer vor Gericht freilich ist der Versuch, die Frau, das Opfer, zur Täterin zu machen, indem der Frau die Schuld für den geschehenen Beischlaf zugeschoben wird, der keineswegs als Bestätigung eines Eheversprechens gedacht gewesen sei. Dabei lassen sich verschiedene Vorgehensweisen feststellen. Zum einen erscheint der Vorwurf an die Frau, sie habe den Mann mit Essen und Trinken überlistet. So meint Martin Spängler, Sohn des Totengräbers, die Frau "ihn hab heissen zu Ihro kommen, mit Ihro zu Nacht zu essen, da Sie Ihm dann mit weyn zugesprochen das Er truncken worden und auf ihren gegäbenen anlass Ihro zu willen worden".[17] Der Mann als unschuldiges Opfer der Kochkünste der Frau, die "ihn ... vermittelst köstlicher speiss und trank zu der unzucht beredt".[18] Die Frau lockt den Mann nach diesen Aussagen in einen eigentlichen Hinterhalt, in eine Falle, aufgebaut aus gutem Essen und Trinken, dem der Mann ohne seinen Willen erliegt. In diesen Zusammenhang gehört auch der Liebeszauber, den Frauen anwenden, um sich die Männer gefügig zu machen. Freilich vernehmen wir nur in ganz wenigen Fällen eindeutig davon. So in einer Bittschrift an den Rat, worin der Delinquent erklärt, weshalb er Ehebruch begangen habe. Die Frau habe ihn "also verführt, und durch verfluchte Mittel, so sie mir in einem trunckh wein, in meinem haus, in beisein meiner frauwen, und das unser ohne wüssen, zu trinken geben hat".[19]

---

14 17. März 1674; EGP 10, 320.

15 27. Juli 1682; EGP 11, 254.

16 5. Februar 1639; EGP 8, 122v.

17 30. Juli 1678; EGP 11, 104.

18 2. April 1685; EGP 12, 71.
18. Dezember 1662; EGP 9, 350. "Es habe diese dochter Ihn mit auffstellung Speiss und Tranckh ... hindergangen und verführt, sonsten wäre Er niemahls an Sie gerathen."

19 E 43.I.

Ein anderes Mittel in den Augen der Männer, das eine Frau anwendet, um diese zum Beischlaf zu bringen, ist entsprechend einladende Kleidung oder gar eindeutiges Verhalten. So meldet ein Mann, "habe Er ein Glas mit Wasser bei dem Brunnen geholt, In dem komme diese dochter mit halb entblössten Brüsten gegen Ihm ... das Sie Ihn endtlich dergestalt überwunden ... ".[20] Auch hier wird der Mann als unschuldiges Opfer geschildert, das "überwunden" wird von der List und Tücke der Frau. Der Mann stellt sich als passiv dar, während die Frau ganz bewusst und zielstrebig ihr Opfer umgarnt, "habe ihn verführt, sich geschminkt und leichtfertig in Kleider kommen", heisst es zum Beispiel.[21] In diesem Umfeld ist auch die ausgemalte Klage der Geistlichkeit zu sehen, die 1720 dem Rat vorbringt, "dieweil der höchst erger- u. schädliche kleiderpracht im Gemeinen Leben aufs höchste steiget, durch solche närrische alamoderien,[22] von allen farben, wie die Papageyen, u. mit püschen auf dem kopf, wie die Maulesel ... mit gepuderten köpfen, gekräusten Loken, gepüschten Schlappen, entblösten hälsen und brüsten".[23]

Die vollständige Umformung vom Täter ins willenlose Opfer ist dann gegeben, wenn der Mann sich als von der Frau gezwungen darstellt, wie "hab Ihn zur unzucht gezwungen", da die Frau sich angeblich in sein Bett gelegt habe.[24] Das willenlose Opfer muss geradezu die Frau beschlafen.[25] Völlig ausgeblendet erscheint dabei in der Darstellung der Männer, dass zum Beischlaf zwei gehören, dass der Mann auch einverstanden sein muss und damit zumindest wenn nicht alleiniger, so doch Mittäter ist. Davon allerdings hören wir nichts. Im Gegenteil, die Frau tritt als alleinige Täterin und Verführerin auf, welcher der Mann nichts entgegenzusetzen vermag, vor der er willen- und machtlos ist. So entsteht ein Eindruck, der eigentlich gar nicht zum sonstigen Imponiergehabe der Männer passt. Wenn sich zum Beispiel ein Mann auf

---

In den EGP selbst finden sich Hinweise auf Liebeszauber: 14. Januar 1602; EGP 3, 192. 10. Januar 1665; EGP 10, 35.
Freilich zeigt gerade die Anwendung von Liebeszauber die Frau in einer aktiven Rolle.

20 15. Mai 1655; EGP 9, 59.
27. Dezember 1627; EGP 4, 143. "In der nacht komme Sy aller Nackhetig biss uf das hemet und begere die Unzucht an In ... ".

21 EGP 17, 419.
17. Juli 1770; EGP 29, 110. Die Frau "seye eine faule dirn, eine ehebrecherische hur, sie habe kein halsstuch um den hals und das Leiblein offen gehabt."

22 Wohl eine Verballhornung von "à la mode".

23 AA 72.4. Synodalmemorial vom 8. Mai 1720.

24 4. Mai 1647; EGP 8, 260r.
13. Februar 1606; EGP 3, 418. "zuo sölcher uhnzucht zwungen".

25 13. November 1595; EGP 2, 291. "Im dermassen anlass geben das Er sie beschlaffen müessen."
7. September 1626; EGP 4, 75. "Sy sey zuo Im aller bloss In Badtzuber gesessen auch done offtermahlen uf In gelegen also dass er die Unzucht mit Jren triben müessen."

der Gemeindestube in einem Dorf der Unzucht rühmt und sagt, "wann die stegenbruk und seine leder hosen reden köndten, sie wurden von wunder erzellen".[26] Oder der Mann redet zur Frau, "es müesse Einer Ein Starckhen Schlüssel haben der das Schloss uf thuen wölle".[27] Die Frau wird im Verhalten der Männer vor Gericht vom betrogenen Opfer zur berechnenden Täterin, ihr werden Fähigkeiten und Verführungskünste angedichtet, die weit über das Mögliche und Wahrscheinliche hinausreichen, und der Leser mag sich vielleicht entfernt an Kirke erinnert fühlen, die Odysseus und dessen Gefährten zu verzaubern trachtet.[28]

Wie sieht nun aber das Verhalten der Männer anlässlich des Eheversprechens gegenüber den Frauen aus? Was beim Lesen der Quellen auffällt, ist der unbedingte Besitzanspruch, den die Männer an ihre Bräute stellen, nachdem ein Eheversprechen geschehen ist.[29] So sagt der Bräutigam etwa, "sy seye sein Eeweyb müesse bey Im liggen".[30] Unmittelbar mit dem Abschluss des Versprechens beginnt der männliche Besitzanspruch an seine zukünftige Frau, "domaln er Ihren In ihren Buessen griffen mit vermelden, Er dörff ain sölches nun mehr woll thun, dann er greiffe nur zuo dem seinigen".[31] Die Frau erscheint hier als willenloses Wesen, das sich mit dem Eheversprechen völlig den Wünschen des Mannes ausliefert, das seine eigene Persönlichkeit, seine eigenen Wünsche und Bedürfnisse dadurch aufgibt.[32] Dieses männliche Verhalten und die damit verbundene Einstellung der Frau gegenüber zeigen sich auch an der Sprache selbst. Heisst es doch öfters, die Frau werde vom Mann "gebraucht".[33] In diesem Ausdruck offenbart sich die

26 29. Januar 1684; EGP 12, 13. Derselbe Mann bringt kurz vorher (EGP 12, 12.) vor: "Wenn Sie, Klägerin, schon einen bauch wie ein S.V. Peyer loos und 7 oder 8 junge darin hette, so wolte er sie doch nicht behalten und wurde ihm solches nichts schaden." Lo(o)s meint hier ein Mutterschwein und im übertragenen Sinne eine physisch und moralisch unsaubere Frau. Idiotikon 3, 1425f.

27 12. Juli 1625; EGP 4, 2.

28 Odyssee, 10, 447-487. Unter anderem stellt Kirke den homerischen Helden ebenfalls köstliche Speisen und Getränke auf.

29 Auch bei den folgenden Ausführungen handelt es sich um ein Bild, das nicht über Gebühr generalisiert werden sollte, einfach weil dazu die nötige Quellenbasis fehlt.

30 9. November 1592; EGP 2, 172.

31 22. November 1609; EGP 3, 569.
16. August 1599; EGP 3, 84. Der Mann gibt der Frau ein Ehepfand und sagt dabei, "das Sy hiemit sein eigen sein soll".

32 8. März 1593; EGP 2, 180. "du bist min und Ich bin dein, hernachher ... hab er sy uff die gutschen gelegt."
4. April 1587; EGP 2, 20. "das er ihro ain pfening uff die Ehe geben und gesagt, seige Jetzmahlen syn, solle Jetzmahlen synes willens pflegen."

33 16. Januar 1772; EGP 29, 398-401. " ... viele andere haben sie nebst ihm gebraucht". Auch: 9. April 1750; EGP 24, 28-30. Dazu auch die Beobachtungen von Huggel, Einschlagsbewegung, 494f.

Sicht der Frau als nur erleidende Person, als reines Objekt männlichen Besitzanspruches und männlicher Lustbefriedigung. Die Frau als vertauschbare Ware beinahe, die es zu besitzen gilt und über die der Käufer absolutes Verfügungsrecht hat. Eine Ansicht, die sich besonders eindrücklich zeigt, wenn verschiedene Männer "das hälmlin gezogen, dass derienige welcher under ihnen das längste bekommen wurde, sie zu der ehe behalten wolle".[34] Johann Jacob Hurter, um ein anderes Beispiel anzuführen, geht ein Eheversprechen mit Elisabetha Härderin ein und ersucht sie nachher, in sein Haus zu kommen und den Haushalt zu besorgen. Als sie ihn aber auf den Vollzug des Versprechens anspricht, nachdem sie längere Zeit in seinem Haus arbeitete, "habe Er ihro zu verstehen gegeben, dass Ihn das gethane Eheversprechen wieder gerauen und nicht willens seye, sich mit ihro copulieren zu lassen, wann Sie aber als haushalterin bey ihm bleiben wolle, stehe es ihro frey; welchen Antrag sie für sehr unschiklich und unanständig gehalten".[35]

Auffallend ist die grosse Verschiedenheit zwischen dem männlichen Verhalten vor Gericht: der Mann als passives Opfer der verführerischen aktiven Frau auf der einen Seite, auf der anderen der Mann als Quelle aktiven, besitzergreifenden Verhaltens gegenüber den als passiv geschilderten Frauen, die durch das Eheversprechen ihre Rechte, ja ihre Identität aufzugeben und sich völlig den Wünschen des Mannes auszuliefern scheinen.[36] Diese zwei so unterschiedlichen Verhaltensmuster zeigen wohl, wie sehr bevorteilt die Männer durch das bestehende Sozialgefüge und die geforderten Normen vor Gericht sind, wie leicht sie sich dadurch aus der Täter- in die Opferrolle begeben können, wie sehr ihnen die Selbstinszenierung vor Gericht gelingt, wie sehr sie aber auch gegenüber den Frauen als eigentliche Herren aufzutreten wissen.

---

34 28. April 1685; EGP 12,

35 6. April 1780; EGP 31, 270f.

36 Vgl. Kap. 2.2.

I.4. Weibliches Verhalten vor Gericht

Nachdem wir Muster männlichen Verhaltens aufgezeigt haben, stellt sich die Frage nach der Haltung, welche Frauen, die wegen eines Eheversprechens vor Gericht stehen, sowohl diesem als auch ihren Freiern gegenüber einnehmen. Dabei ist klar, dass auch die Frau vor der Ambivalenz des Ehepfandes steht. Was als Absicherung der Frau gedacht ist, kann sich, wie wir sahen, in sein Gegenteil verkehren und je nach Interpretation die Frau am Ende als Hure erscheinen lassen. Dies scheint den Frauen bekannt und vor allem bewusst zu sein. So heisst es, eine Frau habe das ihr vom Mann angebotene Geld weggeworfen und sich nachher gar geweigert, ihm zu erlauben, in ihr Haus zu kommen.[1] Der Grund für dieses im gesamten gesehen wohl berechtigte Misstrauen, Geld anzunehmen, äussert sich klar, "dass er vermeinen wolte, den hueren Lohn damit zue bezalen".[2] Diese Einsicht deckt sich völlig mit dem, was die Männer vor Gericht tatsächlich vorbringen.[3] Freilich wäre es nun unrichtig, nur den Männern Missbrauch des Ehepfandes anzulasten. Denn selbstverständlich kann auch eine Frau einem Mann gegenüber, der heiratswillig ist, im nachhinein die Existenz eines Ehepfandes abstreiten.[4] Der Missbrauch ist auf beiden Seiten möglich, wenn auch die Konsequenzen für die Frau im allgemeinen wesentlich grösser und schwerer sind.[5]

Ein grundsätzlich unterschiedliches Verhalten zwischen Männern und Frauen zeigt sich beim Eheversprechen selbst. So sind die Frauen, wenn immer möglich, bestrebt, vor dem Beischlaf ein Eheversprechen zu erlangen. Dies verleiht ihnen zudem im Falle der Schwangerschaft und wenn der Mann sich weigert, dem Eheversprechen zu folgen, mehr Sicherheit, dass vom Gericht die Ehe verfügt wird oder doch zumindest Unterstützungszahlungen für das Kind angeordnet werden. Die voreheliche Sexualität kann also nicht als ein Zeichen ungeregelter sexueller Freizügigkeit interpretiert werden, im Gegenteil, es gibt sehr wohl verbindliche Normen und Verhaltensweisen, wie sie gerade hier im Verhaltensmuster der Frauen zum Ausdruck kommen, nur stehen diese Normen in Konkurrenz zur obrigkeitlichen und kirchlichen Moralpolitik.[6] So beharren Frauen denn auf dem Eheversprechen, das sie als

---

1 6. Dezember 1633; EGP 7, 9r.

2 14. August 1636; EGP 7, 64v.

3 Kap. I.3.

4 14. März 1605; EGP 3, 363. Die Frau gibt vor, nicht mehr zu wissen, ob der Mann ihr den Gürtel zum Ehepfand oder lediglich als Krom gab.

5 Freilich ist die Zahl der Fälle, bei denen der Mann die Eheschliessung verweigert, höher als die Fälle, bei denen die Frau sich weigert, die Heirat zu vollziehen. Becker, Leben und Lieben, 204. macht dieselbe Beobachtung.

6 Dazu: Mitterauer, Ledige Mütter, 59f.

Vorbedingung zum Beischlaf ansehen. " ... mit Iro Unzucht zu begehn begerdt, das sie nit thun wöllen, biss Er Iro die Ehe zusagt."[7] Dieser Standpunkt wird den Männern unmissverständlich klargemacht, "wann Er Sy haben wolle, So wolle Sy seines willens Pflegen sonsten nit ... ".[8] Wir sehen hier einen Teil eines Transaktionsprozesses, bei dem die Frau als Einsatz ihre Jungfräulichkeit bietet, der Mann dagegen sein Eheversprechen. Es handelt sich dabei aber um ein Geben der Frau und ein Nehmen des Mannes. Rein ökonomisch ausgedrückt, besteht das Kapital der Frau aus ihrer Jungfräulichkeit. Die sexuelle Vereinigung der beiden Partner erscheint in diesem Lichte nicht als ein eigenständiger Akt, sondern als Bestandteil und Bestätigung eines "Tauschgeschäftes" Jungfräulichkeit gegen Eheversprechen.[9] Allerdings ist die Möglichkeit nicht auszuschliessen, dass die Frau vor Gericht lediglich die Bedingung eines Eheversprechens vorschiebt, um damit ein sexuelles Abenteuer zu legitimieren.[10] Gehen die Männer aber nicht auf die von den Frauen geforderte Vorbedingung zum Beischlaf ein, und es dürften ihrer nicht wenige sein, bringen sie damit die Frau in ein Dilemma, wird sie doch gezwungen, entweder den Freier aufzugeben oder in den Beischlaf einzuwilligen, nur mit dem Versprechen auf ein nachheriges Eheversprechen und somit ohne eigentliche Garantien. Dies ist zweifellos eine schwere Benachteiligung, und der Verweis, der Mann habe "iren verhaissen, wann Sy seins willens pfläge, Er Sy zun ehren behalten welle",[11] reicht vor Gericht in aller Regel nicht aus, eine Eheverfügung oder eine Unterstützungszahlung bewilligt zu erhalten, weil zum Zeitpunkt des Beischlafes eben kein Eheversprechen vorlag. Somit bleibt in dieser Situation der Frau kein anderer Ausweg, als den Freier aufzugeben oder sich auf dessen Wort zu verlassen, ihr nach

---

7 14. Juni 1596; EGP 2, 313.
20. Oktober 1603; EGP 3, 293. Der Mann verspricht der Frau die Ehe, "ehe ... sy seins willens pflägen wöllen".
Beck, Illegimität, in: Dülmen (Hg.), Kultur der einfachen Leute, 135. belegt das identische Argumentations- und Verhaltensmuster der Frauen am Beispiel des Dorfes Unterfinning in Bayern. Auch: Arlette Frage, Das brüchige Leben, 37-39. für das Paris des 18. Jahrhunderts.

8 20. Oktober 1625; EGP 4, 19. Der Mann geht auf die Forderung ein und verspricht der Frau die Ehe "uf sein Seel".

9 Beck, Illegimität, in: Dülmen (Hg.), Kultur der einfachen Leute, 135-137. bietet diese Interpretation. Auch: Breit, Leichtfertigkeit, 106f.

10 Simon, Untertanenverhalten, 244f. deutet dies als Lernprozess der Frau.
Besonders im Lichte des generell hohen Heiratsalters von ungefähr 25-30 Jahren und des hohen Anteils von Unverheirateten betrachtet, erhält diese Möglichkeit, vor Gericht ein sexuelles Abenteuer zu legitimieren und damit zu rationalisieren, zusätzliches Gewicht, wenn sich auch im Einzelnen solches Verhalten nicht oder nur schwer nachweisen lässt.

11 20. Januar 1603; EGP 3, 258.
17. Mai 1595; EGP 2, 272. Der Mann habe gesagt, "wann er sye beschlyffe woltt er sie behaltten".

vollzogenem Beischlaf dann schon die Ehe zu versprechen. Die Konsequenzen allerdings für den Fall, der Mann halte sein Versprechen nicht ein, sind für die Frau gravierend. Nimmt der Mann die schwangere Frau nicht zur Ehe, so "müsse Sie eben ein hur sein und bleiben".[12] Die Frau gilt als Hure, das Kind bleibt unehelich.[13] Die persönliche Verfassung solcher Frauen lässt sich nur erahnen, wenn wir von Ursula Rauschenbach lesen, die unter einem Eheversprechen geschwängert wurde, worauf der Mann sich weigerte, das Versprechen zu halten, "dass sie daraufhin vor bekümmernuss gestorben".[14]

Der vorherrschende Eindruck bleibt, dass die Frau dem Mann gegenüber in einer sehr benachteiligten und daher eher passiven Rolle verharrt, verharren muss, auch wenn es Ausnahmen gibt, die ein gesundes Selbstbewusstsein im Umgang mit Männern an den Tag legen. So erzählt Magdalena Meyerin, sie habe auf die Avancen des Mannes geantwortet, "begerst du minen zur Ee, darauff er ... geantwortet Jach, also habe sy geredt, Jach ist weder Ja noch nain, Ist es aber dir Ja, so sige mir auch Ja ...".[15] Noch bestimmter, ja geradezu gewalttätig geht die Witwe Hans Goüggels vor, die aber sicher dabei von Erfahrungen profitieren kann, die sie mit ihrem verstorbenen Mann machte. Sie habe ihren Freier "uff das Bedt getruckht, ain messer genommen, dasselb Im an den hals gesezt und gesprochen, Er soll jezundt aintweders ja oder nain sagen ... ".[16] Doch bleiben dies Einzelfälle, soweit wir es erfahren. Selbst wenn die Frauen ihre Ansprüche durchaus artikulieren. So soll ein Eheversprechen aufgelöst werden, weil der Bräutigam "anstatt Sie dem Wohlstand nach in sein haus einzuladen und ihro die Ehre zu erweisen, habe er sie mit keinem guten Auge angesehen, vill weniger einige hoflichkeit erwiesen".[17] Oder der Mann gilt als Trunkenbold, "dass er ... so betrunken gewesen seje, dass man ihm ein schenkkessel mit Wasser über den Kopf geschüttet, welches sie ihm sogleich vorgehalten und gesagt habe, wan er sich nicht anderst aufführen wolle, er nur widerum fortgehen und ihrer kein acht haben solle".[18] Auch bei der Wahl der Männer gilt es Kriterien zu beachten, die Frauen unter sich besprechen. Zumindest gibt es in den Quellen eine sehr aufschlussreiche Stelle, als

---

12 16. September 1656; EGP 9, 96.

13 Immerhin besteht im Falle der erwiesenen Schwangerschaft noch die Möglichkeit, wonach das Gericht auch ohne Eheversprechen die Ehe verfügt, einfach wenn der Mann keinen anderen als Vater des Kindes angeben kann. Daher erklärt sich das Verhalten der Verena Brülingerin von Merishausen, die "aus forcht die Ehe möchte ihren fortgang nicht bekommen sich unbegründt für schwanger ausgegeben". 18. Juni 1765; EGP 27, 779.

14 27. März 1764; EGP 27, 657.

15 8. Juli 1535; EGP I, 160r.

16 4. März 1602; EGP 3, 197. Die Antwort des Mannes ist trotzdem nur "aintweders".

17 29. April 1760; EGP 27, 249.

18 17. Februar 1746; EGP 22, 545f.

eine Frau vor anderen zu den Nachteilen verschiedener Männer ausführt: "Erstlichen der Andreas Pfeiffer seie ihren zu alt: der Geltzer seie ein burgers Sohn, werde sie doch nicht behalten: So dann der Johannes Witzig seie ihren zu reich, seine Eltern wurden ihn ihren nicht lassen ... ferners der lehrbub Hans Conrad Blank, seie zu jung, es seie noch nichts mit ihm."[19] Die Frau erscheint hierbei als wählerisch, als aktiv die einzelnen Kandidaten beurteilend und ihre Sicht der Dinge vortragend.[20] Selbst wenn in der Mehrheit der Fälle letztlich wohl andere Gesichtspunkte ausschlaggebend sind, vor allem ob die Frau vom Mann versorgt werden kann. "Sie könne weder schreiben noch lesen und glaube sie sey mit leib und seel bey ihm versorget, es habe ihr Mann S[eelig] gesagt, sie soll einen ledigen nehmen der ihro im alter auch abwarten könne ...".[21] Was die 60jährige Frau tut, indem sie einen 24jährigen Mann heiraten möchte.

Sicher aber kann gesagt werden, dass die Frau beim Eheversprechen vor einem Dilemma steht. Beharrt sie auf einem Versprechen als Vorbedingung zum Beischlaf, riskiert sie, den Freier zu verlieren. Geht sie aber auf das Versprechen eines Eheversprechens nach dem Beischlaf ein, wie es der Mann will, so verlässt sie sich völlig auf sein Wort ohne irgendwelche Sicherheit. Hier zeigt sich, wie bedeutend der Faktor "Treu und Glauben" ist.[22] Der Mann erscheint als Gewinner. Bedingt durch diese Umstände zeigt sich die Frau im Zusammenhang mit dem Eheversprechen als eher passiv, den Wünschen und Erwartungen des Mannes gehorchend und diesem ausgeliefert, selbst wenn es bemerkenswerte Ausnahmen gibt, die sich abheben, wobei die Frauen ihre Sicht der Dinge deutlich sowohl dem Mann als auch dem Gericht gegenüber artikulieren. Dies ändert nichts daran, dass die Frau das grössere Risiko trägt, fallen doch bei ihr die einzelnen Schritte des gegenseitigen Gebens und Nehmens zeitlich auseinander. Es steht einem substantiellen Geben der Frau in Form ihrer Jungfräulichkeit ein lediglich versprochenes Erhalten in Form der Ehe seitens des Mannes entgegen.[23] Somit bleibt die Frau letztlich auch vor Gericht in der Rolle der Bittstellerin, der Betrogenen und Hintergangenen, die auf die Hilfe des Gerichts hofft, das sich, in dieselben Umstände und Strukturen eingebunden, zwar redlich müht, aber dem Kern des Problems der

---

19 10. Juni 1684; EGP 12, 38.

20 Freilich ist diese Stelle in den Quellen einmalig, was aber sicher nicht heisst, dass die Frauen sich nicht solche Überlegungen machten. Es ist vielmehr sehr wahrscheinlich, auch wenn wir dies nicht belegen können.

21 27. November 1727; EGP 18, 490.
9. Februar 1779; EGP 31, 137. "indem es ihro hauptsächlich um die nahrung zu thun seye", die sie bei ihrem zukünftigen Mann gesichert sieht.

22 Simon, Untertanenverhalten, 239.

23 Beck, Illegimität, in: Dülmen (Hg.), Kultur der einfachen Leute, 137.

Bevorzugung der Männer nicht beikommen kann und will. Das Bild, welches hier entsteht, ist nun allerdings beträchtlich verschieden vom Bild der verführerischen Täterin, das die Männer von den Frauen so gern vor Gericht zeichnen.

2. Bemerkungen zum Eheleben der Frühneuzeit[1]

2.I. Aufgabenteilung innerhalb der Ehe

Bereits im Kapitel zur Ehezerrüttung[2] erhielten wie einen Einblick in das Eheleben, wobei es sich dort um zerstrittene Eheleute handelte, also um Beispiele, die nicht unbedingt als repräsentativ für das Eheleben im allgemeinen anzusehen sind, einfach weil nur ein nicht genauer bestimmbarer Anteil aller Ehen vor dem Gericht endet. Zudem schalten sich untergeordnete Instanzen in den Schlichtungsprozess eines Ehestreits ein, weshalb lediglich die schweren Fälle vor Gericht erscheinen und damit in unser Protokoll Eingang finden. In diesem Kapitel sollen die Verantwortlichkeiten des Mannes und der Frau innerhalb der Ehe beleuchtet werden. Freilich gilt einschränkend, dass wir nur indirekt, in der Negativform gleichsam, etwas über die einzelnen Aufgabenbereiche der beiden Eheleute erfahren, da die Parteien vor Gericht jeweils angeben, was der andere Ehepartner nicht zur allgemein erwarteten Zufriedenheit erledigt. Daraus lässt sich aber darauf schliessen, was er als seine Pflicht innerhalb der ehelichen Aufgabenteilung erledigen sollte. Damit gewinnen wir doch einen einigermassen repräsentativen Überblick über die den Eheleuten zugedachten Rollen, können wir doch annehmen, dass in den funktionierenden Ehen die Verantwortlichkeiten so geregelt sind, wie sie von den klagenden Parteien angemahnt werden. Zunächst wollen wir uns die Aufgaben des Mannes ansehen.

Grundsätzlich gilt der Ehemann als das alleinige Familienoberhaupt, das in allen Dingen letztlich die Entscheidungsgewalt besitzt, dem alle anderen Familienangehörigen nach- und untergeordnet sind.[3] Diese Ansicht lässt sich biblisch legitimieren. So schreibt Paulus in seinem Brief an die Epheser: "Mulieres viris suis subditae sint sicut Domino/quoniam vir caput est mulieris sicut Christus caput est ecclesiae ipse salvator corporis/sed ut ecclesia subiecta est Christo ita et mulieres viris suis in omnibus."[4] Daraus aber erwachsen dem Mann nicht nur weitgehende Rechte, sondern auch Pflichten, nicht

---

1 Einen Einblick in das Eheleben im reformierten Augsburg bietet: Roper, The Holy Household, 165-205. Breiter angelegt: Dülmen, Kultur und Alltag I, 38-55.

2 Teil II, Kap. 7.3.3.6.

3 Dies trifft zumindest in der Theorie zu. Zu Abweichungen in der Realität, vgl. zum Beispiel Kap. 2.4.

4 Paulus, Ad Eph., 5, 22-24. Dieselbe Haltung formuliert griffiger der französische Moralist Courtin im 17. Jahrhundert, wenn er meint: "Qui dit femme, dit une chose dépendante." Zit. aus: Gibson, Women, 41.
Deshalb sind Ehezerwürfnisse eben auch von staatlicher Seite zu verfolgen, weil sie die letztlich göttliche Ordnung stören, entspricht doch das Verhalten der Ehegatten nicht den ihnen auferlegten Normen.

zuletzt und vor allem seiner Frau gegenüber, die sich mit der Heirat an ihren Mann bindet. So hat die Ehefrau Anrecht auf eheliche Zuwendung und Unterstützung, und es stellt einen Klagepunkt dar, wenn der Mann seiner Frau "keine rechte eheliche liebe und trew wie es einem rechten ehemann gebühre und anstehe, erweise und erzeige, sondern sie nur bekümmer und allen verdriess anthue ...".[5] Noch direkter kommt dieser Anspruch zum Ausdruck, wenn der Mann "seine ehliche pflicht niemahl seit das letste kind gestorben abgestattet, da doch sie auch ein mensch seye so fleisch und blut habe".[6] Denn durch die Heirat versprechen sich die Brautleute gegenseitig, also auch der Mann seiner Frau, "vor dem angesicht gottes und der Christlichen gemeind ... eheliche pflicht und liebe einandern getrewlich halten" zu wollen.[7] Die dabei gültigen Kriterien sind nicht solche der gegenseitigen Liebe, wenn dies sicher auch mitspielen kann, sondern solche des Rechts. Dies zeigt sich ganz besonders deutlich an der diesbezüglich relevanten Stelle der Bibel, wo es heisst: "Propter fornicationes autem uniusquisque suam uxorem habeat, uxori vir debitum reddat, similiter autem et uxor viro, mulier sui corporis potestatem non habet sed vir, similiter autem et vir sui corporis potestatem non habet sed mulier."[8] Der zentrale Begriff ist "debitum", was das beidseitige Gläubiger-Schuldner-Verhältnis zum Ausdruck bringt. In der deutschen Sprache freilich wird aus dem klaren Rechtsverhältnis, welches der Ausdruck "debitum" kennzeichnet, die "eheliche Pflicht", die beide Eheteile einander schulden.[9] Mit diesem Aspekt erschöpfen sich aber die Pflichten des Mannes keineswegs, was auch verwunderlich wäre, wenn wir uns daran erinnern, welchen Einfluss Überlegungen wie die soziale Sicherstellung der Frau durch den Mann innerhalb der Ehe haben und wie sie einen Heiratsentschluss beeinflussen, oft auch erst möglich machen können.[10]

So ist der Mann für den Unterhalt seiner Frau wie seiner Familie verantwortlich. Es ist der Mann, welcher mit seiner Arbeit den dazu nötigen Verdienst erwirtschaften muss, einen Verdienst, der seiner Frau und den Kindern ein angemessenes Auskommen sichern sollte. Damit wird die Klage verständlich, der Mann "weder die Pflichten des EhMannes und hausVaters kenne noch ausübe, indem er nicht fleissig

---

5 5. Februar 1684; EGP 12, 16.

6 21. August 1732; EGP 19, 367.
Huggel, Einschlagsbewegung, 495f. sieht - zu recht - in solchen Aussagen einen erhöhten Stellenwert der Erotik und Sexualität, gerade auch für die Frau.

7 5. Februar 1684; EGP 12, 17.

8 Paulus, Ad Cor. I, 7, 2-4.

9 Flandrin, Das Geschlechtsleben der Eheleute, in: Ariès (Hg.), Die Masken des Begehrens, 150-155. Noch in der französischen Sprache ist die ursprüngliche Bedeutung gewahrt, heisst es doch dort "dette conjugale".

10 Teil II, Kap. 7.3.3.6.

arbeite und viele Zeit ausser dem haus mit spihlen und anderm unnüzen Zeitvertreib hinbringe".[11] In dieses Umfeld passen die Klagen, Männer verstünden sich nicht aufs Arbeiten, "er in dritthalb Tagen kaum im Stand, ein par Schuh zu machen ... ".[12] Oder die Männer wollten nicht arbeiten, "er gar kein Lust noch fleiss zur Arbeit gezeigt, sondern dem Müssiggang nachgehängt".[13] Hierbei vernachlässigen die Männer ihre fundamentalste Pflicht, nämlich für das wirtschaftliche Überleben ihrer Ehefrau und der Kinder zu sorgen. Gehen die Männer einer Arbeit nach und verfügen somit über ein Einkommen, so sind sie gehalten, wenigstens einen Teil davon der Frau in die Haushaltung zu geben, damit diese die laufenden Kosten bestreiten kann.[14] Tut der Mann dies nicht, kann die Frau in eine Zwangslage geraten, wie die Frau Hans Martin Buechers, welche Brot und einen Schurz stahl, was sie auch gesteht, doch mit der Begründung, "dann Sy es thuen müessen Ihr Mann hab ihro niemals khain gellt geben, also das Sy verursacht worden solches anzefangen".[15] Damit hängt die Pflicht des Mannes eng zusammen, der Frau die notwendige Nahrung zukommen zu lassen, was, betrachten wir die Klagen vor Gericht, nicht in jedem Fall selbstverständlich ist. "Er beschliesse Jren Essen und Trinckhen müesse also hunger bey Im leiden", heisst es etwa.[16] Auch hierbei findet sich die Frau unter Umständen in einer Notlage wieder, "wann sie essen wollen, nothgezwungen an taglohn gehen und das brot verdienen müssen", da der Mann ihr keinerlei Nahrungsmittel überlasse.[17] Zudem hat die Frau ein Recht auf angemessene Verköstigung, was in einem vom Weinbau geprägten Stadtstaat, wie es Schaffhausen ist, neben anderem vor allem Wein als Getränk meint.[18]

Der Ehemann ist also aufgrund der Eheschliessung verpflichtet, seiner Frau nicht nur emotionale Zuwendung zu schenken, sondern ihr das wirtschaftliche und letztlich physische Überleben zu sichern, indem

---

11 19. Juli 1796; EGP 35, 343f.

12 2. Februar 1758; EGP 26, 650f.

13 11. Juni 1739; EGP 21, 7f.
6. Juni 1741; EGP 21, 389. "weil er weder arbeiten könne noch wolle, hergegen nur spihle und sauffe, so dass sie ihn als ein solch heillosen nicht alles anhenken und sie mit ihren 5 kindern mangel leiden werde."

14 16. März 1634; EGP 7, 15r. "dass Er weder Salz, Schmalz noch anders In die hausshaltung thüeye."

15 11. September 1606; EGP 3, 439.

16 31. August 1630; EGP 6, 23.
6. April 1630; EGP 5, 89. "vergunt Jren Essen und trinckhen."

17 2. Dezember 1766; EGP 28, 230-232.

18 20. November 1792; EGP 33, 388f. "wan sie noch so streng gearbeitet ihr nicht ein Glas Wein zukommen lassen."
7. August 1633; EGP 7, 5r. "Sy wolle zue Jrem Vatter heim, dann Sy daheimen wein und hie nur den wasserkrug habe."

er durch eigene Arbeit die dafür notwendigen Bedingungen schafft und einen Teil seines Verdienstes der Frau zur Führung des Haushaltes übergibt, selbst wenn er viel lieber etwa durch Verkauf der Kleider seiner Frau "Geld in die hand bekomme, den kaufmann agieren könne und nicht arbeiten müsse".[19] Gemessen an der Gesamtbevölkerung sind eben nur wenige Kaufleute, die selbstverständlich gleichfalls arbeiten müssen, wenn auch nicht mit ihren Händen auf dem Feld oder in der Handwerksstube. Der Mann geht also mit der Heirat verschiedene Verpflichtungen ein, die sich durchaus vor Gericht einklagen lassen.

Ist der Ehemann für die Welt ausserhalb des Hauses zuständig, für die Erwirtschaftung der finanziellen Grundlagen, so zeigt sich die Zuständigkeit der Frau wesentlich auf die Welt im Innern des Hauses beschränkt, selbst wenn viele Frauen gerade aus unteren Schichten gezwungen sind, einer Arbeit ausser Haus als Magd oder Tagelöhnerin nachzugehen.[20] Doch grundsätzlich gilt: die Frau ist Vorsteherin über den Haushalt, dies ist ihr ureigenster Zuständigkeitsbereich innerhalb der Ehe wie auch der Familie.[21] Der Frau obliegt die Führung des Haushalts, darauf hat sie ein Anrecht. Daher die Klage, der Mann habe seiner Frau "kein gewalt über nichts im haus gelassen".[22] Auf der anderen Seite allerdings kann der Mann erwarten, dass die Frau tatsächlich dieser Aufgabe nachkommt und sich nicht von der Haushaltung "absentiert ... alle die Geschäft und besorgung in der hausshaltung Ihm allein auf den hals lade, und er alle haus- und Mägtendienst verrichten müsse ...".[23] Nun wäre es irreführend, wollte man annehmen, die Frau besitze das alleinige Verfügungsrecht über den Haushalt, besonders das Haushaltsgeld. Dies verhindert alleine schon das männliche Misstrauen, wonach die Frau zuviel verschwende. Dahinter verbirgt sich wohl oft die tiefere Furcht, die Frau wolle letztlich das Regiment im Haus überhaupt übernehmen.[24] So hören wir die Klage, der Mann habe "seiner frau immer die führung der hausshaltung überlassen, dieselbe habe alles, aussert dem Schlüssel zum Geldt, in ihrer Verwahrung und unverschlossen ...", doch könne er ihr die Verantwortung über das Geld nicht überlassen, "weil ihn die Erfahrung belehret, dass Selbige gar nicht haushälterisch damit

---

19 11. Dezember 1770; EGP 29, 205.

20 Vgl. Kap. 2.3.

21 Koebner, Eheauffassung, in: AKG 9, 1911, 170.

22 20. März 1721; EGP 17, 387.

23 19. Februar 1743; EGP 21, 594.
23. Juli 1649; EGP 8, 203v. Der Mann bittet das Gericht, "das die Eltern Ihm sein haussfraw nit einziehen, sonder naher hauss weysen sollen. Immerzu im Würtshauss trincke und nit haushalten wolle".

24 Deutlich zeigt sich diese Furcht in einem Spruch des 16. Jahrhunderts: "Femme veut en toute saison/Etre maitresse en sa maison." Zit. aus: Flandrin, Familles, 120.

umgehe".[25] Inwieweit der Vorwurf jeweilen zutrifft, die Frau verschwende das Geld, muss offenbleiben, auch wenn feststeht, dass er nicht selten vorgebracht wird. Um dem angeblichen Verschwenden zu steuern, wird das Haushaltsbuch beigezogen, das vielleicht am besten die im Zuge der Zeit, vor allem aber im 18. Jahrhundert feststellbaren Gesichtspunkte nach haushälterischem Umgang mit den Mitteln verkörpert. Es sind dies die Ideale der bürgerlichen Welt, welche von der Frau ökonomisches Haushalten verlangen, was sich dann eben in der Führung eines Haushaltsbuches niederschlägt, mit dem die Ehefrau ihrem Mann schriftlich-verbindlich Rechenschaft über Ausgaben und Einnahmen im Haushalt ablegen muss. Darin aber zeigt sich der männliche Versuch, die Nutzung der verfügbaren Mittel zu bestimmen und zu überwachen.[26] So erklären sich die Klagen der Ehemänner, die Frau "weder über Einnahm noch Ausgaab ihm kein Red und Antwort geben, so dass Er nicht wisse, wo das Geldt hinkomme".[27] Oder die aufschlussreiche Feststellung, "dass sie niemalen kein Gewalt übers Geldt gehabt, sondern von ihm nur wenige Gulden empfangen, worüber sie ihm allezeit am Sontag rechnung gegeben habe".[28] Vollends bürgerlich schliesslich die Aufforderung an die Ehefrau, "dass sie menagieren und alle unkösten aufschreiben solle, indem er gespühret, dass sie mehr brauche, als es der gebrauch seje".[29] Das Führen eines Haushaltsbuches wird von einer männlich-bürgerlichen Forderung zu einer weiblichen Tugend, wenn die Frau sagt, sie habe nach der Heirat nur die Wohlfahrt des Hauses im Auge gehabt und es für richtig befunden, "die erheblichen ausgaaben über das guth aufzuschreiben und ein Ordentliches hausbuch anzulegen, um nach verfluss des Jahrs einsehen zu können, ob es zum Nuzen oder zum Schaden des hauses seye".[30] Ganz frei sind die Frauen also selbst in ihrem eigenen Zuständigkeitsbereich der Haushaltsführung nicht, und es ist gerade das bürgerlich-aufklärerische Zeitalter des 18. Jahrhunderts, das vermehrt mit weiteren Forderungen, wie der Führung eines Haushaltsbuches als Rechenschaftsinstrument zu Handen des Ehemannes, an die Frauen

---

25 7. Dezember 1786; EGP 31, 919f.
10. Dezember 1608; EGP 3, 508. "Was nun er mit seiner handtarbaith gewhunnen, dasselbig er Iro geben, das alles aber nichts erkläckhen wöllen."
28. November 1668; EGP 10, 141. "seye Sie auch mit kleidern und essen köstlich und überflüssig."

26 Becker, Leben und Lieben, 186.

27 18. Juni 1789; EGP 31, 1111f.

28 27. Februar 1744; EGP 22, 114.

29 27. Februar 1744; EGP 22, 113.

30 9. August 1774; EGP 30, 138-153. Ihr Mann freilich scheint diese haushälterischen Anstrengungen nicht zu goutieren, nennt er die buchhalterischen Umtriebe seiner Frau doch "eine verfluchte Wirthschafft".

herantritt.[31] Das richtige Menagieren wird damit zu einer Haupttugend der Frau, der haushälterische Umgang mit den zur Verfügung stehenden Geldmitteln zum Hauptcharakteristikum dafür, ob eine Frau ihren Aufgaben im Haushalt gewachsen ist oder nicht. So die Klage, "seine frau habe sich in der haushaltung nicht erzeigt, wie es der Gebrauch seye, und in seiner Abwesenheit wochentlich 7 Gulden verbraucht".[32] Vor diesem Hintergrund wird eine Frau, die den haushälterischen Normen nicht genügt, zu einer Belastung, oder, wie es knapp und vielsagend heisst, "dass er das Unglück habe, von einer unwirtschaftlichen frau geplagt zu werden".[33] Selbst gerichtliche Strafmassnahmen gegen die unhausliche Frau kommen in einem solchen Fall in Betracht, berichtet ein Chronist doch von Elisabetha Baumann, der Gattin des Zunftmeisters Ith, die alles Gut verprasst habe, diese müsse zur Strafe ins Zuchthaus, um dort bei Wasser und Brot Handarbeiten auszuführen. "Ist auch gleich dahin geführt worden; under Zuschaung vihler kinder welche Express der Schulen entlassen worden."[34]

Das Führen eines Haushaltsbuches ist freilich als Instrument der Kontrolle über die Frau anzusehen, das ihr ihre Zuständigkeit als Organisatorin im häuslich-familiären Bereich nicht nimmt. Und hier zeigt sich dann auch die andere Seite, nämlich die Furcht der Männer, ihren Frauen zuviel Freiheit zuzugestehen, zumindest scheinen einige Männer von dieser Vorstellung geplagt. So möchte Jacob Erni sein Eheversprechen auflösen, "weil er besorge, sie möchten ihn nichts gelten lassen, und meister über ihn werden".[35] Die Rollen erscheinen hier gleichsam vertauscht, so auch, wenn der Mann über seine herrische Frau klagt, "sie sey ein gar geizig mensch, hab alles vor ihm einbeschlossen, den schlüssel zum Keller nicht geben wolle, so dass er mit der ax denselben aufmachen müssen".[36] Bei den meisten Schilderungen ihrer gewalttätigen und herrischen Frauen übersehen die Männer in der Regel geflissentlich, dass die Ursache dieses Verhaltens bei ihnen selbst liegt, da sich die Frau in Notwehr sichert, was sonst durch die Verschwendungssucht der Männer verloren wäre, selbst wenn

---

31 Zum bürgerlichen Sparethos, das sich darin manifestiert, im Gegensatz etwa zum aristokratischen Prestigeverbrauch, vgl. Elias, Höfische Gesellschaft, 103f.

32 29. Juni 1773; EGP 29, 712-716.

33 12. Januar 1796; EGP 35, 296.
Bereits Bullinger meint dazu unmissverständlich: "Und ist aber ein unhusslich wyb vil ein grössere und gewüssere verderbung dann ein unnützer mann." Der Christlich Eestand (1548), 75r-80r.

34 Chronik B 22, 5. Januar 1680, 187.

35 5. August 1728; EGP 18, 572. Zu seinen Gunsten spricht dabei der Altersunterschied. Er ist 54, während sie nur gerade 20 Jahre zählt.

36 14. August 1727; EGP 18, 457f.
2. Oktober 1677; EGP 11, 65. "Ihm den gewalt und das erlöste gelt zu Ihren handen genommen, also das Er manches mahl nit ein haller in seinem gewalt gehabt."

der Mann dadurch den Eindruck erhält, die Frau traktiere ihn wie einen Schulbuben.[37]

Im Normal- und Idealfall sollte sich der Mann nicht um die Einzelheiten der Haushaltsführung kümmern müssen. Jeder Eheteil hat seinen bestimmten Zuständigkeitsbereich, selbst am Abend nach der Arbeit, wenn sich die Familie in der Wohnstube aufhält, der Mann "die bibel vor sich genohmen, die fr. ... gespunnen ...".[38] Dabei ist unbestritten, dass die Führung eines Haushalts, besonders bei den eher kinderreichen Familien der Zeit, der vollen Aufmerksamkeit der Frau, all ihrer Arbeitskraft bedarf. Der Arbeitstag der durchschnittlichen Frau ist voll ausgefüllt, Untätigkeit gilt als schwere Vernachlässigung der häuslichen Pflichten.[39] Zur Führung eines Haushalts zählen denn auch neben den administrativen Aufgaben alle anderen anfallenden Arbeiten, wie Nähen, Waschen, Erziehung der Kinder, Kochen. Dies gilt für die übergrosse Mehrheit der Eheleute, die sich kein Dienstpersonal, abgesehen von einer Magd vielleicht, leisten können. Unter all den erwähnten Aufgaben, wobei die Liste nicht vollständig ist, nimmt vor allem das Kochen eine scheinbare Sonderstellung ein, zumindest wenn wir den Klagen der Männer Glauben schenken.[40] Dies mag sich daraus erklären, dass der Mann im Regelfall ausser Haus arbeitet und, kehrt er nach Hause zurück, von seiner Frau erwartet, dass die Mahlzeiten bereitet sind. So wird etwa geklagt, dass die Frau "auch Ihrem Mann nit zu rechter Zeit zuessen gebe".[41] Entsprechend gravierend wirken mangelnde Fähigkeiten beim Kochen. "Auch mit dem kochen der Speysen so wüst und unsauber umbgangen, das seine werckhleüt und Gesinde etwan die Speysen auf dem Tisch stehen lassen."[42] Besonders wenn die Frauen überhaupt nur sporadisch kochen, findet sich der Mann bald in der Postition, wie sie bildhaft geschildert wird, wonach er ein "türkisches, hungriges, ellendes leben bey ihro führen" müsse.[43] Verfügt der Haushalt über ausreichend Bedienstete, so ist es die Aufgabe der Frau anzuordnen, was gekocht werden soll, und der Leser kann die Indigniertheit des Mannes förmlich spüren, da seine Frau "nach ihrem beliben des Morgens, nachMittags und Abends aus dem haus spazieren

---

37 27. Februar 1744; EGP 22, 111. "Dass sie ihn wie ein Schulbub tractiert."

38 5. März 1739; EGP 20, 857.

39 7. August 1633; EGP 7. 5r. Die Frau "zun zeiten biss zue Mitag Im Bet gelegen". 22. August 1797; EGP 35, 467f. "Der Zunder ihrer Zerwürfnuss rühre von seiner frauen her, indem dieselbe faul und unthätig seye."

40 Saalfeld, Wandlungen, in: Bitsch (Hg.), Essen und Trinken, 59-76.

41 25. Oktober 1659; EGP 9, 197.

42 18. Juni 1667; EGP 10, 99.

43 7. Dezember 1751; EGP 24, 315. 7. Juli 1642; EGP 8, 177r. Die Frau halte den Mann "so gar schlecht und gering mit Speyss und tranckh".

gegangen, mithin er der magd, was sie kochen solle, befehlen müssen".[44] Unversehens findet sich der Mann in der Rolle der Frau als Küchenvorstand.

Innerhalb der Ehe sind die Zuständigkeitsbereiche klar abgegrenzt. Der Mann ist für den Verdienst und damit den Unterhalt der Frau und der Familie verantwortlich, er schafft die finanziellen Voraussetzungen für eine gedeihliche Entwicklung. Die Frau beherrscht uneingeschränkt den häuslichen Bereich mit all seinen vielfältigen Aufgaben, zumindest so weit, als sie nicht dem Mann Rechenschaft über die aufgewendeten Mittel ablegen muss, was dem Mann einen Überwachungsanspruch gibt. Diese Sicht der Dinge kodifiziert schon Bullinger in seiner 1548 erschienenen Schrift "Der Christlich Eestand". Dort lesen wir zur Ordnung der Haushaltung, diese teile sich in äussere und innere Bereiche. "Waz ussethalb dem huss zehandlen ist/als hin und här reisen/ gwün und gwärb fertigen/ kauffen und verkauffen/ und der glychen eehaffte stuck/ ist des manns arbeit. Der sol glych wie ein empsiger vogel hin und härfliegen/ die narung und notturfft samlen und flyssig zuo näst tragen. Und alles was also in daz huss gebracht wirt/ sol das wyb samlen/ordnen/nüt zuo verlieren gon lassen/ und alles was in huss zethon ist flyssig und fruotig ussrichten."[45] Die rechtschaffene Frau übernimmt die Hausarbeit, einschliesslich der Kindererziehung, und zeichnet sich durch bewusstes ökonomisches Haushalten aus, ohne die letzte Entscheidungsgewalt des Mannes in Frage zu stellen, "da es in der Schrifft heisse, du Weib solt deinem mann underthan sein, und nicht wie es ihm ergangen, du Mann must deinem Weib underthan sein".[46] Dieses Credo findet sich auch in einem Hochzeitsgedicht aus dem Jahre 1649, in dem es zur Braut an die Adresse des Bräutigams heisst: "Si wirdt sich ganz und gar zu aigen dier ergeben/ Mitt ungefälschter trew und stätigs mitt dier leben/ Als aine Seel und leib: Si wirdt dein freuden-sonn/ In deinem hause sein."[47]

---

44 29. Juni 1773; EGP 29, 712-716.

45 Bullinger, Der Christlich Eestand, 75r-80r.
Eine verheiratete Frau, die sich ins Wirtshaus begibt und dort betrinkt, bricht also gleich doppelt den Normkodex. Einmal vernachlässigt sie ihre häuslichen Pflichten, dann aber dringt sie in eine Männerdomäne ein.

46 30. November 1751; EGP 24, 304. Der Leser beachte den sprachlich subtil gewollten Wechsel von "sollen" zu "müssen".
Auch Wochenschriften des 18. Jahrhunderts, die besonders für das Bürgertum eine wichtige Lektüre darstellen, propagieren dieses Ideal. So gibt eine Zeitschrift 1725 als Kardinaltugenden der Frau an: Gottesfurcht, Freundlichkeit, Reinlichkeit und Haushaltungskunst. Eine andere meint im selben Jahr, wichtig seien Gehorsam, treue Besorgung des Hauswesens und gute Erziehung der Kinder. Gebauer, Studien, in: AKG 15, 1923, 103.

47 UA I, 49, Nr. 7. Weiter unten lesen wir die von einem anderen Freizeitdichter geschriebenen Zeilen: "Bei ihr findt man lust und wonne/ si ist wie ain haelle sonne/ ihre lieb und ihre trew/ glänzet alle morgen neu./ Ihrem ehmann ihrem herzen/ stellt

Würde in der Realität tatsächlich alles diesen Worten und der Theorie gemäss ablaufen, würden sich die Frau wie auch der Mann an ihre jeweilige Verantwortlichkeit innerhalb der Ehe halten, was den Willen und den Einsatz beider Seiten erfordert, so könnte ein solcher Wunsch in Erfüllung gehen. Doch beklagt bereits die Zeit, wie aufgelöst die traditionellen Zuständigkeitsbereiche seien. So gibt ein Rezensent 1766 zu einem in Paris erschienenen Buch zum Missbrauch des ehelosen Lebens die Meinung des Autors wieder, wonach die Ehen so viel kosteten, "dass auch reiche Leute die Lust zum heyrathen fahren lassen. Unsere Gross-Mütter giengen in küche und keller. Sie wussten nichts von Blonden und andern Modereyen, die man, ohne Frauenzimmer-Wörter-Buch, nicht deutsch geben kan. ... wehe dem Mann, der den Beutel nicht immer ziehet, dem Weibe zu opfern". Um hinzuzufügen: "so denckt der Verfasser, und er möchte vielleicht nicht vollkommen unrecht haben."[48] Sicher erweist sich bei den Fällen, die wir vor Gericht antreffen, die Hoffnung als unbegründet, wonach "das ehlich band die allersüsste ruh" sei.[49]

---

si sich zu aigen dar;/ wann er leidet tragt sie schmerzen/ seine not ist ihr gefar." Zu Hochzeitsgedichten: Deneke, Hochzeit, 49-52.

48 HZZtg 5, Post und Ordinari Schaffhauser Mittwochs-Zeitung, Nr. 15 vom 19. Hornung 1766.
Diese Zustandsbeschreibung kontrastiert merkwürdig mit den im 16. und 17. Jahrhundert zuweilen gezeichneten Charakterzügen verstorbener Ehefrauen und Mütter, die in ihren Schilderungen das traditionelle Frauenbild beinahe wörtlich wiedergeben. So berichtet ein Chronist zum Tod seiner Mutter. "Was für ein verstendige, Gotzförchtige, haussliche und guothätige Matron Sy gsein seye, auch wie Sy vielerley Creütz und schweere kümmernuss mit sonderer gedult und standhafftigkeit ussgestanden habe, ist unmüglich zubeschreiben." Chronik B 5, 1598, 47f.
Oder der Eintrag zum Tode der Frau eines Chronisten: "Denn was ich und unsre II lebendige kinder ... verlohren, ist nit auszusprechen, so wenig als ihre Tugenden, frommheit, Gottforcht, klugheit, auch sonderbarer fleiss, grosse Müh und Arbeit und sinnreiche fürsichtigkeit in Auferziehung der kindern und Verwaltung der haushaltung. Summa sie ist gewesen ein fruchtbarer Weinstok um unser haus herum." Scaphusiana Nr. 49, 1. März 1659, 33r.

49 UA I, 49, Nr. 7.

2.2. Gewalt in der Ehe

Nachdem wir bereits einmal im Bezug auf das Eheversprechen vom unbedingten Besitzanspruch des Mannes an die Frau gesprochen[1] und im letzten Kapitel gesehen haben, wie die Frau dem Manne nicht nur nach-, sondern untergeordnet ist, darf es uns nicht wundern, wenn wir beim Lesen der Protokolle immer wieder auf Zeugnisse von Gewalt innerhalb der Ehe stossen. Da aber die meisten Fälle nicht wegen Gewaltanwendung innerhalb der Ehe vor Gericht auftauchen, sondern wegen Fehlern oder Unzulänglichkeiten der Eheleute, können wir wohl annehmen, dass die übergrosse Zahl der Fälle, bei denen Gewalt angewandt wird, gar nie vor Gericht kommt, dass demnach die wahre Zahl der Gewaltanwendungen noch einiges höher sein muss, als wir es beim Blick auf die Protokolle feststellen können.

Zuerst gilt unsere Aufmerksamkeit der Gewalt, die von Männern ausgeübt wird. Einschränkend gilt es zu bemerken, dass längst nicht alle Gewalt direkt physisch zu sein braucht. So kann der Mann auch einfach seine Frau aus dem Haus verstossen.[2] Oder die Gewaltanwendung nimmt subtilere Formen an. "Ihro den verstrichenen Winter keine bethdeke gelassen, dass sie fast verfrohren."[3]

In den allermeisten Fällen freilich stossen wir auf rein physische Gewaltanwendung, wobei der Mann die Frau verprügelt. Davon sei nur ein Beispiel erwähnt. "Er sie mit stäken und 4fachen Seileren geschlagen, getretten, gestossen und zur thur hinaus gejagt." Mit der Marginalbemerkung des Schreibers: "dass sie bük wie hüenereyer bekommen."[4] Uns interessiert hier vor allem der Anlass, welcher zur Misshandlung der Frau führt, wie auch die Begründung der Männer für die Gewaltanwendung, selbst wenn diese Trennung nicht überall klar gemacht werden kann. Bezüglich des Anlasses scheint es tatsächlich so zu sein, dass jegliches Fehlverhalten, das eine Frau in den Augen ihres Mannes zeigt, für diesen Anlass genug ist, seine Frau zu misshandeln.[5] So zum Beispiel: "habe sie sich unterstehen dörffen, ihm lohn zu fordern, auf dise rede hin, habe er sie geschlagen."[6] Will die Frau sich von Hause entfernen ohne Erlaubnis des Mannes und wird von diesem erwischt, heisst es lakonisch, "dass er in letsterer action ihro ein paar

---

1 Vgl. Kap. I.3.

2 28. August 1633; EGP 7, 7r. "aniezo aber Er sy widerum uss dem haus gestossen."

3 28. August 1743; EGP 22, 21.

4 1. November 1740; EGP 21, 284. Weitere Beispiele finden sich in Teil II, Kap. 7.3.3.6.

5 Allerdings erfahren wir in der Regel aus den Quellen zum angegebenen Grund nicht weiter, was sich sonst noch vorgängig zwischen den Eheleuten zugetragen hat, dass es als Reaktion am Ende zur Misshandlung kommt.

6 20. März 1759; EGP 27, 109.

maultäschen gestekt, weil sie weglauffen wollen".[7] Arbeitet die Frau nicht, wie vom Mann erwartet, ist dies ebenso ein Grund, sie zu züchtigen. "Dass die frau nicht auch, wie es der brauch seje gewerchet, desswegen er sie einmahl geschlagen."[8] Selbst Lappalien reichen aus, dem Mann Anlass zur Misshandlung seiner Frau zu geben. So erfahren wir etwa, "er habe ihro nur eine ohrfeigen gegeben, weilen sie dem hund, welcher auf dem tisch das fleisch gefressen, nicht abgewehrt habe".[9] Ein unverständliches Verhalten des Mannes, selbst wenn wir in Rechnung stellen, dass Fleisch als Luxus gilt und der Verlust dementsprechend schwer wiegt. In diesen Bereich gehören auch Fälle, dass die Frau dem Mann nicht gleich antwortet und dafür geschlagen wird.[10] Schwerwiegender ist, wenn die Frau den Mann der Impotenz beschuldigt, was besonders am männlichen Selbstverständnis kratzt und die männliche Autorität untergräbt. "Habe er ja ihro ein maulschellen versezt, so ihm aber leid seje; indessen falle es ihm bedenkl., dass sie aus dem Ehbeth schwäze."[11] Eine ganz besondere Gruppe machen die Fälle aus, bei denen die Frauen angeblich den Männern gegenüber den gebührenden Respekt vermissen lassen und ihre Ehre mit Worten verletzen. Dann greift der Mann zur Gewalt.[12] Der Grad der Kommunikation zwischen den Eheleuten scheint zumindest in solchen Fällen sehr beschränkt, wenn sie nicht überhaupt ausfällt. Sicher dient sie nicht zur Problemlösung unter den Eheteilen. Diese Aufgabe soll durch den Einsatz von Gewalt erledigt werden, auch wenn wir berücksichtigen, dass Frauen sehr wohl über ein geschliffenes Mundwerk verfügen können, wie es offensichtlich wird in der Aussage eines Mannes, der "sein weib zu einem elenden mensch geschlagen, spühre man nichts an ihrem maul".[13]

Diese grosse Bereitschaft zur Gewalt resultiert wohl letztlich aus dem unbedingten Besitz- und Gehorsamsanspruch des Mannes an seine Frau. Dies zeigt sich nämlich auch im Bereich der ehelichen

---

7 4. September 1732; EGP 19, 376.
3. April 1742; EGP 21, 494. "sie dörffe nicht zum haus hinaus ... sodann schliesse Ihro die schuh ein ...".

8 14. Juni 1746; EGP 22, 604.

9 18. Januar 1766; EGP 28, 53-55.

10 8. Dezember 1746; EGP 22, 684. Der Mann wirft das Milchgeltlin im Zorn an die Wand, da die Frau ihm keine Antwort gegeben hat.
4. Februar 1790; EGP 33, 44. Die Frau "habe ihm ungeschikte Antwort geben, worüber er unwillig worden; ihr ein paar Ohrfeigen gegeben".

11 11. März 1741; EGP 21, 372.

12 11. Dezember 1770; EGP 29, 203f. "ihn mit ihren bissigen Reden reize, biss er in zorn gerathe. Desswegen er ihro ein Paar ohrfeigen gegeben."
13. Juni 1797; EGP 35, 446-448. "er dennoch von seiner liederlichen frau über sich und die seinige die unglimpflichsten Schimpf und Scheltworte anhören, wordurch er öfters bis zur verzweiflung in Zorn und Wuth gebracht werde, welches auch Ursache gewesen, dass er ihro kürzlich mit dem meelwisch ein Loch in den Kopf geschlagen."

13 3. Februar 1699; EGP 14, 112.

Pflichten. Gerade dort ist Gewalt durchaus gebräuchlich. So berichten Männer etwa, "dass er ihro ein Paar Maulschellen gegeben, sey darum geschehen, weil sie ihm die Ehliche pflichten versagt".[14] Dieses Verhalten kann sich bis zur Vergewaltigung in der Ehe fortsetzen. "Ihm die ehelichen Pflichten versage, dass er sie gleichsam dazu zwingen müsse."[15]

Sind bei all diesen zitierten Aussagen neben den Ursachen bereits, zumindest ansatzweise, die Begründungen für die Gewaltanwendung ersichtlich, so lassen sich noch andere finden. Abgesehen von Notwehr, wonach die Frau angeblich den Mann vorher bedroht,[16] stellt der Leser der Protokolle immer wieder die Überzeugung auf seiten der Männer fest, die Gewaltanwendung sei etwas durchaus Selbstverständliches, ein Recht, das sich nur schon von der Stellung des Mannes gegenüber seiner Frau herleite, wie es Jacob Zoller auf den Punkt bringt, der, als ihn ein Nachbar mahnt, seine Frau nicht weiter zu misshandeln, zur Antwort gibt: "Es ist min fr., darf sie schlagen wie Ich will."[17] Die Gewaltanwendung erscheint als gerechte Strafe, welche die Frau verdient.[18] In dieser Einstellung kann ein Mann auf die Frage des Gerichts, ob er seine Frau misshandle, lakonisch zur Antwort geben: "Ja, es währe Nothig gewesen."[19] Dabei fusst das Züchtigungsrecht des Mannes gegenüber seiner Frau auf der Ansicht, die freilich bei den allermeisten Ehemännern nicht reflektiert, sondern lediglich gewohnheitsmässig übernommen ist, dass schon aufgrund Evas Sündenfalls und des Faktums der Erschaffung der Frau aus einer Rippe des Mannes diesem ein höheres Recht zustehe, wozu noch die Meinung tritt, die Frau sei ohnehin mit geringerer Vernunft bedacht als der Mann, weshalb sie der Führung und Lenkung durch den Mann bedürfe.[20] Leider wissen wir nur sehr wenig darüber, wie die Frauen solche männliche Gewaltanwendung aufnehmen, wie sie sich dazu stellen. Sicher aber lässt sich

---

14 23. Januar 1770; EGP 29, 8f.
15. Januar 1771; EGP 29, 212f. "er müsse gestehen, dass er in der Ernd, weiln sie ihm keine ehliche Pflichten erstatten könne; ihro aus ungedult eine ohrfeigen gegeben habe."

15 29. August 1797; EGP 35, 469f.

16 14. Januar 1651; EGP 8, 332v. "habe Sie das Messer gegen Ihm gezuckt und gegen Ihm gangen, desshalben Er sich nothhalben wehren müssen ... ".

17 30. August 1627; EGP 4, 130.

18 25. Januar 1537; EGP I, 214v. Der Mann schlägt seine Frau innert zwei Tagen dreimal, "uff das er geredt, demzemal syge es nit on ursach geschechen, dann Sy hab Im so übel gefluchet und es darneben verdient das er sy schlagen müssen".
25. April 1609; EGP 3, 537. "Mehrer nicht dann ainmahl zway oder drey ihrem wolverdienen nach misshandlet und geschlagen."

19 7. Januar 1737; EGP 20, 409.

20 Koebner, Eheauffassung, in: AKG 9, 1911, 160-176. Flandrin, Familles, 122. meint dann auch zur Situation in Frankreich: "Le droit de battre sa femme lui [le mari] était reconnu par la plupart des anciennes coutumes."

erkennen, dass gerade im 18. Jahrhundert vermehrt von seiten der Frauen vor Gericht wegen übler Misshandlung durch den Mann Klage geführt wird. Daraus kann man ersehen, dass zumindest grobe Misshandlung als nicht oder nicht mehr akzeptabel erscheint.[21] Diesen Schluss legen auch die wenigen klaren Aussagen von Frauen nahe. Wenn eine Frau sagt, sie könne nicht abstreiten, "ein bös Maul" zu haben, wofür sie der Mann straft, "aber mit dem beil zuschlagen, könne sie nicht vertragen".[22] In die gleiche Richtung deutet die Aussage einer Frau, der Mann habe ihretwegen 15 Kreuzer bezahlen müssen, "also nit der wärth gewesen sie so zu schlagen".[23] Folgt der Leser diesen beiden Aussagen, scheinen die Frauen eine Bestrafung zu akzeptieren, solange sie im Verhältnis zum von ihnen angerichteten und zu verantwortenden Schaden steht. Das männliche Züchtigungsrecht, wiewohl biblisch legitimiert, ist damit keineswegs unbeschränkt, sondern muss verhältnismässig sein. Eine Ansicht, die durchaus auch vom Gericht geteilt wird, das häufig Ehemänner ermahnt, sich nicht so zu vergessen, ihre Frauen zu achten, sie mit Nachsicht und Milde zu behandeln.[24]

Nun stellt sich die Frage, ob und allenfalls wie Frauen auf solche zum Teil massierte Gewaltanwendung reagieren können. Welche Möglichkeiten stehen ihnen offen, ihrerseits (Gegen)gewalt auszuüben?[25] Hierbei zeigen sich eigentlich drei Gebiete weiblicher Gewaltanwendung gegenüber dem Mann. Einmal weigert sich die Frau schlichtweg, den Mann wieder ins Haus einzulassen, das heisst, sie sperrt ihn aus.[26]

Als weitere Möglichkeit bietet sich die Weigerung an, dem Mann zu kochen. Dies ist eine viel wirksamere Massnahme, als wir dies uns heute vorstellen können, wenn wir uns nur daran erinnern, dass die Küche alleiniger Zuständigkeitsbereich der Frau ist, der Mann also, wenn die Frau nicht kocht, hilflos dasteht und auf sich alleine angewiesen ist. Dass die Frauen die Weigerung, nicht zu kochen, gezielt im Sinne einer Gewaltanwendung oder zumindest als Strafmassnahme einsetzen, zeigt

---

21 Für Beispiele vgl. Teil II, Kap. 7.3.3.6.

22 3. Juni 1749; EGP 23, 422.

23 4. Februar 1717; EGP 16, 498.

24 Vgl. Teil II, Kap. 7.3.3.6.

25 Dass es sich dabei durchaus um weibliche Brachialgewalt handeln kann, zeigt sich in Teil II, Kap. 7.3.3.6.
In der überwiegenden Zahl der Fälle freilich klagt die Frau wegen Anwendung von Brachialgewalt durch den Mann. Wahrscheinlich ist es für einen Mann unehrenhaft, deswegen vor Gericht zu klagen, gäbe er doch damit zu, seiner Frau nicht gewachsen zu sein, was seine Geschlechterehre zutiefst verletzen würde. So ist der Hampelmann, der Pantoffelheld schon im Spätmittelalter ein beliebtes Objekt der Karikatur und des Spotts, was sich auch in der zeitgenössischen Kunst niederschlägt.

26 19. Dezember 1688; EGP "dass das weib ... den Mann nicht eingelassen."
7. Oktober 1766; EGP 28, 195-197. "weiln sie ihn nicht mehr ins haus gelassen."
18. August 1612; EGP 3, 668. "man habe In für das hus ussgestosen."

sich beim Blick auf die Quellen. So lesen wir etwa, "wann er sy nit recht angeredt, habe sy Im In 3 tagen nüt gekochet".[27] Oder: "Sy wölle Im nit mehr kochen wegen seines uhnehrlichen haushaltens."[28]

Als letztes Mittel der Gewaltanwendung folgt die sexuelle Verweigerung. Davon erfahren wir mitunter, wenn der Mann klagt, "dass Sy kein fleischlich werckh mit Im triben wöllen, sondern In reverenter ein huerenbueb geheissen".[29] Von einem besonderen Fall des Widerstandes einer Frau gegen ihren Mann berichtet ein Chronist am 24. Juni 1658: "zu diser Zeit geschach alhier, das ein weib ... ihrem mann ... in der nacht als sie zuvor miteinander gezanget in das membrum virile gebissen, da er in dem blut gelegen, als wan ihm ein ader auffgesprongen und genötiget worden, ein balbierer zeholen, hatt grossen schmertzen bekommen, doch wider geheilet worden: hernach hatt man solches bementlen wollen, ausgebracht, es habe solches ein katz gethan."[30]

Den Frauen stehen also, vielleicht entgegen dem ersten Eindruck, sehr wohl Möglichkeiten zur Verfügung, dem Mann gegenüber Gewalt auszuüben, wenn es sich dabei auch weniger um direkt physische, sondern eher um psychisch wirksame Mittel handelt. Diese Mittel dürften in der Realität durchaus ihre Wirksamkeit haben, sonst würden nämlich die Männer nicht immer wieder deswegen vor Gericht klagen. Die grösste Wirksamkeit kommt sicher, neben der sexuellen Verweigerung, der Weigerung zu kochen zu, einem Bereich, der traditionell Frauensache ist. Dort fällt auch eine Verweigerung entsprechend rasch fühlbar ins Gewicht, was sich noch zusätzlich verstärkt, je weniger Dienstpersonal zur Verfügung steht, das Ersatzaufgaben übernehmen könnte. Am schlimmsten für den Mann und zugleich am wirksamsten für die Frau ist sicher die Totalverweigerung. "Sie habe ihm, wie er vor 8 tagen abends um 9 Uhr nach haus gekommen, nicht kochen wollen, ihn da er sie im beth anrühren wollen gekrezt und gebissen ... sie besorge die haushaltung nicht, und wasche ihm kein hembd, er habe das hembd schon sint Pfingsten auf dem Leib."[31]

Körperliche Gewalt in der Ehe geht wohl zunächst vom Manne aus, der für sich in Anspruch nimmt, seine Frau jederzeit züchtigen zu dürfen, sollte er der Meinung sein, sie habe sich nicht absolut korrekt

---

27 16. April 1612; EGP 3, 650.

28 19. Oktober 1606; EGP 3, 443.
24. Januar 1754; EGP 26, 32f. "Sie habe ihm nicht mehr kochen wollen."

29 19. Oktober 1630; EGP 6, 47.
16. Januar 1634; EGP 7, 14v. "nit bey Im Im Bedt ligen wolle."
27. Juni 1797; EGP 35, 456f. "Auch ihm schon einige male die Eheliche Pflichten versagt habe."

30 Chronik B 7, 45.

31 18. Juli 1775; EGP 30, 265f.

verhalten. Die Gewaltbereitschaft vor allem auf seiten der Männer ist erstaunlich hoch, Gewalt wird als Lösung innerehelicher Konflikte weitherum akzeptiert und entsprechend angewendet.[32] Die Frau ist dabei nicht nur, wenn auch zunächst ganz sicher und generell überwiegend, Erleidende, sondern verfügt sehr wohl über Mittel und Wege, ihren Widerstand gegen männlichen Besitzanspruch und männliches Gewaltverhalten zu zeigen, dem Mann ihrerseits mit ihren Waffen zu begegnen.[33]

---

32 Safley, Let No Man Put Asunder, 140. "It seems clear that violence was an accepted feature of married life in early modern Basel."

33 Pfister, Chorgericht, 39f. stellt, allerdings in wenigen Fällen, fest, dass Frauen sich wehren. So berichtet er, Frauen hätten ihrem Mann "den bart usszert". Vgl. auch: Dülmen, Kultur und Alltag I, 175f.

2.3. Das Problem der Armut

Die Armut der Eheleute ist von grosser Bedeutung. Dort, wo keine finanziellen Rückstellungen vorhanden sind, gestaltet sich das ökonomische Überleben sehr viel schwieriger, als es dies ohnehin für die übergrosse Mehrheit der damaligen Menschen ist. Geldsorgen beeinflussen das gemeinsame Leben der Eheleute und bilden oft den Grund für Ehezerwürfnisse. Daher das Bemühen, sich schon vor Abschluss des Eheversprechens ausreichend über die finanziellen Verhältnisse des zukünftigen Ehepartners zu informieren.[1] Bevorzugtes Mittel, sich einen Überblick über die Vermögenslage zu verschaffen, ist das Beschreiben, wobei unter amtlicher Aufsicht die Vermögenswerte verzeichnet werden. So geht Conrad Zimmerlin von Unterhallau mit Wissen und Einwilligung des Bräutigams seiner Schwester zum Landvogt zu Neunkirch, um von diesem die Beschreibung der Vermögensumstände des Freiers auszuwirken. Die Beschreibung selbst findet in Unterhallau statt "in Gegenwart einiger Richteren und des Klostervogt, der des buben Tauff-Göttin seye ...".[2] Die Kenntnis der Vermögenslage des Freiers kann sogar zur Bedingung werden, ein Eheversprechen überhaupt erst zu erlauben, wenn etwa ein Vater seiner Tochter befiehlt, das Ehepfand sofort wieder zurückzugeben, weil er zuerst nachfragen wolle, wie des Freiers "oeconomische Sachen stehen, wie vill Er schuldig seye".[3] Folgerichtig gilt es als Grund, um Auflösung eines Eheversprechens nachzusuchen, wenn über die Vermögensverhältnisse falsche Angaben gemacht wurden. Margaretha Brühlmann von Lohn meldet, ihr Bräutigam Heinrich Müller von Büttenhardt habe ihr 380 Gulden Schulden verschwiegen, weshalb sie "wegen starken Schulden Last keine Liebe und Neigung mehr zu ihm" habe.[4] Den Parteien scheint vollauf bewusst, dass mangelnde finanzielle Mittel eine Ehe sehr belasten können, wie dies der Schreiber auf den Punkt bringt, wenn er meint, "weilen sie und er nichts haben ein unglückliche Ehe geben möchte".[5] Eine zusätzliche Erschwerung, das wirtschaftliche Überleben

---

1 Flandrin, Familles, 180 und 182. bezeichnet es gar als kriminell im Hinblick auf die zukünftigen Kinder, wenn die Paare ohne genügende finanzielle Grundlage geheiratet hätten.

2 31. August 1773; EGP 29, 720.
18. Juni 1772; EGP 29, 524-527. "dass sie sich erst alsdann in ein Ehliches versprechen mit ihm einlassen wolle, wann er theils sich werde beschreiben und inventiren lassen, auch theils sich mit den kinderen Ersterer Ehe abfinde."

3 24. Juli 1738; EGP 20, 722.

4 3. Oktober 1775; EGP 30, 303f. Das Gericht hebt das Versprechen auf.
18. März 1784; EGP 31, 662f. Die Braut passe nicht in seine Haushaltung, "nachdem Er aber erst nachher vernehmen müssen, dass selbige nicht nur sehr dürftig seye und das Oberkeitl. Almosen bezogen, sondern noch ziemlich in Schulden stehe".

5 12. Mai 1729; EGP 19, 57.

zu sichern, ist die Unfähigkeit des Freiers, ein Handwerk auszuüben, sei es aus körperlichen Gründen, sei es, dass er keines erlernt hat.[6] Die Möglichkeiten, welche damit realistischerweise einem Paar bleiben, zeichnet ein Vater auf, der vorbringt, beide Verlobte hätten keine eigenen Mittel, beide "jedoch ihrer jugend halben des almosen nicht werth sejen, er kein handwerk habe und sie nit arbeiten könne, sie also entweder zu stählen oder zu bätlen gehen müssen".[7] Fallen Handwerksarbeit, Almosenanspruch und Taglohn weg, so bleibt tatsächlich nur mehr das Stehlen oder der Bettel.[8] So gut gemeint auch die Ankündigung vor Gericht sein mag, "hoffen ... sich gleich andern armen leüthen zu ernehren durch arbeit und häuslichkeit",[9] oder der Verweis auf Gottes Fügung und unergründlichen Ratschluss, "manch Armes Reich und Manch Reiches Arm worden, An Gottes seegen seje alles gelegen",[10] als so unrealistisch kann sich diese Haltung erweisen, wenn keine Möglichkeit zum Taglohn besteht, wenn schlechte Ernten einander folgen und daher die Preise in die Höhe schnellen oder Krankheit einsetzt, die zur Arbeitsunfähigkeit führt, verbunden mit einem völligen Verdienstausfall. Die letztliche Armut ist somit programmiert, und die Eheleute finden sich in der wenig komfortablen Situation, ihren Hausrat Stück um Stück verkaufen zu müssen, nur um so wenigstens die laufenden Kosten bestreiten zu können. Johann Stierlin veräussert Bett, Kasten und Hausrat mit der Entschuldigung, "dass er genötiget gewesen, solches zu thun, weil er sonst nichts zu leben gehabt".[11] Ein anderer, scheinbarer, Ausweg aus der finanziellen Misere scheint vielen Eheleuten das Auftürmen von Schulden zu sein, die solche Dimensionen annehmen können, dass es wohl nie mehr gelingt, sich daraus zu befreien. Die Verschuldung, ja Überschuldung, scheint sich zu einem grossen Problem im Leben vieler Eheleute zu entwickeln, so sehr, dass in einem Ehestreit sogar als besonders perfide Massnahme der Frau ihrem Mann gegenüber angeführt wird, "zu seinem verderben die Creditores wider Ihn auffgewiglet und Ihn in grosse Kösten und schaden gesezt".[12] Leider wissen wir nicht konkret, von wenigen Ausnahmen abgesehen, wie hoch solche Schulden sind. Immerhin erfahren wir, dass Leonhart

---

9. April 1739; EGP 20, 864. "wegen beedseitiger Armuth Sie beede einander unglücklich machen wurden."

6 1. Juni 1747; EGP 23, 5. "als der kerl sein handtwerk nicht verstehe, und danahen kein gute Ehe zu hoffen wäre."

7 19. November 1742; EGP 21, 571f.

8 Für den Mann, gute körperliche Verfassung vorausgesetzt, bleibt als mögliche Alternative der Solddienst, doch heisst dies, ein Eheteil ist auf ungewisse Zeit vom anderen getrennt, was zu einer grossen Belastung für die Ehe überhaupt werden kann.

9 25. November 1717; EGP 16, 586.

10 7. April 1744; EGP 22, 140.

11 27. Januar 1791; EGP 33, 180.

12 19. Mai 1740; EGP 21, 190.

Bartenschlager und seine Frau im Zeitraum vom 29. Januar bis 25. März 1735, also innerhalb von nur drei Monaten, insgesamt etwa 170 Gulden Schulden machen.[13] Von Meister Andreas Altorffer, Ziegler, wissen wir, dass er im ersten Ehejahr 800 Gulden Schulden auftürmt, und bei einer Inventur stellt sich heraus, wie einem Guthaben von etwa 8850 Gulden eine Schuldenlast von beinahe 11000 Gulden gegenübersteht, was eine Aktivschuld von 2150 Gulden ergibt.[14] Dazu sei als Vergleich erwähnt, dass ein Arbeiter, wie es Altorffer ist, 1794 in der Walch wöchentlich 6 bis 7 Gulden verdient.[15] Und nur sehr selten erlauben uns die Protokolle einen solch umfassenden Einblick in die finanzielle Lage einer Familie wie im Falle des Amtmanns Christoph Oschwald, Perruquier, und seiner Frau Esther Schenkel.[16] Das Paar hat innert acht Jahren sieben Kinder, bei einem Verdienst des Mannes von ungefähr 170 Gulden,[17] womit lediglich der Hauszins, der Geselle und die Magd bezahlt werden können, "so habe sie ... sich genöthiget gesehen, eint und anderes zu verkauffen und auch zu der Mutter ihre Zuflucht zu nehmen, welche ihro von Zeit zu Zeit, ohne Wissen des Vatters Geldt vorgestrekt und dadurch ihre starke haushaltung zu unterstüzen gesucht". Hier zeigt sich noch eine zusätzlich erschwerende Bedingung, nämlich die durchschnittlich grosse Kinderzahl, die den Finanzbedarf noch höher werden lässt. Glücklich kann sich damit derjenige nennen, der sich wie die Frau Oschwalds an ihre Eltern mit der Bitte um Unterstützung wenden kann, was selbstverständlich voraussetzt, dass die Eltern selbst über Mittel verfügen, welche sie erübrigen können, was längst nicht überall der Fall sein dürfte. Die Folgen der Überschuldung können gravierend sein. So wird vor Gericht berichtet, "dan seyen die Creditores kommen und alles weggenomen, jetz habe sie nichts mehr, sondern es gehöre alles den Schulden".[18] Dabei gilt es zu bemerken, dass die Verlockung, Schulden zu machen, sehr gross ist, ja dies kann geradezu zu einem existentiellen Zwang werden, weil sich nur auf diese Weise Geldmittel auftreiben lassen. So meldet ein Chronist, eine Frau habe sich erhängt, "aus ursach, dass sie sehr arm ware, ein stük gelt auf ihre Reben zu entlehnen gesucht, selbiges aber nirgend finden können, und aus kummer und schwermuth das gethan".[19]

---

13 14. Juli 1735; EGP 20, 45.

14 17. Januar 1797; EGP 35, 392. Die genauen Zahlen lauten: 8848 Gulden 18 Kreuzer Guthaben gegen 11093 Gulden 23 1/2 Kreuzer Schulden.

15 23. Januar 1794; EGP 35, 38f. Dies zumindest nach der Aussage seiner Frau, die sich darüber beklagt, ihr Mann gebe zuwenig in die Haushaltung ab.

16 2. Februar 1786; EGP 31, 855-857.

17 Es wird nicht ganz klar, ob es sich um den jährlichen Verdienst handelt, doch spricht alles dafür.

18 14. Juli 1751; EGP 24, 226f.

19 Chronik B 8, 25. März 1644, 143.

Vor einem solchen Hintergrund wird es verständlich, wenn beide Eheteile einer Erwerbsarbeit nachgehen müssen, um so das Überleben zu sichern.[20] Nur wenn beide ihren Verdienst gemeinsam in die Haushaltung legen, reicht es zum Auskommen.[21] Fällt dementsprechend die Frau als Arbeitskraft aus, so kommt die Ehe wie die Familie in grosse Bedrängnis, wenn der Verdienst des Mannes allein nicht genügt. "So lang sie etwas habe verdienen können, seye es immer eine gute Ehe gewesen, jezt da der mangel sich äussere, seye aller Jammer und Elend."[22]

Sind die finanziellen Mittel knapp und keine Reserven vorhanden, wird der Zwang zum haushälterischen Umgang mit dem Einkommen zur absoluten Notwendigkeit.[23] Jegliche Extravaganz ist somit ausgeschlossen und bringt Probleme für die Ehe mit sich. So klagt die Frau Zacharias Auers, Margaretha Ühlinger von Oberhallau, ihr Mann lebe verschwenderisch, verkaufe "die unentberlichsten Lebensmittel ... und sonst unnöthige dinge, als zum Ex[empel] ein Uhr und ein Stok mit Silber beschlagen sich angeschaft habe".[24] Der Beiname des Mannes ist für seinen offensichtlichen Hang zur Übernahme von bürgerlichen Statussymbolen wie Taschenuhr und Spazierstock bezeichnend, wird Auer doch im Dorf "Junker" genannt. Die Folgen seiner Grossmannssucht sind freilich gravierend, und das Gericht befindet zu Recht mit Blick auf seine und seiner Frau Mittel, "wie unüberlegt, leichtsinnig und kindisch die bisherige Aufführung des Mannes gewesen, mithin auf dise weise sich und sein Weib in die äusserste Armuth stürzen wurde". Persönliche Ansprüche müssen unter solchen Bedingungen zurücktreten, was aber auch immer wieder Konfliktstoff innerhalb der Ehe bildet und entsprechend zu Klagen führt.[25] Doch ist der Verzicht auf Extravaganzen, so schwer er im Einzelfall den Beteiligten auch fallen mag, nicht so einschneidend wie die zwangsweise Einschränkung im Nahrungsmittelkonsum. Dabei sprechen wir nicht von "schlekwerk" wie

---

1669 gelingt es einer Frau, sich als Mann auszugeben, um so in der Stadt Geld entlehnen zu können. Zunftmeister Hans Conrad Neukomm leiht dem vermeintlichen Mann auch tatsächlich Geld, doch fliegt der Schwindel bald danach auf, "deswegen solches in Unserer Statt ein grosses gelächter gemacht". Chronik B 8, 1669, "mitten in dem Herbst", 158-160.

20 7. Februar 1771; EGP 29, 230.

21 22. September 1750; EGP 24, 85. "den verdienst zusammenschiessen und alles gemeinschaftlich haben."

22 18. November 1755; EGP 26, 334f. Auch: 17. April 1792; EGP 33, 327f.

23 2. Dezember 1745; EGP 22, 517f.
Der Mann erzählt, "dass er der frauen ein paar ohrfeigen geben, weil sie als er nicht zu haus ware, geknöpflet, und darvon so viel überblieben, dass noch 2 Mann dran genug zu essen gehabt haben, welches er ihro vorgehalten...".

24 5. Februar 1793; EGP 33, 414f.

25 14. Januar 1749; EGP 23, 340-345. "Wahr seye es, seine fr. wäre gern ein vornehme Dame gewesen, wie ihr aufbützlen es anzeige; als habe er ihro gesagt, dass er nicht im stand eine solche Dame ferner zu erhalten."

"basteten, Cälberis in brühen, schübling, knöpflin",[26] sondern von Grundnahrungsmitteln wie Brot.[27] So erzählt eine Frau, ihr Mann habe jeden Abend grosse Stücke Brot genommen, was sie ihm vorgehalten habe, worauf es zum Streit gekommen sei.[28] In diesem Zusammenhang erhalten auch die Versicherungen ein ganz anderes Gewicht, welche Männer manchmal vor Gericht abgeben, ihre Frauen hätten "doch alle Tag 3 Mal zu essen ... sie könne brot nehmen so viel sie wolle".[29] Das tägliche Brot, das sich die Frauen nach eigenem Gutdünken nehmen dürfen, wird in solchen Aussagen zu einem grossen Vorteil und Vorzug, beinahe zur Ausnahme, was die Frage aufwirft, wie viele Eheleute nicht dreimal täglich das Grundnahrungsmittel Brot ausreichend zur Verfügung haben.[30] Vorwürfe, die Frau "esse wie ein schlosserhund, Er könne sie nit erhalten, es seye als wann Er ein Ross am baren hätte",[31] werden so von einer leeren Formel ohne innere Bedeutung zu einer durchaus ernstgemeinten Klage, nach der die Frauen schlicht zuviel essen, wofür der Verdienst des Mannes nicht ausreicht. Wie dünn die finanzielle Decke in solchen Fällen ist, bedarf keiner weiteren Erläuterung.[32]

All diese misslichen wirtschaftlichen Verhältnisse für Eheleute werden oft noch viel schlimmer gemacht und akzentuiert durch die

---

26 28. Januar 1744; EGP 22, 95f. Der Mann wirft der Frau vor, sie esse dies alles, und sein Verdienst reiche nicht aus, solche Luxuswaren anzuschaffen.

27 Hauser, Essen und Trinken, 23 und 45. Hauser, Leben, 79-101. Brot ist eine unersetzliche Volksnahrung. So lautet denn auch die gängige Bezeichnung für ein Arbeitsverhältnis: "in mus und brot sin." 15. Juni 1536; EGP I, 197r. Selbst wenn in Teuerungszeiten auch Brot kostbar wird, besitzen wir doch in unseren Fällen keine unmittelbaren Anzeichen, die auf eine generelle wirtschaftliche Notsituation schliessen liessen.

28 16. Januar 1749; EGP 23, 353.

29 21. Februar 1764; EGP 27, 637.
26. Juni 1792; EGP 33, 342. "sie habe brodt nehmen können, wan sie gewolt."

30 So trägt noch Andreas Keller, Pfarrer ausserhalb Tübingens, Schaffhauser von Geburt, am 25. August 1790 in sein Tagebuch ein: "Wir entdeckten eine neue Quelle von Finanzzerrüttung bei uns, die erst vorhanden ist, seit die Hausjungfer bei uns ist, die man uns sonst als sehr sparsam beschrieben hat, nämlich eine starke Konsumation von Brot. Es ist eine neue Prüfung für uns und es braucht gute Aufsicht, um da nicht zu sehr zu Schaden zu kommen." Keller, Andreas Keller, 10.

31 16. März 1719; EGP 17, 142.
4. Dezember 1742; EGP 21, 582-584. Die Frau sei eine "fresserin", sie esse "unmenschlich".

32 Der Anteil der Ausgaben für Nahrungsmittel am Etat einer Familie beträgt etwa zwei Drittel bis drei Viertel der Gesamtausgaben. Diese hohen Anteile zeigen, wie sehr die Sorge um das tägliche Brot das Handeln und das Leben der Menschen in der vorindustriellen Gesellschaft bestimmt. Saalfeld, Wandlungen, in: Bitsch (Hg.), Essen und Trinken, 59. Zum Vergleich: heute machen die Ausgaben für Nahrungsmittel weniger als 25 Prozent der Gesamtausgaben aus.

Spielsucht, wobei sich diese nicht nur auf die Männer beschränkt.[33] Dazu sei das folgende Beispiel angeführt. Der Mann habe "seine 2 Silberne degen, Schuh- und hosen-Schnallen nebst einem seiner frauen zugehörigen goldenen hals kettenlein verkaufft" einschliesslich der Taschenuhr, welche sein Schwiegervater ihm ausgelöst habe. Das erlöste Geld habe er verspielt.[34] Gerade von der Geistlichkeit werden immer wieder die schädlichen Auswirkungen des eigentlich obrigkeitlich verbotenen Geldspiels hervorgehoben. So heisst es bereits 1588, durch das Spielen werde "offt ... vielen armen weibern und kindern ir brot gleichsam aus dem hals gerissen, und söliche endtlich zum almusen und spittal getryben ...".[35] Und 1762 klagt der Synodus über das andauernde Hazardspielen, manch ein Spieler, "wan er auch noch so grosse Mittel besizt, entlich auf den boden komt, u. seine familie, wie die Erfahrung lehret, verarmen musse".[36] Der sichere und vielfach unaufhaltsame Ruin folgt auch im Gefolge der Trunksucht, wenn die Beteiligten alles Geld lediglich für den Alkohol ausgeben. Es ist nicht möglich, im Rahmen dieser Arbeit den Auswirkungen des Alkoholmissbrauchs auf den einzelnen wie auf die Ehe und die Familie ausführlich nachzugehen, sicher aber stellt er ein äusserst bedrückendes Problem dar und ist eine der ganz grossen Belastungen für die Ehe, nur schon durch seine finanziell ruinösen Folgen. Aus diesem Zusammenhang seien nur gerade drei besonders eindrückliche Beispiele erwähnt. In einem bringt der Mann klagend vor, seine Frau trinke immerzu, "dass sie offtmalen auf offentlicher Strass ligen bleibe ... wann er zu bestreitung der haushaltung was zu bezahlen habe und ihro das Gelt auf den Tisch zehle, so nehme sie solches und vertrinke es, sodass wann er des Abends nach haus komme, sie allemahl voll und toll seye: Sie habe auch in zerschiedenen Läden auf ihn hin waaren aufgenohmen, solche wider verkaufft und das Gelt versoffen, ja sogar auf denen Zünften Weinschulden gemacht, und seyen die hausmobilien nicht sicher gewesen, dass sie solche nicht verschleppt und das Gelt durch die Gurgel gejagt". Es herrsche daher stetiger Streit und Zank im Haus, und die Frau sei ihrer selbst nicht sicher, wenn sie betrunken sei, "wie dan schon einmal das bett habe angefangen zu brennen".[37] Im anderen Beispiel hat die Frau "die schlösser und band von denen thüren

---

33 11. November 1744; EGP 22, 311-315. Die Frau verspielte viel Geld in Bad Pfäfers, worüber sie mit ihrem Mann in Streit gerät.

34 21. November 1771; EGP 29, 367-369.

35 AA 72.2. Synodalmemorial vom 2. Mai 1588.

36 Kirchenwesen Schachtel I, Nr. 15, Synodalgravamina vom 16. Mai 1762.

37 27. Mai 1764; EGP 27, 668-671.
9. Dezember 1762; EGP 27, 526f. Der Mann klagt schon damals, seine Frau habe letzten Sommer wegen Trinkschulden "an zweyen Orthen ihre kleider dahinten lassen müssen".

gestohlen, selbige nebst denen federen aus dem beth am heiligen bättag, ja sogar ihres eigenen kinds bett verkauft, das gelt um brantenwein gegeben und versoffen, Sie verrichte das ganze Jahr keine Arbeit, schike die Kinder bettlen und versauffe alles was sie auf- und anbringe".[38] Schliesslich sei die Klage einer Frau angeführt, ihr Mann vertrinke beinahe allen Verdienst, deshalb müsse sie Mangel leiden und sei gezwungen, "wegen der Nöthigen Nahrung und anderer bedörfnuss sich nach Thäyngen zu ihrer frl. Grossmutter und anverwandten [zu] begeben".[39] Auch hierbei ist es die Geistlichkeit, die schon früh auf die finanziell wie gesundheitlich ruinösen Folgen der Trunksucht aufmerksam macht. 1564 klagt der Synodus "von dem vihisten und süwisthen leben, dass uss trunkenheit volgt, da die lüth uhnvernünfftiger dann die thier werdend, vil Junger lüth In Ir läben kürtzend, sich vil in grosse kranckhait bringend".[40] Die Klagen reissen in der Folge nicht mehr ab. 1612 wird etwa vorgebracht, die Landgemeinden klagten "ab dem unnötigen überflüssigen und durch das ganz Jar werenden prassen und zächen ... dadurch weib und kind an Bettel stab gricht".[41] Und im 18. Jahrhundert scheint sich die Trunksucht gar noch zu verschlimmern, zumal nun auch auf der Landschaft das Branntweintrinken überhandnimmt. Schon 1705 meldet der Pfarrer zu Hallau, durch das übermässige Branntweinbrennen entstünde Holzmangel![42] 1720 klagt die Synodalversammlung, das Branntweintrinken breite sich aus, "das die leüth Gesundheit, Witz u. Verstand vertrinken, und dabei, sonderbar diser Zeit, vil böses ausbruten: dass Sie auch öfter davon trunken in die kirchen kommen u. so einen abscheülichen gestank darin verursachen, dass es fast nicht zu ertragen".[43] Doch alle Klagen ändern an diesem Bild nichts, auch wenn die Landgeistlichen der Meinung sind, das Übel rühre von der Stadt her, wo "unser BaurenVolk dise u. andere laster mehrentheils ... auflesen".[44] Und alle Versuche, die Zahl der Gast-, Trink- und Kunkelhäuser[45] zu beschränken, scheinen erfolglos, obschon gerade daher "nichts anders als streit und zank fluchen und schweeren, u. grosse Misshelligkeiten in den Ehen entstehen, dass darüber manche haushaltungen in die grösste

---

38 4. März 1766; EGP 28, 89f.

39 19. Februar 1743; EGP 21, 594.

40 AA 72.2. Synodalmemorial von 1564.
Bereits ein Jahr zuvor lesen wir: "drunkenheyt macht vyl vyhister lüthe, Junge Männer bringen sich Inn kranckheyt, verkürzerendt Ir läben, würt vil versumpt." AA 72.2. Synodalmemorial von 1563.

41 AA 72.3. Synodalmemorial vom 29. Mai 1612.

42 AA 72.4. Synodalmemorial vom 7. Mai 1705.

43 AA 72.4. Synodalmemorial vom 8. Mai 1720.

44 AA 72.4. Synodalmemorial vom 7. Mai 1722.

45 Spinnstube. Idiotikon 10, 1131f.

Armuth gerathen".[46] Wie erfolglos die Geistlichkeit durch all die Jahrhunderte in ihrem Mahnen ist, mag nur schon die Bemerkung des Pfarrers zu Wilchingen zeigen, der noch 1783 allein in seinem Dorf 13 (!) Wirtshäuser und Schenken zählt.[47]

Die Armut der Eheleute kann also von grosser Bedeutung für das letztliche Auseinanderbrechen ihrer Ehe sein. Dies ist um so bedeutender, wenn wir uns bewusstmachen, dass zumindest latente Armut, wenigstens permanente oder doch sporadische Geldknappheit, ein Hauptcharakteristikum sozialer Wirklichkeit der damaligen Zeit darstellt, von dem viele Menschen betroffen sind. Auffallend bleibt aber, dass gerade im 18. Jahrhundert der Faktor der Armut ins Blickfeld der Eheleute und des Gerichts rückt; dies heisst freilich nicht, dass im 16. und 17. Jahrhundert kein Problem der Armut bestünde.[48] Doch scheint das 18. Jahrhundert sensibler diesbezüglich, weshalb die übergrosse Zahl der aussagekräftigen Beispiele aus dieser Zeit stammt. So melden die Geistlichen denn auch 1769, "in welcher nagenden Armuth die meisten haushaltungen unserer gemeinen Bürgern stehen". Das Geld werde verprasst, "der Arme denkt immer, ich bin sowohl ein bürger als d. Reiche, u. darf dieser seinen Louis d´or zu stillung seiner passionen anwenden, so darf ich auch meinen Groschen versauffen".[49] Dabei wird die Armut als solche nicht auf ökonomische Gegebenheiten oder Ungerechtigkeiten zurückgeführt, sondern weitgehend mit der Unhauslichkeit und Verschwendungssucht der Eheleute begründet.[50] Dies mag wohl auf viele Fälle zutreffen, doch darf nicht angenommen werden, dass restlos alle Ehepaare einfach liederlich im Umgang mit ihren finanziellen Mitteln sind, viel eher reicht das Einkommen einfach nicht aus, alle Unkosten zu decken, vor allem wenn die Ehepaare Taglöhner

---

46 Kirchenwesen Schachtel I, Nr. 15, Synodalgravamina vom 16. Mai 1762.
AA 72.4. Synodalmemorial aus dem Jahr 1767. "Büsingen zeigt an, dass die Einwohner durch trinken verarmen."

47 AA 72.4. Synodalmemorial vom 28. Juni 1783.

48 Dazu vergleiche der Leser nur die immer wieder in Chroniken auftauchenden Schilderungen von eigentlichen Armutsschüben für diese Zeit. So berichtet ein Chronist, 1611 habe man am Neujahrstag 4000 Armen im Kaufhaus das Almosen ausgeteilt, "darbey 10 Persohnen erstikt u. ertrukt worden und das Eiserne Gitter heraus getrukt worden". Chronik B 22, 1611, 33.
Oder der Eintrag: "umb Sambstag vor Wienachten haben über 2000 menschen die Spend empfangen. Und ob schon ein ordnung wegen der armen gemacht worden, so halfe es doch alles nichts. Man fuhrte und brachte von fernen orten getraid hieher, als aus dem Breisgäw, Suntgäw, Elsass und Burgund." Chronik Hans Oswald Hubers, 1571, 134.
Selbst wenn die von den Chronisten jeweils angegebenen Zahlen nur mit grosser Zurückhaltung betrachtet werden dürfen, bleibt doch ein realistisches Bild der Zustände.

49 Kirchenwesen Schachtel I, Nr. 15, Synodalgravamina vom 15. Mai 1769.

50 Daher auch die Empfehlung der Geistlichkeit, als Abhilfe sei "eine unermüdete Arbeitskraft, u. einen wohlangewandten fleiss ... und Sparsamkeit ..." nötig. Kirchenwesen Schachtel I, Nr. 15, Synodalgravamina vom 15. Mai 1769.

sind und damit also nur sporadisch einen Verdienst finden. Dass eine latente zu einer offenen Armut, zu einer bedrückenden Erfahrung und Lebenswirklichkeit wird, dazu trägt dann jeweils nicht zuletzt Spielsucht oder Alkoholmissbrauch bei, wobei die Sucht einen grossen Teil der Einkünfte aufzehrt.[51] Vor diesem Hintergrund ist die Aussage: "jetzund sey alles aufgezehrt, kein Brot, kein Schmaltz mehr im haus, nun schlagen sie sich, wie man pflegt zu sagen, um den leeren Bahren",[52] eine eindrücklich realistische Schilderung tatsächlicher Zustände, wenn die Armut zur Belastung für das eheliche Zusammenleben und letztlich zur Gefahr für den Fortbestand der Ehe überhaupt wird.[53]

---

51 Becker, Leben und Lieben, 183. kommt zum gleichen Ergebnis für seine Untersuchung eines voralpinen Grenzgebietes in Österreich. Auch: Pfister, Chorgericht, 38f., 59-61, 68f.

52 EGP 26, 511.

53 So betont auch Ingram, Church Courts, 187. die Bedeutung der Armut für das Scheitern einer Ehe. Er zählt über 40 Prozent der ausführlichen Fälle, bei denen Armut der Auslöser für die Trennung der Ehepartner ist. Vgl. auch: Dülmen, Kultur und Alltag I, 176.

2.4. Sozialhierarchie innerhalb der Familie[1]

Die soziale Rangordnung innerhalb der Familie mag auf den ersten Blick klar gegliedert und keiner weiteren Erwähnung wert scheinen. Dieser Eindruck trifft in der Theorie auch durchaus zu, sehen wir doch eine strenge Sozialabstufung vor uns mit dem Familienvater und Ehemann an der Spitze, ihm folgt die Ehefrau, die ihre Aufgaben im Haus findet.[2] In diesem Kapitel sollen aber zwei weitere Aspekte betrachtet werden, die einen Einblick in reale Verhältnisse erlauben, Aspekte, die sich vor allem und bevorzugt in eher begüterten Familien finden. Da ist zum einen das Verhältnis der Hausfrau zu den Bediensteten, besonders den Mägden, die an sich und ohne jede Frage in der innerfamiliären Hierarchie unter der Hausfrau stehen. Zum anderen geht es um das Verhältnis der Hausfrau zu den Kindern des Mannes aus einer vorgängigen Ehe.[3]

Gerade im Bezug auf das Verhältnis zwischen Hausfrau und Magd zeigt sich, wie eine neue Eheschliessung beträchtliche Schwierigkeiten mit sich bringen kann. Befinden sich nämlich die Bediensteten schon länger als die neue Hausfrau in der Umgebung des Mannes, was im Falle einer neuerlichen Eheschliessung des Mannes häufig ist, so ist die Stellung der Ehefrau keineswegs unumstritten, ja sie muss vielfach erst gegen den Widerstand der langgedienten Mägde erkämpft werden. So hören wir Klagen wie, "an allen ihren Streitigkeiten seye die Magd die Ursach, als mit welcher der Mann einen gar vertrauten Umgang habe".[4] Oder in geradezu exemplarischer Weise wird über die Magd geklagt, diese habe "in dem haushaltungsgeschäft mehr als Sie die Frau zu sagen und einen allzu genauen Umgang mit ihrem herren gehabt".[5] In diesen Aussagen spielt neben dem Gefühl der Zurücksetzung der neuen Hausfrau sicher oft eine gewisse Eifersucht auf die scheinbar überall bevorzugte Magd mit.[6] Diese freilich kennt einfach die Verhältnisse im Hause wie auch die Vorlieben des Hausvaters durch ihren langjährigen Dienst besser als die neue Ehefrau. Die daraus resultierende selbstbewusste Haltung auf der Seite der Bediensteten zeigt eindrücklich die Aussage einer langgedienten Magd über ihre neue Herrin: "Es sey doch wohl dieses

---

1 Der Ausdruck "Familie" in unserer heutigen Bedeutung taucht erst im 18. Jahrhundert auf. Hier ist "Familie" verstanden als Gesamtheit aller im Hause lebenden Personen. Hauser, Leben, 204.

2 Vgl. Kap. 2.1.

3 Zum Verhältnis Eltern-Kinder und Herrschaft-Dienerschaft: Flandrin, Familles, 128-142.

4 18. März 1756; EGP 26, 378f.

5 29. Juni 1773; EGP 29, 712-716.

6 3. September 1744; EGP 22, 207-212. Der Mann "sehe die Magt lieber und gelte mehr als sie".

ein ungeschikt Weib. hr. Pfisters erste frau hätte sich mit ihm verstanden; und hätte sie ebenfalls ihre freündschafft gesucht, so würde es ihro nicht so ergangen sein. Sie wüsste seit einigen Jahren aus eigener Erfahrung am besten, wie man diesem herren begegnen müsste."[7] Der Wissensvorsprung langgedienter Mädge der neuen Herrin gegenüber bringt eine Macht mit sich, die ihnen von der Sozialhierarchie her nicht zusteht. Daher folgt oft der Versuch der neuen Ehefrau, Mägde vor Gericht anzuschwärzen, immer auch in der Hoffnung, diese damit im Hause selbst unmöglich zu machen. So führt etwa eine Frau aus, die alte Magd ihres neuen Mannes sei liederlich gewesen, "ware in denen kammeren alles auf hauffen, so das ihro ab dieser unordnung ekelte ... dieser ... abzuhelffen, reinigte sie das ganze haus, sezte den weissen Zeüg, wie eine rechte haushalterin thun soll, auseinander, legte das gefider in die Sonnen, und rathsamte alles nach bestem vermögen, worüber die Magd beschämt und entrüstet sich an iren Mann wendete", dieser freilich stehe der Magd bei, anstatt seine Frau ob ihres Fleisses zu loben.[8] Durch das Verhalten des Mannes wird die ohnehin nicht grosse Autorität der Frau im Hause weiter untergraben, die Dienstboten sehen noch weniger Anlass, die Hausfrau als ihre neue Herrin zu akzeptieren. Diese Folge stellt sich auch ein, wenn der Mann seiner Frau vor den Kindern und der Magd "alles schimpfliche gesagt" und damit "ihre Autoritet genohmen".[9]

Obwohl unbestritten ist, dass in der Sozialhierarchie innerhalb der Familie die Dienstboten selbstverständlich unter den Hausfrauen stehen, gestaltet sich dieses Verhältnis also nicht immer so reibungslos, wie der Leser auf den ersten Blick meinen könnte. Denn in der Praxis können daraus grosse Probleme erwachsen, nicht so sehr für den Mann oder die Dienstboten als vielmehr und vor allem für die neue Ehefrau, die zwar von ihrem Anspruch her die Hausgeschäfte verantwortlich übernehmen sollte, aber oft auf eine eingespielte Mannschaft trifft, die jeden Versuch, im Ablauf der Haushaltsgeschäfte und der Haushaltsführung etwas zu ändern, blockieren kann, besonders wenn sie noch die heimliche oder gar offene Unterstützung des Hausherrn selbst geniesst, der seinerseits mit den beabsichtigten Neuerungen und Änderungen nicht einverstanden zu sein braucht. Daher ist die Mahnung des Gerichts an einen neu vermählten Mann durchaus berechtigt, "sin weib vor die haushalterin zu halten und den diensten nicht so vile gewalt lassen, dass der Frauen ohnbeliebig und der Welt ärgerlich scheinen möchte".[10]

---

7 16. Oktober 1755; EGP 26, 306f.

8 9. August 1774; EGP 30, 138-153.

9 4. September 1748; EGP 23, 264-270. Auch: 17. Juni 1680; EGP 11, 175.

10 11. Mai 1736; EGP 20, 166f.

Eine weitere Konfliktzone innerhalb der Familie ist das Verhältnis zwischen den Kindern aus einer vorigen Ehe und ihrer Stiefmutter. Die Kinder wären zwar der Hausfrau Gehorsam schuldig,[11] doch zeigt sich oft der klassische Konflikt um die Akzeptanz der Stiefmutter von seiten der Kinder. So tauchen vor Gericht Klagen auf, "das Ihre Stieffkinder Ihro alles leid thuen".[12] Oder es sei der Frau unmöglich, länger bei ihrem Ehemann bleiben zu können, "indem er seine kinder in allem den Meister spihlen lasse".[13] In solchen Fällen wirken dieselben Muster, wie wir sie bei den Bediensteten sehen, nur zu oft fühlt sich die neue Hausfrau ausgeschlossen und in ihrer häuslichen Kompetenz beschnitten, wie hier: "Die töchteren müssen alle kochen und die frau Mägden dienste thun, sie dürffe nicht einmal beym Tisch essen."[14] Die Beschreibung zeichnet eine verkehrte Welt, in der die Töchter das Kochen, die Aufgabe der Frau, übernehmen, während der Frau die Arbeiten der Magd zugeteilt werden. So sieht sich das Gericht auch gezwungen, Kinder zu ermahnen, ihrer Stiefmutter Gehorsam zu leisten,[15] oder den Mann zu bitten, seine Kinder dazu anzuhalten, ihrer Stiefmutter "alle schuldige pflicht, gehorsam und Ehrenbietigkeit ... zu leisten".[16]

Gerade Frauen, die einen Mann in zweiter Ehe heiraten, sind also in der Praxis mit zum Teil erheblichen Problemen konfrontiert, die sich trotz der klaren Sozialhierarchie innerhalb der Familie ergeben, wenn die neue Hausfrau von den Bediensteten und den Stiefkindern nicht akzeptiert und zu einer Konkurrentin innerhalb der Hierachie wird. Diese Spannungen entstehen und kommen zum Ausbruch, obwohl die Frau Gehorsam fordern kann und vom Gericht darin unterstützt wird.[17] Das Konfliktpotential, das sich auf diese Weise anhäuft, darf nicht unterschätzt werden, selbst wenn die Eskalation nur in den wenigsten Fällen so weit führt, dass die Magd ihre neue Herrin "zu grösster

---

11 Absolute Gehorsamspflicht der Kinder gegenüber ihren Eltern besteht ohnehin. So wird ein Sohn auf Beschluss der Obrigkeit in der St.-Johanns-Kirche auf den Schandstuhl gestellt, um eine Strafpredigt anzuhören, weil er, als sein Vater ihn schlug, "sich gegen ihm gewehret und den Vatter auch geschlagen". Chronik B 13, 29. August 1711, 52.
Selbst in ein Synodalmemorial findet die Klage "über den ungehorsam viler kindern, gegen die ältern" Eingang. AA 72.3. Synodalmemorial vom 6. Mai 1680.

12 2. Mai 1676; EGP II, 4.

13 8. Juli 1794; EGP 35, 118f.

14 22. Januar 1760; EGP 27, 203f.

15 29. September 1659;

16 31. März 1740; EGP 21, 182.

17 Dabei kann sich das Gericht durchaus auf die Ansicht der Bibel stützen. Paulus, Ad Eph., 6, 1-2: "Filii oboedite parentibus vestris in Domino hoc enim est iustum/honora patrem tuum et matrem quod est mandatum primum in promissione." und Ebd., 6, 5. "Servi oboedite dominis carnalibus cum timore et tremore."

Ärgernuss der ganzen Nachbarschaft ... mit Schlägen übel misshandelt".[18]

Diese Beobachtungen treffen vor allem und verstärkt auf das 18. Jahrhundert zu, da die soziale Trennung zwischen Herrschaft und Dienerschaft, auch was die Lebensbereiche innerhalb des Hauses anlangt,[19] immer klarer fixiert ist und die Aufgabenteilung innerhalb der Familie immer eindeutiger umgrenzt wird.[20] Die soziale Hierarchie und Arbeitszuweisung innerhalb der Familie gestaltet sich so immer rigider. Die Arbeiten im Haus werden in standesgemässe, der Hausfrau vorbehaltene und in den Bediensteten zugewiesene Bereiche getrennt, womit sich die Entrüstung erklärt, mit der Frau Stokarin zur Sonnenburg, geb. Zieglerin, vor dem Gericht über ihren Mann Junker Johann Jakob Stokar klagt, "habe Er der frau Stokarin Mägdedienst zu verrichten zumuthen wollen".[21]

---

18 30. Juni 1784; EGP 31, 698.

19 9. August 1774; EGP 30, 138-153. Die Frau klagt, "... noch mehr aber ekelte ihro, dass Meister und frau und Magd und knecht nur einerley bethtücher hatten, und also das erste das beste bald diesem bald jenem beth zugetheilt werde ...".

20 Flandrin, Familles, 104.

21 17. Dezember 1777; EGP 31, 19f.
Die Familien Stokar und Ziegler gehören seit alters zu den gesellschaftlich und politisch führenden der Stadt Schaffhausen.

3. Die uneheliche Schwangerschaft

Bereits in einem früheren Kapitel[1] betrachteten wir die Problematik der unehelichen Schwangerschaft. Hier nun sollen vertieft vor allem die sozialen Gegebenheiten und die menschlichen Umstände einer unehelichen Schwangerschaft beleuchtet werden.

Zunächst gilt unsere Aufmerksamkeit der Stellung des Schwängerers. Theoretisch ist die einfachste Lösung für diesen, die Vaterschaft des Kindes anzuerkennen und damit, ist er ein unverheirateter Mann, die Verpflichtung einzugehen, die von ihm geschwängerte Frau zu heiraten oder doch zumindest Unterhaltszahlungen an die Frau zu Handen des Kindes zu leisten. Dazu würde er in den allermeisten Fällen vom Gericht oder vom Rat ohnehin verurteilt. Beim Blick allerdings auf die grosse Fülle der Fälle von unehelicher Schwangerschaft stellt der Leser der Protokolle fest, dass längst nicht alle Männer sich dieser Verantwortung stellen. Viele versuchen, ihre Vaterschaft schon vor dem Erregen öffentlichen und damit über kurz oder lang auch gerichtlichen Interesses zu vertuschen. Dazu freilich stehen den Männern verschiedene Möglichkeiten offen, alle mit dem Ziel, in heimlicher Abredung den Mann vor dem Bekanntwerden der Vaterschaft zu bewahren. Eine Möglichkeit ist der Versuch, der Frau einen Mann zu verschaffen, der gegen Bezahlung die Vaterschaft auf sich nimmt und die Frau heiratet. Damit soll dem Kind ein Ersatzvater gekauft werden. So bemüht sich Junker Ratsherr Johann Conrad Peyer zum hinteren Schwanen, seine Tat zu verdecken, "indem er gesucht, der Verena Wüscher einen Mann zu kupplen, auch diesen schandlichen Negotio bereits so weit gekommen, dass man würklich einen Vatter des in s.v. Unzucht erzeügten Kind um 400 Gulden erkaufft und anderstheils die Wüscherin in all dieses sträffliche begehen eingewilliget ...".[2] Die Parteien sind sich offenbar bereits handelseinig gewesen, als die Sache doch noch publik wird.[3] Der Schwängerer hat alles Interesse daran, sich mit der Frau in aller Stille abzufinden, um so einem öffentlichen Skandal auszuweichen, da er sonst "in eine solche blama gekommen, und seje es ihm um seinen ehrlichen Nahmen zu thun gewesen".[4] Der Zwang, ihren guten Namen, ihren unbefleckten Leumund, ihre Ehre als anerkanntes Glied der Gesellschaft zu retten, verleitet Männer dazu, sich auf verbotene Auswege zu besinnen. Denn die Ehre, die einem

---

1 Teil II, Kap. 7.3.4.

2 3. Februar 1761; EGP 27, 359.

3 Ingram, Church Courts, 282-291, hier 282. belegt das identische Vorgehen in England besonders von seiten vermögender Männer.

4 22. November 1764; EGP 27, 695.
29. Februar 1611; EGP 3, 619. Der Schwängerer gibt der Frau 2 Gulden "zu vermeidung alles geschreys".

zukommt, bestimmt in der vorindustriellen Gesellschaft wesentlich den sozialen Rang. Sind diese Ehre, der gute Ruf und Name in Frage gestellt, so leidet das ganze soziale Bezugsnetz, die soziale Eingliederung in eine bestimmte Gruppe wird unsicher.[5] Zu den verbotenen Auswegen gehört neben dem oben erwähnten Versuch, der Frau einen Ersatzvater für das Kind zu kaufen, auch das Bemühen, die schwangere Frau ausser Landes zu bringen,[6] damit das Kind dort zur Welt kommt und sich vielleicht auch dort jemand findet, der die Frau heiratet. Hans Conrad Fischer, Strümpfweber, schickt die von ihm geschwängerte Frau nach Zürich. Sie solle dort trachten, einen Mann zu heiraten. Dafür aber muss Fischer ihr Reisegeld geben, das aus drei Paar Strümpfen und 3 Gulden besteht.[7] Wie verbreitet dieses Vorgehen gewesen sein muss, mag auch die Klage der Geistlichkeit zeigen, wonach die lasterhaften Menschen "thun was sich nit geziemet und wan der bauch gefüllet, schiken sie die hur weg an ort, da beide jung und alt mit leib und seel verderben und zu grund gehen, darob klage ein ganz ehrliebende burgerschafft und verlangt das dem s.v. hurenverschiken mit ernst durch mittel vorgebogen werde".[8] Am einfachsten scheint die Lösung, die Frau an einen katholischen Ort zu schicken, bringt dies doch den wichtigen Vorteil, das Kind in ein Kloster geben zu können.[9] Für die Taufe unehelicher Kinder bieten sich katholische Orte in der nahen Umgebung Schaffhausens an, wie neben anderen die Klöster Rheinau und Paradies und das Dorf Wiechs am Randen.[10] Die Grenzlage Schaffhausens zum benachbarten katholischen Baden erweist sich für solche Vorhaben geradezu als ideal. Da es sich bei den meisten geschwängerten Frauen um Dienstbotinnen handelt, also um Mägde, Näherinnen, Köchinnen, ergibt sich daraus noch eine besonders verantwortungslose Möglichkeit, die Vaterschaft von sich auf andere abzuwälzen. Das Datum, an dem die Dienstboten traditionsgemäss ihre Stellung wechseln, ist Lichtmess.[11] So rät Sebastian Schalch zum Untergries der von ihm geschwängerten Magd Esther Reibin

---

5 Dazu auch: Kramer, Grundriss, 46-60, 157f.

6 Dass unehelich Geschwängerte versuchen, sich ausser Landes zu bringen, belegen auch: Ingram, Church Courts, 286f. Simon, Untertanenverhalten, 232. Becker, Leben und Lieben, 221f.

7 10. November 1761; EGP 27, 437f.

8 AA 72.3. Synodalmemorial vom 7. Mai 1696.
Ein Jahr später wird dazu noch ausgeführt, man wisse zur Genüge, "wie vill, wan sie ein schandtthat daheim begangen, sich davon machen und i. den krieg lauffen, das daher vill unraths entstehet". AA 72.3. Synodalmemorial vom 6. Mai 1697.

9 8. Juni 1747; EGP 23, 15. "das Man das Kind auf Catholischen Glauben tauffen und in ein Closter thun solle."
7. Oktober 1751; EGP 24, 269. "sie solle hier weg und an ein Catholisch orth, mann habe schon manch solch Kind in ein Closter gethan."

10 8. Juni 1747; EGP 23, 10.

11 2. Februar.

von Wolfshalden im Kanton Appenzell, die seit mehr als zwei Jahren bei ihm dient, "sie solle sich bis Lichtmess still halten, und alsdann aus dem dienst gehen, damit man es desto weniger merke, er wolle sie schon versorgen".[12] Verliesse die Magd ihren Dienst vor Ablauf der offiziellen Frist, stünde sie sofort im Verdacht, schwanger zu sein. Dadurch dass sie ihre Stellung am ordnungsgemässen Datum wechseln soll, findet sie, da nichts gegen sie spricht, eher eine neue Stellung, während Schalch, wird die Schwangerschaft endlich publik, darauf verweisen kann, dass die Magd nicht mehr in seinem Dienst steht. Zumindest ist es wesentlich schwerer zu beweisen, dass die Schwängerung tatsächlich geschah, während Schalch Arbeitgeber der Magd war. Bei all diesen Vertuschungsversuchen, heimlichen Absprachen und verborgenen Abredungen geht es letztlich darum, den Mann von seiner Verantwortung als Vater des Kindes zu befreien. Dazu genügt die Zahlung einer Geldsumme, wobei damit gleichzeitig ein förmlicher Kontrakt einhergehen kann, wonach die Frau für alle Zeiten auf jegliche weitere Ansprüche an den Mann verzichtet und sich mit der einmaligen Abfindung zufrieden erklärt.[13] Geschieht dies nicht, so ist der Mann der steten Möglichkeit ausgesetzt, in Zukunft erpresst zu werden. Freilich gilt es zu bemerken, dass solche heimlichen Absprachen nicht nur im Interesse des Schwängerers selbst liegen, sondern durchaus auch in dem der Frau, besonders wenn der Mann bereits verheiratet, eine Ehe also ausgeschlossen ist.[14] Beide Seiten können so, vorausgesetzt, die Absprache gelangt nicht doch noch zur Kenntnis des Gerichts, sowohl den öffentlichen Skandal als auch die fälligen Bussen umgehen. In einem solchen sozialen Klima besitzt freilich die Frau die Möglichkeit, den Schwängerer zu erpressen. Dies geschieht offenbar auf mehr oder weniger organisierter Basis, wie vom Gericht schon früh erkannt und am 31. August 1745 anlässlich einer Kommissionssitzung bezüglich dieses Themas erörtert wird. "Die Underhändler mit verschickung unzüchtiger Dirnen aussert lands den ordendtlichen Gerichtszwang violieren, mit vielen und widerholten geldt-pressuren manches haus in grossen verlust und ruin stürzen ...".[15] Die Unterhändler, welche eine solche Absprache zwischen Schwängerer und Geschwängerter vermitteln, machen dabei in ihrer Rolle als Mittelsmänner ein recht lukratives Geschäft, indem sie

---

12 16. September 1755; EGP 26, 289.

13 10. November 1761; EGP 27, 437f. "einen formlichen Contract schliessen und ihm hernach völlig verschonen."
12. September 1782; EGP 31, 509. "alsdann ein Schein aufgesezt würde, dass selbige keine Ansprach oder Anforderung an denselben zu machen habe."

14 22. November 1764; EGP 27, 695.
Der Mann wird von der Frau in ein abgelegenes Wirtshaus bestellt, "allwo er mit dem menschen reden müssen, welche ihm 50 Gulden geforderet und darbey versprochen habe, dass sie alsdann zu keinen Zeiten mehr einige Anforderung an ihn machen wolle".

15 Gutachten-Protokolle 1717-1756; Nr. 15.

für sich einen mehr oder weniger grossen Anteil des Schweigegeldes fordern.[16] Die Haltung, sich heimlich zu vergleichen, ist keineswegs nur in der Stadt Schaffhausen verbreitet, so sagen zum Beispiel zwei Bäuerinnen, "das seyen närrische Leüth, dass sie die Sach so weit kommen lassen; mit einem Stüklin Geld wäre alles zu richten gewesen".[17] Die grosse Furcht der Männer, durch eine angebliche oder tatsächliche uneheliche Vaterschaft in einen schlechten Ruf zu kommen, erhöht die Bereitschaft zur verdeckten Absprache noch zusätzlich und öffnet zudem der Erpressung ein weites Feld, wenn auch der Fall des Junker Alexander Peyer zum kleinen Engel eher Ausnahmecharakter haben dürfte. Dieser nämlich hielt sich vor einiger Zeit zur Kur in Bad Osterfingen auf, als plötzlich Bergrat Screta erschien und ihm vorgab, er, der Junker, werde von einer Frau bezichtigt, diese geschwängert zu haben. Bezahle er nicht sofort 65 Gulden, müsse er ihn trotz seiner Stellung als Junker nach Schaffhausen bringen. Peyer ist so sehr verängstigt und um seinen Ruf besorgt, der bei einer Heimführung nach Schaffhausen zweifellos Schaden nehmen würde, dass er, obwohl er sich seiner Unschuld bewusst ist, dem Bergrat einen Ring übergibt, den dieser mit den geforderten 65 Gulden belehnen kann.[18]

Die Furcht, durch Gerede unter den Leuten in einen einschlägigen Verdacht zu kommen, trifft der Leser allenthalben, und glauben wir dem Protokoll, so ist das Verbreiten von Gassenreden eine bevorzugte Beschäftigung der Menschen,[19] die sich dabei gegenseitig die neuesten Nachrichten über angebliche oder tatsächliche Fehltritte anderer erzählen, und je mehr daran beteiligt sind, desto grösser und ausgemalter wird wohl die vermeintliche Verfehlung. Ein schönes Beispiel dafür ist, wenn in einem Dorf "ausgestreut" wird, zwei Personen hätten miteinander einmal Unzucht verübt, und schon nach kurzer Zeit "im ganzen Dorf jetzt das Gerücht gehe, dass selbige schon

---

16 13. Mai 1656; EGP 9, 89. "es habe die fraw Im Rothenturn zu Ihrem Bruder geschickt und anzeigen lassen, wann Sie Ihro Ammin 50 Gulden gäben, wurde Sie hinweg ziehen und still zu dieser Sach schweygen, wolte dem Kind schon ein Vatter finden."

17 20. Juni 1754; EGP 26, 131.

18 24. Juni 1745; EGP 22, 437. Junker Peyer trägt nicht einmal die geforderte Summe Bargeld auf sich, so völlig überraschend kommt der ganze Vorwurf.

19 23. September 1602; EGP 3, 236. "In ain gross getümmel und gassen geschray geraathen".
9. Juni 1634; EGP 7, 21r. "nur Ein Erdichte gassen Reden".
24. Oktober 1644; EGP 8, 205v. "ein gemeines Gassengeschrey".
Histoire de la vie privée 3, 592-596, hier: 594. "Un mot chuchoté à l'oreille fabrique la bonne et la mauvaise réputation. Insinuante et actrice du jeu social, la parole est reine." Ingram, Church Courts, 305. bezeichnet als Charakteristikum frühneuzeitlicher englischer Gesellschaft, was er "endemic gossip about sexual reputation" nennt. Dies dient "as an informal means of social control and as an outlet for the prurience and spite of the bored and sexually repressed".

ein paar Jahre auf diesem fuss miteinander bekant seyen".[20] Aus dem Gerücht von einer einmaligen Unzucht wird so unversehens die im ganzen Dorf besprochene Tatsache einer langjährigen intimen Bekanntschaft. Wahrlich, der Ausdruck des "Ausstreuens", den der Schreiber hierbei verwendet, ist in seiner Bedeutung treffend, erinnert er doch an das Aussäen, woraus schliesslich die Pflanze, das Gewächs, in unserem Fall das überall besprochene Gerücht entsteht.[21] Die manchmal panikartigen Reaktionen von Männern auf die Ankündigung, eine Frau bezichtige sie der unehelichen Vaterschaft, rühren also nicht zuletzt davon her, und nur durch schnell entschlossenes Handeln kann daher dem Gerücht die Nahrung entzogen werden, scheint es möglich, "den leüten aus den Mäuleren zu komen".[22] Dabei ist es ganz aufschlussreich zu beobachten, dass offensichtlich vom Gericht - wenn keineswegs ausschliesslich, so doch mitunter - die Quelle der Gerüchte bei den Frauen vermutet wird. So befiehlt das Gericht einer Frau etwa, "darzuo Sy verloffner Sachen halber still schweigen, etwan weibern versamblung meyden".[23] Dieser Eindruck deckt sich mit anderen Aussagen, wonach alles "lere weibergeschwätz" seie[24] und die Frauen "im Wöschhaus dergleichen geredt" hätten.[25] Hierbei taucht vor dem Leser unwillkürlich das schon sprichwörtliche Bild der Waschweiber auf, die bei ihrer Tätigkeit alles und jedes besprechen. Die Folgen solcher Gerüchte für den vermeintlichen Schwängerer können sehr nachteilig sein, besonders auch wenn er als Handwerker auf Kundschaft angewiesen ist. Steht er nicht mehr in gutem Ruf, so werden sich Kunden hüten, in seinem Laden gesehen zu werden. Dies bringt neben der Sozialächtung wegen des schlechten Leumunds auch harte wirtschaftliche Auswirkungen wegen des Kundenboykotts mit sich. Dazu kommt, dass sich die ganze Familie betroffen fühlt, deren guter Name und deren Ehre ebenfalls durch einen solchen Fehltritt eines ihrer Mitglieder beschmutzt scheint. So meint etwa das Gericht, Itelhans Peyer und Junker Bat Wilhelm im Thurn hätten mit ihrer Unzucht, die sie mit zwei bei ihren Vätern angestellten Mägden begingen, "ihrer lieben eltteren hüser dadurch höchlich entuhnehret".[26] Die Reaktion der Eltern ist entsprechend massiv, wenn sie zum Beispiel ihren Sohn nicht mehr ins

---

20 11. Mai 1787; EGP 31, 957-959.

21 Der Leser mag sich an das Sprichwort "Fama crescit eundo" erinnern.

22 21. August 1732; EGP 19, 366.
24. Juli 1598; EGP 3, 42. "damit er den leüten das maul möchte beschleüssen."

23 22. August 1609; 3, 554.

24 6. Dezember 1718; EGP 17, 78.

25 3. November 1735; EGP 20, 81.

26 15. September 1586; EGP 2, 5.
22. September 1778; EGP 31, 95f. "und seinem haus einen solchen Schandflek angehängt."

Haus lassen wollen und sich so von ihm öffentlich lossagen. Die einzige Möglichkeit, welche dann noch bleibt, ist für viele der Solddienst. Der Sohn Junker Peyers im wilden Mann schwängert eine Magd, worauf ihn seine Eltern nicht mehr im Haus dulden und er sich schliesslich an einem Morgen früh um 4 Uhr einem Transport von Söldnern ins Piemont anschliesst.[27]

Grundsätzlich betrachtet freilich ist die Stellung des Mannes immer noch eine weit bevorzugtere als diejenige der von ihm geschwängerten Frau. Gelingt es nämlich, die Angelegenheit in aller Stille auszumachen, was in der Realität wohl recht häufig geschieht, vernehmen wir doch nur von Fällen, bei denen die Vermittlung nicht zum Erfolg führt oder die Sache vorher publik wird, so ist der Mann mit der einmaligen Zahlung einer Geldsumme all seiner Verpflichtungen ledig. Damit rettet er seinen guten Namen, seine Stellung als Ehrenmann innerhalb der gesellschaftlichen Sozialhierarchie und vermeidet zusätzlich die Zahlung einer Geldbusse. Doch selbst wenn der Fall vor Gericht kommt, verfügt dieses neben der Busse in der Regel nur eine Unterhaltspflicht für den Mann an das Kind, vielleicht auch noch eine einmalige Abfindung der Frau.

Deren Stellung als unehelich Geschwängerte ist ungleich schwieriger. Dies beginnt bereits beim Faktum, dass es sich sehr oft um arme Dienstmägde handelt, die über keinerlei oder nur wenig Vermögen verfügen, die damit aber auch zwingend darauf angewiesen sind, einer Arbeit nachgehen zu können.[28] Diese soziale Notlage dringt immer wieder bei Aussagen durch, bei denen die Frauen erklären, weshalb sie die Schwangerschaft verleugneten. "Sie habe gesorget, man möchte Sie vor Liechtmess aus dem dienst verstossen."[29] Würde die Frau tatsächlich vor Ablauf der ordentlichen Arbeitsfrist entlassen, käme sie sofort in den Verdacht, schwanger zu sein, worauf sie als direkte Folge keinen ehrlichen Dienst mehr erhalten würde. Gilt es doch als in höchstem Masse unschicklich, eine unehelich Schwangere in einem ehrenhaften Haus zu beschäftigen. In dieses Bild passt auch die Aussage, sie habe die Schwangerschaft so lange verborgen und geleugnet, "um ihrer nahrung willen, da sie nicht mehr in den kunden häuseren aufgenohmen würde".[30] Die Frau arbeitet als Näherin und würde im Falle, ihre uneheliche Schwangerschaft käme zur Kenntnis ihrer Kunden, von diesen sofort fallengelassen, was den finanziellen Ruin, verbunden mit Armut, zur Folge hätte.[31] Die Frauen befinden sich

---

27 27. Juli 1747; EGP 23, 46.

28 Dülmen, Frauen vor Gericht, 77-82.

29 1. Februar 1742; EGP 21, 471.

30 30. Juli 1740; EGP 21, 205.

31 30. November 1730; EGP 19, 201. "sie habs nit segen dürffen, weil sie besorget, es werde sie darum niemand anstellen und den hauszinss nit gehabt habe."

in einem eigentlichen Dilemma, offenbaren sie ihre uneheliche Schwangerschaft, riskieren sie als Folge Entlassung, Sozialächtung[32] und Armut, verbergen sie die Schwangerschaft, kann das Kind grossen Schaden nehmen.[33] Daher wählen viele Frauen in einer solchen Situation den Weg des Verschweigens, können sie doch so noch in ihrer Arbeit bleiben.[34] Das Klima, in dem sich die Frauen befinden, ist gezeichnet von Furcht und Scham. Dies sind dann auch die am häufigsten gebrauchten Ausdrücke, um den Grund zu erklären, weshalb die Schwangerschaft verheimlicht wird.[35] Durch das Verschweigen der Schwangerschaft arbeitet die Frau zudem eigentlich ihrem Schwängerer in die Hände, der kein Interesse daran haben kann, dass die uneheliche Schwangerschaft vorzeitig bekannt wird. Je später dies der Fall ist, desto eher lässt sich behaupten, man habe zwar mit der Frau geschlafen, doch müsse ein anderer der Vater des Kindes sein.[36] Analog zur Situation des Schwängerers kann sich die Frau zudem keineswegs auf familiäre Unterstützung verlassen, einmal weil viele Dienstmägde sowieso von ausserhalb Schaffhausens her stammen, dann aber auch, weil der gute Name der eigenen Familie geschützt werden muss. So verschweigt eine Frau ihre uneheliche Schwangerschaft "um der reputation ihres hauses willen".[37] Oder die Tochter wird von daheim verstossen.[38] Denn die Eltern leiden gleichfalls unter der Sozialächtung mit manchmal ausgeprägten Folgen gerade in überschaubar dörflichen Verhältnissen. So wird von einer Mutter aus Unterhallau berichtet, deren Tochter eine uneheliche Schwangerschaft hat, dass sie "jez so sehr über die schmach so selbige an ihro erleben müssen sich kränke, dass sie ganz verruktes gemüths und hinderfür im kopf seje, so dass sie schon weggeloffen, und nachdem man sie wider heimgebracht, sich sonsten im haus verstekt".[39] Unbestritten ist dabei, dass die uneheliche

---

32 28. Februar 1752; EGP 24, 403. Die Sozialächtung kann sogar gewalttätige Formen annehmen. So begibt sich eine Frau ausser Landes, da sie fürchtet, "man möchte sie zu Hallau mit steinen werffen".

33 Dazu siehe weiter unten.

34 30. November 1751; EGP 24, 298. "da habe sie geglaubt, wann sie es sage, werde sie vertriben, und wo sie dan mit schwangerem Leib hin gewolt."
Wächtershäuser, Das Verbrechen des Kindsmordes, 109. sieht zudem die Verheimlichung der Schwangerschaft als ein typisches Merkmal des Kindsmordes.

35 15. September 1712; EGP 15, 193. "aus grosser forcht und schreken."
21. Januar 1794; EGP 35, 31. "theils aus forcht und theils aus grosser Schamhaftigkeit."
27. August 1733; EGP 19, 460. "habe sich aus forcht der auszustehenden schmach fortgemacht."

36 Dazu vgl. Teil II, Kap. 7.3.4.

37 12. September 1782; EGP 31, 507.

38 18. September 1632; EGP 6, 221. "welche doch keinen Ehemann und von Jrem herr vatter (wegen Jr begangene Unzuchten) ussgeschlossen."

39 19. Januar 1740; EGP 21, 139.

Schwangerschaft der eigenen Tochter den Eltern selbst grosse seelische Probleme bereiten kann. Susanna von Ziegler, Tochter Junker Stadtschreibers Diethegen von Ziegler, gesteht ihrer Schwester die uneheliche Schwangerschaft und bittet diese, es ihren Eltern zu sagen, "selbige habe aber auch nicht das herz gehabt, solches zu thun, weil sie sich zum voraus vorgestellt, was für betrübnuss und herzenleid dieses Ihnen verursachen würde".[40] Auch eine Rolle mag in manchen Fällen die Furcht spielen, die Eltern müssten wirtschaftliche Nachteile erleiden.[41]

Begibt sich die Frau ausser Landes, um den aufkommenden Gerüchten über ihre uneheliche Schwangerschaft auszuweichen, so bleibt ihr nichts anderes übrig, wenn sie keine neue Stellung findet, als zu betteln und sich mit Gelegenheitsarbeiten durchzuschlagen.[42] Denn es ist für eine schlecht beleumdete Person, die obendrein noch im Verdacht der unehelichen Schwangerschaft steht, schwierig, nur schon eine Herberge zu finden, weigern sich doch ehrliche Leute, verdächtige Personen zu beherbergen, was zudem ohnehin obrigkeitlich verboten ist.[43] So sagt Johann Enderlin, Metzger, einer fremden Magd, die sich bei ihm aufhält, wenn sie schwanger sei, solle sie sein Haus sofort verlassen.[44] Beherbergt er die Frau über längere Zeit, gerät er selbst in den Verdacht, Vater des unehelichen Kindes zu sein. Zudem kann er vom Gericht gebüsst werden, wie Friederich Ramsauer, der eine Busse von 6 Pfund Heller auferlegt erhält, weil er eine Frau länger als die drei bewilligten Tage bei sich in seinem Haus wohnen liess.[45] So genügt der kleinste Verdacht, es liege vielleicht eine uneheliche Schwangerschaft vor, um die Frau aus dem Haus zu weisen. Die Schwangerschaft ist nicht erwiesen, da schickt die Frau Hans Caspar Pflums ihre Magd aus dem Hause fort "aus der besorg wie man schon öffters exempel gehabt, dass dergl. Leüth solche sachen bis auf die letste stund verschwigen, mit ihro auch also ergehen möchte".[46] Und in den Verdacht einer unehelichen

---

40 15. Mai 1783; EGP 31, 605.
26. September 1782; EGP 31, 517. "zu äusserster bestürzung und wehmuth ihrer Eltern mit einem kind darnieder gekommen."

41 6. Juli 1790; EGP 33, 101. Die Frau bringt vor, sie dürfe den Schwängerer nicht nennen, "ihre Eltern kämen sonst dadurch vom brodt".
Sicher ist auch von Bedeutung, welcher sozialen Schicht die Frau angehört. So muss eine uneheliche Schwangerschaft als schädigender empfunden werden in einem Milieu, das die Familienehre als konstitutiv für das soziale Prestige des Hauses ansieht, während in einem Milieu, das ohnehin mit wenig Ehre bedacht ist, eine uneheliche Schwangerschaft ungleich anders und wohl leichter gewichtet wird.

42 13. Februar 1738; EGP 20, 609. "es habe das brodt gebettlet, und wo es hinkommen den leüthen gesponnen oder sonst etwas gethan."

43 Für England: Ingram, Church Courts, 286.

44 29. November 1602; EGP 3, 254. "soll Sy Im gleich angents das haus raumen."

45 18. September 1632; EGP 6, 222.

46 11. Februar 1738; EGP 20, 604.

Schwangerschaft gerät eine Frau sehr leicht, werden doch kleinste Unregelmässigkeiten im Verhalten zum Anlass genommen, Vermutungen in diese Richtung anzustellen.[47] Ist das Gerücht erst einmal in die Welt gesetzt, so erweist es sich in aller Regel als äusserst hartnäckig.

Für die Frau besteht bei all den geschilderten Problemen eine zusätzliche Erschwernis. Oft nämlich fehlt das elementarste Wissen zur Empfängnisverhütung, so dass die Frauen entweder völlig auf unter der Hand herumgebotene Halbwahrheiten oder auf die Versicherung des Mannes angewiesen sind, er mache ihr schon kein Kind, und nachher tatsächlich gar nicht glauben können, überhaupt schwanger zu sein. So stossen wir immer wieder auf verblüffende Aussagen, die offensichtlich ernst gemeint sind und das Wissensdefizit drastisch vor Augen führen. Eine der Halbwahrheiten ist zum Beispiel, die beiden Beteiligten seien zu alt, es könne daher kein Kind mehr geben.[48] Oder die umgekehrte Ansicht, wonach die Beteiligten zu jung seien.[49] Vollends ins Reich der Fabel gehören schliesslich Überzeugungen wie, "es gebe das erstenmahls kein kind"[50], oder: "habe nicht geglaubt nur von einem mahl schwanger worden zu sein."[51] Glauben die Frauen an solche Volksweisheiten, die wohl überall als gesicherte medizinische Tatsachen herumgereicht werden, so ist die Überraschung, ja der Schock über die eigene Schwangerschaft entsprechend gross.[52] Wie in der Aussage sichtbar wird, "sie habe etwas gespürt, aber weil er sich so verpfändt, er wolle ihro kein kind machen, er käme ja um den dienst, so habe sie nicht geglaubt, dass sie schwanger seye".[53] Gleichzeitig ist wirksame medizinische Hilfe sehr schwer zu erhalten, und die Hebamme, welche eigentlich die erste Anlaufstation wäre, ist von ihrem Auftrag und ihrem Diensteid her verpflichtet, einer Frau erst dann zu helfen, wenn diese zuvor den Vater ihres Kindes bekannt gegeben hat. Eine Haltung, die von den Hebammen durchaus rezipiert wird. So gibt Margaretha Bäschlin, geschworene Hebamme, zu Protokoll, "habe sie derselben sogleich verdeut, Sie werde und dörffe ihro nicht ehender helffen, biss Sie zuvor den Vatter ihres kindts Namhafft

---

47 26. Mai 1744; EGP 22, 161. "dass nachdem sie sich auf eine Zeit habe s.v. erbrechen müssen, habe man gleich von ihro ausgeben, sie seje schwanger."
14. März 1738; EGP 20, 638f. "von ihro wüssen wollen, warum sie kein fleisch essen könne, mit verdeuten sie seye gewüss schwanger."

48 1. Juni 1631; EGP 6, 126. "zue Im geret, wann er schon bey Jren lige, komme er kein kindt von Jren dann Sy ... zimlich alters."
4. September 1781; EGP 31, 398f. "Er seye zu Alt, es werde ihro nichts schaden."

49 3. März 1631; EGP 6, 85. "und geret solle nur bey Jren ligen es gebe noch Nüt dann Sy seyen noch Jung, habe Leider nur fil geben dann Sy mit dem kindt gange."

50 8. Mai 1645; EGP 8, 215v.

51 19. Januar 1736; EGP 20, 105.

52 Dülmen, Frauen vor Gericht, 96.

53 3. Februar 1752; EGP 24, 371f.

mache".[54] Wie weit dabei die Umformung vom Helfen ins Strafen seitens der Hebammen geht, mag zudem Dorothea Rostin, geschworene Hebamme, zeigen, die aussagt, "sie aber selbige ihrem beruff gemäss nicht entbunden, biss sie auf ernstlichs anmahnen den vatter des kindes angegeben".[55] Das Strafen wird zu einem integralen Bestandteil des Berufes der Hebamme, die somit eindeutig die Funktion eines verlängerten Armes der Obrigkeit versieht.[56]

Vor einem solchen Hintergrund bleibt den Frauen aus Furcht vor der Schande und der sozialen Ächtung wie auch wegen des Fehlens wirksamen medizinischen Wissens und der uneingeschränkten Hilfe der Hebamme oft kein anderer Ausweg, als die Schwangerschaft so lange wie möglich zu verschweigen. Die betroffenen Frauen verwenden denn auch einige Mittel darauf, die Schwängerung zu vertuschen. Sei es, dass sie beständig leugnen, überhaupt schwanger zu sein, wie Magdalena N., die am 14. Juni 1687 gebüsst wird, da sie auf den Vorwurf, schwanger zu sein, antwortet: " ... wann sie schwanger leibs seje, müsse es ihro von dem heiligen Geist eingeblasen worden sein."[57] Sei es, dass sie zum von Burgauer in seiner Chronik beschriebenen Mittel des Einbindens, besser des Einschnürens, ihres Unterleibs Zuflucht nehmen mit sicherlich manchmal verheerenden Konsequenzen. Regula Kern von Rüdlingen habe "die schwangerschaft aber beständig geläugnet, sich auch jederzeit hart gebunden, damit man ihro dergleichen nicht ansehe ... [das Kind], welches wegen vielen bindens aber schier todt war, [ist] also bald gestorben".[58]

---

54 10. November 1739; EGP 21, 100.
19. April 1763; EGP 22, 553. "die hebam hinzugefügt, dass sie mit der Margaretha Moser nach ihren Pflichten gehandlet, und das kind nicht ehender lösen wollen, bis sie den rechten Vatter angegeben."

55 31. März 1692; EGP 12, 450.

56 Vielleicht aber sollte der Stellenwert der Hilfe seitens der Hebammen nicht überbewertet werden. Zumal wir nicht wissen, wie gut ausgebildet diese tatsächlich sind und wie effizient sie medizinische Hilfe leisten können. Immerhin berichtet ein Chronist zum Tod eines seiner neugeborenen Kinder, dieses sei "vol brandblatern an henden, füssen und auf dem rüken gewesen und von der hebamm, die es in süttigem wein gebadet, hofentlich aus unwissenheit verbrandt worden". Chronik B II, 23. August 1688, 17.

57 EGP 12, 163.
24. Februar 1685; EGP 12, 64f. Ursula Spörlin von Löhningen verbirgt die Schwängerung erfolgreich für 22 Wochen.

58 Chronik B 8, 176. Der Fall Regula Kerns wird am 29. April 1679; EGP 11, 133. vor Gericht verhandelt. Sie wollte das Kind allein zur Welt bringen und dieses auf dem Friedhof vergraben.
Ein anderes Mittel ist die Abtreibung. Das gemeinsame Prinzip bei allen volkstümlichen Methoden der Abtreibung besteht darin, durch eine Vergiftung des Mutterorganismus mittels pflanzlicher Stoffe einen Abortus herbeizuführen. Die Erfolgsaussichten sind gross, während die Gefahren für Mutter und Kind beträchtlich sind. Simon, Untertanenverhalten, 233, Anm. 39. Lewin, Fruchtabtreibung, 200-239.

Eine nur logische Folgeerscheinung davon ist, dass die Geschwängerten häufig versuchen, ihr Kind allein ohne die Hilfe von Hebammen in aller Abgeschiedenheit zur Welt zu bringen. Am 30. Juni 1674 steht dazu im Protokoll: "Elsbetha Pfeyfferin von Beggingen hat kurtz verwichner Zeits vor herrn Pfarrer ... zu Schleitheim gantz verlaugnet und fräfenlich geredt: seye nit schwanger, da sie doch hernach bei 8 tagen ein kind im Wald geboren, dasselbe alldort liegen lassen und in das dorf gangen, die Kleider geholet und sich damit hinweg machen wollen."[59] Im Extremfall kann dies bis zum eigentlichen Kindsmord führen, wovon wir allerdings, wenn überhaupt, nur indirekte Verweise in den EGP finden,[60] ist doch dieses Delikt dem Rat zur Bestrafung überlassen.[61]

Welche Qualen die Frauen dabei auszustehen haben, lässt sich nur vermuten, wenn wir etwa lesen, eine Frau habe "solch Ihre schwängerung bis an die nächste stund und Ihrer geburt (da schon das kind halb geboren gewesen) verborgen und hinderhalten".[62] Die Konsequenzen des Verschweigens können in der Tat schwerwiegend sein. So meldet ein Chronist, eine Frau habe ihre Schwangerschaft bis zur Geburt verschwiegen und sei gestorben.[63] Deswegen darf sich der Leser nicht wundern, wenn er in den Protokollen immer wieder feststellt, wie die Geburt Frauen plötzlich und völlig unvorbereitet überrascht. Ein dafür typisches Beispiel ist die Aussage einer Frau, sie sei ins Holz gegangen, "da habe sie ohne dass sie gewusst habe, dass sie schwanger seje, einsmahls weh bekommen und ein todtes kind ihrer rechnung nach 16 Wochen alt zur Welt gebohren, mithin bey diser begebenheit nicht gewusst, was sie anstellen solle, entlichen gedacht, sie wolle das kind ... vergraben, weilen sie aus grosser forcht und schreken solches zu haus nicht sagen dörffe".[64] Oder der Fall Barbara Hablützels von Wilchingen, die nicht glaubt, die Geburt sei schon nahe, daher geht sie in die Reben zum Arbeiten, auf dem Nachauseweg "habe sie nicht mehr vortkommen können, sondern setzte sich nider, und gebare ein kind, nahme es sogleich in ihr vorschurtz und gienge weiter, musste sie sich nochmahl an dem weg nidersetzen, und gebare ein zweites kind, da ihro dan ein weib zukommen, die ihro geholffen".[65] Dies ist das typische Beispiel einer völlig unvorbereiteten Geburt, bei der die Frau gänzlich überrascht wird. Barbara Hablützel hat insoweit Glück, als sie Hilfe von einer

---

59 EGP 10, 331.

60 3. Februar 1676; EGP 10, 384.

61 Wächtershäuser, Das Verbrechen des Kindsmordes, 148. Der Kindsmord gilt als qualifizierter Mord, der zwar unter dem Verwandtenmord steht, aber nur als eine mildere Variante davon. Vgl. auch: Dülmen, Frauen vor Gericht, 21-27.

62 9. Juli 1678; EGP 11, 99.

63 Chronik B 20, 27. September 1739, 12.

64 2. Mai 1747; EGP 22, 732.

65 19. Juli 1736; EGP 20, 244.

anderen zufällig vorbeikommenden Frau erhält. Dies ist aber längst nicht immer der Fall, vor allem dann nicht, wenn es der Frau tatsächlich gelingt, ihre Schwangerschaft bis zur Geburt zu verheimlichen. So sagt Anna Bollin, sie habe fast ein ganzes Jahr einen grossen Bauch gehabt, da "seie vor ohngefehr 9 wochen in der nacht etwas von ihr geschossen, welches ganz wild und rauh gewesen, ohn händ, füss und kopff und sie nicht erkennen könne, was es wäre". Daraufhin habe sie es in eine Schachtel gelegt und acht Tage aufbehalten, "endlich weil es ganz eingedorret und verschmurret, sie, Bollin, solches weggethan und in den Rhein geworffen habe".[66] Die seelische Not, gepaart mit der Angst, als Kindsmörderin vor Gericht gestellt zu werden, was eine Frau immer riskiert, die ihr Kind ohne fremde Hilfe zur Welt bringt, kann sich der heutige Leser wohl nur schwer vorstellen. Einen Eindruck von der Lage, der Panik und der Kopflosigkeit, in der sich die Frau befindet, mögen die zwei folgenden Fälle vermitteln. Ursula Sigg von Dörflingen, Magd zu Guntmadingen, gebar ein Kind völlig unvorbereitet, "und gleich alles miteinander da gewesen, es seye nur ein wenig lebendig gewesen, da seye sie im aufstehen behanget und das kind fallen lassen, da habe sie geschreyen, und das kind auf das bett gelegt". Daraufhin sei sie wieder in die Küche gegangen, um Brot zu backen, "da denk sie, es möchte dem kind etwas geschehen und von katzen gefressen werden, gehe wider in die kammer und thüe das kind, welches aber schon tod, in den Jüpensak und in den Trog".[67] Elisabetha Spek lässt in der Ohnmacht, die sie kurz nach der Geburt erleidet, ihr neugeborenes Kind auf den Boden fallen, "das Kind seye tod gewesen, und in Schreken und Elend habe sie nicht gewusst, wo sie das kind hin thüe, es seye ihro leid, sie habe dem kind nichts begehren zu thun". Sie habe das tote Kind im Schrecken und in der Panik in ein Tuch gewickelt und in einem Korb in den Ofen gestellt. Die Frau fürchtet sich so sehr, dass sie am folgenden Morgen gar leugnet, in der vorangegangenen Nacht eine Geburt gehabt zu haben.[68] Immer wieder lesen wir auch in Chroniken von solchen Fällen. So legt Johanna Breitenstein von Lindau ihr neugeborenes Kind "bey diser rauhen winters Zeit auf den Estrich", bevor sie nach Feuerthalen über den Rhein flieht.

---

66 20. Juli 1713; EGP 15, 367f.
15. November 1736; EGP 20, 375. Die Frau berichtet, sie habe das Kind in einen "Lumpen, den sie unter Ihro gehabt, zusammen gewicklet. Sie habe solchen 8 tag unter Ihr bett verborgen, hernach aber in einen Kirschenkratten gethan und solchen in einen ofen gestelt".
20. Januar 1752; EGP 24, 345. "da habe sie gleich das kind in ein Leinlachen gewiklet und auf den Esterich und habe ein Schachtel genohmen und federen und das kind hingelegt."

67 27. August 1750; EGP 24, 72.

68 2. Dezember 1751; EGP 24, 311f.
Das Kind wird tatsächlich "in einem korb ligend und in dem bachofen hinder der aschen gefunden". Scaphusiana Nr. 50, 20. Dezember 1751, 103v-104r.

Das Kind kann noch lebend geborgen werden, doch stirbt es nach zwei Tagen.[69] Öfters erfahren wir zudem, dass tote, neugeborene Kinder im Abort gefunden werden, wenn dieser gelehrt wird.[70] Auch dies ein Indiz für die Umstände, in denen eine Frau ihr Kind heimlich zur Welt bringen muss.

Im Gegensatz zum Mann trägt die Frau also die weitaus grössere Last, die noch dadurch verstärkt wird, dass eine unehelich schwangere Frau oft selbst bei der Geburt auf sich allein gestellt ist und keine Hilfe erwarten kann, schon gar nicht von der Hebamme, es sei denn, die Frau entschliesse sich, den Namen des Schwängerers preiszugeben. Bei Bekanntwerden einer unehelichen Schwangerschaft muss die Frau damit rechnen, umgehend ihren Dienst, ihre Arbeit, damit ihr Auskommen zu verlieren, verbunden mit einem schlechten Ruf, der ihr verunmöglicht, eine neue ehrenhafte Stellung zu finden. Die Frau befindet sich angesichts der herrschenden gesellschaftlichen Umstände in einem grossen Dilemma. Entweder sie verschweigt die uneheliche Schwangerschaft, was die heimliche Geburt zur Folge haben kann, einschliesslich einer möglichen Anklage wegen Kindsmordes, oder sie legt die uneheliche Schwangerschaft offen, was den Verlust der Arbeit, schlechten Leumund und soziale Not bedeutet. Am Ende warten unausweichlich sozialer Abstieg und soziale Ächtung. Ein Faktum, das sich auch in der Sprache des Gerichts äussert, ist doch dort im Zusammenhang mit unehelicher Schwangerschaft von unzüchtigem, unehrbarem, ärgerlichem Wandel[71] oder von üppigem, gottlosem, ja gar heidnischem Leben die Rede.[72] Jegliches wie auch immer der Obrigkeit missfallende oder den Normen zuwiderlaufende Verhalten wird so für Ehrbare grundsätzlich diskreditiert. Es wird mit allen nur denkbaren Negativattributen belegt. Trotzdem scheint dem Problem der unehelich geschwängerten Frau beim Blick auf die Protokolle im 18. Jahrhundert vermehrt von obrigkeitlicher Seite Aufmerksamkeit geschenkt zu werden,[73] doch bleibt dabei stets der Eindruck, wonach die Frau an ihrem Schicksal letztlich die alleinige Schuld trägt, während der Mann deren Lage im Grunde genommen weder wirklich versteht noch

---

69 Scaphusiana Nr. 50, 5. Februar 1752, 108r.

70 Chronik B 8, 5. April 1665, 155. Eine Magd wirft ihr neugeborenes Kind "in das heimlich gemach ... welches sie aber anderst nicht verantworten können, als das das kind iro an selbigem Orth entgangen seye".
Einen beinahe identischen Fall erzählt derselbe Chronist bereits früher: Chronik B 8, 4. November 1643, 143.
Chronik B 20, 2. Mai 1746, 16. "fande man in dem haus zur Rothen Kuglen in der Grub, bey Lehrung des s.v. Privets ein neügebohrnes kind ...".

71 6. Juli 1630; EGP 6, 8. 12. Juli 1625; EGP 4, 8. 27. August 1611; EGP 3, 635.

72 23. Juli 1649; EGP 8, 301v. 29. Oktober 1601; EGP 3, 182.

73 Daher auch die zunehmend ausführlichen Einträge dazu in den Protokollen im Laufe des 18. Jahrhunderts.

verstehen will. Dies bringt eindrücklich Anna Barbara Deggeller zum Ausdruck, die ihrem Schwängerer gegenüber, der leugnet, Vater des Kindes zu sein, sagt, "dass wan er ausstehen müssen, was sie bej der Geburt ausgestanden habe, er gewüss auch die wahrheit gestehen wurde".[74]

---

74 25. November 1745; EGP 22, 507f.

Zusammenfassung der Ergebnisse

Das Ehegericht gehört ohne Zweifel zu den wichtigsten Institutionen der Jurisdiktion im Stadtstaat Schaffhausen seit der Reformation bis zum Ende des Ancien Régime. Dies zeigt sich auch an seiner illustren Besetzung, nicht jedermann kann Richter am Ehegericht werden. Das Gericht ist vom Rat der Stadt geschaffen und von diesem in verschiedenartiger Weise direkt und indirekt abhängig. Diese Abhängigkeit kommt nicht zuletzt darin zum Ausdruck, dass es kein eigenes Siegel besitzt, also nicht wirklich als völlig autonome Instanz betrachtet wird.

Diese enge Abhängigkeit bringt paradoxerweise eine grosse Kompetenzfülle, muss nämlich der Rat als oberste Instanz im Stadtstaat nicht fürchten, vom Gericht letztlich konkurrenziert zu werden.[1] Die Kompetenzfülle erstreckt sich dann auch auf die Behandlung und Ahndung verschiedenster Ansuchen und Delikte, die alle im weitesten Sinne noch mit der "Ehe" oder doch zumindest mit von der Obrigkeit verbotenem und bekämpften Verhalten zu tun haben. Dabei lässt sich in der Haltung des Gerichts eine bemerkenswerte Differenzierung zwischen zivil- und strafrechtlichem Bereich ablesen. Im ersten zeigt sich das Vorgehen des Gerichts pragmatischer, ist es doch stets bereit, auch zu mitunter psychologisch einfühlsamen Urteilen zu gelangen. Dabei hilft ihm ein Stück weit die Tatsache, dass es in der überwiegenden Mehrheit mit Nicht-Juristen besetzt ist, die sich zwangsläufig bei der Urteilsfindung auf ihre Lebenserfahrung abstützen. Zudem sind die Mittel der Wahrheitsfindung beschränkt, besonders nachdem der Reinigungseid seit dem Ende des 16. Jahrhunderts vom Gericht aus Furcht vor den möglichen Folgen eines Meineids für das Gemeinwesen nicht mehr angewandt wird. Ein Schuldgeständnis ist und bleibt die beste Grundlage zu einer Verurteilung.

Die Ehe als sozial prägende Institution, auf der letztlich der paternalistisch obrigkeitliche Staat ruht, findet grosse Beachtung, was sich in der scheidungsfeindlichen Grundhaltung des Gerichts äussert. So soll mit allen Mitteln eine Scheidung verhindert werden. Den Parteien wird selbst dann zugeredet, wenn die gesetzlichen Erfordernisse eigentlich zur Scheidung verpflichten. Aussöhnung ja, im Sinne der Erziehung der Parteien und der Untertanen zu guten Ehemenschen, Scheidung nein, da die Ehe eben doch eine von Gott gestiftete Institution ist. Die Ehe soll wenn immer möglich erhalten werden, selbst wenn dafür staatliche Zwangsmittel eingesetzt werden müssen. An dieser

---

1 Zur Kompetenz des Gerichts gehört auch die Schlichtung von Streitereien um Kirchstühle, was freilich gar nichts mit der Ehegerichtsbarkeit zu tun hat.

Sicht ändert sich seit der Reformation - auf der normativen Ebene zumindest - nichts Grundlegendes, auch wenn gerade in der Aufklärung die Ehe in neuem und entsakralisiertem Licht gesehen wird, wofür Diderot vielleicht das extremste Beispiel liefert, wenn er die Ehe erklärt als: "Le consentement d'habiter une même cabane et de coucher dans le même lit, tant que nous nous y trouverons bien."[2]

Die scheidungsfeindliche Haltung des Gerichts erstreckt sich ebenso auf die Auflösung des Eheversprechens. Dort freilich zeigt sich als Änderung im 18. Jahrhundert, dass die Annullierung eines Eheversprechens vor Gericht einfacher zu erreichen ist als noch im 16. und 17. Jahrhundert. So genügt dem Gericht für die Aufhebung eines Eheversprechens häufig, dass eine der Parteien bereut, ein Versprechen eingegangen zu sein. Diese Änderung in der gerichtlichen Haltung weist auf die gesteigerte Bedeutung der kirchlichen Trauung hin, führt aber sicherlich auch zu einer grösseren Freiheit in der Wahl der Ehepartner für beide Beteiligten, besonders aber für die Frau. Letztlich aber bewahrt das Eheversprechen wesentlich - wenigstens theoretisch rechtlich - seinen Stellenwert als ehebegründender Akt. Das Eheversprechen geschieht eben gleichfalls, wie die eigentliche Trauung, "vor denen Augen des Grossen Gottes"[3], was seine besondere Stellung ausmacht.

Im strafrechtlichen Bereich geht das Gericht durchwegs härter und unbeugsamer vor, gilt es doch, den obrigkeitlichen Erlassen und Gesetzen Nachachtung zu verschaffen. Alles, was sich bestrafen lässt, wird bestraft, sei es mit einer Busse, immer auch mit einem Auge auf die Staatskasse, sei es mit Gefängnis. Damit schafft das Gericht eine grosse Menge von Delinquenten. Besonders die sehr häufig auftretenden Deliktskategorien wie der voreheliche Beischlaf erlangen, entgegen der Absicht der Obrigkeit selbstverständlich, auf diese Weise den blossen Status von Kavaliersdelikten.[4] Dieser Eindruck wird noch zusätzlich dadurch verstärkt, dass die Bestrafung oft in der Hauptstadt erfolgt. Und selbst wenn Ehrenstrafen wie die Schmachgeige auf dem Dorf vollzogen werden, stellt sich die Frage nach ihrem Nutzen, denn Ehrverlust hat nicht für alle dieselbe Bedeutung, besonders für diejenigen, die ohnehin in der Sozialhierarchie unten stehen. Zudem ist die Ehrenstrafe nur dann wirksam, wenn obrigkeitliches und untertäniges Moralempfinden zusammenfallen. Dass die Strafen aber allesamt ihr Hauptziel, nämlich die Abschreckung, verfehlen, ist

---

2 Diderot, Supplément au voyage de Bougainville (1772), 1012.
Die offizielle Sicht des Gerichts ist eher, auch noch im 18. Jahrhundert, wie sie es schon im 16. Jahrhundert war, dass "der Ehstand ein heiliger von gott gestiffter und gesegneter stand ist". AA 72.2. Synodalmemorial vom 2. Mai 1577.

3 8. Mai 1753; EGP 24, 580.

4 Zu diesem Schluss kommt bereits: Simon, Untertanenverhalten, 247.

offensichtlich, selbst wenn sich in der Entwicklung des Gerichts im 18. Jahrhundert zeigt, dass sich zunehmend längere Gefängnisstrafen, begleitet von einer Strafpredigt, durchsetzen. Trotzdem werden die einmal erlassenen Gesetze konsequent angewendet, auch wenn das Gericht nach dem Grundsatz der Gnade richtet. Allerdings bedarf die Durchsetzung all dieser Verordnungen immer weitgehenderer Reglementierung des öffentlichen und des privaten Lebens, verbunden mit einer stetig zunehmenden Strafverschärfung. Diese Tendenz erfährt nur gerade in der Frage der Ehen im 3. Grad eine Durchbrechung, werden diese Ehen doch schliesslich erlaubt. Dabei dürften aber die pekuniären Interessen von entscheidenderer Bedeutung gewesen sein als sonstige eher grundsätzliche Überlegungen. Gleichzeitig bleiben aufklärerisch inspirierte Gesetzesvorhaben, wie die EGO von 1785, in den Ansätzen stecken.

Damit aber sind wir bei der Stellung des Ehegerichts innerhalb der Herrschaftsstruktur des Ancien Régime. Unzweifelhaft stellt das Gericht eines der wichtigsten Instrumente zur Durchsetzung obrigkeitlicher Moralpolitik dar, in ihm manifestiert sich für die Untertanen - ob Stadtbürger oder Bauer auf der untertänigen Landschaft - die Obrigkeit mit all ihren Verordnungen und Erlassen, Mandaten und Verboten. Als Instrument dieser Politik greift das Gericht schonungslos in die intimsten Bereiche des persönlichen Lebens ein, immer mit der Begründung, der Wohlfahrt des Staates und seiner Bürger zu dienen. Es soll den Geboten des gerechten Gottes in Sachen Ehe nachgelebt werden, damit die himmlische Strafe von den einzelnen Menschen wie auch vom Staatswesen als solchem abgewendet werde. Öffentliche Ärgernisse sollen im Interesse einer gedeihlichen Staatsentwicklung ausgemerzt werden. Dies noch einmal der obrigkeitliche Anspruch.

Beim Blick auf die Untertanen aber, auf diejenigen, gegen die sich Moralpolitik richtet, erhalten wir ein anderes Bild. Die normativen Forderungen der Obrigkeit, der Gnädigen Herren und Geistlichen der Staatskirche, lösen bei den Untertanen Widerständigkeiten und Anpassungsprozesse aus. Widerständigkeiten besonders wenn es sich um Brauchtum handelt, wie im Falle des Gadensteigens, eines Elementes im Werberitual, an dem trotz aller obrigkeitlichen Strafmassnahmen festgehalten wird. Denn die relativ geringe Zahl von Verurteilungen wegen Gadensteigens zeigt mit Deutlichkeit, dass ein Fall erst notorisch wird, wenn der Versuch einzusteigen scheitert, sei es, das Mädchen weise den Burschen ab, sei es, dieser verletze als Dorffremder die dorfinternen Regeln und mobilisiere damit die Knabenschaft des jeweiligen Dorfes. Erst wenn diese Bedingungen erfüllt sind, greifen die obrigkeitlichen Verbote und der Delinquent wird vor Gericht geladen. Anpassungsprozesse beim Delikt des vorehelichen Beischlafs, der zwar - entgegen dem obrigkeitlichen Bemühen - weitgehendst praktiziert und von der - besonders dörflichen - Gemeinschaft akzeptiert ist, aber die frühe Geburt wird vor Gericht mit Ausreden und Hilfserklärungen zu rechtfertigen gesucht. Es ist demnach möglich, die Anstrengungen der Gnädigen Herren relativ einfach zu unterlaufen, wofür nur auf die Möglichkeit der Eheschliessung ausser Landes verwiesen sei. So sind die Untertanen keineswegs nur passiv erleidende, von der Obrigkeit in ihrem Leben unterdrückte Menschen. Im Gegenteil, die Untertanen, ob Bürger oder Bauern, verstehen es durchaus, sich der Situation anzupassen, Verordnungen in eigenem Sinne umzudeuten. Die Obrigkeit sieht sich also einem beständigen Widerstand, wiewohl nicht offener, sondern latenter Natur, ausgesetzt. Wieweit es sich allerdings um eine bewusste Oppositonshaltung seitens der Untertanen handelt, lässt sich nicht schlüssig beantworten. Doch muss der Widerstand im ganzen wohl als recht erfolgreich bezeichnet werden, auch wenn gerade Klagen der Geistlichkeit ein verzerrtes Bild der Zustände geben können, einfach weil deren - zumindest die offiziell vorgetragenen - moralische Ansprüche sehr hoch sind und eher als Ideal denn als tatsächlich realisierbar zu gelten haben. Was die Kirche fordert, ist nicht unbedingt das, was die Mehrheit der damaligen Menschen empfindet. So gelingt es in gut zweihundert Jahren nicht, den vorehelichen Beischlaf auszumerzen, wie auch die Versuche, das Gadensteigen zum Verschwinden zu bringen, fehlschlagen. Die Diskrepanz zwischen obrigkeitlichem Anspruch und Wollen auf der einen Seite, dem tatsächlichen Verhalten der Untertanen auf der anderen ist unverkennbar. Dinges spricht davon, nicht der Wille zur Disziplinierung sei das wesentliche Charakteristikum der Politik im Ancien Régime, sondern das Faktum, dass Anspruch und Wirklichkeit (völlig) auseinanderfielen.[5] Dies lässt sich auch am Beispiel Schaffhausens bestätigen. Leider können wir in diesem Zusammenhang, von einigen Andeutungen abgesehen, nichts über die Akzeptanz des Gerichts sagen.[6]

Zudem gelingt es der Obrigkeit nicht wirklich, obwohl sie sich redlich bemüht, die Effizienz der ehegerichtlichen Massnahmen wesentlich zu steigern. Denn der Vollzugsnotstand und vor allem die mangelnde Durchschlagskraft der Gnädigen Herren werden von der Staatsgeistlichkeit klar erkannt. Daran ändern selbst die obrigkeitlichen Strategien zur Steigerung der Effizienz nicht viel, indem bestehende oder neu geschaffene Organe wie die Ehegaumer in den Dienst der Ehegerichtsbarkeit gestellt werden. Ihre beschränkte Einsetzbarkeit und ihr nur begrenzter Erfolg im Sinne der obrigkeitlichen Moralpolitik beruht vor allem darauf, dass all diese Instanzen nur

---

5 Dinges, Frühneuzeitliche Armenfürsorge, in: Geschichte und Gesellschaft 17, 1991, 15.

6 Ingram, Church Courts, 367. nimmt für England an, ehegerichtliches Handeln sei, zumindest bei gewissen Fallgruppen, auf grosse Zustimmung gestossen. Auch: Ebd., 365f.

so wirksam sein können, wie die einzelnen Amtsträger es wollen und zulassen. Die Effizienz der Obrigkeit auf der Landschaft ist also wesentlich eine Frage des persönlichen Einsatzes der jeweiligen Amtsinhaber, und dass diese nicht immer ein besonders ausgeprägtes Interesse haben, der Obrigkeit als Zuträger zu dienen, haben wir gesehen. Auch dort ist mitunter die persönliche Lebenssituation im Dorf wichtiger als die Ansprüche der Gnädigen Herren. So werden gerade innerhalb der bäuerlich-dörflichen Gemeinschaft Vorgänge und Handlungen, die zwar in den Augen der Obrigkeit verboten sind, vertuscht, wenn die dörfliche Moral kein Vergehen darin sieht. Selbst der Dorfpfarrer ist einer in sich geschlossenen Gemeinde beinahe machtlos ausgeliefert und kann von dieser isoliert werden. Wir dürfen annehmen, dass viele Vergehen gar nie vor das Ehegericht in der Hauptstadt gelangen. Und auch die Strafmassnahmen, wie gravierend viele auf den ersten Blick wirken, gereichen längst nicht alle zu einer Besserung der Delinquenten. Besonders der Ausschluss vom Abendmahl erweist sich wohl oft in der Praxis als wenig wirkungsvoll, da ja auch andere Dorfbewohner nicht am Abendmahl teilnehmen. Zudem ist es unbestritten, dass begüterte Verurteilte sich entweder ganz von einer Gefängnisstrafe und Ehrenstrafe freikaufen, oder sich doch wenigstens im Gefängnis durch Bestechung einige Erleichterungen verschaffen können. Ganz abgesehen davon, dass die Zustände der Gefängnisse und vor allem die Verwahrung der Gefangenen von beträchtlicher Laschheit gekennzeichnet ist. Wer aus dem Gefängnis ausbrechen will, hat gute Möglichkeiten dazu. Die mittellose unehelich geschwängerte Frau aber, als schwächstes Glied, erfährt die volle Strenge der Strafpraxis, nicht zuletzt deshalb, weil die uneheliche Schwangerschaft eben auch im dörflichen Milieu als unehrenhaft gilt, folgt doch auf den Beischlaf nicht die Heirat. Gerade in diesem Bereich zeigt sich eine bemerkenswerte Entwicklung, die die Frau immer mehr zur Alleinverantwortlichen macht. Erhält nämlich im 17. Jahrhundert mehrheitlich der Mann das von ihm unehelich gezeugte Kind zur Aufzucht zugesprochen, ob er dies will oder nicht, so verfügt das Gericht im 18. Jahrhundert vielfach, das uneheliche Kind solle der Mutter aufgebürdet werden, die zudem häufig von Stadt und Land verwiesen wird.

Selbst in der Stadt gibt es Möglichkeiten, obrigkeitliche Verbote zu umgehen, man denke besonders ans Verschicken unehelich geschwängerter Dienstbotinnen. Denn das Gericht kann nur tätig werden, wenn die uneheliche Schwangerschaft offensichtlich wird. Geschieht die Verabredung zwischen Schwängerer und Geschwängerter früh genug, so ist die Aussicht, die uneheliche Schwangerschaft zu vertuschen, indem sich die Frau ausser Landes begibt, gross. Aber auch in Fällen der Ausweisung scheint die tatsächliche Kontrolle innerhalb der Stadt - entgegen einem ersten Eindruck vielleicht - nicht völlig lückenlos.

Obrigkeitliche Anforderungsnormen und konkrete Lebensbedingungen der Menschen führen zu einem beständigen Konflikt. Ehestreite und Ehezerrüttungen sind häufig, trotz aller vorgegebenen Rollenzuteilungen und Anweisungen, wie sich gute christliche Ehemenschen zu verhalten haben. Dafür verantwortlich ist aber nicht zuletzt die Armut der Eheleute, dort, wo keine Mittel vorhanden sind, dort, wo Sparen zur absoluten Notwendigkeit und ständiger Mangel zur Alltagsrealität wird, entstehen Konflikte innerhalb der Ehe, die nicht selten zu grossen Zerwürfnissen führen und schliesslich vor Gericht enden. So entwickelt sich im 18. Jahrhundert in der Praxis des Gerichts die Ehezerrüttung mehr und mehr zu einem Scheidungsgrund, selbst wenn noch die EGO von 1785 keinen solchen kennt. Was im 16. und 17. Jahrhundert beinahe unmöglich ist, eine Scheidung wegen Ehezerrüttung zu erreichen, gestaltet sich im 18. Jahrhundert zunehmend einfacher, was wohl auch mit der Sensibilisierung für ehezerrüttende Faktoren zusammenhängt. Trunksucht, Spielsucht, übermässige Gewalt finden immer mehr Erwähnung in den Protokollen des 18. Jahrhunderts und werden zu einer Entscheidungsgrundlage für das Gericht. Dabei zeigt sich, wie das Gericht nicht mehr nur, wie in seiner Anfangsphase, auf Ansuchen vor seinen Schranken reagiert, sondern zunehmend das eheliche Leben der Untertanen zu kontrollieren beginnt und von sich aus eheliches Fehlverhalten mit staatlichen Zwangsmitteln ahndet, auch wenn dabei der Erfolg nur zu oft gering ist. In den Bereich des individuellen Verhaltens gehört zudem die permanente Gewalt innerhalb der Ehe, die wesentlich, wenn auch nicht immer, vom Mann ausgeht. Gewalt als Mittel zur Konfliktlösung innerhalb der Ehe wird weitherum akzeptiert und praktiziert; selbst wenn die Frau durchaus über Strategien zur Gegengewalt verfügt, bleibt sie doch die klar benachteiligte Ehehälfte. Hier zeigt sich schliesslich eine positive Seite des Gerichts, ist es doch nicht selten die einzige wirklich erfolgversprechende Anlaufstelle gerade für Frauen, sei es, sie beklagen sich über Misshandlungen, sei es, sie suchen ihren Schwängerer vor Gericht. Doch das Gericht kann oft nicht wirklich helfen: einmal ist in der paternalistisch obrigkeitlichen Gesellschaft tendenziell der Mann bevorzugt, im täglichen Leben wie vor Gericht, dann aber, und dies ergibt sich aus der Bevorzugung des Mannes, erscheint die Frau als Verführerin, als letztlich eben doch allein Schuldige, was es wiederum den Männern leichter macht, alle Schuld an einem sexuellen Fehltritt der Frau zuzuschieben, die im Falle einer unehelichen Schwangerschaft nur zu oft völlig auf sich allein gestellt bleibt.

Die Bedeutung der vom Ehegericht entfalteten Aktivität für das Funktionieren des obrigkeitlichen Regiments der Gnädigen Herren kann wohl kaum unterschätzt werden. Doch lässt sich zum Schluss die Frage nicht umgehen, wie stark die obrigkeitliche Moralpolitik, wie sie sich in der Ehegerichtsbarkeit manifestiert und wie wir sie über gut zweihundert Jahre beobachten konnten, die Disziplinierung der Untertanen fördert. So meint noch Pfister zu den Chorgerichten im Berner Aargau: "Es steht wohl fest, dass die Chorgerichtstätigkeit einer überbordenden Verrohung und Entsittlichung des Volkslebens kräftige Schranken entgegensetzte."[7] Heute sind wir diesbezüglich vorsichtiger. So ist es wohl nicht falsch, wenn wir nur von einem beschränkten Erfolg der Ehegerichtstätigkeit sprechen, denn sonst müsste die Zahl der Fälle im Laufe der Zeit zurückgehen, was aber nicht zutrifft.[8] Wahrscheinlich charakterisiert eine Mischung aus Adaptation und Verinnerlichung der obrigkeitlichen Normen den Prozess treffender, ein Prozess, der im Laufe einer langen Entwicklung schrittweise abläuft.[9] Denn Disziplinierung allein, wie sie noch Pfister sieht, bewegt sich stets von oben nach unten, was zwangsläufig Machtmittel voraussetzt, die eben gerade den Gnädigen Herren fehlen. Zudem setzt eine solche Disziplinierung eine lückenlose Kontrolle seitens der Obrigkeit voraus. Doch sind die Gnädigen Herren dazu nicht in der Lage und weit davon entfernt. So bleibt ein komplexes Gebilde von Anpassung und Widerstand, von Verinnerlichung und Ablehnung, ein gegenseitiges Ringen zwischen obrigkeitlicher Moralpolitik und den tatsächlichen Lebensbedürfnissen der Untertanen, wobei am Ende das bekämpfte "üppige, unzüchtige Lebwesen" der Untertanen nicht auszurotten ist. Das Leben erweist sich den Disziplinierungs- und Erziehungsbemühungen der Gnädigen Herren gegenüber als resistent.

---

7 Pfister, Chorgericht, I02.

8 Eine andere Erklärung dafür, weshalb die Zahl der Fälle im Laufe der Zeit nicht zurückgeht, sondern eher ansteigt, mag theoretisch darin liegen, dass die Effizienz der Organe zur Aufdeckung von Verfehlungen gesteigert wird. Freilich findet dies beim Blick auf die realen Verhältnisse keine eigentliche Bestätigung.

9 Dazu auch: Ingram, Church Courts, 280.

Abkürzungsverzeichnis

AKG	Archiv für Kulturgeschichte.
EGO	Ehegerichtsordnung.
EGP	Ehegerichtsprotokoll.
HBLS	Historisch-biographisches Lexikon der Schweiz.
SAV	Schweizerisches Archiv für Volkskunde.
SHB	Schaffhauser Beiträge zur Geschichte.
SN	Schaffhauser Nachrichten.
SR	Stadtrechnungen.
RP	Ratsprotokoll.

Zeitgenössische Abkürzungen

fl.	Floren, häufig für Gulden.
J.	Junker.
S.V.	salva venia = mit Verlaub.
xr.	Kreuzer.
Z.	Zunftmeister.

Bibliographie

Quellen

Ungedruckte Quellen

<u>*Staatsarchiv Schaffhausen*</u>:

<u>Chroniken und Tagebücher</u>:

Chronik A20: Kopie der Chronik Rüegers, 1735.

Chronik A25: Kopie der Chronik Rüegers, Anhang, S. 597-610, Trauergeschichten 1478-1790.

Chronik B4: Hans Jakob Trippel, Tagebuch, 1530-1639.

Chronik B5: Hans im Thurn, Chronologia und Memoriale, 1590-1647.

Chronik B6: Georg Michael Wepfer, Tagebuch bzw. Chronik, 1. Bd. 1621-1634, 2. Bd. 1635-1659.

Chronik B7: Hans Conrad Wepfer, Chronik der Stadt Schaffhausen, 1653-1671.

Chronik B8: Hans Ludwig Burgauer, Chronik Schaffhausens, 1627-1679.

Chronik B9: Hans Christoph von Waldkirch, Hauschronik, 1634-1680.

Chronik B10: Jakob Veith, Hauschronik, 1650-1704.

Chronik B11: Stephan Spleiss, Tagebuch, 1667-1703.

Chronik B13: Hans Wilhelm von Waldkirch, Aufzeichnungen, 1695-1716.

Chronik B14: Bernhardin Peyer, Tagebuch, 1676-1735.

Chronik B20: Verfasser unbekannt, Trauergeschichten des Kantons Schaffhausen, 1699-1790.

Chronik B22: Adam Bäschlin, Beschreibung der Stadt und Landschaft Schaffhausen bis 1794.

<u>Bestand Justiz</u>:

AE 1: EGO von 1556, 1562, 1595, 1647.

AE 2: EGO von 1595.

AE 3: EGO von 1595.

AE 4: EGO von 1677.

AE 5: EGO von 1681.

AE 6: EGO von 1682.

AE 7: Register der Erneuerungen der EGO von 1699.

AE 8: EGO von 1682.

AE 9: Entwurf zu einer EGO, 1783.

AE 10: Gutachten zur neuen EGO, 1784.

AE 11: EGO von 1785.

AE 12: gedruckte EGO von 1785.

G, Nr. 4: Bittschrift Hans Stierlis, 11. September 1607.

G, Nr. 11, 1: Bittschrift der Ursula Braun an den Rat, 20. März 1661.

G, Nr. 11, 2: Bittschrift der Ursula Braun an den Rat, 28. Mai 1666.

G, Nr. 12, 1: Catharina Wolfenspergerin an ihre verbannte Tochter Maria Wolfenspergerin, 21. März 1670.

G, Nr. 12, 2: Bittschrift der Maria Wolfenspergerin an den Rat, 22. August 1671.

G, Nr. 12, 3: Catharina Wolfenspergerin an ihre verbannte Tochter Maria Wolfenspergerin, 19. April 1670.

G, Nr. 15: Bittschrift Johann Jakob Bäschlins im Namen seiner Base an den Rat, 6. März 1765.

L1, EGP: Bd. 1: 1530-1538.
Bd. 2 und 3: 1586-1613.
Bd. 4 bis 14: 1625-1704.
Bd. 15 bis 36: 1711-1798.

L2, Bd. 5: Ehegerichtliches Copierbuch 1768-1800.

L4: Rechnungen des Ehegerichts (Einnahmen und Ausgaben), insgesamt 21 Hefte ab 1701/02 bis 1771/72.

L5, Nr. 1: Urteilsbrief des Ehegerichts vom 17. April 1540.

L5, Nr. 2, 1: Auszüge zu einem ehegerichtlichen Prozess, 1562-1566.

L5, Nr. 2,2: Zeugenaussagen zum nämlichen Prozess, 13. August 1565.

L5, Nr. 2,3: Schreiben zum nämlichen Prozess, 17. August 1565.

L5, Nr. 3: Urteilsbrief des Rates, 15. April 1594.

L5, Nr. 4: Rat von Schaffhausen an Zürich, 1. August 1604.

L5, Nr. 5: Supplication der Verena Schaggin, 18. Mai 1667.

L5, Nr. 6, 1: Schreiben an markgräflerischen badisch-durlachischen Eherichter zu Karlsburg, 25. Januar 1670.

L5, Nr. 6, 2: Antwortschreiben auf Nr. 6,1.

L5, Nr. 7: Ehegericht von Zürich an Ehegericht von Schaffhausen, 16. Mai 1671.

L5, Nr. 8: Schreiben an den Landvogt zu Frauenfeld, 19. Mai 1683.

L5, Nr. 9: Prozessnotizen, 12. Juli 1736.

L5, Nr. 10: Verlosung der Stelle eines Ehegerichtsdieners und dessen Besoldung, 15. Juni 1791.

L5, Nr. 11, 1-3: Prozessnotizen, 1793.

Ordnungen:

Ehegerichtsordnungen:
A17, 235-244. EGO von 1552.
A6, 591-596. EGO von 1637.
A9, 1051-1068. EGO von 1677.
A15, 1-66. EGO von 1681.
A17, 195-219. EGO von 1681.
A13, 361-431. EGO von 1681.
B Heft 5, 29-59. EGO von 1681.

Ehegaumereide:
A6, 597r. (1648).
A9, 1069-1070. (1648).
A21, 295. (1648).

Ehegerichtsknecht:
A6, 311. (1610).
A20, 41. (1610).
B Heft 7, 1620. (17. Jahrhundert).
H8, 767. (17. Jahrhundert).

Ehegerichtsschreiber:
A9, 1699. (1736).
A19, 436b. (1736).

Ordnung:
A5, 56. (1527). Abschaffung der Metzen.
A17, 246. (1592). Verbot der Kopulation 14 Tage vor und nach einem Fest.
A17, 222f. (1685). Ausweisung unehelich schwangerer Frauen.

Mandate:

Mandate gegen das Gadensteigen:
A 7, 75. (1640).
A 7, 183. (1647).
A 8, 341f. (1657).
A 8, 364f. (1658).
A 9, 128. (1659).
A 9, 239. (1661).
A 9, 250. (1661).
A 8, 452f. (1663).
A 11, 3. (1667).

A 11, 36. (1668).
A 11, 215. (1687).
A 14, 136. (1712).
A 14, 301. (1717).
A 15, 104. (1725).
A 16, 14. (1735).
A 16, 85. (1738).

Ehegerichtsdiener:
A15, 244. (1730).
A18, 153. (1768).
A19, 133. (1790).

Heiratsmandate:
A1, 149. (1604).
A2, 9r. und 10v-12r. (1609).
A2, 91v-92r. (1611).
A2, 222r-223v. (1617).
A6, 110v-111r. (1622).
A4, 3v. (1630).
A4, 111v-112r. (1638).
A7, 132r. (1644).
A9, 240. (1661).
A10, 294. (1679).
A17, 75. (1753).

Mandate gegen Heirat im 3. Grad:
A6, 163r-163v. (1625).
A6, 185r-185v. (1627).
A7, 3v-4r. (1639).
A10, 344. (1682).

Mandate gegen Heirat mit fremden Frauen:
A6, 237v-238r. (1629).
A8, 231f. (1651).
A8, 295. (1654).
A8, 373. (1658).
A10, 124. (1670).

Mandat:
A4, 60r-60v. (1636). Ehebezug.
A11, 266f. (1692). Auswärtige Heirat.

Bestand Kirchenwesen:

Schachtel I, Kirche und Klöster, Nr. 15: "Wörtliche Kopie der Gravaminum im Synodo 1769".
AA 72.1.: Synodalmemorialia des 16. Jahrhunderts.
AA 72.2.: Synodalmemorialia des 16. Jahrhunderts.
AA 72.3.: Synodalmemorialia des 17. Jahrhunderts.
AA 72.4.: Synodalmemorialia des 18. Jahrhunderts.
(Die einzelnen Synodalmemorialia sind mit ihrem Abfassungsjahr zitiert.)

AA 73.3. Manuskripte Ulmer (Hans Conrad Ulmer): Eingabe an den Rat vom 23. Oktober 1594.

AA 73.6. Schreiben Melchior Hurters im Namen der Geistlichkeit Schaffhausens an die Amtsbrüder in Bern, 11. März 1646.

AA 73.7. Gutachten der Geistlichkeit zu den Presbyterien, 11. April 1683.

AA 73.9. Plan der Erneuerung und Wiederherstellung der löbl. Presbyterien, 6. November 1780.

AA 74.2. Visitation der Landschulen und Kirchen 1647, 1648, 1649.

E 43.1. Bittgesuche: Lorenz Nägeli an den Rat von Schaffhausen, um 1668.

HV 57: Acta Synodalia Ministerii Scaphusiensis 1641 bis 1650, 1693 bis 1716, 1750 bis 1764.

Bestand Schule:

Protokolle der Schulherren, 17 Bände, 1554-1803.

Konventsarchiv der Schaffhauser Geistlichkeit (im Besitz des Staatsarchivs):

1. Thekt, A I Ratserkenntnisse 1556-1700, Nr. 1, 1556-1600, Schreiben des Rates an die Schaffhauser Geistlichkeit vom 29. April 1583.

1. Thekt, A I Ratserkenntnisse 1556-1700, Nr. 2, 1588-1618, Beschluss des Rates vom 12. Januar 1607.

Varia Eclesiastica 1622-1756, Nr. 2: De Ecclesiarum nostrarum in agro Scaphusiano Visitatione Brevis Informatio, gestellt durch Herrn Johann Konrad Kocher, Pfarrer der Kirchen zu St. Johanns, 1622.

Einzelbestände:

Gutachten-Protokolle 1717-1756, Nr. 15, 31. August 1745.

HZZtg 5: Post und Ordinari Schaffhauser Mittwochs-Zeitung, Jahrgänge 1762 bis 1766, 1769 bis 1787, 1789, 1793 bis 1796.

Korrespondenzen 1650, Nr. 51, 6. August 1650: Einige Fälle aus den Ehegerichtsprotokollen gezogen.

Personalia Reinhard, 18. Jahrhundert.

RP, 1467-1798.

Regiment A1: Johann Caspar Trippel, Regimentsbuch der Stadt Schaffhausen, Schaffhausen 1745.

Stadtarchiv Schaffhausen:

Stadtrechnungen (SR) 1532-1798.

Stadtbibliothek Schaffhausen:

Scaphusiana Nr. 33: Memorabilia Schaffhusensia oder Diarium, 1734-1765.

Scaphusiana Nr. 34 u. 35: Raths Memoriale, darin die fundamental Satzungen, Ordnungen, Eyde, Solemniteten etc. enthalten.

Scaphusiana Nr. 40: Verschiedene Ordnungen, worunter auch ehegerichtliche Satzungen, S. I-III.

Scaphusiana Nr. 49: Diarium Junker Hanszen im Thurn (1590-1648), mit Einträgen bis 1776.

Scaphusiana Nr. 50: Zieglers Raths Diarium 1679-1691, Nachträge 1751-1757.

Scaphusiana Nr. 73: Johann Schoop, Abschriften ehegerichtlicher Satzungen und Verhandlungen.

UA I, 49, Nr. 7: "Wunschgedichte auff den Hochzeitlichen Ehrentag Des Ehrwürdigen Edlen und Wolgelehrten herren Johann Caspar Stokars Wolverordneten Pfarrers zu den h. dreien königen auff der Steig", 18. Brachmonat 1649.

Zentralbibliothek Zürich:

Bullinger, Heinrich, Der Christlich Eestand, Zürich 1548.

Gedruckte Quellen

Biblia Sacra iuxta Vulgatam versionem (Vulgata), hg. von Robert Weber, 2 Bde., Stuttgart 1969.

Dallapiazza, Michael (Hg.), Wie ein Mann ein fromm Weib soll machen, Mittelalterliche Lehren über Ehe und Haushalt, Frankfurt am Main 1984.

Diderot, Denis, Supplément au voyage de Bougainville (1772), Oeuvres, hg. von André Billy, Paris 1951. (Bibliothèque de la Pléiade).

EGO von 1530 (1529), hg. von Jakob Wipf, in: Zwingliana 2, 1925, 289-296.

Homer, Die Odyssee, übertragen von Wolfgang Schadewaldt, Hamburg 1958.

Huber, Hans Oswald, Schaffhauser Chronik, hg. von Carl August Bächtold, in: SHB 8, 1906, 81-145.

Im Thurn, Eduard, Hans Wilhelm Harder, Chronik der Stadt Schaffhausen, Schaffhausen 1844.

Keller, G., Andreas Keller von Schaffhausen, Pfarrer und Antistes 1765-1835, Nach seinen Tagebüchern dargestellt, Schaffhausen 1935.

Luther, Martin, Von Ehesachen (1530), in: Kritische Gesamtausgabe sämtlicher Werke, Bd. 30, 3. Abt., Weimar 1910, 205-248.

Peyer, Johann Konrad, Ein unbekanntes Spottgedicht Johann Konrad Peyers auf Schaffhausen aus dem Jahre 1748, hg. von Reinhard Frauenfelder, in: SHB 54, 1977, 47-49.

Rüeger, Johann Jakob, Chronik der Stadt und Landschaft Schaffhausen, hg. von Carl August Bächtold, 2 Bde., Schaffhausen 1884-1892.

Saint-Simon, Louis de Rouvroy, Duc de, Mémoires, hg. von Yves Coirault, Bd. 4, Paris 1985. (Bibliothèque de la Pléiade).

Schaffhauser Reformationsordnung, hg. von Ernst Gerhard Rüsch, in: SHB 56, 1979, 5-27.

Das Stadtbuch von 1385, bearbeitet von Karl Schib, in: Sammlung Schweizerischer Rechtsquellen, Die Rechtsquellen des Kantons Schaffhausen, I. Teil, 2. Bd. Das Stadtrecht von Schaffhausen, Aarau 1967.

Stokar, Hans, Hans Stokars Jerusalemfahrt 1519 und Chronik 1520-1529, hg. von Karl Schib, Basel 1949. (Quellen zur Schweizergeschichte, NF, Abt. I, Chroniken, Bd. 4).

Synodalmemorialia der Jahre 1532, 1536/37, 1536/37, 1536/37, 1537/42, 1537/39, bearbeitet von Hans Lieb und Karl Schib, Beschwerden und Sorgen der Geistlichkeit aus dem ersten Jahrzehnt der reformierten Schaffhauser Kirche, in: SHB 48, 1971, 135-170.

Zwingli, Huldrych, De vera et falsa religione commentarius (1525), in: Sämtliche Werke, hg. von Emil Egli et al., Bd. 3, Leipzig 1914, 590-911.

Darstellungen

Appenzeller, Gotthold, Strafvollzug und Gefängniswesen im Kanton Solothurn vom 15. Jahrhundert bis zur Gegenwart, in: Jahrbuch für Solothurnische Geschichte 30, 1957, 13-182.

Ariès, Philippe, Liebe in der Ehe, in: Philippe Ariès, André Béjin (Hg.), Die Masken des Begehrens und die Metamorphosen der Sinnlichkeit, Zur Geschichte der Sexualität im Abendland, Frankfurt am Main 1984, 165-175.

Ariès, Philippe, Die unauflösliche Ehe, in: Philippe Ariès, André Béjin (Hg.), Die Masken des Begehrens und die Metamorphosen der Sinnlichkeit, Zur Geschichte der Sexualität im Abendland, Frankfurt am Main 1984, 176-196.

Arnold, Klaus, Mentalität und Erziehung - Geschlechtsspezifische Arbeitsteilung und Geschlechtersphären als Gegenstand der Sozialisation im Mittelalter, in: Frantisek Graus (Hg.), Mentalitäten im Mittelalter, Methodische und inhaltliche Probleme, Sigmaringen 1987, 251-288. (Vorträge und Forschungen, hg. vom Konstanzer Arbeitskreis für mittelalterliche Geschichte, 35).

Bader, Karl Siegfried, Das mittelalterliche Dorf als Friedens- und Rechtsbereich, Weimar 1957. (Bd. 1).

Bader, Karl Siegfried, Dorfgenossenschaft und Dorfgemeinde, Köln 1962. (Bd. 2).

Bächtold, Hanns, Die Gebräuche bei Verlobung und Hochzeit mit besonderer Berücksichtigung der Schweiz, Basel 1914. (Schriften der Schweizerischen Gesellschaft für Volkskunde).

Bächtold, Kurt, Beiträge zur Verwaltung des Stadtstaates Schaffhausen von der Reformation bis zur Revolution, Diss. Zürich, Schaffhausen 1947.

Bächtold, Kurt, Beiträge zur Verwaltung des Stadtstaates Schaffhausen von der Reformation bis zur Revolution, Diss. masch. Zürich, Schaffhausen 1947. (Ausführlichere Fassung der gedruckten Version).

Bächtold, Kurt, Wandlungen der Zunftverfassung, in: SHB 38, 1961, 46-81.

Bächtold, Kurt, Schaffhauser Badenfahrten und Badenschenkinen, in: SN 161, 1977.

Bächtold, Kurt, Bei Mus, Wasser und Brot ..., Gefängnisse und Zuchthäuser in Schaffhausen, in: SN 91, 1980.

Bächtold, Kurt, Vom ältesten Gewerbe in der Stadt Schaffhausen, in: SN 117, 1980.

Bächtold, Kurt, Speis und Trank unserer Schaffhauser Vorfahren, in: Schaffhauser Magazin 4, 1984, 66-69.

Bächtold, Kurt, Die Rüger und das Rügen im Schaffhauser Stadtstaat, in: SHB 63, 1986, 137-151.

Bänninger, Hans, Untersuchungen über den Einfluss des Polizeistaates im 17. und 18. Jahrhundert auf das Recht der Eheschliessung in Stadt und Landschaft Zürich, Diss. Zürich 1948.

Baer, Max, Medizinisch-statistische Ergebnisse aus Zürcher Kirchenbüchern des 17. und 18. Jahrhunderts, Diss. Zürich 1926. (= SA aus Schweiz. Zeitschrift für Gesundheitspflege 6, 1926.)

Bärtschi, Alfred, Eheversprechen und Ehepfand im alten Bernbiet, in: SAV 46, 1949, 35-54.

Baumann, Max, "Zur Förderung der Ehre Gottes und zur Erhaltung bürgerlicher Zucht": Das Chorgericht als Herrschaftsinstrument im alten Bern, in: Sebastian Brändli, David Gugerli, Rudolf Jaun, Ulrich Pfister (Hg.), Schweiz im Wandel, Festschrift für Rudolf Braun zum 60. Geburtstag, Basel-Frankfurt am Main 1990, 305-316.

Beck, Rainer, Illegimität und voreheliche Sexualität auf dem Land Unterfinning, 1671-1770, in: Richard van Dülmen (Hg.), Kultur der einfachen Leute, München 1983, 112-150.

Becker, Peter, Leben und Lieben in einem kalten Land, Sexualität im Spannungsfeld von Ökonomie und Demographie, Das Beispiel St. Lambrecht 1600-1850, Frankfurt am Main 1990. (Studien zur historischen Sozialwissenschaft, 15).

Behringer, Wolfgang, Mörder, Diebe, Ehebrecher, Verbrechen und Strafen in Kurbayern vom 16. bis 18. Jahrhundert, in: Richard van Dülmen (Hg.), Verbrechen, Strafen und soziale Kontrolle, Frankfurt am Main 1990, 85-132. (Studien zur historischen Kulturforschung, 3).

Beitl, Klaus, Liebesgaben, Zeugnisse alter Brauchkunst, Salzburg 1974.

Birlinger, Anton (Hg.), Volksthümliches aus Schwaben, Bd. 2, Sitten und Gebräuche, Freiburg im Breisgau 1862.

Blasius, Dirk, Kriminalität und Geschichtswissenschaft, Perspektiven der neueren Forschung, in: HZ 233, 1981, 615-626.

Bollinger, Franz, Die Ermittlung der ausserehelichen Vaterschaft durch den Eid nach schaffhauserischem Recht, Diss. Zürich 1949.

Bologne, Jean Claude, Histoire de la pudeur, Paris 1986.

Bouvier, Nicolas, Volkskunst, Disentis 1991. (Ars Helvetica, 9).

Braudel, Fernand, Civilisation matérielle, économie et capitalisme, 15e-18e siècle, tomes 1-3, Paris 1986. (Nouvelle édition).

Braun, Hartmut, Der Schäppel und sein kulturgeschichtlicher Ursprung, in: Forschungen und Berichte zur Volkskunde in Baden-Württemberg I, 1971-1973, 165-171.

Braun, Rudolf, Das ausgehende Ancien Régime in der Schweiz, Aufriss einer Sozial- und Wirtschaftsgeschichte des 18. Jahrhunderts, Göttingen-Zürich 1984.

Breit, Stefan, "Leichtfertigkeit" und ländliche Gesellschaft, Voreheliche Sexualität in der frühen Neuzeit, München 1991. (Ancien Régime, Aufklärung und Revolution, 23.)

Brooke, Christopher N. L., The Medieval Idea of Marriage, Oxford 1989.

Brundage, James A., Law, Sex, and Christian Society in Medieval Europe, Chicago-London 1987.

Brunner, Alfred, Die Schaffhauser Ärzteschule im 17. Jahrhundert, Schaffhausen 1970.

Brunner, Otto, Das "ganze Haus" und die alteuropäische "Ökonomik", in: Otto Brunner, Neue Wege der Verfassungs- und Sozialgeschichte, Göttingen 1968, 103-127. (2., vermehrte Auflage).

Burguière, André, Le rituel du mariage en France: Pratiques ecclésiastiques et pratiques populaires (XVIe-XVIIIe siècle), in: Annales 33, 1978, 637-649.

Burke, Peter, Popular Culture in Early Modern Europe, London 1978.

Carlen, Louis, Verlobung und Hochzeit im alten Wallis, in: SAV 53, 1957, 205-222.

Carlen, Louis, Rechtsgeschichte der Schweiz, Eine Einführung, Bern 1968. (Monographien zur Schweizer Geschichte, hg. Allgemeine Geschichtsforschende Gesellschaft der Schweiz, 4).

Dallapiazza, Michael, Minne, husere und das ehlich leben, Zur Konstitution bürgerlicher Lebensmuster in spätmittelalterlichen und frühneuzeitlichen Didaktiken, Frankfurt am Main 1981. (Europäische Hochschulschriften, Reihe I, Dt. Sprache und Literatur, 455).

Dauvillier, Jean, Le mariage dans le droit classique de l'Église depuis le décret de Gratian (1140) jusqu'à la mort de Clément V (1314), Paris 1933.

Davis, Natalie Zemon, Society and Culture in Early Modern France, Stanford (Calif.) 1975.

Davis, Natalie Zemon, Frauen und Gesellschaft am Beginn der Neuzeit, Studien über Familie, Religion und die Wandlungsfähigkeit des sozialen Körpers, Berlin 1986.

Degginger, Marianne, Zur Geschichte der Hebammen im alten St.Gallen, in: 128. Neujahrsblatt, hg. vom Historischen Verein des Kantons St.Gallen, St. Gallen 1988, 7-62.

Delumeau, Jean, Le péché et la peur, La culpabilisation en Occident XIIIe-XVIIIe siècles, Paris 1983.

Deneke, Bernward, Hochzeit, München 1971. (Bibliothek des Germanischen Nationalmuseums Nürnberg zur deutschen Kunst- und Kulturgeschichte, 31).

Dieterich, Hartwig, Das protestantische Eherecht in Deutschland bis zur Mitte des 17. Jahrhunderts, Diss. Tübingen, München 1970. (Jus Ecclesiasticum, Beiträge zum evangelischen Kirchenrecht und zum Staatskirchenrecht, 10).

Dinges, Martin, Frühneuzeitliche Armenfürsorge als Sozialdisziplinierung? Probleme mit einem Konzept, in: Geschichte und Gesellschaft, Zeitschrift für Historische Sozialwissenschaft 17, 1991, 5-29.

Dülmen, Richard van, Entstehung des frühneuzeitlichen Europa 1550-1648, Frankfurt am Main 1982. (Fischer Weltgeschichte, 24).

Dülmen, Richard van, Theater des Schreckens, Gerichtspraxis und Strafrituale in der frühen Neuzeit, München 1988[2].

Dülmen, Richard van, Fest der Liebe, Heirat und Ehe in der frühen Neuzeit, in: Richard van Dülmen (Hg.), Armut, Liebe, Ehre, Frankfurt am Main 1988, 67-106. (Studien zur historischen Kulturforschung, I).

Dülmen, Richard van, Heirat und Eheleben in der Frühen Neuzeit, Autobiographische Zeugnisse, in: AKG 72, 1990, 153-171.

Dülmen, Richard van, Kultur und Alltag in der Frühen Neuzeit. Bd. I: Das Haus und seine Menschen. 16.-18. Jahrhundert, München 1990. Bd. II: Dorf und Stadt. 16.-18. Jahrhundert, München 1992.

Dülmen, Richard van, Frauen vor Gericht, Kindsmord in der Frühen Neuzeit, Frankfurt am Main 1991.

Elias, Norbert, Die höfische Gesellschaft, Untersuchungen zur Soziologie des Königtums und der höfischen Aristokratie, Frankfurt am Main 1990.

Esmein, A., Le mariage en droit canonique, tome I, Paris 1929[2]. Tome 2, Paris 1935[2].

Etzensperger, Clara, Die Rechtsstellung des ausserehelichen Kindes nach schaffhauserischen Rechtsquellen, Diss. Zürich 1931.

Farge, Arlette, Das brüchige Leben, Verführung und Aufruhr im Paris des 18. Jahrhunderts, Berlin 1989.

Fischer-Homberger, Esther, Medizin vor Gericht, Gerichtsmedizin von der Renaissance bis zur Aufklärung, Bern-Stuttgart-Wien 1983.

Flandrin, Jean-Louis, Contraception, mariage et relations amoureuses dans l'occident chrétien, in: Annales 24, 1969, 1370-1390.

Flandrin, Jean-Louis, Familles: Parenté, maison, sexualité dans l'ancienne société, Paris 1976.

Flandrin, Jean-Louis, Les amours paysannes, Amour et sexualité dans les campagnes de l'ancienne France (XVIe-XIXe siècle), Paris 1976.

Flandrin, Jean-Louis, Das Geschlechtsleben der Eheleute in der alten Gesellschaft: Von der kirchlichen Lehre zum realen Verhalten, in: Philippe Ariès, André Béjin (Hg.), Die Masken des Begehrens und die Metamorphosen der Sinnlichkeit, Zur Geschichte der Sexualität im Abendland, Frankfurt am Main 1984, 147-164.

Foucault, Michel, Surveiller et punir, La naissance de la prison, Paris 1975.

Friedberg, Emil, Das Recht der Eheschliessung, Leipzig 1865.

Friedberg, Emil, Verlobung und Trauung, Leipzig 1876.

Fuchs, Eduard, Illustrierte Sittengeschichte vom Mittelalter bis zur Gegenwart, 6 Bde., München 1909-1912.

Gebauer, Curt, Studien zur Geschichte der bürgerlichen Sittenreform des 18. Jahrhunderts, Zur Reform der Ehe, in: AKG 15, 1923, 97-116.

Gélis, Jacques, Die Geburt, Volksglaube, Rituale und Praktiken von 1500-1900, München 1989.

Geremek, Bronislaw, Geschichte der Armut, Elend und Barmherzigkeit in Europa, München-Zürich 1988.

Gibson, Wendy, Women in Seventeenth-Century France, London 1989.

Gugerli, David, Zwischen Pfrund und Predigt, Die protestantische Pfarrfamilie auf der Zürcher Landschaft im ausgehenden 18. Jahrhundert, Diss. Zürich 1988.

Gugerli, David, "... die Würde unseres Amtes gelten zu machen": Selbstbild und soziale Stellung der Zürcher Geistlichkeit im Ancien Régime, in: Schweiz im Wandel, Festschrift für Rudolf Braun zum 60. Geburtstag, hg. von Sebastian Brändli, David Gugerli, Rudolf Jaun, Ulrich Pfister, Basel-Frankfurt am Main 1990, 155-169.

Guggenbühl, Dietegen, Gerichtliche Medizin in Basel von den Anfängen bis zur Helvetik, Diss. Basel 1963. (Basler Veröffentlichungen zur Geschichte der Medizin und der Biologie).

Gutton, Jean-Pierre, La société et les pauvres en Europe (XVIe-XVIIIe siècles), Paris 1974.

Hauser, Albert, Schweizerische Wirtschafts- und Sozialgeschichte, Zürich 1961.

Hauser, Albert, Bäuerliche Wirtschaft und Ernährung in der Schweiz vom 15. bis 18. Jahrhundert, in: Zeitschrift für Agrargeschichte und Agrarsoziologie 19/2, 1971, 170-189.

Hauser, Albert, Vom Essen und Trinken im alten Zürich, Tafelsitten, Kochkunst und Lebenshaltung vom Mittelalter bis in die Neuzeit, Zürich 1973³.

Hauser, Albert, Was für ein Leben, Schweizer Alltag vom 15.-18. Jahrhundert, Zürich 1987.

Hecker, Andreas-Peter, Die historische Entwicklung des Ehescheidungsprozessrechtes, Diss. Frankfurt am Main 1967.

Helbing, Franz, Die Tortur, Geschichte der Folter im Kriminalverfahren aller Zeiten und Völker, völlig neubearbeitet und ergänzt von Max Bauer, Berlin 1926.

Henting, Hans von, Die Strafe, I. Frühformen und kulturgeschichtliche Zusammenhänge, II. Die modernen Erscheinungsformen, Berlin-Göttingen-Heidelberg 1954 und 1955.

Herold, Hans, Das Hebammenamt in rechtsgeschichtlicher Betrachtung, in: Hans Herold, Rechtsgeschichte aus Neigung, Ausgewählte Schriften aus den Jahren 1934-1968, hg. zum 80. Geburtstag von Karl Siegfried Bader und Claudio Soliva, Sigmaringen 1988, 367-376.

Histoire de la vie privée, sous la dir. de Philippe Ariès et de Georges Duby, Paris 1986, tome 3: De la Renaissance aux Lumières.

Hofer, Roland E., Johann Jakob Stokar, in: SHB 68, 1991, 180-189. (Schaffhauser Biographien, 5).

Huber, Eugen, System und Geschichte des schweizerischen Privatrechtes, Bd. 4, Basel 1893.

Huggel, Samuel, Die Einschlagsbewegung in der Basler Landschaft, Gründe und Folgen der wichtigsten agrarischen Neuerung im Ancien Régime, 2 Bde., Liestal 1979. (Quellen und Forschungen zur Geschichte und Landeskunde des Kantons Baselland, 17/1 und 17/2).

Huizinga, Johan, Herbst des Mittelalters, Studien über Lebens- und Geistesformen des 14. und 15. Jahrhunderts in Frankreich und in den Niederlanden, Stuttgart 1975[11].

Imhof, Arthur E., Geschichte der Sexualität - Sexualität der Geschichte, in: Christoph Wulf (Hg.), Lust und Liebe, Wandlungen der Sexualität, München-Zürich 1985, 181-215.

Im Hof, Ulrich, Ancien Régime, in: Handbuch der Schweizer Geschichte, Bd. 2, Zürich 1980[2], 673-784.

Hoffmann-Krayer, Eduard, Knabenschaften und Volksjustiz in der Schweiz, in: Paul Geiger (Hg.), Kleine Schriften zur Volkskunde von Eduard Hoffmann-Krayer, Basel 1946, 124-159. (Schriften der Schweizerischen Gesellschaft für Volkskunde, 30.).

Ingram, Martin, Church Courts, Sex and Marriage in England, 1570-1640, Cambridge 1988.

Jütte, Robert, "Disziplin zu predigen ist eine Sache, sich ihr zu unterwerfen eine andere" (Cervantes), Prolegomena zu einer Sozialgeschichte der Armenfürsorge diesseits und jenseits des Fortschritts, in: Geschichte und Gesellschaft, Zeitschrift für Historische Sozialwissenschaft 17, 1991, 92-101.

Kamen, Henry, European Society 1500-1700, London 1987[3].

Kilchenmann, Küngolt, Die Organisation des zürcherischen Ehegerichts zur Zeit Zwinglis, Diss. Zürich 1946. (Quellen und Abhandlungen zur Geschichte des schweizerischen Protestantismus, 1).

Kittsteiner, Heinz D., Die Entstehung des modernen Gewissens, Frankfurt am Main-Leipzig 1991.

Koebner, Richard, Die Eheauffassung des ausgehenden deutschen Mittelalters, in: AKG 9, 1911, 136-198 und 279-318.

Köhle-Hezinger, Christel, Pfarrvolk und Pfarrersleut, in: Martin Greiffenhagen (Hg.), Das evangelische Pfarrhaus, Eine Kultur- und Sozialgeschichte, Stuttgart 1984, 247-276.

Köhler, Walther, Zürcher Ehegericht und Genfer Konsistorium, I: Das Zürcher Ehegericht und seine Auswirkungen in der Deutschen Schweiz zur Zeit Zwinglis, Leipzig 1932.
II: Das Ehe- und Sittengericht in den süddeutschen Reichsstädten, dem Herzogtum Württemberg und in Genf, Leipzig 1942.
(Quellen und Abhandlungen zur Schweizerischen Reformationsgeschichte).

König, Maria, Bäuerliche Burschenschaften, Ein Beitrag zur deutschen Volkskunde, (Diss. Bonn), in: Niederdeutsche Zeitschrift für Volkskunde 16, 1938, 191-244.

Kramer, Karl-Sigismund, Grundriss einer rechtlichen Volkskunde, Göttingen 1974.

Küther, Carsten, Räuber, Volk und Obrigkeit, Zur Wirkungsgeschichte und Funktion staatlicher Strafverfolgung im 18. Jahrhundert, in: Reif, Heinz (Hg.), Räuber, Volk und Obrigkeit, Studien zur Geschichte der Kriminalität in Deutschland seit dem 18. Jahrhundert, Frankfurt am Main 1984, 17-42.

Lang, Robert, Schaffhauser Gelehrte und Staatsmänner, in: Festschrift der Stadt Schaffhausen zur Bundesfeier 1901, Teil 5, Schaffhausen 1901.

Laslett, Peter, The World We Have Lost, London 1975[2].

Laslett, Peter, Familiy Life and Illicit Love in Earlier Generations, Essays in Historical Sociology, Cambridge 1977.

Lenman, Bruce, The Limits of Godly Discipline in the Early Modern Period with Particular Reference to England and Scotland, in: Kaspar von Greyerz (Hg.), Religion and Society in Early Modern Europe 1500-1800, London 1984, 124-145.

Lenz, Rudolf, "Ehestand, Wehestand, Süssbitter Standt"?, Betrachtungen zur Familie der Frühen Neuzeit, in: AKG 68, 1986, 371-405.

Leu, Gustav, Schaffhausen unter der Herrschaft der Zunfverfassung, Verfassungsgeschichte der Stadt Schaffhausen und ihres Gebietes vom 15. bis 18. Jahrhundert, Diss. Zürich 1931.

Levine, David, and Wrightson, Keith, The Social Context of Illegitimacy in Early Modern France, in: Peter Laslett, Karla Oosterveen, Richard M. Smith (Hg.), Bastardy and its Comparative History, Studies in the History of Illegitimacy and Marital Nonconformism in Britain, France, Germany, North America, Jamaica, Japan, London 1980, 158-175.

Lewin, Louis, Die Fruchtabtreibung durch Gifte und andere Mittel, Berlin 1922[3].

Löffler, Klemens, Vom Zutrinken, in: AKG 6, 1908, 71-78.

Lutz, Albert, Jünglings- und Gesellenverbände im alten Zürich und im alten Winterthur, Diss. Zürich, Affoltern am Albis 1957.

Macfarlane, Alan, Rezension zu: Lawrence Stone, The Family, Sex and Marriage in England 1500-1800, in: History and Theory 18, 1979, 103-126.

Macfarlane, Alan, Marriage and Love in England, Modes of Reproduction 1300-1840, Oxford 1986.

Mani, Nikolaus, Die Schaffhauser Ärzteschule im 17. Jahrhundert, in: Martin Bircher et al. (Hg.), Schweizerisch-deutsche Beziehungen im konfessionellen Zeitalter, Beiträge zur Kulturgeschichte, 1580-1650, Wiesbaden 1984, 299-312. (Wolfenbüttler Arbeiten zur Barockforschung, 12).

Markees, Jenny, Das Recht der Eheschliessung und der Eheauflösung nach den Rechtsquellen der Stadt Basel, Diss. masch. Basel 1931.

Mattmüller, Markus, Bevölkerungsgeschichte der Schweiz, I: Die frühe Neuzeit, 1500-1700. Bd. 1: Darstellung, Bd. 2: Wissenschaftlicher Anhang, Basel 1987. (Basler Beiträge zur Geschichtswissenschaft, 154 und 154a).

Métraux, Hans, Schweizer Jugendleben in fünf Jahrhunderten, Geschichte und Eigenart der Jugend und ihrer Bünde im Gebiet der protestantischen Schweiz, Aarau 1942.

Meyer, Jean, Illegitimates and foundlings in pre-industrial France, in: Peter Laslett, Karla Oosterveen, Richard M. Smith (Hg.), Bastardy and its Comparative History, Studies in the History of Illegitimacy and Marital Nonconformism in Britain, France, Germany, North America, Jamaica, Japan, London 1980, 249-263.

Mitchison, Rosalind und Leneman, Leah, Sexuality and Social Control, Scotland 1660-1780, Oxford 1989.

Mitterauer, Michael, Jugendgruppen, in: Beiträge zur historischen Sozialkunde 6, 1976, 34-44.

Mitterauer, Michael und Sieder, Reinhard, Vom Patriarchat zur Partnerschaft, Zum Strukturwandel der Familie, München 1977.

Mitterauer, Michael, Geschlechtsspezifische Arbeitsteilung in vorindustrieller Zeit, in: Beiträge zur historischen Sozialkunde 11, 1981, 77-87.

Mitterauer, Michael, Ledige Mütter, Zur Geschichte illegitimer Geburten in Europa, München 1983.

Moser, Hans, Jungfernkranz und Strohkranz, in: Konrad Köstlin und Kai Detlev Sievers (Hg.), Das Recht der kleinen Leute, Festschrift für Karl-Sigismund Kramer, Berlin 1976, 140-161.

Müller-Wirthmann, Bernhard, Raufhändel, Gewalt und Ehre im Dorf, in: Richard van Dülmen (Hg.), Kultur der einfachen Leute, München 1983, 79-111.

Müller, Maria E., Naturwesen Mann. Zur Dialektik von Herrschaft und Knechtschaft in Ehelehren der Frühen Neuzeit, in: Heide Wunder und Christina Vanja (Hg.), Wandel der Geschlechterbeziehungen zu Beginn der Neuzeit, Frankfurt am Main 1991, 43-68.

Münch, Roland, Das persönliche Eherecht nach den Rechtsquellen der alten Landschaft Bern, Diss. masch. Bern 1925.

Münch, Willy, Ehehindernisse und Ehenichtigkeitsgründe im Basler Stadtrecht, Diss. masch. Basel 1947.

Nipperdey, Thomas, Kann Geschichte objektiv sein?, in: Nachdenken über die deutsche Geschichte, Essays, München 1990, 264-283.

Ozment, Steven, When Fathers Ruled, Family Life in Reformation Europe, Cambridge (Mass.) 1983.

Pestalozzi, Theodor, Kulturgeschichte des Kantons Schaffhausen und seiner Nachbargebiete, Bde. 1-3, Aarau 1928-1931.

Peyer, Hans Conrad, Verfassungsgeschichte der alten Schweiz, Zürich 1978.

Pfister, Rudolf, Kirchengeschichte der Schweiz, Bd. I: Von den Anfängen bis zum Ausgang des Mittelalters, Zürich 1964.
Bd. 2: Von der Reformation bis zum 2. Villmerger Krieg, Zürich 1974.
Bd. 3: Von 1720 bis 1950, Zürich 1985.

Pfister, Willy, Das Chorgericht des bernischen Aargaus im 17. Jahrhundert, Diss. Zürich, Aarau 1939.

Phillips, Roderick G., Le divorce en France à la fin du XVIIIe siècle, in: Annales 34, 1979, 385-398.

Phillips, Roderick G., Putting Asunder: A History of Divorce in Western Society, Cambridge 1988.

Popitz, Heinrich, Soziale Normen, in: Europäisches Archiv für Soziologie 2, 1961, 185-198.

Quanter, Rudolf, Die Schand- und Ehrenstrafen in der deutschen Rechtspflege, Eine kriminalistische Studie, Aalen 1970. (Neudruck der Ausgabe Dresden 1901).

Quanter, Rudolf, Deutsches Zuchthaus- und Gefängniswesen von den ältesten Zeiten bis in die Gegenwart, Aalen 1970. (Neudruck der Ausgabe Leipzig 1905).

Quanter, Rudolf, Die Sittlichkeitsverbrechen im Laufe der Jahrhunderte und ihre strafrechtliche Beurteilung, Aalen 1970. (Neudruck der 8. Auflage Berlin 1925).

Radbruch, Gustav und Gwinner, Heinrich, Geschichte des Verbrechens, Versuch einer historischen Kriminologie, Stuttgart 1951.

Ranft, Albert, Die Vormundschaft des Basler Stadtrechts von 1590-1880, Diss. masch. Basel 1928.

Richarz, Irmintraut, Oikos, Haus und Haushalt, Ursprung und Geschichte der Haushaltsökonomik, Göttingen 1991.

Roper, Lyndal, The Holy Household, Women and Morals in Reformation Augsburg, Oxford 1989. (Oxford Studies in Social History).

Roper, Lyndal, "Wille" und "Ehre": Sexualität, Sprache und Macht in Augsburger Kriminalprozessen, in: Heide Wunder und Christina Vanja (Hg.), Wandel der Geschlechterbeziehungen zu Beginn der Neuzeit, Frankfurt am Main 1991, 180-197.

Rost, Susanne, Die Einführung der Ehescheidung in Zürich und deren Weiterbildung bis 1798, Diss. Zürich 1935.

Rüedi, Ernst, Das geistliche Gericht zu Konstanz und seine Beziehungen zu Schaffhausen, in: SHB 27, 1950, 85-119.

Rüedi, Ernst, Die Zunftverfassung von 1411/1535, in: SHB 38, 1961, 18-45.

Rüedi, Ernst, Schaffhauser Stadtärzte im 17. Jahrhundert, in: SN 1968, 103.

Saalfeld, Diedrich, Wandlungen der bäuerlichen Konsumgewohnheiten vom Mittelalter zur Neuzeit, in: Irmgard Bitsch, Trude Ehlert und Xenja von Ertzdorff (Hg.), Essen und Trinken in Mittelalter und Neuzeit, Vorträge eines interdisziplinären Symposiums vom 10.-13. Juni 1987 an der Justus-Liebig-Universität Giessen, Sigmaringen 1987, 59-76.

Safley, Thomas Max, To Preserve the Marital State: The Basler Ehegericht, 1550-1592, in: Journal of Family History 7, 1982, 162-179.

Safley, Thomas Max, Let No Man Put Asunder: The Control of Marriage in the German Southwest, A Comparative Study, 1550-1660, Kirksville (Miss.) 1984. (Sixteenth Century Essays and Studies, 2).

Sassnick, Frauke, Armenpolitik zwischen Helfen und Strafen: das Problem der Armut in Winterthur vom Ancien Régime zum 19. Jahrhundert, Diss. Zürich, Winterthur 1989. (Neujahrsblatt der Stadtbibliothek Winterthur).

Schaffroth, J. G., Geschichte des bernischen Gefängniswesens nach den Quellen bearbeitet, Bern 1898.

Schib, Karl, Geschichte der Stadt Schaffhausen, zum 900jährigen Bestehen der Stadt hg. vom Historischen Verein des Kantons Schaffhausen, Schaffhausen 1945.

Schib, Karl, Geschichte der Stadt und Landschaft Schaffhausen, hg. vom Historischen Verein des Kantons Schaffhausen, Schaffhausen 1972.

Schild, Wolfgang, Alte Gerichtsbarkeit, Vom Gottesurteil bis zum Beginn der modernen Rechtsprechung, München 1980.

Schindler, Georg, Verbrechen und Strafen im Recht der Stadt Freiburg im Breisgau von der Einführung des neuen Stadtrechts bis zum Übergang an Baden (1520-1806), Freiburg im Breisgau 1937. (Veröffentlichungen aus dem Archiv der Stadt Freiburg im Breisgau, 7).

Schindler, Norbert, Spuren in der Geschichte der anderen Zivilisation, Probleme und Perspektiven einer historischen Volkskulturforschung, in: Richard van Dülmen und Norbert Schindler (Hg.), Volkskultur, Zur Wiederentdeckung des vergessenen Alltags (16.-20. Jahrhundert), Frankfurt am Main 1984, 13-77.

Schindler, Norbert, Widerspenstige Leute, Studien zur Volkskultur in der frühen Neuzeit, Frankfurt am Main 1992.

Schlatter, Anna Margaretha, Der Schutz der ehelichen Gemeinschaft, Diss. Zürich 1920.

Schmid, Verena, Armut in Schaffhausen in der ersten Hälfte des 19. Jahrhunderts, Lebensverhältnisse der Unterschichten und behördliche Armenpolitik, Diss. Zürich, i. Vorb.

Schmidt, Heinrich Richard, Die Christianisierung des Sozialverhaltens als permanente Reformation, Aus der Praxis reformierter Sittengerichte in der Schweiz während der frühen Neuzeit, in: Peter Blickle und Johannes Kunisch (Hg.), Kommunalisierung und Christianisierung, Voraussetzungen und Folgen der Reformation 1400-1600, Berlin 1989, 113-163. (= Zeitschrift für Historische Forschung, Beiheft 9).

Scholz, Siegfried, Medizinische Geschichte der Empfängnisverhütung, Diss. München 1969.

Schudel, Hans Jakob, Fürsprecher und Anwälte im Schaffhauserischen Recht, Diss. Zürich 1940.

Schwab, Dieter, Grundlagen und Gestalt der staatlichen Ehegesetzgebung in der Neuzeit bis zum Beginn des 19. Jahrhunderts, Bielefeld 1967. (Schriften zum deutschen und europäischen Zivil-, Handels - und Prozessrecht 45).

Simon, Christian, Untertanenverhalten und obrigkeitliche Moralpolitik, Studien zum Verhältnis zwischen Stadt und Land im ausgehenden 18. Jahrhundert am Beispiel Basels, Diss. Basel 1981. (Basler Beiträge zur Geschichtswissenschaft, 145).

Sohm, Rudolf, Das Recht der Eheschliessung, Weimar 1875.

Solé, Jacques, L´amour en Occident à l´Époque moderne, Paris 1976.

Staehelin, Adrian, Die Einführung der Ehescheidung in Basel zur Zeit der Reformation, Basel 1957. (Basler Studien zur Rechtswissenschaft, 45).

Staehelin, Adrian, Von der Folter im Basler Stadtrecht, in: Basler Stadtbuch 1965, 100-116.

Steinegger, Albert, Schaffhauser Hochzeitsbräuche in älterer und neuerer Zeit, in: SHB 16, 1939, 107-149.

Steinegger, Albert, Allerhand Volkskundliches aus dem alten Schaffhausen, in: SAV 37, 1939, 165-178.

Steinegger, Albert, Badekuren in früheren Jahrhunderten, in: SN 234 und 235, 1956.

Steinegger, Albert, Vom Schandpfahl, von der Trülle und vom Esel, Die Bestrafung kleinerer Vergehen im alten Schaffhausen, in: SN 233, 1957.

Steinegger, Albert, Die Versorgung der Geisteskranken im alten Schaffhausen, in: SN 36, 1961.

Steinegger, Albert, Von der Prügelstrafe im alten Schaffhausen, in: SN 1, 1962.

Steinegger, Albert, Vom Schaffhauser Gefängnis in früheren Zeiten, in: SN 251, 1963.

Steinemann, Ernst, Die Schaffhauserischen Kirchenbücher und ihre geschichtliche Bedeutung, in: SHB 14, 1937, 126-167.

Steinemann, Ernst, Die Kirchenbücher des Kantons Schaffhausen, Sonderdruck aus: "Der Schweizer Familienforscher" Nr. 3/4 und 5/6, 1950, Bern 1951. (Verzeichnisse Schweizerischer Kirchenbücher/Heft 4, hg. von der Schweizerischen Gesellschaft für Familienforschung).

Stokar, Carl, Der Bürgermeister von Schaffhausen, Tobias Holländer von Berau, 1636-1711, in: SHB 3, 1874, 63-114.

Stokar, David, Verbrechen und Strafe in Schaffhausen vom Mittelalter bis in die Neuzeit, o.O. 1892. (SA aus: Zeitschrift für Schweizer Strafrecht 5, 1892, 309-384).

Stone, Lawrence, The Family, Sex and Marriage in England 1500-1800, London 1988. (Abrigded edition).

Strübin, Eduard, Baselbieter Volksleben, Sitte und Brauch im Kulturwandel der Gegenwart, Basel 1952. (Volkstum der Schweiz, hg. von der Schweizerischen Gesellschaft für Volkskunde, 8).

Vincent, John Martin, Costume and Conduct in the Laws of Basle, Berne and Zürich, 1370-1800, Baltimore 1935.

Wächtershäuser, Wilhelm, Das Verbrechen des Kindesmordes im Zeitalter der Aufklärung, Eine rechtsgeschichtliche Untersuchung der dogmatischen, prozessualen und rechtssoziologischen Aspekte, Berlin 1973. (Quellen und Forschungen zur Strafrechtsgeschichte, 3).

Weber, Marianne, Ehefrau und Mutter in der Rechtsentwicklung, Eine Einführung, Tübingen 1907.

Wehrli, Christoph, Die Reformationskammer, Das Zürcher Sittengericht des 17. und 18. Jahrhunderts, Diss. Zürich 1976.

Wehrli, Paul Verlobung und Trauung in ihrer geschichtlichen Entwicklung von der Reformation bis zum Untergang der alten Eidgenossenschaft, Diss. Zürich 1933.

Wehrli, Paul, Die Ehescheidung zur Zeit Zwinglis und in den nachfolgenden Jahrhunderten, Seperatdruck aus dem Zürcher Taschenbuch für das Jahr 1934, Zürich 1933.

Weiss, Richard, Volkskunde der Schweiz, Grundriss, Erlenbach 1946.

Weisser, Michael Robert, Crime and Punishment in Early Modern Europe, Hassocks (Sussex) 1979.

Wendel, Francois, Le mariage à Strasbourg à l'époque de la réforme 1520-1692, Strasbourg 1928. (Collection d'études sur l'histoire du droit et des institutions de l'Alsace, 4).

Werner, Hans, Verfassungsgeschichte der Stadt Schaffhausen, Diss. Bern 1907.

Wipf, Hans Ulrich, Die Schandgeigen von Lohn, in: Schaffhauser Magazin 2, 1982, 11.

Wipf, Hans Ulrich, Tausend Jahre Spitalgeschichte, in: SN 100, 1986.

Wipf, Jakob, Reformationsgeschichte der Stadt und Landschaft Schaffhausen, Zürich 1929.

Wolff, Reinhard, Der Kindesmord im 18. Jahrhundert, in: Internationales Archiv für Sozialgeschichte der deutschen Literatur 1, 1976, 258-261.

Wunder, Heide, Überlegungen zum Wandel der Geschlechterbeziehungen im 15. und 16. Jahrhundert aus sozialgeschichtlicher Sicht, in: Heide Wunder und Christina Vanja (Hg.), Wandel der Geschlechterbeziehungen zu Beginn der Frühen Neuzeit, Frankfurt am Main 1991, 12-26.

Wunder, Heide, "Er ist die Sonn', sie ist der Mond", Frauen in der Frühen Neuzeit, München 1992.

Wyss, Friederich von, Die Eheschliessung in ihrer geschichtlichen Entwicklung nach den Rechten der Schweiz, in: ZSR, Alte Folge, 20, 1878, 85-186.

Zeeden, Ernst Walter, Deutsche Kultur in der frühen Neuzeit, Frankfurt am Main 1968. (Handbuch der Kulturgeschichte).

Zellweger, Laurenz, Die Stellung des ausserehelichen Kindes nach den Basler Rechtsquellen, Diss. masch. Basel 1947.

Ziegler, Ernst, Sitte und Moral in früheren Zeiten, Zur Rechtsgeschichte der Reichsstadt und Republik St. Gallen, Sigmaringen 1991.

Nachschlagewerke

Deutsches Rechtswörterbuch (Wörterbuch der älteren deutschen Rechtssprache), Bd. I-, Weimar 1914-.

Deutsches Wörterbuch von Jakob und Wilhelm Grimm, Bde. I-16, Leipzig 1854-1954.

Grotefend, Hermann, Taschenbuch der Zeitrechnung des deutschen Mittelalters und der Neuzeit.

Handwörterbuch des deutschen Aberglaubens, hg. von Hanns Bächtold-Stäubli, Berlin 1987. (Unveränderter Nachdruck der Ausgabe 1927-1942, Bde. I-10).

Historisch-biographisches Lexikon der Schweiz, Bde. I-7, Neuenburg 1921-1934.

Historischer Atlas der Schweiz, hg. von Hektor Amman und Karl Schib, Aarau 1951.

Idiotikon, Wörterbuch der schweizerdeutschen Sprache, Bde. I-, Frauenfeld 1881-.

Schaffhauser Maritinischlag, Obrigkeitliche Satzungen von Getreide und Wein, 1466-1895, hg. von W. Wildberger, Schaffhausen 1896.

Alte Masse, Münzen und Gewichte, hg. von Helmut Kahnt und Bernd Knorr, Mannheim 1987.

Appendix I

Rechnung bezüglich der Aufwendungen für Ehegeschenke für eine Jungfrau Reinhardin aus dem Jahre 1746. Die Braut wird "beym Kreutz", einer Wirtschaft an der Strasse von Schaffhausen nach Neuhausen, bei der Gemeindegrenze, von ihrem Bräutigam erwartet, der ihr folgende "present" gibt.[1]

Zwey guldene Vorsteck Ringli	3 fl. 24 ß
Ein silbernes Futeral mit allerley instrumente	21 fl.
Zwey paar seidene strümpf	7 fl. 20 ß
Ein Mouche trücklj von nacre in silber gefasst[2]	3 fl.
Ein Ringli mit Steinen	3 fl. 10 ß
Ein anderes Ringli	1 fl. 20 ß
Zwey palatine[3]	4 fl. 20 ß
Ein paar Schuh Ringen mit Steinen gefasst	5 fl. 20 ß
Ein Stuck Blauen seidenen Damast	73 fl.
Ein Stuck Schwartz seidenen Damast	76 fl.
Eine silberne und vergulte Tabatiere	15 fl.
Ein Stuck persiene[4]	45 fl.
4 paar seidene strümpf	16 fl.
Ein Kleinod samt ohrenbehänck von einer gatung	
Steinen in gold gefasst	38 fl. 10 ß
Ein Kleinod samt ohrenbehänck von perlen Mutter	22 fl. 32 ß
An Baarem Gelt 100 Ducaten samt	425 fl.
einem Seckel darzu	2 fl. 10 ß
	763 fl. 6 ß

1 Die Liste findet sich auch bei Bächtold, Gebräuche, 18lf. Allerdings sind dort die Geldbeträge mit Pfund und Schilling angegeben, was auf einem Lesefehler beruht. Es handelt sich um Gulden und Schilling.
Das Original der Rechnung befindet sich heute im Staatsarchiv Schaffhausen, Personalia Reinhard, 18. Jhd.

2 Muschentösli meint eine Dose für Schönheitspflästerchen. Idiotikon 13, 1804.

3 Pelzkragen. Idiotikon 4, 1147.

4 Feiner, gemusterter Baumwollstoff. Idiotikon 4, 1599.

Appendix II

Urteilsbrief des Ehegerichts vom 17. April 1540. Jusitz L 5 Nr. 1.
Der Brief ist auf Pergament geschrieben und mit dem Siegel des Obmanns versehen.
Masse: 62,5 x 22 cm.
Der Text ist an zwei Stellen schadhaft, doch sind Ergänzungen möglich und als solche gekennzeichnet. Ein Wort lässt sich nicht ergänzen, was durch Auslassungszeichen markiert ist.

Wir der Obman unnd die Urthailsprecher des Eegerichts der Statt unnd Landtschafft Schaffhausen Bekhennen und thun kundt mengklichem offenbar mit disem brieff das uff Dornstag vor esto michi nechst verruckt[1] vor unns Im Rechten erschinen ist Verene Her von Bollingen als Clegere ains unnd Tias Scheyer von Thaygingen antwurter anderstails Unnd hette die genant Verena Her durch Ir selbs darthun zu gedachtem Tiasen Scheyer also Clagt Wie das Sy sin dingoter dienst[2] gesin und sölte sy geschüzt und geschirmpt haben Über das er sy mit guten worten hindergangen Auch daby geredt er welle sy nit beschißen deßhalben sines willens pflegen Unnd darüber er mit Iren vier malen libliche werch triben Deßhalben sy vermaine er sölle sy nit beschißen sonder Zur Ee haben Dargegen Der gedacht Tias Scheyer uff gethone clag ouch Durch sin selbs Darthun also geantwurt Es sige Zu Taygingen ain geschrey ußgangen des Inhalts Das er Iren ain Jungs gemacht haben solle Das doch Inne Scheyer unbillich genomen angesechen Das er nie nützit mit Iro Verena Zuschaffen gehept Desshalben sollich kind nit sin sige Volgents uber vier wochen darnach Inne abermals sollichs fürkomen Unnd das sy Verena rede und ußgebe Das er Tias Scheyer der sige der das kind gemacht habe Das doch Inn beduret Hieruff Zu Hansen Oschwald gangen Inn betten mit Ime Zu Iro gon und mit Iro reden ob Sy sollichs fürgebe Das er Tias Schyer das kind gemacht haben sölle Das dann sy von sollicher reden abstande dass sy wüsse sollichs nit war sin Domals sy by Ime unnd ermeltem Hansen Oschwald nützit wellen reden weder Ja noch nain Were er Tias Scheyer darnach allainig Zu Iro gangen Unnd geredt es nem Inn unbillich das sy solliche Jeche[3] Darüber sy Ime geantwurt sy Jeche es dannocht uber das Zeacht tagen umb sy für sin Tias Scheyers unter türen komen hetter er Tias sollichs siner muter anzaigt Darüber die muter mit Iren rechnen unnd sy bezallen wellen

---

1 5. Februar 1540.

2 Dingen heisst für einen vertragsmässig bestimmten Lohn eine Person in Dienst nehmen. Grimm, Wörterbuch 2, 1170. Der Schreiber bezeichnet so das Verhältnis zwischen Klägerin und Beklagtem näher.

3 Sagen. Idiotikon 3, 5. (Jechen)

Domals er ouch Zu Iro geredt das dich botz[4] diser und Jener schend unnd sy habe ain muß Inbrocket und werde es selbs ußessen und habe da ain gschray ußlassen gan daran nüt sige Als sy aber uff Irem fürgeben verharret were er domals unnd noch nit Zefriden unnd neme In ganz unbillich das sy nur sollich lugin dörffe fürgeben Dann es nit war sige unnd mit der warhait nit erfinden werde das er Ir man gsin sige welte ouch der man sin leben lang nit geachtet werden und vermaine da von ir clag ledig erkendt zuwerden Daruff Sy Verena Her geantwurt Ir fürgeben und reden sige war und namlichen ... und er uff ain nacht [I]nn ain badZub[er] sessen sige er domals uß dem bad Zu Iren an ir beth gangen Und ainmal vom knecht ab dem beth Zu Iro an ir beth gangen Deßgelichen ain [m]al do er gemeyet hat Unnd allwegen geredt er welle sy [n]it beschißen Deßhalben sy wie vormals vermaine er solle sy Zun eeren han Dargegen er Tias Scheyer geantwurt nain es sige nit und sy wüße das es nit war sige Darzu habe sy sich vorhin nit der massen gehalten Das er lustig gewesen mit Iro Zeschaffen haben Dann Verena und Ulin Eeue habend ainen In Stegmeyers hus unden in der kamer am beth funden ligen Zu dem sige sy Zu Biethingen ouch mit ainem Im schray gesin Daruff sy Verena Her sollichs hard vernainet und vermaint es sige nit war und so er das darthüge welle sy es billich entgelten Unnd als sy die gesagten Parthyen diß Iren gehorten span uns Zum rechten haimgesezt und bevolchen DenZemal wir der urthail zwischen Inen Eegesagten Parthyen zegeben ain verdanck nutzit[5] Zu nachgendem Eegericht genomen Zum selbigen Eegericht als uff Sampstag nach Letare nechst verruckt[6] Sy die parthyen widerum vor uns erschinen Ires vorgehörten handels ain urthail begert Haben wir uff clag antwurt und widerred allem fürwand ouch nach gethonem Rechts satz und gehaptem verdacht Zwischen vylgesagten Parthyen Zu recht erkendt unnd gesprochen Diewyl sy Verena Her In Ir clag fürgewent Das er vier malen by Iren gelegen unnd mit Iren gehandlet Unnd aber Zuvor Iro verhaissen er welle sy nit beschißen sonder Zun Eeren haben Deße er Tias Scheyer nit bekandtlich noch anred Das alsdann sy Verena sollichs Zu recht gnug wysen Das will man hören unnd sy thuge das oder nit fürer was recht ist ergon Unnd diewyl Sy Verena Her nit ußbringen konden noch mögen dann nach Irem fürgeben niemand daby und nüt gewesen Wann dann er Tias Scheyer ainen ayd liblichen Zu Gott dem allmechtigen schweren mag und will Das er Tias Schyer by Iro Verena Her nie gelegen Ir man nie worden und Iro gar nüzit Zugsait unnd verhaissen hab Unnd er thüge das oder nit soll aber was Recht ist ergon Sodann er Tias Scheyer diser uffgelegten urthail gelept Unnd by dem ayd so er mit uffgehapten fingern vor uns zu

---

4 Ursprünglich verhüllend für Gotts; in Flüchen, Beteuerungen, Ausrufen. Idiotikon 4, 1996.

5 Bis.

6 13. März 1540.

Gott dem allmechtigen geschworen stattgethon Haben wir Zu beschluß Zu recht erkendt unnd gesprochen Das er Tyas Scheyer von gedachter Verena Her anclag der Ehe halben ledig sin solte Demnach uff hüt dato vylgedachter Tias Scheyer widerum vor uns erschinen und anzaigt wie das er sollicher vor uns Im Rechten geübten Eesach aines brieffs notturfftig sige damit ouch Eebemelten brieff begert der Ime mit unserem des obgenanten Obmanns Namlichen des fürnemen ersamen und wysen Ulrichen Pflum burger unnd des Rats alhir aigenem anhangendem Insigel doch gemainem Eegericht ouch Jez ermeltem Obman unnd sinen erben in allweg one schaden áls nach erkandter Urthail besigelt geben des nechsten sampstags nach dem sontag Misericordia Domini von Christi unsers erlösers geburt gezelt Tusend fünffhundert unnd vierzig Jare.[7]

7 17. April 1540.

Appendix III

Einnahmen und Ausgaben des Ehegerichts in der Zeit von 1701-1772.
Justiz L 4. Insgesamt 21 Hefte.
Die Rechnungsperiode beginnt immer mit Pfingsten und beträgt jeweils ein Jahr.
Der besseren Übersicht wegen werden nur die Guldenbeträge ohne Kreuzer angegeben.

	Einnahmen	Ausgaben	Restbetrag[1]
1701-1702	1081 fl.	403 fl.	677 fl.
1704-1705	1322 fl.	511 fl.	811 fl.
1736-1737	1948 fl.	1063 fl.	885 fl.
1741-1742	1082 fl.	552 fl.	529 fl.
1745-1746	1024 fl.	684 fl.	340 fl.
1746-1747	1152 fl.	641 fl.	511 fl.
1748-1749	1875 fl.	763 fl.	1111 fl.
1749-1750	1207 fl.	489 fl.	717 fl.
1750-1751	1467 fl.	674 fl.	792 fl.
1756-1757	1847 fl.	655 fl.	1191 fl.
1757-1758	1207 fl.	589 fl.[2]	586 fl.
1758-1759	1419 fl.	638 fl.	780 fl.
1760-1761	1632 fl.	560 fl.	1071 fl.
1762-1763	1351 fl.	487 fl.	863 fl.
1764-1765	1401 fl.	671 fl.	730 fl.
1766-1767	2342 fl.	795 fl.	1546 fl.
1767-1768	1479 fl.	650 fl.	828 fl.
1768-1769	1349 fl.	501 fl.	847 fl.
1769-1770	1476 fl.	539 fl.	936 fl.
1770-1771	1768 fl.	525 fl.	1242 fl.
1771-1772	1459 fl.	658 fl.	800 fl.

1 Der Betrag wird dem Säckelamt abgeliefert. Vgl. Appendix IV.

2 Zuzüglich 2 fl. 59 xr. für Falschgeld.

Appendix IV

Vergleich der Gesamteinnahmen des Staates mit den Einnahmen aus dem Ehegericht.
Der besseren Übersicht wegen werden nur die Guldenbeträge ohne Kreuzer angegeben.

	Staatseinnahmen	Anteil Ehegericht	
1701-1702	50396 fl.	673 fl.[1]	1,3 %
1704-1705	30631 fl.	807 fl.	2,6 %
1736-1737	74523 fl.	880 fl.	1,2 %
1741-1742	67283 fl.	525 fl.	0,8 %
1745-1746	58306 fl.	335 fl.	0,6 %
1746-1747	53314 fl.	507 fl.	1,0 %
1748-1749	57315 fl.	1107 fl.	1,9 %
1749-1750	58070 fl.	713 fl.	1,2 %
1750-1751	60085 fl.	788 fl.	1,3 %
1756-1757	91712 fl.	1191 fl.	1,3 %
1757-1758	83929 fl.	586 fl.	0,7 %
1758-1759	82974 fl.	780 fl.	0,9 %
1760-1761	81658 fl.	1071 fl.	1,3 %
1762-1763	89393 fl.	863 fl.	1,0 %
1764-1765	104989 fl.	730 fl.	0,7 %
1766-1767	118000 fl.	1546 fl.	1,3 %
1767-1768	107390 fl.	828 fl.	0,8 %
1768-1769	118209 fl.	847 fl.	0,7 %
1769-1770	127865 fl.	936 fl.	0,7 %
1770-1771	242417 fl.	1242 fl.	0,5 %
1771-1772	203713 fl.	800 fl.	0,4 %

1 Vom im Appendix III. ausgewiesenen Restbetrag wird bis 1751 eine kleinere Summe, in der Regel 4 fl. 24 xr., als zusätzliches Entgelt für den Obmann und den Ehegerichtsdiener abgezogen. Daher stimmen die Beträge in Appendix III. bis zum Jahre 1751 nicht genau mit den hier aufgeführten überein.

Appendix V

Ehegerichtliches Copierbuch von 1768 bis 1800, 47. Justiz L2, 5.

Signatur an Samtl. in Ausswärtigen diensten stehende hhl. haubtLeüthe

Nachdeme E. Lobl. Ehgricht missfällig wahrnehmen müssen, wasmassen die mit Urlaub Pass auss fremden kriegsdiensten nach hauss kommende Soldaten, während ihrer Urlaub-Zeit, sich dermassen aussgelassen aufführen und ganz ohngescheüt Unzucht treiben, so dass bald in allen Ehgrichtl. Sessionen gegen ihre Aussgelassenheiten und unzüchtiges Lebwesen klägden einkommen; Um nun derley anstössigen Unordnungen und Frechheiten künfftighin zu steüren, hat E. Lobl. Ehgricht mich befelchnet denen Ausswärtigen diensten stehenden herren haubtLeüthen andurch auffzutragen dass sie in Zukunfft denen unter ihren Compagnien stehenden Soldaten, deren Capitulations-Zeit nicht verflossen keinen Urlaub Pass mehr geben sollen.
Gegeben d. 16.ten Martij 1773.

Ehgrichts Schrbr Peyer.

Appendix VI

Ehegerichtliches Copierbuch von 1768 bis 1800, 79. Justiz L2, 5.

Pr. Neünkirch

dem herrn Landvogt zu Neünkirch wird von Seiten Eines hoch Lobl. Ehegerichts aufgetragen, auf das Nächtliche Besuchen und Auffhalten in Wirths- und Schenkhäussern Abends nach 9 Uhr in der ganzen herrschaft Neünkirch, besonders aber zu Unterhallau u. Wilchingen, so wohl durch schon verordtnete Vorgesezte u. EhGaumer, alss durch eigens bestellte heimliche Angeber, welchen die hälffte der Buss u. Verschweigung des Nammens versprochen wird, vigilieren zu lassen u. es dahin zu leiten, dass die Fählbahren angezeigt, und Wirthe u. Gäste mit Geldt u. Gefangenschaft gebüsst, und dasjenige, was Einem hoch Lobl. EheGericht zu büssen gebührt, dahin gewiesen u. geleitet werden solle.
Geben d. 18. Jan. 1781.

EheGerichts Canzley der
Statt u. Landschafft Schaffhausen.

Appendix VII

Ehegerichtliches Copierbuch von 1768 bis 1800, 29. Justiz L2, 5.

WohlEhrwürdiger hochgelehrter,
Insonders hochgeehrter Herr Pfarrer!

Nachdeme die Maria Waldvogel des Vogts Schwöster von Stetten d. 21.ten huyus widermahlen vor Unss gestanden, und wegen mit Jacob Weymar Bekenknecht von Bonndorff auss dem Würtembg. Begangener S.V. Unzucht zur verantwortung gezogen, auch dessentwegen nach Anweissung der Ehgrichts-Ordnung gebüsst und der Gefangenschafft eingesezt worden: Wann nun dieselbe der Gefangenschafft widerum entlassen und nach hauss gekommen so ergehet der Befehl Eines Lobl. Ehgrichts, dass besagte Maria Waldvogel wegen ihrem unzüchtigen Lebwesen und schon zum 2.ten Mahl begangenem Verbrechen zu Lohn vor den Kirchenstand gestellet, und dorten ein offentlicher und ernsthaffter Zuspruch an sie gemacht werden solle; welches auff befehl Eines Lobl. Ehgrichts Meinem hochgeehrten herren Pfarrer zu nachrichtlichem Verhalt anzeigen wollen.
der ich immittelst die Ehre habe mit aller hochachtung zu beharren.
Meines hochgeehrten herren Pfarrers

dienst Ergebenster
Peyer Ehgricht Schbr.

den 25.ten Junij 1770.

Appendix VIII

Ehegerichtliches Copierbuch von 1768 bis 1800, 119f. Justiz L2, 5.

An herren hauptmann Peyer, nach Toul

Es hat Barbara Leü, von Hemmenthal, Einem Lobl. EheGericht angezeiget, wie dass sie verstrichene Margaretha[1] von dem allhiesig verburgerten Bernhard Moossmann, Schuhmacher, neben dem sie gedienet unter ehlichem versprechen geschwängert worden seye, und ein EhPfand habe; wan nun zu wissen nöthig, ob das vorgeben der Barbara Leü, in der wahrheit gegründet seye, als ergehet an Eüer Wohlgebohren das geziehmende Ansuchen, den Bernhard Moossmann, nach gewohnter form abfragen zu lassen, ob selbiger die angeklagte Thathandlung obberührter maassen geständig seye? und sodann desssen Aussag E. Lobl. EheGericht rukantwortl. anzuzeigen. der ich übrigens die Ehre habe mit vollkommenster hochachtung zu verharren
Eüer Wohledelgebohrenen

dd. 12.ten Xbris 1790[2]

Ergebenster diener
G H Schenk, EheGerichtsSchreiber.

A Monsieur
Monsieur de Peyer, Capitaine
au Régiment Suisse de Vigier
par Basle
à Toul.

---

1 15. Juli
2 12. Dezember

Appendix IX

Ehegerichtliches Copierbuch von 1768 bis 1800, I. Justiz L2, 5.

Citation an Mathias Sandoz

Wir Statthalter und EhRichter der Statt und Landschafft Schaffhausen fügen Unserem Angesessenen Mathias Sandoz durch dieses zu wüssen, wassmassen Anna Margaretha Schalch Unsere Verburgerte heute vor Unss gestanden und angezeigt, wie dass sie von ihme geschwängert worden, nach der hand Er aber flüchtigen fuss gesezt und bis Dato nicht zu erfahren gewesen; Alss wirdet Er Mathias Sandoz in krafft dieses in das Recht citiert, dergestalten dass er sich innert Sechs Wochen und drey Tag von Dato angerechnet persöhnlich vor Unss stelle und obangeregter Anna Margaretha Schalch in ihrer Schwängerungsklag Red und Antwort gebe und seinen begangenen fehler verantworte, widrigen fahls wo Er ungehorsam aussbleiben sollte, Er in Contumaciam verfällt werden würde; Urkundlich dieser offenen Citation, welche seinem Vatter Syrus Sandoz zugestellet und mit Meinem Johann Heinrich Keller Statthalters und Praesidis Eines EhrLobl. Ehgrichts auffgedrucktem Insigel verwahret worden.
Actum vor E. EhrLobl. Ehgricht dienstag d. pmo 9bris 1768.[1]

---

1 I. November.

Printed by
CPI books GmbH, Leck

Kolibri 360 GmbH
Ferdinand-Jühlke-Straße 7
99095 Erfurt, Deutschland
produktsicherheit@kolibri360.de